北京大學中國語言學研究中心
對外經濟貿易大學北京語言與文化研究中心

早期北京話珍稀文獻集成
主編　劉雲
清代滿漢合璧文獻萃編
漢文主編　劉雲　陳曉
滿文主編　王碩　[日]竹越孝
卷一

重刻清文虛字指南編

[清]萬福　編著
王曉娜　滿文校注
劉雲　郝小煥　漢文校注

国家出版基金项目
NATIONAL PUBLICATION FOUNDATION
北京大学出版社
PEKING UNIVERSITY PRESS

圖書在版編目 (CIP) 數據

重刻清文虛字指南編：全二册 /(清) 萬福編著；王曉娜，劉雲，郝小煥校注．—北京：北京大學出版社，2018. 11

(早期北京話珍本典籍校釋與研究)

ISBN 978-7-301-29924-1

Ⅰ. ①重… Ⅱ. ①萬… ②王… ③劉… ④郝… Ⅲ. ①滿語－教材 Ⅳ. ① H221

中國版本圖書館 CIP 數據核字 (2018) 第 223668 號

書　　名　重刻清文虛字指南編 (全二册)
　　　　　CHONG KE QINGWEN XUZI ZHINAN BIAN
著作責任者　[清] 萬福　編著　王曉娜　滿文校注　劉雲　郝小煥　漢文校注
責 任 編 輯　路冬月　宋思佳
標 準 書 號　ISBN 978-7-301-29924-1
出 版 發 行　北京大學出版社
地　　址　北京市海淀區成府路 205 號　100871
網　　址　http://www.pup.cn　　新浪微博：@ 北京大學出版社
電 子 信 箱　zpup@pup.cn
電　　話　郵購部 010-62752015　發行部 010-62750672　編輯部 010-62753374
印 刷 者　北京虎彩文化傳播有限公司
經 銷 者　新華書店
　　　　　720 毫米 ×1020 毫米　16 開本　40.25 印張　490 千字
　　　　　2018 年 11 月第 1 版　2018 年 11 月第 1 次印刷
定　　價　162.00 元 (全二册)

現代漢語共同語歷史研究

（18JJD740001，2018 年教育部人文社會科學重點研究基地重大項目）

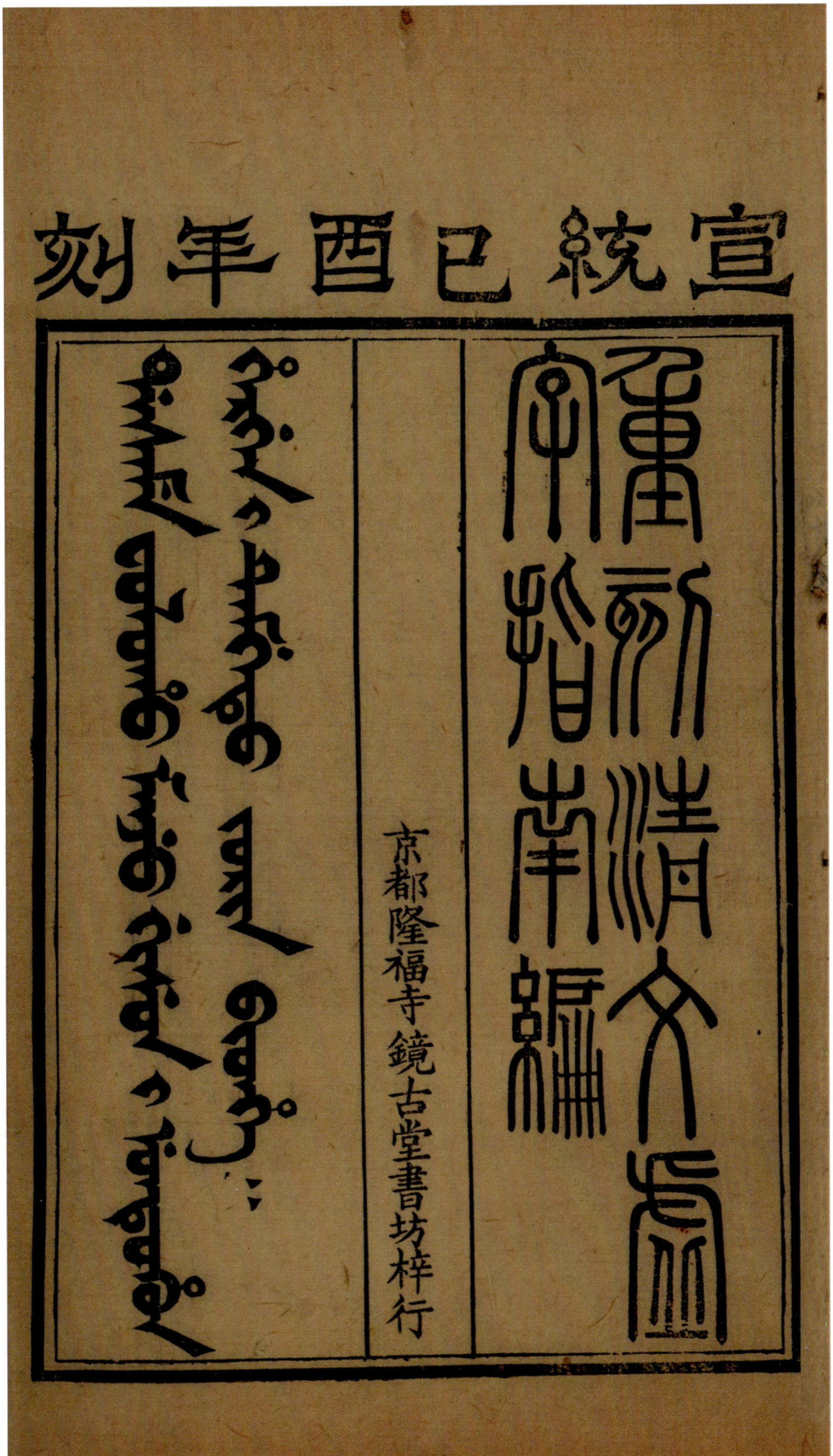
宣統己酉年刻

重刻清文虛字指南編

京都隆福寺鏡古堂書坊梓行

《重刻清文虛字指南編》書影（來源：北京大學圖書館）

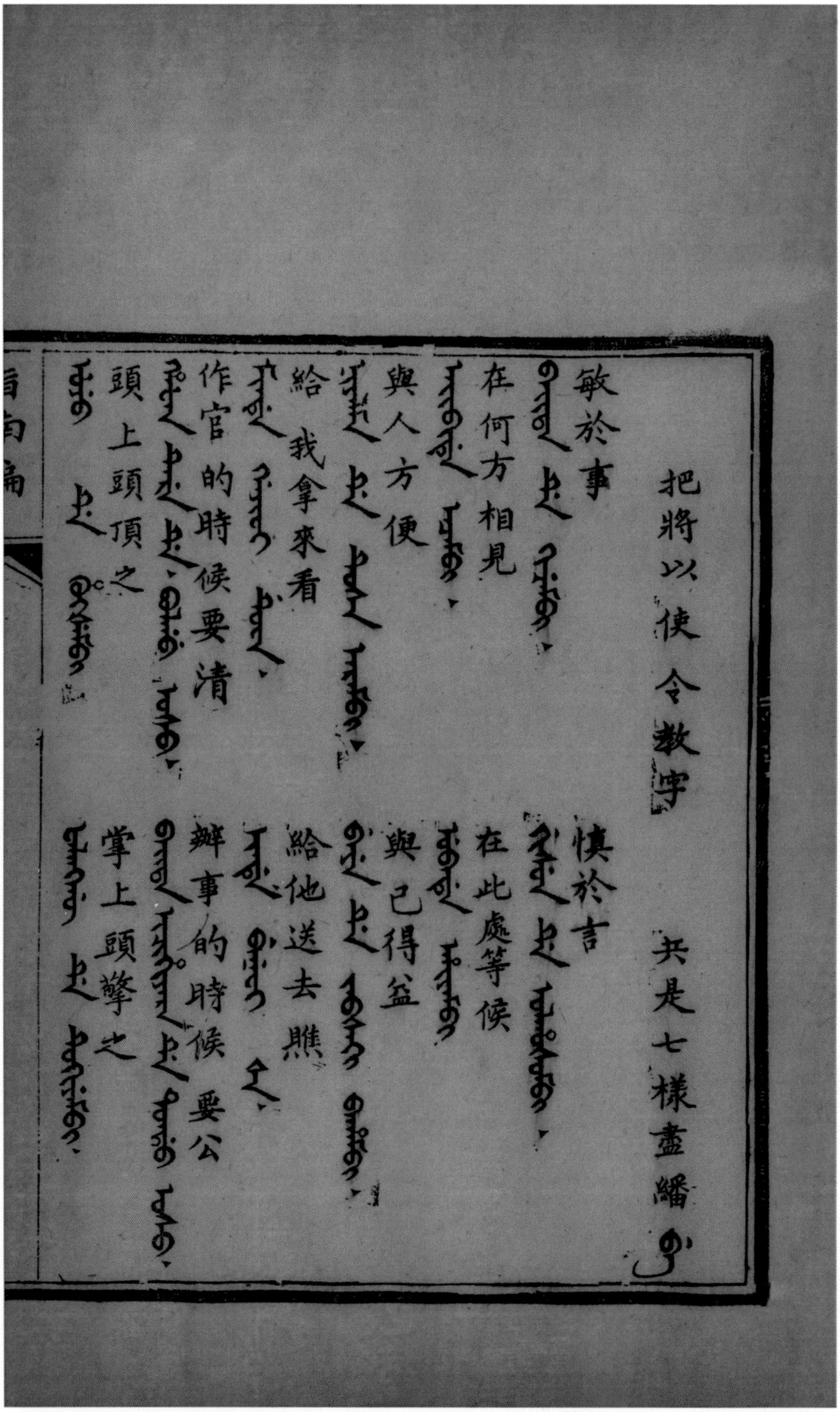
把將以使令教字　共是七樣盡繙

敏於事　慎於言

在何方相見　在此處等候

與人方便　與己得益

給我拿來看　給他送去瞧

作官的時候要清　辦事的時候要公

頭上頭頂之　掌上頭擎之

《重刻清文虛字指南編》書影（來源：北京大學圖書館）

總 序

語言是文化的重要組成部分，也是文化的載體。語言中有歷史。

多元一體的中華文化，體現在我國豐富的民族文化和地域文化及其語言和方言之中。

北京是遼金元明清五代國都（遼時爲陪都），千餘年來，逐漸成爲中華民族所公認的政治中心。北方多個少數民族文化與漢文化在這裏碰撞、融合，産生出以漢文化爲主體的、帶有民族文化風味的特色文化。

現今的北京話是我國漢語方言和地域文化中極具特色的一支，它與遼金元明四代的北京話是否有直接繼承關係還不是十分清楚。但可以肯定的是，它與清代以來旗人語言文化與漢人語言文化的彼此交融有直接關係。再往前追溯，旗人與漢人語言文化的接觸與交融在入關前已經十分深刻。本叢書收集整理的這些語料直接反映了清代以來北京話、京味文化的發展變化。

早期北京話有獨特的歷史傳承和文化底藴，於中華文化、歷史有特別的意義。

一者，這一時期的北京歷經滿漢雙語共存、雙語互協而新生出的漢語方言——北京話，它最終成爲我國民族共同語（普通話）的基礎方言。這一過程是中華多元一體文化自然形成的諸過程之一，對於了解形成中華文化多元一體關係的具體進程有重要的價值。

二者，清代以來，北京曾歷經數次重要的社會變動：清王朝的逐漸孱弱、八國聯軍的入侵、帝制覆滅和民國建立及其伴隨的滿漢關係變化、各路軍閥的來來往往、日本侵略者的占領，等等。在這些不同的社會環境下，北京人的構成有無重要變化？北京話和京味文化是否有變化？進一步地，地域方言和文化與自身的傳承性或發展性有着什麽樣的關係？與社會變遷有着什麽樣的關係？清代以至民國時期早期北京話的語料爲研究語言文化自身傳承性與社會的關係提供了很好的素材。

了解歷史纔能更好地把握未來。新中國成立後，北京不僅是全國的政治中心，而且是全國的文化和科研中心，新的北京話和京味文化或正在形成。什麼是老北京京味文化的精華？如何傳承這些精華？爲把握新的地域文化形成的規律，爲傳承地域文化的精華，必須對過去的地域文化的特色及其形成過程進行細致的研究和理性的分析。而近幾十年來，各種新的傳媒形式不斷涌現，外來西方文化和國内其他地域文化的衝擊越來越强烈，北京地區人口流動日趨頻繁，老北京人逐漸分散，老北京話已幾近消失。清代以來各個重要歷史時期早期北京話語料的保護整理和研究迫在眉睫。

“早期北京話珍本典籍校釋與研究（暨早期北京話文獻數字化工程）”是北京大學中國語言學研究中心研究成果，由“早期北京話珍稀文獻集成”“早期北京話數據庫”和“早期北京話研究書系”三部分組成。“集成”收録從清中葉到民國末年反映早期北京話面貌的珍稀文獻并對内容加以整理，“數據庫”爲研究者分析語料提供便利，“研究書系”是在上述文獻和數據庫基礎上對早期北京話的集中研究，反映了當前相關研究的最新進展。

本叢書可以爲語言學、歷史學、社會學、民俗學、文化學等多方面的研究提供素材。

願本叢書的出版爲中華優秀文化的傳承做出貢獻！

王洪君　郭鋭　劉雲

二〇一六年十月

“早期北京話珍稀文獻集成”序

清民兩代是北京話走向成熟的關鍵階段。從漢語史的角度看，這是一個承前啓後的重要時期，而成熟後的北京話又開始爲當代漢民族共同語——普通話源源不斷地提供着養分。蔣紹愚先生對此有着深刻的認識：“特别是清初到19世紀末這一段的漢語，雖然按分期來説是屬於現代漢語而不屬於近代漢語，但這一段的語言（語法，尤其是詞彙）和‘五四’以後的語言（通常所説的‘現代漢語’就是指‘五四’以後的語言）還有若干不同，研究這一段語言對於研究近代漢語是如何發展到‘五四’以後的語言是很有價值的。”（《近代漢語研究概要》，北京大學出版社，2005年）然而國内的早期北京話研究并不盡如人意，在重視程度和材料發掘力度上都要落後於日本同行。自1876年至1945年間，日本漢語教學的目的語轉向當時的北京話，因此留下了大批的北京話教材，這爲其早期北京話研究提供了材料支撑。作爲日本北京話研究的奠基者，太田辰夫先生非常重視新語料的發掘，很早就利用了《小額》《北京》等京味兒小説材料。這種治學理念得到了很好的傳承，之後，日本陸續影印出版了《中國語學資料叢刊》《中國語教本類集成》《清民語料》等資料匯編，給研究帶來了便利。

新材料的發掘是學術研究的源頭活水。陳寅恪《〈敦煌劫餘録〉序》有云：“一時代之學術，必有其新材料與新問題。取用此材料，以研求問題，則爲此時代學術之新潮流。”我們的研究要想取得突破，必須打破材料桎梏。在具體思路上，一方面要拓展視野，關注“異族之故書”，深度利用好朝鮮、日本、泰西諸國作者所主導編纂的早期北京話教本；另一方面，更要利用本土優勢，在“吾國之舊籍”中深入挖掘，官話正音教本、滿漢合璧教本、京味兒小説、曲藝劇本等新類型語料大有文章可做。在明確了思路之後，我們從2004年開始了前期的準備工作，在北京大學中國語言學研究中心的大力支持下，早期北京話的挖掘整理工作於2007年正式啓動。本次推出的“早期北京話珍稀文獻集成”是階段性成果之一，總體設計上“取異族之故書與吾國之舊籍互相補正”，共分“日本北京話教科書匯編”“朝鮮日據時期漢語會話書匯編”“西人北京話教科書匯編”“清代滿漢合璧文獻萃編”“清代官話正音文獻”“十全福”“清末民初京味兒小説書系”“清末民初京味兒時評書系”八個系列，臚列如下：

“日本北京話教科書匯編”於日本早期北京話會話書、綜合教科書、改編讀物和風俗紀聞讀物中精選出《燕京婦語》《四聲聯珠》《華語跬步》《官話指南》《改訂官話指南》《亞細亞言語集》《京華事略》《北京紀聞》《北京風土編》《北京風俗問答》《北京事情》《伊蘇普喻言》《搜奇新編》《今古奇觀》等二十餘部作品。這些教材是日本早期北京話教學活動的縮影，也是研究早期北京方言、民俗、史地問題的實貴資料。本系列的編纂得到了日本學界的大力幫助。冰野善寬、内田慶市、太田齋、鱒澤彰夫諸先生在書影拍攝方面給予了諸多幫助。書中日語例言、日語小引的翻譯得到了竹越孝先生的悉心指導，在此深表謝忱。

“朝鮮日據時期漢語會話書匯編”由韓國著名漢學家朴在淵教授和金雅瑛博士校注，收入《改正增補漢語獨學》《修正獨習漢語指南》《高等官話華語精選》《官話華語教范》《速修漢語自通》《速修漢語大成》《無先生速修中國語自通》《官話標準：短期速修中國語自通》《中語大全》《“内鮮滿”最速成中國語自通》等十餘部日據時期（1910年至1945年）朝鮮教材。這批教材既是對《老乞大》《朴通事》的傳承，又深受日本早期北京話教學活動的影響。在中韓語言史、文化史研究中，日據時期是近現代過渡的重要時期，這些資料具有多方面的研究價值。

“西人北京話教科書匯編”收録了《語言自邇集》《官話類編》等十餘部西人編纂教材。這些西方作者多受過語言學訓練，他們用印歐語的眼光考量漢語，解釋漢語語法現象，設計記音符號系統，對早期北京話語音、詞彙、語法面貌的描寫要比本土文獻更爲精準。感謝郭鋭老師提供了《官話類編》《北京話語音讀本》和《漢語口語初級讀本》的底本，《尋津録》、《語言自邇集》（第一版、第二版）、《漢英北京官話詞彙》、《華語入門》等底本由北京大學圖書館特藏部提供，謹致謝忱。《華英文義津逮》《言語聲片》爲筆者從海外購回，其中最爲珍貴的是老舍先生在倫敦東方學院執教期間，與英國學者共同編寫的教材——《言語聲片》。教材共分兩卷：第一卷爲英文卷，用英語講授漢語，用音標標注課文的讀音；第二卷爲漢字卷。《言語聲片》采用先用英語導入，再學習漢字的教學方法講授漢語口語，是世界上第一部有聲漢語教材。書中漢字均由老舍先生親筆書寫，全書由老舍先生録音，共十六張唱片，京韵十足，殊爲珍貴。

上述三類“異族之故書”經江藍生、張衛東、汪維輝、張美蘭、李無未、王順洪、張西平、魯健驥、王澧華諸先生介紹，已經進入學界視野，對北京話研究和對外漢語教學史研究産生了很大的推動作用。我們希望將更多的域外經典北京話教本引入進來，考慮到日本卷和朝鮮卷中很多抄本字迹潦草，難以辨認，而刻本、印本中也存在着大量的異體字和俗字，重排點校注釋的出版形式更利於研究者利用，這也是前文“深度利用”的含義所在。

對“吾國之舊籍”挖掘整理的成果，則體現在下面五個系列中：

“清代滿漢合璧文獻萃編”收入《清文啓蒙》《清話問答四十條》《清文指要》《續編兼漢清文指要》《庸言知旨》《滿漢成語對待》《清文接字》《重刻清文虚字指南編》等十餘部經典滿漢合璧文獻。入關以後，在漢語這一强勢語言的影響下，熟習滿語的滿人越來越少，故雍正以降，出現了一批用當時的北京話注釋翻譯的滿語會話書和語法書。這批教科書的目的本是教授旗人學習滿語，却無意中成爲了早期北京話的珍貴記録。“清代滿漢合璧文獻萃編”首次對這批文獻進行了大規模整理，不僅對北京話溯源和滿漢語言接觸研究具有重要意義，也將爲滿語研究和滿語教學創造極大便利。由於底本多爲善本古籍，研究者不易見到，在北京大學圖書館古籍部和日本神户市外國語大學竹越孝教授的大力協助下，“萃編”將以重排點校加影印的形式出版。

“清代官話正音文獻”收入《正音撮要》（高静亭著）和《正音咀華》（莎彝尊著）兩種代表著作。雍正六年（1728），雍正諭令福建、廣東兩省推行官話，福建爲此還專門設立了正音書館。這一“正音”運動的直接影響就是以《正音撮要》和《正音咀華》爲代表的一批官話正音教材的問世。這些書的作者或爲旗人，或寓居京城多年，書中保留着大量北京話詞彙和口語材料，具有極高的研究價值。沈國威先生和侯興泉先生對底本搜集助力良多，特此致謝。

《十全福》是北京大學圖書館藏《程硯秋玉霜簃戲曲珍本》之一種，爲同治元年陳金雀抄本。陳曉博士發現該傳奇雖爲崑腔戲，念白却多爲京話，較爲罕見。

以上三個系列均爲古籍，且不乏善本，研究者不容易接觸到，因此我們提供了影印全文。

總體來説，由於言文不一，清代的本土北京話語料數量較少。而到了清末民初，風氣漸開，情況有了很大變化。彭翼仲、文實權、蔡友梅等一批北京愛國知識分子通過開辦白話報來“開啓民智”“改良社會”。著名愛國報人彭翼仲在《京話日報》的發刊詞中這樣寫道：“本報爲輸進文明、改良風俗，以開通社會多數人之智識爲宗旨。故通幅概用京話，以淺顯之筆，達樸實之理，紀緊要之事，務令雅俗共賞，婦稚咸宜。”在當時北京白話報刊的諸多欄目中，最受市民歡迎的當屬京味兒小説連載和《益世餘譚》之類的評論欄目，語言極爲地道。

“清末民初京味兒小説書系”首次對以蔡友梅、冷佛、徐劍膽、儒丐、勳鋭爲代表的晚清民國京味兒作家群及作品進行系統挖掘和整理，從千餘部京味兒小説中萃取代表作家的代表作品，并加以點校注釋。該作家群活躍於清末民初，以報紙爲陣地，以小説爲工具，開展了一場轟轟烈烈的底層啓蒙運動，爲新文化運動的興起打下了一定的群衆基礎，他們的作品對老舍等京味兒小説大家的創作産生了積極影響。本系列的問世亦將爲文學史和思想史研究提供議題。于潤琦、方梅、陳清茹、雷曉彤諸先生爲本系列提供了部分底本或館藏綫索，首都圖書館歷史文獻閲覽室、天津圖書館、國家圖書館提供了極大便利，謹致謝意！

“清末民初京味兒時評書系”則收入《益世餘譚》和《益世餘墨》，均係著名京味兒小説家蔡友梅在民初報章上發表的專欄時評，由日本岐阜聖德學園大學劉一之教授、矢野賀子教授校注。

這一時期存世的報載北京話語料口語化程度高，且總量龐大，但發掘和整理却殊爲不易，稱得上“珍稀”二字。一方面，由於報載小説等欄目的流行，外地作者也加入了京味兒小説創作行列，五花八門的筆名背後還需考證作者是否爲京籍，以蔡友梅爲例，其真名爲蔡松齡，查明的筆名還有損、損公、退化、亦我、梅蒐、老梅、今睿等。另一方面，這些作者的作品多爲急就章，文字錯訛很多，并且鮮有單行本存世，老報紙殘損老化的情況日益嚴重，整理的難度可想而知。

上述八個系列在某種程度上填補了相關領域的空白。由於各個系列在内容、體例、出版年代和出版形式上都存在較大的差異，我們在整理時借鑒《朝鮮時代漢語教科書叢刊續編》《〈清文指要〉匯校與語言研究》等語言類古籍的整理體例，結合各個系列自身特點和讀者需求，靈活制定體例。“清末民初京味兒小説書系”和“清末民初京味兒時評書系”年代較近，讀者群體更爲廣泛，經過多方調研和反復討論，我們決定在整理時使用簡體横排的形式，儘可能同時滿足專業研究者和普通讀者的需求。“清代滿漢合璧文獻萃編”“清代官話正音文獻”等系列整理時則采用繁體。“早期北京話珍稀文獻集成”總計六十餘册，總字數近千萬字，稱得上是工程浩大，由於我們能力有限，體例和校注中難免會有疏漏，加之受客觀條件所限，一些擬定的重要書目本次無法收入，還望讀者多多諒解。

“早期北京話珍稀文獻集成”可以説是中日韓三國學者通力合作的結晶，得到了方方面面的幫助，我們還要感謝陸儉明、馬真、蔣紹愚、江藍生、崔希亮、方梅、張美蘭、陳前瑞、趙日新、陳躍紅、徐大軍、張世方、李明、鄧如冰、王强、陳保新諸先生的大力支持，感謝北京大學圖書館的協助以及蕭群書記的熱心協調。“集成”的編纂隊伍以青年學者爲主，經驗不足，兩位叢書總主編傾注了大量心血。王洪君老師不僅在經費和資料上提供保障，還積極扶掖新進，“我們搭臺，你們年輕人唱戲”的話語令人倍感温暖和鼓舞。郭鋭老師在經費和人員上也予以了大力支持，不僅對體例制定、底本選定等具體工作進行了細緻指導，還無私地將自己發現的新材料和新課題與大家分享，令人欽佩。“集成”能够順利出版還要特别感謝國家出版基金規劃管理辦公室的支持以及北京大學出版社王明舟社長、張鳳珠副總編的精心策劃，感謝漢語編輯部杜若明、鄧曉霞、張弘泓、宋立文等老師所付出的辛勞。需要感謝的師友還有很多，在此一并致以誠摯的謝意。

“上窮碧落下黃泉，動手動脚找東西。”我們不奢望引領“時代學術之新潮流”，惟願能給研究者帶來一些便利，免去一些奔波之苦，這也是我們向所有關心幫助過“早期北京話珍稀文獻集成”的人士致以的最誠摯的謝意。

劉 雲

二〇一五年六月二十三日

於對外經貿大學求索樓

二〇一六年四月十九日

改定於潤澤公館

整理説明

一　體例説明[1]

“清代滿漢合璧文獻萃編”（以下簡稱“萃編”）一共收入《清文啓蒙》《清話問答四十條》《一百條》《清語易言》《清文指要》《續編兼漢清文指要》《庸言知旨》《滿漢成語對待》《清文接字》《字法舉一歌》《重刻清文虚字指南編》等十一種清代滿漢合璧教本，大致分爲三類：（一）綜合性教本：如《清文啓蒙》和《清語易言》，既有會話内容，也涉及語音、詞彙、語法；（二）會話類教本：包括《清話問答四十條》《一百條》《清文指要》《續編兼漢清文指要》《庸言知旨》和《滿漢成語對待》六種；（三）虚詞和語法類教本：包括《清文接字》《字法舉一歌》和《重刻清文虚字指南編》三種。“萃編”首次對清代滿漢合璧教本進行系統整理，爲研究清代北京話、滿語以及滿漢語言接觸提供了材料上的便利。

“萃編”各書均由六部分組成：（一）書影；（二）導讀；（三）重排本；（四）轉寫本；（五）漢文詞彙索引；（六）影印本。各部分體例介紹如下：

（一）書影

各書文前均附彩色書影若干張。

（二）導讀

導讀部分對本書的作者、内容特點、版本和研究價值加以介紹。

（三）重排本

重排本爲豎排，版式大致仿照底本，滿文部分字體采用太清文鑒體，居左列，對應的漢文采用宋體繁體，居右列。滿文和漢文均經過校對整理。

1　本部分由劉雲執筆。

（四）轉寫本

轉寫本爲横排，這部分是校勘整理工作的重點，以會話類教本《清話問答四十條》中的第一句爲例：

1-1[A] age simbe tuwa-qi,

阿哥 你.**賓** 看-**條**

阿 哥 看 你，（1a2）

底本中這一句以滿左漢右的形式呈現，占兩列，在轉寫本增加爲三行。第一行采用太清轉寫方案對底本中的滿文進行轉寫（詳見第二部分“太清轉寫方案説明”），更利於母語爲漢語的學習者和研究者使用。第三行對底本中的漢文部分進行整理，繁體字、簡化字照録，異體字、俗字等疑難字改爲相應的繁體正字，個别難以辨識的疑難字則照録原文。根據不同版本對滿文和漢文部分所做的校勘工作在脚注中予以説明。爲了方便不熟悉滿語的研究者使用，我們增列了第二行，對第一行滿文轉寫進行逐詞對譯，其中黑體字（如上例中的“**賓**”和“**條**”）是我們針對一些虚詞或語法標記專門設計的一套漢語術語（第三部分“語法標注方案”中有詳細介紹）。

此外爲了方便讀者檢索詞彙和查找底本，我們給會話類教本中的每一句都加注了索引號（如1-1[A]）和底本號（1a2），“1-1[A]”中第一個“1”代表第一節，第二個“1”代表第一句，上標的A和B代表對話人A和B，所以“1-1[A]”的完整意義就是“第一節的第一句，是A説的”。索引部分“阿哥、看、你”所對應的索引號衹有“1-1”，讀者很容易找到這些詞在轉寫本中的位置。

而在句尾底本號“1a2”中，“1”代表底本葉心所記葉數爲“一”的書葉（古籍一個書葉大致對應於現代出版物中一頁紙張的正反兩面），“a”代表該葉的上半葉，“b”代表該葉的下半葉，“2”代表該半葉“第二大列”（多數情況下一個大列由一列滿文和一列對應的漢文構成。個别情況下滿漢文會混爲一大列，但此時大列之間的界限也會比較分明）。“1a2”的完整意義指在“底本第一葉上半葉的第二大列”能够找到這句話對應的滿漢原文。由於底本中的一些語句較長（尤其是滿文部分，通常比漢文長），經常會出現跨大列甚至跨葉的情況，例如：

1-3 sure banji-ha-bi,
聰明 生長-**完**-**現**
生的伶俐，（1a2-3）

1-7 bengsen taqi-re be hono ai se-re,
本事 學習-**未** **賓** 尚且 什麼 説-**未**
學本事還算不得什麼，（1a5-b1）

“1a2-3”表示在“底本第一葉上半葉的第二大列和第三大列”能找到該句對應的滿漢原文，“1a5-b1”則表示該句的滿漢原文位於“底本第一葉上半葉的第五大列和底本第一葉下半葉的第一大列”。通過上述底本號，讀者可以迅速定位相應的底本原文。

而《清文接字》等虚詞和語法類教本中的講解部分則無須逐詞對照和逐句索引，涉及的知識點、語法點酌情劃分爲若干小節，節號用“[1]……”表示。

（五）漢文詞彙索引

“萃編”索引爲選詞索引，重點選擇當時的口語詞以及一些特殊的虚詞、語法標記作爲詞目，并列齊詞目所在的原文語句的索引號。需要注意的是，虚詞和語法類教本中因較少出現口語詞彙，未出索引。綜合性教本中的語法講解部分也作同樣處理。爲了方便讀者查閲，漢文詞彙索引作爲附録，附於轉寫本後。

（六）影印本

滿漢合璧教本存世數量有限，館藏分散，且相當一部分已被列入善本，研究者鮮有機會一窺全貌。承蒙北京大學圖書館古籍部和日本大阪大學圖書館大力支持，“萃編”得以集齊相關底本，可爲研究者提供第一手材料。其中《一百條》《清語易言》的底本由日本大阪大學圖書館提供，竹越孝先生和陳曉博士其間出力甚夥；其餘九種底本皆爲北京大學圖書館藏本，感謝古籍部李雲、丁世良、常雯嵐等老師的大力協助。各書整理者在校勘整理過程中，還親赴國家圖書館、中央民族大學圖書館、日本國會圖書館、早稻田大學圖書館、天理圖書館、大阪大學圖書館、哈佛大學圖書館等處，查閲并參校了數量可觀的不同版本。另外，承北京外國語大學王繼紅教授惠示相關版本，特此致謝。

二 太清轉寫方案説明[1]

滿文自1599年創製以來，已有四百餘年歷史。清初，來華傳教士出於學習、研究和印刷的方便，創製了最早針對滿文的拉丁字母轉寫方案——俄國有基里爾字母轉寫方案，日、韓亦有用本民族字母轉寫滿文的方案，本文不做討論——目前，無論是國際還是國内，針對滿文都有多套拉丁字母轉寫方案，尚未達成統一。

本次整理包括《重刻清文虚字指南編》《清文啓蒙》等在内的十一種古籍，爲方便更多的科研工作者利用本"萃編"的語料，特增加滿文拉丁轉寫并附全文語法標注。據不完全統計，目前常見的滿文拉丁轉寫方案有八種。因此，在本"萃編"編寫中就涉及使用何種拉丁轉寫方案的問題。

本次整理工作，經過慎重考慮，采用由馬旭東先生設計的太清轉寫系統。做出這種決定的理由如下：

（一）本"萃編"讀者中絶大部分是以漢語爲母語或極其熟悉漢語文的人士，他們對漢語拼音相對敏感和熟悉，而太清轉寫系統與漢語拼音的高度一致性爲他們使用本"萃編"提供了便利。其他轉寫系統都或多或少地受到印歐語文的影響，出現了用如"dz""ts"等與中文拼音存在明顯差異的雙字母轉寫單輔音的情況，讓漢語母語者感到困惑。

（二）太清轉寫方案除"ng"外，没有使用雙字母表示音位，且没有使用26個字母之外的拉丁擴展字母，是一種經濟的方案。太清轉寫方案放弃了"š""ū""ž""ü""ö""ô""ů"等對絶大多數讀者來説陌生的擴展拉丁字母，加入了爲大部分轉寫方案放弃的"q""v"等基本拉丁字母。

（三）太清轉寫方案相較其他方案，對編寫書籍整理中使用的工具軟件更友好。其他的轉寫系統因爲不同程度地引入中國人不熟悉的"š""ū""ž""ü""ö""ô""ů"等擴展拉丁字母，使得不同的人在輸入這些字母時可能會用到看起來相同、但實際上編碼不同的字母，導致後期的詞彙索引、字母頻度等統計工作難以使用各種統計小工具。而太清轉寫系統嚴格使用26個字母和撇號來轉寫滿文，避免了這些問題，節省了大量的

1 本部分由馬旭東、王碩執筆。

人力和不必要的失誤。

（四）目前太清轉寫方案被十餘萬滿語文使用者當作“亞文字”“拉丁化滿文”“新新滿文”在各種場合中使用。在非學術領域，太清轉寫系統是絶對的强勢方案。基於抽樣調查的保守估計，目前在中國有超過十萬人使用該方案以服務語言生活。在學術領域，太清轉寫系統正被越來越多的機構和學者接受，比如：荷蘭萊頓大學漢學院正在進行的有史以來規模最大的歐盟滿學古籍數字化工程就采用了該系統，韓國慶熙大學，我國清華大學、中國人民大學、中央民族大學等高校的青年學者們也逐漸轉向於此。

基於以上四點理由，我們審慎地選擇了太清轉寫系統。

下面我們將用表格方式對比太清轉寫系統和其他系統，以方便廣大的讀者使用本“萃編”。以下表格轉引自馬旭東《滿文拉丁字母轉寫研究》（未刊稿），本文僅做適當調整。

1. 元音字母：

滿文	ᠠ	ᡝ	ᡳ	ᡟ	ᠣ	ᡠ	ᡡ
國際音標	/ɑ/	/ə/	/i/	/ɿ/	/ɔ/	/u/	/ʊ/
太清	a	e	i, (y')*	y'	o	u	v
穆麟德	a	e	i, y	y, 無	o	u	ū
BablePad	a	e	i	y	o	u	uu
新滿漢	a	e	i, y	y	o	u	uu
五體	a	e	i, y	y	o	u	ů
語彙集	a	e	i, y	y	o	u	û
Harlez	a	e	i		o	u	ô
Adam	a	e	i		o	u	ȯ
其他		ä, ö		ï	ô	ou	oe, ō

*衹有在輔音ᡮ、ᡯ後的ᡳ纔轉寫爲y’。

2. 輔音字母：

滿文	ᠪ	ᡦ	ᠮ	ᡶ ᡶ	ᡩ ᡩ (ᡩ)*	ᡨ ᡨ	ᠨ	ᠯ
國際音標	/p/	/pʰ/	/m/	/f/	/t/	/tʰ/	/n/	/l/
太清	b	p	m	f	d	t	n/n'**	l
穆麟德	b	p	m	f	d	t	n	l
BablePad	b	p	m	f	d	t	n	l
新滿漢	b	p	m	f	d	t	n	l
五體	b	p	m	f	d	t	n	l
語彙集	b	p	m	f	d	t	n	l
Harlez	b	p	m	f	d	t	n	l
Adam	b	p	m	f	d	t	n	l
其他	p	p'			t	t'		

*輔音字母d在母音字母v前没有點兒，故而ᡩᡡ轉寫爲dv，而非tv。

**在單詞尾的輔音字母ᠨ轉寫爲n'。

滿文	ᡤ ᡤ	ᡴ ᡴ	ᡥ ᡥ	ᠩ	ᡤ	ᡴ	ᡥ
國際音標	/k, q/	/kʰ, qʰ/	/x, χ/	/ɴ, ŋ/	/k/	/kʰ/	/x/
太清	g	k	h	ng	g'	k'	h'
穆麟德	g	k	h	ng	gʿ	kʿ	hʿ
BablePad	g	k	h	ng	gh	kh	hh
新滿漢	g	k	h	ng	gg	kk	hh
五體	g	k	h	ng	ǵ	kʿ	h́
語彙集	g	k	h	ng	g'	k'	h'
Harlez	g	k	h	ng	g'	k'	h'
Adam	g	k	h	ng	g'	k'	h'
其他	k,γ	k', q	x, gh	ń, ñ, ṅ	ġ	ḱ	h̊, xx, x'

滿文	ᠵ	ᠴ	ᡧ	ᡰ	ᡯ	ᡮ	ᠰ	ᡵ	ᠶ	ᠸ
國際音標	/tʃ/	/tʃʰ/	/ʃ/	/ɻ/	/ts/	/tsʰ/	/s/	/r/	/j/	/w/
太清	j	q	x	r’	z	c	s	r	y	w
穆麟德	j	c	š	ž	dz	tsʻ	s	r	y	w
BablePad	j	c	x	z	dz	ts	s	r	y	w
新滿漢	zh	ch	sh	rr	z	c	s	r	y	w
五體	j	c	š	ž	dz	tsʻ	s	r	y	w
語彙集	j	c	s̀	z̀	z	zh	s	r	y	w
Harlez	j	c	s’	z’	dz	ts	s	r	y	w
Adam	j	c	x	ż	z	z’	s	r	y	w
其他	ǰ, ch	č, chʻ	j, ǰ	zh	tz	c̀,		rr, r’	j	v

3. 知、蚩、詩、日、資、雌、思音節：

滿文	ᠵᡟ	ᠴᡟ	ᡧᡳ	ᡰᡳ	ᡯᡳ	ᡮᡟ	ᠰᡟ
國際音標	/tʂʅ/	/tʂʰʅ/	/ʂʅ/	/ɻʅ/	/tsɿ/	/tsʰɿ/	/sɿ/
太清	jy’	qy’	xi	r’i	zi	cy’	sy’
穆麟德	jy	cʻy	ši	ži	dzi	ts	sy
BablePad	zhi	chi	xi	zi	dzi	tsy	sy
新滿漢	zhy	chy	shi	rri	zy	cy	sy
五體	jĭ	c’i	ši	ži	dzy	tsʻy	sy
語彙集	jĭ	cĭ	s̀i	z̀i	zy	c̀y	sy
Harlez	j’h	c’h	s’i	z’i	dz	ts	ss
Adam	j’i	c’i	xi	żi	-	-	ş
其他	d’i, ʒi, ǰi, jhi	çi, či		zhi	ze, tzi	tsï, zhy	sï

三 語法標注方案

1. 複——複數

在滿語中，指人的名詞可以通過接綴附加成分-sa、-se、-si、-so、-ta、-te、-ri構成其複數形式。如：

sakda-sa
老人-複
老人們

axa-ta
嫂子-複
嫂子們

在職務名詞後分寫的sa、在人名後分寫的se可以表達“……等人”之意。如：

oboi baturu sa
鰲拜 巴圖魯 複
鰲拜巴圖魯等

batu se
巴圖 複
巴圖等人

2. 屬——屬格格助詞

滿語的屬格格助詞爲-i或ni，用於標記人或事物的領屬關係等。如：

bou-i kouli
家-屬 規矩
家規

daiming ni qouha
大明 屬 士兵
大明的士兵

3. 工——工具格格助詞

滿語的工具格格助詞爲-i或ni，用於標記完成動作、行爲所借助的工具或手段。如：

tondo -i ejen be uile-mbi
忠 **工** 君主 **賓** 侍奉-**現**
以忠事君

qiyanliyang ni uda-mbi
錢糧 **工** 買-**現**
用錢糧買

另外，形容詞可以和工具格格助詞一起構成副詞來修飾動詞。如：

nuhan -i gama-mbi
從容 **工** 安排-**現**
從容地安排

4. 賓——賓格格助詞

滿語的賓格格助詞爲be，用於標記賓語，即動作、行爲所指向的受事。如：

bithe hvla-ra be sa-qi, ai gisure-re ba-bi?
書 讀-**未** **賓** 知道-**條** 什麼 説話-**未** 處-**有**
知道該念書，有什麼説處呢？

賓格格助詞be也可用於標記所經之處。如：

musei qouha nimanggi alin be gemu dule-ke.
咱們.**屬** 軍隊 雪 山 **賓** 都 經過-**完**
我兵皆已越過雪山。

5. 位——位格格助詞

滿語的位格格助詞爲de，用於標記動作發生的地點、時間、原因，以及人或事物所處的地點、時間和狀態等。如：

mujilen de eje-mbi.
心 **位** 記住-**現**
心裏頭記。

位格格助詞de也可用於標記動作、行爲進行的手段、方式。如：

emu gisun de waqihiya-me mute-ra-kv.

一 話語 位 完結-并 能够-未-否

不是一言能盡的。

某些由de構成的詞或詞組具有連詞、副詞等功能，如aikabade“若”，ede“因此”，emde“一同”，jakade“……之故；……之時”，ohode“若”等，可以不對其進行拆分標注，僅標注詞義。如：

bi gene-ra-kv ohode, tere mimbe jabqa-ra-kv-n?

我 去-未-否 倘若 他 我.賓 埋怨-未-否-疑

我若不去的時候，他不埋怨我麽?

6. 與——與格格助詞

滿語的與格格助詞爲de，用於標記動作、行爲的方向、目的和對象等。如：

niyalma de tusa ara-mbi.

人 與 利益 做-現

與人方便。

sy' pai leu se-re ba-de gene-mbi.

四 牌 樓 叫-未 地方-與 去-現

往四牌樓去。

7. 從——從格格助詞

滿語的從格格助詞爲qi，用於標記動作、行爲的起點、來源、原因等。另外，在事物之間進行比較時，從格格助詞qi用於標記比較的起點。如：

abka qi wasi-mbi.

天 從 降下-現

自天而降。

i sinqi antaka? minqi fulu.

他 你.從 怎麽樣 我.從 强

他比你如何？比我强。

8. 經——經格格助詞

滿語的經格格助詞爲deri，用於標記動作、行爲經過、通過之處。如：

edun sangga deri dosi-mbi.
風 孔 **經** 進入-**現**
風由孔入。

gisun angga deri tuqi-mbi.
話 嘴巴 **經** 出來-**現**
話從口出。

9. 完——完整體

滿語中動詞的完整體附加成分爲-HA（-ha/-he/-ho, -ka/-ke/-ko），表示做完了某動作或行爲。如：

erdemu ili-bu-ha manggi gebu mutebu-mbi.
德才 立-**使**-**完** 之後 名字 能成-**現**
德建而後名立。

aga hafu-ka.
雨 濕透-**完**
雨下透了。

在句中，動詞的完整體形式具有形容詞或名詞詞性。如：

ama eme -i taqibu-ha gisun be, gelhun akv jurqe-ra-kv.
父親 母親 **屬** 教導-**完** 話語 **賓** 怕 **否** 悖逆-**未**-**否**
父母教的話，不敢違背。

此句中taqibuha爲動詞taqibumbi“教導”的完整體形式，做形容詞修飾gisun，taqibuha gisun即“教導的話”。

sini gosi-ha be ali-ha.
你.**屬** 憐愛-**完** **賓** 接受-**完**
領了你的情。

此句中gosiha爲動詞gosimbi“憐愛”的完整體形式，在句中具有名詞詞性，做謂語動詞aliha的賓語，aliha是動詞alimbi“接受”的完整體形式。

10. 未——未完整體

滿語中動詞的未完整體附加成分一般爲-rA（-ra/-re/-ro），表示動作發生，没結束，或者將要發生。也可用於表達常識、公理等。如：

bi amala qouha fide-fi da-me gene-re.
我 然後 軍隊 調兵-**順** 救援-**并** 去-**未**
吾隨後便調兵接應也。

niyalma o-qi emu beye -i duin gargan be uherile-re.
人 成爲-**條** 一 身體 **屬** 四 肢 **賓** 統共-**未**
人以一身統四肢。

與完整體相似的是，動詞的未完整體形式在句中也具有形容詞或名詞詞性。如：

taqi-re urse
學習-**未** 者
學習者

taqire爲動詞taqimbi"學習"的未完整體形式，在此句中作形容詞修飾名詞urse"者"。

faihaqa-ra be baibu-ra-kv.
急躁-**未** **賓** 需要-**未**-**否**
不必着急。

faihaqara爲動詞faihaqambi"急躁"的未完整體形式，在此句中faihaqara是謂語動詞baiburakv"不必"的賓語。

11. 現——現在將來時

滿語中動詞的現在將來時附加成分爲-mbi，源自動詞bi"存在；有"，表示動作、行爲發生在説話的當前時刻或未來。也可用來泛指客觀事實、普遍真理等等。如：

age si bou-de aina-mbi? bithe hvla-mbi.
阿哥 你 家-**位** 做什麽-**現** 書 讀-**現**
阿哥你在家做什麽？讀書。

mini guqu qimari ji-mbi.

我.**屬** 朋友 明天 來-**現**

我的朋友明天來。

xun dergi qi mukde-mbi.

太陽 東方 **從** 升起-**現**

太陽從東方升起。

12. 過——過去時

滿語中動詞的過去時附加成分一般爲bihe或-mbihe，表示動作、行爲發生在説話的時刻之前。如：

dade gvwa ba-de te-mbihe.

原先 別的 處-**位** 居住-**過**

原先在別處住。

niyaman guqu de yandu-fi bai-ha bihe.

親戚 朋友 **與** 委托-**順** 找尋-**完** **過**

曾經煩親友們尋訪。

13. 否——否定式

滿語中動詞的否定附加成分爲-kv，表示不做某動作，或某動作没發生。如：

taqi-ra-kv o-qi beye-be waliya-bu-mbi-kai.

學習-**未**-**否** 可以-**條** 身體-**賓** 捨弃-**使**-**現**-也

不學則自弃也。

tuqi-bu-me gisure-he-kv.

出去-**使**-**并** 説話-**完**-**否**

没説出來。

形容詞、副詞等詞彙的否定式需要在後面接akv。akv在某些情況下也能表達實義，意思是“没有”。如：

uba-qi goro akv.

這裏-**從** 遠 **否**

離此處不遠。

taqin fonjin -i doro gvwa-de akv.

學　問　**屬** 道理　其他-**位**　**否**

學問之道無他。

14. 疑——疑問語氣

滿語中表達疑問的附加成分爲-u和-n。如：

tere niyalma be taka-mbi-u?

那　人　**賓**　認識-**現**-**疑**

認得那個人麼？

baitala-qi ojo-ra-kv-n?

使用-**條**　可以-**未**-**否**-**疑**

不可用麼？

除此之外，還有表達疑問或反問的語氣詞，如na、ne、no、nu、ya等。

15. 祈——祈使式

滿語的祈使式分爲命令語氣和請願語氣。

1）動詞的詞幹可以表達命令語氣，即説話人直接命令聽話人做某事。如：

bithe be ure-me hvla.

書　**賓** 熟-**并**　讀.**祈**

將書熟熟的念。

2）附加成分-kini表達説話人對他人的欲使、指令、祝願等語氣。-kini後面連用sembi時，sembi引導説話人欲使、指令的内容，sembi在句中會有相應的形態變化。如：

bithe hvla-ra niyalma gvnin werexe-kini.

書　讀-**未**　人　心　留心-**祈**

讀書之人留心。

ejen -i jalafun enteheme akdun o-kini.

君主 **屬** 壽命　永遠　堅固　成爲-**祈**

願汗壽域永固。

si imbe ureshvn -i hvla-kini se.
你 他.賓 熟練 工 讀-祈 説.助.祈
你叫他念得熟熟地。

上句使用了兩次祈使式，-kini表達説話人欲使他人“熟讀”，se爲sembi祈使式，表達説話人對聽話人的命令語氣。

3）附加成分-ki表達説話人對聽話人的祈請語氣，請聽話人做某事。還可以表達説話人自己想要做某事。-ki後面連用sembi時，sembi引導祈請的内容，sembi在句中會有相應的形態變化。

説話人請聽話人做某事，如：

nahan -i dele te-ki.
炕 屬 上 坐-祈
請在炕上坐。

説話人自己想要做某事。如：

gurun -i mohon akv kesi be hukxe-me karula-me faxxa-ki.
國家 屬 盡頭 否 恩 賓 感激-并 報答-并 奮勉-祈
感戴國家無窮的恩澤，願奮力報效。

bithe be tuwa-ki se-qi hafu buleku be tuwa.
書 賓 看-祈 説.助-條 通 鑒 賓 看.祈
要看書看《通鑒》。

此句中seqi引導了經由説話人之口説出、聽話人想要做的事情bithe be tuwaki“想要看書”，seqi爲助動詞sembi的條件副動詞形式。tuwa爲動詞tuwambi“看”的動詞詞幹形式，表達了説話人的命令語氣。

4）附加成分-rAu（-rau/-reu/-rou）表達説話人對聽話人的請求。-rAu可拆分爲未完整體附加成分-rA和疑問式附加成分-u，這種不確定性的疑問語氣使得-rAu所表達的祈請比-ki更顯尊敬，用於對長輩、上級等提出請求。如：

kesi isibu-me xolo xangna-rau.
恩 施予-并 空閑 賞賜-祈
懇恩賞假。

此句爲説話人請求上級領導恩賜假期。

5）附加成分-qina表達説話人對聽話人的建議、祈請，態度比較隨意，不可對尊長、不熟悉的人使用，可對下級、平輩、熟人、好友使用。如：

yo-ki se-qi, uthai yo-qina.

走-祈 说.助-條 就 走-祈

要走，就走罷。

此句中yoki“要走”爲説話人認爲聽話人想要做的事情，由seqi引導，yoqina“走吧”表達祈使語氣，態度隨意，不够客氣。

16. 虚——虚擬語氣

附加成分-rahv和ayou用於表達“恐怕”“擔心”的意思，後面可連用助動詞sembi，根據語法需要，sembi在句中會有相應的形態變化。如：

inde ala-rahv se-me teni uttu taqi-bu-me hendu-he.

他.與 告訴-虚 助-并 纔 這樣 學-使-并 説-完

恐怕告訴他纔這樣囑咐。

gungge gebu mutebu-ra-kv ayou se-mbi.

功 名 使成-未-否 虚 助-現

恐怕功名不成。

bi hono sitabu-ha ayou se-mbihe.

我 還 耽誤-完 虚 助-過

我還恐怕耽誤了。

17. 使——使動態

滿語中，動詞的使動態附加成分一般爲-bu，用於表達致使者讓某人做某事，通常受使者後面用賓格格助詞be標記。如：

ekxe-me niyalma be takvra-fi tuwa-na-bu-mbi.

急忙-并 人 賓 差遣-順 看-去-使-現

忙使人去看。

此句中，niyalma“人”是takvra-“差遣”這一動作的受使者，又是tuwana-“去看”這一動作的致使者，作爲間接賓語，用賓格格助詞be

標記。

coucou lu giyang ni ba-i taixeu hafan ju guwang be wan qeng
曹操 廬 江 **屬** 處-**屬** 太守 官員 朱 光 **賓** 宛 城

be tuwakiya-bu-mbi.
賓 看守-**使**-**現**

曹操命廬江太守朱光鎮守宛城。

此句中，太守朱光在曹操的促使下鎮守宛城，朱光既是曹操命令的受使者，也是tuwakiya-“看守”這一行爲的施事，用賓格格助詞be標記。此外，宛城是“看守”這一動作的受事，作爲直接賓語，也用be標記。

18. 被——被動態

滿語中，動詞的被動態附加成分爲-bu。如：

weri de basu-bu-mbi.
他人 **與** 耻笑-**被**-**現**

被人耻笑。

此句中，動詞basu-“耻笑”的施事爲weri“他人”，由與格格助詞de標記，受事主語（即耻笑對象）没有出現。

19. 并——并列副動詞

動詞的并列副動詞構形成分爲-me。

1）并列副動詞和後面的動詞構成并列結構，充當謂語，表示動作、行爲并列或同時發生。如：

giyan be songkolo-me fafun be tuwakiya-mbi.
理 **賓** 遵循-**并** 法令 **賓** 防守-**現**

循禮奉公。

根據動詞的詞義，副動詞形式有時可以看作相應的副詞，充當狀語修飾後面的謂語動詞。如：

ginggule-me eje-fi kiqe-ki.
恭謹-**并** 記住-**順** 勤奮-**祈**

謹記着奮勉。

此句中，副動詞gingguleme“恭謹地”修飾eje-“記住”，即“謹記”。

2）某些由-me構成的詞或詞組具有連詞、副詞等功能，如bime“和；而且”，bimbime“而且”，seme“因爲；雖然；無論”，aname“依次”，等等，可以不再拆分語法成分，僅標注整體的詞義。如：

gosin jurgan bime tondo nomhon.

仁 義 而且 忠 厚

仁義而且忠厚。

3）-me可以構成動詞的進行體，表達動作正在進行中，如現在時進行體V-me bi，過去時進行體V-me bihe。語法標注仍然寫作并列副動詞。如：

jing hergen ara-me bi.

正 字 寫-**并** **現**

正寫着字。

4）動詞的并列副動詞與助動詞mutembi和bahanambi構成固定搭配。V-me mutembi即“能够做某事”，V-me bahanambi即“學會做某事”。如：

emu gisun de waqihiya-me mute-ra-kv.

一 話語 **位** 完結-**并** 能够-**未**-**否**

不是一言能盡的。

age si manjura-me bahana-mbi-u.

阿哥 你 説滿語-**并** 學會-**現**-**疑**

阿哥你會説滿洲話嗎？

20. 順——順序副動詞

動詞的順序副動詞構形成分爲-fi。

1）順序副動詞與其後動詞共同作謂語，表示動作行爲按時間順序、邏輯順序等依次發生，做完某事再做某事。如：

dosi-fi fonji-na.

進-**順** 問-去.**祈**

進去問去。

2）順序副動詞可用於引導原因。如：

yabun tuwakiyan sain ofi, niyalma teni kundule-me tuwa-mbi.
行爲 品行 好 因爲 人 纔 尊敬-并 對待-現

因爲品行好，人纔敬重。

此句中，ofi爲ombi“成爲”的順序副動詞形式，在句中引導原因從句。

ere udu inenggi baita bifi.
這 幾 日子 事情 因有

這幾日因爲有事。

此句中，bifi爲bimbi“存在”的順序副動詞形式。

3）-fi可以構成動詞的完成體，如現在時完成體V-fi bi，表達動作、行爲已經發生，狀態延續到現在。如：

tuwa-qi, duka yaksi-fi bi.
看-條 大門 關閉-順 現

duka nei-qi se-me hvla-qi, umai jabu-re niyalma akv.
大門 開-條 助-并 呼喚-條 全然 回答-未 人 否

一瞧，關着門呢。叫開門呢，没有答應的人。

此句中，yaksifi bi説明門關上這個動作已經發生，這個狀態延續到叙述者叫開門的當下。

21. 條——條件副動詞

動詞的條件副動詞構形成分爲-qi。

1）條件副動詞所表達的動作行爲是其後動作行爲發生的條件或前提假設，可表達“如果”“則”之意。如：

kiqe-me taqi-qi xangga-qi o-mbi.
勤奮-并 學-條 做成-條 可以-現

勤學則可成。

2）某些由-qi構成的詞或詞組具有連詞、副詞等功能，如oqi“若是”，biqi“若有”，seqi“若説”，akvqi“不然，否則”，eiqi“或者”，等等，僅標注詞義。如：

taqi-ra-kv oqi beye-be waliya-bu-mbi-kai.
學習-未-否 可以-條 身體-賓 捨弃-使-現-也
不學則自弃也。

3）動詞的條件副動詞與助動詞ombi和aqambi構成固定搭配。V-qi ombi即“可以做某事”，V-qi aqambi即“應該做某事”。如：

tere bou te-qi ojo-ra-kv.
那 房子 居住-條 可以-未-否
那房子住不得。

taqi-re urse beye haqihiya-qi aqa-mbi.
學習-未 人們 自己 勸勉-條 應該-現
學者須自勉焉。

22. 持——持續副動詞

動詞的持續副動詞構形成分爲-hAi（-hai/-hei/-hoi）。

1）動詞的持續副動詞形式表示這個動作、行爲持續不停，一直進行或重複。如：

yabu-hai teye-ra-kv.
行-持 休息-未-否
只管走不歇着。

inenggi-dari tanta-hai fasi-me buqe-re de isibu-ha.
日子-每 打-持 上吊-并 死-未 與 以致於-完
每日裏打過來打過去以致吊死了。

2）-hAi可以構成動詞的持續體，如現在時持續體V-hAi bi，表示動作、行爲持續不停，一直進行或重複。如

gemu mimbe tuwa-hai bi-kai.
全都 我.賓 看-持 現-啊
全都看着我。

sini ji-he nashvn sain bi-qibe, minde o-qi asuru baha-fi
你.屬 來-完 時機 好 存在-讓 我.位 成爲-條 十分 得以-順

gvnin akvmbu-ha-kv, soroqo-hoi bi.
心意 盡心-**完**-**否** 羞愧-**持** **現**

你來的機會固然好，在我却没有得十分盡心，尚在抱愧。

23. 至——直至副動詞

動詞的直至副動詞的構形成分爲-tAlA（-tala/-tele/-tolo），表示動作行爲進行到某時、某程度爲止。如：

goro goida-tala tuta-bu-ha.
遠 久-**至** 留下-**使**-**完**

久遠貽留。

fuzi hendu-me, inenggi-dari ebi-tele je-me, mujilen be
孔夫子 説道-**并** 日子-每 吃飽-**至** 吃-**并** 心思 **賓**

baitala-ra ba akv oqi, mangga kai se-he-bi!
使用-**未** 處 **否** 若是 困難 啊 説.**助**-**完**-**現**

子曰："飽食終日，無所用心，難矣哉！"

24. 極——極盡副動詞

動詞的極盡副動詞的構形成分爲-tAi（-tai/-tei/-toi）。極盡副動詞往往用於修飾其後的動作、行爲，表示動作、行爲以某種極致的程度或方式進行。如：

nure omi-re de wa-tai amuran.
黄酒 喝-**未** **與** 殺-**極** 愛好

極好飲酒。

此句中，watai amuran意爲"愛得要死"，watai表示程度極深。

ahvta -i giyangga gisun be singge-tei eje-mbi.
兄長.**複** **屬** 理義的 話語 **賓** 浸透-**極** 記住-**現**

兄長們的理學言論發狠的記着。

singgetei ejembi意爲"牢牢地、深入地記住"，singgetei在此句中形容被理學言論完全浸透的狀態。

25. 延——延伸副動詞

動詞的延伸副動詞的構形成分爲-mpi或-pi，表示動作、行爲逐漸完成，達到極限程度。如：

monggon sa-mpi hargaxa-mbi, mujilen je-mpi yabu-mbi.

脖子 伸-延 仰望-現 心思 忍耐-延 行-現

引領而望，忍心而行。

tumen gurun uhe-i hvwaliya-pi, eiten gungge gemu badara-ka.

萬 國 統一-工 和好-延 所有 功勞 都 滋蔓-完

萬邦協和，庶績咸熙。

26. 前——未完成副動詞

動詞的未完成副動詞的構形成分爲-nggAlA（-nggala/-nggele/-nggolo），表示動作行爲發生、進行之前。如：

gisun waji-nggala, uthai gene-he.

話 完-前 就 去-完

話未完，便去了。

baita tuqi-nji-nggele, nene-me jaila-ha.

事情 出-來-前 先-并 躲避-完

事未發，先躲了。

27. 伴——伴隨副動詞

動詞的伴隨副動詞構形成分爲-rAlame（-ralame/-relame/-rolame），表示動作、行爲進行的同時伴隨别的動作。如：

hvla-ralame ara-mbi.

讀-伴 寫-現

隨念隨寫。

gisure-relame inje-mbi.

説-伴 笑-現。

且説且笑。

28. 弱——弱程度副動詞

動詞的弱程度副動詞構形成分爲-shvn/-shun/-meliyan，表示動作程度的减弱，即“略微”。如：

sarta-shvn.
遲誤-**弱**
稍遲誤些。

enggele-shun.
探身-**弱**
稍前探些。

29. 讓——讓步副動詞

動詞的讓步副動詞構形成分爲-qibe，表示雖然、即使或無論等。如：

umesi urgunje-qibe, damu sandalabu-ha-ngge ele goro o-ho-bi.
很 喜悦-**讓** 祇是 相隔-**完**-**名** 更加 遥遠 成爲-**完**-**現**
雖然狠喜歡，但只是相隔的，越發遠了。

30. 名——名物化

滿語的動詞、形容詞等可以通過ningge或-ngge轉變爲相應的名詞或名詞短語。通過名物化生成的名詞或名詞短語往往在句中充當話題。如：

ehe gisun tuqi-bu-ra-kv-ngge, uthai sain niyalma inu.
壞 話語 出-**使**-**未**-**否**-**名** 就 好 人 是
不説不好語，便是好人。

i sinde fonji-ha-ngge ai baita?
他 你.**與** 問-**完**-**名** 什麽 事
他問你的是什麽事？

tumen jaka qi umesi wesihun ningge be niyalma se-mbi.
萬 事物 **從** 最 貴 **名** **賓** 人 叫做-**現**
比萬物最貴的是人。

31. 助——助動詞

滿語中的助動詞可分爲實義助動詞和表達語法功能的助動詞。

1）實義助動詞有mutembi、bahanambi、ombi、aqambi、tuwambi等，可以和其他動詞構成如下結構：V-me mutembi“能够做某事”，V-me bahanambi“學會做某事”，V-qi ombi“可以做某事”，V-qi aqambi“應該做某事”，V-me tuwambi“試試看做某事”。

對這一類助動詞不做語法標注，衹標注其實義。如：

age si gvni-me tuwa.

阿哥 你 想-**并** 看.**祈**

阿哥你想。

其中gvnime tuwa意爲“想想看”或“試想”。

2）bimbi、ombi、sembi三個動詞不僅具有實義，還可以當作助動詞使用。

如前所述，bimbi、ombi、sembi與其他語法功能附加成分可以構成連詞、副詞，如bime“并且”，biqi“若有”，oqi“若是”，ofi“因爲”，seqi“若説”，seme“雖然；無論”等。

bimbi、ombi、sembi在句中往往既有實義又兼具助動功能。又如oqi、seqi、sehengge、seme、sere、sehengge在句中也可用於標記話題。標注時可將助動詞詞幹和其後構形附加成分拆開，分别標注其語義和語法功能。如：

niyalma se-me jalan de banji-fi, uju-i uju de taqi-re-ngge oyonggo.

人 説.**助-并** 世界 **位** 生存-**順** 第一-**屬** 第一 **位** 學習-**未-名** 重要

人啊，生在世上，最最要緊的就是學習了。

此句中seme爲sembi的并列副動詞形式，提示了話題，又使niyalma seme具備副詞詞性修飾後面的謂語動詞banji-。

i emgeri sa-fi goida-ha, si kemuni ala-ra-kv o-fi aina-mbi?

他 已經 知道-**順** 久-**完** 你 仍 告訴-**未-否** 成爲.**助-順** 幹什麼-**現**

他知道已久，你還不告訴他幹什麼？

此句中ofi爲ombi的順序副動詞形式，由於alarakv無法直接附加-fi，所以需要助動詞ombi幫助其變爲合適的副動詞形式，然後纔能與後面的動詞

ainambi構成合乎語法的句子。

3）sembi作爲助動詞主要用於以下三種情況。

首先，sembi用於引導摹擬詞。如：

ser se-re ba-be olhoxo-ra-kv-qi ojo-ra-kv.
細微貌 **助-未** 處-**賓** 謹慎-**未-否-條** 可以-**未-否**

不可不慎其微。

seule-me gvni-re nergin-de lok se-me merki-me baha.
尋思-**并** 思考-**未** 頃刻-**位** 忽然貌 **助-并** 回憶-**并** 獲得.**完**

尋思之下，驀然想起。

其次，sembi用於引導説話的内容。如：

fuzi -i hendu-he, yadahvn bime sebjengge se-re gisun de
孔夫子 **屬** 説道-**完** 貧窮 而 快樂 説.**助-未** 話語 **位**

mute-ra-kv dere.
能够-**未-否** 吧

孔夫子説的，“貧而樂”的話，固是不能。

再次，sembi用於祈使句和虛擬語氣句，用法見祈使式和虛擬語氣。

32. 序——序數詞

基數詞變序數詞需要在基數詞之後附加-qi。如：

emu-qi.
一-**序**

第一。

33. 分——分配數詞

在基數詞之後附加-te構成分配數詞，表示“每幾；各幾”。如：

niyalma tome emu-te mahala.
人 每 一-**分** 帽子

每人各一個帽子。

補充説明：

1. 爲了避免語法功能成分的語法標注和實詞成分的語義標注相混淆，語法功能術語均縮寫爲一個字，使用黑體。如：

age simbe soli-na-ha de ainu jide-ra-kv.

阿哥 你.**賓** 邀請-去-**完** **位** 爲何 來-**未**-**否**

阿哥請你去，怎麽不來？

此句中，solinaha中soli-爲實義動詞詞幹，標注“邀請”，-na爲實詞性構詞成分，標注“去”，-ha爲完整體構形成分，標注“**完**”。

2. 同一個成分既有實詞詞義又有語法功能，或者一個成分有多個語法功能時，對同一個成分的多個標注之間用“.”隔開。如：

si imbe ureshvn -i hvla-kini se.

你 他.**賓** 熟練 **工** 讀-**祈** 説.**助**.**祈**

你叫他念得熟熟地。

人稱代詞的格附加成分統一不拆分，如上句中imbe標注爲“他.**賓**”。

3. 排除式第一人稱複數be標注爲“我們”，説明其所指對象不包括交談中的聽話人。包括式第一人稱複數muse標注爲“咱們”，説明其所指對象包括聽話人在内。

4. 本方案引用的例句部分取自本“萃編”，其餘例句通過日本東北大學栗林均先生建立的蒙古語諸語與滿語資料檢索系統（http://hkuri.cneas.tohoku.ac.jp/）檢索獲得。

以上説明，意在爲本“萃編”的滿文點校整理提供一套統一的標注指導方案。諸位點校者對滿語語法的分析思路各有側重點，在遵循標注方案的大原則下，對部分語法成分和某些單詞的標注、切分不免存在靈活處理的現象。例如seqi，從語義角度分析，可以將其當作一個固定成分，標注爲“若説”；從語法角度，可以拆分爲se-qi，當作動詞sembi的條件副動詞形式。又如jembi的未完整體形式存在特殊變化jetere，有兩種拆分方式：可以從現時層面分析，認爲jetere的詞幹是je-，而-tere是不規則變化的未完整體附加成分；也可以從語言演變的歷時變化角度分析，認爲詞幹是jete-，是jembi這個動詞的早期形式被保留在未完整體形式中。標注的方式原則上統一、細節上參差多態，不僅有利於表現某一語言成分在實際語句中的特徵，也便於讀者從多方面理解滿語這一黏着語的語法特色。

語法標注簡表*

簡稱	編號	名稱	示例	簡稱	編號	名稱	示例
伴	27	伴隨副動詞	-rAlame	弱	28	弱程度副動詞	-shvn, -shun, -meliyen
被	18	被動態	-bu	使	17	使動態	-bu
賓	4	賓格格助詞	be	屬	2	屬格格助詞	-i, ni
并	19	并列副動詞	-me	順	20	順序副動詞	-fi
持	22	持續副動詞	-hAi	條	21	條件副動詞	-qi
從	7	從格格助詞	qi	完	9	完整體	-HA
分	33	分配數詞	-te	未	10	未完整體	-rA
否	13	否定式	-kv, akv	位	5	位格格助詞	de
複	1	複數	-sa, -ta 等	現	11	現在將來時	-mbi
工	3	工具格格助詞	-i, ni	虛	16	虛擬語氣	ayou, -rahv
過	12	過去時	bihe, -mbihe	序	32	序數詞	-qi
極	24	極盡副動詞	-tAi	延	25	延伸副動詞	-mpi, -pi
經	8	經格格助詞	deri	疑	14	疑問語氣	-u, -n 等
名	30	名物化	-ngge, ningge	與	6	與格格助詞	de
祈	15	祈使式	-ki, -kini, -qina, -rAu 等	至	23	直至副動詞	-tAlA
前	26	未完成副動詞	-nggAlA	助	31	助動詞	sembi, ombi, bimbi 等
讓	29	讓步副動詞	-qibe				

*爲了方便讀者查閱，語法標注簡稱按音序排列，編號與正文中序號保持一致。

“萃編”滿文部分的整理是摸着石頭過河，上述語法標注系統是中日兩國參與滿文校注的作者們集體討論的結晶，由陸晨執筆匯總。方案雖充分吸收了前人時賢的研究成果，畢竟屬於開創之舉，難免存在不盡如人意之處，我們衷心希望得到廣大讀者的幫助和指正，以切磋共進。

本“萃編”的編校工作由北京大學出版社宋思佳老師精心統籌，杜若明、張弘泓、歐慧英三位老師在體例制定和底本搜集上給予了很多幫助，崔蕊、路冬月、唐娟華、王禾雨、王鐵軍等責編老師也付出了大量心血，在此深表謝忱。

編者

二〇一八年六月

目　録

導讀

王曉娜

《重刻清文虚字指南編》是一部經典的滿文語法辭書，在《清文虚字指南編》基礎上增修而成。《清文虚字指南編》一卷，由萬福[1]於清光緒十年（1884）編撰成書，光緒十一年刊行。光緒二十年（1894）漢軍劉鳳山[2]經與作者商量校訂該書，增删了書中若干内容，增加了目録、説明和校訂人寫的序言，并分成上、下兩卷，於宣統元年（1909），以《重刻清文虚字指南編》爲名重新刊印，京都隆福寺鏡古堂書坊梓行。該書爲刻本，本次整理以宣統己酉年（1909）刻本爲底本，參校光緒甲午年（1894）刻本。

《重刻清文虚字指南編》全書共分六部分，分别爲萬福序 、發明[3]、劉鳳山序、目録、正文[4]和結尾[5]。目録分上、下卷兩部分。正文部分爲全書的主體内容，共計246段歌訣，其中上卷115段，下卷131段。結尾是作者萬福用歌訣的形式對滿語中部分虚詞用法的總結，與正文内容呼應。

全書共收虚字316個，現代滿語語法中，虚詞是指没有獨立意義，只表示詞與詞或句子與句子之間多種語法關係的詞。筆者在研究本書時發現，書中不但收録了助詞、介詞、連詞、語氣詞等虚詞詞類，同時還有名詞的數格、動詞的時體態式等實詞的用法。該書用豐富的例句詳細闡述了

1　萬福，字厚田，清八旗蒙古人，生年事迹不詳。

2　劉鳳山，字禹門，隸漢軍鑲白旗。（《清史稿·列傳》第二百五十六卷中有其詳細生平介紹）（王敵非，2009b：8）。

3　發明部分是修訂人劉鳳山對修訂前後兩個版本主要不同之處的介紹，在光緒甲午年（1894）刻本中，發明位於劉鳳山序之後，在己酉年（1909）刻本中，發明則位於劉鳳山序之前。

4　書中無“正文”一項，筆者取名爲“正文”，是全書的正文内容。

5　書中無“結尾”一項，爲與“正文”作區分，筆者取名爲“結尾”。

滿文虛字的語法意義和用法、接續規則、正讀正寫規則。因此，可以説《重刻清文虛字指南編》是一部全面的、系統的、詳盡的滿語文語法書。下面對全書内容做一簡單介紹。

一、滿語格助詞，主要包括賓格格助詞be、與位格格助詞de、屬用格格助詞-i、從比格格助詞-qi、經格格助詞deri。

（1）賓格格助詞be。典型用法就是標記賓語成分。要麼表達動作的直接對象，主要動詞没有使動標記-bu，如例1；要麼用於使動句式，主要動詞帶有-bu標記，如例2。

例1：bithe be ure-me hvla.
書 賓 熟-并 讀.祈
將書熟熟的念。

例2：jingse be hada-bu-mbi.
頂子 賓 帶來-使-現
把頂子帶之。

除此之外，be作爲賓格標記，還用於一種特殊的判斷句式“A serengge/sehengge, B be”（詳見歌訣[5][1]介紹），這裏的be一般翻譯爲古漢語判斷助詞“也”。例如：

例3：tondo se-re-ngge dulimba be.
忠 説-未-名 中 賓
忠者，中也。

例4：ginggun se-re-ngge qibsen be.
恭敬 説-未-名 静 賓
敬者，静也。

be大致相當於漢語的“把”“將”“以”“使”“令”“教”等，詳見歌訣 [3] 介紹。

（2）與位格de。有兩個基本的用法，一爲與格標記，引介一個對象論元，如例5—6；二爲位格標記，表達處所意義，如例7—8。（詳見歌訣 [2] 介紹）

---

1 導讀中帶［ ］的序號爲轉寫本所注。

例5：minde gaji-fi tuwa.

我.與 拿-順 看.祈

給我拿來看。

例6：inde bene-fi xa.

他.與 送-順 瞧.祈

給他送去瞧。

例7：angga de hvla-mbi.

口 位 讀-現

口裏頭念。

例8：mujilen de eje-mbi.

心裏 位 記-現

心裏頭記。

除此之外，de還用於被動句式中，引介真正的施事者，如例9—10。（詳見歌訣[6] 介紹）

例9：weri de basu-bu-mbi.

他人 與 耻笑-被-現

被人耻笑。

例10：gvwa de gida-bu-mbi.

别人 與 欺壓-被-現

被人欺壓。

（3）屬用格標記-i。主要用在兩個名詞之間，表達領屬關係，如例11—12；用在名詞成分之後，表達工具義，如例13—14。（詳見歌訣[7] 介紹）

例11：uru waka -i arbun dursun.

是 非 屬 形勢 體型

是非的情形。

例12：duin mederi -i onqo.

四 海 屬 廣

四海之廣。

例13：onqo -i fejergingge be kadala-mbi.

廣 工 部下 賓 管理-現

以寬御下。

例14：gida -i gidala-mbi.

鎗 工 扎-現

用鎗扎。

（4）從比格格助詞-qi。從構形角度來説，可以充當從格格助詞，表達“從”義，如例15—16；可以充當比格格助詞，表達“比”義,如例17—18。

例15：abka qi wasi-mbi.

天 從 降-現

自天而降。

例16：na qi banji-mbi.

地 從 生-現

自地而生。

例17：i sin-qi fulu.

他 你-從 强

他比你强。

例18：bi we-qi eberi?

我 誰-從 不及

我比誰不及？

除此之外，-qi還有構詞用法，表達序數意義的詞綴，大致相當於漢語的“第”，如例19—20，-qi還是表達條件意義的副動詞，相當於漢語的“的話”，如例21—22。（詳見歌訣[11]介紹）

例19：ila-qi.

三-序

第三。

例20：ila-qi-ngge.

三-序-名

第三的。

例21：gene-qi uthai hvdun jiu.

去-條　就　快　來.祈

若去就快來。

例22：ji-dera-kv o-qi　ali-re be jou.

來-未-否　可以-條　等-未 賓 停止

若不來不必等。

（5）經格deri，表達“經由”意義。deri側重表達經過（某一實體）的意義，大致相當於英語的through，如例23—24。qi相當於英語的from，但deri有時也表達“從、自”意義，有互換使用的情況，如例25—26。（詳見歌訣[12] 介紹）

例23：muke xeri deri tuqi-mbi.

水　泉　經　出來-現

水由泉出。

例24：edun sangga deri dosi-mbi.

風　孔　經　進入-現

風由孔入。

例25：e-deri　absi genc-mbi?

此-經　往何處　去-現

從此處何往？

例26：te-deri bou-de mari-mbi.

那-經　家-位　回-現

從那裏回家。

二、滿語曲折詞綴，包括使被動標記-bu、疑問標記-u和-n、否定標記-kv、名物化標記-ngge、未完成體標記-rA、完成體標記-HA。

（1）使被動標記-bu。滿語-bu是一個多功能語綴，構詞詞綴、使動標記和被動標記。重點在於如何在語境中正確判斷-bu的語法功能，滿語學習者和研究者常常採用語義標準來判斷，但這并不是一件容易的事，例如-bu作爲構詞詞綴時，同時攜帶致使義，很難判斷是構詞詞綴還是使動標記。構詞詞綴-bu可以看作是使動標記的詞彙化結果，但如何來判定一個詞的詞彙化程度，對於滿語這種瀕危語言并不容易。《新滿漢大詞典》（1994）將該詞構詞詞綴單獨列爲一個詞條，其他未出現的，則看作是構形詞綴。根據格標記來判定是表達被動態、使動態還是使被動態，具體來説，當只有賓格標記be時，-bu爲使動標記；當只有與格標記de時，-bu爲被動標記，若be和de同時出現，則爲使被動標記。（詳見歌訣[4] [6]介紹）

例27：beye tuwanqihiyabu-ha manggi bou teksile-bu-mbi.（構詞詞綴）

身體 使端正-**完** 之後 家 整頓-**使**-**現**

身修而後家齊。

例28：niyalma be sain gisun gisure-bu-mbi.（使動標記）

人 **賓** 好 話 説-**使**-**現**

教人説好話。

例29：weri de basu-bu-mbi.（被動標記）

他人 **與** 耻笑-**被**-現

被人耻笑。

（2）疑問標記-u/-n。滿語除了表達疑問語氣的疑問詞之外，還有表達疑問意義的語法詞綴-u/-n，-n常接在否定詞綴-kv之後。（詳見歌訣[18]—[20]介紹）

例30：niyalma be taka-mbi-u?

人 **賓** 認識-**現**-**疑**

認得那個人麽?

例31：baitala-qi ojo-ra-kv-n?

使用-**條** 可以-**未**-**否**-**疑**

不可用麽?

（3）名物化標記-ngge，後接動詞詞幹，意思是“……的”，在句中可以充當名詞常常承擔的主賓語成分。（詳見歌訣[76]—[80]介紹）

例32：labdu be nemxe-re-ngge waka, jaqi baitala-ra de

多 **賓** 争多-**未**-**名** 非 很 使用-**未** **位**

aqabu-ra-kv ofi kai!

符合-**未**-**否** 因爲 啊

不是貪多，太不符用啊！

例33：daqi gebu be kiqe-re jalin dabala, aisi be
原來 名 賓 勤-未 因爲 而已 利益 賓

bai-ha-ngge waka.
請求-完-名 非

原爲圖名，非是求利。

（4）體標記-rA和-HA。-rA爲未完成體標記，-HA爲完成體標記，可以與bi構成現在完成時，與bihe構成過去完成時，除此之外，-rA和-HA還可以後接在非結句動詞之後，承擔接字功能。（詳見歌訣[52]—[69]介紹）

例34：gurun be dasa-ra fulehe, dasan be yabubu-re oyonggo.
國 賓 醫治-未 根 政事 賓 做-未 要點

爲國之本，爲政之要。

例35：erdemu be sonjo-ro kouli, gebu algi-ka taqin, niungniu
德 賓 選擇-未 規則 名 宣揚-完 學問 超群的人

tuqi-ke bengsen.
出來-完 本事

掄才之典，著名的學問，超群的本事。

例34中的dasara和yabubure都是-ra型非結句用法，表達接字功能，在句中作定語，分别修飾中心語名詞fulehe與oyonggo。例35中sonjoro與tuqike分别是-ra型與-ka型非結句接字用法，在句中作定語，修飾限制kouli與bengsen。

例36：taqi-me bahana-ha-bi.
學-并 會-完-現

已學會了。

例37：weile-me xangga-ha-bi.
做-并 成就-完-現

已做成了。

例36和37中主要謂語動詞bahanahabi與xanggahabi中的-ha都是完成體

用法，與助動詞bi組合表達現在完成時。

三、滿語副動詞，如-me,-fi等。-me可連接多個動詞，且動詞之間没有順序意義。-me和-fi與bi搭配，分别表示現在進行時和現在完成時。例如：

例38：dahi-me dabta-me akv-mbu-me tuqibu-me,
再-**并** 反復説-**并** 去世-**使**-**并** 顯出-**并**
gvnin be iletu getuken o-bu-re be kiqe-mbi.
心思 **賓** 明顯 明白 成爲-**使**-**未** **賓** 勤-**現**
往覆周詳，意取顯明。

例39：jing bithe hvla-me bi.
正 書 讀-**并** **現**
正念着書。

例40：temgetu be eje-fi bi.
鈐記 **賓** 記-**順** **現**
記上記號了。

四、滿語中副詞主要有maka、dule、aise、manggai等，連詞主要有jakade，aika, yala, unenggi、talude等，書中對這些詞的意義和用法都有具體介紹，如歌訣[43]介紹了jakade的意義和接字規律。例如：

例41：i minde ala-ra jakade, bi teni sa-ha.
他 我.**與** 告訴-**未** 因爲 我 纔 知道-完
他告訴我，我纔知道了。

例42：si eje-ra-kv o-joro jakade, tuttu onggo-ho.
你 記-**未**-**否** 可以-**未** 因爲 所以 忘記-完
你不記着，所以忘了。

例43：kungzi xajingga nomun be xangga-bu-re jakade, faquhvn
孔子 法的 經 **賓** 成全-**使**-**未** 之後 亂
amban hvlha jui gele-he.
官 賊 子 畏懼-完
孔子成《春秋》，而亂臣賊子懼。

“起合之準繩，非虛文無以達其義；貫串之脉絡，非虛文弗克傳其神。學者不得其準繩，則起合無以辨；不知其脉絡，則貫串無由明”，《重刻清文虛字指南編》對於滿語文學習者和研究者都是必讀的經典之作，可以窺探滿語文法的特點，爲跨語言對比研究和類型學研究提供語料素材。

參考文獻

李　書（1990）《重刻清文虛字指南編》評介，《滿語研究》第2期。

屈六生（1994）一部獨具特色的清代滿語語法著作——評述《清文虛字指南編》，《中國民族古文字研究》（第四輯），中國民族古文字研究會主編，天津古籍出版社，天津。

王敵非（2009a）《重刻清文虛字指南編》研究，《滿語研究》第1期。

王敵非（2009b）《〈重刻清文虛字指南編研究〉》，黑龍江大學碩士論文。

重排本

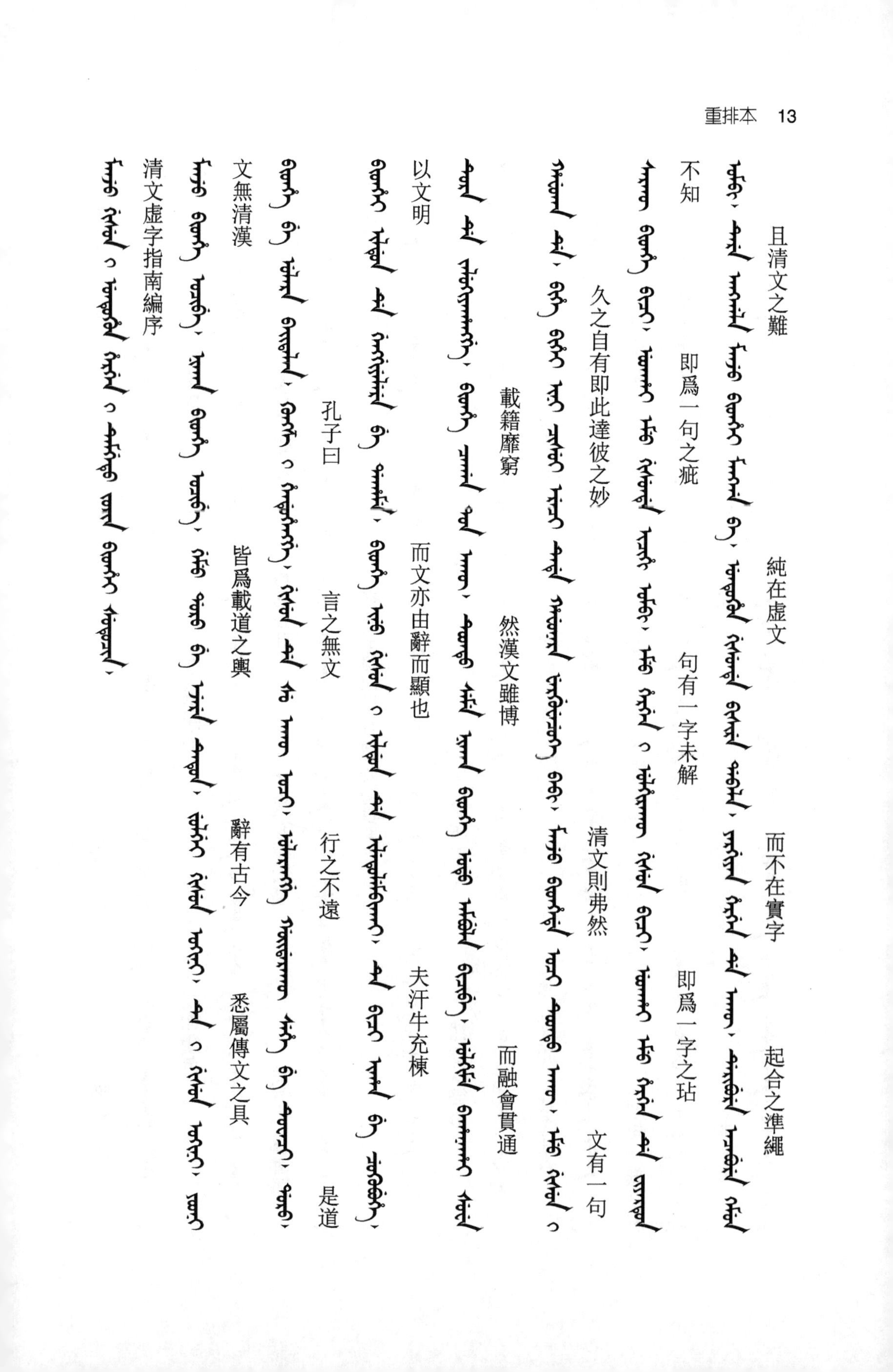

清文虛字指南編序

文無清漢 皆爲載道之輿 辭有古今 悉屬傳文之具

孔子曰 言之無文 行之不遠 是道

以文明 而文亦由辭而顯也 夫汗牛充棟

載籍靡窮 然漢文雖博 而融會貫通

久之自有即此達彼之妙 清文則弗然 文有一句

不知 即爲一句之疵 句有一字未解 即爲一字之玷

且清文之難 純在虛文 而不在實字 起合之準繩

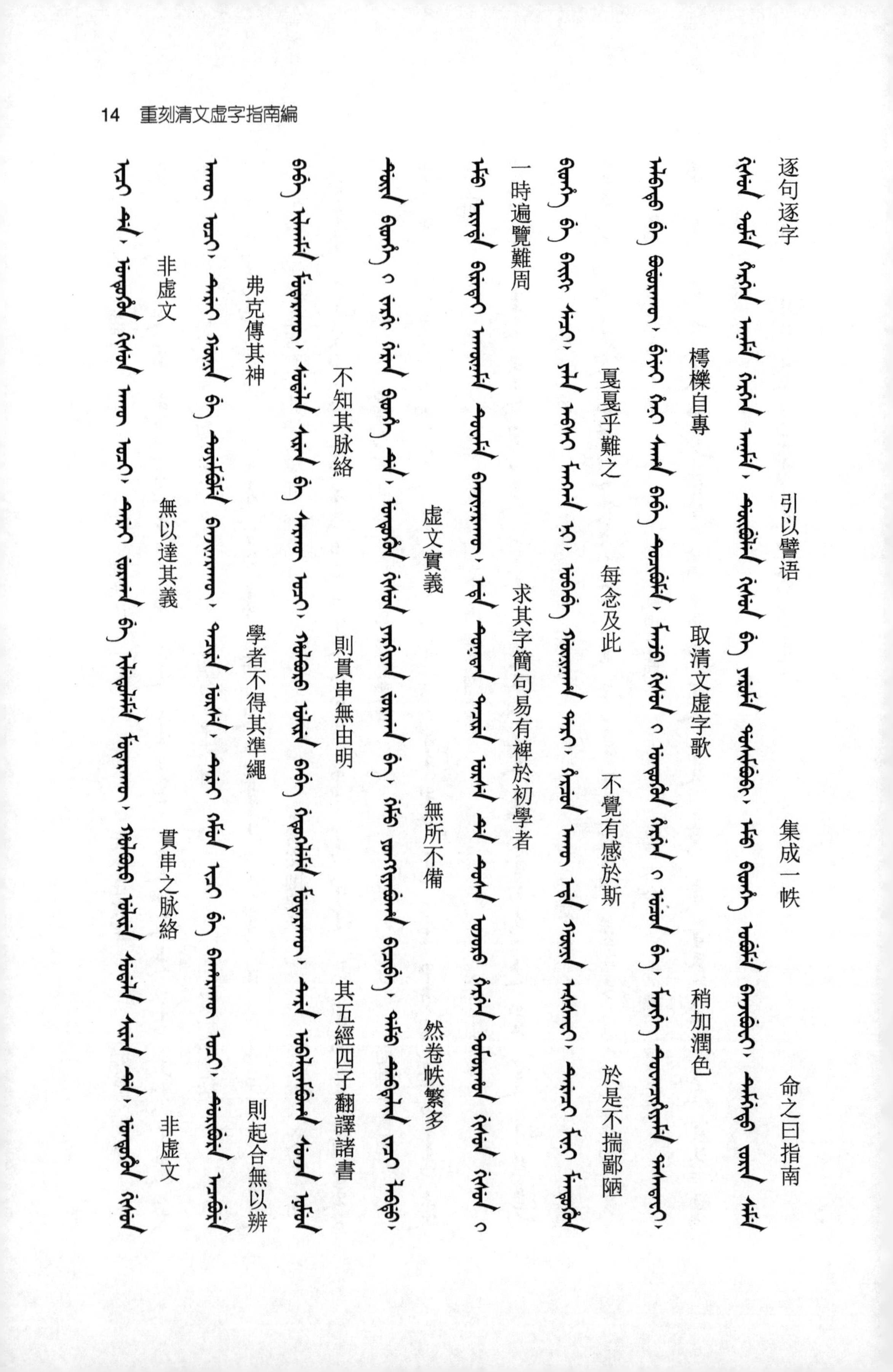

非虛文　無以達其義　貫串之脉絡　非虛文

弗克傳其神　學者不得其準繩　則起合無以辨

不知其脉絡　則貫串無由明　其五經四子翻譯諸書

虛文實義　無所不備　然卷帙繁多

一時遍覽難周　求其字簡句易有裨於初學者

戛戛乎難之　每念及此　不覺有感於斯　於是不揣鄙陋

樽櫟自專　取清文虛字歌　稍加潤色

逐句逐字　引以譬语　集成一帙　命之曰指南

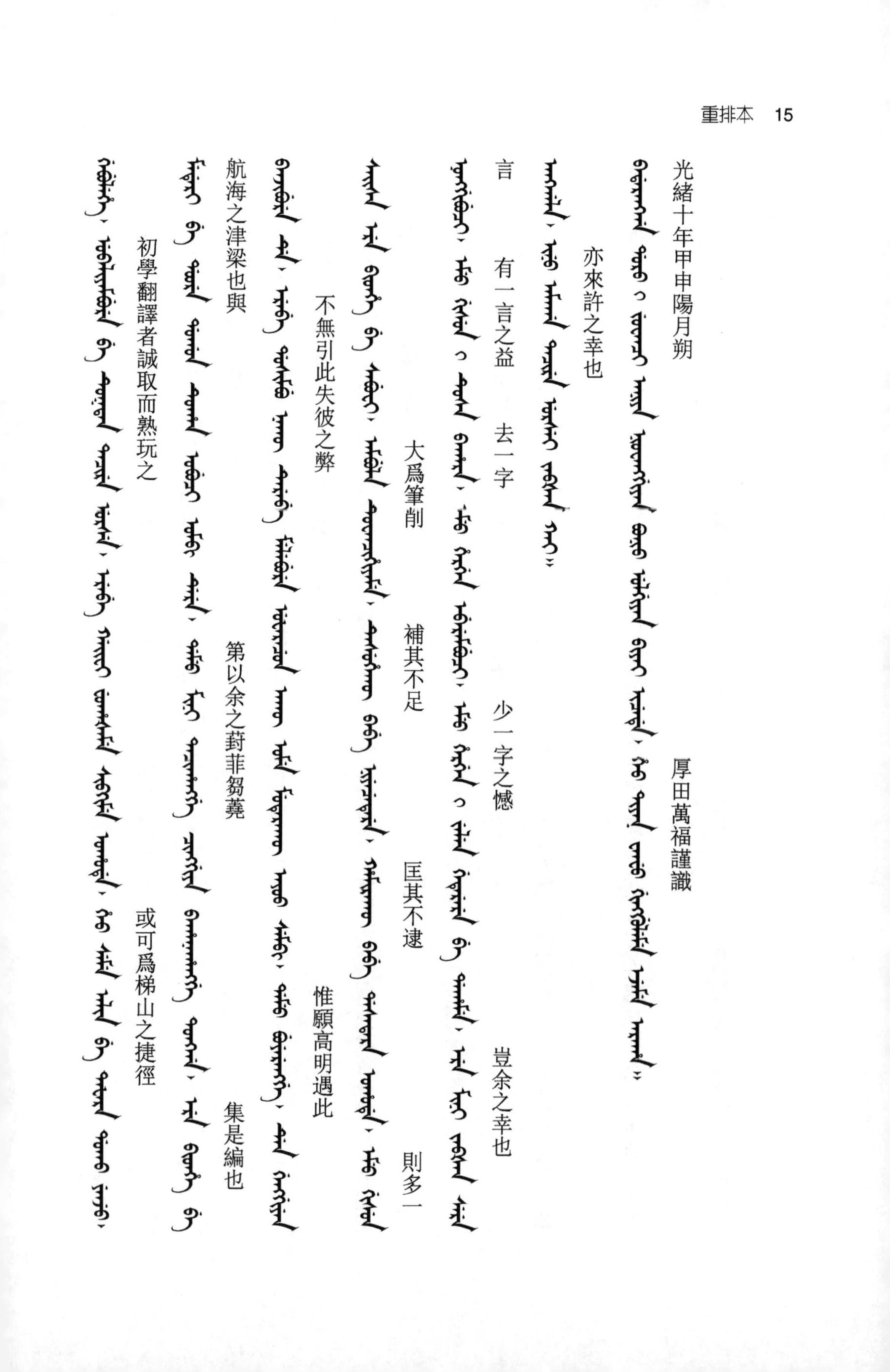

初學翻譯者誠取而熟玩之 或可爲梯山之捷徑

航海之津梁也與 第以余之葑菲芻蕘 集是編也

不無引此失彼之弊 惟願高明遇此

大爲筆削 補其不足 匡其不逮 則多一

言 有一言之益 去一字 少一字之憾 豈余之幸也

亦來許之幸也

光緒十年甲申陽月朔 厚田萬福謹識

一是書原無目録發明而讀者一時未能盡悉茲將其二種增添以資省覽

一是書原祇一卷且篇頁較長茲特梨棗稍小上下卷分以便讀者

一是書原板尚存惟係家藏傳刷不易今重付剞劂者爲廣流傳也

一是書原無著者姓氏茲特於卷首標出蓋不敢因訂正之名而掩作者之美也

一是書與原本除正筆誤外尚有增入者若干條删改者若干條然非自用皆平昔與先生隨時商訂者茲於刊板之便全行照録但期學者展卷易明續貂之譏所不計也

一是書雖引用經典不少然借助於俚辭鄙句者頗多蓋清文之口氣不若此不克肖其神且爲初學設固不必深文也茲於原書稍加修飾博雅君子覩者諒之

一是書爲講究清文虛字而設故旁徵遠譬不厭精詳雖先正哈貫庵夫子有度鍼一集亦未有如是之多也且未梓行傳鈔不廣此其包羅宏富引譬詳明雖不敢謂錙銖無遺而玉度金鍼已盡入錦樓矣

御製諸書外刊板者無多更有祕本精鈔率皆握珠懷玉以至學者尋徑甚難茲先生之意在繼往開來與好事盜名者不可同年而語矣

一著書問世本爲學者之忌張香濤之輶軒語曾明言之蓋士生今之文明大備之日無容剽竊陳言自立門户也而清文不然自

發明

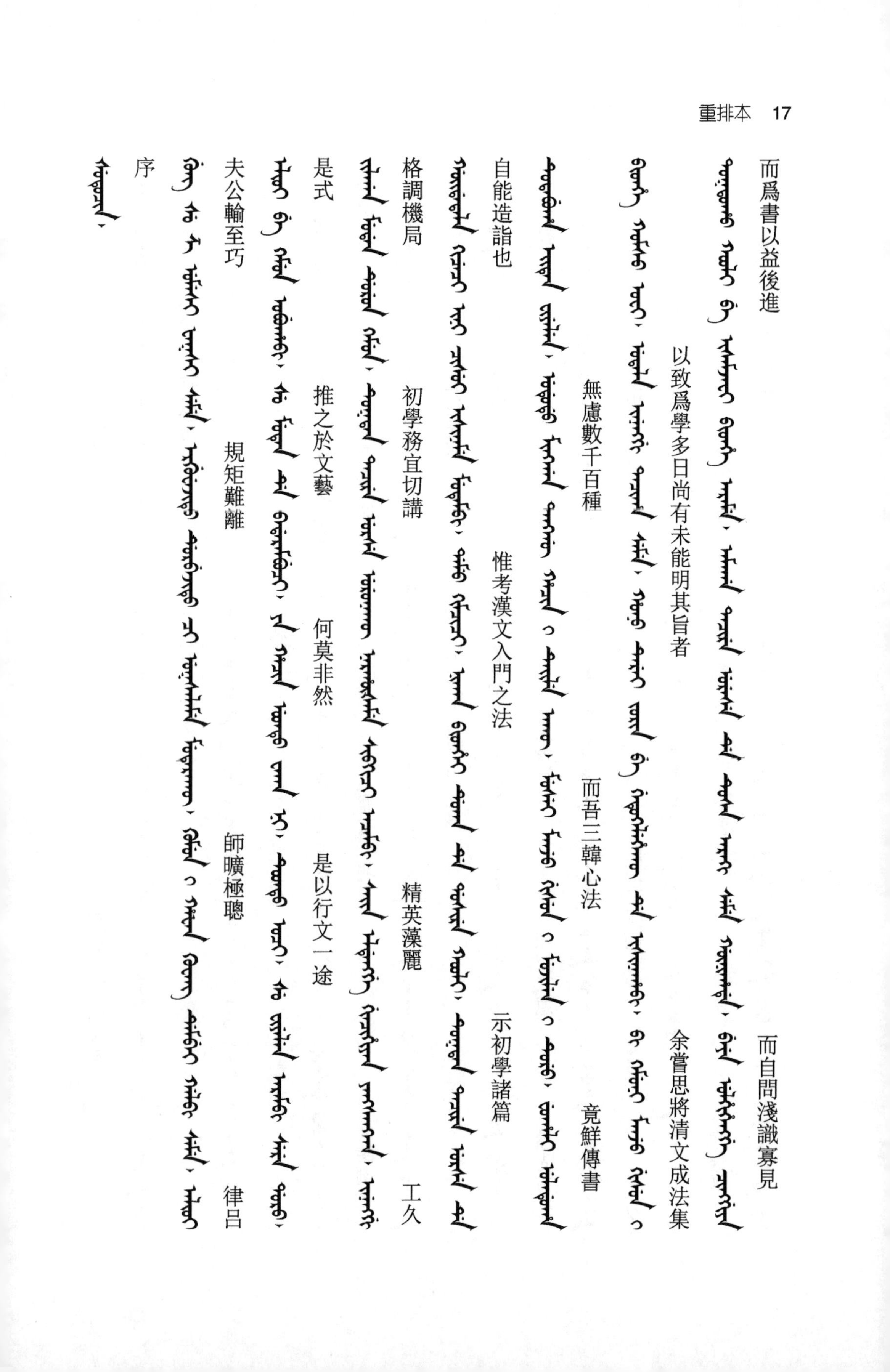

序

夫公輸至巧　規矩難離　師曠極聰　律呂
是式　推之於文藝　何莫非然　是以行文一途
格調機局　初學務宜切講　精英藻麗　工久
自能造詣也　惟考漢文入門之法　示初學諸篇
無慮數千百種　而吾三韓心法　竟鮮傳書
以致爲學多日尚有未能明其旨者　余嘗思將清文成法集
而爲書以益後進　而自問淺識寡見

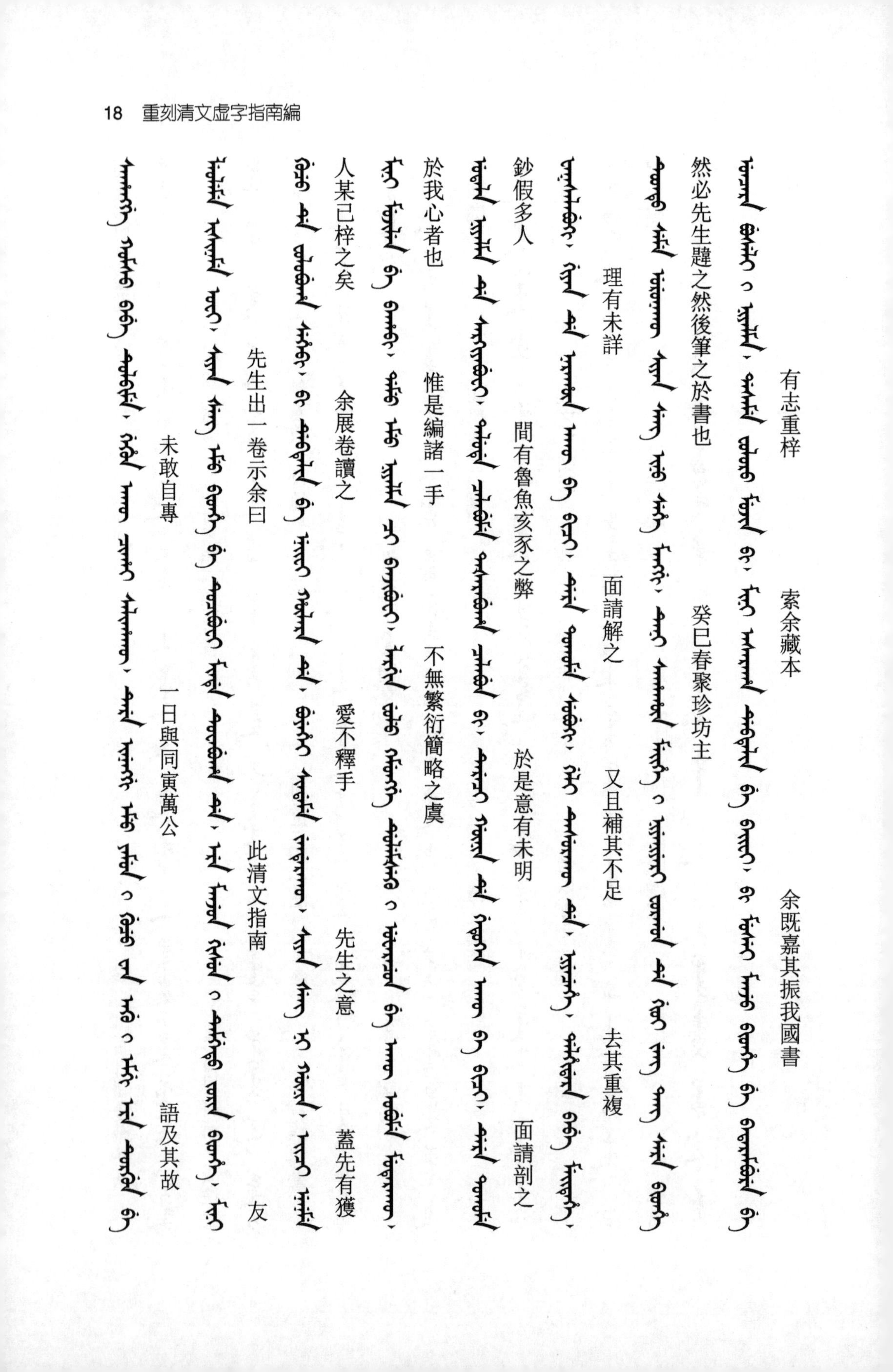

未敢自專　一日與同寅萬公　語及其故

先生出一卷示余曰　此清文指南　友

人某已梓之矣　余展卷讀之　愛不釋手　先生之意　蓋先有獲

於我心者也　惟是編諸一手　不無繁衍簡略之虞

鈔假多人　間有魯魚亥豕之弊　於是意有未明　面請剖之

理有未詳　面請解之　又且補其不足　去其重複

然必先生蹕之然後筆之於書也　癸巳春聚珍坊主

有志重梓　索余藏本　余既嘉其振我國書

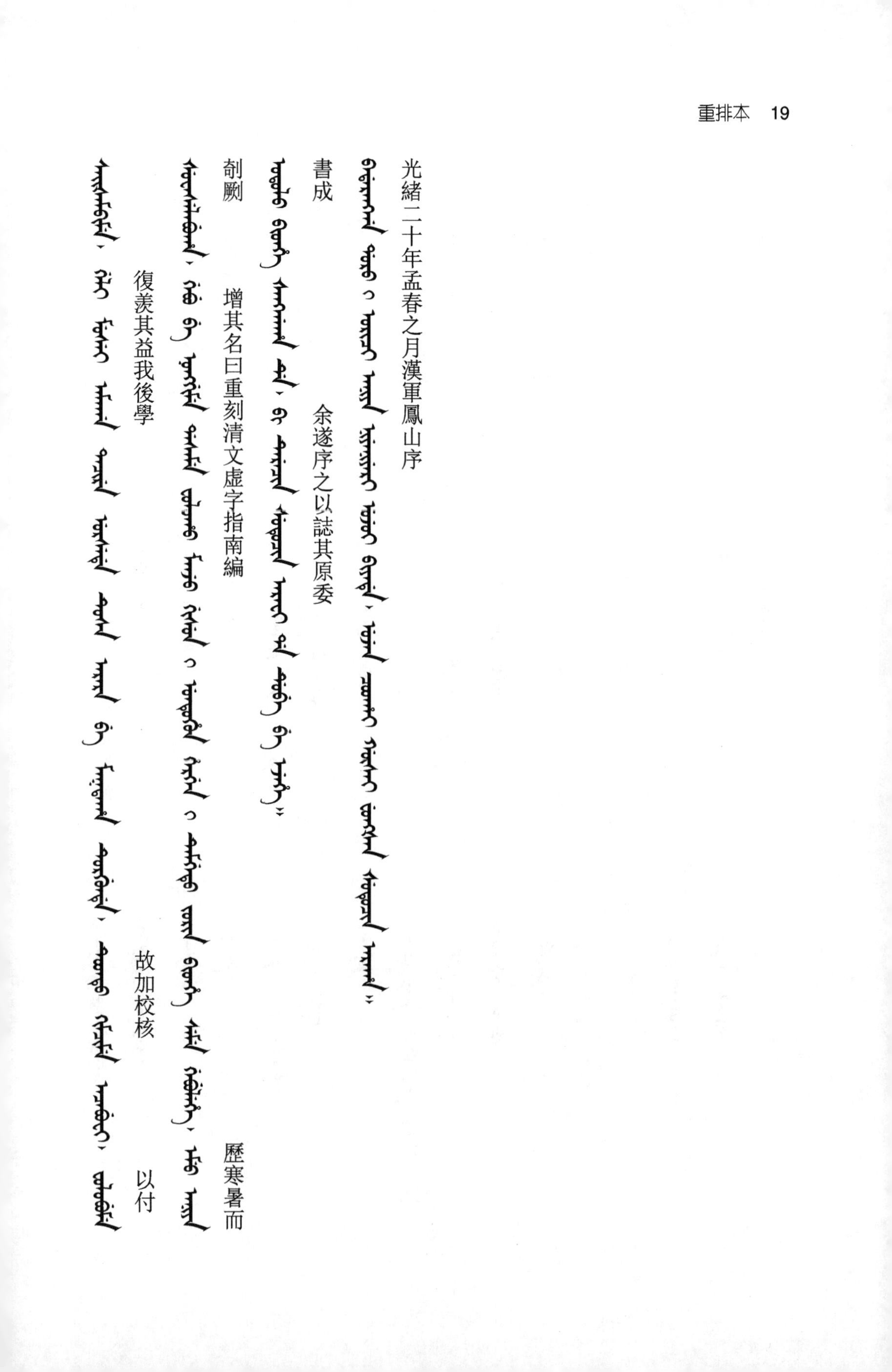

光緒二十年孟春之月漢軍鳳山序

書成　余遂序之以誌其原委

剞劂　增其名曰重刻清文虛字指南編　歷寒暑而

復羨其益我後學　故加校核　以付

ᡠᠵᡠᡳ ᡩᡝ 卷上

一 ᡩᡝ

ᠪᡳ ᠪᡝ ᡩᡝ ᠪᡝ

ᡳ ᠨᡳ

五 ᠴᡳ ᡩᡝᡵᡳ

ᡨᡝ ᡩᡝ ᠴᡳ ᠯᡝ ᡩᡝ

ᠴᡳ ᡩᡠ ᡨᡠ ᠯᡝ

ᠴᡳ ᡨᠣ ᠰᡝᠮᡝ

ᠴᡳ

ᡩᡝᡵᡤᡳᠯᡝ

十 ᡩᡝᠴᡳ

ᡠᡨᡠ ᠪᡳᠮᡝ

ᠠᡴᡡ ᠠᡴᡡ

ᡩᡝ ᡩᡝ ᡩᡝ ᠪᡳ ᡩᡝ

ᡠᡨᡠᠯᡝ

ᠠᠩᡤᠠ

十五 ᠠᡴᡡ

ᠠᠩᡤᡝ ᠠᠩᡤᠠ

ᡝᡨᡝ ᡝᠨᡝ

ᠠᡴᡡ

ᠴᡳᠮᡝ

ᡠᡨᡠᡵᡝ

ᡠᡨᡠ ᡠᡨᡠᠨ ᡠᡨᡠᠯᡝ

二十 ᡳ ᡳᠨ ᡳᠨ ᡳ ᠪᡝ

ᠠᠨᠠ ᠠᠨᠠ

ᡳᠨ ᡠᡨᡠᠨᡳ ᡠᡨᡠᠯᡝᡵᡳ

ᡳ ᠪᡳᡨᡝ ᡳ ᡳᠨᡳ

二十五 ᠠᡴᡡᠯᡝ ᡳ ᠪᡳ ᡳᠨ ᠪᡳ

ᠠᡴᡡᡵᡝ ᠠᠩᡤᠠ

ᠠᠩᡤᠠ ᠠᠩᡤᡝ

ᡠᡨᡠᠮᡝ

ᠠᠩᡤᠠᠯᡳᠯᡝ

ᡠᡨᡠᠩᡤᡝ ᠪᠠᡳᡨᠠᠩᡤᡝ

ᡠᡨᡠᠪᡳᠮᡝ

ᠠᡨᡠᠩᡤᠠ

ᡝᠪᡳᡨᡝ ᡝᠪᡳᡨᡝ

ᠠᠩᡤᡝ ᡠᡨᡠᠯᡝᠮᡝ

ᡠᡨᡠᡵᡝ

三十五 ᠪᡳᡨᡝ 凡屬 ᠪᡳᡨᡝ 者皆入此

ᠠᠩᡤᡳ ᡝᡨᡝ

ᡝᠴᡳᠩᡤᡝ ᡠᡨᡠᠮᡝ

ᡠᡨᡠᠩᡤᡝᠩᡤᡝ

ᡝᡨᡝ ᡳᠨᡳ ᠪᡳ ᡳᠨᡳ

三十 ᡠᡨᡠᠨ ᡳᠨᡳ

ᡳᠯᡳ ᠪᠠᡳᡨᠠᠩᡤᡝ

ᡝᠩᡤᡝ ᡝᠩᡤᡝ

ᠠᠩᡤᠠ

四十 ᠠᠨᠠᡤᠠ

ᠪᡳᠴᡳᠪᡝ

ᠣᠴᡳ ᠣᡤᠣ ᠴᡳᠪᡝ

ᠠᠨᡳ

ᠰᡝᠮᡝ ᠰᡝᠴᡳᠪᡝ ᠰᡝᠮᡝᡴᡠ

ᠰᡝᠮᡝᡴᡝ ᠪᡳ ᠰᡝᠪᡝ

ᠰᡝᡵᡝᠪᡝ ᠪᡳᠮᡝ

ᠰᡝᠮᡝ ᠰᡝᡵᡝ

ᠪᡝᠴᡳᠪᡝ ᠰᡝᠮᡝᠪᡝ

四十五 ᠰᡝᠴᡳᠪᡝ

上卷目録終

ᡨᡠᡤᡝ ᡩᡝ 卷下

一 ᠮᡝᠨ ᠪᡝᠴᡳ

ᠮᡝᠨᡳ

ᠮᡝᡳ ᠮᡝᡴᡝ

ᡨᡠᡤᡝ ᡨᡠᡤᡝ

ᠴᡳ ᠪᡳ ᠴᡳ ᠰᡝᡵᡝ

ᠪᡝ ᠰᡝᠪᡝ

十 ᠰᡝᠪᡝᠴᡳ

ᠰᡝᠪᡝᠨ

ᡨᡠᡤᡝᠨ

ᠴᡳ

ᡩᡝ ᠮᡝᡴᡝ ᡳ ᠰᡝᠮᡝᠴᡳ

ᠴᡳᠨ

ᠰᡝᠪᡝ ᠪᡝᡵᡳᠨᠪᡝ ᡨᡠ

ᠰᡝᠴᡳᠨ ᡨᡠᡴᡝᠨ

ᠰᡝᠮᡝᡴᡠ ᠰᡝᠮᡝᡴᡠ

ᠴᡳ ᡨᡠᡴᡝ

ᡨᡠ

ᡨᡠ

五 ᠨᡳ ᡨᡠᡴᡝ

ᠨᡳ ᠪᠣᠨ ᠴᡳᠴᡳ

ᠰᡝᠴᡳ

ᠮᡝᠨ ᠴᡳᠴᡳ

ᠮᡝᠨ ᠮᡝᠨᡝᠨ ᡨᡠᡴᡝ

ᠰᡝᠪᡝᠨ ᠮᡝᠨᡳ

ᡨᡠᠮᡝ

ᠮᡝᠪᡝᠨ ᠪᡝᠴᡳ

ᠮᡝᡴᡝᡳ

ᠰᡝᠮᡝᠴᡳ

ᠮᡝᠨ ᠮᡝᠨᡳ

十五 ᠰᡝ ᠰᡝᠴᡳ ᠪᡝᠴᡳ

ᡤᡝᠯᡝ

ᡤᡝᠯᡝ

ᡨᡠ

ᡤᡝᠯᡝ

ᡤᡝᠯᡝ ᡤᡝ

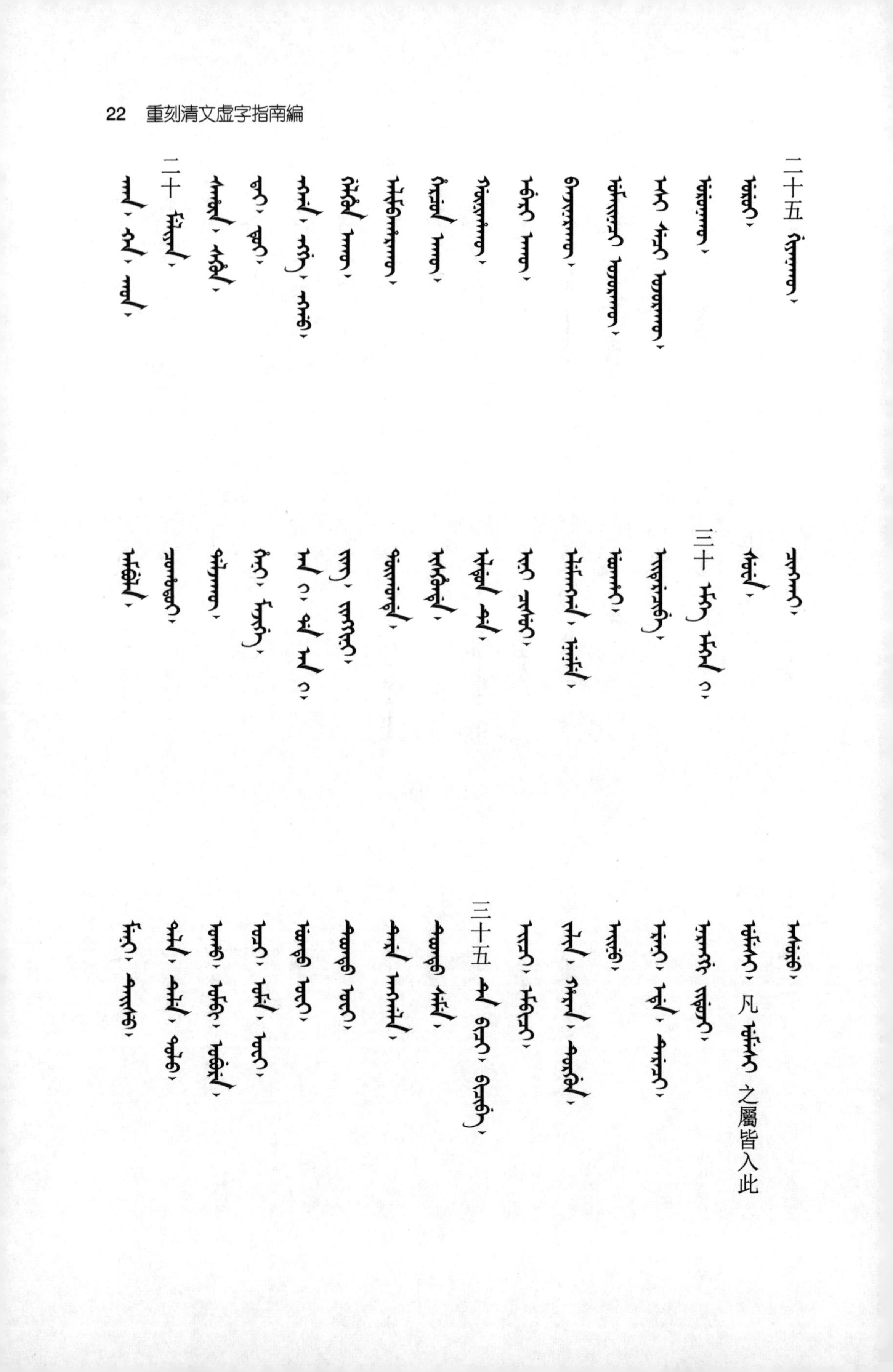

二十五 [Manchu]
[Manchu]
[Manchu]
[Manchu] [Manchu] [Manchu]
[Manchu] [Manchu]
[Manchu] [Manchu]
[Manchu] [Manchu]
[Manchu] [Manchu]
[Manchu] [Manchu]
[Manchu] [Manchu]
[Manchu] [Manchu] [Manchu]
[Manchu] [Manchu]
[Manchu] [Manchu]
二十 [Manchu]
[Manchu] [Manchu] [Manchu]

[Manchu]
[Manchu]
三十 [Manchu] [Manchu]
[Manchu]
[Manchu] [Manchu]
[Manchu] [Manchu]
[Manchu] [Manchu]
[Manchu]
[Manchu]
[Manchu] [Manchu]
[Manchu] [Manchu] [Manchu]
[Manchu] [Manchu]
[Manchu]
[Manchu]
[Manchu]

[Manchu]
[Manchu] [Manchu] 凡 [Manchu] 之屬皆入此
[Manchu] [Manchu] [Manchu]
[Manchu]
[Manchu] [Manchu] [Manchu]
[Manchu] [Manchu]
三十五 [Manchu] [Manchu] [Manchu]
[Manchu] [Manchu]
[Manchu] [Manchu]
[Manchu] [Manchu]
[Manchu] [Manchu] [Manchu]
[Manchu] [Manchu] [Manchu]
[Manchu] [Manchu] [Manchu]
[Manchu] [Manchu]

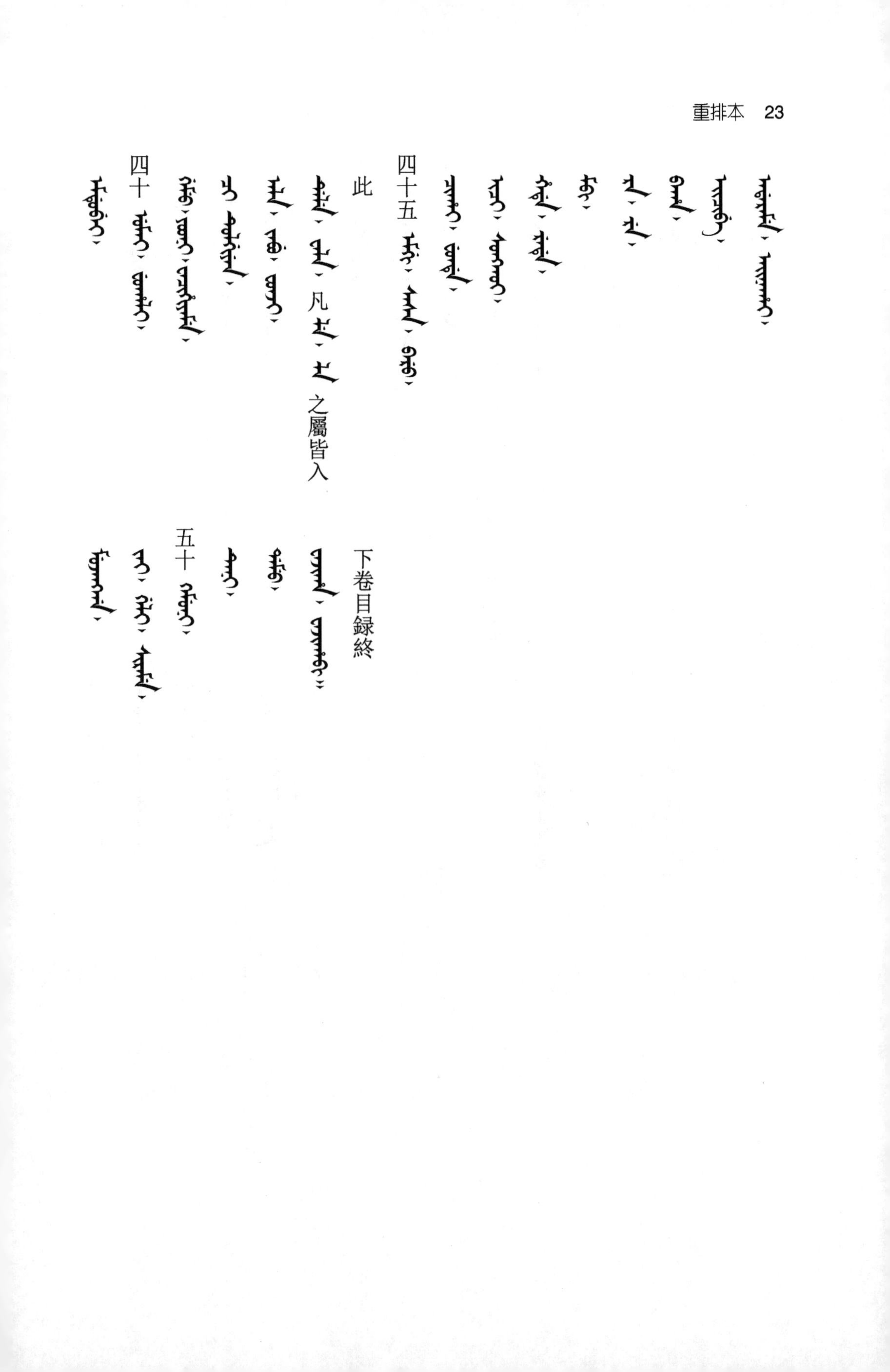

[illegible]

四十 [illegible] [illegible]

[illegible] [illegible] [illegible]

[illegible] [illegible]

[illegible] [illegible] [illegible]

[illegible] [illegible] 凡 [illegible] [illegible] 之屬皆入

此

四十五 [illegible] [illegible] [illegible]

[illegible] [illegible]

[illegible] [illegible]

[illegible] [illegible]

[illegible]

[illegible] [illegible]

[illegible]

[illegible] [illegible]

[illegible]

[illegible] [illegible] [illegible]

五十 [illegible]

[illegible]

[illegible]

[illegible] [illegible]

下卷目録終

頭上頂頂之　　掌上頭擎之

ᡠᠵᡠ ᡩᡝ ᡥᡠᡴᡧᡝᠮᠪᡳ᠈　　ᡶᠠᠯᠠᠩᡤᠠ ᡩᡝ ᡨᡠᡴᡳᠶᡝᠮᠪᡳ᠈

口裏頭念　　心裏頭記

ᠠᠩᡤᠠ ᡩᡝ ᡥᡡᠯᠠᠮᠪᡳ᠈　　ᠮᡠᠵᡳᠯᡝᠨ ᡩᡝ ᡝᠵᡝᠮᠪᡳ᠈

裏頭上頭併时候　　給與在於皆是 ᡩᡝ

學者當留心講求之

ᡨᠠᠴᡳᡵᡝ ᡠᡵᠰᡝ ᡤᡡᠨᡳᠨ ᠨᠠᡵᡥᡡᡧᠠᠮᡝ ᠰᡳᠪᡴᡳᠮᡝ ᠪᠠᡳᠮᡝ ᡴᡳᠴᡝᠮᠪᡳ᠉

清文用虛字處最多　　用處最廣講論多

ᠮᠠᠨᠵᡠ ᠪᡳᡨᡥᡝ ᡩᡝ ᡠᠨᡨᡠᡧᡠᠨ ᡥᡝᡵᡤᡝᠨ ᠪᠠᡳᡨᠠᠯᠠᡵᠠ ᠪᠠ ᡠᠮᡝᠰᡳ ᠯᠠᠪᡩᡠ᠈

ᡳ ᠨᡳ ᠴᡳ ᡩᡝᡵᡳ 與 ᡩᡝ ᠪᡳ

卷上

蒙古萬福厚田著　　漢軍鳳山禹門訂

重刻清文虛字指南編

ᡩᠠᠰᠠᠮᡝ ᡶᠣᠯᠣᡥᠣ ᠮᠠᠨᠵᡠ ᠪᡳᡨᡥᡝ ᡳ ᡠᠨᡨᡠᡧᡠᠨ ᡥᡝᡵᡤᡝᠨ ᡳ ᠵᠣᡵᡳᠨ ᠪᡳᡨᡥᡝ

把頂子帶之
ᠵᡳᠩᠰᡝ ᠪᡝ ᡥᠠᡩᠠᠮᠪᡳ᠈
下邊必有 ᠪᡝ 字應
把將以使令教字

把韂子穿之
ᡨᠣᡥᠣᠮᠠ ᠪᡝ ᡠᠯᡳᠮᠪᡳ᠈
不然口氣亦可托
共是七樣盡翻 ᠪᡝ

敏於事
ᠪᠠᡳᡨᠠ ᡩᡝ ᡴᡳᠴᡝᠮᠪᡳ᠈

慎於言
ᡤᡳᠰᡠᠨ ᡩᡝ ᠣᠯᡥᠣᡧᠣᠮᠪᡳ᠈

在何方相見
ᠠᡳᠪᡳᡩᡝ ᠠᠴᠠᠮᠪᡳ᠈

在此處等候
ᡠᠪᠠᡩᡝ ᠠᠯᡳᠶᠠᠮᠪᡳ᠈

與人方便
ᠨᡳᠶᠠᠯᠮᠠ ᡩᡝ ᡳᠯᡩᡠᠨ ᠠᡵᠠᠮᠪᡳ᠈

與己得益
ᠪᡝᠶᡝ ᡩᡝ ᡨᡠᠰᠠ ᠪᠠᡥᠠᠮᠪᡳ᠈

給我拿來看
ᠮᡳᠨᡩᡝ ᡤᠠᠵᡠ ᡨᡠᠸᠠᡴᡳ᠈

給他送去瞧
ᡳᠨᡩᡝ ᠪᡝᠨᡝᡶᡳ ᡨᡠᠸᠠ᠈

作官的时候要清
ᡥᠠᡶᠠᠨ ᡨᡝᡵᡝ ᡩᡝ ᠪᠣᠯᡤᠣ ᠠᠴᠠᠮᠪᡳ᠈

辦事的时候要公
ᠪᠠᡳᡨᠠ ᡳᠴᡳᡥᡳᠶᠠᡵᠠ ᡩᡝ ᡨᠣᠨᡩᠣ ᠠᠴᠠᠮᠪᡳ᠈

德建而後　名立
ᡝᡵᡩᡝᠮᡠ ᡳᠯᡳᠪᡠᡥᠠ ᠮᠠᠩᡤᡳ᠈ ᡤᡝᠪᡠ ᠮᡠᡨᡝᠪᡠᠮᠪᡳ᠈
ᠪᡠ᠈字亦有自然處

教人說好話
ᠨᡳᠶᠠᠯᠮᠠ ᠪᡝ ᠰᠠᡳᠨ ᡤᡳᠰᡠᠨ ᡤᡳᠰᡠᡵᡝᠪᡠᠮᠪᡳ᠈
教臣子忠
ᠠᠮᠪᠠᠨ ᠣᡥᠣ ᠨᡳᠶᠠᠯᠮᠠ ᠪᡝ ᡨᠣᠨᡩᠣ ᠣᡴᡳᠨᡳ ᠰᡝᠮᠪᡳ᠈
令人失望
ᠨᡳᠶᠠᠯᠮᠠ ᠪᡝ ᡝᡵᡝᠮᡝ ᠠᡴᠠᠪᡠᠮᠪᡳ᠈
使君子安常
ᠠᠮᠪᠠᠰᠠ ᠰᠠᡳᠰᠠ ᠪᡝ ᠠᠨ ᠪᡝ ᡨᡠᠸᠠᡴᡳᠶᠠᠪᡠᠮᠪᡳ᠈
以仁義爲本
ᡤᠣᠰᡳᠨ ᠵᡠᡵᡤᠠᠨ ᠪᡝ ᡶᡠᠯᡝᡥᡝ ᠣᠪᡠᠮᠪᡳ᠈
將書熟熟的念
ᠪᡳᡨᡥᡝ ᠪᡝ ᡠᡵᡝᠪᡠᠮᡝ ᡥᡡᠯᠠ᠈

身修而後　家齊
ᠪᡝᠶᡝ ᡩᠠᠰᠠᠪᡠᡥᠠ ᠮᠠᠩᡤᡳ᠈ ᠪᠣᠣ ᡨᡝᡴᠰᡳᠯᡝᠪᡠᠮᠪᡳ᠈
祇看有ᠪᡝ與無ᠪᡝ

教人行好事
ᠨᡳᠶᠠᠯᠮᠠ ᠪᡝ ᠰᠠᡳᠨ ᠪᠠᡳᡨᠠ ᠶᠠᠪᡠᠪᡠᠮᠪᡳ᠈
教人子孝
ᠵᡠᡳ ᠣᡥᠣ ᠨᡳᠶᠠᠯᠮᠠ ᠪᡝ ᡥᡳᠶᠣᠣᡧᡠᠩᡤᠠ ᠣᡴᡳᠨᡳ ᠰᡝᠮᠪᡳ᠈
令物得所
ᠵᠠᡴᠠ ᠪᡝ ᡨᡝᡳᠰᡠ ᠪᠠᡥᠠᠪᡠᠮᠪᡳ᠈
使小人知非
ᠪᡠᠶᠠ ᠨᡳᠶᠠᠯᠮᠠ ᠪᡝ ᠸᠠᡴᠠ ᠪᡝ ᡠᠯᡥᡳᠪᡠᠮᠪᡳ᠈
以道德爲歸
ᡩᠣᡵᠣ ᡝᡵᡩᡝᠮᡠ ᠪᡝ ᡩᡠᠪᡝ ᠣᠪᡠᠮᠪᡳ᠈
將字好好的寫
ᡥᡝᡵᡤᡝᠨ ᠪᡝ ᠰᠠᡳᡴᠠᠨ ᠠᡵᠠ᠈

被人恥笑
ᡤᡡᠸᠠ ᡩᡝ ᠪᠠᠰᡠᠪᡠᡥᠠ
上 ᡩᡝ 下 ᠪᡠ 爲被字

所謂學文者
ᡧᡠ ᠪᡝ ᡨᠠᠴᡳᡵᡝ ᠰᡝᡥᡝᠩᡤᡝ
所謂務本者
ᡶᡠᠯᡝᡥᡝ ᠪᡝ ᡴᡳᠴᡝᡵᡝ ᠰᡝᡥᡝᠩᡤᡝ
性即理也
ᠪᠠᠨᡳᠨ ᠰᡝᡵᡝᠩᡤᡝ ᡠᡨᡥᠠᡳ ᡤᡳᠶᠠᠨ ᡴᠠᡳ
忠者 中也
ᡨᠣᠨᡩᠣ ᠰᡝᡵᡝᠩᡤᡝ ᡩᡠᠯᡳᠮᠪᠠ ᡴᠠᡳ
也字翻 ᡴᠠᡳ 講是字

被人欺壓
ᡤᡡᠸᠠ ᡩᡝ ᡤᡳᡩᠠᡧᠠᠪᡠᡥᠠ
用法如同上有 ᠪᡠ

是攻詩書也
ᡳᡵᡤᡝᠪᡠᠨ ᠪᡳᡨᡥᡝ ᠪᡝ ᡴᡳᠴᡝᡵᡝᠩᡤᡝ ᡴᠠᡳ
是行孝弟也
ᡥᡳᠶᠣᠣᡧᡠᠨ ᡩᡝᠣᠴᡳᠨ ᠪᡝ ᠶᠠᠪᡠᡵᡝᠩᡤᡝ ᡴᠠᡳ
理即氣也
ᡤᡳᠶᠠᠨ ᠰᡝᡵᡝᠩᡤᡝ ᡠᡨᡥᠠᡳ ᠰᡠᡴᡩᡠᠨ ᡴᠠᡳ
敬者 靜也
ᡤᡳᠩᡤᡠᠨ ᠰᡝᡵᡝᠩᡤᡝ ᠴᡳᠪᠰᡝᠨ ᡴᠠᡳ
上用 ᠰᡝᡵᡝᠩᡤᡝ 與 ᠰᡝᡥᡝᠩᡤᡝ

調停齊楚
ᠨᡝᡳᡤᡝᠨ ᡨᡝᡴᠰᡳᠨ ᡳ ᡳᠴᡳᡥᡳᠶᠠᠮᠪᡳ᠉
遜讓之風
ᡤᡳᠩᡤᡠᠨ ᠠᠨᠠᡥᡡᠨᠵᠠᡵᠠ ᡳ ᡨᠠᠴᡳᠨ᠉
四頭之下ᡳ念ᠨᡳ

用鎗扎
ᡤᡳᡩᠠ ᡳ ᡨᠣᡴᠣᠮᠪᡳ᠉
以忠事君
ᡨᠣᠨᡩᠣ ᡳ ᡝᠵᡝᠨ ᠪᡝ ᡠᡳᠯᡝᠮᠪᡳ᠉
四海之廣
ᡩᡠᡳᠨ ᠮᡝᡩᡝᡵᡳ ᡳ ᠣᠨᠴᠣ᠉
新陳的案件
ᡳᠴᡝ ᡶᡝ ᡳ ᠪᠠᡳᡨᠠ ᠰᡳᡨᠠ᠉
的之以用皆翻ᡳ

辦理裕如
ᡝᠯᡥᡝ ᠰᡠᠯᡶᠠ ᡳ ᡳᠴᡳᡥᡳᠶᠠᠮᠪᡳ᠉
忠信之行
ᡨᠣᠨᡩᠣ ᠠᡴᡩᡠᠨ ᡳ ᠶᠠᠪᡠᠨ᠉
此外單連都使得

用叉扠
ᡧᠠᡴᠠ ᡳ ᡧᠠᡴᠠᠯᠠᠮᠪᡳ᠉
以寬御下
ᠣᠨᠴᠣ ᡳ ᡶᡝᠵᡝᡵᡤᡳ ᠪᡝ ᡴᠠᡩᠠᠯᠠᠮᠪᡳ᠉
萬物之多
ᡨᡠᠮᡝᠨ ᠵᠠᡴᠠ ᡳ ᠯᠠᠪᡩᡠ᠉
是非的情形
ᡠᡵᡠ ᠸᠠᡴᠠ ᡳ ᠠᡵᠪᡠᠨ ᡩᡠᡵᠰᡠᠨ᠉
在人運用要斟酌

這是什麼東西呢

ᡝᡵᡝ ᠠᡳ ᠵᠠᡴᠠ ᠨᡳ᠉

ᠰᡝᠮᡝ 與 ᠰᡝᠮᠪᡳᠣ

句尾之ᠨᡳ 呢哉用

霸王之勇

ᠪᠠ ᠸᠠᠩ ᠨᡳ ᠪᠠᡨᡠᡵᡠ᠉

那王的屬下

ᡨᡝᡵᡝ ᠸᠠᠩ ᠨᡳ ᡶᡝᠵᡝᡵᡤᡳ᠉

五頭的之字翻 ᠨᡳ

用眼瞧

ᠶᠠᠰᠠᡳ ᡨᡠᠸᠠᠮᠪᡳ᠉

天文地理

ᠠᠪᡴᠠᡳ ᡧᡠ ᠨᠠ ᡳ ᡤᡳᠶᠠᠨ᠉

我爲何不認得呢

ᠪᡳ ᠠᡳᠨᡠ ᡨᠠᡴᠠᡵᠠᡴᡡ ᠨᡳ᠉

ᠠᡳᠨᡠ 與 ᠠᡳ᠈ ᠠᡳᠰᡝ

上承文氣有所托

張良之智

ᠵᠠᠩ ᠯᡳᠶᠠᠩ ᠨᡳ ᠰᡠᡵᡝ᠉

那公的門上

ᡨᡝᡵᡝ ᡤᡠᠩ ᠨᡳ ᡩᡠᡴᠠᡩᡝ᠉

猶同 ᡳ 字一樣說

用手指

ᡤᠠᠯᠠᡳ ᠵᠣᡵᡳᠮᠪᡳ᠉

人情物態

ᠨᡳᠶᠠᠯᠮᠠᡳ ᡤᡡᠨᡳᠨ ᠵᠠᡴᠠᡳ ᠠᡵᠪᡠᠨ᠉

由近及遠
ᡥᠠᠨᠴᡳ ᠴᡳ ᡤᠣᡵᠣ ᡩᡝ ᡳᠰᡳᠨᠠᠮᠪᡳ᠈

從古至今皆如是
ᠵᡠᠯᡤᡝᠴᡳ ᡝᠪᠰᡳ ᡤᡝᠮᡠ ᡠᡨᡨᡠ᠈

自天而降
ᠠᠪᡴᠠ ᠴᡳ ᠸᠠᠰᡳᡴᠠ᠈

否則上連破字用
ᠴᡳ 字若在整字下

因何如此慢
ᠠᡳᠨᡠ ᡠᡨᡨᡠ ᡝᠯᡥᡝ ᠨᡳ᠈

何能寬宥
ᠠᡩᠠᡵᠠᠮᡝ ᠣᠨᠴᠣᡩᠣᠮᡝ ᡤᡠᠸᡝᠪᡠᠮᡝ ᠮᡠᡨᡝᠮᠪᡳ᠈

其事豈偶然哉
ᡨᡝᡵᡝ ᠪᠠᡳᡨᠠ ᠠᡳᠨᠠᡥᠠᡳ ᡥᠣᠯᡴᠣᠨ ᠪᡳᠨᡳ᠈

由中達外
ᡩᠣᡵᡤᡳ ᠴᡳ ᡨᡠᠯᡝᡵᡤᡳ ᡩᡝ ᡳᠰᡳᠨᠠᠮᠪᡳ᠈

從此以往復如何
ᡝᡵᡝᠴᡳ ᠵᡠᠯᡝᠰᡳ ᡤᡝᠯᡳ ᠠᡩᠠᡵᠠᠮᡝ᠈

自地而生
ᠨᠠ ᠴᡳ ᠪᠠᠨᠵᡳᡥᠠ᠈

若字若是還有則
自從由第比離說

怎麼那們忙
ᠠᡳᠨᡠ ᡠᡨᡨᡠ ᡝᡴᡧᡝᠮᠪᡳ᠈

豈足蔽辜
ᠠᡳᠨᠠᡥᠠᡳ ᠸᡝᡳᠯᡝ ᡩᡝ ᠠᠮᠴᠠᠮᡝ ᠮᡠᡨᡝᠮᠪᡳ᠈

其理豈或爽哉
ᡤᡳᠶᠠᠨ ᡩᡝ ᠠᡳᠨᠠᡥᠠᡳ ᠴᠠᠯᠠᠮᡝ ᠨᡳ᠈

ᡝᡵᡝᠴᡳ ᠠᡳᠪᡳᡩᡝ ᡤᡝᠨᡝᠮᠪᡳ
從此處何往

ᠴᡳ 亦是從由字

ᡨᡝᡵᡝᠴᡳ ᠪᠣᠣᡩᡝ ᠮᠠᡵᡳᠮᠪᡳ
從那裏回家

比 ᠴᡳ 實在有着落

ᡴᡳᠴᡝᠮᡝ ᡨᠠᠴᡳᠴᡳ ᡧᠠᠩᡤᠠᠮᠪᡳ
勤學則可成

ᡨᠠᠴᡳᡵᠠᡴᡡ ᠣᠴᡳ ᠪᡝᠶᡝ ᠸᠠᠯᡳᠶᠠᠮᠪᡳ
不學則自弃也

ᡨᡝᠨᡳ ᠠᠴᠠᠨᠠᡥᠠᠩᡤᡝ ᠸᡝ
將纔遇見的是誰人

ᠵᠠᡴᠠᠨ ᠪᠠᡥᠠᠩᡤᡝ ᠠᡳ
方纔拾着的是什麼

ᡤᡝᠨᡝᠴᡳ ᡥᡡᡩᡠᠨ ᡥᠠᡥᡳ ᠵᡳᠣ
若去就快來

ᠵᡳᡩᡝᡵᠠᡴᡡ ᠣᠴᡳ ᠠᠯᡳᠶᠠᡵᠠ ᠪᡝ ᠣᠮᠪᡳ
若不來不必等

ᡨᡝ ᠰᡳᠨᠴᡳ ᡶᡠᠯᡠ
他比你强

ᠪᡳ ᠸᡝᠴᡳ ᡝᠪᡝᡵᡳ
我比誰不及

ᡝᡵᡝᠴᡳ ᡤᠣᡵᠣ ᠠᡴᡡ
離此處不遠

ᡨᡝᡵᡝᠴᡳ ᡥᠠᡵᡤᡳ ᡥᠠᠨᠴᡳ
離那裏狠近

ᡠᠶᡠᠴᡳ
第幾

ᡠᠶᡠᠴᡳᠩᡤᡝ
第幾的

ᡳᠯᠠᠴᡳ
第三

ᡳᠯᠠᠴᡳᠩᡤᡝ
第三的

大學士鄂爾泰等謹題

ᠠᠯᡳᡥᠠ ᠪᡳᡨᡥᡝᡳ ᡩᠠ ᠣᡵᡨᠠᡳ ᠰᡝ ᡤᡳᠩᡤᡠᠯᡝᠮᡝ ᠸᡝᠰᡳᠮᠪᡠᡥᡝ

伯父們 衆兄們 叔父們 衆弟們

ᠠᠮᠵᡳᡨᠠ ᠠᡥᠠᡨᠠ ᡝᠰᡥᡝᡨᡝ ᡩᡝᠣᡨᡝ

大臣等 官員等 民人等 賢士們 衆男子 衆女人

ᠠᠮᠪᠠᠰᠠ ᡥᠠᡶᠠᠰᠠ ᡳᡵᡤᡝᠰᡝ ᠰᠠᡳᠰᠠ ᡥᠠᡥᠠᠰᡳ ᡥᡝᡥᡝᠰᡳ

君等 王等 公等 侯等

ᡝᠵᡝᠨ ᠰᠠ ᠸᠠᠩ ᠰᠠ ᡤᡠᠩ ᠰᡝ ᡥᡝᠣ ᠰᡝ

等事等物與等處乃用 ᠵᡝᡵᡤᡳ 方使得

官事又有二樣用 ᠴᡳ 字與 ᠪᡝ 俱使得

ᠰᠠ ᠰᡝ ᠰᡳ ᡨᠠ ᡨᡝ 們衆等 衹看本字口氣說

自牖執其手 自海運於河

ᡶᠠ ᠴᡳ ᡨᡝᡵᡝᡳ ᡤᠠᠯᠠ ᠪᡝ ᠵᠠᡶᠠᡥᠠ

ᠮᡝᡩᡝᡵᡳ ᠴᡳ ᠪᡳᡵᠠ ᡩᡝ ᠵᡠᠸᡝᠮᠪᡳ

水由泉出 風由孔入

ᠮᡠᡴᡝ ᡧᡝᡵᡳ ᠴᡳ ᡨᡠᠴᡳᠮᠪᡳ

ᡝᡩᡠᠨ ᠰᠠᠩᡤᠠ ᠴᡳ ᡩᠣᠰᡳᠮᠪᡳ

大家齊見

ᡤᡝᠮᡠ ᠠᠴᠠᠨᡩᡠᠮᠪᡳ᠈

齊衆 ᡩᡠ᠈ ᠨᡠ᠈ 與 ᠴᠠ᠈ ᠴᡝ

進去問去

ᡩᠣᠰᡳᡶᡳ ᡶᠣᠨᠵᡳᠨᠠᠮᠪᡳ᠈

進去的進去

ᡩᠣᠰᡳᠨᠠᡵᠠᠩᡤᡝ ᡩᠣᠰᡳᠨᠠ᠈

進來的進來

ᡩᠣᠰᡳᠨᠵᡳᡵᡝᠩᡤᡝ ᡩᠣᠰᡳᠨᠵᡠ᠈

ᠵᡳ᠈ ᠵᡠ 是來

衣食等物

ᡝᡨᡠᡴᡠ ᠵᡝᡴᡠ ᠵᡝᡵᡤᡳ ᠵᠠᡴᠠ᠈

臣等查

ᠠᠮᠪᠠᠨ ᠪᡝ ᠪᠠᡳᠴᠠᠴᡳ᠈

公同齊商

ᡠᡥᡝᡳ ᡥᡝᠪᡩᡝᠨᡠᠮᠪᡳ᠈

出去說去

ᡨᡠᠴᡳᡶᡳ ᡤᡳᠰᡠᡵᡝᠨᡝᠮᠪᡳ᠈

出去的出去

ᡨᡠᠴᡳᠨᡝᡵᡝᠩᡤᡝ ᡨᡠᠴᡳᠨᡝ᠈

出來的出來

ᡨᡠᠴᡳᠨᠵᡳᡵᡝᠩᡤᡝ ᡨᡠᠴᡳᠨᠵᡠ᠈

ᠨᠠ᠈ ᠨᡝ᠈ ᠨᠣ 是去

遠近等處

ᡤᠣᡵᠣ ᡥᠠᠨᠴᡳ ᠵᡝᡵᡤᡳ ᠪᠠ᠈

得失等事

ᠪᠠᡥᠠᡵᠠ ᡠᡶᠠᡵᠠᡵᠠ ᠵᡝᡵᡤᡳ ᠪᠠᡳᡨᠠ᠈

連連展眼 ᡥᠠᠪᡨᠠᡧᠠᠮᠪᡳ᠈

頻頻補綴 ᠨᡳᠶᡝᠴᡝᡨᡝᠮᠪᡳ᠈

常常幫助 ᠠᡳᠰᡳᠯᠠᡨᠠᠮᠪᡳ᠈

頻頻摩拊 ᠪᡳᡧᡠᡧᡝᠮᠪᡳ᠈

常常摔抖 ᠯᠠᠰᡳᡥᡳᡩᠠᠮᠪᡳ᠈

頻頻反覆 ᡠᠪᠠᡧᠠᡨᠠᠮᠪᡳ᠈

此等字樣皆一意

ᡨᠠ᠈ ᡨᡝ᠈ ᡩᠠ᠈ ᡩᡝ᠈ ᡧᠠ᠈ ᡧᡝ᠈ ᡧᠣ

齊都靜坐 ᡝᡴᡳᠰᠠᡴᠠ ᡨᡝᠴᡝᠮᠪᡳ᠈

齊在旁邊站 ᡩᠠᠯᠪᠠᡩᡝ ᡳᠯᡳᠴᠠᠮᠪᡳ᠈

一齊相助 ᡠᡥᡝᡳ ᠠᡳᠰᡳᠯᠠᠴᠠᠮᠪᡳ᠈

頻頻照耀 ᡝᠯᡩᡝᠨᠵᡝᠮᠪᡳ᠈

連連進步 ᡳᠪᡝᠨᠵᡝᠮᠪᡳ᠈

連連攙和 ᠰᡠᠸᠠᠯᡳᠶᠠᠨᠵᠠᠮᠪᡳ᠈

連連增加 ᠨᠣᠩᡤᡳᠵᠠᠮᠪᡳ᠈

常常思索 ᡤᡡᠨᡳᠵᠠᠮᠪᡳ᠈

常常容納 ᠪᠠᡴᡨᠠᠨᠵᠠᠮᠪᡳ᠈

頻頻常常連連說

ᠵᠠ᠈ ᠵᡝ᠈ ᠵᠣ 與 ᠨᠵᠠ᠈ ᠨᠵᡝ᠈ ᠨᠵᠣ

大衆閑談 ᡤᡝᡵᡝᠨ ᠯᡝᠣᠯᡝᠴᡝᠮᠪᡳ᠈

一齊後面跟 ᠠᠮᠠᠯᠠ ᡩᠠᡥᠠᠴᠠᠮᠪᡳ᠈

大家齊爭 ᡤᡝᠮᡠ ᡨᡝᠮᡧᡝᠴᡝᠮᠪᡳ᠈

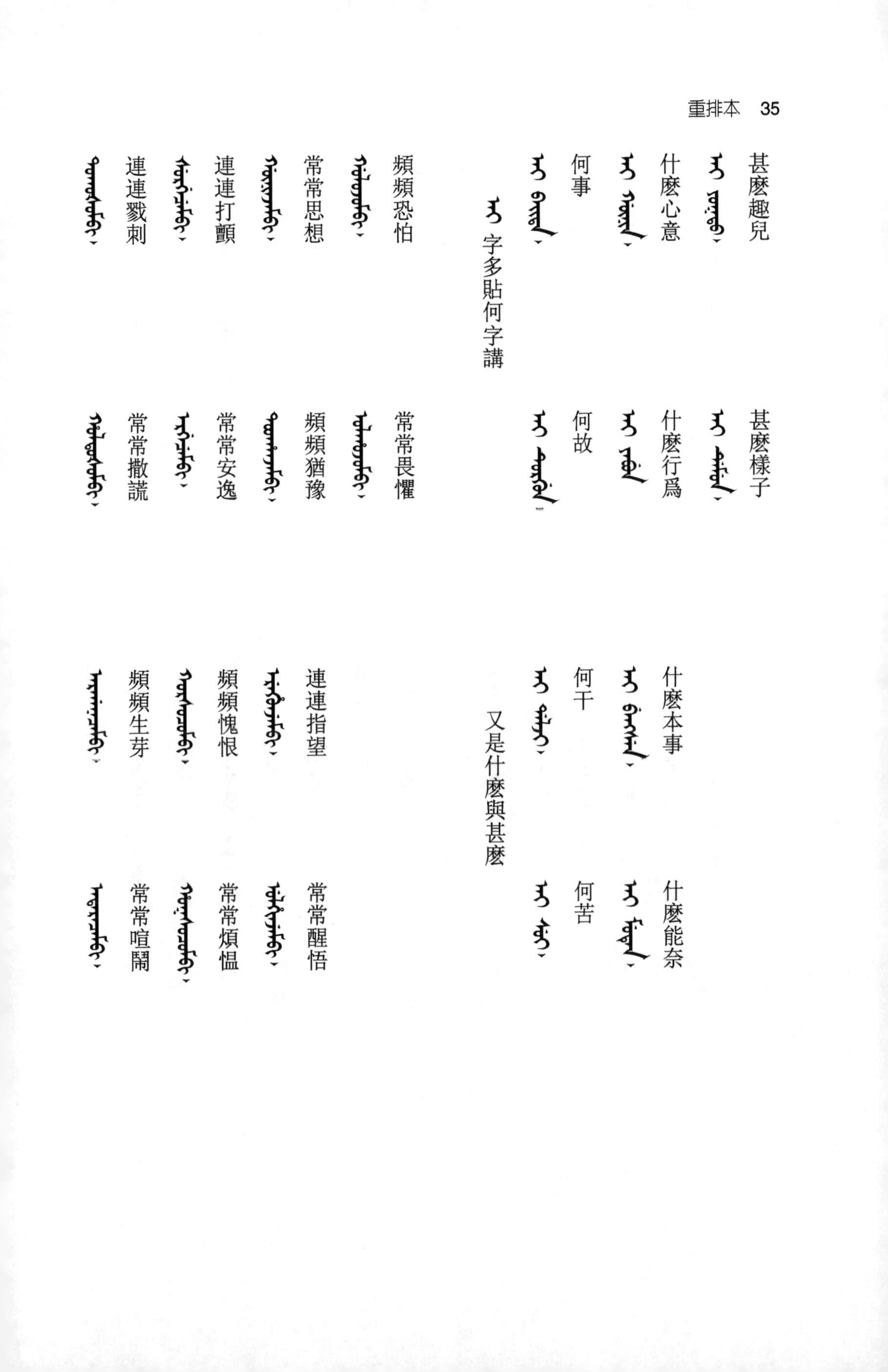

甚麽趣兒

什麽心意

何事

甚麽樣子

什麽行爲

何故

字多貼何字講

什麽本事

何干

什麽能奈

何苦

又是什麽與甚麽

頻頻恐怕

常常思想

連連打顫

連連戳刺

常常畏懼

頻頻猶豫

常常安逸

常常撒謊

連連指望

頻頻愧恨

頻頻生芽

常常醒悟

常常煩慍

常常喧鬧

可謂仁乎
ᡤᠣᠰᡳᠨ ᠰᡝᠴᡳ ᠣᠮᠪᡳᠣ᠉

有外此者乎
ᡝᡵᡝᠴᡳ ᡨᡠᠯᡤᡳᠶᡝᠩᡤᡝ ᠪᡳᠣ᠉

原來這樣麼
ᡩᡠᠯᡝ ᡠᡨᡨᡠ ᠨᡳᠣ᠉

有什麼趣兒嗎
ᠠᡳ ᠠᠮᡨᠠᠩᡤᠠᠣ᠉

前日你去了麼
ᠴᠠᠨᠠᠩᡤᡳ ᠰᡳ ᡤᡝᠨᡝᡥᡝᠣ᠉

瞧见古迹了麼
ᠵᡠᠯᡤᡝᡳ ᠰᠣᠩᡴᠣ ᠪᡝ ᡨᡠᠸᠠᡥᠠᠣ᠉

認得那個人麼
ᡨᡝᡵᡝ ᠨᡳᠶᠠᠯᠮᠠ ᠪᡝ ᡨᠠᡴᠠᠮᠪᡳᠣ᠉

ᠨᠠ᠈ ᠨᡝ᠈ ᠨᠣ 尾皆疑問

可不戒歟
ᡨᠠᡵᡤᠠᡵᠠᡴᡡ ᠣᠮᠪᡳᠣ᠉

豈加於此哉
ᡝᡵᡝᠴᡳ ᠨᠣᠩᡤᡳᠪᡠᠮᠪᡳ ᠪᡳᠣ᠉

豈只是我嗎
ᠠᡳ ᡩᠠᠮᡠ ᠪᡳᠨᡳᠣ᠉

真是個樂兒麼
ᠶᠠᠯᠠ ᠰᡝᠪᠵᡝᠩᡤᡝᠣ᠉

昨天他來了麼
ᠰᡳᡴᠰᡝ ᡳ ᠵᡳᡥᡝᠣ᠉

聽見謠言了麼
ᡥᠣᠯᠣ ᡤᡳᠰᡠᠨ ᠪᡝ ᡩᠣᠨᠵᡳᡥᠠᠣ᠉

懂得這個理麼
ᡝᡵᡝ ᡤᡳᠶᠠᠨ ᠪᡝ ᡠᠯᡥᡳᠮᠪᡳᠣ᠉

又作反口語氣說

ᡨᠠᠴᡳᡵᡝᠩᡤᡝ ᠰᠠᡳᠨ ᠠᡴᡡᠨ
學的不好麼

ᠮᡠᠰᡝ ᡤᡳᠰᡠᡵᡝᡥᡝᡴᡡᠨ
咱們没言説麼

ᠶᠠᠯᠠ ᠰᠠᠪᡠᡥᠠᡴᡡᠨ
真没瞧見麼

ᠪᠠᡳᡨᠠᠯᠠᠴᡳ ᠣᠵᠣᡵᠠᡴᡡᠨ
不可用麼

倘或本文是整字反詰不曾未曾語

ᡝᡩᡝ ᠠᡴᡡ ᠰᡝᠮᡝᠣ
顧不在兹乎

ᡳᠨᡠ ᠰᡝᠪᠵᡝᠨ ᠠᡴᡡᠨ
不亦樂乎

ᡠᡵᡝᠪᡠᡥᡝᠩᡤᡝ ᠮᠠᠩᡤᠠ ᠠᡴᡡᠨ
練的不强麼

ᠰᡠᠸᡝ ᡥᡝᠪᡩᡝᡥᡝᡴᡡᠨ
你們未商量麼

ᡠᠮᠠᡳ ᡳᠨᡠ ᡩᠣᠨᠵᡳᡥᠠᡴᡡᠨ
并未聽见麼

ᠶᠠᠪᡠᠮᡝ ᠮᡠᡨᡝᡵᠠᡴᡡᠨ
不能行麼

則用 ᠠᡴᡡ 下邊托 ᠰᡝᠮᡝᠣ、ᠠᡴᡡᠨ 等字多

ᠶᠠᠯᠠ ᠰᠠᡳᠨ ᠠᡴᡡ ᠰᡝᠮᡝᠣ
豈不美哉

ᡳᠯᡝᡨᡠ ᡨᡝᠮᡤᡝᡨᡠ ᠠᡴᡡᠨ
非明效歟

竟嘴說罷

ᠠᠩᡤᠠ ᠴᠠᠩᡤᡳ ᡤᡳᠰᡠᡵᡝᡵᡝ ᡩᠠᠪᠠᠯᠠ᠉

或然又作而已矣

ᡩᠠᠪᠠᠯᠠ 本是罷字意

一定的道理啊

ᡠᡵᡠᠨᠠᡴᡡ ᡤᡳᠶᠠᠨ ᡴᠠᡳ᠉

看起來果然哪

ᡨᡠᠸᠠᠴᡳ ᠶᠠᠯᠠ ᡴᠠᡳ᠉

ᡴᠠᡳ 字落脚即决斷

那宗事真麼

ᡨᡝᡵᡝ ᠪᠠᡳᡨᠠ ᠶᠠᡵᡤᡳᠶᡡᠨ᠉

這一向好麼

ᡝᡵᡝ ᠰᡳᡩᡝᠨᡩᡝ ᠰᠠᡳᠶᡡᠨ᠉

四頭整字變疑問

不過勸人罷

ᡩᠠᠮᡠ ᠨᡳᠶᠠᠯᠮᠠ ᠪᡝ ᡨᠠᡶᡠᠯᠠᡵᠠ ᡩᠠᠪᠠᠯᠠ᠉

ᠨᡳ· ᠨᠠ· ᠨᡝ 尾接處多

又作耳字也使得

自然之理也

ᡳᠨᡳ ᠴᡳᠰᡠᡳ ᡤᡳᠶᠠᠨ ᡴᠠᡳ᠉

所言真不假呀

ᡤᡳᠰᡠᡵᡝᡥᡝᠩᡤᡝ ᠶᠠᠯᠠ ᡨᠠᡧᠠᠨ ᠠᡴᡡ ᡴᠠᡳ᠉

翻作哪呀啊也說

他的話假麼

ᡳᠨᡳ ᡤᡳᠰᡠᠨ ᡨᠠᡧᠠᠨ᠉

ᠨᡳᠣ· ᠨᠠ· ᠨᡝ 字尾接着

毋不敬 ᡠᠮᡝ ᡤᡳᠩᡤᡠᠨ ᠠᡴᡡ ᠣᠵᠣᡵᠣ

莫輕忽 ᡠᠮᡝ ᠣᡳᡥᠣᡵᡳᠯᠠᡵᠠ

休懶惰 ᡠᠮᡝ ᠪᠠᠨᡠᡥᡡᡧᠠᡵᠠ

別忘記 ᡠᠮᡝ ᠣᠩᡤᠣᡵᠣ

勿遲誤 ᡠᠮᡝ ᠰᠠᡵᡨᠠᠪᡠᡵᡝ

ᡠᠮᡝ 是休勿莫別毋 下用 ᡵᠠ ᡵᡝ ᡵᠣ 字托

君子行法以俟命而已矣 ᠠᠮᠪᠠᠰᠠ ᠰᠠᡳᠰᠠ ᡴᠣᠣᠯᡳ ᠪᡝ ᠶᠠᠪᡠᠪᡠᡶᡳ ᡥᡝᠰᡝᠪᡠᠨ ᠪᡝ ᠠᠯᡳᠶᠠᡵᠠ ᡩᠠᠪᠠᠯᠠ

夫仁亦在乎熟之而已矣 ᡤᠣᠰᡳᠨ ᡳᠨᡠ ᡩᠠᠮᡠ ᡠᡵᡝᠪᡠᡵᡝ ᡩᡝ ᠪᡳᠰᡳᡵᡝ ᡩᠠᠪᠠᠯᠠ

夫人豈以不勝爲患哉 弗爲耳 ᠨᡳᠶᠠᠯᠮᠠ ᠠᡳᠨᠠᡥᠠ ᠮᡠᡨᡝᡵᠠᡴᡡ ᡩᡝ ᠵᠣᠪᠣᠷᠣᠩᡤᡝ ᠶᠠᠪᡠᡵᠠᡴᡡ ᡩᠠᠪᠠᠯᠠ

人人有貴於己者 弗思耳 ᠨᡳᠶᠠᠯᠮᠠ ᡨᠣᠮᡝ ᠪᡝᠶᡝ ᡩᡝ ᠸᡝᠰᡳᡥᡠᠨ ᠨᡳᠩᡤᡝ ᠪᡳ ᡤᡡᠨᡳᡵᠠᡴᡡ ᡩᠠᠪᠠᠯᠠ

ᡥᠣᠨᠣ ᠪᠠᡩᡝ 是尚且　下有何況 ᠪᡝ ᠠᡳ ᡥᡝᠨᡩᡠᡵᡝ

若無反詰何況處　ᠪᡝ 與 ᠠᡳ 俱可托

還有下接 ᡨᡝ 處　臨文隨地細斟酌

ᠪᡳᡨᡥᡝ ᠪᡝ ᡥᠣᠨᠣ ᡤᡳᠶᠠᠩᠨᠠᠮᡝ ᠪᠠᡥᠠᠨᠠᡵᠠᡴᡡ ᠪᠠᡩᡝ᠈ ᡧᡠ ᡶᡳᠶᡝᠯᡝᠨ ᠪᡝ ᠠᡳ ᡥᡝᠨᡩᡠᡵᡝ᠈

書尚且不會講　何況作文章

ᠵᠠᠯᠠᠨ ᡳ ᡝᠨᠴᡠ ᡩᡝᠮᡠᠨ ᡳ ᡠᡵᠰᡝ᠈ ᡴᡠᠩ ᠮᡝᠩ ᠨᡳ ᠪᡳᡨᡥᡝ ᠪᡝ ᡥᠣᠨᠣ ᡠᠯᡥᡳᠮᡝ ᠮᡠᡨᡝᡵᠠᡴᡡ ᠪᠠᡩᡝ᠈ ᠯᠣᠣ ᠵᡠᠸᠠᠩ ᠨᡳ ᡨᠠᠴᡳᠨ ᠪᡝ ᡝᠮᡠ ᠮᡠᠵᡳᠯᡝᠨ ᡳ ᡶᡠᡥᠠᡧᠠᠮᡝ

世之異端之士於孔孟之書尚不能解　而於老莊之術一味鑽研

ᡥᡝᡨᡝᠮᠪᡠᠴᡳ᠈ ᡝᡵᡝ ᠪᠣᠯᡤᠣ ᡤᡝᠩᡤᡳᠶᡝᠨ ᡳ ᠵᠠᠯᠠᠨ ᠪᡝ ᠸᠠᠯᡳᠶᠠᡶᡳ᠈ ᠪᡠᡨᡠ ᡶᠠᡵᡥᡡᠨ ᡳ ᠵᡠᡤᡡᠨ ᡩᡝ ᡩᠣᠰᡳᡴᡳᠩᡤᡝ᠈ ᠠᡳ ᡨᡠᠰᠠ ᠪᡳ᠉

是舍清明之世　而入幽暗之途　有何益哉

ᡨᡝᡵᡝ ᡨᠠᠴᡳᠨ ᡥᡳᠶᠣᠣᡧᡠᠨ ᡩᡝᠣᡩᡝ ᠪᡝ ᡥᠣᠨᠣ ᡤᡳᠶᠠᠩᠨᠠᡵᠠᡴᡡ ᠪᠠᡩᡝ᠈ ᡤᠣᠰᡳᠨ ᠵᡠᡵᡤᠠᠨ ᠪᡝ ᡝᠯᡝ ᠸᡝᡳᡥᡠᡴᡝᠨ ᠣᠪᡠᡥᠠᠪᡳ᠈ ᠠᡳ ᡩᠣᡵᠣ ᠪᡝ ᠠᠪᡴᠠ

其俗也孝弟尚且不講　仁義更以爲輕　然以何道立於天

ᠨᠠ ᡳ ᠰᡳᡩᡝᠨ ᡩᡝ ᡳᠯᡳᠮᠪᡳᠨᡳ᠉

地之間哉

ᡥᠣᠨᠣ ᠮᡠᠰᡝᡳ ᡴᡳᠴᡝᠮᡝ ᡥᡡᠰᡠᡨᡠᠯᡝᡥᡝᠩᡤᡝ᠈ ᠵᡠᠸᡝ ᠵᡝᡵᡤᡳ ᡳᠯᠠᠨ ᠵᡝᡵᡤᡳ ᡩᡝ ᡳᠰᡳᠨᠠᡶᡳ᠈ ᡨᡝᠨᡳ ᠪᠠᡥᠠᠮᠪᡳ᠈ ᡝᡵᡝ ᡨᠠᠴᡳᠨ ᡶᠣᠨᠵᡳᠨ ᡳ ᡩᠣᡵᠣ

尚必待功力專勤　至再至三而始得之　可以知學問之道

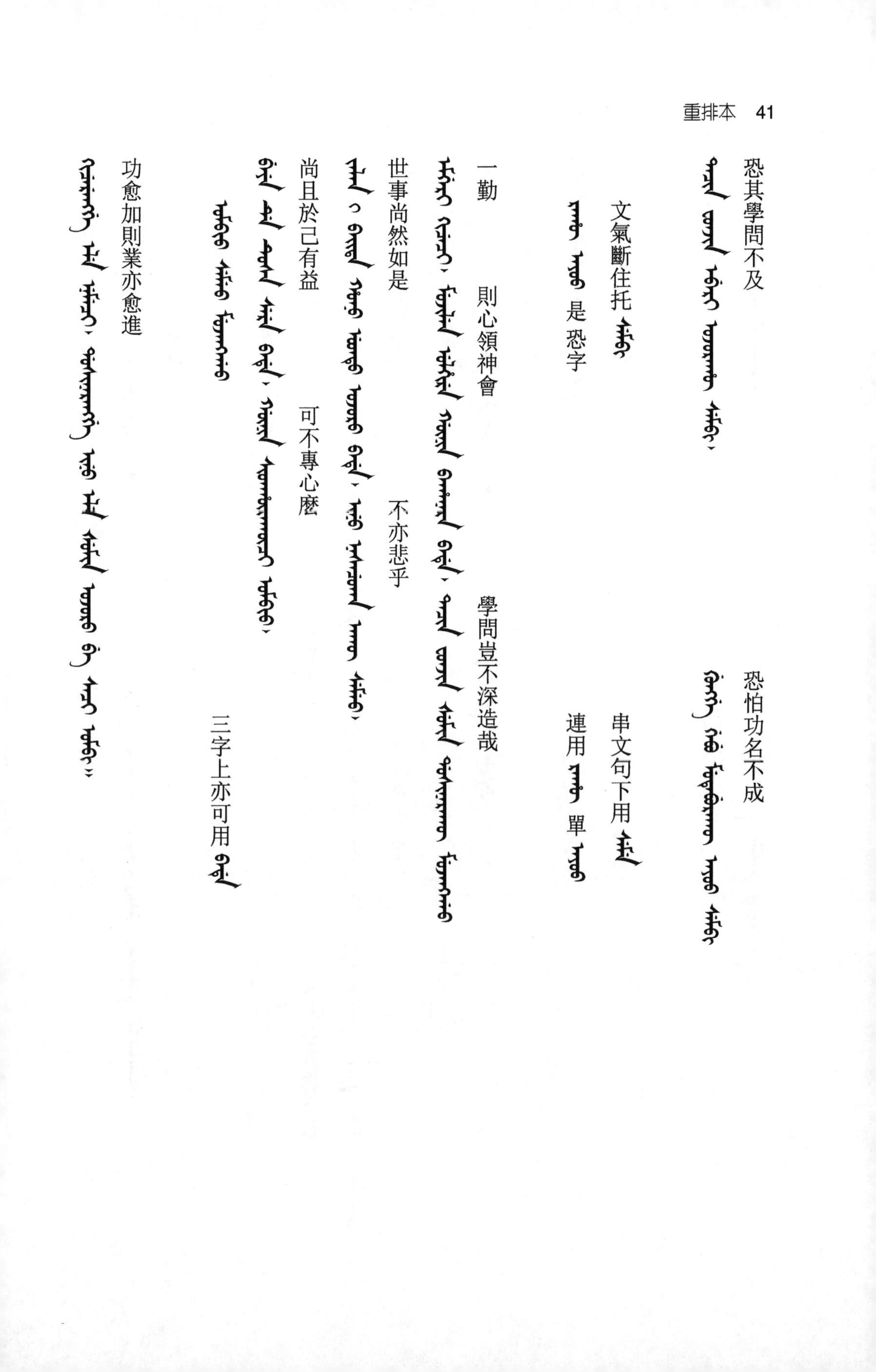

恐其學問不及

恐怕功名不成

文氣斷住托

串文句下用

是恐字

連用 單

一勤 則心領神會 學問豈不深造哉

世事尚然如是 不亦悲乎

尚且於己有益 可不專心麼

三字上亦可用

功愈加則業亦愈進

雖在造次　亦不可離

ᠴᠠᡥᡳ ᡥᠠᡥᡳ ᡩᡝ ᠰᡝᠮᡝ, ᡳᠨᡠ ᠠᠯᠵᠠᠴᡳ ᠣᠵᠣᡵᠠᡴᡡ,

雖在顛沛　仍不可去

ᡨᡠᡥᡝᡵᡝ ᡨᡠᠯᡝᡵᡝ ᡩᡝ ᠰᡝᠮᡝ, ᡤᡝᠯᡳ ᠠᠯᠵᠠᠴᡳ ᠣᠵᠣᡵᠠᡴᡡ,

ᡩᡝ ᠰᡝᠮᡝ 是雖在講

ᠴᠣᠣᡥᠠ ᠪᡝ ᡠᡵᡤᡠᠨ ᠣᠵᠣᡵᠠᡴᡡ,

不但與兵餉無虧　於地方實有裨益　故不敢拘泥成格

ᠴᠣᠣᡥᠠᡳ ᠴᡳᠶᠠᠩᠯᡳᠶᠠᠩ ᡩᡝ ᡝᠯᡝ ᠠᡴᡡ ᡩᡝ ᠰᡳᠯᡳᠨ ᠪᡝ, ᠪᠠ ᠨᠠ ᡩᡝ ᠶᠠᡵᡤᡳᠶᠠᠨ ᡳ ᡨᡠᠰᠠ ᠪᡳ ᠰᡝᠮᡝ, ᡨᡠᡨᡨᡠ ᡤᡡᠨᡳᠨ ᠠᡴᡡ ᠮᡝᠮᡝᡵᡝᠮᡝ

上文結句連下用　中間過筆用 ᠰᡝᠮᡝ

另片奏請分別獎勵等語

ᡝᠨᠴᡠ ᠠᡶᠠᡥᠠ ᡳᠯᡤᠠᠮᡝ ᡥᡠᠸᡝᡴᡳᠶᡝᠪᡠᡵᡝ ᠪᠠᡳᠮᡝ ᠰᡝᠮᡝ ᠪᡳᡨᡥᡝ ᠸᡝᠰᡳᠮᠪᡠᡥᡝᠪᡳ,

如此如彼等因由各該處咨行前來

ᡠᡨᡨᡠ ᡨᡠᡨᡨᡠ ᠰᡝᠮᡝ, ᠮᡝᠨᡳ ᠮᡝᠨᡳ ᠪᠠ ᠴᡳ ᠪᡳᡨᡥᡝ ᠤᠨᡤᡳᡥᡝᠪᡳ,

單用 ᠰᡝᠮᡝ 是等因等語　承上啓下爲過脉

恐怕遺失而留神

ᡨᡝᡥᡝᡵᡠ ᠰᡝᠮᡝ ᡤᡡᠨᡳᠨ ᠵᡳᠵᡳᡵᡝᠪᡳ,

恐其毀壞而在意

ᡝᠪᡩᡝᡵᡝ ᠠᡴᡡ ᠰᡝᠮᡝ ᡤᡡᠨᡳᠨ ᠪᡳᡩᡝᡵᡝᠪᡳ,

雖則衍述
ᡠᡩᡠ ᠪᠠᡩᠠᡵᠠᠮᠪᡠᠮᡝ ᡶᡳᠰᡝᠮᠪᡠᡥᡝ ᡤᠣᠵᡳᠮᡝ᠈ ᡥᠣᠨᠣ ᡥᠠᡶᡠ ᡤᡝᡨᡠᡴᡝᠨ ᠠᡴᡡ᠉
尚未通徹

雖然則效
ᡠᡩᡠ ᠠᠯᡥᡡᡩᠠᠮᡝ ᠠᠯᡳᡥᠠᠪᡠᡥᡝ ᡤᠣᠵᡳᠮᡝ᠈ ᡥᠣᠨᠣ ᠠᠮᠴᠠᡵᠠᡴᡡ ᠠᠶᠣᠣ ᠰᡝᠮᠪᡳ᠉
猶恐不逮

雖不符例
ᡠᡩᡠ ᡴᠣᠣᠯᡳᡩᡝ ᠠᠴᠠᠨᠠᡵᠠᡴᡡ ᠪᡳᠴᡳᠪᡝ᠈ ᡳᠨᡠ ᠠᡵᠠ ᠪᡝ ᡤᡠᠨᡳᠮᡝ ᠠᠯᡳᠮᠪᡠᡥᠠ ᡳᠨᡠ᠉
亦可酌保

雖覺過優
ᡠᡩᡠ ᡥᡡᠸᠠᡧᠠᠪᡠᡥᠠ ᠣ ᡩᠠᠪᠠᠯᡳ ᠪᡳᠴᡳᠪᡝ᠈ ᡳᠨᡠ ᠪᠠᡥᠠᠴᡳ ᠠᠴᠠᠨᠠᡵᡳᠩᡤᡝ᠉
亦所應得

揣摩文氣如何語
ᡳ᠈ ᠪᡝ᠈ ᠰᡝ 等共整字
往往常有用 ᡤᠣᠵᡳᠮᡝ ᠪᡳᠴᡳᠪᡝ᠈ ᠮᡠᡨᡝᠮᠪᡳ

雖字神情有 ᡠᡩᡠ
句下應有 ᠪᡳᠴᡳᠪᡝ

連他也惹不得
ᡨᡝᡵᡝ ᠪᡝ ᡳᠨᡠ ᠨᡝᠴᡳᠴᡳ ᠣᠵᠣᡵᠠᡴᡡ᠉
是你又怎麼樣
ᡨᡝᡵᡝ ᠪᡝ ᠰᡳ ᠠᡳᠰᡝ᠉

ᠪᡝ ᡳᠨᡠ 作連是說

即便不合式 / 亦得遷就着使

ᡴᡝᠮᡠᠨ ᡩᡝ ᠠᠴᠠᠨᠠᡵᠠᡴᡡ ᠪᡳᠴᡳᠪᡝ᠈ ᡳᠨᡠ ᠠᠴᠠᠪᡠᠮᡝ ᠪᠠᡳᡨᠠᠯᠠᠴᡳ ᠣᠮᠪᡳ᠉

ᠪᡳᠴᡳᠪᡝ 是總然即便　又作無論或是說

雖然不費力 / 亦須勉强

ᡠᡩᡠ ᡥᡡᠰᡠᠨ ᡶᠠᠶᠠᠪᡠᡵᠠᡴᡡ ᠪᡳᠴᡳᠪᡝ᠈ ᡳᠨᡠ ᡶᠠᡧᡧᠠᠮᡝ ᡴᡳᠴᡝᠴᡳ ᠠᠴᠠᠮᠪᡳ᠉

雖是不勞心 / 也得思索

ᡠᡩᡠ ᡤᡡᠨᡳᠨ ᡶᠠᠶᠠᠪᡠᡵᠠᡴᡡ ᠪᡳᠴᡳᠪᡝ᠈ ᡳᠨᡠ ᡤᡡᠨᡳᠮᡝ ᠪᠣᡩᠣᠴᡳ ᠠᠴᠠᠮᠪᡳ᠉

雖然無過 / 不可不慎其微

ᡠᡩᡠ ᡝᠨᡩᡝᠪᡠᡴᡠ ᠠᡴᡡ ᠪᡳᠴᡳᠪᡝ᠈ ᡳᠨᡳ ᠨᠠᡵᡥᡡᠨ ᠪᡝ ᠣᠯᡥᠣᡧᠣᡵᠠᡴᡡ ᠣᠵᠣᡵᠠᡴᡡ᠉

雖然有功 / 不可自逞其志

ᡠᡩᡠ ᡤᡠᠩ ᠪᡳ ᠪᡳᠴᡳᠪᡝ᠈ ᡳᠨᡳ ᠮᡠᠵᡳᠨ ᠪᡝ ᠪᠠᡵᡩᠠᠩᡤᡳᠯᠠᠴᡳ ᠣᠵᠣᡵᠠᡴᡡ᠉

雖然讀書 / 不明道理

ᡠᡩᡠ ᠪᡳᡨᡥᡝ ᡥᡡᠯᠠᠴᡳᠪᡝ᠈ ᡩᠣᡵᠣ ᡤᡳᠶᠠᠨ ᠪᡝ ᡠᠯᡥᡳᡵᠠᡴᡡ᠉

雖聖人 / 亦有所不知

ᡠᡩᡠ ᡝᠨᡩᡠᡵᡳᠩᡤᡝ ᠨᡳᠶᠠᠯᠮᠠ ᠪᡳᠴᡳᠪᡝ᠈ ᡳᠨᡠ ᠰᠠᡵᡴᡡ ᠪᠠ ᠪᡳ᠉

與其不會　莫若趕着學

ᠪᠠᡥᠠᠨᠠᡵᠠᡴᡡ ᠣᠵᠣᡵᠣ ᠠᠩᡤᠠᠯᠠ᠈ ᠠᠮᠴᠠᠮᡝ ᡨᠠᠴᡳᡵᡝ ᡩᡝ ᡳᠰᡳᡵᠠᡴᡡ᠈

與其空説　不若照着行

ᡠᠨᡨᡠᡥᡠᠨ ᡤᡳᠰᡠᡵᡝᡵᡝ ᠠᠩᡤᠠᠯᠠ᠈ ᠰᠣᠩᡴᠣᠯᠣᠮᡝ ᠶᠠᠪᡠᡵᡝ ᡩᡝ ᡳᠰᡳᡵᠠᡴᡡ᠈

與其竟念　不如心裏記

ᡩᠠᠮᡠ ᡥᡡᠯᠠᡵᠠ ᠠᠩᡤᠠᠯᠠ᠈ ᡤᡡᠨᡳᠨ ᡝᠵᡝᡵᡝ ᡩᡝ ᡳᠰᡳᡵᠠᡴᡡ᠈

下有不如不若字　用 ᡩᡝ ᡳᠰᡳᡵᠠᡴᡡ 托

與其翻爲 ᠠᠩᡤᠠᠯᠠ　上連必用 ᠴᡳ᠈ ᠴᡳᠪᡝ᠈ ᠪᡝ

或壽或夭　孰非命算

ᠵᠠᠯᠠᡶᡠᠩᡤᠠ ᠣᠴᡳᠪᡝ᠈ ᡥᡡᡩᡠᠨ ᠣᠴᡳᠪᡝ᠈ ᠠᡳ ᡥᡝᠰᡝᠪᡠᠨ ᡨᠣᠯᠣᠨ ᠠᡴᡡ᠈

無論滿漢　皆屬臣民

ᠮᠠᠨᠵᡠ ᠣᠴᡳᠪᡝ᠈ ᠨᡳᡴᠠᠨ ᠣᠴᡳᠪᡝ᠈ ᡤᡝᠮᡠ ᠠᠮᠪᠠᠨ ᡳᡵᡤᡝᠨ ᡳᠨᡠ᠈

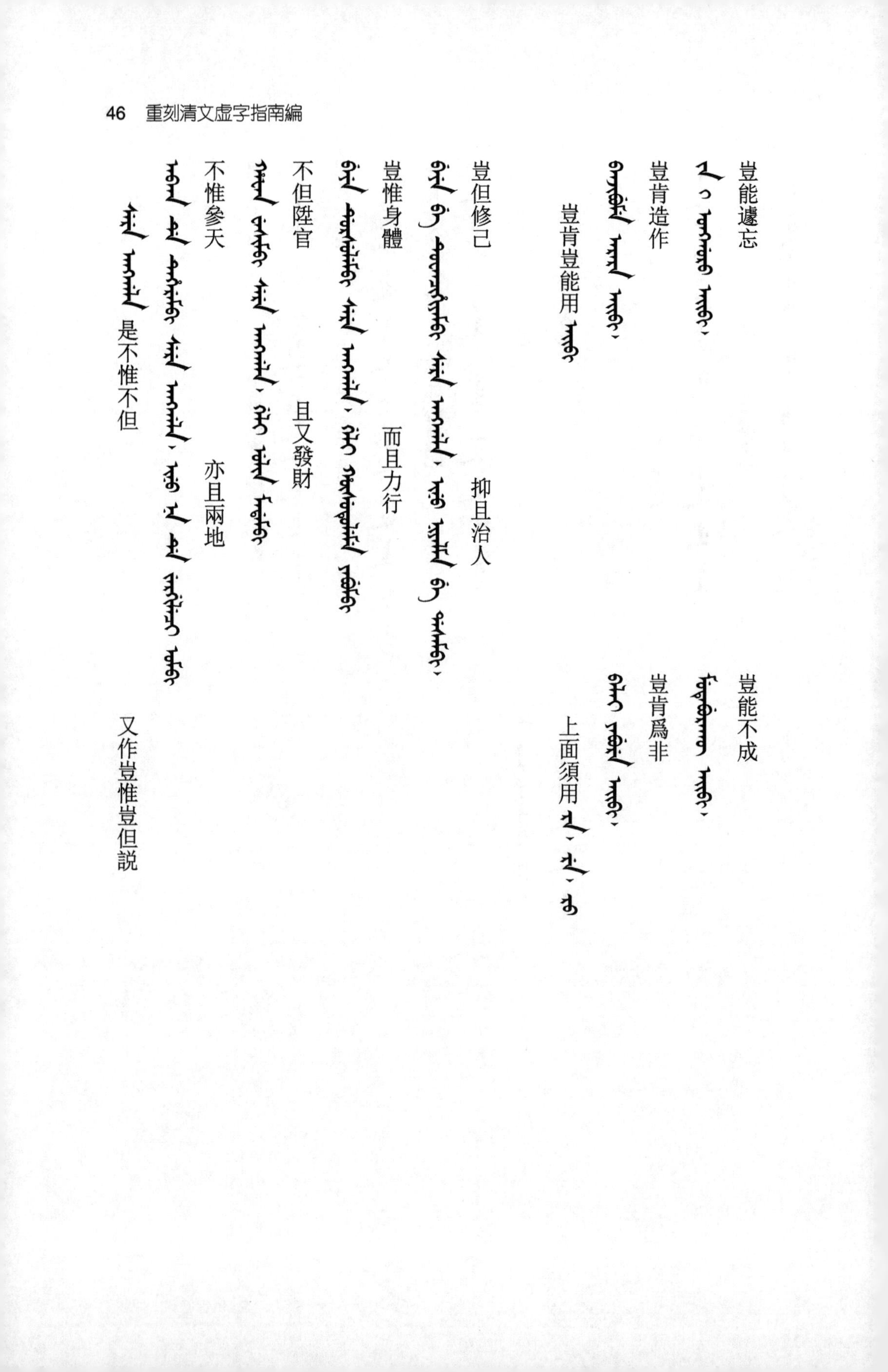

豈能遽忘

豈肯造作

豈肯豈能用

豈能不成

豈肯爲非

上面須用

豈但修己 抑且治人

豈惟身體 而且力行

不但陞官 且又發財

不惟參天 亦且兩地

是不惟不但

又作豈惟豈但說

僅此一人
ᡝᡵᡝ ᡝᠮᡠ ᠨᡳᠶᠠᠯᠮᠠ ᡨᡝᡳᠯᡝ᠉

竟作孽
ᠰᡠᡳ ᠠᡵᠠᡵᠠ ᠴᠠᠩᡤᡳ᠉

專尚浮華
ᠣᡳᠯᠣᡵᡤᡳ ᠮᡳᠶᠠᠮᡳᡤᠠᠨ ᠪᡝ ᠴᠠᠩᡤᡳ ᠸᡝᠰᡳᡥᡠᠯᡝᠮᠪᡳ᠉

二字上接 ᡳ᠈ ᠨᡳ᠈ ᡩᡝ᠈ ᠪᡝ 字

專純竟只使 ᠴᠠᠩᡤᡳ

止此而已乎
ᡝᡵᡝ ᡨᡝᡳᠯᡝ ᠰᡝᠮᡝᠣ᠉

只逞强
ᡝᡨᡝᠩᡤᡳ ᠮᠠᠩᡤᠠ ᠴᠠᠩᡤᡳ᠉

純乎天理
ᠠᠪᡴᠠᡳ ᡤᡳᠶᠠᠨ ᡳ ᠴᠠᠩᡤᡳ᠉

ᠨᡳ᠈ ᠨᡳ᠈ ᡨᡝ᠈ ᠪᡝ 等字多

僅止惟獨用 ᡨᡝᡳᠯᡝ

有話　何妨説明
ᡤᡳᠰᡠᠨ ᠪᡳᠴᡳ᠈ ᡤᡝᡨᡠᡴᡝᠯᡝᠮᡝ ᡤᡳᠰᡠᡵᡝᡵᡝ ᡩᡝ ᠠᡳᠨᠠᠮᠪᡳ᠉

何妨 ᠠᡳᠨᠠᠮᠪᡳ 上連 ᡩᡝ

能以禮讓爲國乎　何有
ᡩᠣᡵᠣᠯᠣᠨ ᠠᠨᠠᡥᡡᠨᠵᠠᡵᠠ ᡳ ᡤᡠᡵᡠᠨ ᠪᡝ ᡩᠠᠰᠠᠴᡳ ᠣᠴᡳ᠈ ᠠᡳᠨᠠᠮᠪᡳ᠉

ᡩᡝ 連 ᠠᡳᠨᠠᠮᠪᡳ 是何有

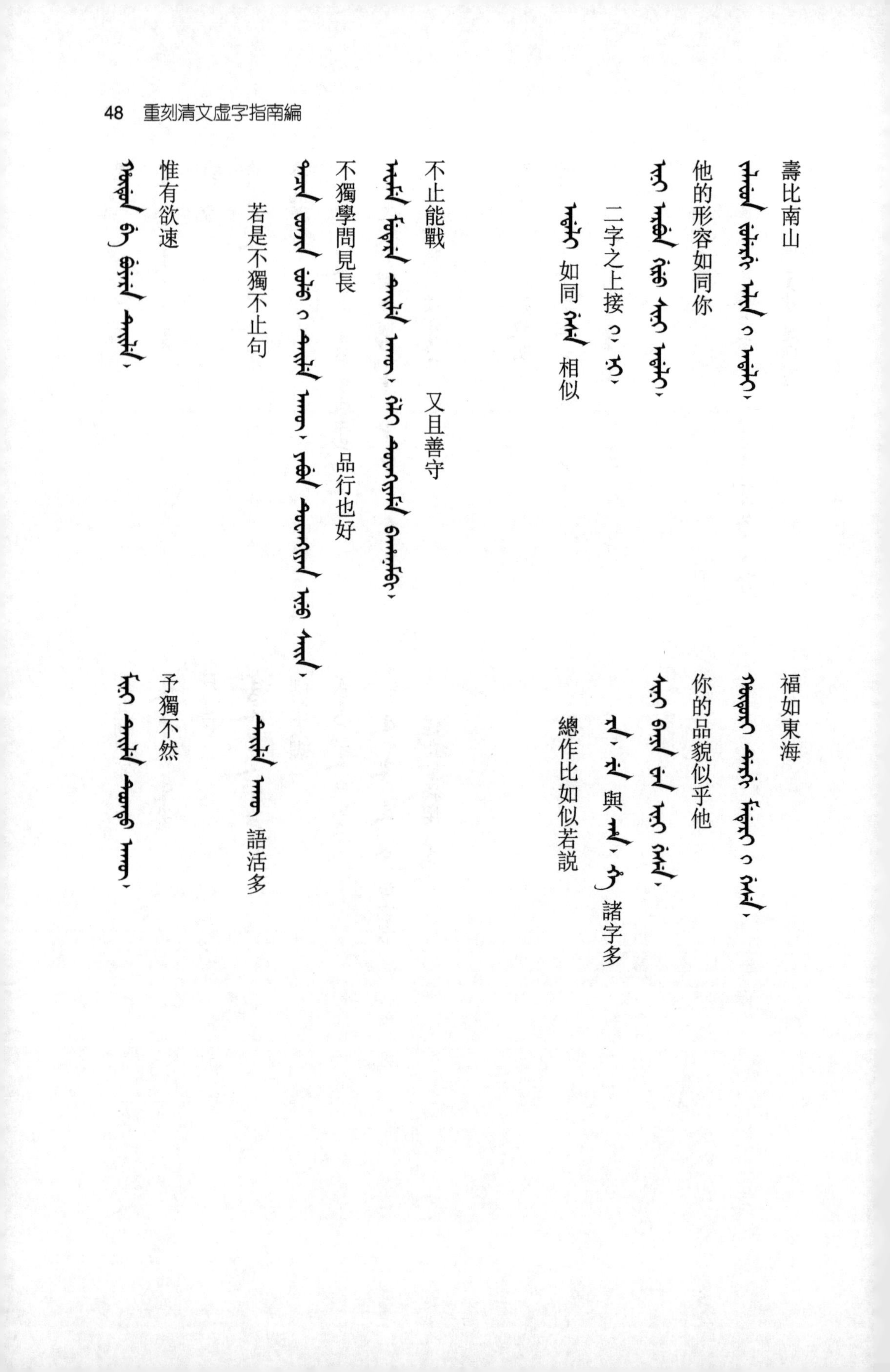

壽比南山

他的形容如同你

二字之上接

如同 相似

不止能戰 又且善守

不獨學問見長 品行也好

若是不獨不止句

惟有欲速

福如東海

你的品貌似乎他

與 諸字多

總作比如似若說

語活多

予獨不然

自然來
ᡳᠨᡳ ᠵᡳᠮᠪᡳ
ᡳᠨᡳ 之下 ᠮᠪᡳ 字托
自然去
ᡳᠨᡳ ᡤᡝᠨᡝᠮᠪᡳ

他學的與你相同
ᡳᠨᡳ ᡨᠠᠴᡳᡥᠠᠩᡤᡝ ᠰᡳᠨᡳ ᠠᡩᠠᠯᡳ
與彼相同與此相似

似不妥
ᠠᠴᠠᡵᠠᡴᡡ ᡳ ᡤᡝᠰᡝ
有若無
ᠪᡳᠰᡳᡵᡝ ᠠᡴᡡ ᡳ ᡤᡝᠰᡝ
如登高山
ᡩᡝᠨ ᠠᠯᡳᠨ ᡩᡝ ᡨᠠᡶᠠᡵᠠ ᡤᡝᠰᡝ
從善如登
ᠰᠠᡳᠨ ᠪᡝ ᡩᠠᡥᠠᡵᠠᠩᡤᡝ ᡨᠠᡶᠠᡵᠠ ᠠᡩᠠᠯᡳ

自然吃
ᡳᠨᡳ ᠵᡝᠮᠪᡳ
短章粗語方使得
自然喝
ᡳᠨᡳ ᠣᠮᡳᠮᠪᡳ

你作的與他相似
ᠰᡳᠨᡳ ᠠᡵᠠᡥᠠᠩᡤᡝ ᡳᠨᡳ ᠠᡩᠠᠯᡳ
ᠠᡩᠠᠯᡳ 上又接 ᡩᡝ

似不足
ᡳᠰᡳᡵᠠᡴᡡ ᡳ ᡤᡝᠰᡝ
實若虛
ᠪᡳ ᠪᡳᠮᡝ ᡠᠨᡨᡠᡥᡠᠨ ᡳ ᠠᡩᠠᠯᡳ
如臨深淵
ᡧᡠᠮᡳᠨ ᡨᡠᠩᡤᡠ ᡩᡝ ᡝᠩᡤᡝᠯᡝᡵᡝ ᡤᡝᠰᡝ
從惡如崩
ᡝᡥᡝ ᠪᡝ ᡩᠠᡥᠠᡵᠠᠩᡤᡝ ᡨᡠᡥᡝᡵᡝ ᡤᡝᠰᡝ

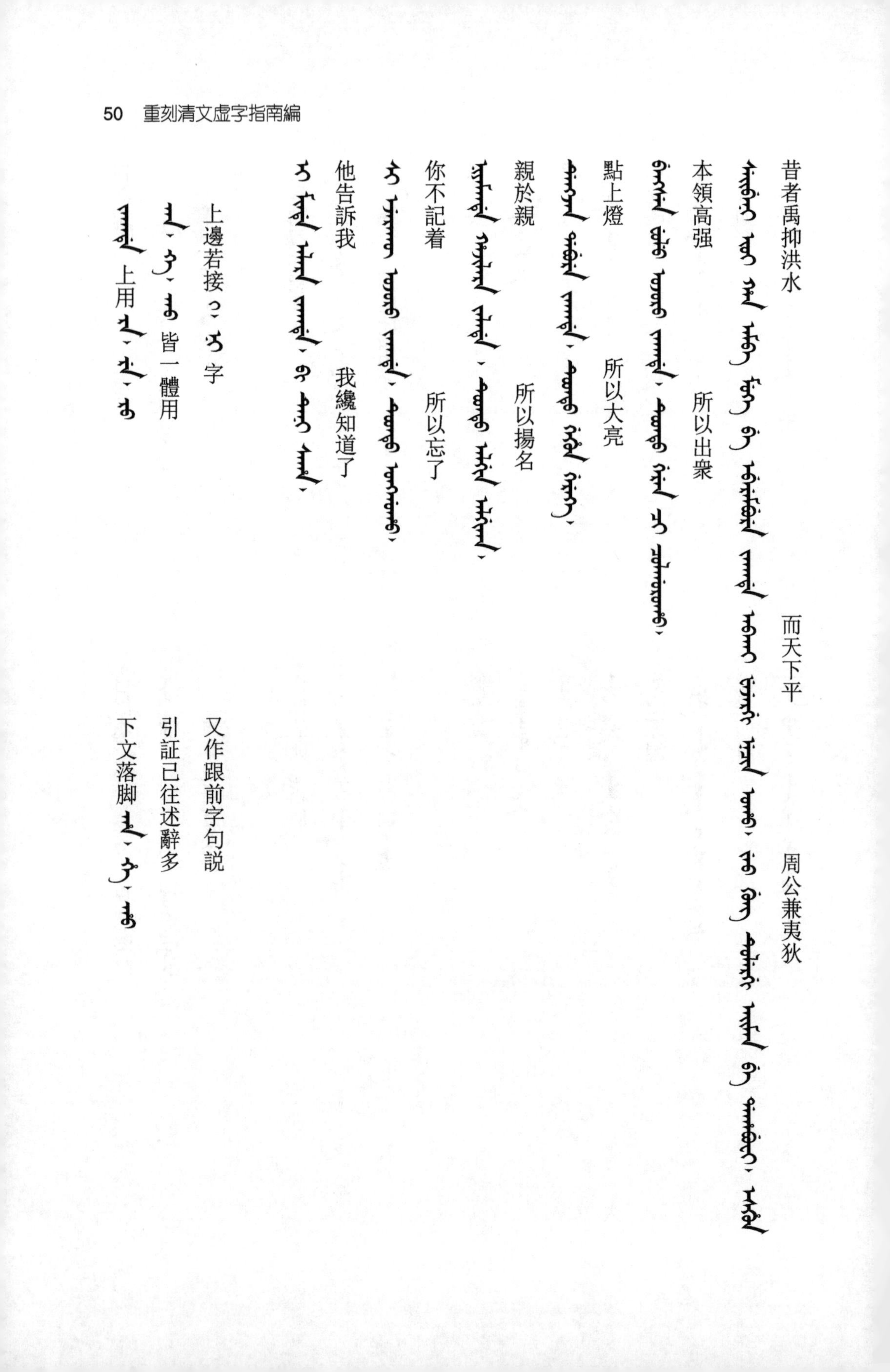

昔者禹抑洪水　而天下平　周公兼夷狄

[illegible]

本領高强　所以出衆

[illegible]

點上燈　所以大亮

[illegible]

親於親　所以揚名

[illegible]

你不記着　所以忘了

[illegible]

他告訴我　我纔知道了

[illegible]

上邊若接 [illegible] 字　又作跟前字句說

[illegible] 皆一體用　引証已往述辭多

[illegible] 上用 [illegible]　下文落脚 [illegible]

若未聽見　亦不能知道

若未學過　也不能曉得

追論已然之未然　下托

師傅的跟前討教　我等的跟前求情

孔子成春秋　而亂臣賊子懼

驅猛獸　而百姓寧

ᡨᠣᠨᡩᠣ ᠠᡴᡩᡠᠨ ᠪᡝ ᡩᠠ ᠣᠪᡠᠴᡳ᠈ ᠪᡝᠶᡝ ᠶᠠᠪᡠᠪᡠᡵᡝ ᡩᡝ ᠮᠠᠩᡤᠠ ᠠᡴᡡ ᠣᠮᠪᡳ᠉

主乎忠信　不難行己

ᡩᠣᡵᠣᠯᠣᠨ ᠵᡠᡵᡤᠠᠨ ᠪᡝ ᠰᠠᡵᡴᡡ ᠣᠴᡳ᠈ ᠪᡝᠶᡝ ᡳᠯᡳᠪᡠᠮᡝ ᠮᡠᡨᡝᡵᠠᡴᡡ ᠣᠮᠪᡳ᠉

不知禮義　無以立身

由此及彼言所以　ᠣᠴᡳ 下用 ᠣᠮᠪᡳ 托

ᠠᠮᠪᠠᠰᠠ ᠰᠠᡳᠰᠠ ᠪᡝ ᡤᡝᠨᡝᠪᡠᠴᡳ ᠣᠮᠪᡳ᠈ ᡨᡠᡥᡝᠪᡠᠴᡳ ᠣᠵᠣᡵᠠᡴᡡ᠈ ᡝᡳᡨᡝᡵᡝᠴᡳ ᠣᠮᠪᡳ᠈ ᡤᡝᠣᡩᡝᡥᡝᠴᡳ ᠣᠵᠣᡵᠠᡴᡡ᠉

君子可逝也　不可陷也　可欺也　不可罔也

ᠣᠮᠪᡳ ᠣᠵᠣᡵᠠᡴᡡ 爲可不可　上連 ᠴᡳ 字是法則

ᠨᡝᠨᡝᡥᡝ ᡤᡡᠨᡳᠨ ᡩᡝ ᡝᠵᡝᡥᡝ ᠪᡳᠴᡳ᠈ ᡨᡝ ᡳᠨᡠ ᠰᠠᡵᡴᡡ ᠣᠵᠣᡵᠠᡴᡡ ᠪᡳᡥᡝ᠉

從前要留神　如今也不能不知道了

ᡨᡝᡵᡝ ᡶᠣᠨᡩᡝ ᡠᠮᡝᠰᡳ ᡳᠯᡤᠠᠮᡝ᠈ ᡤᡝᠨᡳᠶᡝᠮᡝ ᠪᡳᠴᡳ᠈ ᡳᠨᡠ ᡨᠠᡧᠠᡵᠠᡵᡝ ᡩᡝ ᡳᠰᡳᠨᠠᡵᠠᡴᡡ ᠪᡳᡥᡝ᠉

當时若是認真辨　也不至舛錯

比論往事若如彼　也就如此意思説

ᡨᡝᡵᡝ ᡤᡝᠰᡝ 等下接 ᠪᡳᠴᡳ᠈ 下文末用 ᠪᡳᡥᡝ 托᠉

ᠠᡴᡡᠮᠪᡠᡴᡳ ᠰᡝᠮᠪᡳ᠈

欲爲君盡君道　欲爲臣盡臣道　二者皆法堯舜而已矣

ᡝᠵᡝᠨ ᠣᠴᡳ ᡝᠵᡝᠨ ᡳ ᡩᠣᡵᠣ ᠪᡝ ᠠᡴᡡᠮᠪᡠᡴᡳ᠈ ᠠᠮᠪᠠᠨ ᠣᠴᡳ ᠠᠮᠪᠠᠨ ᡳ ᡩᠣᡵᠣ ᠪᡝ ᠠᡴᡡᠮᠪᡠᡴᡳ᠈ ᠵᡠᠸᡝ ᡝᠰᡝ ᡤᡝᠮᡠ ᠶᠣᠣ ᡧᡠᠨ ᠪᡝ ᠠᠯᡥᡡᡩᠠᡵᠠ ᡩᠠᠪᠠᠯᠠ ᠪᡝ

ᠴᡳ 字若要接整字　不作可字作爲說

若把赳赳武夫　應須依作干城

ᡥᠣᡵᠣ ᡥᠣᡵᠣ ᠴᠣᠣᡥᠠᡳ ᠨᡳᠶᠠᠯᠮᠠ ᠪᡝ ᠣᠴᡳ᠈ ᠠᠴᠠᠮᡝ ᡥᠠᡵᡤᠠᠰᠠ ᡥᡝᠴᡝᠨ ᠣᠪᡠᠴᡳ ᠠᠴᠠᠮᠪᡳ᠈

若將藹藹文人　宜其法爲表範

ᡧᡠᠩᡤᡝ ᡧᡠᠩᡤᡝ ᡧᡠ ᡳ ᡝᡵᡩᡝᠮᡠ ᠨᡳᠶᠠᠯᠮᠠ ᠪᡝ ᠣᠴᡳ᠈ ᡨᡝᡵᡝ ᡴᠣᠣᠯᡳ ᡴᡝᠮᡠᠨ ᠪᡝ ᡠᡵᡤᡠᠨ ᠣᠴᡳ᠈

ᠪᡝ ᠣᠴᡳ 若將若把說

若往外　則撫巡邊疆

ᡨᡠᠯᡝᡵᡤᡳ ᡩᡝ ᠣᠴᡳ᠈ ᠵᠠᠰᡝ ᠵᡝᠴᡝᠨ ᠪᡝ ᡤᡳᠶᠠᡵᡳᠮᡝ ᡨᡠᠸᠠᡴᡳᠶᠠᠮᠪᡳ᠈

若在内　則拱衛京師

ᡩᠣᡵᡤᡳᡩᡝ ᠣᠴᡳ᠈ ᡤᡳᠩ ᡥᡝᠴᡝᠨ ᠪᡝ ᡥᠠᡵᠠᠰᡝ ᡴᠠᡵᠮᠠᠮᠪᡳ᠈

若在若往 ᡩᡝ ᠣᠴᡳ

聖人所遺之訓　先賢所論之言

ᡝᠨᡩᡠᡵᡳᠩᡤᡝ ᠨᡳᠶᠠᠯᠮᠠᡳ ᠸᡝᡵᡳᡥᡝ ᡨᠠᠴᡳᡥᡳᠶᠠᠨ᠈ ᠮᡝᡵᡤᡝᠰᡝ ᡳ ᠯᡝᠣᠯᡝᡥᡝ ᡤᡳᠰᡠᠨ᠈

超群的本事　出衆的能奈

ᠴᠣᠯᡤᠣᡵᠣᡴᠣ ᡝᡵᡩᡝᠮᡠ ᠪᡝᠩᠰᡝᠨ᠈ ᡤᡝᡵᡝᠨ ᠴᡳ ᡨᡠᠴᡳᡴᡝ ᠮᡠᡨᡝᠨ᠈

掄才之典　著名的學問

ᡝᡵᡩᡝᠮᡠ ᠪᡝ ᠰᠣᠩᠵᠣᡵᠣ ᡴᠣᠣᠯᡳ᠈ ᡤᡝᠪᡠ ᠠᠯᡤᡳᡴᠠ ᡨᠠᠴᡳᠨ᠈

爲國之本　爲政之要

ᡤᡠᡵᡠᠨ ᠪᡝ ᡩᠠᠰᠠᡵᠠ ᡶᡠᠯᡝᡥᡝ᠈ ᡩᠠᠰᠠᠨ ᠪᡝ ᠶᠠᠪᡠᠪᡠᡵᡝ ᠣᠶᠣᠩᡤᠣ᠈

此等字作的之用　又有所字意含着

整字上接 ᡥᠠ᠈ ᡥᡝ᠈ ᡥᠣ　ᡥᠠ᠈ ᡴᡝ᠈ ᡥᠣ 與 ᡴᠠ᠈ ᡴᡝ᠈ ᡴᠣ

厚待之矣

ᡠᠵᡝᠯᡝᠮᡝ ᡨᡠᠸᠠᠮᡝ ᡤᠣᠰᡳᡥᠠᠪᡳ ᡴᠠᡳ᠈

能信乎朋友　和夫鄉黨　則由近及遠　人皆敬重而

ᡤᡠᠴᡠ ᡩᡝ ᠠᡴᡩᠠᠪᡠᠮᡝ᠈ ᡶᠠᠯᡤᠠ ᡩᡝ ᡥᡡᠸᠠᠯᡳᠶᠠᠮᡝ ᠮᡠᡨᡝᠴᡳ᠈ ᡥᠠᠨᠴᡳ ᠴᡳ ᡤᠣᡵᠣ ᡩᡝ ᡳᠰᡳᠪᡠᠮᡝ᠈ ᠨᡳᠶᠠᠯᠮᠠ ᡤᡝᠮᡠ ᡴᡠᠨᡩᡠᠯᡝᡶᡳ

整字難破接 ᠪᡳ　猶同 ᡥᡝ᠈ ᡥᡝ 用法活

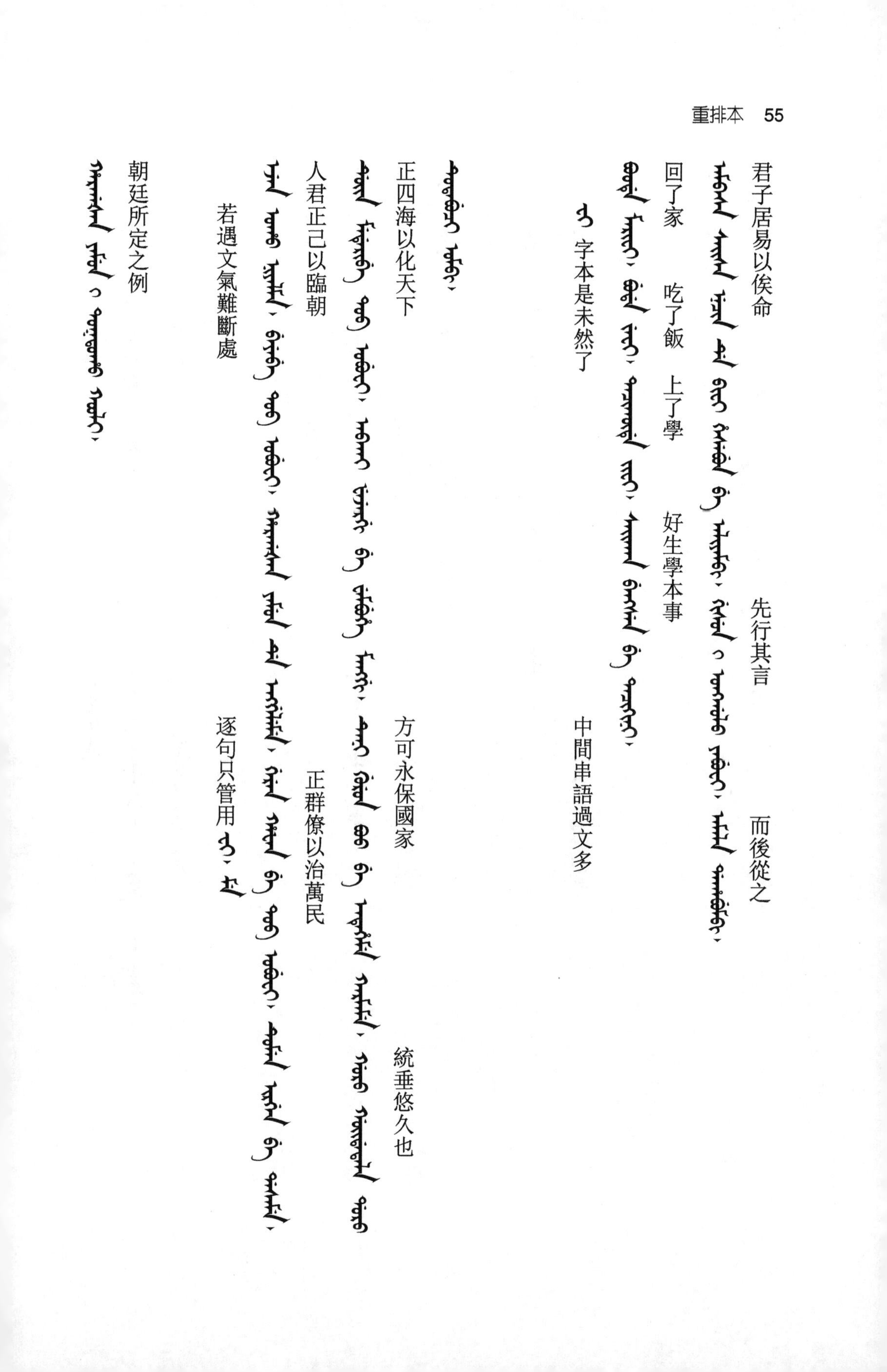

君子居易以俟命 先行其言 而後從之

回了家 吃了飯 上了學 好生學本事

字本是未然了 中間串語過文多

正四海以化天下 方可永保國家 統垂悠久也

人君正己以臨朝 正群僚以治萬民

若遇文氣難斷處 逐句只管用

朝廷所定之例

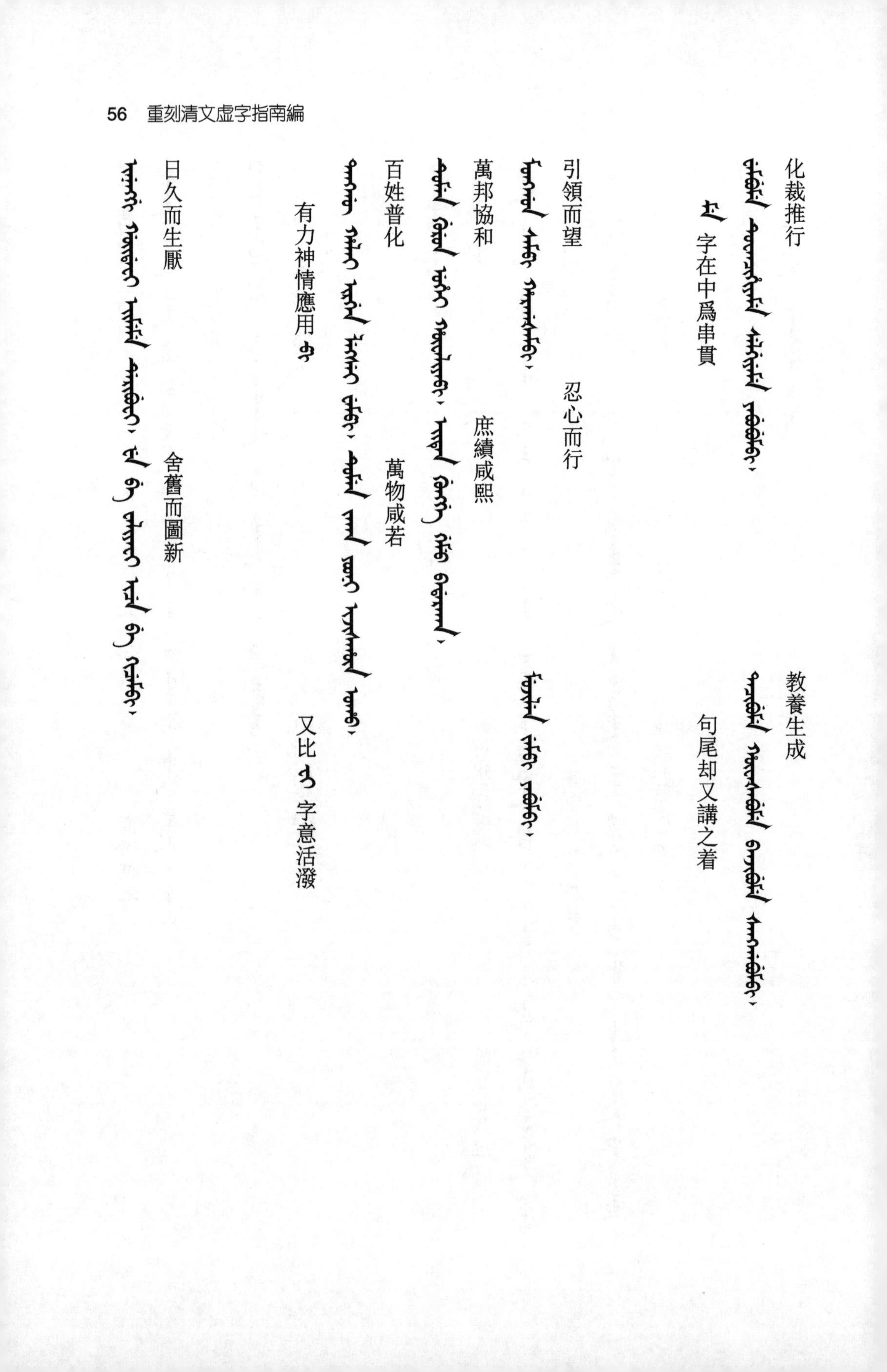

化裁推行 教養生成

字在中爲串貫 句尾却又講之着

引領而望 忍心而行

萬邦協和 庶績咸熙

百姓普化 萬物咸若

有力神情應用 又比 字意活潑

日久而生厭 舍舊而圖新

纔一展卷　感切由衷

[满文]

纔一剛一文氣快　句中文字只須 [满文]

剛纔回身　不覺又倒下了

[满文]

方纔合眼　忽然就睡熟了

[满文]

方纔剛纔如之何　豈有不好的　[满文] [满文] 上接 [满文]

遵之古禮　合着时勢　待人處事

[满文]

謹身率教　循理奉公

[满文]

敦崇孝友　服習詩書

[满文]

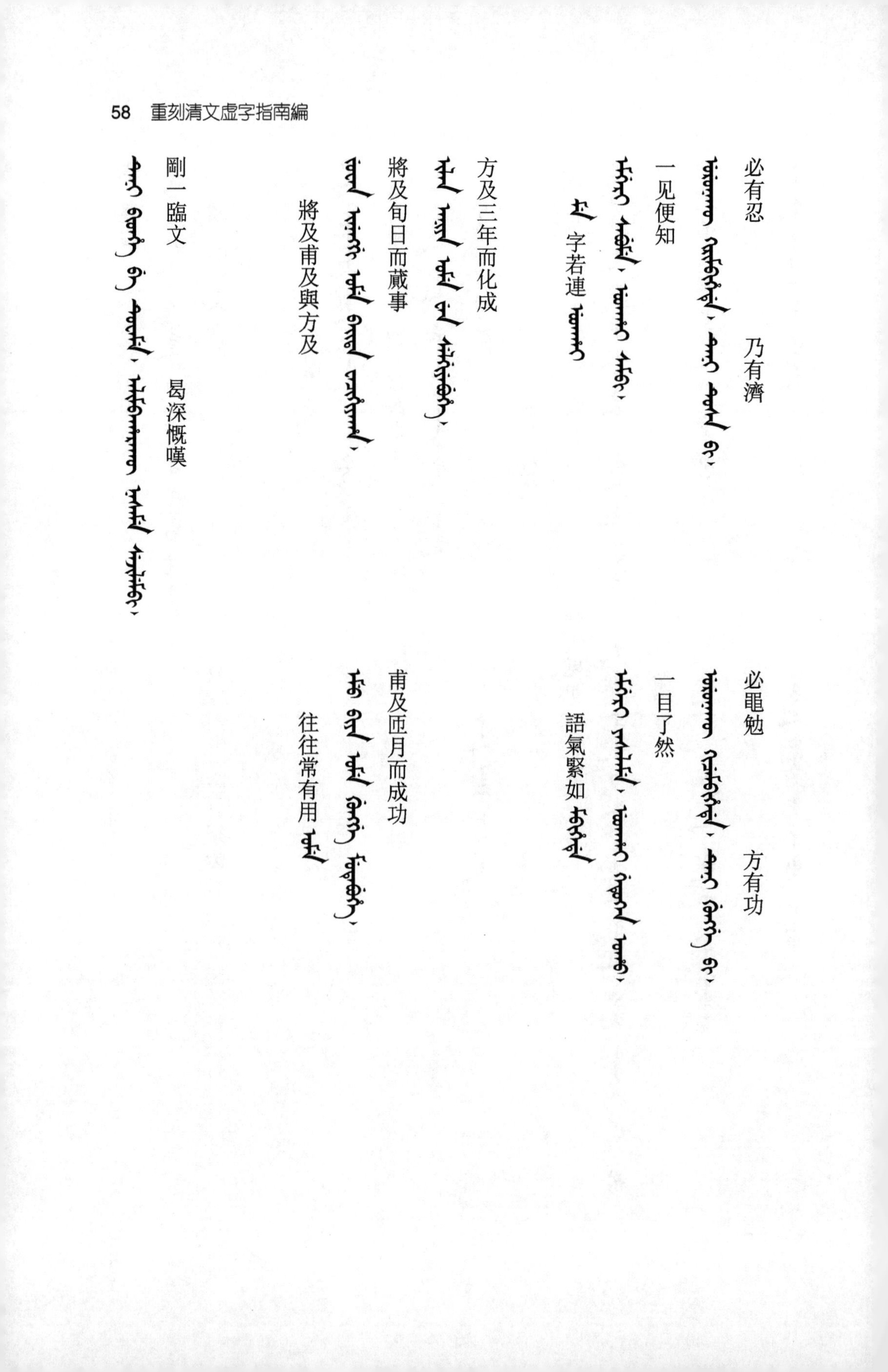

必有忍　乃有濟

一见便知

字若連

方及三年而化成

將及旬日而藏事

將及甫及與方及

剛一臨文　曷深慨嘆

必黽勉　方有功

一目了然

語氣緊如

甫及匝月而成功

往往常有用

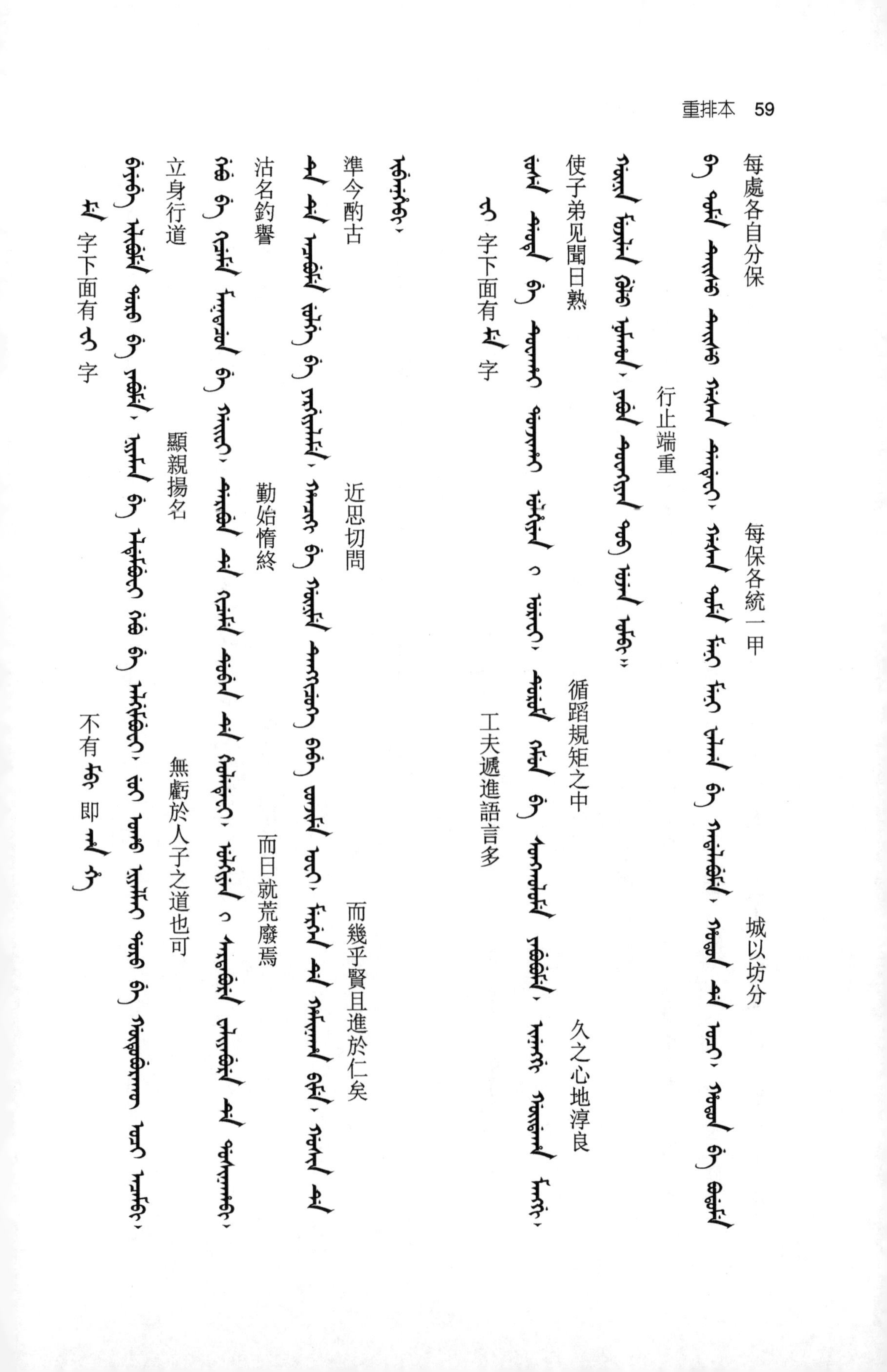

每處各自分保
每保各統一甲
城以坊分

行止端重

使子弟见聞日熟
循蹈規矩之中
久之心地淳良

字下面有 字
工夫遞進語言多

準今酌古
近思切問
而幾乎賢且進於仁矣

沽名釣譽
勤始惰終
而日就荒廢焉

立身行道
顯親揚名
無虧於人子之道也可

字下面有 字
不有 即

凡學之無成者　以其心不專也

ᡨᠠᠴᡳᠨ ᡳ ᠮᡠᡨᡝᠪᡠᡥᡝᡴᡡᠩᡤᡝ᠈ ᠮᡠᠵᡳᠯᡝᠨ ᡝᠮᡠ ᠣᠪᡠᡥᠠᡴᡡ ᠣᡶᡳ ᡴᠠᡳ᠈

人之越分妄爲　不知夫義理耳

ᠨᡳᠶᠠᠯᠮᠠ ᡠᠪᡠ ᠪᡝ ᡩᠠᠪᠠᠮᡝ ᠪᠠᠯᠠᡳ ᠶᠠᠪᡠᡵᡝᠩᡤᡝ᠈ ᠵᡠᡵᡤᠠᠨ ᡤᡳᠶᠠᠨ ᠪᡝ ᠰᠠᡵᡴᡡ ᠣᡶᡳ ᡩᡝᡵᡝ᠈

ᡴᠠᡳ 連 ᡩᡝᡵᡝ 與 ᠣᡶᡳ 字　暗述上文因字活

云危就安者也

[illegible]

朝廷之立法　所以禁民爲非　導其爲善　除邪崇正

[illegible]

以售其誕幻無稽之談

[illegible]

之輩　陰竊其名　以壞其術　大率假災祥禍福之事

[illegible]

鄉以圖別　排鄰比戶　互相防閑　游食無藉

[illegible]

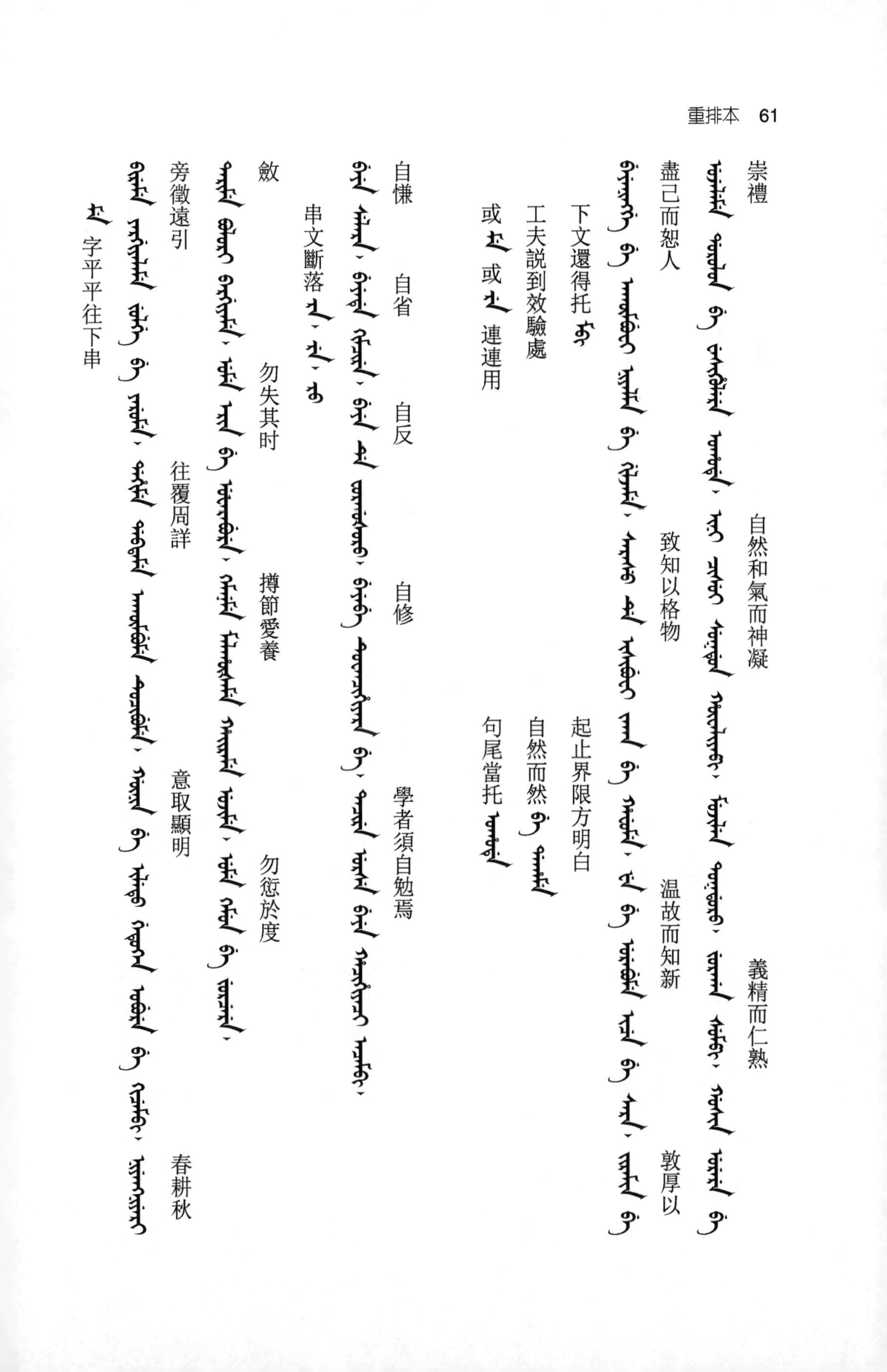

崇禮　自然和氣而神凝　義精而仁熟

盡己而恕人　致知以格物　温故而知新　敦厚以

下文還得托　起止界限方明白

工夫說到效驗處　自然而然

或　或　連連用　句尾當托

自慊　自省　自反　自修　學者須自勉焉

串文斷落

斂　勿失其时　撙節愛養　勿慾於度

旁徵遠引　往覆周詳　意取顯明　春耕秋

字平平往下串

正念着書
ᡨᠣᠪ ᠪᡳᡨᡥᡝ ᡥᡡᠯᠠᠮᡝ ᠪᡳ᠈
正寫着字
ᡨᠣᠪ ᡥᡝᡵᡤᡝᠨ ᠠᡵᠠᠮᡝ ᠪᡳ᠈

正當其时 ᡝᡵᡳᠨ ᡩᡝ ᠪᡳ 多

孔孟之道　載在典籍
ᡴᡠᠩᡯ ᠮᡝᠩᡯ ᡳ ᡩᠣᡵᠣ᠈ ᠪᡳᡨᡥᡝ ᡩᠠᠩᠰᡝ ᡩᡝ ᡨᡝᡥᡝ ᠪᡳ᠈

文武之政　布在方策
ᠸᡝᠨ ᠸᠠᠩ᠈ ᡠ ᠸᠠᠩ ᡳ ᡩᠠᠰᠠᠨ᠈ ᠰᡠᠰᡳᡥᡝ ᡩᠠᠩᠰᡝ ᡩᡝ ᡨᡝᡥᡝ ᠪᡳ᠈

陰騭積下了
ᠪᠣᡥᠣ ᠠᠮᠪᠠ ᡳᠰᠠᠪᡠᡥᠠ ᠪᡳ᠈
功勞立下了
ᡤᡠᠩᡤᡝ ᡤᡠᠩ ᡳᠯᡳᠪᡠᡥᠠ ᠪᡳ᠈

記上記號了
ᡨᡝᠮᡤᡝᡨᡠ ᠪᡝ ᡝᠵᡝᡥᡝ ᠪᡳ᠈
留下迹址了
ᠰᠣᠩᡴᠣ ᠪᡝ ᠸᡝᡵᡳᡥᡝ ᠪᡳ᠈

揣度已往用 ᡥᡝ ᠪᡳ

將見道於是乎高　德於是乎厚矣
ᡨᡠᠸᠠᠴᡳ᠈ ᡩᠣᡵᠣ ᡳᠰᡳᡥᡝ ᡝᡵᡩᡝᠮᡠ᠈ ᡳᠰᡳᡥᡝ ᠵᡳᡩᡝᡵᡝ ᠰᡠᠯᡝ᠈

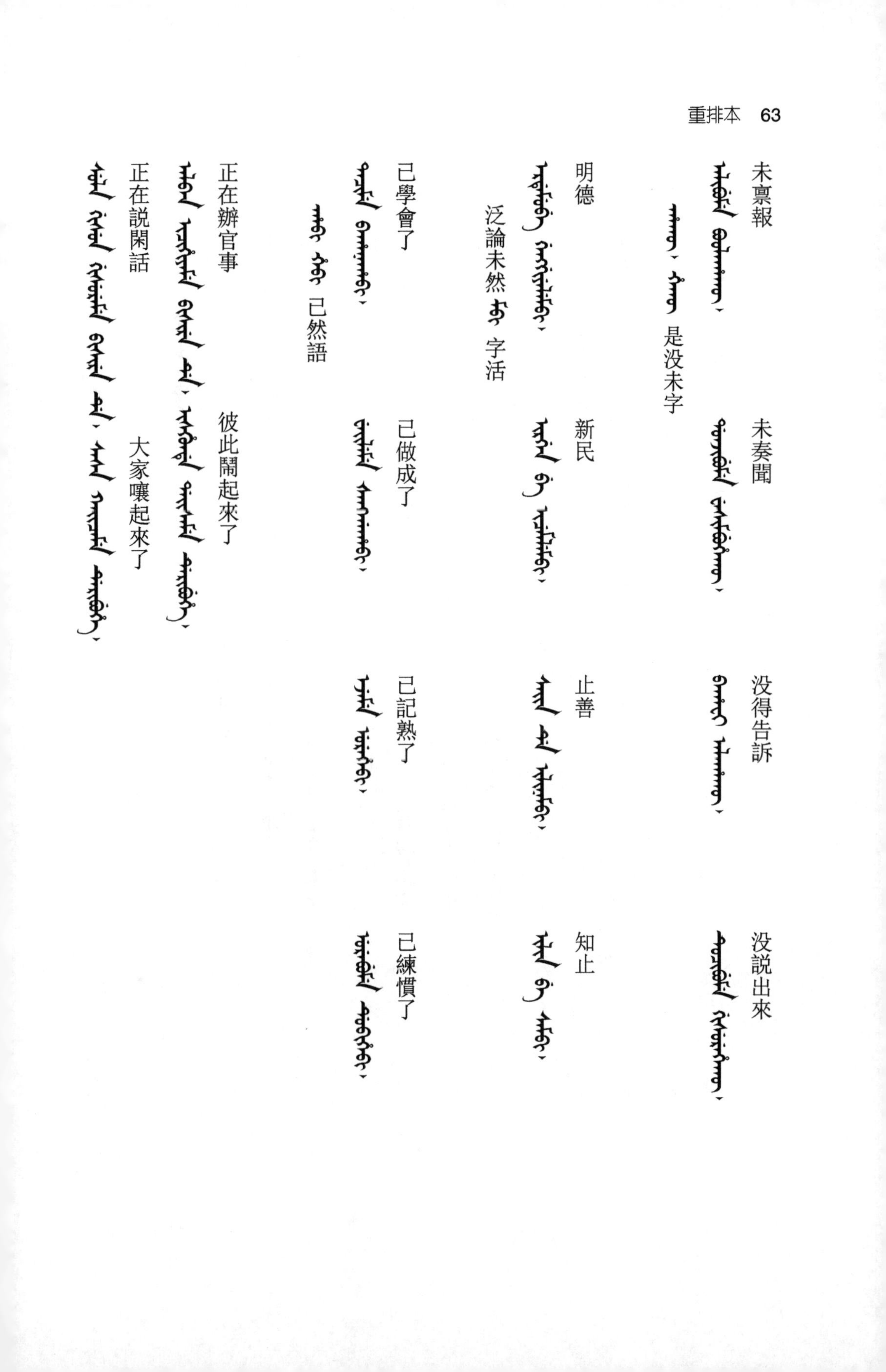

未稟報　未奏聞　没得告訴　没說出來

是没未字

明德　新民　止善　知止

泛論未然　字活

已學會了　已做成了　已記熟了　已練慣了

已然語

正在辦官事　彼此鬧起來了

正在說閑話　大家嚷起來了

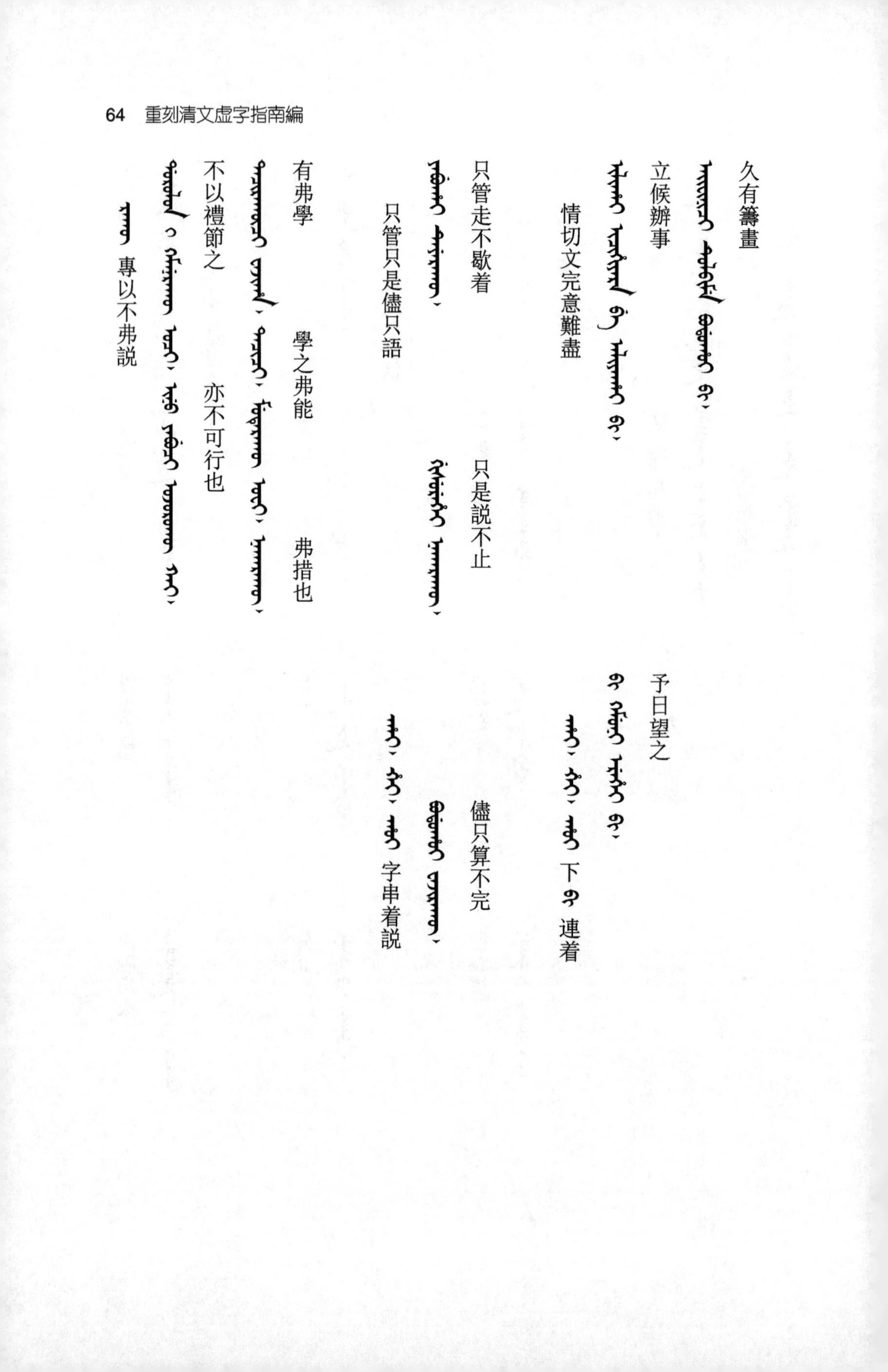

久有籌畫　　予日望之

[illegible]

立候辦事

[illegible]

情切文完意難盡　　下 [illegible] 連着

只管走不歇着　　只是說不止　　儘只算不完

[illegible]

只管只是儘只語　　[illegible] 字串着說

有弗學　　學之弗能　　弗措也

[illegible]

不以禮節之　　亦不可行也

[illegible]

專以不弗說

是人而不通人理 則何以爲人

ᠨᡳᠶᠠᠯᠮᠠ ᠣᡶᡳ ᠨᡳᠶᠠᠯᠮᠠᡳ ᡩᠣᡵᠣ ᠪᡝ ᡠᠯᡥᡳᡵᠠᡴᡡ ᠣᡶᡳ᠈ ᠨᡳᠶᠠᠯᠮᠠ ᠣᠪᡠᠮᠪᡳ ᠨᡳ᠉

爲官莅政 須秉公心

ᡥᠠᡶᠠᠨ ᠣᡶᡳ ᡩᠠᠰᠠᠨ ᡳᠴᡳᡥᡳᠶᠠᡵᠠ ᡩᡝ᠈ ᡠᡵᡠᠨᠠᡴᡡ ᡨᠣᠨᡩᠣ ᠮᡠᠵᡳᠯᡝᠨ ᠵᠠᡶᠠᠮᠪᡳ᠈

因爲節儉 所以致富

ᠮᠠᠯᡥᡡᠨ ᡥᡳᠪᠴᠠᠨ ᠣᡶᡳ᠈ ᠪᠠᠶᠠᠨ ᠪᠠᠶᠠᠨ ᡩᡝ ᡳᠰᡳᠨᠠᡥᠠᠪᡳ᠈

因爲無頭緒 所以爲難着急

ᡩᠠ ᡩᡠᠪᡝ ᠠᡴᡡ ᠣᡶᡳ᠈ ᠮᠠᠩᡤᠠ ᡶᠠᠴᡳᡥᡳᠶᠠᡧᠠᠮᠪᡳ᠈

因爲好學 本事方能出衆

ᡨᠠᠴᡳᠨ ᡩᡝ ᠠᠮᡠᡵᠠᠨ ᠣᡶᡳ᠈ ᡝᡵᡩᡝᠮᡠ ᡨᡝᠨᡳ ᡤᡝᡵᡝᠨ ᠴᡳ ᠴᠣᠯᡤᠣᡵᠣᠮᡝ ᠮᡠᡨᡝᠮᠪᡳ᠈

因爲品行好 人纔敬重

ᠪᡝᠶᡝ ᠶᠠᠪᡠᠨ ᠰᠠᡳᠨ ᠣᡶᡳ᠈ ᠨᡳᠶᠠᠯᠮᠠ ᡨᡝᠨᡳ ᡴᡠᠩᡤᡠᠯᡝᠮᡝ ᠸᡝᠰᡳᡥᡠᠯᡝᠮᠪᡳ᠈

句中又作爲是講 上連整字方使得

因爲神情是 ᠣᡶᡳ 上非整字必用 ᡶᡳ

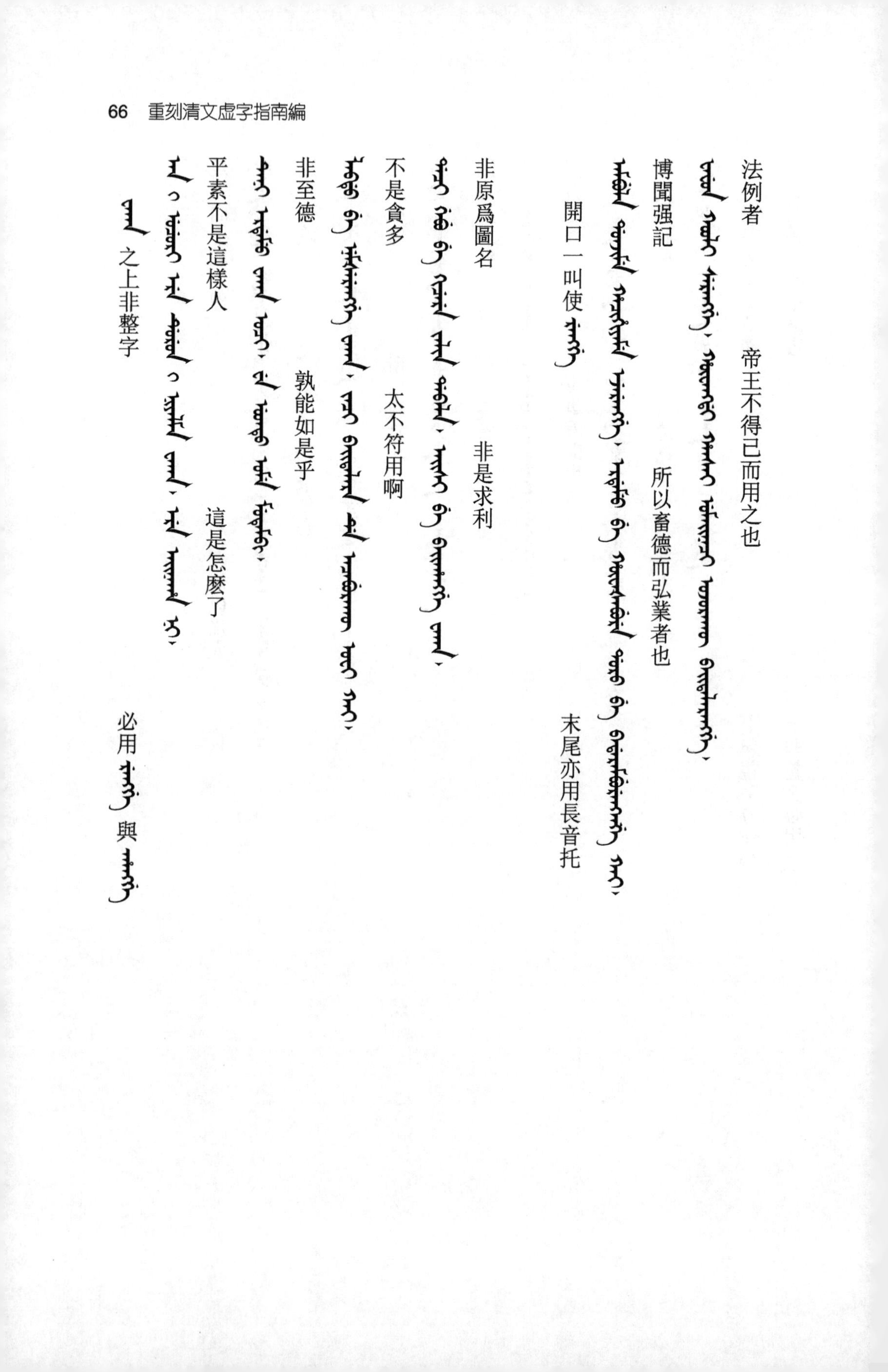

法例者 帝王不得已而用之也

博聞强記 所以畜德而弘業者也

開口一叫使 末尾亦用長音托

非原爲圖名 非是求利

不是貪多 太不符用啊

非至德 孰能如是乎

平素不是這樣人 這是怎麼了

之上非整字 必用 與

殺人的償命
ᠨᡳᠶᠠᠯᠮᠠ ᠪᡝ ᠸᠠᡥᠠᠩᡤᡝ᠈ ᡝᡵᡤᡝᠨ ᡨᠣᠣᡩᠠᠮᠪᡳ᠈
ᠩᡤᡝ᠈ ᠩᡤᡝ 是的者用

欠債的還錢
ᠪᡝᡴᡩᡠᠨ ᠪᡝ ᡝᡩᡝᠯᡝᡥᡝᠩᡤᡝ᠈ ᠵᡳᡥᠠ ᡨᠣᠣᡩᠠᠮᠪᡳ᠈
暗有人字意藏着

ᠨᡳᠶᠠᠯᠮᠠ ᡳᠨᡠ᠉

守分 從时 擇善 徙義者 尊德樂道之人也
ᡶᡠᠨ ᠪᡝ ᡨᡠᠸᠠᡴᡳᠶᠠᡵᠠ᠈ ᡝᡵᡳᠨ ᡩᡝ ᠠᠴᠠᠪᡠᡵᡝ᠈ ᠰᠠᡳᠨ ᠪᡝ ᠰᠣᠩᡤᠣᡵᠣ᠈ ᠵᡠᡵᡤᠠᠨ ᡩᡝ ᡤᡠᡵᡳᠨᡝᡵᡝᠩᡤᡝ᠈ ᡝᡵᡩᡝᠮᡠ ᠪᡝ ᠸᡝᠰᡳᡥᡠᠯᡝᡵᡝ᠈ ᡩᠣᡵᠣ ᠪᡝ ᠰᡝᠪᠵᡝᠯᡝᡵᡝ
三字平行歸一致
ᡵᠠ᠈ ᡵᡝ᠈ ᡵᠣ᠈ 下接 ᠩᡤᡝ

大凡不明禮義者 不肯讀書所致也
ᠶᠠᠶᠠ ᡩᠣᡵᠣᠯᠣᠨ ᠵᡠᡵᡤᠠᠨ ᠪᡝ ᡠᠯᡥᡳᡵᠠᡴᡡᠩᡤᡝ᠈ ᠪᡳᡨᡥᡝ ᡥᡡᠯᠠᡵᠠᡴᡡ ᠴᡳ ᠪᠠᠨᠵᡳᠨᠠᡥᠠᠩᡤᡝ᠈

人之任意妄爲 乃由氣質之偏
ᠨᡳᠶᠠᠯᠮᠠᡳ ᠴᡳᡥᠠᡳ ᡳ ᠪᠠᠯᠠᡳ ᠶᠠᠪᡠᡥᠠᠩᡤᡝ᠈ ᠪᠠᠨᡳᠨ ᠰᡠᡴᡩᡠᠨ ᡳ ᡥᠠᡵᡧᠠᡥᠠ ᠴᡳ ᠪᠠᠨᠵᡳᠨᠠᡥᠠᠩᡤᡝ᠈

其學之不成者 乃由於不勤也
ᡨᠠᠴᡳᠨ ᡳ ᠮᡠᡨᡝᠪᡠᡥᠠᡴᡡᠩᡤᡝ᠈ ᡴᡳᠴᡝᡵᠠᡴᡡ ᠴᡳ ᠪᠠᠨᠵᡳᠨᠠᡥᠠᠩᡤᡝ᠈
追述上文褒貶語 下用 ᠴᡳ ᠪᠠᠨᠵᡳᠨᠠᡥᠠᠩᡤᡝ

中正本也

ᡩᡠᠯᡳᠮᠪᠠ ᡨᠣᠪ ᠰᡝᡵᡝᠩᡤᡝ᠈ ᡶᡠᠯᡝᡥᡝ ᡳᠨᡠ᠈

民之不能忘也

ᡳᡵᡤᡝᠨ ᡳ ᠣᠩᡤᠣᠮᡝ ᠮᡠᡨᡝᡵᠠᡴᡡ ᠪᡝ ᡥᡝᠨᡩᡠᡥᡝᠩᡤᡝ ᡳᠨᡠ᠉

天　有斐君子　終不可諠兮者　道盛德至善

ᠠᠪᡴᠠ ᡳ ᡨᡠᡵᡤᡠᠨ᠈ ᡧᡠ ᡶᡳᠶᠠᠩᡤᠠ ᠠᠮᠪᠠᠰᠠ ᠰᠠᡳᠰᠠ ᠪᡝ᠈ ᠸᠠᠵᡳᠮᠠ ᡩᡝ ᠣᠩᡤᠣᠴᡳ ᠣᠵᠣᡵᠠᡴᡡ ᠰᡝᡵᡝᠩᡤᡝ᠈ ᡩᠣᡵᠣ ᠸᡝᠰᡳᡥᡠᠨ ᡝᡵᡩᡝᠮᡠ ᡨᡝᠨ ᡳ ᠰᠠᡳᠨ᠈

者　理之末也　夫聖學　昌於鄒魯　夫道統　肇自中

ᠪᠠᡳᡨᠠ ᠰᡝᡵᡝᠩᡤᡝ᠈ ᡤᡳᠶᠠᠨ ᡳ ᡩᡠᠪᡝ᠈ ᡝᠨᡩᡠᡵᡳᠩᡤᡝ ᡨᠠᠴᡳᠨ ᠰᡝᡵᡝᠩᡤᡝ᠈ ᡯᠣᡠ ᠯᡠ ᡩᡝ ᠮᡠᡴᡩᡝᡥᡝᠩᡤᡝ᠈ ᡩᠣᡵᠣ ᠰᡳᡵᠠᠨ ᠰᡝᡵᡝᠩᡤᡝ᠈ ᡩᡠᠯᡳᠮᠪᠠ ᡩᡝ

夫志　氣之帥也　氣　體之充也　仁義者　理之本也　刑罰

ᠮᡠᠵᡳᠨ ᠰᡝᡵᡝᠩᡤᡝ᠈ ᠰᡠᡴᡩᡠᠨ ᡩᡝ ᡨᡠᡵᡠᡤᡠᠯᡝᡵᡝᠩᡤᡝ᠈ ᠰᡠᡴᡩᡠᠨ ᠰᡝᡵᡝᠩᡤᡝ᠈ ᠪᡝᠶᡝ ᡩᡝ ᠵᠠᠯᡠᡴᠠᠩᡤᡝ᠈ ᡤᠣᠰᡳᠨ ᠵᡠᡵᡤᠠᠨ ᠰᡝᡵᡝᠩᡤᡝ᠈ ᡤᡳᠶᠠᠨ ᡳ ᡶᡠᠯᡝᡥᡝ᠈ ᡝᡵᡠᠨ

下文若是有也者 ᡳᠨᡠ ᠰᡝᡵᡝ 字作着落

ᠰᡝᡵᡝᠩᡤᡝ 是論夫者字　整字與 ᡩᡝ᠈ ᠪᡳ 亦可托

爲善者享福　作惡者受罪

ᠰᠠᡳᠨ ᠪᡝ ᠶᠠᠪᡠᡥᠠᠩᡤᡝ᠈ ᡥᡡᡨᡠᡵᡳ ᠠᠯᡳᠮᠪᡳ᠈ ᡝᡥᡝ ᠪᡝ ᠶᠠᠪᡠᡥᠠᠩᡤᡝ᠈ ᠸᡝᡳᠯᡝ ᠠᠯᡳᠮᠪᡳ᠈

高躁者宜黍稷　卜濕者宜粳稻　是地之利也

ᡩᡝᠨ ᠣᠯᡥᠣᠨ ᠪᠠ ᡳᡵᠠ ᡶᡳᠰᡳᡥᡝ ᡩᡝ ᠠᠴᠠᠮᠪᡳ᠈ ᡶᠠᠩᡴᠠᠯᠠ ᠨᡳᠣᠯᡥᡠᠨ ᠪᠠ ᡥᠠᠨᡩᡠ ᠪᡝᠯᡝ ᡩᡝ ᠠᠴᠠᠮᠪᡳ᠈ ᡝᡵᡝ ᠨᠠ ᡳ ᠠᡳᠰᡳ ᡴᠠᡳ᠈

春鼓之以風　夏潤之以雨　是天之时也

ᠨᡳᠶᡝᠩᠨᡳᠶᡝᡵᡳ ᡝᡩᡠᠨ ᡳ ᡥᡠᠸᡝᡴᡳᠶᡝᠪᡠᡵᡝ᠈ ᠵᡠᠸᠠᡵᡳ ᠠᡤᠠ ᡳ ᠰᡳᠮᡝᠪᡠᡵᡝ᠈ ᡝᡵᡝ ᠠᠪᡴᠠᡳ ᡝᡵᡳᠨ ᡴᠠᡳ᠈

ᡴᠠᡳ ᠰᡝᡥᡝ ᠪᡝ ᠰᡝᡥᡝ 是也說

凡人失其本性者　不能明善復初也

ᠶᠠᠶᠠ ᠨᡳᠶᠠᠯᠮᠠ ᡩᠠ ᠪᠠᠨᡳᠨ ᠪᡝ ᡠᡶᠠᡵᠠᠪᡠᡥᠠᠩᡤᡝ᠈ ᠰᠠᡳᠨ ᠪᡝ ᡤᡝᡨᡠᡴᡝᠯᡝᠮᡝ᠈ ᡨᡠᡴᡨᠠᠨ ᡩᡝ ᠮᠠᡵᡳᠮᡝ ᠮᡠᡨᡝᡵᠠᡴᡡ ᠰᡝᡵᡝ ᡴᠠᡳ᠉

世人之常變操守者　不知夫義利之區也

ᠵᠠᠯᡳᠨ ᡳ ᠨᡳᠶᠠᠯᠮᠠ ᡨᡝᡵᡳᠭᡠᠨ ᠪᡝ ᡥᠠᡩᡠᡥᠠᠩᡤᡝ᠈ ᠵᡠᡵᡤᠠᠨ ᠠᡳᠰᡳ ᡳ ᡳᠯᡤᠠᠪᡠᡵᡝ ᠪᡝ ᠰᠠᡵᠠᡴᡡ ᠰᡝᡵᡝ ᡴᠠᡳ᠈

ᠰᡝᡥᡝ ᡴᠠᡳ 是倒裝語

夫政也者　蒲盧也

ᡩᠠᠰᠠᠨ ᠰᡝᡵᡝᠩᡤᡝ᠈ ᡨᡠᠸᠠᠨ ᡥᠣᡵᡝᠩᡤᡝ ᡳ ᠮᡠᠵᡳᠯᡝᠨ ᡴᠠᡳ᠉

明斷用也

ᡤᡝᡨᡠᡴᡝᠨ ᡳᠯᡤᠠᠪᡠᡵᡝ᠈ ᠪᠠᡳᡨᠠᠯᠠᡵᠠ ᡴᠠᡳ᠈

所謂定志者　是一心擇善而固執之也

ᠮᡠᠵᡳᠨ ᠪᡝ ᡨᠣᡴᡨᠣᠪᡠᡵᡝ ᠰᡝᡵᡝᠩᡤᡝ᠈ ᡝᠮᡠ ᠮᡠᠵᡳᠯᡝᠨ ᡳ ᠰᠠᡳᠨ ᠪᡝ ᠰᠣᠨᠵᠣᡶᡳ᠈ ᡨᡝᠨ ᠵᠠᡶᠠᡵᠠ ᠪᡝ ᡴᠠᡳ᠉

主敬者　是攝束身心而不他適也

ᡤᡳᠩᡤᡠᠨ ᠪᡝ ᡩᠠ ᠣᠪᡠᡵᡝ ᠰᡝᡵᡝᠩᡤᡝ᠈ ᠪᡝᠶᡝ ᠮᡠᠵᡳᠯᡝᠨ ᠪᡝ ᠪᠠᡵᡤᡳᠶᠠᡵᠠ ᠪᡝ ᠪᠣᡵᡤᠣᡧᠣᠮᡝ᠈ ᡤᡡᠸᠠ ᠪᠠᡩᡝ ᠠᡴᡡ ᠣᠮᠪᡳ ᠪᡝ ᡴᠠᡳ᠉

若是引經與據典　必用 ᡩᡝ ᡥᡝᠨᡩᡠᡥᡝᠩᡤᡝ

句尾須用 ᠰᡝᡥᡝᠪᡳ　起止界限方明白

禮記曰　禮達而分定　可見辨尊卑　分上下

ᡩᠣᡵᠣᠯᠣᠨ ᡳ ᠨᠣᠮᡠᠨ ᡩᡝ ᡥᡝᠨᡩᡠᡥᡝᠩᡤᡝ᠈ ᡩᠣᡵᠣᠯᠣᠨ ᡥᠠᡶᡠᠨ ᡠᠪᡠ ᡨᠣᡴᡨᠣᡥᠣᠪᡳ ᠰᡝᡥᡝᠪᡳ᠈ ᡝᡩᡝ ᠸᡝᠰᡳᡥᡠᠨ ᡶᡠᠰᡳᡥᡡᠨ ᠪᡝ ᡳᠯᡤᠠᠪᡠᡵᡝ᠈ ᡩᡝᡵᡤᡳ ᡶᡝᠵᡝᡵᡤᡳ ᠪᡝ

莫過於禮也　孝經云　安上治民

ᡶᠠᡴᠰᠠᠯᠠᡵᠠ ᡩᡝ᠈ ᡩᠣᡵᠣᠯᠣᠨ ᠴᡳ ᡩᡠᠯᡝᠨᡩᡝᡵᡝᠩᡤᡝ ᠠᡴᡡ ᠪᡝ ᠰᠠᠴᡳ ᠣᠮᠪᡳ᠈ ᡥᡳᠶᠣᠣᡧᡠᠩᡤᠠ ᠨᠣᠮᡠᠨ ᡩᡝ ᡥᡝᠨᡩᡠᡥᡝᠩᡤᡝ᠈ ᡩᡝᡵᡤᡳ ᠪᡝ ᡝᠯᡥᡝ ᠣᠪᡠᡵᡝ᠈

莫善於禮　是知禮也者　輔世長民之要務也

ᡳᡵᡤᡝᠨ ᠪᡝ ᡩᠠᠰᠠᡵᠠ ᡩᡝ᠈ ᡩᠣᡵᠣᠯᠣᠨ ᠴᡳ ᠰᠠᡳᠨ ᠨᡳᠩᡤᡝ ᠠᡴᡡ ᠰᡝᡥᡝᠪᡳ᠈ ᡝᡵᡝᠴᡳ ᡨᡠᠸᠠᠴᡳ᠈ ᡩᠣᡵᠣᠯᠣᠨ ᠰᡝᡵᡝᠩᡤᡝ᠈ ᠵᠠᠯᠠᠨ ᡩᡝ ᠠᡳᠰᡳᠯᠠᠮᡝ ᡳᡵᡤᡝᠨ ᡩᡝ

ᡝᠵᡝᠯᡝᡵᡝ ᠣᠶᠣᠩᡤᠣ ᡴᠠᡳ᠉

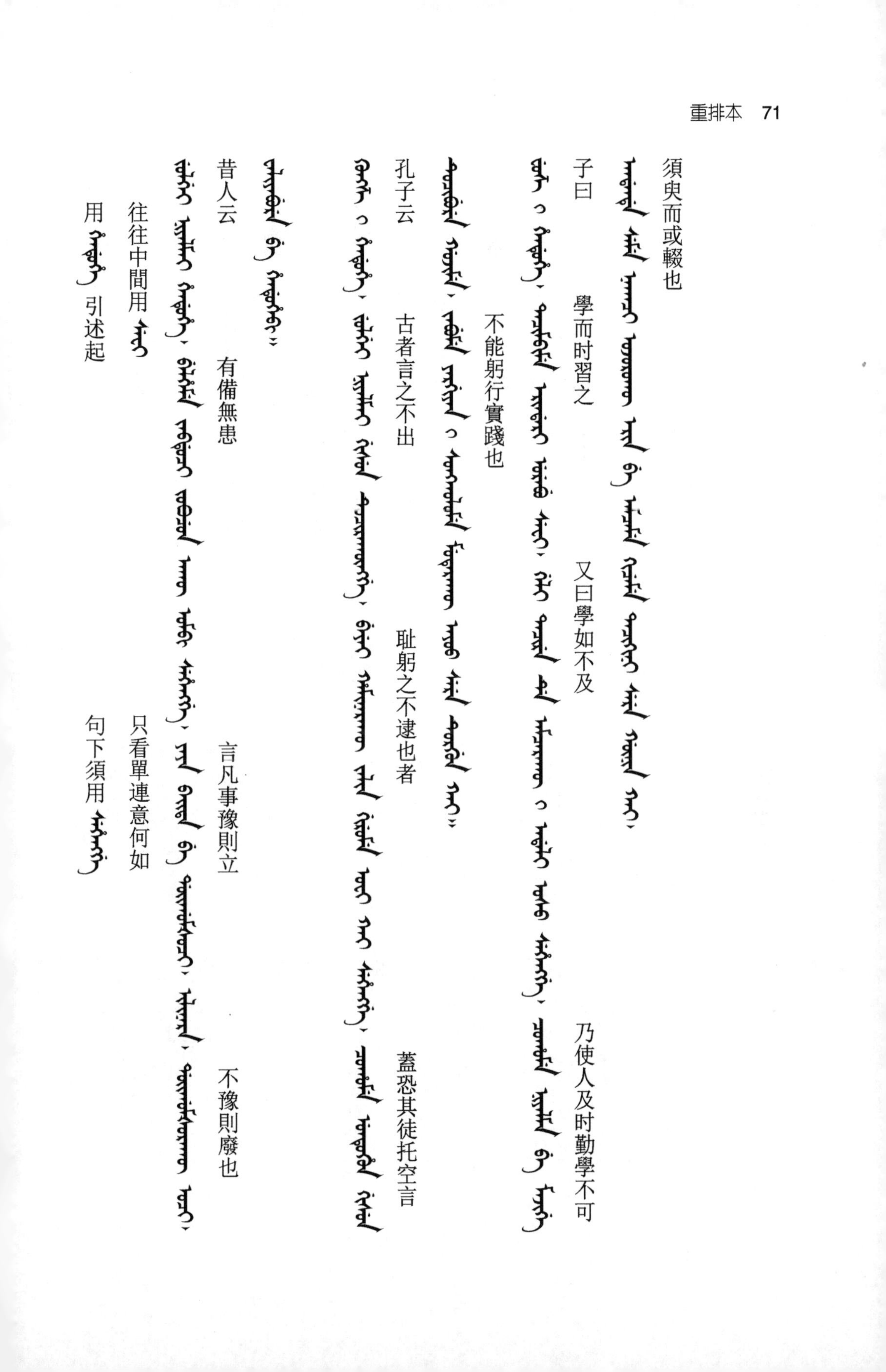

須臾而或輟也

子曰 學而时習之 又曰學如不及 乃使人及时勤學不可

不能躬行實踐也

孔子云 古者言之不出 耻躬之不逮也者 蓋恐其徒托空言

昔人云 有備無患 言凡事豫則立 不豫則廢也

往往中間用 只看單連意何如

用 引述起 句下須用

天命之謂性

ᠠᠪᡴᠠᡳ ᡥᡝᠰᡝᠪᡠᡥᡝᠩᡤᡝ ᠪᡝ᠈ ᠪᠠᠨᡳᠨ ᠰᡝᠮᠪᡳ᠈

由泉中流出者　叫作水

ᡧᡝᡵᡳ ᠴᡳ ᡝᠶᡝᠮᡝ ᡨᡠᠴᡳᡴᡝᠩᡤᡝ ᠪᡝ᠈ ᠮᡠᡴᡝ ᠰᡝᠮᠪᡳ᠈

在地上高聳的　叫作山

ᠨᠠ ᡩᡝ ᠴᠣᠯᡤᠣᠷᠣᡶᡳ ᡨᡠᠴᡳᡴᡝᠩᡤᡝ ᠪᡝ᠈ ᠠᠯᡳᠨ ᠰᡝᠮᠪᡳ᠈

夜裏光照於天地者　曰月

ᡩᠣᠪᠣᡵᡳ ᠠᠪᡴᠠ ᠨᠠ ᡩᡝ ᡝᠯᡩᡝᡴᡝᠩᡤᡝ ᠪᡝ᠈ ᠪᡳᠶᠠ ᠰᡝᠮᠪᡳ᠈

日間光照於天地者　曰日

ᡳᠨᡝᠩᡤᡳ᠈ ᠠᠪᡴᠠ ᠨᠠ ᡩᡝ ᡝᠯᡩᡝᡴᡝᠩᡤᡝ ᠪᡝ᠈ ᡧᡠᠨ ᠰᡝᠮᠪᡳ᠈

至厚而載萬物者　爲地

ᡨᡝᠨ ᡳ ᠵᡳᡵᠠᠮᡳᠨ ᡨᡠᠮᡝᠨ ᠵᠠᡴᠠ ᠪᡝ ᠠᠯᡳᡥᠠᡵᠠᠩᡤᡝ ᠪᡝ᠈ ᠨᠠ ᠰᡝᠮᠪᡳ᠈

至高而覆萬物者　爲天

ᡨᡝᠨ ᡳ ᡩᡝᠨ᠈ ᡨᡠᠮᡝᠨ ᠵᠠᡴᠠ ᠪᡝ ᡝᠯᠪᡝᡥᡝᠩᡤᡝ ᠪᡝ᠈ ᠠᠪᡴᠠ ᠰᡝᠮᠪᡳ᠈

爲字謂字是 ᠰᡝᠮᠪᡳ　上面必有 ᠪᡝ 叫着

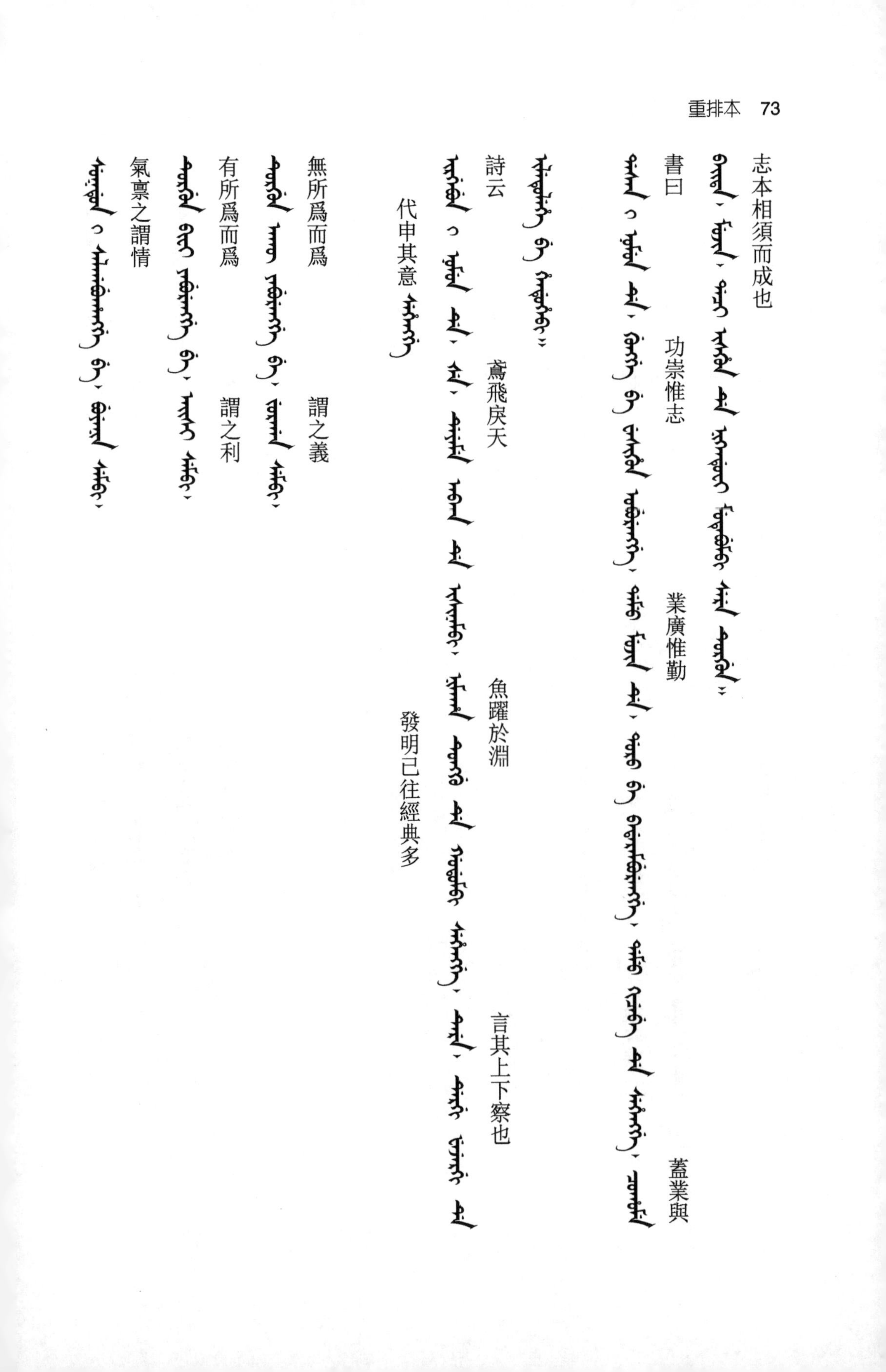

志本相須而成也

書曰 功崇惟志 業廣惟勤 蓋業與

詩云 鳶飛戾天 魚躍於淵 言其上下察也

代申其意 發明已往經典多

無所爲而爲 謂之義

有所爲而爲 謂之利

氣稟之謂情

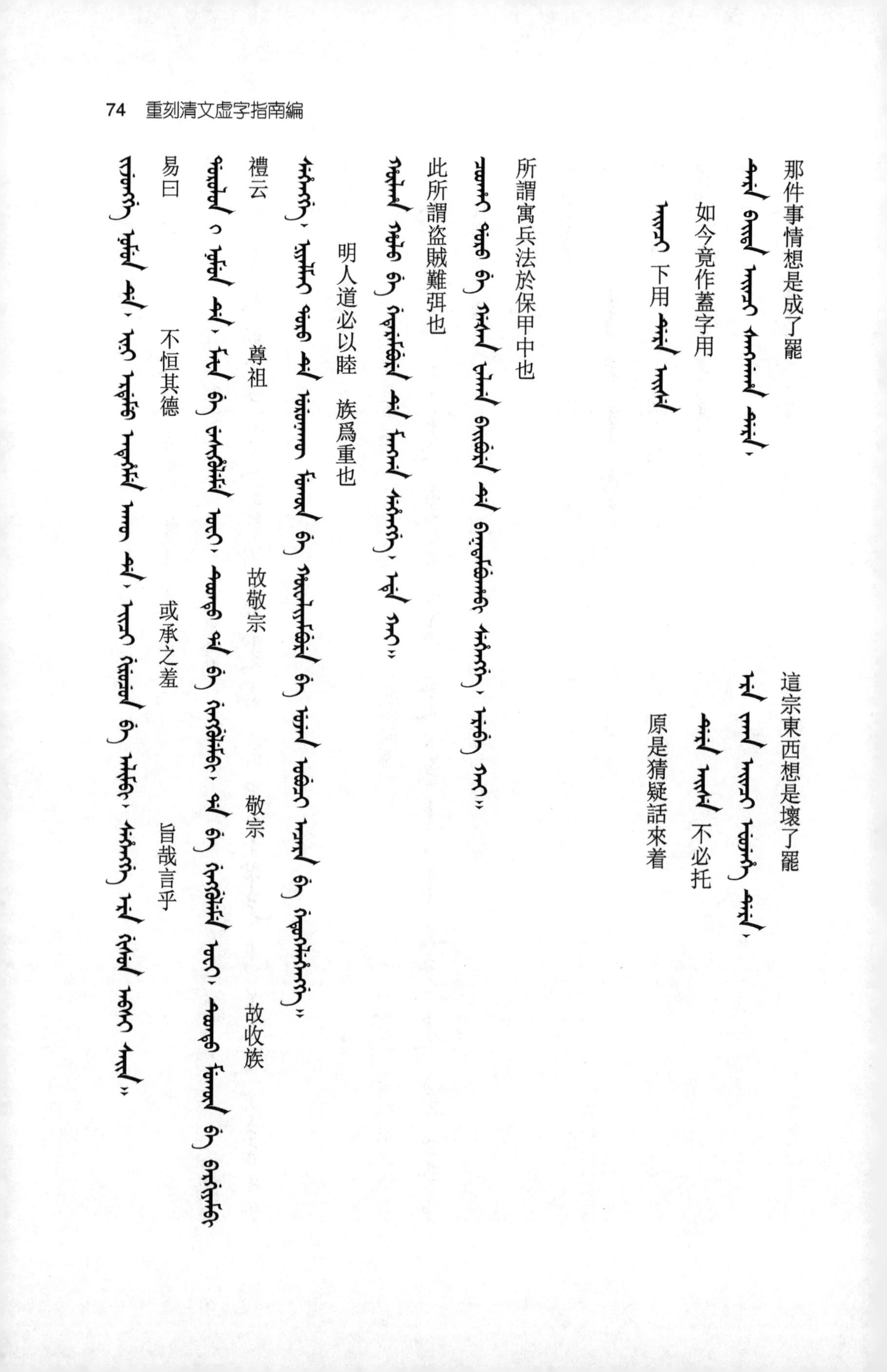

那件事情想是成了罷

如今竟作蓋字用　下用

這宗東西想是壞了罷

不必托

原是猜疑話來着

所謂寓兵法於保甲中也

此所謂盜賊難弭也

明人道必以睦　族爲重也

禮云　尊祖　故敬宗　敬宗　故收族

易曰　不恒其德　或承之羞　旨哉言乎

ᡥᡝᡥᡝ ᠨᡳᠶᠠᠯᠮᠠ ᠪᡳᠴᡳ᠈ ᡠᠶᡠᠨ ᠨᡳᠶᠠᠯᠮᠠ ᠪᡳᠰᡳᡵᡝ ᡩᠠᠪᠠᠯᠠ᠉

有婦人焉 九人而已

ᡩᡝᡵᡳᠪᡠᠨ ᠪᡳᠴᡳ᠈ ᡩᡠᠪᡠᠨ ᠪᡳᠰᡳᡵᡝᠩᡤᡝ᠈ ᡨᡝᠨᡳ ᠨᡳᠶᠠᠯᠮᠠ ᠰᡝᠴᡳ ᡠᠮᡝ ᡩᠠᠪᠠᠯᠠ᠈

有始有終的 纔是人罷

ᡩᠠᠪᠠᠯᠠ 上面若非遇整字 又作罷而已

非用 ᠪᡳ 不可托

如用 ᠪᡳᠮᡝ 一樣托

ᠠᡳᠨᠴᡳ ᡩᠣᡵᠣᠯᠣᠨ ᠰᡝᡵᡝᠩᡤᡝ᠈ ᠠᠪᡴᠠ ᠨᠠ ᡳ ᡨᡝᠮᡤᡝᠴᡝᠨ᠈ ᡨᡠᠮᡝᠨ ᠵᠠᡴᠠ ᡳ ᡨᡝᠮᡤᡝᠴᡝᠨ᠉

蓋禮爲天地之經 萬物之序

ᠠᡳᠨᠴᡳ ᠵᡠᠯᡤᡝᠴᡳ ᡝᠪᠰᡳ ᡳᡵᡤᡝᠨ ᡳ ᠠᠨ ᡴᠣᠣᠯᡳ᠈ ᡤᡝᠮᡠ ᡴᡳᠴᡝᠪᡝ ᠮᠠᠯᡥᡡᠨ ᠪᡝ ᠸᡝᠰᡳᡥᡠᠯᡝᡵᡝ ᠪᡳᡥᡝᠪᡳ᠉

蓋自古民風 皆貴乎勤儉

ᠠᡳᠨᠴᡳ ᡝᠮᡤᡝ ᠠᠮᡤᠠᡥᠠ ᡩᡝᡵᡝ᠈

想必睡着了罷

ᠠᡳᠨᠴᡳ ᡴᡝᠮᡠᠨᡳ ᡤᡝᡨᡝᡵᡝᡴᡡ ᡩᡝᡵᡝ᠈

想必還没醒罷

而且千變萬化　宰於一心

ᠪᡳᠮᡝ ᠮᡳᠩᡤᠠᠨ ᡥᠠᠴᡳᠨ ᡳ ᡴᡡᠪᡠᠯᡳᠨ᠈ ᡨᡠᠮᡝᠨ ᡥᠠᠴᡳᠨ ᡳ ᡶᠣᡵᡤᠣᡧᠣᠨ᠈ ᡝᠮᡠ ᠮᡠᠵᡳᠯᡝᠨ ᡩᡝ ᠰᠠᠯᡳᠪᡠᠮᠪᡳ᠉

ᠪᡳᠮᡝ ᠪᡳᠴᡳ 亦如是　緊接上文字句說

上文頓住又而且　ᠪᡳᠮᡝ ᡤᡝᠯᡳ 與 ᠰᡝᠮᡝ ᡤᡝᠯᡳ

興仁而且講讓

ᡤᠣᠰᡳᠨ ᠪᡝ ᠶᡝᠨᡩᡝᠪᡠᠮᡝ ᠪᡳᠮᡝ᠈ ᡤᡝᠯᡳ ᠠᠨᠠᡥᡡᠨᠵᠠᡵᠠ ᠪᡝ ᡤᡳᠰᡠᡵᡝᡵᡝ᠈

濟人而且利物

ᠨᡳᠶᠠᠯᠮᠠ ᠪᡝ ᠠᡳᡨᡠᠪᡠᠮᡝ ᠪᡳᠮᡝ᠈ ᡤᡝᠯᡳ ᠵᠠᡴᠠ ᡩᡝ ᡨᡠᠰᠠ ᠠᡵᠠᡵᠠ᠈

讀了書而且把字亦寫了

ᠪᡳᡨᡥᡝ ᠪᡝ ᡥᡡᠯᠠᡥᠠ ᠪᡳᠮᡝ ᡥᡝᡵᡤᡝᠨ ᠪᡝ ᡳᠨᡠ ᠠᡵᠠᡥᠠ᠉

持齋而且念經

ᡩᠣᠰᠣ ᠪᠣᠯᡤᠣᠮᡳᠮᡝ᠈ ᡤᡝᠯᡳ ᠨᠣᠮᡠᠨ ᡥᡡᠯᠠᡵᠠ᠉

積德而且累仁

ᡝᡵᡩᡝᠮᡠ ᠪᡝ ᡳᠰᠠᠪᡠᠮᠪᡳᠮᡝ᠈ ᡤᡝᠯᡳ ᡤᠣᠰᡳᠨ ᠪᡝ ᡳᡴᡨᠠᠮᠪᡠᠮᠪᡳ᠉

仁義而且忠厚

ᡤᠣᠰᡳᠨ ᠵᡠᡵᡤᠠᠨ ᠪᡳᠮᡝ ᡨᠣᠨᡩᠣ ᠵᡳᡵᠠᠮᡳᠨ᠉

也是又字意　ᡤᡝᠯᡳ 之字緊連着

下有又字加 ᡤᡝᠯᡳ　若遇已然即 ᡥᠠ ᡥᡝ ᠪᡳᠮᡝ

ᠪᡳᠮᡝ 本作而且用　整單破連用法活

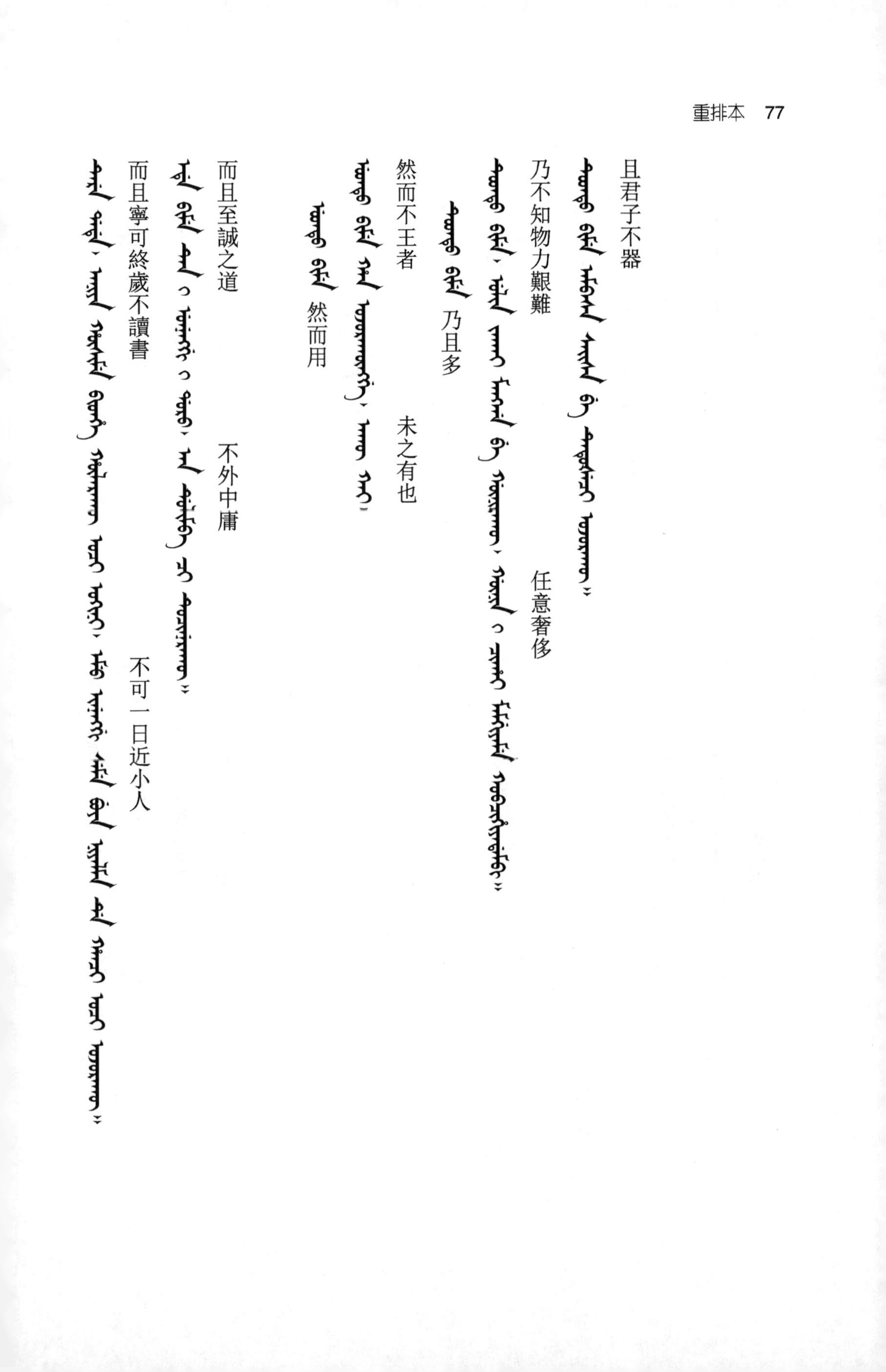

且君子不器

乃不知物力艱難　任意奢侈

乃且多

然而不王者　未之有也

然而用

而且至誠之道　不外中庸

而且寧可終歲不讀書　不可一日近小人

隨念隨寫

ᡥᡡᠯᠠᡥᠠᡳ ᠠᡵᠠᡥᠠᡳ᠈

句中作爲隨且用
正然如此又如彼

明其道而不計

ᡩᠣᡵᠣ ᠪᡝ ᡤᡝᠩᡤᡳᠶᡝᠯᡝᡵᡝ ᡤᠣᠵᡳᠮᡝ᠈ ᡤᡠᠩᡤᡝ ᠪᡝ ᠪᠣᡩᠣᡵᠠᡴᡡ᠉

正其誼而不謀其利

ᠵᡠᡵᡤᠠᠨ ᠪᡝ ᡨᠣᠪ ᠣᠪᡠᡵᡝ ᡤᠣᠵᡳᠮᡝ᠈ ᠠᡳᠰᡳ ᠪᡝ ᡴᡳᠮᠴᡳᡵᠠᡴᡡ᠉

興利而不除弊

ᠠᡳᠰᡳ ᠪᡝ ᠶᡝᠨᡩᡝᠪᡠᡵᡝ ᡤᠣᠵᡳᠮᡝ᠈ ᠵᡝᠮᡩᡝᠨ ᠪᡝ ᡤᡝᡨᡝᡵᡝᠮᠪᡠᡵᠠᡴᡡ᠉

務名而不求實

ᡤᡝᠪᡠ ᠪᡝ ᡴᡳᠴᡝᡵᡝ ᡤᠣᠵᡳᠮᡝ᠈ ᠶᠠᡵᡤᡳᠶᠠᠨ ᠪᡝ ᠪᠠᡳᡵᠠᡴᡡ᠉

句中皆以而字用
變文上下皆好意
僅能如彼不能此

隨走隨看

ᠶᠠᠪᡠᡥᠠᡳ ᡨᡠᠸᠠᡥᠠᡳ᠈

行文用意甚活潑
ᡥᠠᡳ᠈ ᡥᡝᡳ 等字連 ᠰᡝᠮᡝ

只看本文意思說
ᡤᠣᠵᡳᠮᡝ 句下 ᠠᡴᡡ 托
上好下歹是 ᡤᠣᠵᡳᠮᡝ

苟正其身　於從政乎何有

ᡠᠨᡝᠩᡤᡳ ᠪᡝᠶᡝ ᠪᡝ ᡨᠣᠪ ᠣᠪᡠᠴᡳ᠈ ᡩᠠᠰᠠᠨ ᡩᡝ ᡩᠠᡥᠠᡵᠠ ᡩᡝ ᠠᡳ ᠮᠠᠩᡤᠠ᠉

倘或半途而廢　不亦惜乎

ᡝᡳᠴᡳ ᠪᡝ ᠠᠯᡩᠠᠰᡳ ᡳ ᠨᠠᡴᠠᠴᡳ᠈ ᡳᠨᡠ ᡥᠠᡳᡵᠠᡴᠠᠨ ᠠᡴᡡ ᠰᡝᠮᡝᠣ᠈

果能事事斷之以義　自無過不及之差矣

ᡠᠨᡝᠩᡤᡳ ᠪᠠᡳᡨᠠ ᠪᠠᡳᡨᠠ ᠪᡝ ᠵᡠᡵᡤᠠᠨ ᡳ ᠯᠠᠰᡥᠠᠯᠠᠮᡝ ᠮᡠᡨᡝᠴᡳ᠈ ᠠᠨᡳᠶᠠ ᡩᠣᠰᡳᠮᡝ ᡩᡠᠯᡝᠮᠪᡠᡵᡝ ᡳ ᡝᡵᡝᠨ ᠠᡴᡡ ᠪᡳᡩᡝ᠈

如果屬實大干法紀　亟宜澈底根究

ᠠᡳᡴᠠ ᠶᠠᡩᡝᡵᡳ ᠣᠴᡳ᠈ ᡶᠠᡶᡠᠨ ᡴᠣᠯᠣ ᠪᡝ ᡶᠣᡵᡤᠣᠰᠣᠮᡝ ᠪᡝ ᡨᠠᠰᡥᠠᡵᠠᠪᡠᡥᠠ᠈ ᠴᡳᠮᡳᠮᡝ ᡩᡠᡵᡤᡳᠰᡳᠮᡝ ᠪᡝᡳᡩᡝᠴᡳ ᠠᡩᠠᡵᠠᠮᡝ᠈

設若不學　豈能知理

ᠠᡳᡴᠠ ᡨᠠᠴᡳᡵᠠᡴᡡ ᠣᠴᡳ᠈ ᠠᡩᠠᡵᠠᠮᡝ ᡤᡳᠶᠠᠨ ᠪᡝ ᠰᠠᠮᡝ ᠮᡠᡨᡝᠮᠪᡳᠨ᠈

若是句短文氣近　亦可用 ᠣᠴᡳ 字托着

ᠠᡳᡴᠠᠪᠠᡩᡝ 亦如此

設若如果倘或說

ᠠᡳᡴᠠ ᠰᡝᠴᡳ ᠣᡳᠴᡳ

下非 ᠣᠴᡳ 即 ᠰᡝᠴᡳ

且逛且游

ᠰᡝᡵᡝᡴᡠᠯᡝᠮᡝ ᠰᡳᠯᡝᠮᠪᡠᡵᡝ᠈

且說且笑

ᡤᡳᠰᡠᡵᡝᡴᡠᠯᡝᠮᡝ ᡳᠨᠵᡝᠮᠪᡠᡵᡝ

設使偶罹於法　則累及妻孥

ᠠᡳᡴᠠᠪᠠᡩᡝ ᡶᠠᡶᡠᠨ ᡩᡝ ᡨᡠᡧᠠᡵᠠ ᡩᡝ᠈ ᠰᠠᡵᡤᠠᠨ ᠵᡠᠰᡝ ᡩᡝ ᡥᠣᠯᠪᠣᠪᡠᠮᠪᡳ᠈

設或萬一丟了呢　後悔不及呀、

ᠠᡳᡴᠠᠪᠠᡩᡝ ᠸᠠᠯᡳᠶᠠᠪᡠᡥᠠ ᠰᡝᡥᡝᡩᡝ᠈ ᠠᠮᠠᠯᠠ ᠠᠯᡳᠶᠠᡥᠠ ᠰᡝᠮᡝ ᠠᠮᠴᠠᡵᠠᡴᡡ᠈

ᠠᡳᡴᠠᠪᠠᡩᡝ 萬一偶或用　比語設或 ᠠᡳᡴᠠ

難道不好麼

ᠠᡳᠨᡠ ᠰᠠᡳᠨ ᠠᡴᡡ ᠨᡳᠣ᠈

難道有事麼

ᠠᡳᠨᡠ ᠪᠠᡳᡨᠠ ᠪᡳᠣ᠈

那道兒莫非是不可謀

ᡨᡝᡵᡝ ᠵᡠᡤᡡᠨ ᠪᡝ ᠠᡳᠨᡠ ᠪᠣᡩᠣᠴᡳ ᠣᠵᠣᡵᠠᡴᡡ ᠣ ᠰᡝᠮᡝ᠈

這事兒想必是不能辦

ᡝᡵᡝ ᠪᠠᡳᡨᠠ ᠪᡝ ᠠᡳᠨᡠ ᡤᡡᠨᡳᠴᡳ ᡳᠯᡤᠠᠪᡠᡵᠠᡴᡡ ᠣ ᠰᡝᠮᡝ᠈

猜度下用 ᠰᡝᠮᡝ 字

ᠠᡳᠨᡠ 又有兩様講

難道沒信麼

ᠠᡳᠨᡠ ᠮᡝᡩᡝᡤᡝ ᠠᡴᡡ ᠰᡝᠮᡝᠣ᠈

難道不行麼

ᠠᡳᠨᡠ ᠣᠵᠣᡵᠠᡴᡡ ᠨᡳᠣ᠈

難道 ᠪᡳᠣ ᠨᡳᠣ 等字托

猜度神情難道說

合乎古　不宜乎今

ᠵᡠᠯᡤᡝ ᡩᡝ ᠠᠴᠠᠨᠠᠮᠪᡳ᠈ ᡨᡝ ᡩᡝ ᠠᠴᠠᠨᠠᡵᠠᡴᡡ᠈

須當爲善　不應作惡

ᠰᠠᡳᠨ ᠪᡝ ᠶᠠᠪᡠᠴᡳ ᠠᠴᠠᠮᠪᡳ᠈ ᡝᡥᡝ ᠪᡝ ᠶᠠᠪᡠᠴᡳ ᠠᠴᠠᡵᠠᡴᡡ᠈

ᠠᠴᠠᠮᠪᡳ 上必接 ᠴᡳ　ᠠᠴᠠᡵᠠᡴᡡ 上應用 ᠴᡳ

何用錢多　何必禮大

ᠵᡳᡥᠠ ᠯᠠᠪᡩᡠ ᠪᡝ ᠠᡳᠨᠠᠮᠪᡳ᠈ ᡩᠣᡵᠣᠯᠣᠨ ᠠᠮᠪᠠ ᠪᡝ ᠠᡳᠨᠠᠮᠪᡳ᠈

何必他求　何須遠慮

ᡤᡡᠸᠠᠪᠰᡳ ᠪᠠᡳᠮᡝ ᠠᡳᠨᠠᠮᠪᡳ᠈ ᡤᠣᡵᠣᠮᡳᠮᡝ ᠪᠣᡩᠣᠮᡝ ᠠᡳᠨᠠᠮᠪᡳ᠈

ᠠᡳᠨᠠᠮᠪᡳ 上破字用 ᠮᡝ　整字過文須用 ᠪᡝ

試思一蹈法網　百苦備嘗

ᡨᡝ ᠪᠣᡩᠣᠴᡳ᠈ ᡝᠮᡤᡝᡵᡳ ᡶᠠᡶᡠᠨ ᡳ ᠠᠰᡠ ᡩᡝ ᡨᡠᡥᡝᠨᡝᡥᡝ ᡩᡝ᠈ ᡨᠠᠩᡤᡡ ᡥᠠᠴᡳᠨ ᡳ ᠵᠣᠪᠣᠯᠣᠨ ᠪᡝ ᠠᠯᡳᠮᠪᡳ᠉

我說的話如何

ᠮᡳᠨᡳ ᡤᡳᠰᡠᠨ ᡳ ᡤᡳᠰᡠᠨ ᠠᡩᠠᡵᠠᠮᡝ᠈

持齋比說法如何

ᠰᠠᠪᡠ ᠰᡠᠰᡝᡳᠰᡝᠩᡤᡝ᠈ ᠨᠣᠮᡠ ᠨᠣᠮᡠᠯᠠᡵᠠ ᠴᡳ ᠠᡩᠠᡵᠠᠮᡝ᠈

上用 ᠴᡳ 字

他畫的畫如何

ᡨᡝᡵᡝᡳ ᠨᡳᡵᡠᡥᠠ ᠨᡳᡵᡠᡤᠠᠨ ᠠᡩᠠᡵᠠᠮᡝ᠈

坐禪何如悟道

ᡨᡝᠴᡳ ᡨᡝᡵᡝ ᠠᡩᠠᡵᠠ᠈ ᡩᠣᠣ ᠪᡝ ᠪᠠᡥᠠᡵᠠ ᠠᡩᠠᡵᠠᠮᡝ᠉

整字長音也使得

善治國

ᡤᡠᡵᡠᠨ ᠪᡝ ᡩᠠᠰᠠᡵᠠ ᠮᡠᡨᡝᠮᠪᡳ᠈

會文學

ᡧᡠ ᡨᠠᠴᡳᠨ ᠪᡝ ᠮᡠᡨᡝᠮᠪᡳ᠈

能博施

ᠪᠠᠯᡳ ᡧᠠᠩᠨᡝᡵᡝ ᠮᡠᡨᡝᠮᠪᡳ᠈

克其剛

ᠮᠠᠩᡤᠠ ᠪᡝ ᠮᡠᡨᡝᠮᠪᡳ᠈

ᠮᡠᡨᡝᠮᠪᡳ 與 ᠮᡠᡨᡝᠮᠪᡳ

不善用兵

ᠴᠣᠣᡥᠠ ᠪᡝ ᠪᠠᡳᡨᠠᠯᠠᡵᠠ ᠮᡠᡨᡝᡵᠠᡴᡡ᠈

不會武略

ᠪᠣᡥᠣ ᠪᠠᡥᠠ ᠪᡝ ᠮᡠᡨᡝᡵᠠᡴᡡ᠈

不能濟衆

ᡝᠯᡝ ᡳ ᡝᠯᡝ ᡝᠯᡝ ᠮᡠᡨᡝᡵᠠᡴᡡ᠈

不克其柔

ᡝᠯᡤᡳ ᠪᡝ ᠮᡠᡨᡝᡵᠠᡴᡡ᠈

整字接 ᠪᡝ 破用 ᡩᡝ

由來尚矣

ᡩᠠᠴᡳ ᡤᠣᡳᡩᠠᡥᠠ ᡴᠠᡳ᠈

原先在別處住

ᡩᠠᡩᡝ ᡝᠨᠴᡠ ᠪᠠᡩᡝ ᡨᡝᡥᡝᠩᡤᡝ᠈

ᡩᠠᡩᡝ ᡩᠠᠴᡳ ᡩᡝᡵᡳ 下

臨起身　留下盤費了

ᠵᡠᡵᠠᡵᠠ ᡩᡝ᠈ ᠪᠠᡳᡨᠠᠯᠠᡵᠠ ᠵᠣᡥᡳᠨ᠈

將赴考　就指望着中

ᡳᠮᡨᡝᡥᡝᠨ ᡤᡝᠨᡝᡵᡝ ᡩᡝ᠈ ᡠᡵᡠᠨᡴᡳ ᡩᡠᡳᠯᡝᡥᡝ ᠪᡳ ᡳᠨᡩᡝᡥᡝᠩᡤᡝ᠈

臨卸任　先交代明白了

ᠪᡝᡨᡝ ᡴᠣ ᠨᡳᡴᠠᡵᠠ ᡩᡝ᠈ ᠨᡝᠨᡝᠮᡝ ᡥᡝᡨᡝᡴᡝᠨ ᡨᡝᡵᡝ ᡨᡝᠮᡝᡵᡝ᠈

ᠪᡝᡨᡝᠯᡝ 上接 ᡩᡝ᠈ ᠴᡳ 等

子所雅言者何如

ᠰᡠᠰᡝ ᠣ ᠰᡠᠰᡝᠨ ᡤᡳᠰᡠᡵᡝᡵᡝᠩᡤᡝ ᠠᡳᠨᡳ᠈

從不稀罕

ᡩᠠᠴᡳ ᡥᡳᡥᠠᠯᠠᡵᠠᡴᡡ ᠪᡳᡥᡝ᠈

起初同居

ᡩᠠᡩᡝ ᡠᡥᡝᡳ ᠪᠠᡩᡝ ᡨᡝᡥᡝᠩᡤᡝ᠈

ᠪᡳᡥᡝ 與 ᡩᡝ᠈ ᠴᡳ 等字托

臨回頭　帶來行李了

ᠮᠠᡩᠠᡵᠠ ᡩᡝ᠈ ᠠᡳᠯᡳᠨ ᠪᠠᡳᡨᠠᠯᠠᡵᠠ᠈

亦可上用 ᡩᡝ᠈ ᡩᡝᡵᡳ᠈ ᠴᡳ

夫子罕言者何如

ᠰᡠᠰᡝ ᠣ ᠮᡝᠩᡤᡝ ᡤᡳᠰᡠᡵᡝᡵᡝᠩᡤᡝ ᠠᡳᠨᡳ᠈

會了這個 又學那個
ᡝᡵᡝᠪᡝ ᠪᠠᡥᠠᠨᠠᡥᠠ ᠮᠠᠩᡤᡳ᠈ ᡤᡝᠯᡳ ᡨᡝᡵᡝᠪᡝ ᡨᠠᠴᡳᠮᠪᡳ᠈

風定了 然後再去
ᡝᡩᡠᠨ ᡨᠣᡴᡨᠣᡥᠣ ᠮᠠᠩᡤᡳ᠈ ᠵᠠᡳ ᡤᡝᠨᡝ᠈

化行 而後俗美
ᠸᡝᠨ ᠰᡝᠯᡤᡳᠶᡝᠪᡠᡥᡝ ᠮᠠᠩᡤᡳ᠈ ᡨᡝᠨᡳ ᠠᠨ ᠰᠠᡳᠨ ᠣᠮᠪᡳ᠈

義精 而後仁熟
ᠵᡠᡵᡤᠠᠨ ᠨᠠᡵᡥᡡᠰᠠᡥᠠ ᠮᠠᠩᡤᡳ᠈ ᡨᡝᠨᡳ ᡤᠣᠰᡳᠨ ᡠᡵᡝᠮᠪᡳ᠈

享了名的时候 多體面
ᡤᡝᠪᡠ ᠠᠯᡤᡳᡴᠠ ᠮᠠᠩᡤᡳ᠈ ᠠᠮᠪᡠᠯᠠ ᡩᡝᡵᡝᠩᡤᡝ᠈

上接口氣作既講
ᡥᠠ᠈ ᡥᡝ᠈ ᡥᠣ᠈ ᡥᡡ 與 ᠴᡳ᠈ ᠵᡳ
ᠮᠠᠩᡤᡳ 本講虛时候

幾乎受累
ᡝᠯᡝᡴᡝᡳ ᠵᠣᠪᠣᡥᠣ ᠪᡳᡥᡝ᠈

日頭轉過去 然後再挪
ᡧᡠᠨ ᡶᠣᡵᡤᠣᠰᠣᡥᠣ ᠮᠠᠩᡤᡳ᠈ ᠵᠠᡳ ᡤᡠᡵᡳᠪᡠ᠈

立了功的时候 多威武
ᡤᡠᠩ ᡳᠯᡳᠪᡠᡥᠠ ᠮᠠᠩᡤᡳ᠈ ᠠᠮᠪᡠᠯᠠ ᡥᠣᡵᠣᠩᡤᠣ᠈

緊接下句 ᡤᡝᠯᡳ 托
字句之上緊連着
翻作而後然後説

差一點兒失落了
ᡝᠯᡝᡴᡝᡳ ᠸᠠᠯᡳᠶᠠᠪᡠᡥᠠ᠈

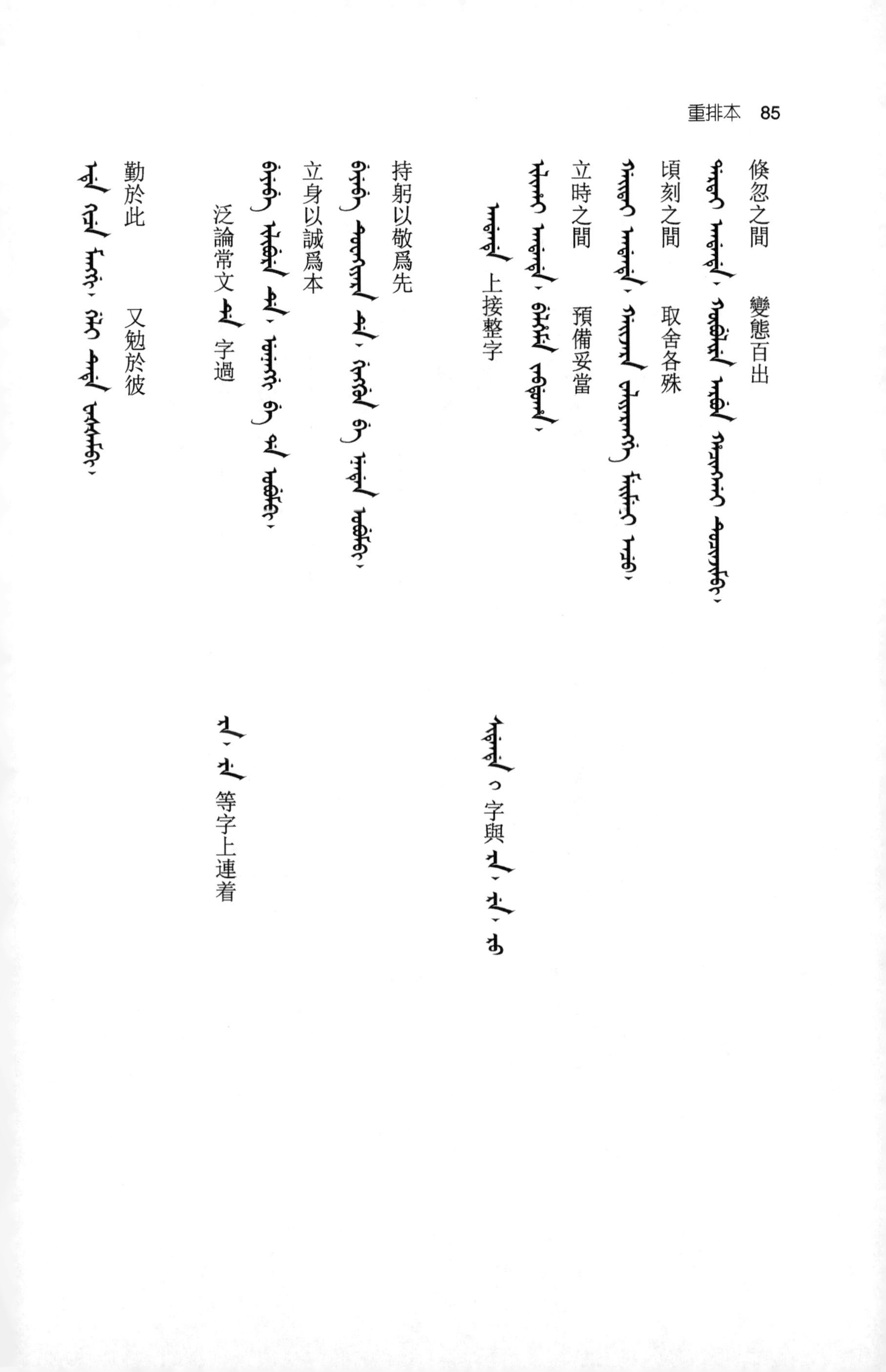

倏忽之間　變態百出

頃刻之間　取舍各殊

立時之間　預備妥當

上接整字　字與　等字上連着

持躬以敬爲先

立身以誠爲本

泛論常文　字過

勤於此　又勉於彼

會計之頃　毋少紊亂

ᠪᠣᡩᠣᡵᠣ ᠪᠣᡩᠣᡵᠣ ᠰᡳᡩᡝᠨᡩᡝ᠈ ᡥᡝᠨᡳ ᡶᠠᠴᡠᡥᡡᠨ ᠠᡴᡡ᠈

閑談之中　有關名教

ᡤᡳᠰᡠᡵᡝᠮᡝ ᡤᡳᠰᡠᡵᡝᡵᡝ ᠰᡳᡩᡝᠨᡩᡝ᠈ ᠪᡝ ᡨᠠᠴᡳᡥᡳᠶᠠᠨ ᡩᡝ ᡥᠠᡳᡵᠠᠮᠪᡳ᠈

下雨之際　正好用工

ᠠᡤᠠ ᠠᡤᠠᡵᠠ ᠰᡳᡩᡝᠨᡩᡝ᠈ ᡨᠣᠪ ᠪᡝᡳᡶᡳᠶᡝᠨ ᠵᡳ ᠪᡝᠯᡝᡥᡝ᠈

天地之間　人爲至貴

ᠠᠪᡴᠠ ᠨᠠ ᡳ ᠰᡳᡩᡝᠨᡩᡝ᠈ ᠨᡳᠶᠠᠯᠮᠠ ᡠᠮᡝᠰᡳ ᠸᡝᠰᡳᡥᡠᠨ᠈

一旦悔改　如冰消霧釋

ᡝᠮᡠ ᠴᡳᠮᠠᡵᡳ ᠠᠯᡳᠶᠠᠮᡝ ᡥᠠᠯᠠᠴᡳ᠈ ᠵᡠᡥᡝ ᠸᡝᠨᡝᡵᡝ ᡤᡝᠰᡝ᠈ ᡨᠠᠯᠮᠠᠨ ᡳ ᠰᠠᠮᠰᡳᡵᡝ ᠠᡩᠠᠯᡳ᠈

一朝猛省　疑團解釋

ᡝᠮᡠ ᠴᡳᠮᠠᡵᡳ ᡥᠣᠯᡴᠣᠨ ᡠᡥᡳᡶᡳ᠈ ᡴᡝᠨᡝᡥᡠᠨᠵᡝᡵᡝ ᡤᡡᠨᡳᠨ ᠰᡠᠯᠠᡴᠠᠨ ᠣᡥᠣ᠈

須臾之頃　陰雲四起

ᡨᠠᠮᠠᠨ ᠰᡳᡩᡝᠨᡩᡝ᠈ ᡨᡠᠯᡥᡠᠨ ᡨᡠᡤᡳ ᡩᡠᡳᠨ ᡳᠴᡳ ᡩᡝᡴᡩᡝᡥᡝ᠈

癱潰之頃 ᠶᠣᠣ ᡶᡠᠰᡝᠵᡝᡵᡝ ᠰᡳᡩᡝᠨᡩᡝ᠈ ᡳᠨᡠ ᡤᡝᠨᡝ ᡳ ᠨᡳᠮᡝᡵᡝ ᡤᠣᠰᡳᡥᠣᠩᡤᡝ᠈ 異常痛楚

病篤之餘 ᠨᡳᠮᡝᡴᡠ ᠠᠮᠪᠠᠯᡳᠩᡤᡡ ᠰᡳᡩᡝᠨᡩᡝ᠈ ᡤᡝᡨᡝᡵᡝ ᠠᡴᡡ ᠮᡠᡵᡠ ᡤᡝᠨᡝᡵᡝ ᠠᡴᡡ᠈ 不覺昏沈

尋思之下 ᠰᡠᡩᠠᠯᡝᠮᡝ ᡤᡡᠨᡳᡵᡝ ᠰᡳᡩᡝᠨᡩᡝ᠈ ᡤᠠᡳᡨᠠᡳ ᡤᡡᠨᡳᠮᡝ ᠪᠠᡥᠠ ᠪᡳᡥᡝ᠈ 驀然想起

盤察之際 ᠪᠠᡳᠴᠠᠮᡝ ᠪᡠᡨᡝᡵᡝ ᠰᡳᡩᡝᠨᡩᡝ᠈ ᡤᠣᡵᡤᡳ ᡳᠯᡳ ᡤᠠᡵᡤᡳᠶᠠᠨ ᠣᠵᠣᡵᠠᡴᡡ᠈ 不可頓易生手

倉猝之間 ᠪᠠᡳᡨᠠ ᠪᡳᡨᡝᡥᡝ ᡳ ᠰᡳᡩᡝᠨᡩᡝ᠈ ᡝᠵᡝᡥᡝᠩᡤᡝ ᡤᡝᡨᡠᡴᡝᠨ ᠠᡴᡡ᠈ 記憶不清

ᠰᡳᡩᡝᠨᡩᡝ 上接 ᡳ 與 ᡵᠠ᠈ ᡵᡝ᠈ ᡵᠣ᠈ ᡥᠣ 等字多

已然辨了 何必忙
ᡝᠮᡤᡝᡵᡳ ᡳᠯᡤᠠᠪᡠᡥᠠ᠈ ᠠᡳᠨᡠ ᡝᡴᡧᡝᠮᠪᡳ᠈
已然業經是 ᡝᠮᡤᡝᡵᡳ

已然說了 還改口麽
ᡝᠮᡤᡝᡵᡳ ᡤᡳᠰᡠᡵᡝᡥᡝ᠈ ᡤᡝᠯᡳ ᡥᠠᠯᠠᠮᠪᡳᠣ᠈
下用 ᡥᡝ᠈ ᡥᠠ 等字托

既然似此行事 可謂善人
ᡠᡨᡨᡠ ᠶᠠᠪᡠᡥᠠ ᠪᡝ ᡩᠠᡥᠠᠮᡝ᠈ ᠰᠠᡳᠨ ᠨᡳᠶᠠᠯᠮᠠ ᠰᡝᠴᡳ ᠣᠮᠪᡳ᠈

既然不能讀書 又焉能作文章呢
ᠪᡳᡨᡥᡝ ᡥᡡᠯᠠᠮᡝ ᠮᡠᡨᡝᡵᠠᡴᡡ ᠪᡝ ᡩᠠᡥᠠᠮᡝ᠈ ᡤᡝᠯᡳ ᠠᡩᠠᡵᠠᠮᡝ ᡧᡠ ᡶᡳᠶᡝᠯᡝᠨ ᠪᡝ ᠠᡵᠠᠮᡝ ᠮᡠᡨᡝᠮᠪᡳᠨᡳ᠈

既然上學來了 為何不用工呢
ᡨᠠᠴᡳᠮᡝ ᠵᡳᡥᡝ ᠪᡝ ᡩᠠᡥᠠᠮᡝ᠈ ᠠᡳᠨᡠ ᡴᡳᠴᡝᡵᠠᡴᡡ ᠨᡳ᠈

既是當差 就該黽勉
ᠠᠯᠪᠠᠨ ᡩᡝ ᠶᠠᠪᡠᡵᡝ ᡩᠠᡥᠠᠮᡝ᠈ ᡠᡨᡥᠠᡳ ᡴᡳᠴᡝᠮᡝ ᡶᠠᡧᡧᠠᠴᡳ ᠠᠴᠠᠮᠪᡳ᠈

ᠪᡝ ᡩᠠᡥᠠᠮᡝ 上還有字
ᠵᡳ ᡩᠠᡥᠠᠮᡝ 為既是
ᡩᠠᡥᠠᠮᡝ 上用 ᠵᡳ

若非 ᠮᡝ 尾即 ᡥᡝ᠈ ᡥᠠ
ᠪᡝ ᡩᠠᡥᠠᠮᡝ 作既然說
ᡩᠠᡥᠠᠮᡝ 上必須 ᠪᡝ

話未完　便去了

若是未然文氣快

事未發　先躲了

接以 ᡠᡨᡥᠠᡳ 與 ᠨᡝᠨᡝᠮᡝ

尚未定　早就商量了

尚未派　先得了信了

未陞之先　就覺悟了

ᡵᠠ᠈ ᡵᡝ᠈ ᡵᠣ 字上連着

尚未交　已看明白了

未調之先　先擬定了

未放之先　已算妥了

ᠣᠩᡤᠣᠯᠣ 未先 ᡠᠨᡩᡝ 尚未

業經忘了　何必提他

怎麽着好　如之何則可

ᠠᡩᠠᡵᠠᠮᡝ ᠣᡥᠣᡩᡝ ᠰᠠᡳᠨ᠈　ᠠᡩᠠᡵᠠᠮᡝ ᠣᡥᠣᡩᡝ ᠣᠮᠪᡳ᠈

不得主意問所以是

ᠠᡩᠠᡵᠠᠮᡝ ᠣᡥᠣᡩᡝ

無負本業矣

備邊則險要之宜知　防海則風濤之宜悉　庶幾可以樂觀也

則風俗醇厚　家室和平　而朝廷德化之成

共勉爲謹身節用之庶人　盡除夫浮薄囂凌之陋習

由工致效推開講　須用

怎麼處

ᠠᡩᠠᡵᠠᠮᡝ ᠣᠮᠪᡳ

著急無法如之何

怎麼作

ᠠᡩᠠᡵᠠᠮᡝ ᠠᡳᠨᠠᠮᠪᡳ

怎麼算

ᠠᡩᠠᡵᠠᠮᡝ ᠪᠣᡩᠣᠮᠪᡳ

ᠠᡩᠠᡵᠠᠮᡝ 下用 ᠨᡳ ᠨᡝ ᡩᡝ

原來這樣嗎

ᡩᡠᠯᡝ ᡠᡨᡨᡠ ᠨᡳᠣ

原來不齊全

ᡩᡠᠯᡝ ᠶᠣᠩᡴᡳᠶᠠᠨ ᠠᡴᡡ ᠨᡳ

原來知道

ᡩᡠᠯᡝ ᠰᠠᠮᠪᡳ

不識有諸

ᠠᡳᠰᡝ ᠪᡳᠣ

不知作什麼

ᠠᡳᠰᡝ ᠠᡳᠨᠠᠮᠪᡳ

不知幾許

ᠠᡳᠰᡝ ᡠᡩᡠ ᠪᡳ

二字之下一義用

疑問不知是 ᠠᡳᠰᡝ

卷下

敢則沒有嗎

ᡩᡠᠯᡝ ᠠᡴᡡ ᠨᡳᠣ

敢則不相稱

ᡩᡠᠯᡝ ᡨᡝᡥᡝᡵᡝ ᠠᡴᡡ ᠨᡳ

敢則可以

ᡩᡠᠯᡝ ᠣᠮᠪᡳ

不識果否

ᠠᡳᠰᡝ ᠶᠠᡵᡤᡳᠶᠠᠨ ᠨᡳᠣ

不知說什麼

ᠠᡳᠰᡝ ᠠᡳᠰᡝᠮᠪᡳ

不知怎處

ᠠᡳᠰᡝ ᠶᠠᠪᡠᠮᠪᡳ

若非 ᠠᡴᡡ 即 ᠨᡳ ᠨᡳᠣ 托

原來敢則是 ᡩᡠᠯᡝ

想必有主宰 ᡝᠵᡝᠨ ᠪᡳ ᡩᡝᡵᡝ᠉

想是寫字呢 ᡥᡝᡵᡤᡝᠨ ᠠᡵᠠᠮᠪᡳ ᡩᡝᡵᡝ᠉

想必并不知 ᡠᠮᠠᡳ ᠰᠠᡵᡴᡡ ᡩᡝᡵᡝ᠉

想必還未到 ᡴᡝᠮᡠᠨᡳ ᡳᠰᡳᠨᠵᡳᡥᠠᡴᡡ ᡩᡝᡵᡝ᠉

想是先走了罷 ᠨᡝᠨᡝᠮᡝ ᡤᡝᠨᡝᡥᡝ ᡩᡝᡵᡝ᠉

想是成案 ᡨᠣᡴᡨᠣᠪᡠᡥᠠ ᡴᠣᠣᠯᡳ ᡩᡝᡵᡝ᠉

ᠪᡳᡥᡝ᠈ ᠪᡳᡥᡝᠨᡳ᠈ ᠪᡳᡥᡝ 等

追憶想是用 ᡩᡝᡵᡝ

想必在家裏 ᠪᠣᠣᡩᡝ ᠪᡳ ᡩᡝᡵᡝ᠉

想是拉弓呢 ᠪᡝᡵᡳ ᡨᠠᡨᠠᠮᠪᡳ ᡩᡝᡵᡝ᠉

想必真沒有 ᠶᠠᠯᠠ ᠠᡴᡡ ᡩᡝᡵᡝ᠉

想必又沒去 ᡤᡝᠯᡳ ᡤᡝᠨᡝᡥᡝᡴᡡ ᡩᡝᡵᡝ᠉

想是纔來了罷 ᡨᡝᠨᡳ ᠵᡳᡥᡝ ᡩᡝᡵᡝ᠉

想是成語 ᡨᠣᡴᡨᠣᠪᡠᡥᠠ ᡤᡳᠰᡠᠨ ᡩᡝᡵᡝ᠉

還有 ᡩᡝ 與 ᠪᡳ 字多

上連整字與 ᡩᡝ᠈ ᠪᡳ

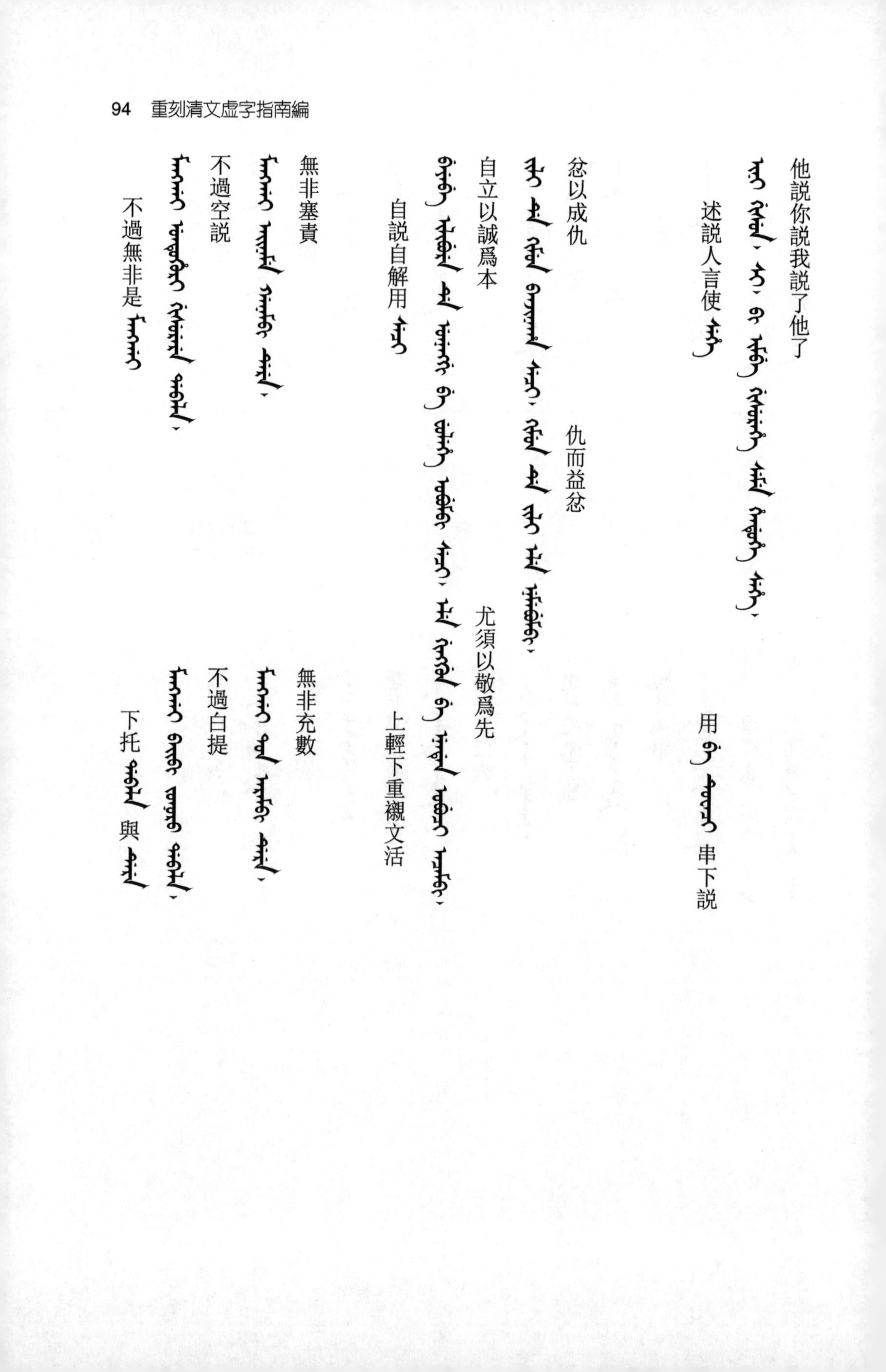

他說你說我說了他了

述說人言使

用　串下說

忿以成仇

仇而益忿

自立以誠爲本

尤須以敬爲先

自說自解用

上輕下重襯文活

無非塞責

無非充數

不過空說

不過白提

不過無非是

下托　與

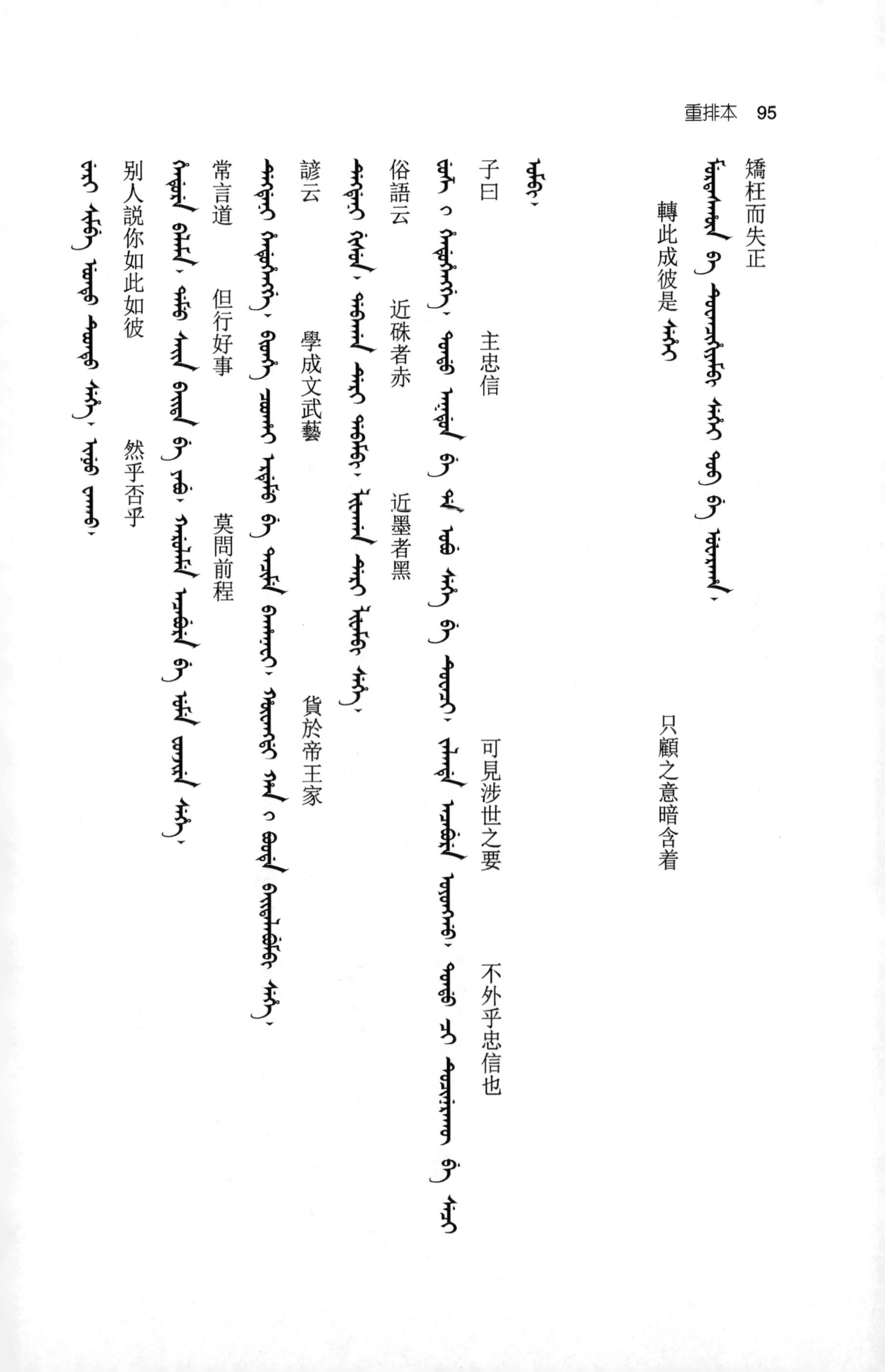

矯枉而失正

轉此成彼是　只顧之意暗含着

子曰　主忠信　可見涉世之要　不外乎忠信也

俗語云　近硃者赤　近墨者黑

諺云　學成文武藝　貨於帝王家

常言道　但行好事　莫問前程

別人說你如此如彼　然乎否乎

ᡤᡡᠨᡳᠨ ᠪᡝ ᡤᡡᠨᡳᠮᠪᡳ᠈

虛心 處己必廉潔 如此方可謂之人也已

ᡩᠣᠯᠣ ᡩᡝ᠈ ᡠᡵᡠᠨᠠᡴᡡ ᡤᡡᠨᡳᠨ ᠪᡝ ᡠᠨᡨᡠᡥᡠᠨ ᠣᠪᡠ᠈ ᠪᡝᠶᡝ ᡩᡝ᠈ ᡠᡵᡠᠨᠠᡴᡡ ᡥᠠᠨᠵᠠ ᠪᠣᠯᡤᠣ᠈ ᡠᡨᡨᡠ ᠣᡥᠣᡩᡝ᠈ ᡨᡝᠨᡳ ᠨᡳᠶᠠᠯᠮᠠ ᠰᡝᠴᡳ ᠣᠮᠪᡳ

人生在世 事親必孝 事上必敬 待衆必

ᠨᡳᠶᠠᠯᠮᠠ ᠵᠠᠯᠠᠨ ᡩᡝ ᠪᠠᠨᠵᡳᠴᡳ᠈ ᠨᡳᠶᠠᠮᠠᠨ ᠪᡝ ᡠᡳᠯᡝᡵᡝ ᡩᡝ᠈ ᡠᡵᡠᠨᠠᡴᡡ ᡥᡳᠶᠣᠣᡧᡠᠯᠠᠮᠪᡳ᠈ ᡩᡝᡵᡤᡳ ᠪᡝ ᡠᡳᠯᡝᡵᡝ ᡩᡝ᠈ ᡠᡵᡠᠨᠠᡴᡡ ᡤᡳᠩᡤᡠᠯᡝᠮᠪᡳ᠈ ᡤᡝᡵᡝᠨ ᠪᡝ

使令人辭硬口氣 整字 ᠪᡝ 與 ᠪᡳ

只顧學這一樣兒 別的全不管了

ᡩᠠᠮᡠ ᡝᡵᡝ ᡥᠠᠴᡳᠨ ᠪᡝ ᡨᠠᠴᡳᡵᡝ ᡤᡡᠨᡳᠮᠪᡳ᠈ ᡤᡡᠸᠠ ᠪᡝ ᠶᠠᠶᠠ ᡶᡠᡥᠠᠯᡳ ᡩᠠᠨᠠᡵᠠᡴᡡ᠈

只顧當差 把私事都耽誤了

ᡩᠠᠮᡠ ᠠᠯᠪᠠᠨ ᡴᡳᠴᡝᡵᡝ ᡤᡡᠨᡳᠮᠪᡳ᠈ ᠴᡳᠰᡠ ᠪᠠᡳᡨᠠ ᠪᡝ ᡤᡝᠮᡠ ᡨᠣᠣᡴᠠᠪᡠᡥᠠ᠈

造釁以傾人 究之布井以自陷

ᠪᠠᡳᡨᠠ ᡩᡝᡴᡩᡝᠪᡠᡶᡳ ᠨᡳᠶᠠᠯᠮᠠ ᠪᡝ ᡨᡠᡥᡝᠪᡠᡵᡝ ᡤᡡᠨᡳᠮᠪᡳ᠈ ᠪᡝᠶᡝ ᡥᡡᠴᡳᠨ ᡶᡝᡨᡝᡶᡳ ᡩᡝ ᡨᡠᡥᡝᠨᡝᠮᠪᡳ᠈

請陞上去坐 ᠸᡝᠰᡳᡶᡳ ᡨᡝᡴᡳ᠈

你在前導引罷 ᠰᡳ ᠵᡠᠯᡝᡵᡳ ᠶᠠᡵᡥᡡᡩᠠ᠈

ᡩᠠ 字本作罷請講

明明的是撒謊 ᡳᠯᡝᡨᡠᠰᠠᡴᠠ ᡥᠣᠯᡨᠣᠮᠪᡳ ᡴᠠᡳ᠈

整字下截接 ᠰᠠᡴᠠ

教你念書 ᠰᡳᠮᠪᡝ ᠪᡳᡨᡥᡝ ᡥᡡᠯᠠ ᠰᡝᡥᡝ᠈

令他作什麼 ᡳᠮᠪᡝ ᠠᡳ ᠠᡵᠠ ᠰᡝᠮᠪᡳ᠈

半截字下接 ᠰᡝᠮᠪᡳ

請在頭裏走 ᠵᡠᠯᡝᡵᡳ ᠶᠠᠪᡠ᠈

我暫且歇歇罷 ᠪᡳ ᠮᠠᠵᡳᡤᡝ ᡝᡵᡤᡝᡴᡳ᠈

ᠪᡳ 與 ᠪᡝ 也托得

好好的是怎說 ᠰᠠᡳᡴᠠᠨ ᠠᡳ ᠰᡝᠮᠪᡳ᠈

助語神情重字多

是教你學好啊 ᠰᡳᠮᠪᡝ ᠰᠠᡳᠨ ᡨᠠᠴᡳ ᠰᡝᠮᠪᡳ ᡴᠠᡳ᠈

叫我說什麼 ᠮᡳᠮᠪᡝ ᠠᡳ ᡤᡳᠰᡠᡵᡝ ᠰᡝᠮᠪᡳ᠈

亦作使令口氣說

懇恩賞假
ᡴᡝᠰᡳ ᡧᠠᠩᠨᠠᡶᡳ ᡧᠣᠯᠣ ᠪᡠᡵᡝᠣ᠉
ᡵᡝᠣ᠈ ᡵᠠᠣ 懇求祈請說

大道將成
ᠠᠮᠪᠠ ᡩᠣᡵᠣ ᠪᡝ ᡧᠠᠩᡤᠠᠪᡠᡴᡳ ᠰᡝᠮᠪᡳ᠉

要作君子
ᠠᠮᠪᠠᠰᠠ ᠰᠠᡳᠰᠠ ᠣᡴᡳ ᠰᡝᠮᠪᡳ᠉

欲正人心
ᠨᡳᠶᠠᠯᠮᠠᡳ ᠮᡠᠵᡳᠯᡝᠨ ᠪᡝ ᡨᠣᠨᡩᠣᠪᡠᡴᡳ ᠰᡝᠮᠪᡳ᠉
欲要將是 ᡴᡳ ᠰᡝᠮᠪᡳ

早些預備罷
ᡝᡵᡩᡝᡴᡝᠨ ᡳ ᠪᡝᠯᡥᡝᡴᡳ ᠣᡴᡳᠨᡳ᠉

請回去罷
ᠠᠮᠠᠰᡳ ᠪᡝᡩᡝᡵᡝᡴᡳ ᠪᠠᡳ᠉

求賜矜全
ᡤᠣᠰᡳᠮᡝ ᡧᠠᠩᠨᠠᡶᡳ ᠠᡳᡨᡠᠪᡠᡵᡝᠣ᠉

小過將赦
ᠠᠵᡳᡤᡝ ᡝᠨᡩᡝᠪᡠᡴᡠ ᠪᡝ ᡤᡠᠸᡝᠪᡠᡴᡳ ᠰᡝᠮᠪᡳ᠉

要作小人
ᠪᡠᠶᠠ ᠨᡳᠶᠠᠯᠮᠠ ᠣᡴᡳ ᠰᡝᠮᠪᡳ᠉

欲厚風俗
ᠠᠨ ᡳ ᡴᠣᠣᠯᡳ ᠪᡝ ᠵᡳᡵᠠᠮᡳᠯᠠᡴᡳ ᠰᡝᠮᠪᡳ᠉

豫先隄防罷
ᡩᠣᡳᡤᠣᠨᡩᡝ ᠰᡝᡵᡝᠮᡧᡝᡴᡳ ᠣᡴᡳᠨᡳ᠉

請免了罷
ᠨᠠᡴᠠ ᡤᡠᠸᡝᠪᡠᡴᡳ ᠪᠠᡳ᠉

京察列為一等

本班之缺 作為儘先

作為列為說

儒者之大成

似此為人

歸於屬於

懇請獎勵

祈為變通

屬於夫子

終久歸於不肖

求為包涵

請述原委

功業及成
ᡤᡠᠩᡤᡝ ᡶᠠᡧᡧᠠᠨ ᡧᠠᠩᡤᠠᡵᠠ ᡥᠠᠮᡳᡴᠠ᠈

國家將興
ᡤᡠᡵᡠᠨ ᠪᠣᠣ ᠮᡠᡴᡩᡝᡵᡝ ᡥᠠᠮᡳᡴᠠ᠈

將近黃昏
ᡧᡠᠨ ᡩᠠᠪᠰᡳᡵᡝ ᡥᠠᠮᡳᡴᠠ᠈

將及晌午
ᡳᠨᡝᠩᡤᡳ ᡩᡠᠯᡳᠨ ᠣᠮᡝ ᡥᠠᠮᡳᡴᠠ᠈

將及將近 ᡥᠠᠮᡳᡴᠠ

庶乎不差
ᡨᡠᠪᡳᡩᡝ ᡨᡝ ᠣᠮᡝ ᡥᠠᠮᡳᠨᠠᠮᠪᡳ᠈

庶乎幾乎 ᡥᠠᠮᡳᠨᠠᠮᠪᡳ

慎勿輕視
ᡨᡝᡵᡝ ᡩᡝ ᠨᡝ ᠸᡝᡳᡥᡠᡴᡝᠨ ᡨᡠᠸᠠᠴᡳ ᠣᠮᡠᡴᡡ᠈

必有貞祥
ᡥᡡᡨᡠᡵᡳ ᠰᡝ ᠪᡳ ᠪᡳᡥᡝ᠈

細雨紛紛
ᠨᡳᠮᠠᡵᡳ ᠣᠮᡝ ᠠᡴᡡ ᠠᡳᠰᡳᠨᠠᠮᠪᡳ᠈

微風颯颯
ᠰᡳ ᠣᠮᡝ ᠪᡳᠯᡝ ᡳᠰᡳᠨᠠ᠈

字上非 ᠣ 必有 ᡩᡝ

幾乎至治
ᡨᡠᡵᡠᠨ ᠰᡳᠯᡳᠨ ᡩᡝ ᡥᠠᠮᡳᠨᠠᠮᠪᡳ᠈

上破接 ᠣ 用 ᡩᡝ

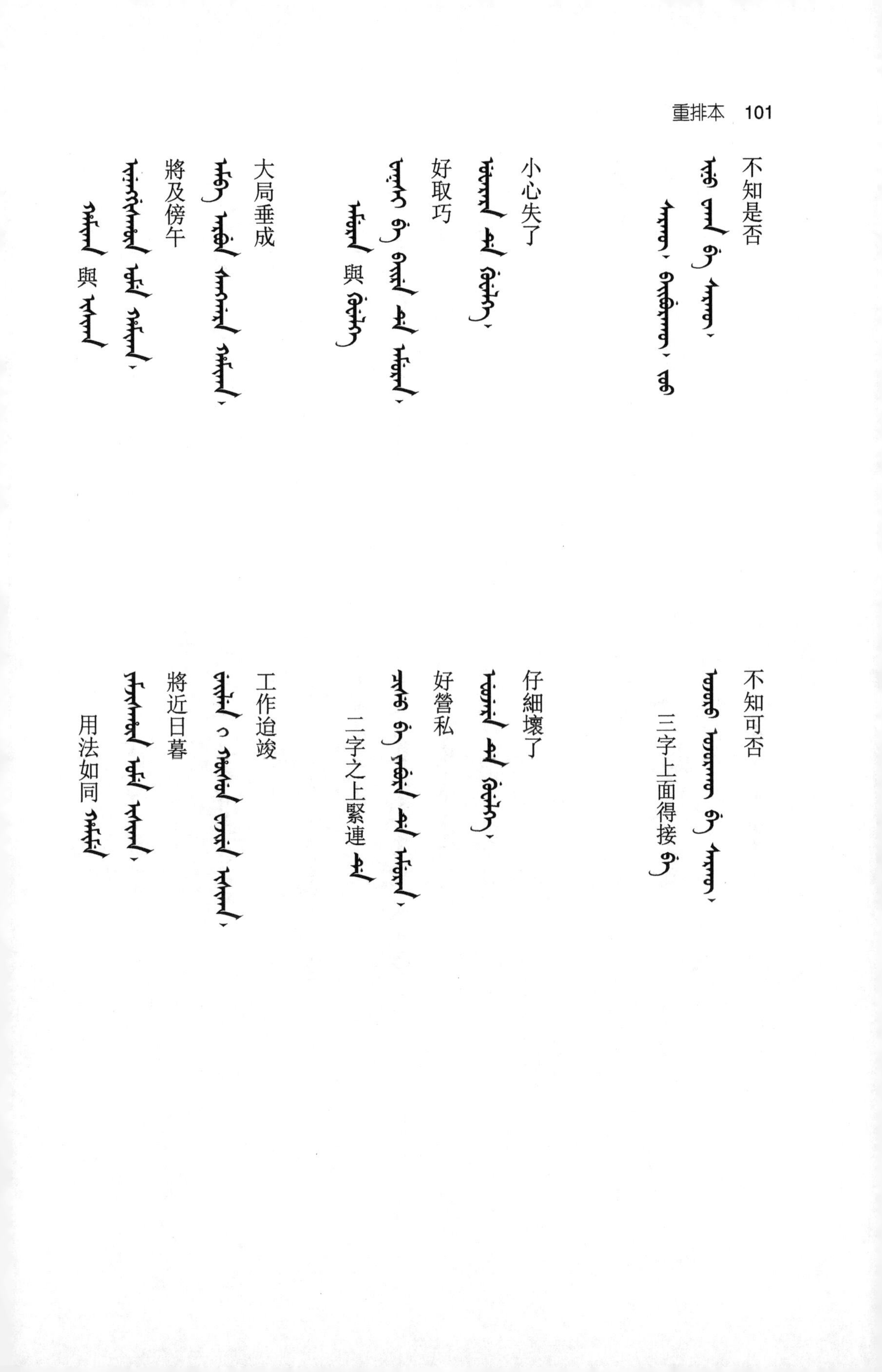

不知是否

[Manchu]

[Manchu]

小心失了

[Manchu]

好取巧

[Manchu]

[Manchu] 與 [Manchu]

大局垂成

[Manchu]

將及傍午

[Manchu]

[Manchu] 與 [Manchu]

不知可否

[Manchu]

三字上面得接 [Manchu]

仔細壞了

[Manchu]

好營私

[Manchu]

二字之上緊連 [Manchu]

工作迨竣

[Manchu]

將近日暮

[Manchu]

用法如同 [Manchu]

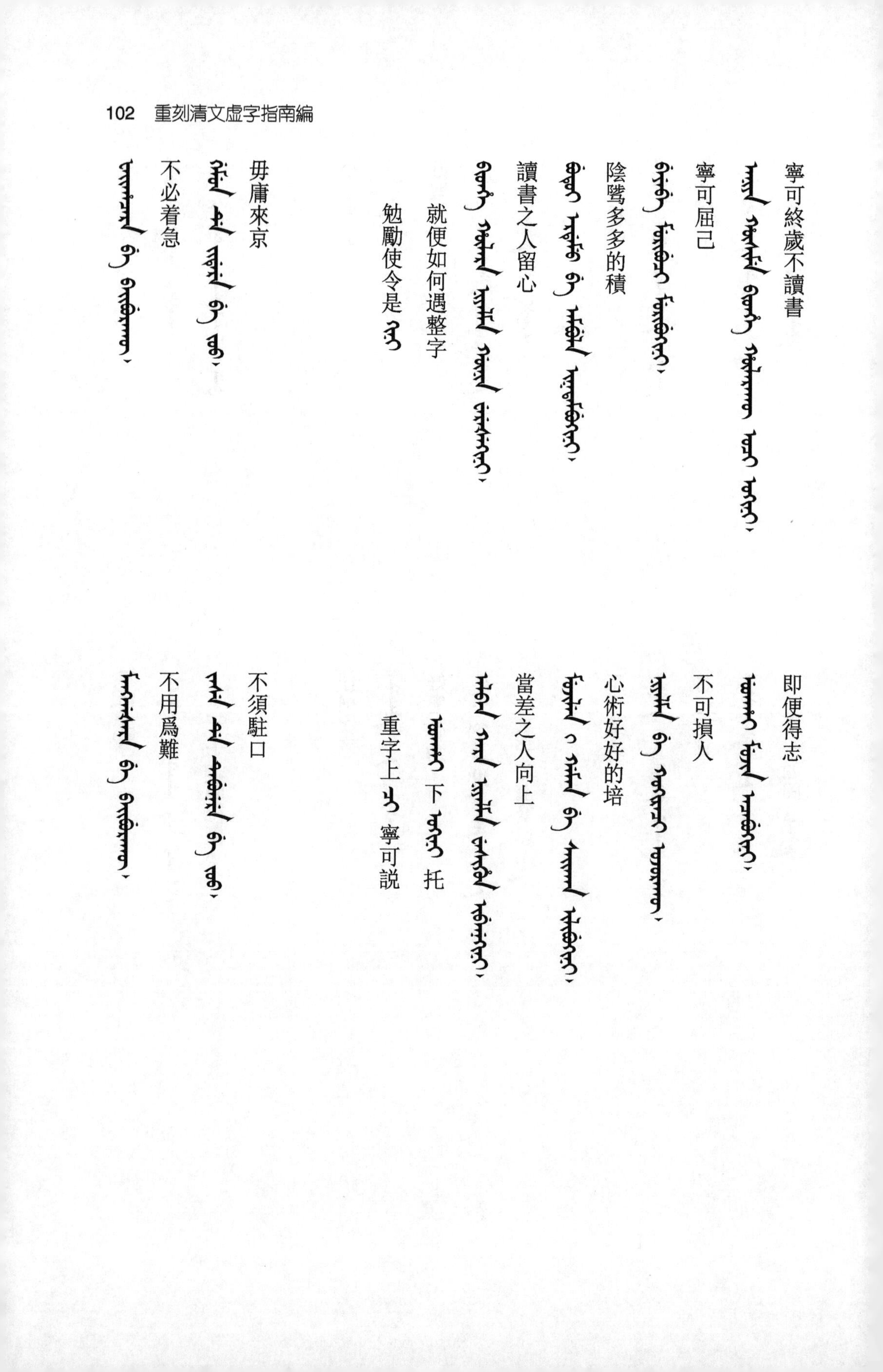

寧可終歲不讀書

寧可屈己

陰騭多多的積

讀書之人留心

就便如何遇整字

勉勵使令是

毋庸來京

不必着急

即便得志

不可損人

心術好好的培

當差之人向上

下 托

重字上 寧可説

不須駐口

不用爲難

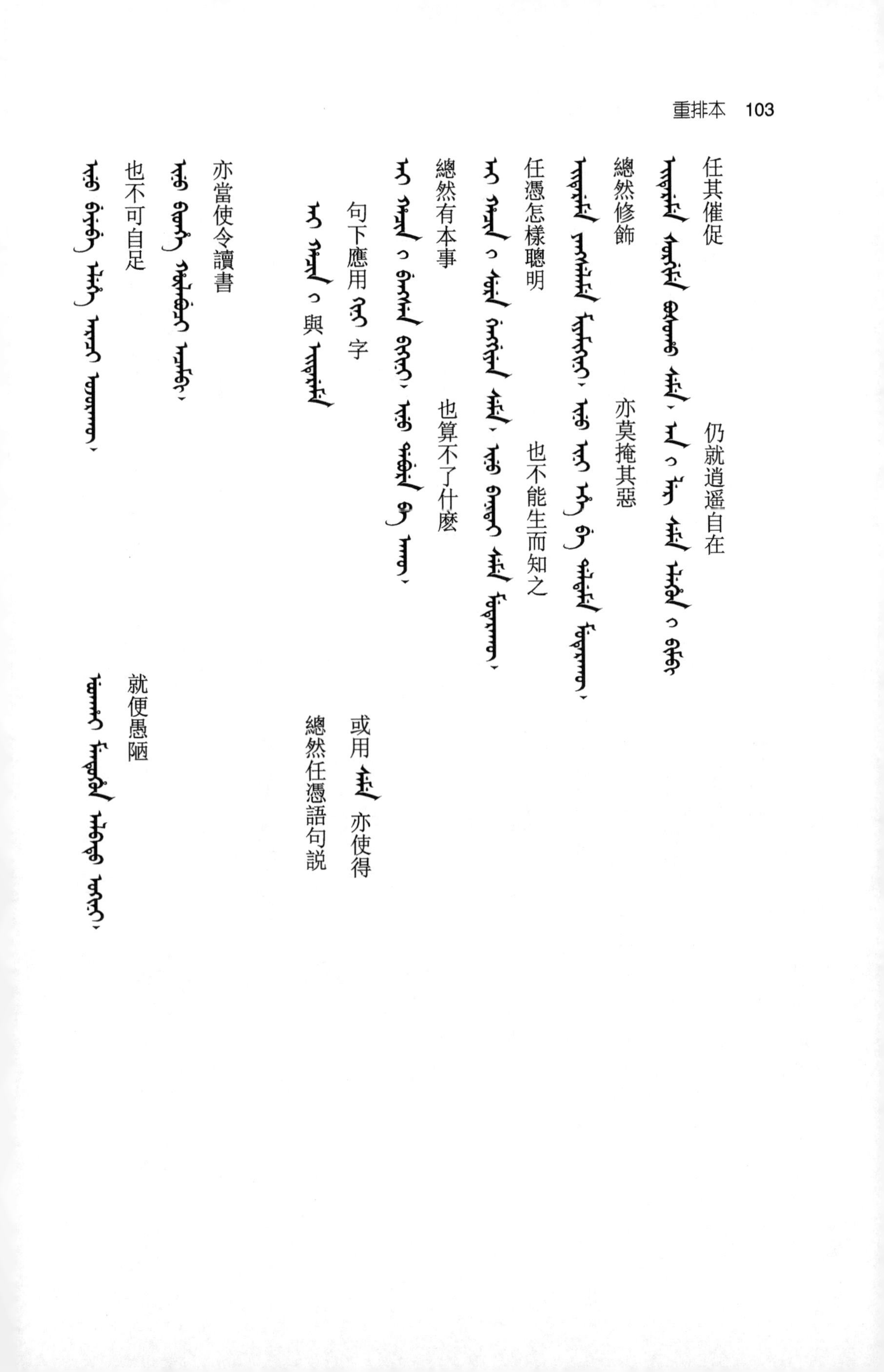

任其催促　仍就逍遥自在
[illegible]

總然修飾　亦莫掩其惡
[illegible]

任憑怎樣聰明　也不能生而知之
[illegible]

總然有本事　也算不了什麼
[illegible]

句下應用 [illegible] 字　或用 [illegible] 亦使得
[illegible] 與 [illegible]　總然任憑語句說

亦當使令讀書
[illegible]

也不可自足　就便愚陋
[illegible]

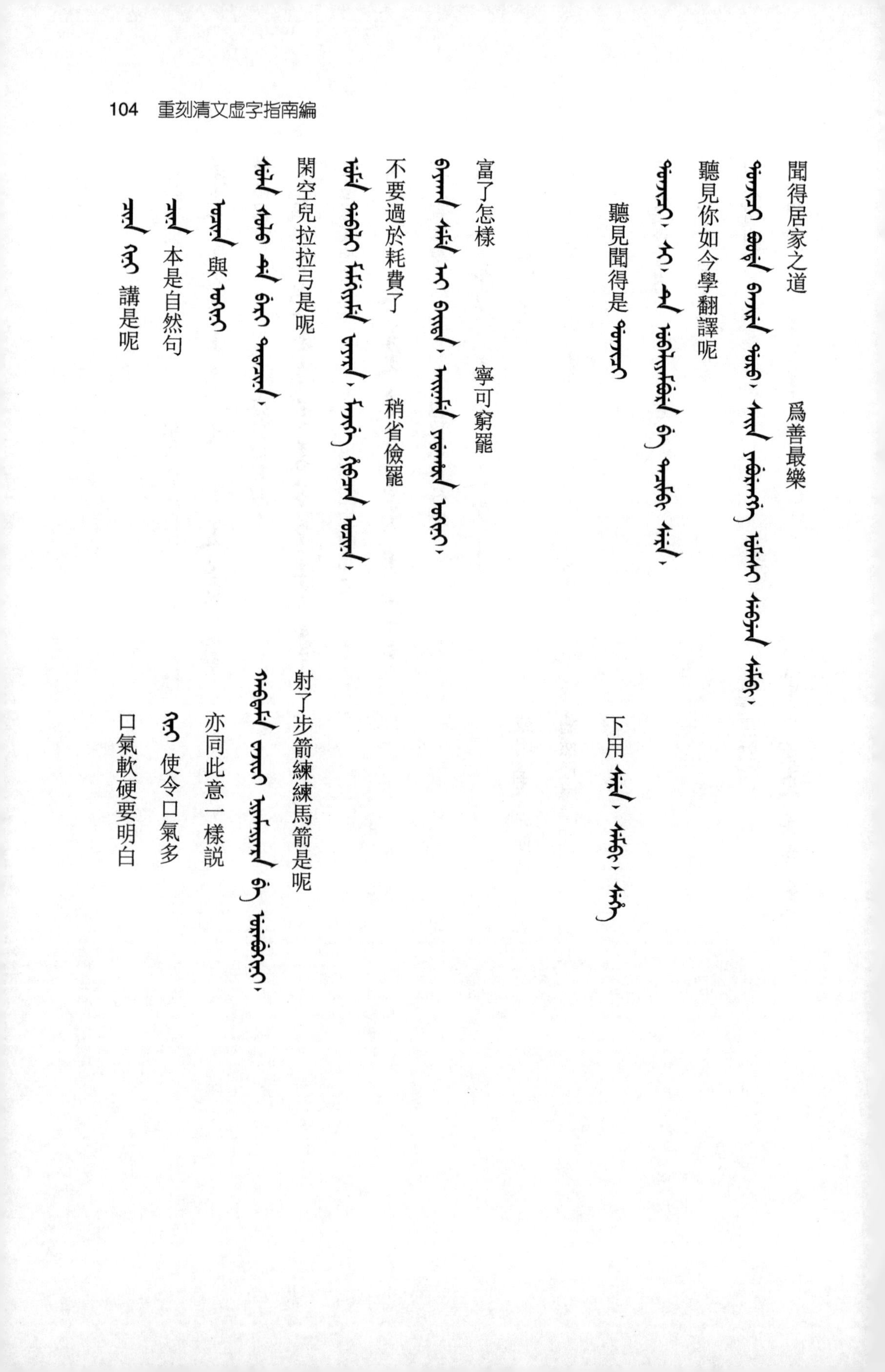

聞得居家之道　爲善最樂

聽見你如今學翻譯呢

聽見聞得是　下用

富了怎樣　寧可窮罷

不要過於耗費了　稍省儉罷

閑空兒拉拉弓是呢　射了步箭練練馬箭是呢

與　亦同此意一樣說

本是自然句　使令口氣多

講是呢　口氣軟硬要明白

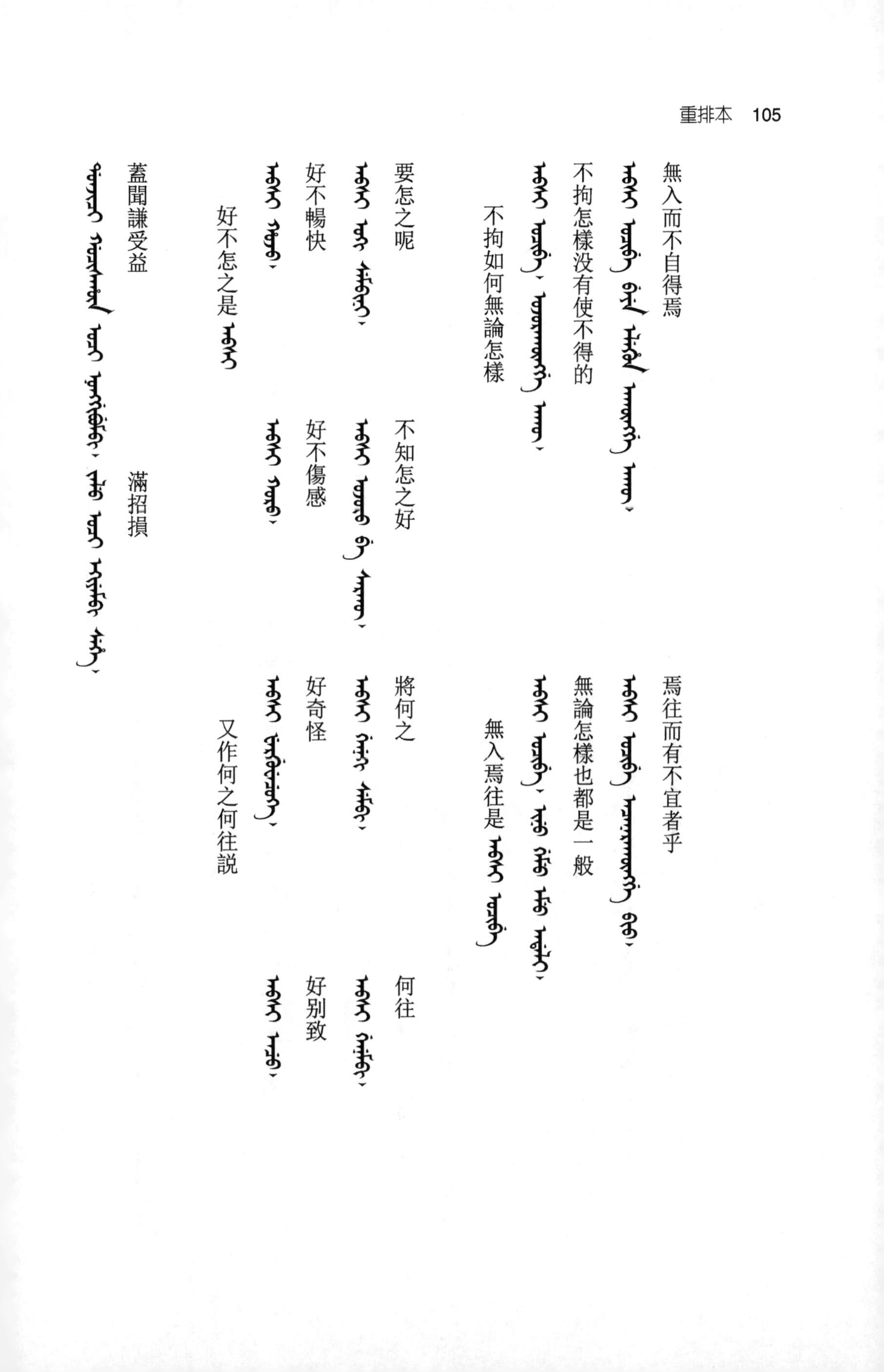

無入而不自得焉　焉往而有不宜者乎

不拘怎樣沒有使不得的　無論怎樣也都是一般

不拘如何無論怎樣　無入焉往是

要怎之呢　不知怎之好　將何之　何往

好不暢快　好不傷感　好奇怪　好別致

好不怎之是　又作何之何往說

蓋聞謙受益　滿招損

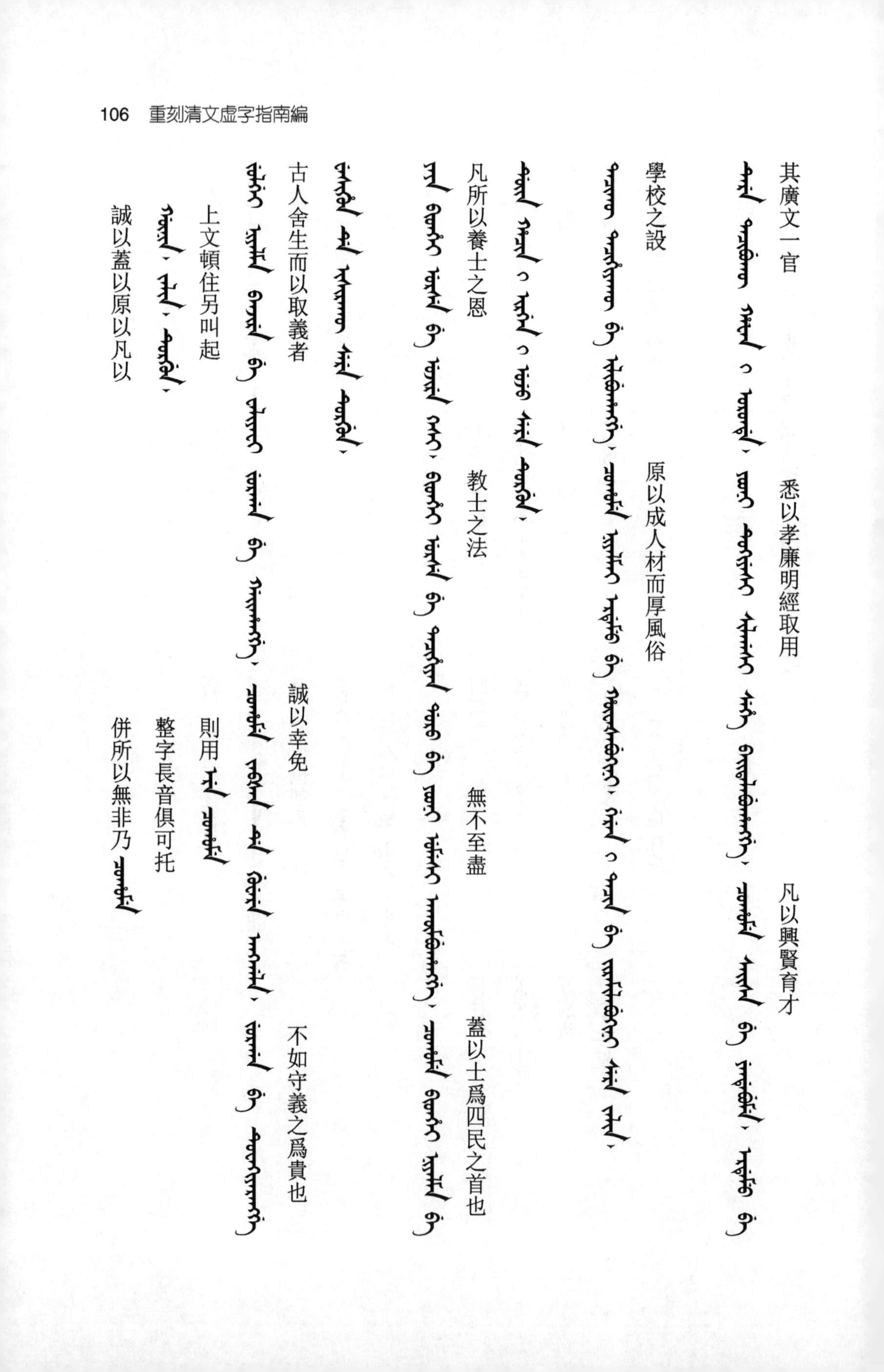

其廣文一官　悉以孝廉明經取用　凡以興賢育才

學校之設　原以成人材而厚風俗

凡所以養士之恩　教士之法　無不至盡　蓋以士爲四民之首也

古人舍生而以取義者　誠以幸免　不如守義之爲貴也

上文頓住另叫起　則用

整字長音俱可托

誠以蓋以原以凡以　併所以無非乃

書曰 德無常師 主善爲師 乃是

允執厥中者 是堯授舜之心法也

乃教人主敬之學也

禮云 執虛如執盈 進虛若有人

聖人覺世牖民 無非使天下胥歸於正也

朝廷之立法 所以警不善而懲無良

化民成俗也

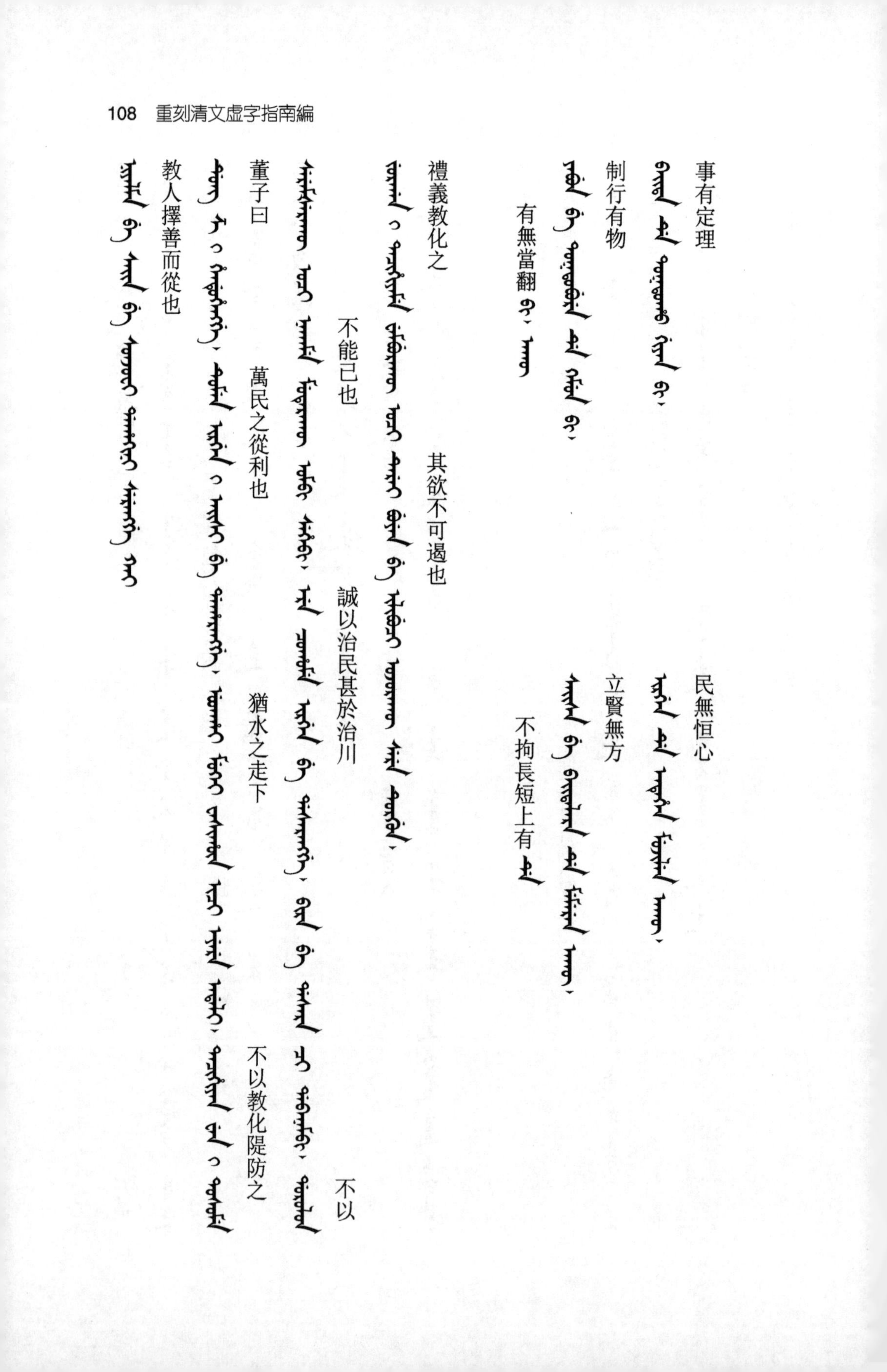

事有定理

民無恒心

制行有物

立賢無方

有無當翻

不拘長短上有

禮義教化之

其欲不可遏也

不能已也

誠以治民甚於治川

不以

董子曰

萬民之從利也

猶水之走下

不以教化隄防之

教人擇善而從也

上山擒虎易 開口告人難

ᠠᠯᡳᠨ ᡨᠠᡶᠠᡶᡳ ᡨᠠᠰᡥᠠ ᠪᡝ ᠵᠠᡶᠠᡵᠠ ᡩᡝ ᠵᠠ᠈ ᠠᠩᡤᠠ ᠵᡠᠸᠠᡶᡳ ᠨᡳᠶᠠᠯᠮᠠ ᡩᡝ ᠠᠯᠠᡵᠠ ᠮᠠᠩᡤᠠ᠈

凡事看之易 而作之難

ᠶᠠᠶᠠ ᠪᠠᡳᡨᠠ ᡨᡠᠸᠠᡵᠠ ᠵᠠ ᠪᡳᠮᡝ᠈ ᠶᠠᠪᡠᡵᡝ ᠮᠠᠩᡤᠠ᠈

爲君難 爲臣不易

ᡝᠵᡝᠨ ᠣᠵᠣᡵᠣ ᠮᠠᠩᡤᠠ᠈ ᠠᠮᠪᠠᠨ ᠣᠵᠣᡵᠣ ᠵᠠ ᠠᡴᡡ᠈

克己難 從好易

ᠪᡝᠶᡝ ᠪᡝ ᡝᡨᡝᡵᡝ ᡩᡝ ᠮᠠᠩᡤᠠ᠈ ᠰᠠᡳᠨ ᠪᡝ ᡩᠠᡥᠠᡵᠠ ᠵᠠ᠈

難易翻爲 ᠮᠠᠩᡤᠠ᠈ ᠵᠠ 上用長音或 ᠨᡳ᠈ ᡩᡝ

爲政之要 在除弊 不在興利

ᡩᠠᠰᠠᠨ ᠪᡝ ᡩᠠᠰᠠᡵᠠ ᠣᠶᠣᠩᡤᠣ᠈ ᡝᡥᡝ ᠪᡝ ᡤᡝᡨᡝᡵᡝᠮᠪᡠᡵᡝ ᡩᡝ ᠪᡳ᠉ ᠠᡳᠰᡳ ᠪᡝ ᠶᡝᠨᡩᡝᠪᡠᡵᡝ ᡩᡝ ᠠᡴᡡ᠈

ᡩᡝ ᠪᡳ 又作在字用 ᡩᡝ ᠠᡴᡡ 作不在説

肯留神
ᡤᡡᠨᡳᠨ ᠸᡝᡵᡳᡧᡝᠮᡝ ᠮᠠᠩᡤᠠ

善揣摩
ᠮᡠᠵᡳᠯᡝᠨ ᠪᠣᡩᠣᠮᡝ ᠮᠠᠩᡤᠠ᠈

善識人
ᠨᡳᠶᠠᠯᠮᠠ ᡨᠠᡴᠠᡵᠠ ᠮᠠᠩᡤᠠ᠈

ᠮᠠᠩᡤᠠ 又作善肯用

好走的道路不走
ᠵᠠ ᡳ ᠶᠠᠪᡠᡵᡝ ᠵᡠᡤᡡᠨ ᠪᡝ ᠶᠠᠪᡠᡵᠠᡴᡡ᠈

有式之物容易作
ᡩᡠᡵᡠᠨ ᠪᡳᠰᡳᡵᡝ ᠵᠠᡴᠠ ᠪᡝ᠈ ᠵᠠ ᡳ ᠠᡵᠠᠮᠪᡳ᠈

若是單言容易字

肯忘事
ᠪᠠᡳᡨᠠ ᠣᠩᡤᠣᡵᠣ ᠮᠠᠩᡤᠠ

肯讀書
ᠪᡳᡨᡥᡝ ᡥᡡᠯᠠᡵᠠ ᠮᠠᠩᡤᠠ᠈

善居家
ᠪᠣᠣ ᠪᠠᠨᠵᡳᡵᡝ ᠮᠠᠩᡤᠠ᠈

字上須接 ᠮᡝ᠈ ᡵᡝ᠈ ᡵᠣ

好算的賬目不算
ᠵᠠ ᡳ ᠪᠣᡩᠣᡵᠣ ᠪᡝ ᠪᠣᡩᠣᡵᠠᡴᡡ᠈

有例之事容易辨
ᡴᠣᠣᠯᡳ ᠪᡳᠰᡳᡵᡝ ᠪᠠᡳᡨᠠ ᠪᡝ᠈ ᠵᠠ ᡳ ᡳᠯᡤᠠᠮᠪᡳ᠈

上用 ᠵᠠ ᡳ 也使得

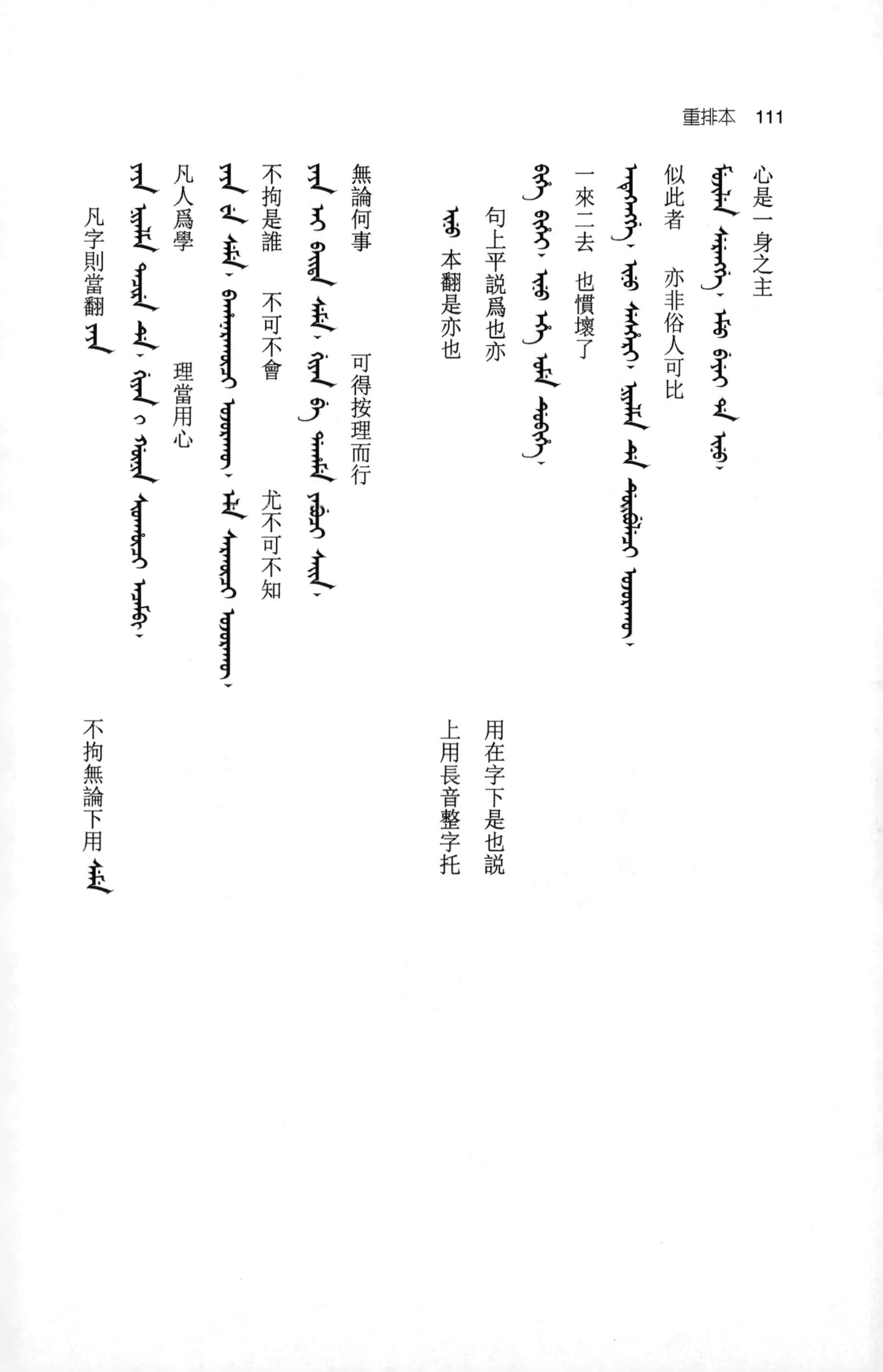

心是一身之主

似此者　亦非俗人可比

一來二去　也慣壞了

句上平說爲也亦　用在字下是也說

本翻是亦也　上用長音整字托

無論何事　可得按理而行

不拘是誰　不可不會　尤不可不知

凡人爲學　理當用心

凡字則當翻

不拘無論下用

ᠪᡝᠶᡝ ᡤᡝᠨᡝᡶᡳ ᠠᠴᠠᠴᡳ ᠠᠴᠠᠮᠪᡳ᠈ 理應親身往拜 ᠮᡝᡩᡝᡤᡝ ᡠᠩᡤᡳᡶᡳ ᡥᡝᠪᡝᡧᡝᠴᡳ ᠠᠴᠠᠮᠪᡳ᠈ 理當寄信相商

ᡩᠠ ᠪᡝ ᠸᠠᠯᡳᠶᠠᠮᡝ᠈ ᡩᡠᠪᡝ ᠪᡝ ᠠᠮᠴᠠᠴᡳ ᠠᠴᠠᠮᠪᡳ᠈ 宜乎捨本而逐末也

ᠨᡝᡳᠯᡝᠮᡝ ᡠᠯᡥᡳᠪᡠᠴᡳ ᠠᠴᠠᠮᠪᡳ᠈ 應開導 ᡥᠠᠯᠠᠮᡝ ᡶᠣᡵᡤᠣᡧᠣᠴᡳ ᠠᠴᠠᠮᠪᡳ᠈ 該調換 ᡩᠠᡥᡡᠨ ᡤᡡᠨᡳᠴᡳ ᠠᠴᠠᠮᠪᡳ᠈ 當三思

ᡝᡥᡝ ᠣ ᡥᠠᠯᠠ ᠪᡝ ᡥᠠᠯᠠᡶᡳ᠈ ᠰᠠᡳᠨ ᡩᡝ ᡩᠣᠰᡳᠴᡳ ᠠᠴᠠᠮᠪᡳ᠈ 理當改惡向善

往往也托長音等 ᠣ 字間或亦使得

用在句首下連 ᠣ 在下上接 ᡩᡝ᠈ ᡩᡝ᠈ ᡩᠣ

該當宜應皆翻 ᠠᠴᠠᠮᠪᡳ 或上或下皆使得

ᡠᠨᡝᠩᡤᡳ ᠣᠴᡳ᠈ ᠠᠴᡳᠩᡤᡳᠶᠠᠪᡠᡵᠠᡴᡡᠩᡤᡝ ᠠᡴᡡ ᠰᡝᡥᡝᠩᡤᡝ ᡳᠨᡠ᠈ 所謂誠無不格也

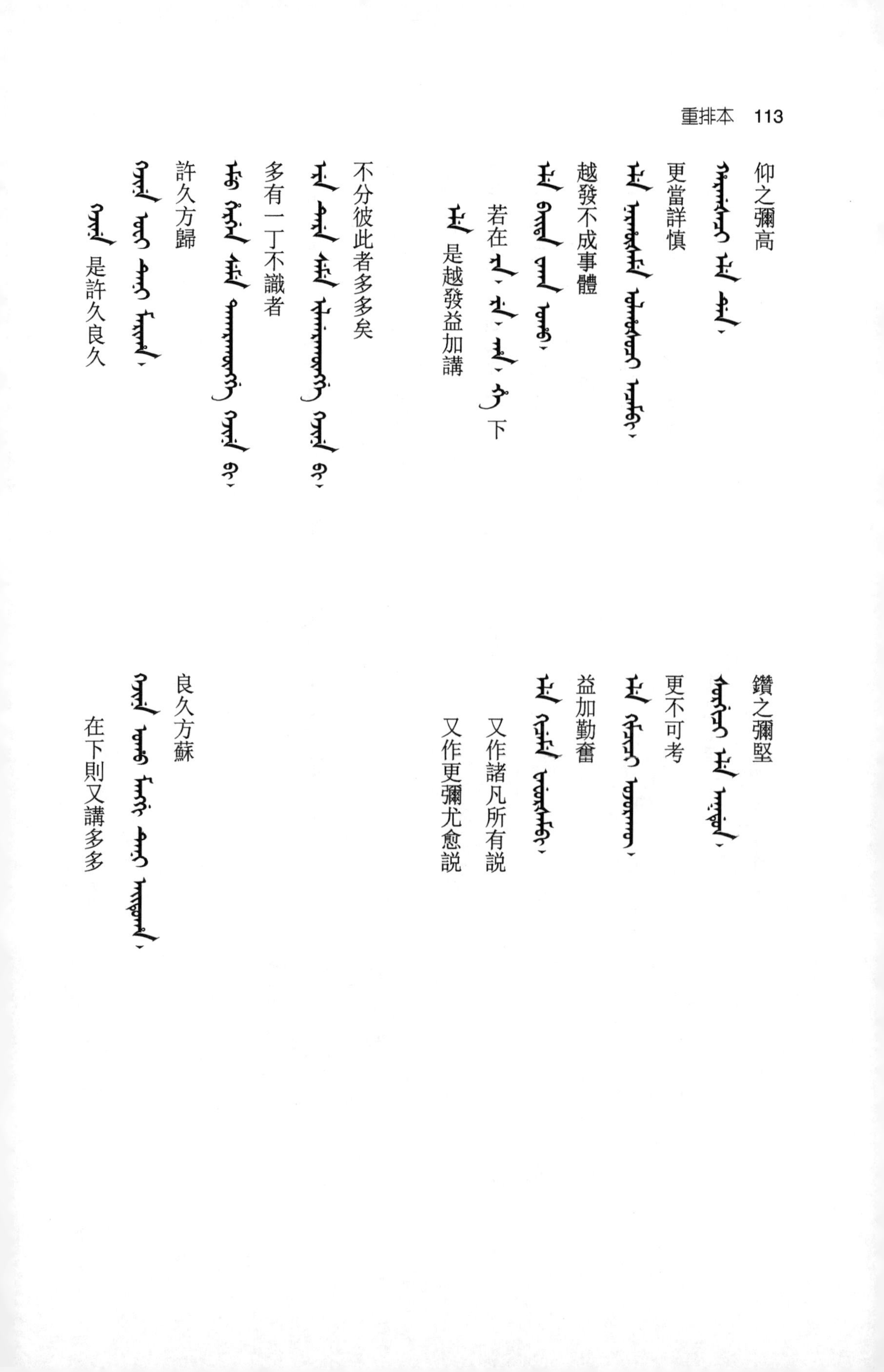

仰之彌高

更當詳慎

越發不成事體

若在 下

是越發益加講

不分彼此者多多矣

多有一丁不識者

許久方歸

是許久良久

鑽之彌堅

更不可考

益加勤奮

又作諸凡所有說

又作更彌尤愈說

良久方蘇

在下則又講多多

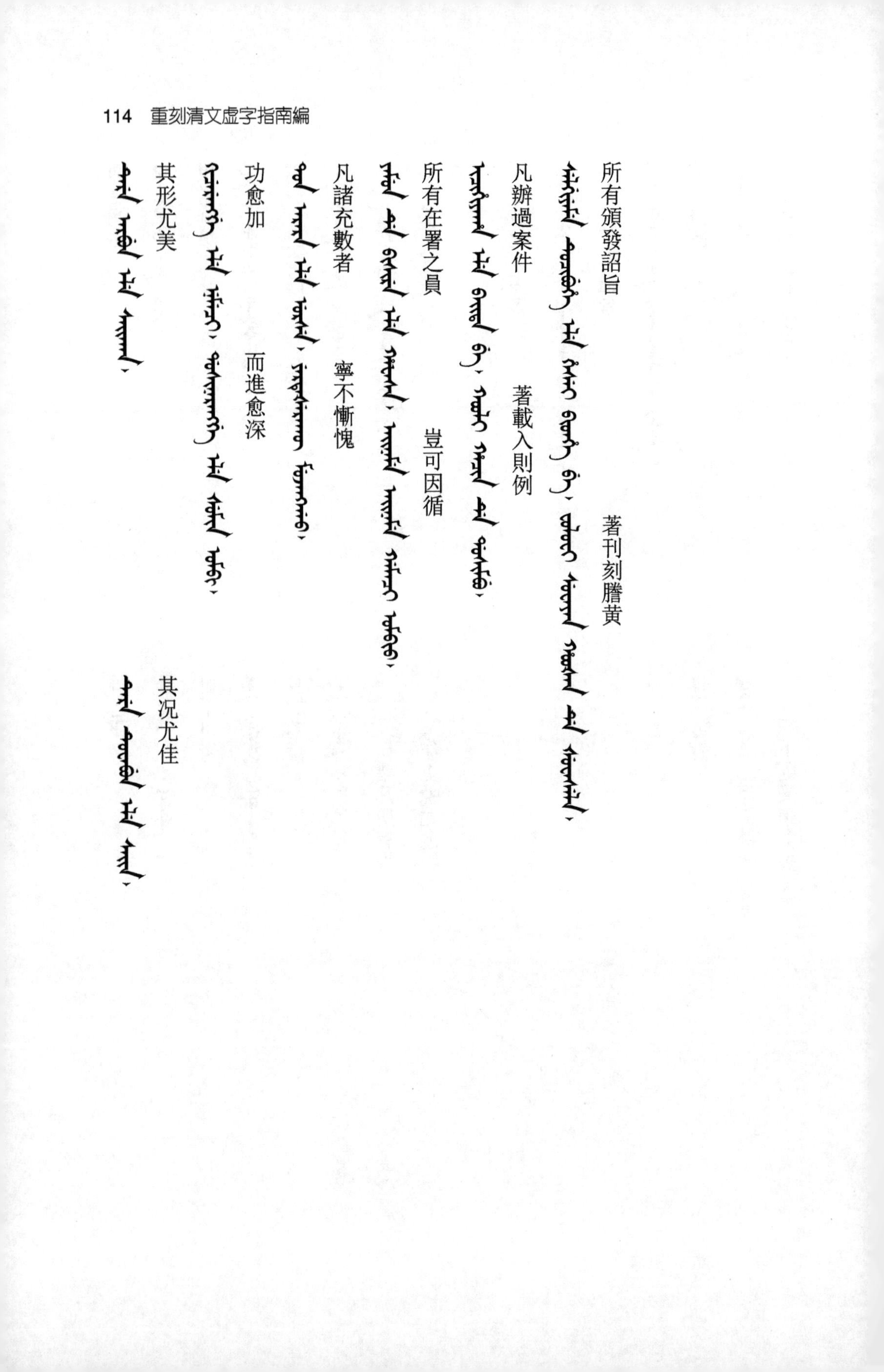

所有頒發詔旨　著刊刻謄黃

凡辦過案件　著載入則例

所有在署之員　豈可因循

凡諸充數者　寧不慚愧

功愈加　而進愈深

其形尤美　其況尤佳

積德 争似遺金
ᡝᡵᡩᡝᠮᡠ ᡳᠰᠠᠪᡠᡥᠠᠩᡤᡝ᠈ ᠠᡳᠰᡳᠨ ᠸᡝᡵᡳᡵᡝ ᠴᡳ ᠠᡳ ᡩᠠᠯᠵᡳ᠈
燒香 强如逛廟
ᡥᡳᠶᠠᠨ ᡩᠠᠪᡠᡥᠠᠩᡤᡝ᠈ ᠵᡠᡣᡨᡝᡥᡝᠨ ᡩᡝ ᡳᠰᡳᠨᠠᡵᠠ ᠴᡳ ᠠᡳ ᡩᠠᠯᠵᡳ᠈
上接 ᠴᡳ 字强如争似 何干何與上連 ᠴᡳ
强如争似何干何與 ᠠᡳ ᡩᠠᠯᠵᡳ 字句多

率土之濱 莫非王臣
ᠨᠠ ᡳ ᡩᡠᠪᡝ ᡳᠰᡳᡨᠠᠯᠠᠩᡤᡝ᠈ ᡥᠠᠨ ᡳ ᠠᠮᠪᠠᠨ ᠸᠠᡴᠠᠩᡤᡝ ᠠᡴᡡ᠈
所過地方 平夷險阻不同
ᡩᡠᠯᡝᡴᡝ ᠪᠠ᠈ ᠨᡝᠴᡳᠨ ᡥᠠᡴᠰᠠᠨ ᡩᠠᡵᡳᠮᠪᡠᡥᠠᠩᡤᡝ᠈ ᠠᡩᠠᠯᡳ ᠠᡴᡡ᠈
所遇之人 非親即故
ᡠᠴᠠᡵᠠᡥᠠᠯᠠ ᠨᡳᠶᠠᠯᠮᠠ᠈ ᠨᡳᠶᠠᠮᠠᠨ ᠸᠠᡴᠠ ᠣᠴᡳ᠈ ᠠᠴᡳ ᡶᡝ ᡤᡠᠴᡠ᠈
上面多連 ᠯᠠ᠈ ᠯᡝ 字 下加長音亦有則
暗含所有翻 ᡝᠯᡝ 字 文意猶如用 ᡝᠯᡝ

書帶套都裱一裱

ᠪᡳᡨᡥᡝ ᠪᡝ ᡩᠣᠪᡨᠣᠨ ᠨᡳᠰᡳᡥᠠᡳ ᡝᠮᡠ ᠵᡝᡵᡤᡳ ᠪᡳᠶᠣᠣᠯᠠᠮᠪᡳ᠉

信連着底子一併取來

ᠵᠠᠰᡳᡤᠠᠨ ᠪᡝ ᡶᡝᡵᡝ ᠨᡳᠰᡳᡥᠠᡳ ᠰᡠᠸᠠᠯᡳᠶᠠᠮᡝ ᡤᠠᠵᡠ᠉

連着帶着是 ᠨᡳᠰᡳᡥᠠᡳ

屢次荒歉

ᠠᠨᡳᠶᠠ ᠰᡳᡵᠠᠨᡩᡠᡥᠠᡳ ᠶᡠᠶᡠᠨ ᠣᠮᠪᡳ᠉

連年豐收

ᠠᠨᡳᠶᠠ ᠰᡳᡵᠠᠨᡩᡠᡥᠠᡳ ᡝᠯᡤᡳᠶᡝᠨ ᡳ ᠪᠠᡵᡤᡳᠶᠠᠮᠪᡳ᠉

連累屢見是 ᠰᡳᡵᠠᠨᡩᡠᡥᠠᡳ

人之興替 與物何與

ᠨᡳᠶᠠᠯᠮᠠᡳ ᠶᡝᠨᡩᡝᡵᡝ ᡝᠪᡝᡵᡝᡵᡝᠩᡤᡝ᠈ ᠵᠠᡴᠠ ᡩᡝ ᠠᡳ ᡩᠠᠯᠵᡳ᠉

我管不管 與你何干

ᠪᡳ ᡴᠠᡩᠠᠯᠠᡵᠠ᠈ ᡴᠠᡩᠠᠯᠠᡵᠠᡴᡡ᠈ ᠰᡳᠨᡩᡝ ᠠᡳ ᡩᠠᠯᠵᡳ

上接整字是規模

疊次施恩

ᡩᠠᡥᡡᠨ ᠰᡳᡵᠠᠨᡩᡠᡥᠠᡳ ᡴᡝᠰᡳ ᡳᠰᡳᠪᡠᠮᠪᡳ᠉

累次跋涉

ᡩᠠᡥᡡᠨ ᠰᡳᡵᠠᠨᡩᡠᡥᠠᡳ ᡩᠣᠣᠮᡝ ᡩᡠᠯᡝᠮᠪᡳ᠉

上連整字看文波

儘我而謀
ᠮᡳᠨᡳ ᠮᡠᡨᡝᡵᡝᡳ ᡨᡝᡳᠯᡝ ᠪᠣᡩᠣ᠈
儘其力而爲之
ᡥᡡᠰᡠᠨ ᡳ ᠮᡠᡨᡝᡵᡝᡳ ᡨᡝᡳᠯᡝ ᠶᠠᠪᡠ᠈
ᠮᡠᡨᡝᡵᡝᡳ ᡨᡝᡳᠯᡝ 儘其力量

四下無路
ᡩᡠᡳᠨ ᡤᡝᡵᡤᡳ ᡩᡠᡵᡤᡳ ᠠᡴᡡ᠈ ᡨᡠᡳᠨ ᡤᡝᠮᡠ᠈ 竟是水
眼前一帶
ᠶᠠᠰᠠ ᠵᡠᠯᡝᡵᡤᡳ ᡥᠣᠰᠣ ᡩᡠᡵᡤᡳ ᡳ ᠪᡝ᠈ ᡨᠣᠪᡠ ᠮᡠᡴᡝᡩᡝ ᡤᡝᠮᡠ᠈ 光是石子
光是竟是用 ᡤᡝᠮᡠ
原品休致
ᡩᠠ ᠵᡝᡵᡤᡳ ᠨᡳᠩᡤᡠᡥᡝ ᡩᡝ ᠠᡵᡳ ᠨᠠᡴᠠᠪᡠ᠈

儘他而作
ᡳᠨᡳ ᠮᡠᡨᡝᡵᡝᡳ ᡨᡝᡳᠯᡝ ᠶᠠᠪᡠ᠈
儘其量而圖之
ᠮᡠᡨᡝᠮᡝ ᡳ ᠮᡠᡨᡝᡵᡝᡳ ᡨᡝᡳᠯᡝ ᠪᠣᡩᠣ᠈
上用 ᡳ ᡳᠨᡳ 字接着

整字與 ᡳ 上連着

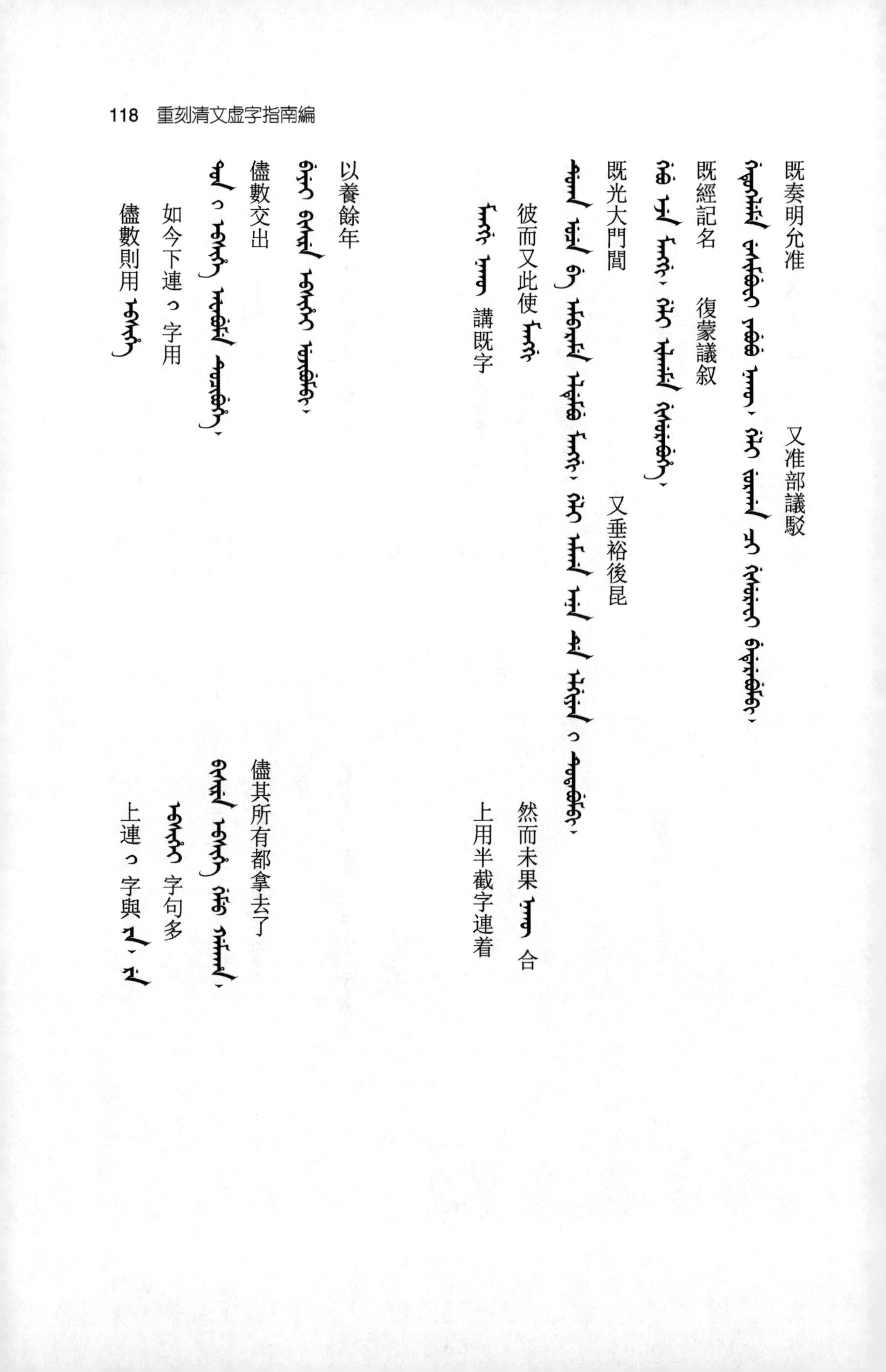

既奏明允准　又准部議駁

既經記名　復蒙議叙

既光大門閭　又垂裕後昆

彼而又此使　然而未果　合

講既字　上用半截字連着

以養餘年

儘數交出　儘其所有都拿去了

如今下連ㄅ字用　字句多

儘數則用　上連ㄅ字與

連次當差 實在狠累

ᠮᡠᡩᠠᠨ ᡝᠮᡩᡠᠪᡝᡳ ᠠᠯᠪᠠᠨ ᡩᡝ ᠶᠠᠪᡠᡥᠠᡳ᠈ ᠶᠠᠯᠠ ᠵᠠᠴᡳ ᠴᡠᡴᡠᡥᡝᠪᡳ᠈

歷次引見 都放了擬正的了

ᠮᡠᡩᠠᠨ ᠮᡠᡩᠠᠨ ᡳ ᠪᡝᠶᡝ ᡨᡠᠸᠠᠪᡠᡥᠠ ᡩᡝ᠈ ᡤᡝᠮᡠ ᡨᡠᠸᠠᠪᡠᡥᠠᠩᡤᡝ ᠪᡝ ᡨᡠᠸᠠᡥᠠᠪᡳ

出了三次兵 打了六次仗

ᡳᠯᠠᠨ ᠮᡠᡩᠠᠨ ᠴᠣᠣᡥᠠ ᡨᡠᠴᡳᡴᡝ᠈ ᠨᡳᠩᡤᡠᠨ ᠮᡠᡩᠠᠨ ᠠᡶᠠᡥᠠ᠈

來往走了數十遭 然後纔歇下了

ᠵᡠᠸᠠᠨ ᠠᡵᡠ ᠮᡠᡩᠠᠨ ᠵᡳᡩᡝᡵᡝ ᡤᡝᠨᡝᡵᡝ᠈ ᡨᡝᡳᠨᡳ ᡨᡝᠶᡝᡥᡝ᠈

來了好幾次 竟未得見面

ᡠᡩᡠ ᠮᡠᡩᠠᠨ ᠵᡳᡥᡝ᠈ ᡠᠮᠠᡳ ᠪᠠᡥᠠᠮᡝ ᠠᠴᠠᡥᠠᡴᡡ᠈

見不幾次 後來就陞出外任官去了

ᡠᡩᡠ ᠮᡠᡩᠠᠨ ᠠᠴᠠᡥᠠᡴᡡ᠈ ᡠᡩᡠ ᠪᠠᡨᡝ ᡨᡠᠯᡝᡵᡤᡳ ᡥᠠᡶᠠᠨ ᡨᡝ ᠸᡝᠰᡳᡥᡝ᠈

ᠮᡠᡩᠠᠨ᠈ ᠮᡠᡩᠠᠨ᠈ ᠮᡠᡩᠠᠨ 是遭次

整單破連用法多

既經添入 旋即裁汰

ᠨᠣᠩᡤᡳᠮᡝ ᠪᡠᡨᡝ ᠰᡠᠩᡤᠠ᠈ ᠨᡝᠨᡝᠮᡝ ᡥᡡᠯᡤᡳᠮᡝ ᠨᡳᠩᡤᡝᡥᡝ᠉

ᠣᠮᠪᡳ᠈

親睦之風 成於一鄉一邑 雍和之氣 達於薄海内外

ᡥᠠᠵᡳᠯᠠᡵᠠ ᡥᡡᠸᠠᠯᡳᠶᠠᠰᡠᠨ ᡳ ᡨᠠᠴᡳᠨ᠈ ᡝᠮᡠ ᡤᠠᡧᠠᠨ ᡝᠮᡠ ᡶᠠᠯᡤᠠ ᡩᡝ ᠮᡠᡨᡝᠪᡠᠮᠪᡳ᠈ ᡥᡡᠸᠠᠯᡳᠶᠠᠰᡠᠨ ᠨᡝᠴᡳᠨ ᡳ ᠰᡠᡴᡩᡠᠨ᠈ ᠮᡝᡩᡝᡵᡳ ᡳ ᡩᠣᡵᡤᡳ ᡨᡠᠯᡝᡵᡤᡳ ᡩᡝ

讀書之法 逐字逐句 皆當玩索而研究之

ᠪᡳᡨᡥᡝ ᡥᡡᠯᠠᡵᠠ ᡩᠣᡵᠣ᠈ ᡥᡝᡵᡤᡝᠨ ᡨᠣᠮᡝ ᡤᡳᠰᡠᠨ ᡨᠣᠮᡝ᠈ ᡤᡝᠮᡠ ᡠᡵᡠᠨᠠᡴᡡ ᠰᡳᠪᡴᡳᠮᡝ ᡴᡳᠮᠴᡳᠴᡳ ᠠᠴᠠᠮᠪᡳ᠈

ᡨᠣᠮᡝ 變文借用字 亦作每字意思説

那緞子每家每月送四尺

ᡨᡝᡵᡝ ᠰᡠᠵᡝ ᠪᡝ ᠪᠣᠣ ᡨᠣᠮᡝ ᠪᡳᠶᠠ ᡩᠠᡵᡳ ᡩᡠᡳᠨ ᠵᡠᠰᡠᡵᡠ ᠪᡝᠨᡝᠮᠪᡳ᠈

這果子每人每日吃三個

ᡝᡵᡝ ᡨᡠᠪᡳᡥᡝ ᠪᡝ ᠨᡳᠶᠠᠯᠮᠠ ᡨᠣᠮᡝ ᡳᠨᡝᠩᡤᡳ ᡩᠠᡵᡳ ᡳᠯᠠᡨᠠ ᠵᡝᠮᠪᡳ᠈

年月日时用 ᡩᠠᡵᡳ 地方人物用 ᡨᠣᠮᡝ

每翻 ᡨᠠ᠈ ᡨᡝ᠈ ᡩᠠᡵᡳ᠈ ᡨᠣᠮᡝ 數目多寡用 ᡨᠠ᠈ ᡨᡝ

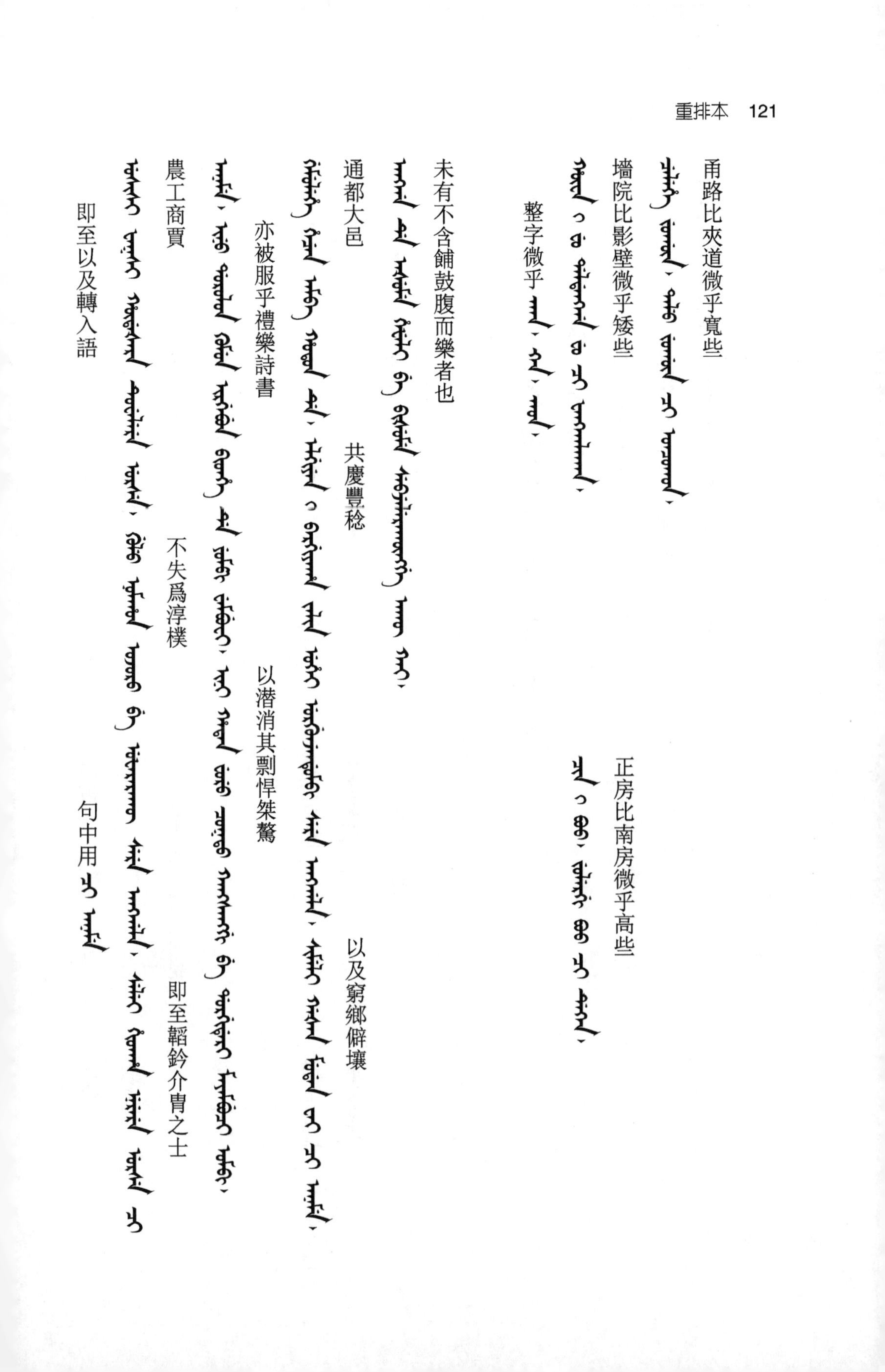

甬路比夾道微乎寬些

墻院比影壁微乎矮些

正房比南房微乎高些

整字微乎

未有不含餔鼓腹而樂者也

通都大邑

共慶豐稔

以及窮鄉僻壤

亦被服乎禮樂詩書

以潛消其剽悍桀驁

農工商賈

不失爲淳樸

即至韜鈐介胄之士

即至以及轉入語

句中用

往西 ᠸᠠᠰᡳᡥᡡᠨ　往東 ᠸᡝᠰᡳᡥᡠᠨ　向前 ᠵᡠᠯᡝᠰᡳ　向後 ᠠᠮᠠᠰᡳ

[illegible]、[illegible] 與 [illegible] 字　[illegible] 的神情往向說

微須長些 [illegible]　稍遲誤些 [illegible]　稍前探些 [illegible]　微挺著些 [illegible]

又有 ᡴᠠᠨ、ᡴᡝᠨ 字　亦作稍微意思說

由小道微然繞一点兒　也差不多

[illegible]

這影兒微然斜一点兒　不大很直

[illegible]

說是了　微然笑一笑不作理會

[illegible]

破字微然 [illegible] 多

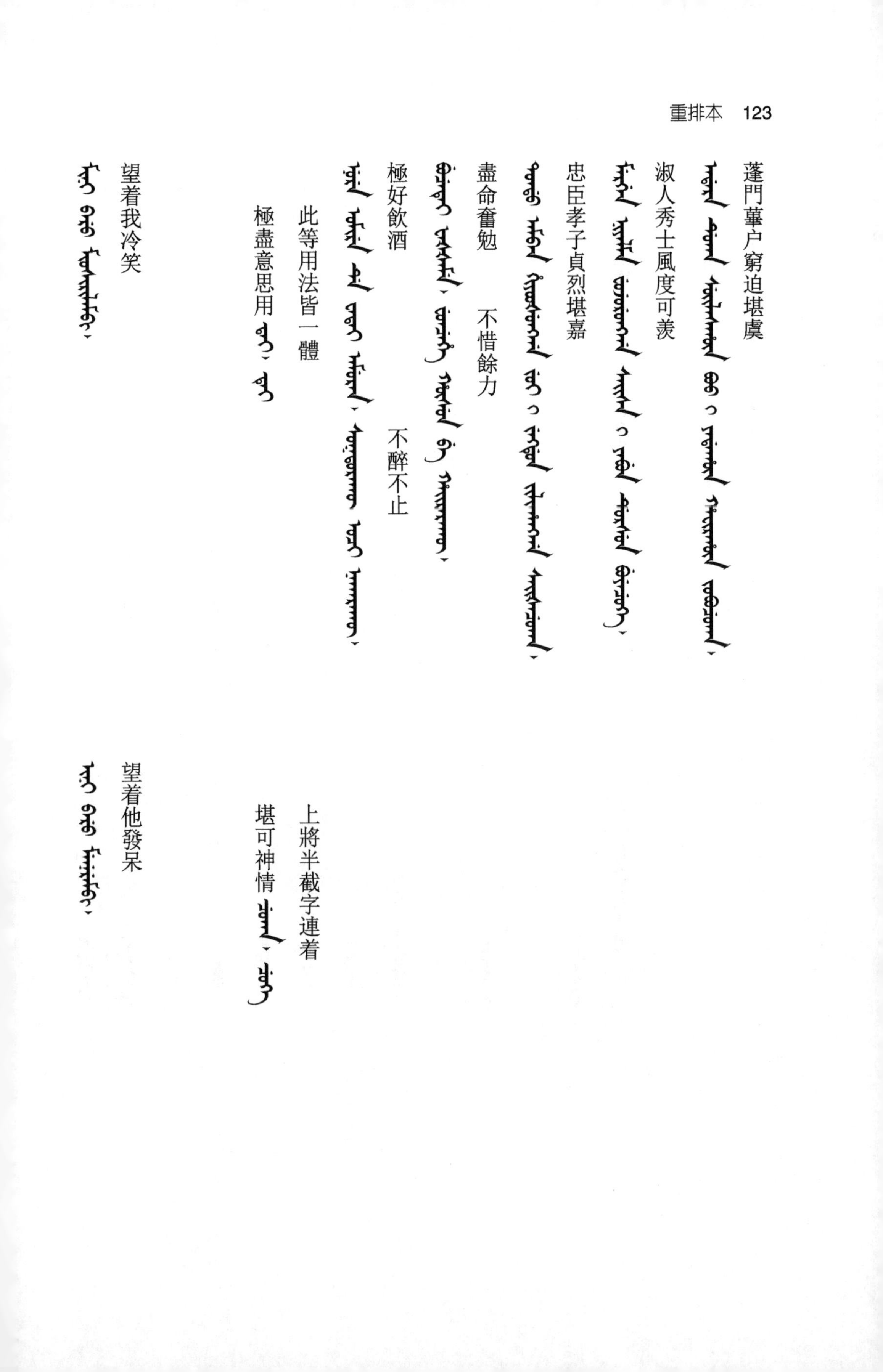

蓬門華户窮迫堪虞

淑人秀士風度可羨

忠臣孝子貞烈堪嘉

盡命奮勉 不惜餘力

極好飲酒 不醉不止

此等用法皆一體

極盡意思用

望着我冷笑

上將半截字連着

堪可神情

望着他發呆

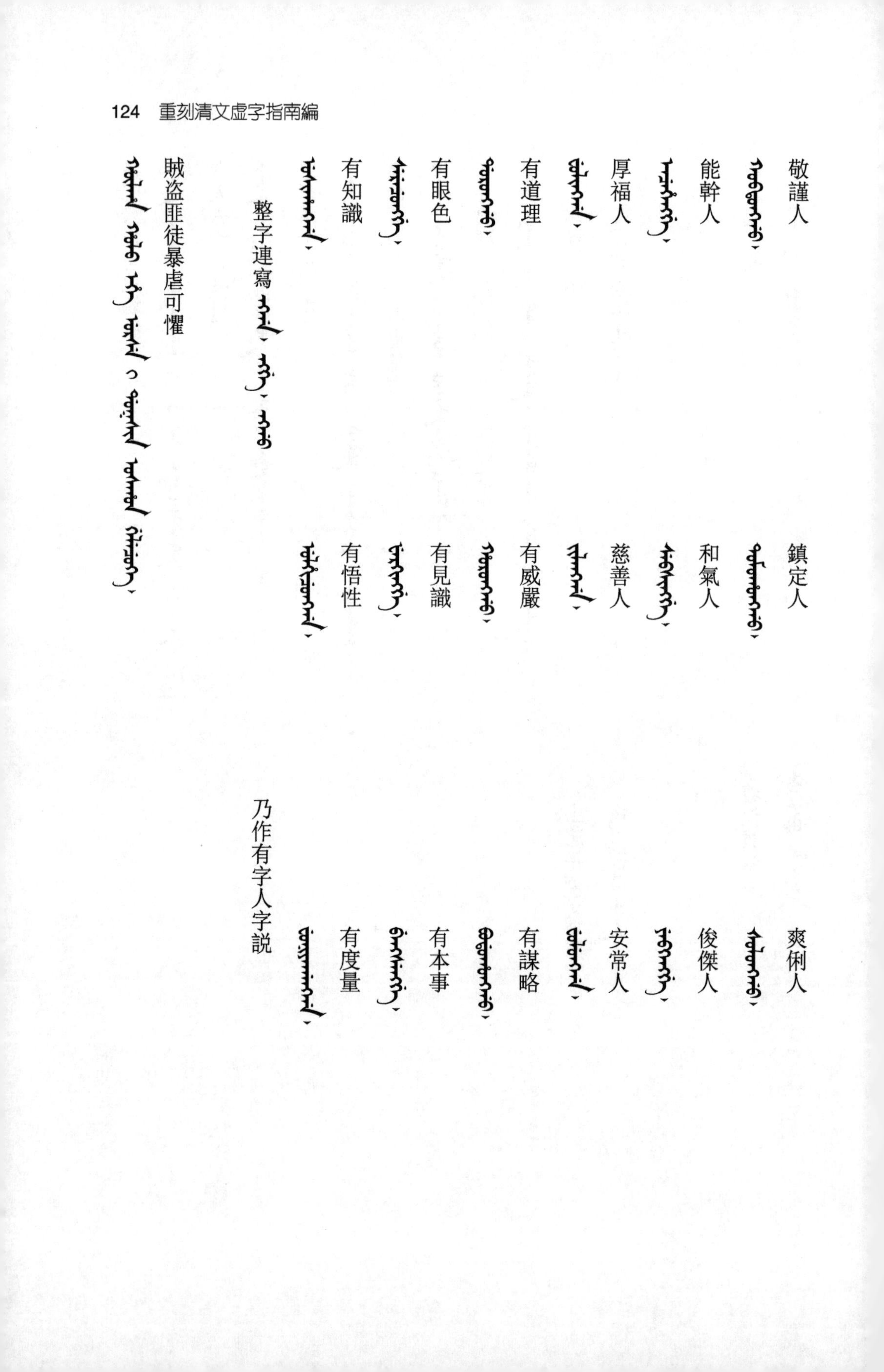

敬謹人　　鎮定人　　爽俐人

能幹人　　和氣人　　俊傑人

厚福人　　慈善人　　安常人

有道理　　有威嚴　　有謀略

有眼色　　有見識　　有本事

有知識　　有悟性　　有度量

整字連寫　　乃作有字人字説

賊盜匪徒暴虐可懼

ᡩᡝᠨ ᠪᡝ ᡥᡠᡴᡧᡝᠮᡝ ᠵᡳᡵᠠᠮᡳᠨ ᠪᡝ ᡶᡝᡥᡠᡥᡝᠩᡤᡝ᠈ ᠠᠯᡳᠮᠪᠠᡥᠠᡵᠠᡴᡡ ᡩᠣᠯᠣ ᠴᡳ ᠰᡝ ᡥᡠᡴᡧᡝᠮᠪᡳ᠈
戴高履厚　不勝感激於衷

ᠠᠯᡳᠮᠪᠠᡥᠠᡵᠠᡴᡡ 不勝無任

ᡤᡝᠯᡥᡠᠨ ᠠᡴᡡ ᡨᠣᠨᡩᠣ ᠠᡴᡡᠩᡤᡝ ᠠᡴᡡ᠈
不敢不忠

ᡤᡝᠯᡥᡠᠨ ᠠᡴᡡ ᠮᡠᠵᡳᠯᡝᠨ ᠪᡝ ᠠᡴᡡᠮᠪᡠᡵᠠᡴᡡ᠈ ᡥᡡᠰᡠᠨ ᠪᡝ ᠸᠠᠴᡳᡥᡳᠶᠠᡵᠠᡴᡡ ᠣᠴᡳ ᠣᠵᠣᡵᠠᡴᡡ᠈
不敢不盡心竭力

ᡤᡝᠯᡥᡠᠨ ᠠᡴᡡ ᡴᡝᠰᡳ ᠪᡝ ᡠᡵᡤᡝᡩᡝᠮᡝ ᡝᡵᡩᡝᠮᡠ ᠪᡝ ᠴᠠᡧᡥᡡᠯᠠᡵᠠᡴᡡ᠈
不敢辜恩背德

ᠠᡳ ᡤᡝᠯᡥᡠᠨ ᠠᡴᡡ ᡝᡵᡩᡝᠮᡠ ᠪᡝ ᠵᡠᠸᡝᡩᡝᡵᡝ ᠣᠮᠪᡳᠨᡳ᠈
豈敢二三其德

ᡤᡝᠯᡥᡠᠨ ᠠᡴᡡ ᡠᡨᡨᡠ ᡤᡳᠰᡠᡵᡝᠮᡝ ᠮᡠᡨᡝᠴᡳ᠈ ᡠᡨᡥᠠᡳ ᡤᡝᠯᡥᡠᠨ ᠠᡴᡡ ᠰᠣᠩᡴᠣᡳ ᠶᠠᠪᡠᠮᠪᡳ᠈
既敢這們說　就敢照着行

文中若遇不敢字

ᡤᡝᠯᡥᡠᠨ ᠠᡴᡡ 是敢字

ᠠᡴᡡ᠈ ᠠᡴᡡ 下面托

ᠠᡳ ᡤᡝᠯᡥᡠᠨ ᠠᡴᡡ 豈敢說

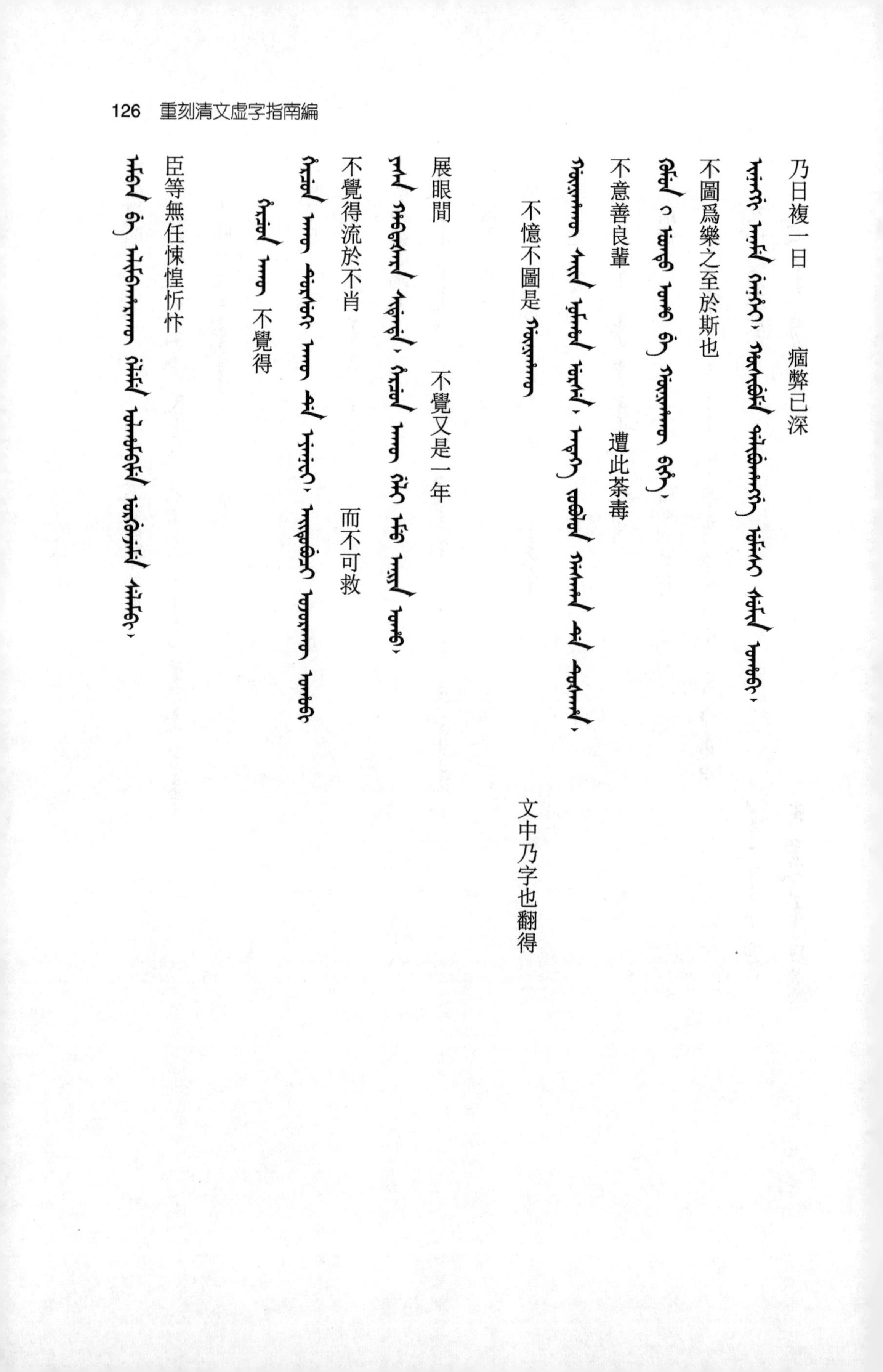

乃日複一日　瘤弊已深

不圖爲樂之至於斯也

不意善良輩　遭此荼毒

不憶不圖是

文中乃字也翻得

展眼間　不覺又是一年

不覺得流於不肖　而不可救

不覺得

臣等無任悚惶忻忭

辨不來
ᡳᠯᡤᠠᠮᡝ ᠮᡠᡨᡝᡵᠠᡴᡡ᠈

去不成
ᡤᡝᠨᡝᠮᡝ ᠮᡠᡨᡝᡵᠠᡴᡡ᠈

不成不行不來不了

行不了
ᠶᠠᠪᡠᠮᡝ ᠮᡠᡨᡝᡵᠠᡴᡡ᠈

說不行
ᡤᡳᠰᡠᡵᡝᠮᡝ ᠮᡠᡨᡝᡵᠠᡴᡡ᠈

ᠮᡠᡨᡝᡵᠠᡴᡡ 上緊接 ᡩᡝ

熙朝之治　不讓往古
ᠸᡝᠰᡳᡥᡠᠨ ᠵᠠᠯᠠᠨ ᡳ ᡩᠠᠰᠠᠨ᠈ ᠵᡠᠯᡤᡝᡳ ᠴᡳ ᡝᠪᡝᡵᡳ ᠠᡴᡡ᠈

朱子之學　不亞孟子
ᠵᡠᠰᡟ ᡳ ᡨᠠᠴᡳᠨ᠈ ᠮᡝᠩᡯᡳ ᠴᡳ ᡝᠪᡝᡵᡳ ᠠᡴᡡ᠈

諸子百家之書　不下數千萬種
ᡤᡝᡵᡝᠨ ᠰᡟ ᡨᠠᠩᡤᡡ ᠪᠣᠣ ᡳ ᠪᡳᡨᡥᡝ᠈ ᡠᡩᡠ ᠮᡳᠩᡤᠠᠨ ᡨᡠᠮᡝᠨ ᡥᠠᠴᡳᠨ ᡝᠪᡝᡵᡳ ᠠᡴᡡ᠈

ᡝᠪᡝᡵᡳ ᠠᡴᡡ 上連 ᠴᡳ

不下不亞不讓說

務須使實惠均沾

ᡠᡵᡠᠨᠠᡴᡡ ᠶᠠᡵᡤᡳᠶᠠᠨ ᡶᡠᠯᡝᡥᡠᠨ ᠪᡝ ᠨᡝᡳᡤᡝᠨᠵᡝ ᠪᠠᡥᠠᠪᡠ᠈

務須必定是 ᡠᡵᡠᠨᠠᡴᡡ

無故的混鬧　瞧之不由得生氣

ᠠᡳ ᡨᡠᡵᡤᡠᠨ ᠠᡴᡡ ᠪᠠᠯᠠᡳ ᡩᠠᡳᡧᠠᡵᠠᠩᡤᡝ᠈ ᡨᡠᠸᠠᠴᡳ ᡳᠨᡳ ᠴᡳᠰᡠᡳ ᠣᠵᠣᡵᠠᡴᡡ ᠵᡳᠯᡳ ᠪᠠᠨᠵᡳᠮᠪᡳ᠈

聽見如此說　不由得心裏暢快

ᡩᠣᠨᠵᡳᠴᡳ ᡠᡨᡨᡠ ᡤᡳᠰᡠᡵᡝᡵᡝ ᠰᡝᡥᡝ᠈ ᡳᠨᡳ ᠴᡳᠰᡠᡳ ᠣᠵᠣᡵᠠᡴᡡ ᡤᡡᠨᡳᠨ ᡩᡝ ᠰᡝᠪᠵᡝᠯᡝᠮᠪᡳ᠈

ᡳᠨᡳ ᠴᡳᠰᡠᡳ ᠣᠵᠣᡵᠠᡴᡡ 不由得

此事出於萬不得已耳

ᡝᡵᡝ ᠪᠠᡳᡨᠠ ᠪᡝ ᡨᡝᠨ ᠨᠠᡴᠠᠴᡳ ᠣᠵᠣᡵᠠᡴᡡ ᠴᡳ ᡨᡠᠴᡳᡴᡝᠩᡤᡝ ᡩᠠᠪᠠᠯᠠ᠈

法例者　朝廷不得已而設也

ᡶᠠᡶᡠᠨ ᡴᠣᠣᠯᡳ ᠰᡝᡵᡝᠩᡤᡝ᠈ ᡤᡠᡵᡠᠨ ᠪᠣᠣ ᠨᠠᡴᠠᠴᡳ ᠣᠵᠣᡵᠠᡴᡡ ᡳᠯᡳᠪᡠᡥᠠᠩᡤᡝ᠈

ᠨᠠᡴᠠᠴᡳ ᠣᠵᠣᡵᠠᡴᡡ 不得已

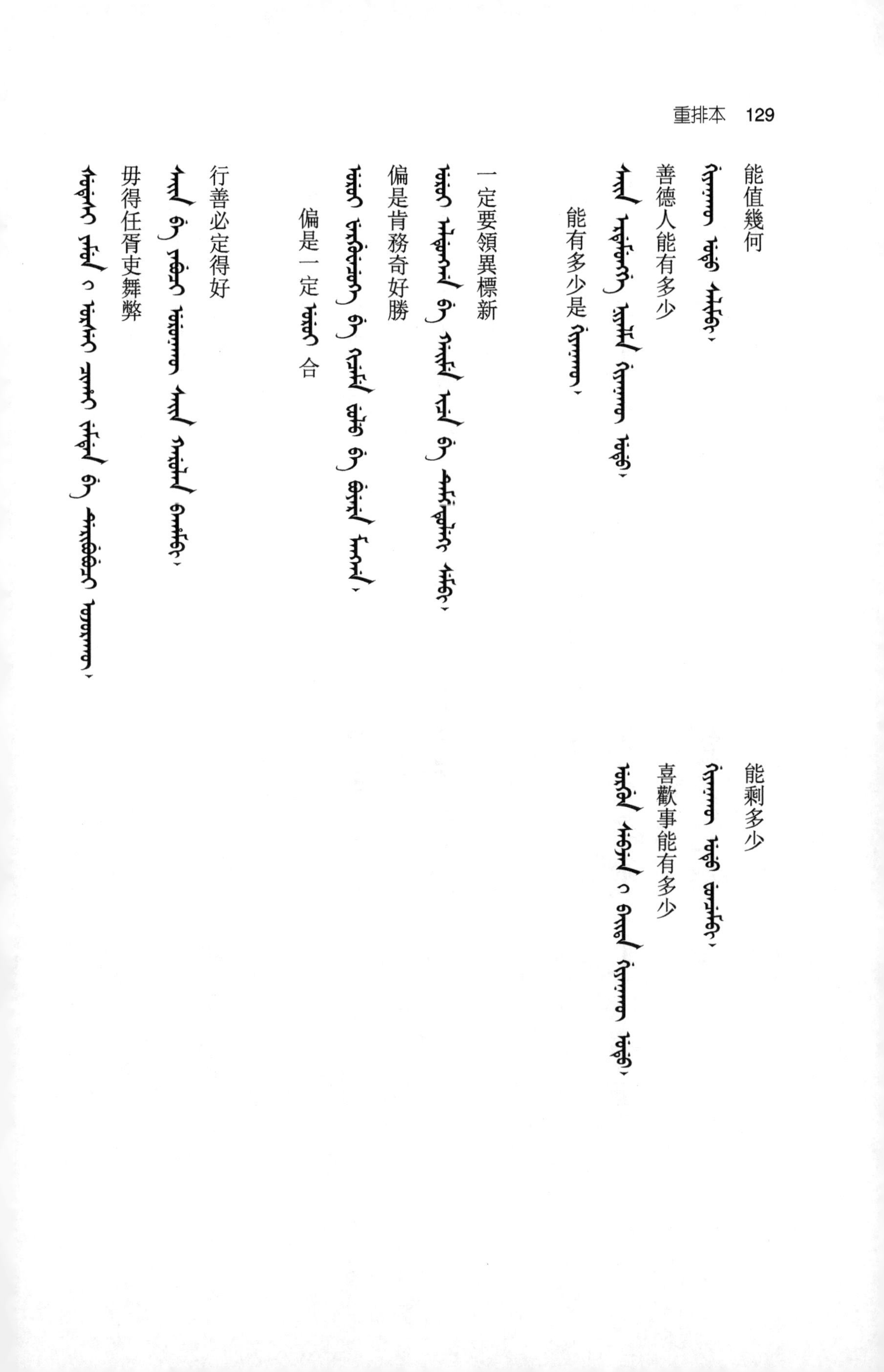

能值幾何

善德人能有多少

能有多少是

一定要領異標新

偏是肯務奇好勝

偏是一定　合

行善必定得好

毋得任胥吏舞弊

能剩多少

喜歡事能有多少

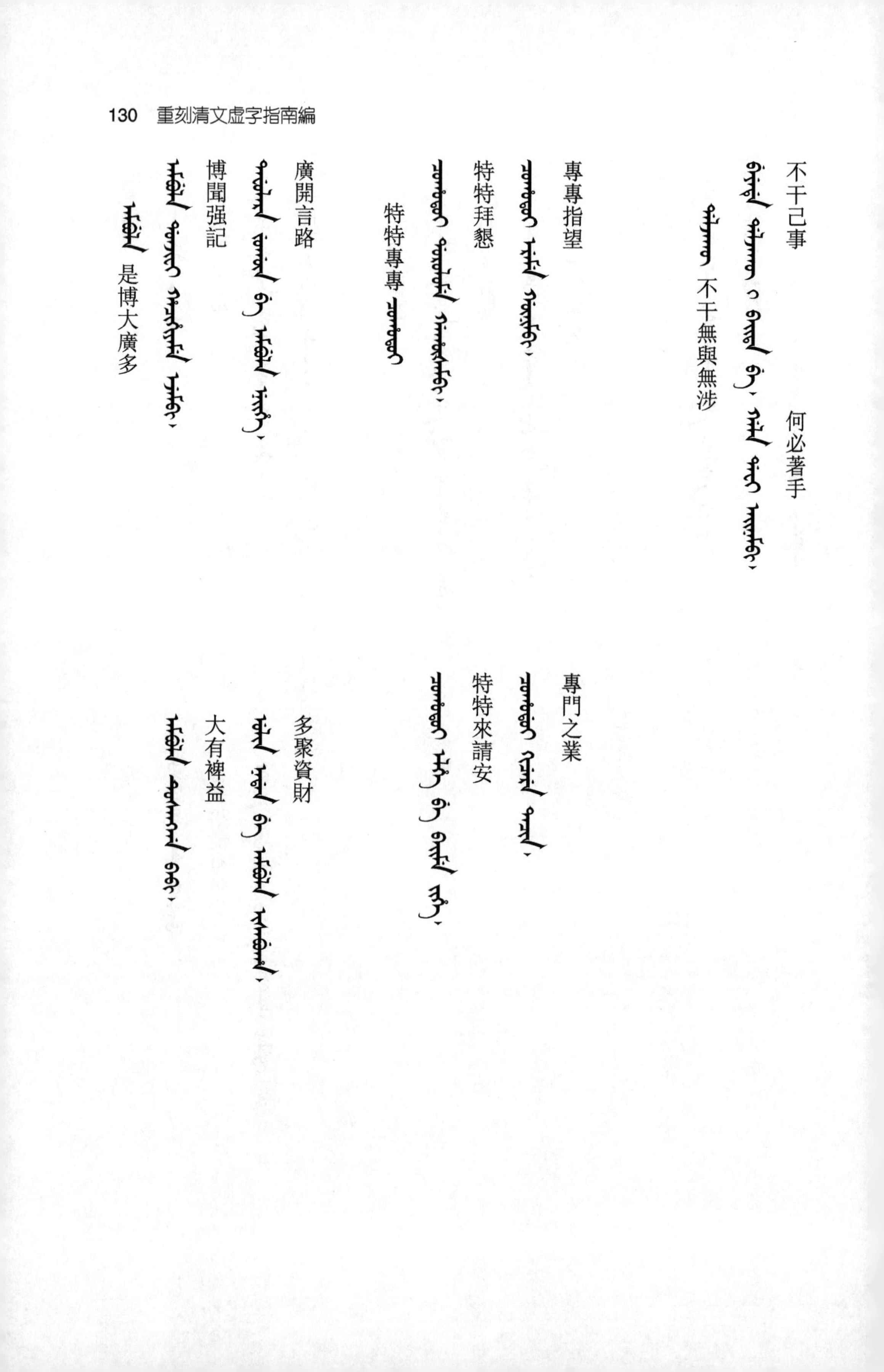

不干己事 何必著手

不干無與無涉

專專指望

特特拜懇

特特專專

廣開言路

博聞强記

是博大廣多

專門之業

特特來請安

多聚資財

大有裨益

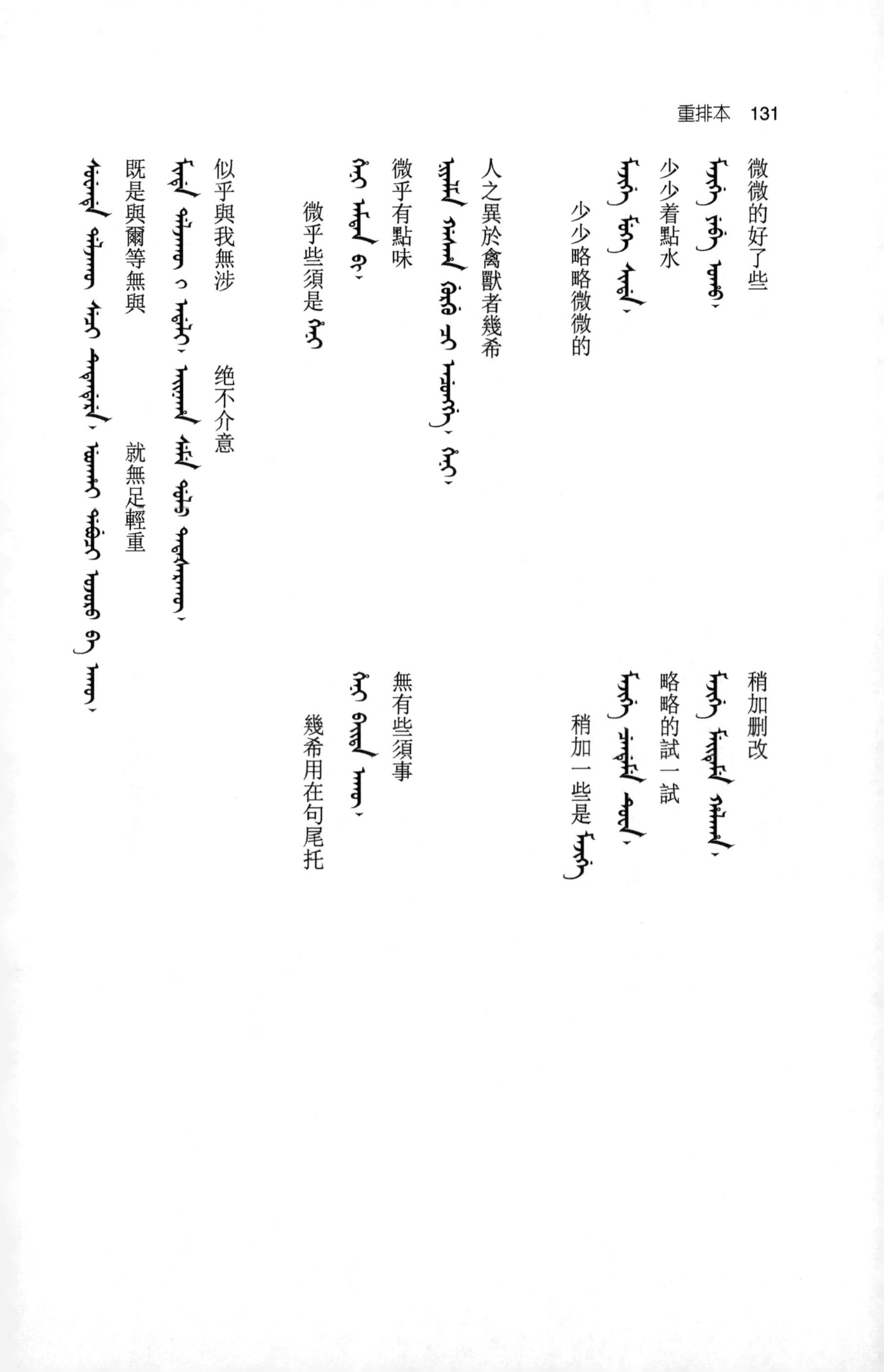

微微的好了些

少少着點水

少少略略微微的

人之異於禽獸者幾希

微乎有點味

微乎些須是

似乎與我無涉

绝不介意

既是與爾等無與

就無足輕重

稍加删改

略略的試一試

稍加一些是

無有些須事

幾希用在句尾托

仍然照舊而行

ᠠᠨ ᡳ ᡶᡝ ᠰᠣᠩᡴᠣᡳ ᠶᠠᠪᡠᠮᠪᡳ᠈

仍然照常使 ᠠᠨ ᡳ

没有一點私弊

ᡝᠮᡠ ᠮᠠᠵᡳᡤᡝ ᠴᡳᠰᡠ ᠵᡝᠮᡩᡝᠨ ᠠᡴᡡ᠈

未嘗一毫多取

ᡝᠮᡠ ᠮᠠᠵᡳᡤᡝ ᡶᡠᠯᡠ ᡤᠠᡳᡥᠠ ᠪᠠ ᠠᡴᡡ᠈

不可存一點虛僞之見

ᡝᠮᡠ ᠮᠠᠵᡳᡤᡝ ᡨᠠᡧᠠᠨ ᡥᠣᠯᠣ ᡳ ᡤᡡᠨᡳᠨ ᡨᡝᠪᡠᠴᡳ ᠣᠵᠣᡵᠠᡴᡡ᠈

不可起一毫奸詐之心

ᡝᠮᡠ ᠮᠠᠵᡳᡤᡝ ᠵᠠᠯᡳᠩᡤᠠ ᡴᠣᡳᠮᠠᠯᡳ ᡳ ᡤᡡᠨᡳᠨ ᡩᡝᡵᡳᠪᡠᠴᡳ ᠣᠵᠣᡵᠠᡴᡡ᠈

ᡝᠮᡠ ᠮᠠᠵᡳᡤᡝ 連着用

無有一些長處

ᠮᠠᠵᡳᡤᡝ ᡶᡠᠯᡠ ᠪᠠ ᠠᡴᡡ᠈

照常辦事

ᠠᠨ ᡳ ᠪᠠᡳᡨᠠ ᡳᠴᡳᡥᡳᠶᠠᠮᠪᡳ᠈

一毫一點意思說

稍有不足

ᠮᠠᠵᡳᡤᡝ ᡨᡝᠰᡠᡵᠠᡴᡡ ᠪᡳ᠈

蒸蒸乂　不格姦

ᡠᠯᡥᡳᠶᡝᠨ ᡠᠯᡥᡳᠶᡝᠨ ᡳ ᡩᠠᠰᠠᠪᡠᡶᡳ᠂ ᡝᡥᡝ ᡩᡝ ᡳᠰᡳᠨᠠᡥᠠᡴᡡ᠈

化之以德　民日趨善而不知

ᡝᡵᡩᡝᠮᡠ ᡳ ᠸᡝᠮᠪᡠᡶᡳ᠂ ᡳᡵᡤᡝᠨ ᡠᠯᡥᡳᠶᡝᠨ ᡳ ᠰᠠᡳᠨ ᡩᡝ ᡳᠪᡝᡶᡳ ᠰᠠᡵᡴᡡ᠈

推而言之　以馴致乎篤恭而天下平之盛

ᠪᠣᡩᠣᠮᡝ ᡤᡳᠰᡠᡵᡝᠴᡳ᠂ ᡠᠯᡥᡳᠶᡝᠨ ᡳ ᡥᡳᠩ ᡤᡠᠩᠨᡝᠴᡠᡴᡝ ᡩᡝ ᡳᠰᡳᠪᡠᡶᡳ ᠠᠪᡴᠠᡳ ᡶᡝᠵᡝᡵᡤᡳ ᠨᡝᠴᡳᠨ ᠣᡥᠣᠩᡤᡝ ᠠᠮᠪᡠᠯᠠ ᠸᡝᠰᡳᡥᡠᠨ᠈

各省軍務　漸次就清

ᡤᡝᡵᡝᠨ ᡤᠣᠯᠣ ᠴᠣᠣᡥᠠᡳ ᠪᠠᡳᡨᠠ᠂ ᡠᠯᡥᡳᠶᡝᠨ ᡳ ᡝᠯᡩᡝᠮᡝ ᠣᡥᠣ᠈

ᡠᠯᡥᡳᠶᡝᠨ ᡳ 漸次馴日字　重言蒸蒸髮髮多

仍未復元

ᡩᠠ ᠠᠨ ᡳ ᠪᠠᡥᠠᡴᡡ ᡳᠨᡠ᠈

依舊復圓　仍舊貫　如之何

ᡩᠠ ᠠᠨ ᡳ ᠮᡠᡥᡝᠯᡳᠶᡝᠨ ᠣᠪᡠᠮᠪᡳ ᡳᠨᡠ᠈　ᡩᠠ ᠠᠨ ᡳ ᠪᡳᡥᡝᡳ᠂ ᠠᠨᡳᠶᠠ᠈

ᡩᠠ ᠠᠨ ᡳ 依舊仍舊説

真傳　實授

ᠵᡳᠩᡴᡳᠨᡳ ᡠᠯᠠᠨ᠈ ᠵᡳᠩᡴᡳᠨᡳ ᡨᠠᠴᡳᠪᡠᠨ ᠰᡳᠨᡩᠠᠨ᠉

真實學問　乃在禮樂詩書

ᠵᡳᠩᡴᡳᠨᡳ ᡨᠠᠴᡳᠨ ᡶᠣᠨᠵᡳᠨ᠈ ᡩᠣᡵᠣᠯᠣᠨ ᡴᡠᠮᡠᠨ ᡳᡵᡤᡝᠪᡠᠨ ᠪᡳᡨᡥᡝ ᡩᡝ ᠪᡳᡴᠠᡳ᠉

正經人品　不外孝弟忠信

ᠵᡳᠩᡴᡳᠨᡳ ᠨᡳᠶᠠᠯᠮᠠᡳ ᠶᠠᠪᡠᠨ᠈ ᡥᡳᠶᠣᠣᡧᡠᠨ ᡩᡝᠣᠴᡳᠨ ᡨᠣᠨᡩᠣ ᠠᡴᡩᡠᠨ ᠴᡳ ᡨᡠᠴᡳᡵᠠᡴᡡ᠉

ᠵᡳᠩᡴᡳᠨᡳ 正經真實合

正在指望着得　誰想真湊巧

ᠵᡳᠩ ᠪᠠᡥᠠᡴᡳ ᠰᡝᠮᡝ ᡝᡵᡝᠮᡝ ᠪᡳᠰᡳᡵᡝᡩᡝ᠈ ᡤᡡᠨᡳᡥᠠᡴᡡ ᠣ ᠶᠠᡵᡤᡳᠶᠠᠨ ᡳ ᠠᠴᠠᠨᠠᡥᠠ᠉

正然往回裏來　忽然半路站住了

ᠵᡳᠩ ᠠᠮᠠᠰᡳ ᠮᠠᡵᡳᠮᡝ ᠵᡳᠮᡝ᠈ ᡤᠠᡳᡨᠠᡳ ᠵᡠᡤᡡᠨ ᠣ ᡩᡠᠯᡳᠮᠪᠠ ᡩᡝ ᡳᠯᡳᡥᠠ᠉

正然正在翻 ᠵᡳᠩ 字

駸駸乎幾於刑措之治矣

ᠰᡝᡥᡝᠨ ᠰᡝᡥᡝᠨ ᠣ ᠵᡳᠩ ᠪᡝᡳᡩᡝᠰᡠᡴᡡ ᠣ ᡩᠠᠰᠠᠨ ᡩᡝ ᡥᠠᠮᡳᡴᠠᠪᡳ᠉

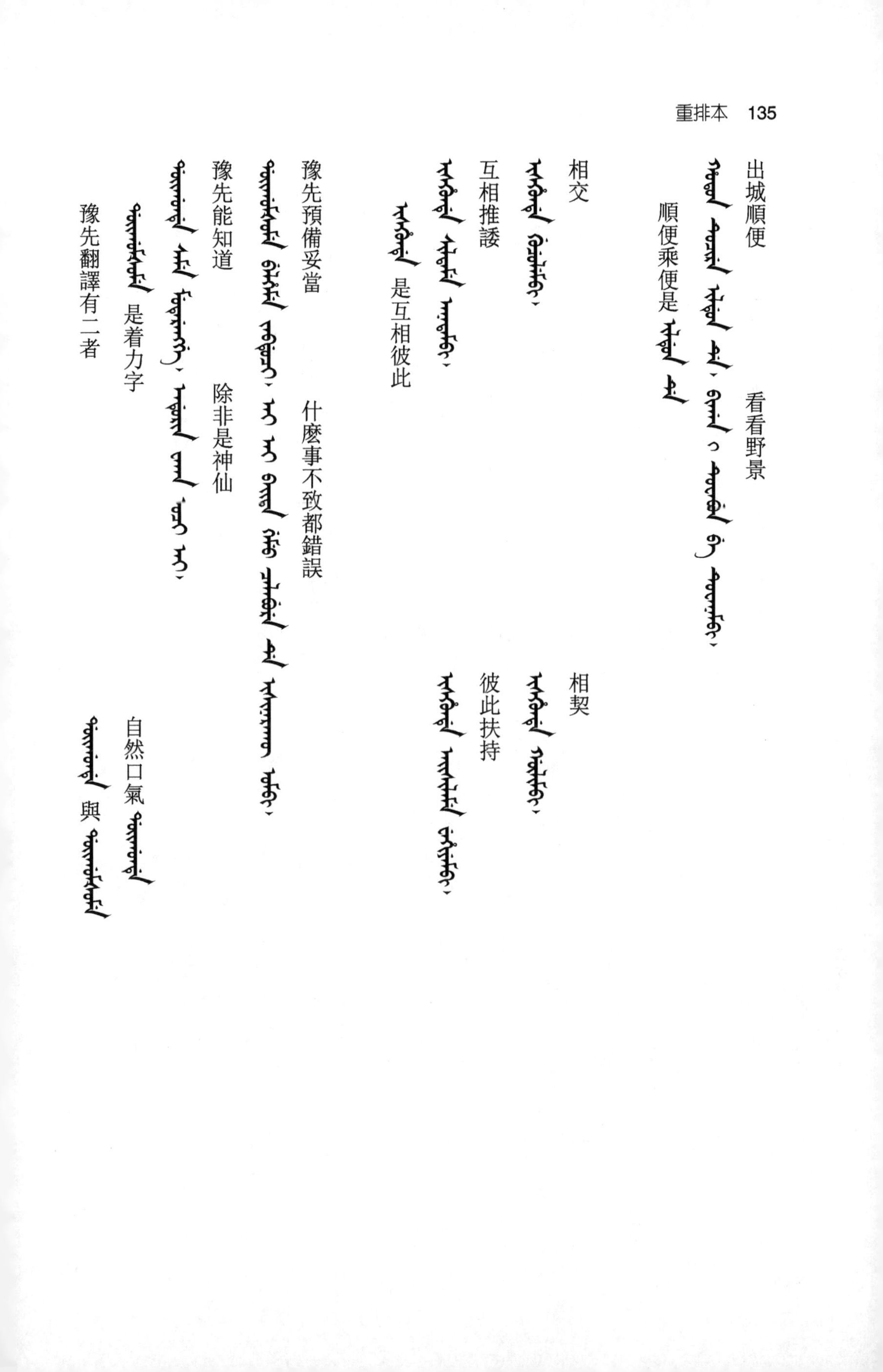

出城順便　看看野景

順便乘便是

相交　相契

互相推諉　彼此扶持

是互相彼此

豫先預備妥當　什麼事不致都錯誤

豫先能知道　除非是神仙

是着力字

豫先翻譯有二者　自然口氣　與

本就無法　反到望我要準

ᡠᠮᠠᡳ ᠠᡴᡡ, ᠨᡝᠮᡝᠮᡝ ᠮᡳᠮᠪᡝ ᠪᡝ ᡨᠣᠪ ᠣᡴᡳᠨᠠ.

你錯了　反訛別人

ᠰᡳ ᡝᠨᡩᡝᠪᡠᡥᡝ ᠪᡳᠮᡝ, ᡝᠯᡝᠮᠠᠩᡤᠠ ᡤᡡᠸᠠ ᠪᡝ ᠠᠨᠠᡨᠠᠮᠪᡳ.

反到 ᡝᠯᡝᠮᠠᠩᡤᠠ 與 ᠨᡝᠮᡝᠮᡝ

久而久之　自有效驗

ᡤᠣᡳᡩᠠᠮᡝ ᡤᠣᡳᡩᠠᠮᡝ, ᡳᠨᡳ ᠴᡳᠰᡠᡳ ᡨᡠᠰᠠ ᠪᠠᡥᠠᠮᠪᡳ.

工夫到了　自然成

ᡴᡳᠴᡝᠨ ᡥᡡᠰᡠᠨ ᡳᠰᡳᠨᠠᡥᠠ, ᡳᠨᡳ ᠴᡳᠰᡠᡳ ᠮᡠᡨᡝᠪᡠᠮᠪᡳ.

自然本是 ᡳᠨᡳ ᠴᡳᠰᡠᡳ

乘當差之便　往親戚家走走

ᠠᠯᠪᠠᠨ ᡳᠯᡩᡠᠨ ᠪᡝ ᠪᠠᡥᠠᡶᡳ ᡩᡝ, ᠨᡳᠶᠠᠮᠠᠨ ᡥᡡᠨᠴᡳᡥᡳᠨ ᡳ ᠪᠣᡩᡝ ᡶᡝᠯᡳᠶᡝᠮᠪᡳ.

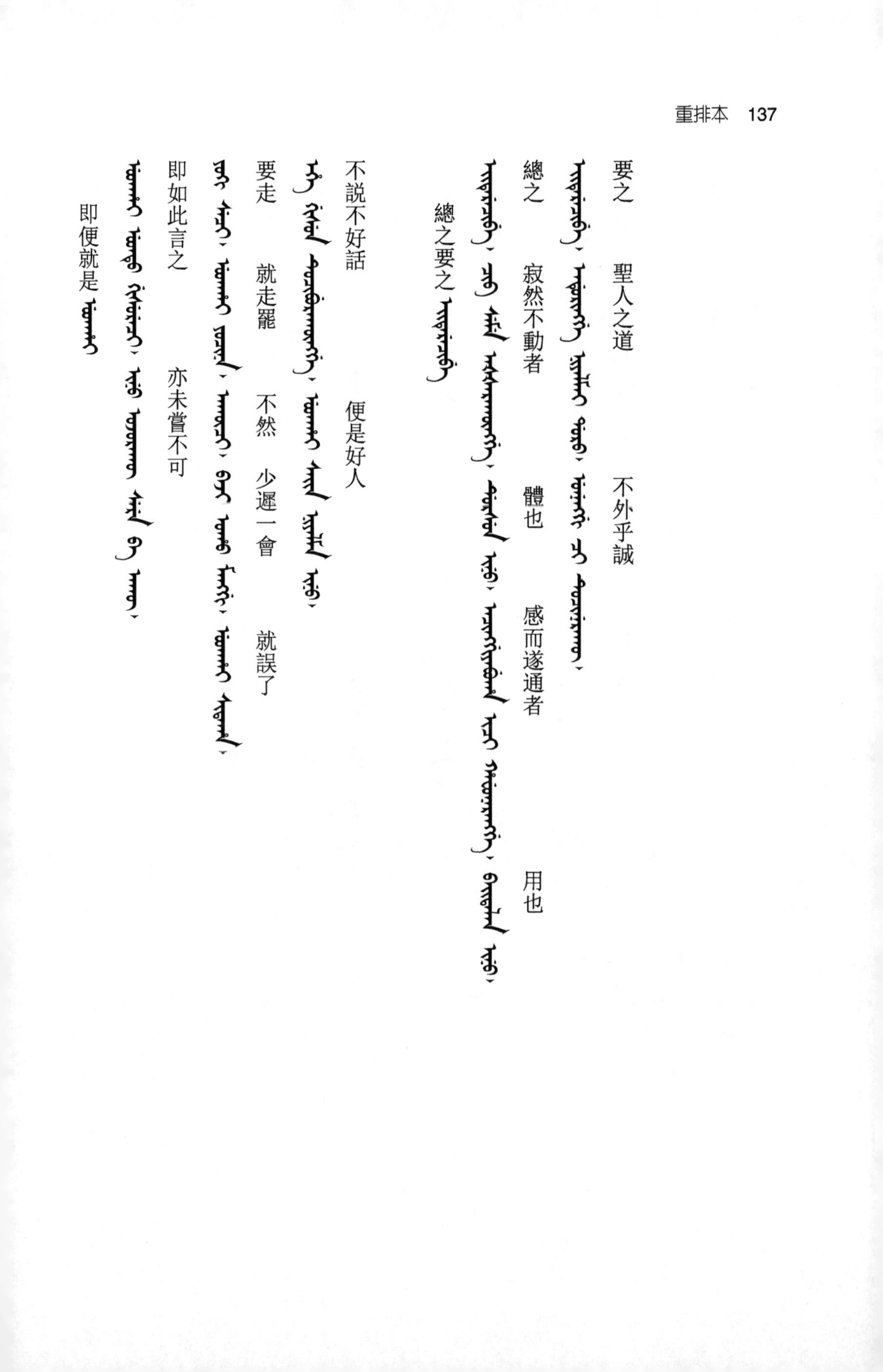

要之　聖人之道　不外乎誠

總之　寂然不動者　體也　感而遂通者　用也

總之要之

不說不好話　便是好人

要走　就走罷　不然　少遲一會　就誤了

即如此言之　亦未嘗不可

即便就是

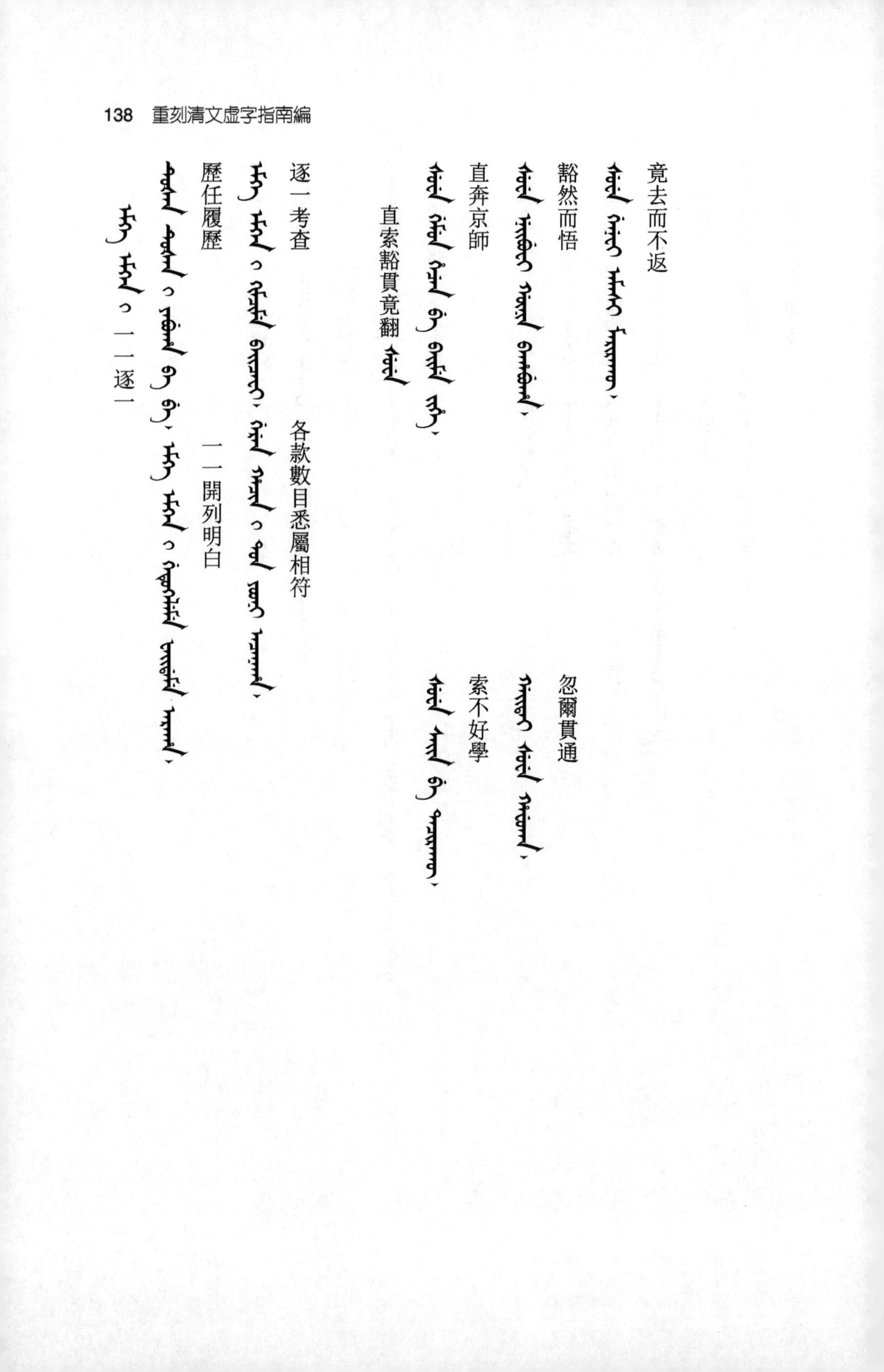

竟去而不返

豁然而悟　　忽爾貫通

直奔京師　　索不好學

直索豁貫竟翻

逐一考查　　各款數目悉屬相符

歷任履歷　　一一開列明白

一一逐一

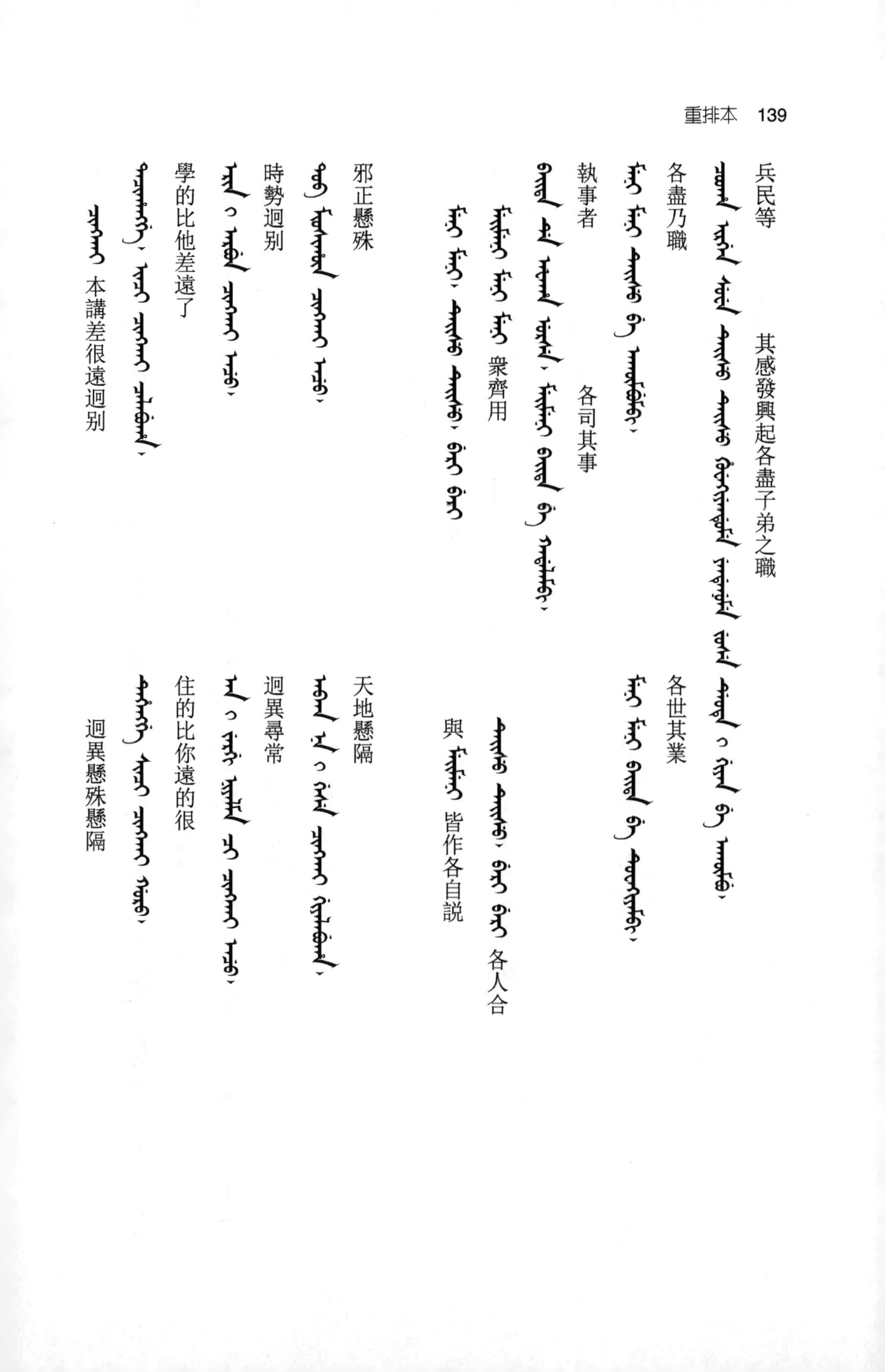

兵民等
其感發興起各盡子弟之職

各盡乃職
各世其業

執事者
各司其事

衆齊用
各人合

與
皆作各自説

邪正懸殊
天地懸隔

時勢迥別
迥異尋常

學的比他差遠了
住的比你遠的很

本講差很遠迥別
迥異懸殊懸隔

鄰里日睦 將見品行醇全 心地仁厚 而成

ᠠᡩᠠᡴᡳ ᡤᠠᡧᠠᠨ ᡳᠨᡝᠩᡤᡳᡩᠠᡵᡳ ᡥᡡᠸᠠᠯᡳᠶᠠᠰᡠᠨ ᠣᠮᡝ᠈ ᠶᠠᠪᡠᠨ ᡨᡠᠸᠠᡴᡳᠶᠠᠨ ᡤᡠᠯᡠ ᡤᠣᠰᡳᠩᡤᠠ᠈ ᠮᡠᠵᡳᠯᡝᠨ ᡤᡡᠨᡳᠨ ᡤᠣᠰᡳᠩᡤᠠ ᠵᡳᡵᠠᠮᡳᠨ ᠪᡝ ᡨᡠᠸᠠᠴᡳ᠈ ᠣᠮᠪᡳ᠈

誠能孝於父母 信乎朋友 自然鄉黨日和

ᡠᠨᡝᠩᡤᡳ ᠠᠮᠠ ᡝᠮᡝ ᡩᡝ ᡥᡳᠶᠣᠣᡧᡠᠯᠠᠮᡝ᠈ ᡤᡠᠴᡠ ᡤᠠᡵᡤᠠᠨ ᡩᡝ ᠠᡴᡩᡠᠨ ᠣᠴᡳ᠈ ᡳᠨᡳ ᠴᡳᠰᡠᡳ ᡤᠠᡧᠠᠨ ᡶᠠᠯᡤᠠ ᡳᠨᡝᠩᡤᡳᡩᠠᡵᡳ ᡥᡡᠸᠠᠯᡳᠶᠠᠮᠪᡳ᠈

整字必要改破字 [illegible]

奇勛偉烈 傳及數世

ᡶᡝᡵᡤᡠᠸᡝᠴᡠᡴᡝ ᡤᡠᠩᡤᡝ ᠴᠣᠯᡤᠣᡵᠣᡴᠣ ᡶᠠᡧᡧᠠᠨ᠈ ᡠᡩᡠᡩᡠ ᠵᠠᠯᠠᠨ ᡩᡝ ᡠᠯᠠᡥᠠᠪᡳ᠈

精忠銳志 至今猶著

ᠶᠣᠩᡴᡳᠶᠠᡥᠠ ᡨᠣᠨᡩᠣ᠈ ᡩᠠᠴᡠᠨ ᠮᡠᠵᡳᠯᡝᠨ᠈ ᡨᡝᡨᡝᠯᡝ ᡴᡝᠮᡠᠨᡳ ᡳᠯᡝᡨᡠᠯᡝᡥᡝᠪᡳ᠈

遺俗流風 久遠貽留

ᡨᡠᡨᠠᡥᠠ ᠠᠨ ᡨᡠᡨᠠᡥᠠ ᡨᠠᠴᡳᠨ᠈ ᡤᠣᡵᠣ ᡤᠣᡳᡩᠠᠮᡝ ᡨᡠᡨᠠᠪᡠᡥᠠᠪᡳ᠈

直至永遠遲久意 [illegible] 與 [illegible]

餘匪各自逃竄

ᡶᡠᠨᠴᡝᡥᡝ ᡥᡡᠯᡥᠠ ᠪᡝᡵᡳ ᠪᡝᡵᡳ ᠪᡠᡵᡠᠯᠠᠮᡝ ᠰᠠᠮᠰᡳᡥᠠ᠈

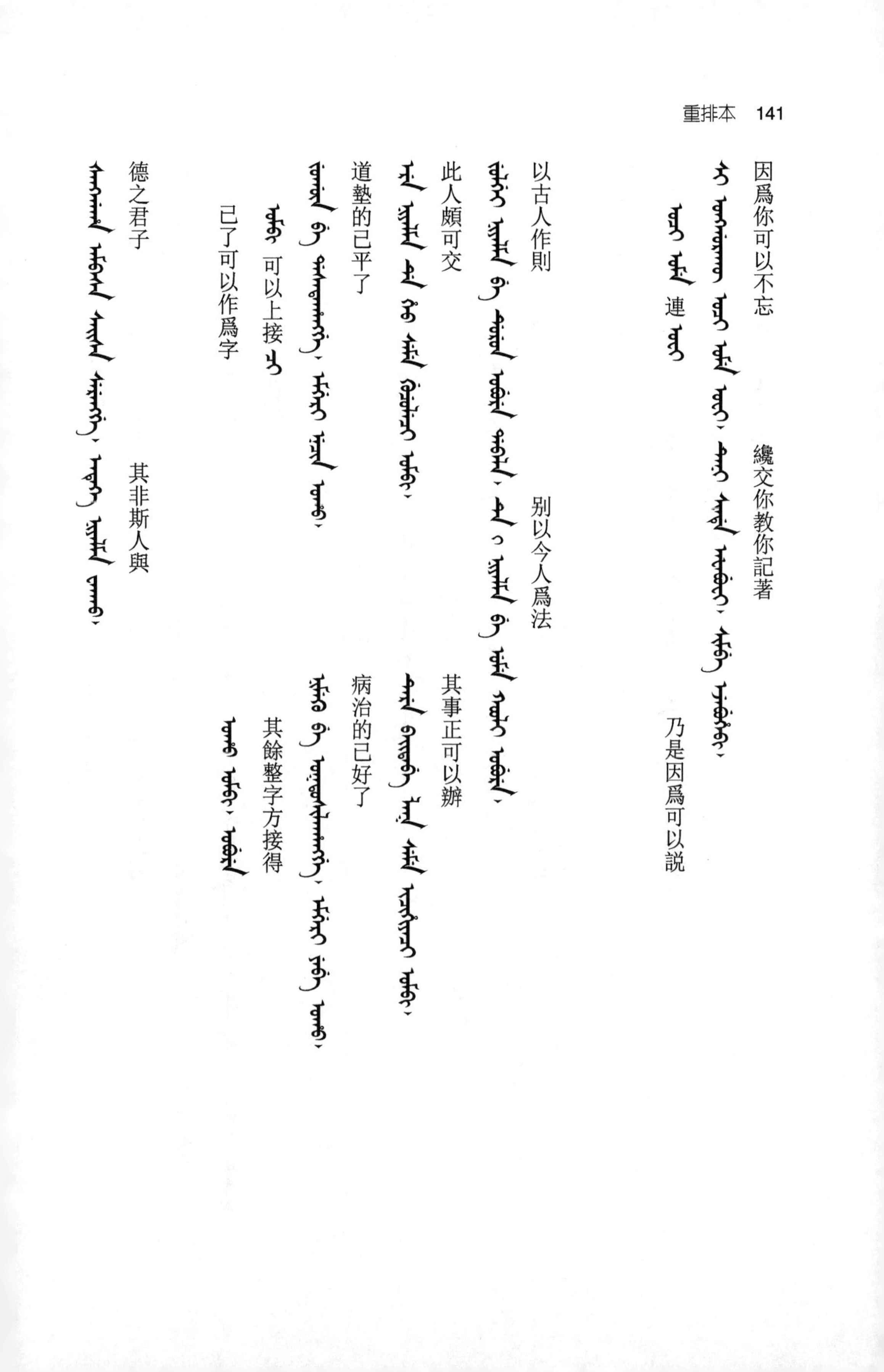

因爲你可以不忘　纔交你教你記著

連　乃是因爲可以說

以古人作則　別以今人爲法

此人頗可交　其事正可以辨

道塾的已平了　病治的已好了

可以上接　其餘整字方接得

已了可以作爲字

德之君子　其非斯人與

因此詳加訪查　輿論盡皆相同

是以防民之口　甚於防川　川崩而潰　爲傷良多

是以因此用

那項可免　就請酌量辦理

此事若是可以不管　就不必著手

若是可以如何語

其爲父子兄弟足法　而后民法之也

因他可爲師　他等纔師之矣

ᡨᡝᡵᡝ ᠠᠩᡤᠠᠯᠠ᠈ ᡨᡝ ᡳ ᠵᡠᠰᡝ ᡩᡝᠣᡨᡝ᠈ ᡤᡝᠯᡳ ᠵᡳᡩᡝᡵᡝ ᡠᠨᡩᡝ ᡳ ᠠᠮᠠ ᠠᡥᡡᠨ ᡴᠠᡳ

况 今日之子弟 又爲將來之父兄

ᡨᡝᡵᡝ ᠠᠩᡤᠠᠯᠠ᠈ ᡨᠠᡳᡶᡳᠨ ᠵᡳᠯᠠᠨ ᡩᡝ ᠶᡠᠶᡠᡵᡝ ᠪᡝᠶᡝᡵᡝ ᠵᠣᠪᠣᠯᠣᠨ ᠠᡴᡡᠩᡤᡝ᠈ ᡤᡝᠮᡠ ᡩᠣᡵᠣ ᠪᡳᡶᡳ ᠣᠵᠣᡵᠣ ᠪᡝ ᡳᠰᡳᠪᡠᡥᠠᠩᡤᡝ ᡴᠠᡳ

况且 盛世無饑寒之累者 皆有道以致之也

ᡨᡝᡵᡝ ᠠᠩᡤᠠᠯᠠ 是況且

是故君子無所不用其極

ᡨᡠᡨᡨᡠ ᠣᡶᡳ᠈ ᠠᠮᠪᠠᠰᠠ ᠰᠠᡳᠰᠠ ᡨᡝᠨ ᠪᡝ ᠪᠠᡳᡨᠠᠯᠠᡵᠠᡴᡡᠩᡤᡝ ᠠᡴᡡ

善爲民者 宣之使言

ᡳᡵᡤᡝᠨ ᠪᡝ ᡩᠠᠰᠠᡵᠠ ᠮᠠᠩᡤᠠ ᠨᡳᠩᡤᡝ᠈ ᠨᡳᠩᡤᡝ ᡤᡳᠰᡠᡵᡝᠪᡠᠮᠪᡳ

所以善爲川者 決之使道

ᡨᡠᡨᡨᡠ ᠣᡶᡳ᠈ ᠪᡳᡵᠠ ᠪᡝ ᡩᠠᠰᠠᡵᠠ ᠮᠠᠩᡤᠠ ᠨᡳᠩᡤᡝ᠈ ᠰᡝᠩᡴᡳᠯᡝᠮᡝ ᠣᠶᠣᠨᡤᠣᠪᡠᠮᠪᡳ

ᡨᡠᡨᡨᡠ ᠣᡶᡳ 所以是故多

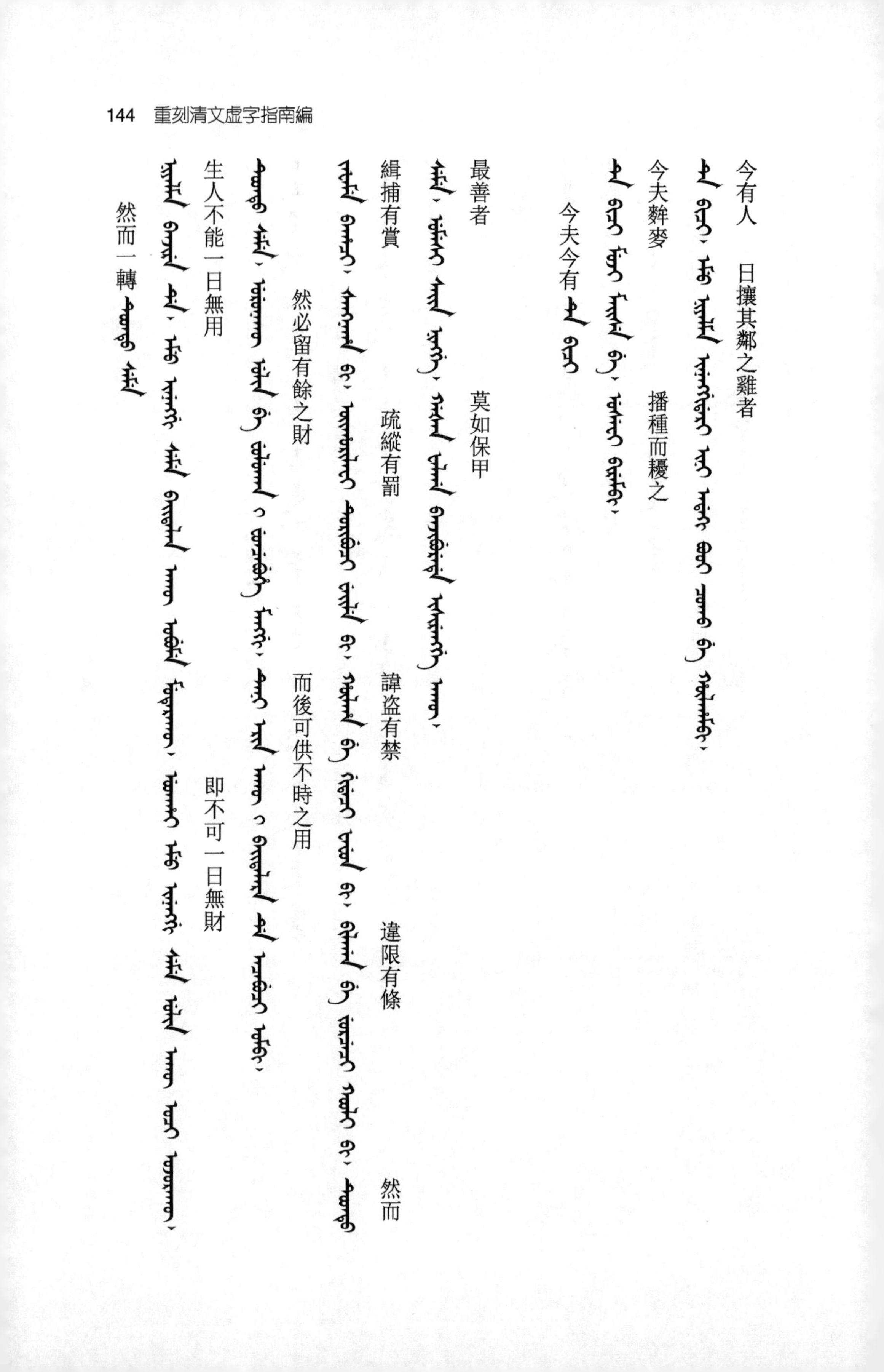

今有人 日攘其鄰之雞者

今夫辨麥 播種而耰之

今夫今有

最善者 莫如保甲

緝捕有賞 疏縱有罰 諱盜有禁 違限有條 然而

然必留有餘之財 而後可供不時之用

生人不能一日無用 即不可一日無財

然而一轉

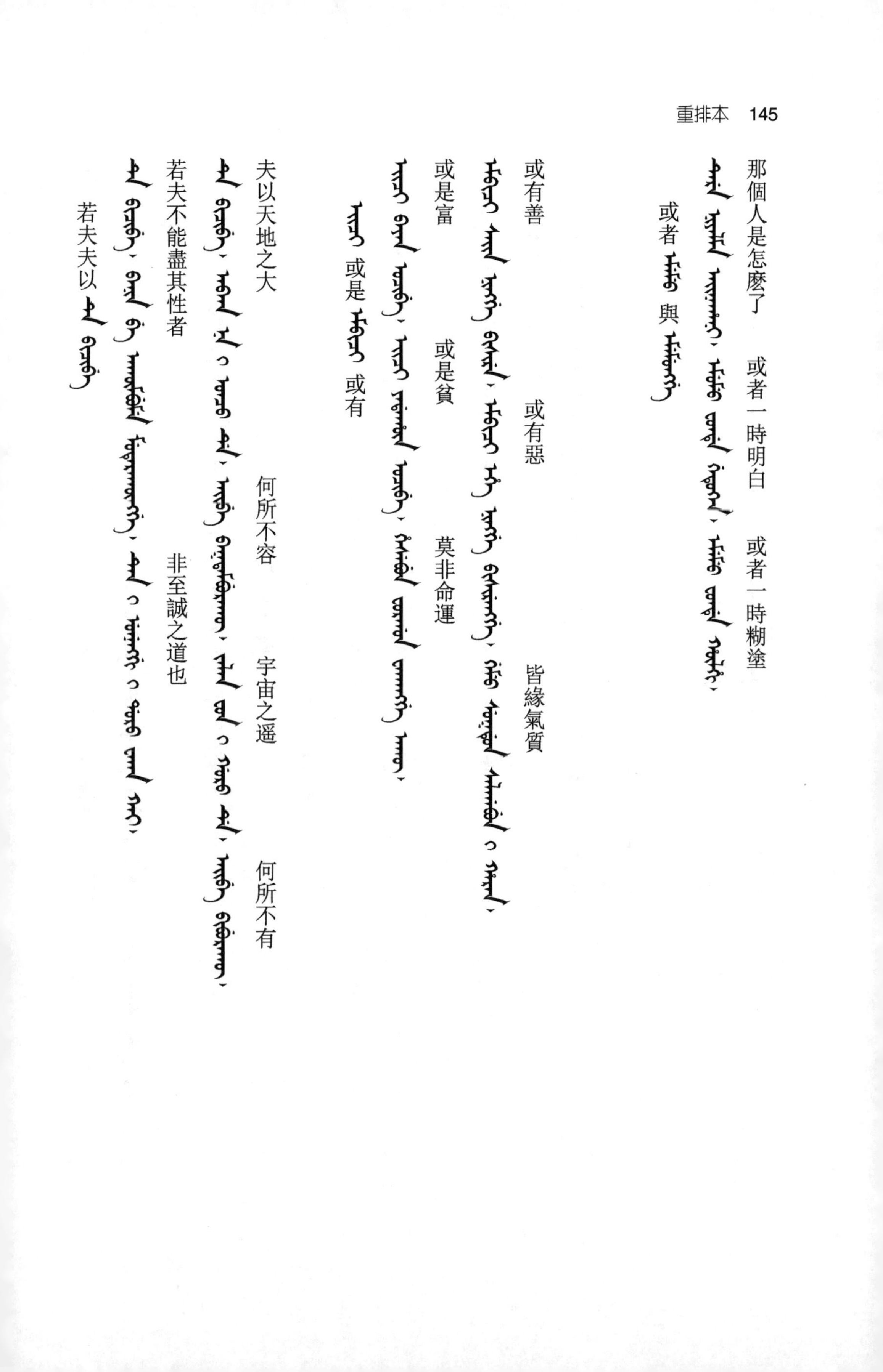

那個人是怎麼了 或者一時明白 或者一時糊塗

或者 與

或有善 或有惡 皆緣氣質

或是富 或是貧 莫非命運

或是 或有

夫以天地之大 何所不容 宇宙之遙 何所不有

若夫不能盡其性者 非至誠之道也

若夫夫以

人之有聖有凡　是何緣故　乃賢愚之性不同也

ᠨᡳᠶᠠᠯᠮᠠ ᡩᡝ ᡝᠨᡩᡠᡵᡳᠩᡤᡝ ᠪᡳᠰᡳᡵᡝᠩᡤᡝ ᠠᠨ ᠪᡳᠰᡳᡵᡝᠩᡤᡝ᠈ ᠠᡳ ᡨᡠᡵᡤᡠᠨ ᠰᡝᠴᡳ᠈ ᠮᡝᡵᡤᡝᠨ ᠮᡝᠨᡨᡠᡥᡠᠨ ᡳ ᠪᠠᠨᡳᠨ ᠠᡩᠠᠯᡳ ᠠᡴᡡ ᠣᡶᡳ ᡴᠠᡳ᠈

大事之不得成者　见小利的緣故

ᠠᠮᠪᠠ ᠪᠠᡳᡨᠠ ᠪᡝ ᠮᡠᡨᡝᠪᡠᠮᡝ ᠮᡠᡨᡝᡵᠠᡴᡡᠩᡤᡝ᠈ ᠪᡠᠶᠠ ᠠᡳᠰᡳ ᠪᡝ ᠰᠠᠪᡠᡵᡝ ᠵᠠᡴᠠᡩᡝ᠈

少年不肯勤學　是何情由　不知書中滋味也

ᠠᠰᡳᡥᠠᠨ ᡳ ᡶᠣᠨᡩᡝ ᡴᡳᠴᡝᡵᠠᡴᡡᠩᡤᡝ᠈ ᠠᡳ ᡨᡠᡵᡤᡠᠨ᠈ ᠪᡳᡨᡥᡝᡳ ᠠᠮᡨᠠᠨ ᠪᡝ ᠰᠠᡵᡴᡡ ᠣᡶᡳ ᡴᠠᡳ᠈

子弟品行不謹　乃平素不教訓的情由

ᠵᡠᠰᡝ ᡩᡝᠣᡨᡝ ᡳ ᠶᠠᠪᡠᠨ ᠣᠯᡥᠣᠪᠠ ᠠᡴᡡᠩᡤᡝ᠈ ᠠᠨ ᡳ ᡠᠴᡠᡵᡳ ᡨᠠᠴᡳᡥᡳᠶᠠᡥᠠᡴᡡ ᡳ ᠵᠠᠯᡳᠨ᠈

因爲捐輸　奏請獎勵

ᠠᡳᠰᡳᠯᠠᠮᡝ ᠵᠠᡶᠠᡥᠠ ᡨᡠᡵᡤᡠᠨᡩᡝ᠈ ᠸᡝᠰᡳᠮᠪᡠᡶᡳ ᡥᡡᠸᡝᡴᡳᠶᡝᠪᡠᡵᡝ ᠪᡝ ᠪᠠᡳᠮᠪᡳ᠈

不能陞官發財　是因爲命運不好

ᡥᠠᡶᠠᠨ ᠸᡝᠰᡳᡵᡝ ᡠᠯᡳᠨ ᠪᠠᡥᠠᡵᠠᡴᡡᠩᡤᡝ᠈ ᡥᡝᠰᡝᠪᡠᠨ ᠰᠠᡳᠨ ᠠᡴᡡ ᡳ ᡨᡠᡵᡤᡠᠨ᠈

因爲情由緣故多

ᠵᠠᠯᡳᠨ᠈ ᡨᡠᡵᡤᡠᠨ᠈ ᡥᠠᡵᠠᠨ᠈

這個理到底怎麼樣　或者說是　或者說不是

ᡝᡵᡝ ᡩᠣᡵᠣ ᠶᠠᡵᡤᡳᠶᠠᠨ ᠠᡩᠠᡵᠠᠮᡝ᠈ ᡝᠮᡝᠮᡠᠩᡤᡝ ᡠᡵᡠ ᠰᡝᠮᠪᡳ᠈ ᡝᠮᡝᠮᡠᠩᡤᡝ ᠸᠠᡴᠠ ᠰᡝᠮᠪᡳ᠈

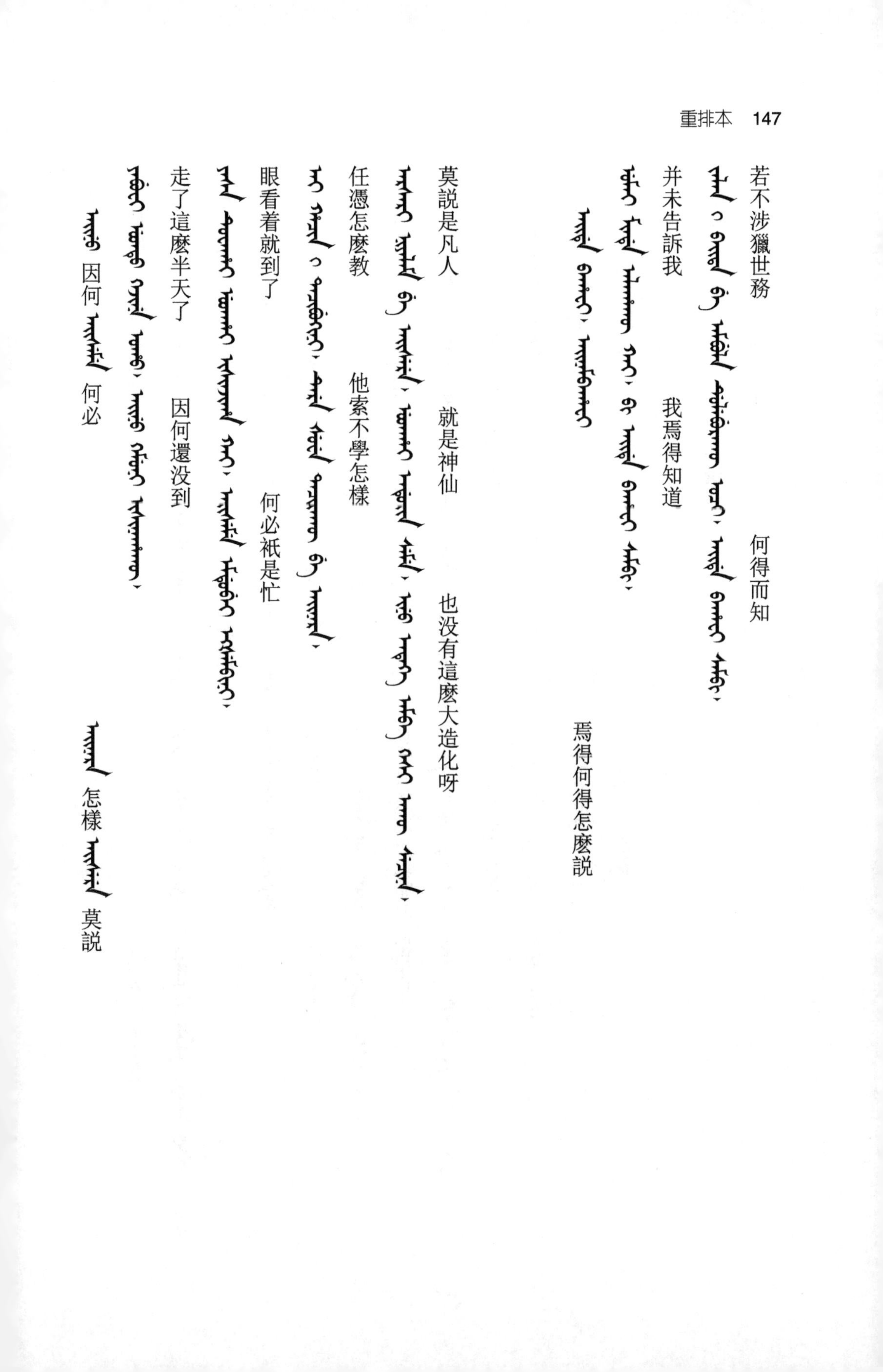

若不涉獵世務　何得而知

并未告訴我　我焉得知道

焉得何得怎麼說

莫說是凡人　就是神仙　也沒有這麼大造化呀

任憑怎麼教　他索不學怎樣

眼看着就到了　何必衹是忙

走了這麼半天了　因何還沒到

因何　何必　怎樣　莫說

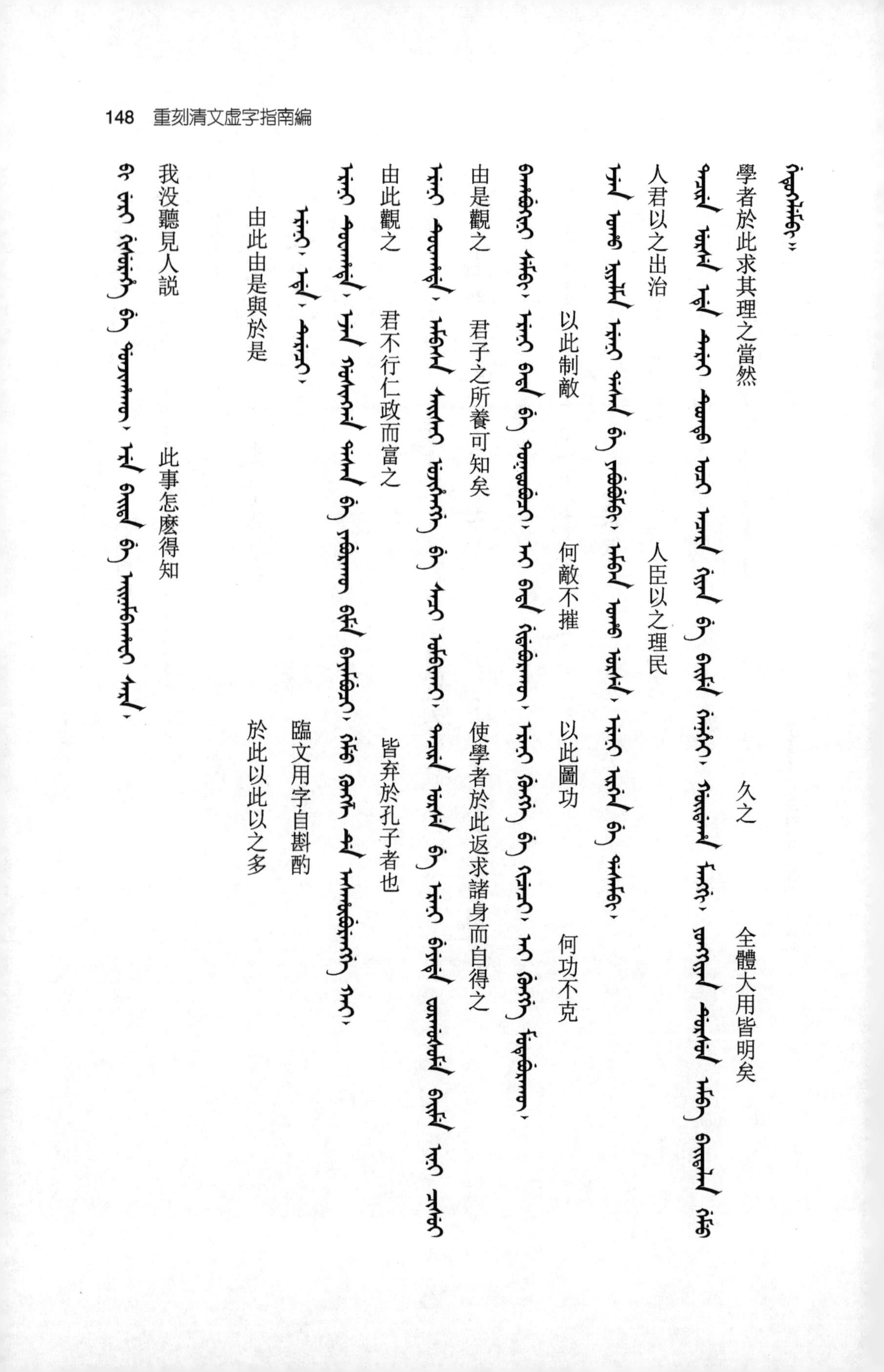

學者於此求其理之當然 久之 全體大用皆明矣

人君以之出治 人臣以之理民

以此制敵 何敵不摧 以此圖功 何功不克

由是觀之 君子之所養可知矣 使學者於此返求諸身而自得之

由此觀之 君不行仁政而富之 皆弃於孔子者也

由此由是與於是 臨文用字自斟酌 於此以此以之多

我没聽見人説 此事怎麼得知

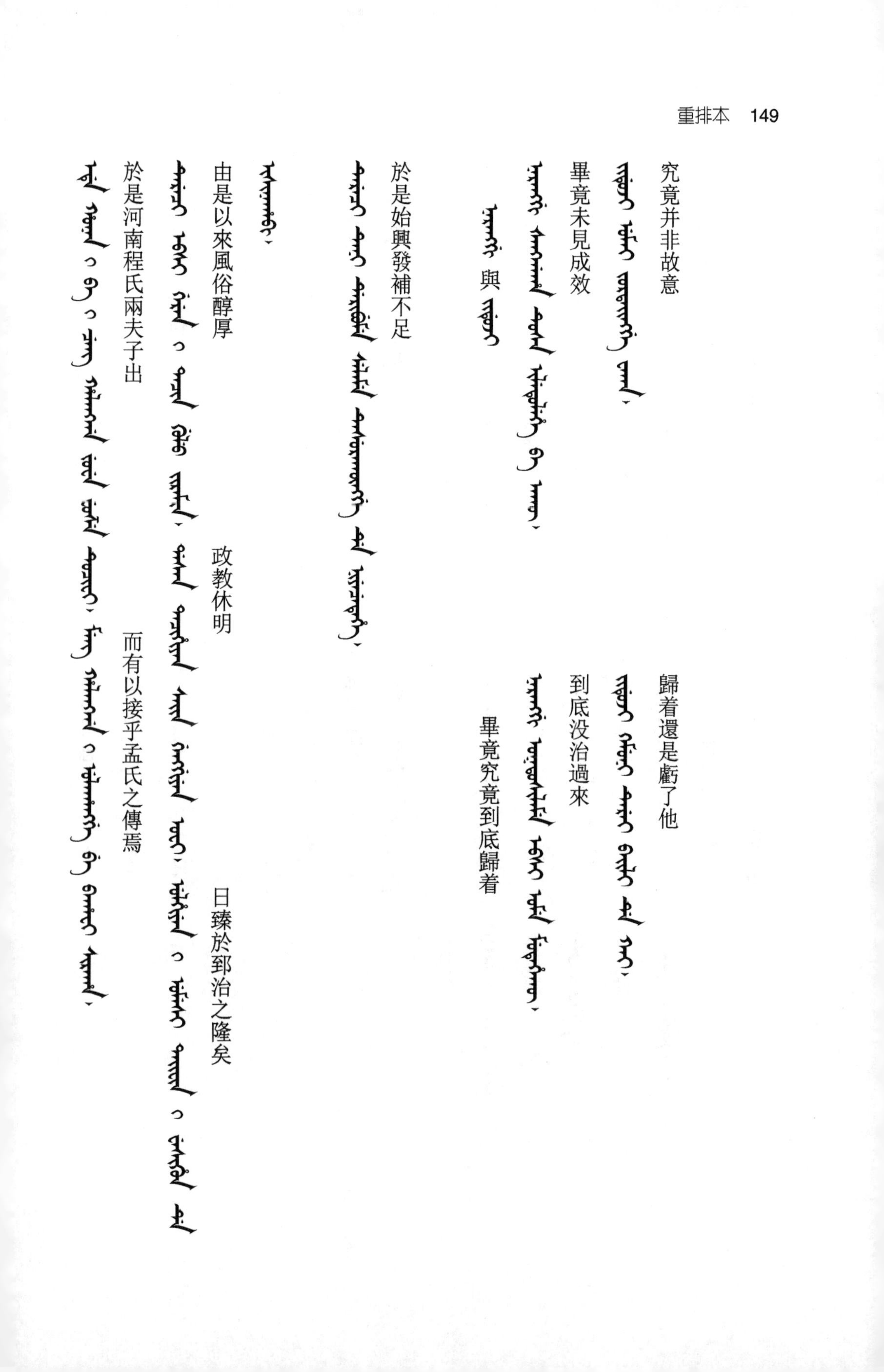

究竟并非故意 歸着還是虧了他

畢竟未見成效 到底没治過來

與 畢竟究竟到底歸着

於是始興發補不足

由是以來風俗醇厚 政教休明 日臻於郅治之隆矣

於是河南程氏兩夫子出 而有以接乎孟氏之傳焉

不甚專心 ᠠᠰᡠᡵᡠ ᡤᡡᠨᡳᠨ [illegible]

不甚不很如何句

看之很易 ᡨᡠᠸᠠᡵᠠ ᡩᡝ ᡠᠮᡝᠰᡳ ᠵᠠ

做之甚難 [illegible] ᡩᡝ ᡩᡝᠮᠪᡝᡳ ᠮᠠᠩᡤᠠ

太過愈 ᠵᠠᠴᡳ [illegible]

太勞心 ᠮᡠᠵᠠᡴᡡ [illegible] [illegible]

很可觀 ᡩᡝᠮᠪᡝᡳ [illegible]

過甚矣 [illegible] [illegible]

至要緊 ᡩᡝᠮᠪᡝᡳ ᠣᠶᠣᠩᡤᠣ

極可愛 ᡩᡝᠮᠪᡝᡳ ᠪᡠᠶᡝᠴᡠᡴᡝ

又有 [illegible] [illegible] 字

ᡩᡝᠮᠪᡝᡳ [illegible] [illegible] [illegible]

不很得志 ᠠᠰᡠᡵᡠ [illegible] [illegible]

ᠠᠰᡠᡵᡠ 下用 [illegible]、[illegible] 托

分量最大 [illegible] [illegible] [illegible] [illegible]

事務很繁 [illegible] [illegible] [illegible] [illegible]

多費力 ᠮᡠᠵᠠᡴᡡ [illegible] [illegible]

很挂懷 ᠮᡠᠵᠠᡴᡡ [illegible] [illegible]

太不堪 [illegible] [illegible]

甚可惡 ᠵᠠᠴᡳ [illegible]

最無味 ᡩᡝᠮᠪᡝᡳ [illegible]

甚有理 ᡩᡝᠮᠪᡝᡳ [illegible]

量其本文句如何

至極最甚狠過太多

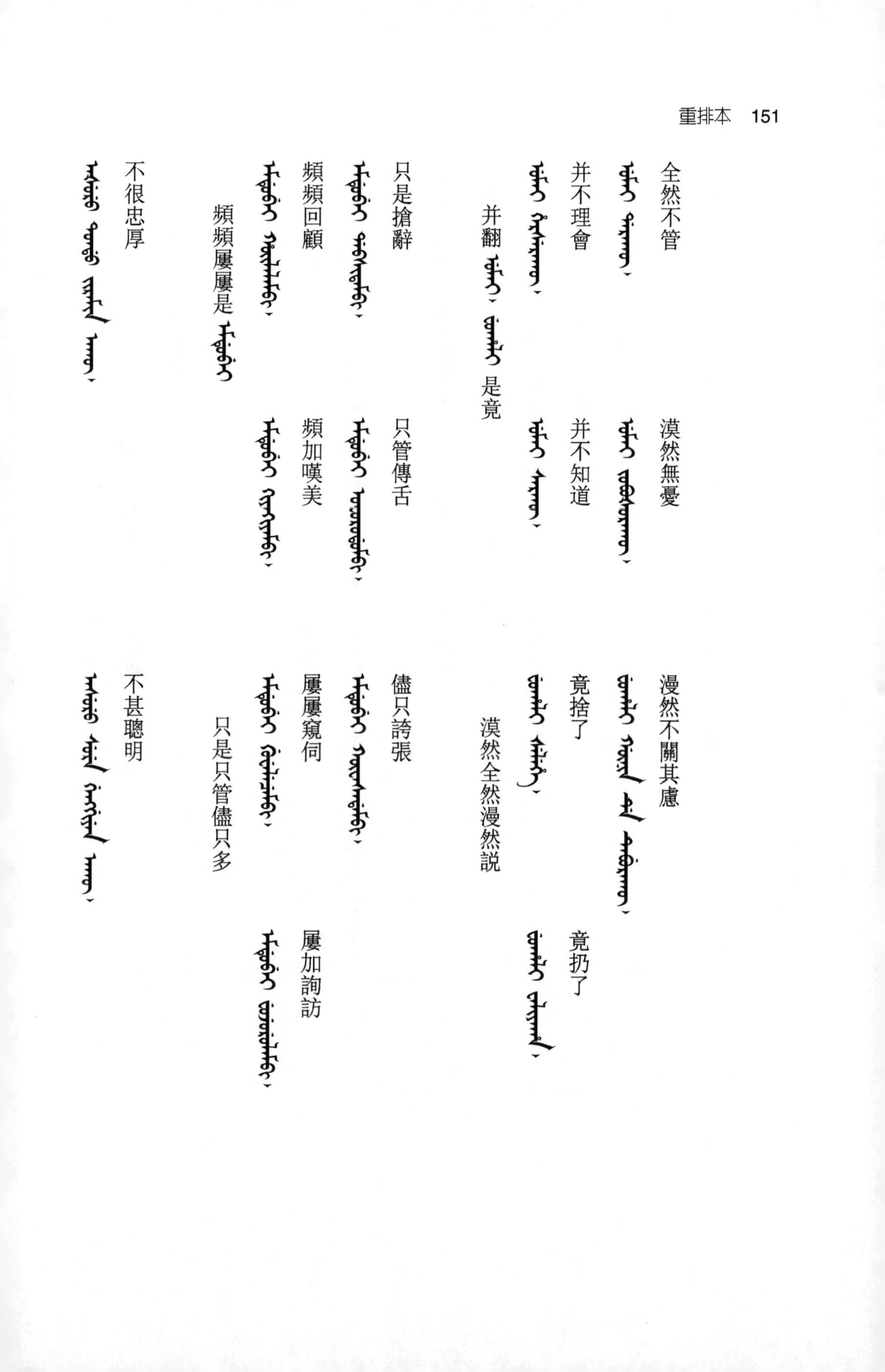

全然不管

漠然無憂

漫然不關其慮

并不理會

并不知道

竟捨了

竟扔了

并翻　是竟

漠然全然漫然說

只是搶辭

只管傳舌

儘只誇張

頻頻回顧

頻加嘆美

屢屢窺伺

屢加詢訪

頻頻屢屢是

只是只管儘只多

不很忠厚

不甚聰明

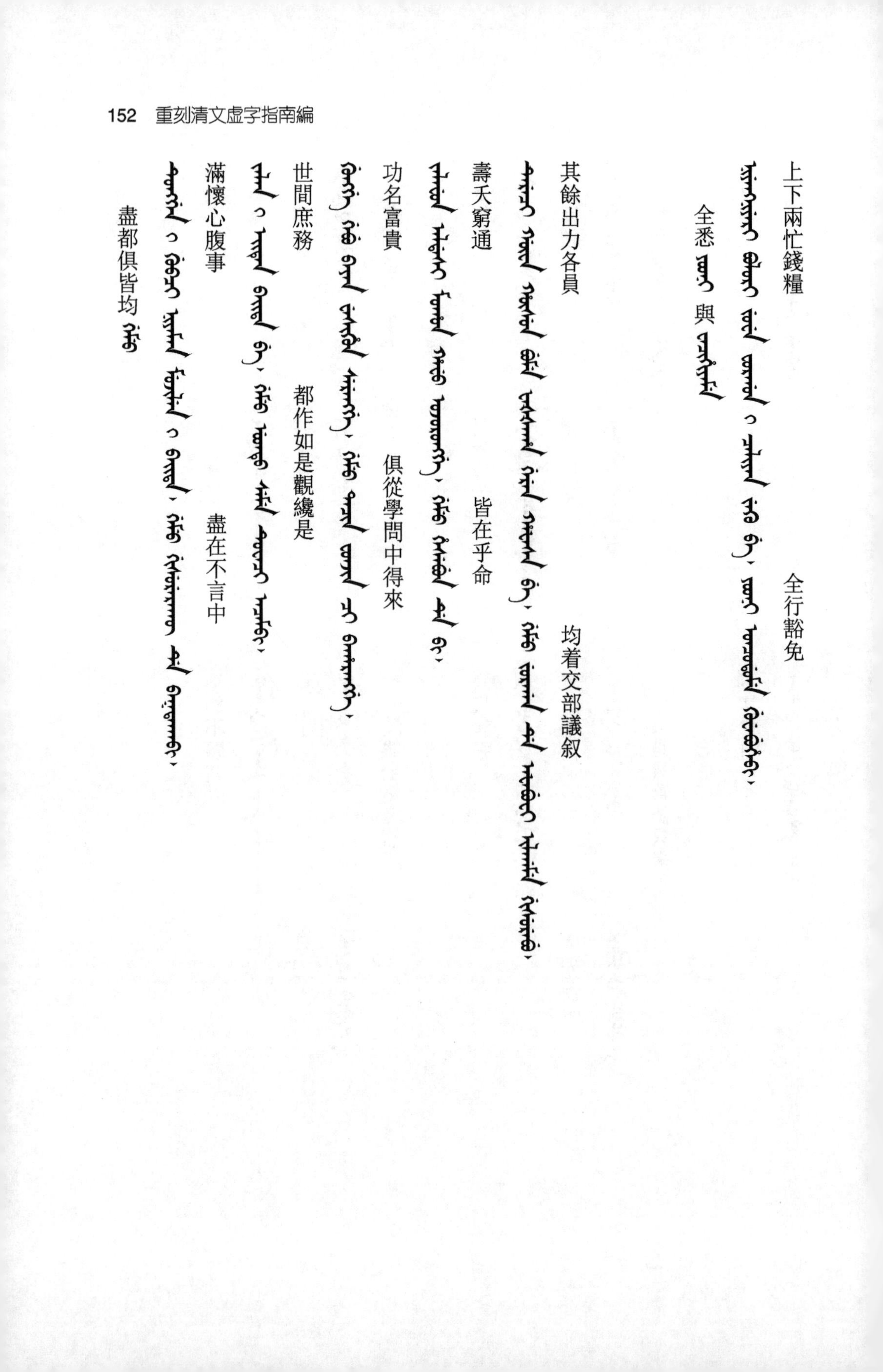

上下兩忙錢糧 全行豁免

全悉 與

其餘出力各員 均着交部議叙

壽夭窮通 皆在乎命

功名富貴 俱從學問中得來

世間庶務 都作如是觀纔是

滿懷心腹事 盡在不言中

盡都俱皆均

遍國中雅化覃敷

ᡤᡠᠪᠴᡳ ᡳ ᠪᡳᡵᡝᠮᡝ ᡧᡠᠸᡝᠨ ᠨᡳ ᠪᡝ ᠮᡠᡩᡝᠨ ᠰᡳᡵᡤᡝᠪᡠᡵᡝ᠈

雨澤深透　普地一律沾濡

ᠠᡤᠠ ᠰᡳᠮᡝᠩᡤᡝ ᠰᡳᠮᡝᠩᡤᡝ ᠰᡠᠮᠠᠯᠠ᠈ ᠪᡳᡵᡝᠮᡝ ᠪᠠ ᡝᠮᡠ ᠠᠯᡳᠨ ᡳᠴᡳ ᠰᡳᠮᡝᡵᡝᠩᡤᡝ᠈

零星賊匪　概行剿滅

ᠠᠵᡳᡤᡝ ᡥᡡᠯᡥᠠ ᠪᡳ ᠰᡝᡵᡝᠩᡤᡝ ᠪᡝ᠈ ᡤᡝᠮᡠ ᠮᡝᡴᡨᡝᡵᡝ ᠮᡝᠵᡝᡵᡝᠩᡤᡝ᠈

一概重懲　決不寬貸

ᡤᡝᠮᡠ ᡠᠵᡝᠯᡝᠮᡝ ᡳᠰᡝᠪᡠᡵᡝ᠈ ᠠᡳᠨᠠᡥᠠ ᠰᡝᠮᡝ ᠣᠨᠴᠣᡩᠣᠮᡝ ᠪᠣᡵᠣᡥᠣᠨᡩᠣᡵᠣ᠈

一概普遍是 ᡤᡝᠮᡠ᠈　再有 ᠪᡳᡵᡝᠮᡝ 與 ᡤᡠᠪᠴᡳ

悉除夫似是之非

ᡠᡵᡠ ᠵᡝ ᠰᡝᡵᡝᠩᡤᡝ ᠸᠠᡴᠠ ᠪᡝ ᡤᡝᡨᡝᡵᡝᠮᠪᡠᡵᡝ ᡳᠰᡝᠪᡠᡵᡝ᠈

所有歷年案件　全行清理

ᠪᡠᠯᡝᡴᡠ ᠠᠨᡳᠶᠠ ᠠᠨᡳᠶᠠᡳ ᠪᠠᡳᡨᠠ ᠪᡝ᠈ ᡤᡝᡨᡝᡵᡝᠮᠪᡠᡵᡝ ᠪᠠᡳᠴᠠᠮᡝ ᠵᡳᡵᡤᠠᠮᡝ ᡤᡝᡨᡝᡵᡝᠮᠪᡠᡵᡝ᠈

撫綏彈壓　調度悉合機宜

ᠪᡠᠯᡝᡴᡠᠰᡝᠮᡝ ᡤᡠᠰᡝᠮᡝ ᠰᡝᡵᡝᠩᡤᡝ ᠪᡝ᠈ ᠪᠣᠯᠣᠮᡝ ᡤᡝᠩᡤᡳᠶᡝᠨ᠈ ᠶᠣᠣᠨᡳ ᠠᠯᡳᠨ ᡳᠴᡳ ᠠᠯᡳᠨᠠᠩᡤᠠ᠈

除會銜題奏外 先行知照該處可也

ᠠᠴᠠᠨ ᡤᡝᠪᡠ ᠸᡝᠰᡳᠮᠪᡠᡵᡝ ᡨᡠᠯᡤᡳᠶᡝᠨ᠈ ᠨᡝᠨᡝᠮᡝ ᡠᠯᡥᡳᠪᡠᠮᡝ ᡨᡝᡵᡝ ᠪᠠᡩᡝ ᡠᠩᡤᡳᠴᡳ ᠣᠮᠪᡳ᠈

除照例辦理外 相應聲明請旨

ᡴᠣᠣᠯᡳ ᠰᠣᠩᡴᠣᡳ ᡳᠴᡳᡥᡳᠶᠠᡵᠠ ᡨᡠᠯᡤᡳᠶᡝᠨ᠈ ᠠᠴᠠᡵᠠ ᠪᡝ ᡨᡠᠴᡳᠪᡠᠮᡝ ᡥᡝᠰᡝ ᠪᡝ ᠪᠠᡳᠮᠪᡳ᠈

除此之外 再没有别的様兒的了

ᡝᡵᡝᠴᡳ ᡨᡠᠯᡤᡳᠶᡝᠨ᠈ ᠵᠠᡳ ᡝᠨᠴᡠ ᡥᠠᠴᡳᠨ ᡳ ᠨᡳᠩᡤᡝ ᠠᡴᡡ᠈

除他之外 還有出衆的没有

ᡨᡝᡵᡝᠴᡳ ᡨᡠᠯᡤᡳᠶᡝᠨ᠈ ᡤᡝᠯᡳ ᠴᠣᠯᡤᠣᡵᠣᡴᠣᠩᡤᡝ ᠪᡳᠣ᠈

ᠴᡳ ᡨᡠᠯᡤᡳᠶᡝᠨ 是除之外 上遇破字加 ᠴᡳ᠈ ᠴᡳ

刊刻謄黃 遍行曉諭

ᡶᠣᠯᠣᡶᡳ ᠰᡠᠸᠠᠶᠠᠨ ᡥᠣᠣᡧᠠᠨ ᡩᡝ ᡩᠣᠣᠯᠠᡶᡳ᠈ ᠪᡳᡵᡝᠮᡝ ᡠᠯᡥᡳᠪᡠᠮᡝ ᠰᡝᠯᡤᡳᠶᡝᠮᠪᡳ᠈

由中達外 普感仁慈

ᡩᠣᡵᡤᡳᠴᡳ ᡨᡠᠯᡝᡵᡤᡳ ᡩᡝ ᡳᠰᡳᡨᠠᠯᠠ᠈ ᠪᡳᡵᡝᠮᡝ ᡤᠣᠰᡳᠨ ᡴᡝᠰᡳ ᠪᡝ ᡥᡠᡴᡧᡝᠮᠪᡳ᠈

他問你的是什麼事
ᡳ ᠰᡳᠨᡩᡝ ᡶᠣᠨᠵᡳᡥᠠᠩᡤᡝ ᠠᡳ ᠪᠠᡳᡨᠠ᠈

我告訴你的話如何
ᠪᡳ ᠰᡳᠨᡩᡝ ᠠᠯᠠᡥᠠ ᡤᡳᠰᡠᠨ ᠠᡩᠠᡵᠠᠮᡝ᠈

ᠰᡳᠨᡩᡝ᠈ ᠮᡳᠨᡩᡝ᠈ 共 ᠪᡝ 字

ᠰᡳᠩᡤᡝ᠈ ᡳᠨᡳ᠈ ᠮᡝᠨᡳ᠈

ᠮᡝ᠈ ᠪᡝ 與 ᠪᡝᠨᡝ᠈

你怎麼答應我來著呢
ᠰᡳ ᠮᡳᠨᡩᡝ ᠠᡳ ᠰᡝᠮᡝ ᠵᠠᠪᡠᡥᠠ᠈

上邊一定盡連 ᠪᡝ᠈

ᠮᡝᠨᡝ᠈ ᠮᡝᠪᡝ 與 ᠪᡝ᠈

ᡩᡝ᠈ ᠰᡝᡥᡝ᠈ ᠪᡝᠮᡝ᠈

據族長等報稱 本月并無添裁事故是實
ᠮᡠᡴᡡᠨ ᡳ ᡩᠠ ᠰᡝ ᠪᠣᠣᠯᠠᡥᠠ ᠪᡝ᠈ ᡝᡵᡝ ᠪᡳᠶᠠ ᡠᠮᠠᡳ ᠨᠣᠩᡤᡳᡵᡝ ᡝᡴᡳᠶᡝᠨᡩᡝᡵᡝ ᠪᠠᡳᡨᠠ ᠠᡴᡡ ᠶᠠᡵᡤᡳᠶᠠᠨ ᠰᡝᠮᡝ ᠪᠣᠣᠯᠠᡥᠠᠪᡳ᠈

據該大臣奏稱 自係實在情形 加恩著毋庸議
ᡨᡝᡵᡝ ᠠᠮᠪᠠᠨ ᡳ ᠸᡝᠰᡳᠮᠪᡠᡥᡝᠩᡤᡝ᠈ ᡝᡵᡝ ᠶᠠᡵᡤᡳᠶᠠᠨ ᡳ ᠪᡳᠰᡳᡵᡝ ᠠᡵᠪᡠᠨ ᠪᡝ᠈ ᡴᡝᠰᡳ ᡳᠰᡳᠪᡠᠮᡝ ᡤᡳᠰᡠᡵᡝᡵᡝ ᠪᡝ ᠨᠠᡴᠠ᠈

據該員稟稱 母老有疾 懇請終養等語
ᡨᡝᡵᡝ ᡥᠠᡶᠠᠨ ᡳ ᠠᠯᡳᠪᡠᡥᠠᠩᡤᡝ᠈ ᡝᠮᡝ ᠰᠠᡴᡩᠠᡶᡳ ᠨᡳᠮᡝᡴᡠ ᠪᡳ ᠪᡳᠰᡳᡵᡝ ᠵᠠᠯᡳᠨ ᠪᡠᡵᡝ᠈ ᠪᡠᡵᠠᡴᡡ ᡠᠵᡳᠮᡝ ᠪᠠᡳᠮᡝ ᠪᡳᠰᡳᡵᡝ ᠪᠣᠣᠯᠠᡥᠠᠪᡳ᠈

由他至此又轉述
ᠰᡝᡥᡝᠩᡤᡝ᠈ ᠰᡝᡵᡝᠩᡤᡝ᠈ ᠪᡝᡳ᠈ 據稱說

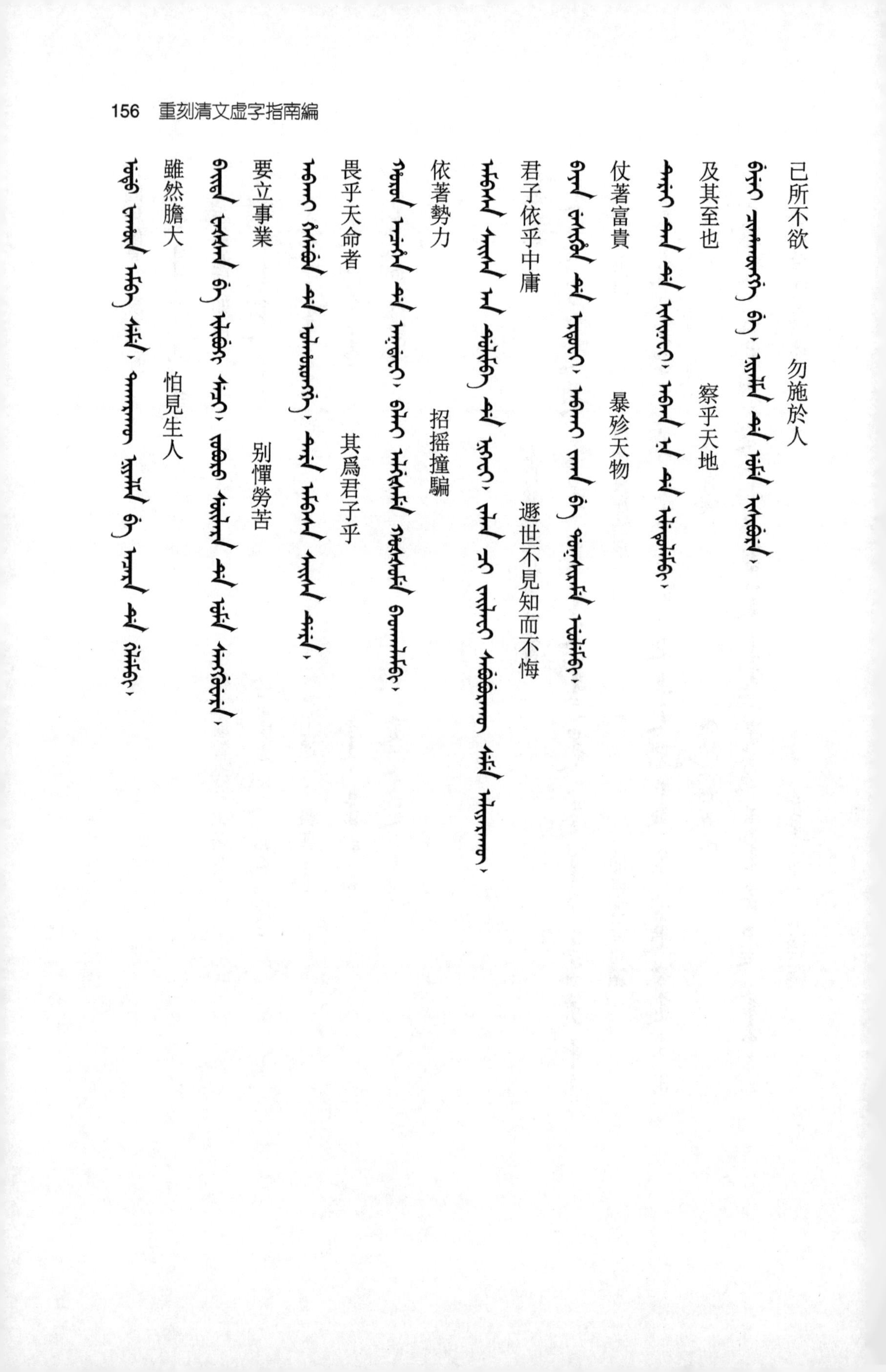

己所不欲　勿施於人

及其至也　察乎天地

仗著富貴　暴殄天物

君子依乎中庸　遯世不見知而不悔

依著勢力　招摇撞騙

畏乎天命者　其爲君子乎

要立事業　别憚勞苦

雖然膽大　怕見生人

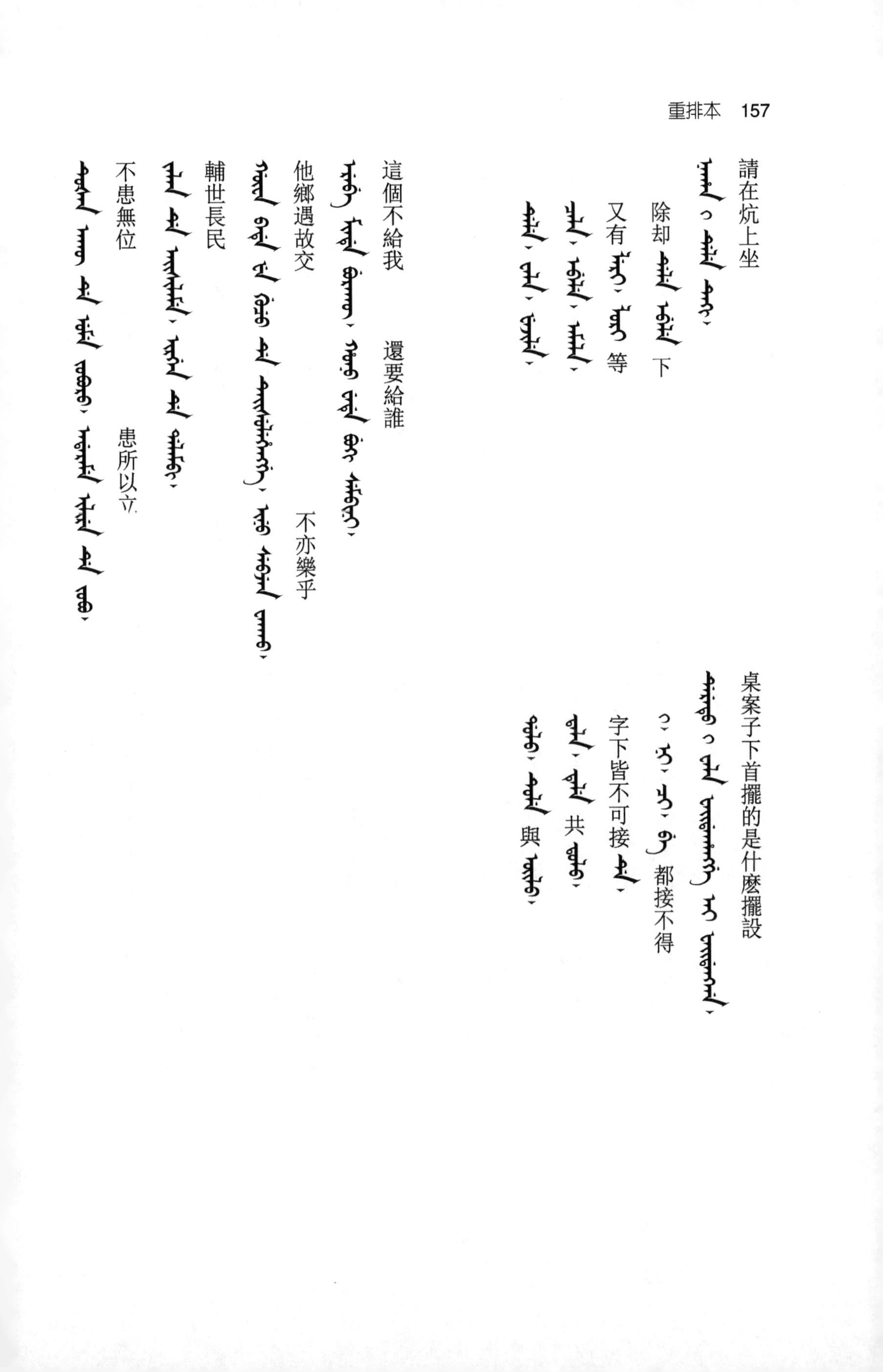

請在炕上坐

除却 下

又有 等

這個不給我 還要給誰

他鄉遇故交 不亦樂乎

輔世長民

不患無位 患所以立

桌案子下首擺的是什麼擺設

都接不得

字下皆不可接

共

與

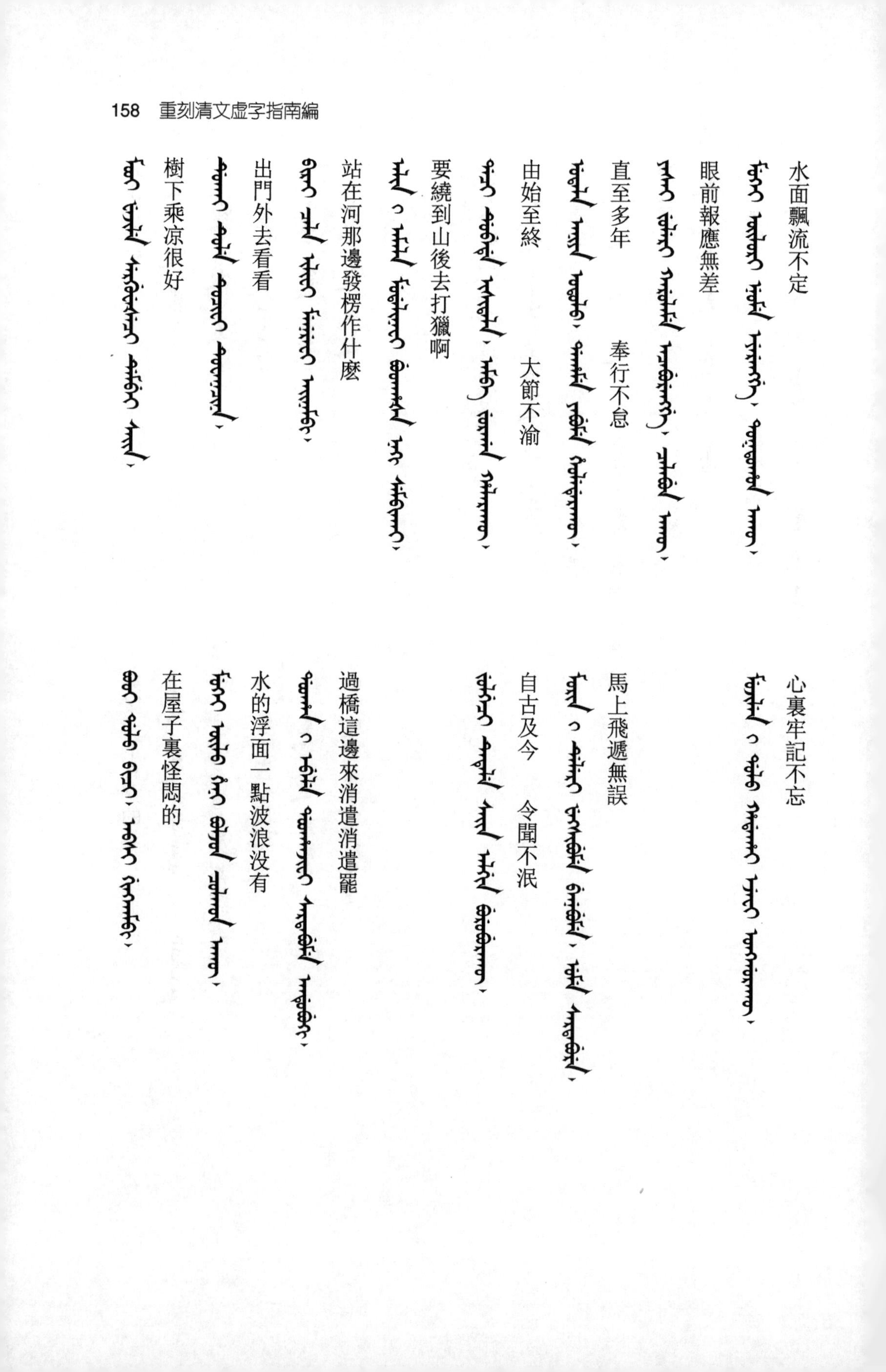

水面飄流不定

眼前報應無差

直至多年　奉行不怠

由始至終　大節不渝

要繞到山後去打獵啊

站在河那邊發楞作什麽

出門外去看看

樹下乘涼很好

心裏牢記不忘

馬上飛遞無誤

自古及今　令聞不泯

過橋這邊來消遣消遣罷

水的浮面一點波浪没有

在屋子裏怪悶的

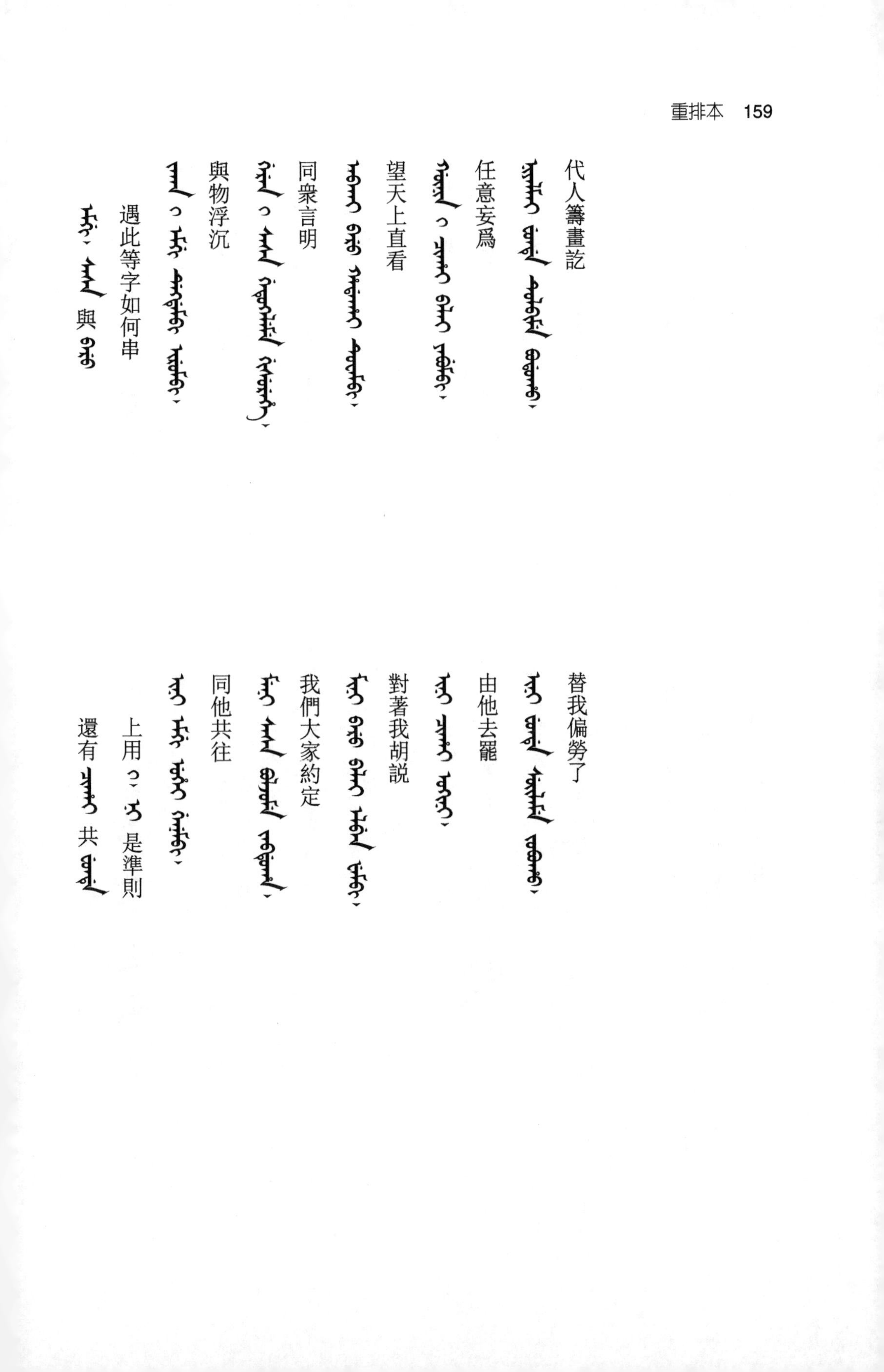

代人籌畫訖

[illegible]

任意妄爲

[illegible]

望天上直看

[illegible]

同衆言明

[illegible]

與物浮沉

[illegible]

遇此等字如何串

[illegible] 與 [illegible]

替我偏勞了

[illegible]

由他去罷

[illegible]

對著我胡說

[illegible]

我們大家約定

[illegible]

同他共往

[illegible]

上用 [illegible] 是準則

還有 [illegible] 共 [illegible]

專摺奏聞
ᠪᡠᡴᡩᠠᡵᡠᠨ ᠠᡵᠠᠮᡝ ᠪᡠᡴᡩᠠᡶᡳ ᠸᡝᠰᡳᠮᠪᡠᡥᡝᠩᡤᡝ᠈

奉旨查辦
ᡥᡝᠰᡝ ᠪᠠᡳᠴᠠᡶᡳ ᡳᠴᡳᡥᡳᠶᠠᡵᠠᠩᡤᡝ᠈

心神不定
ᡤᡡᠨᡳᠨ ᠮᡠᠵᡳᠯᡝᠨ ᡨᠣᡴᡨᠣᡵᠠᡴᡡ ᠣᡥᠣᠩᡤᡝ᠈

是事愛忘
ᡝᡳᡨᡝᠨ ᠪᠠᡳᡨᠠ ᠣᠩᡤᠣᡵᠣ ᠠᠮᡠᡵᠠᠩᡤᡝ᠈

賞加二品銜
ᠵᠠᡳ ᠵᡝᡵᡤᡳ ᠵᡝᡵᡤᡳ ᡳ ᠵᡳᠩᠰᡝ ᡧᠠᠩᠨᠠᠮᡝ ᠨᠣᠩᡤᡳᡥᠠᠩᡤᡝ᠈

照樣作罷
ᡳᠨᡳ ᡨᡠᠸᠠᡥᠠ ᡳ ᠰᠣᠩᡴᠣ ᠣᠪᡠᡥᠠᠩᡤᡝ᠈

隨風蕩漾
ᡝᡩᡠᠨ ᡳ ᡳᠴᡳ ᡩᡝᠶᡝᡵᡝᠩᡤᡝ᠈

上接 ᡳ᠂ ᡳᠨᡳ 與 ᡩᡝ᠂ ᡩᡝ᠈
ᡳᠴᡳ᠂ ᠰᠣᠩᡴᠣ᠂ ᡳᠴᡳ᠈

為瀝情請旨事
ᡤᡡᠨᡳᠨ ᠪᡝ ᡨᡠᠴᡳᠪᡠᠮᡝ ᡥᡝᠰᡝ ᠪᡝ ᠪᠠᡳᡵᡝ ᠵᠠᠯᡳᠨ᠈

所因何事
ᠠᡳ ᠪᠠᡳᡨᠠ ᠵᠠᠯᡳᠨ᠈

因有嗜好之由
ᠪᡠᡳᡥᡝ ᠠᠮᡠᡵᠠᠨ ᠪᡳᠰᡳᡵᡝ ᠵᠠᠯᡳᠨ᠈

是記性不好的緣由
ᡝᠵᡝᠰᡠ ᡝᡥᡝ ᡳ ᠵᠠᠯᡳᠨ᠈

飛潛動植之物
ᡩᡝᠶᡝᡵᡝ ᡳᡵᡠᡵᡝ ᠠᡧᡧᠠᡵᠠ ᠪᠠᠨᠵᡳᡵᡝ ᠵᠠᡴᠠ᠈

著依議
ᡤᡳᠰᡠᡵᡝᡥᡝ ᠰᠣᠩᡴᠣᡳ ᠣᠪᡠ᠈

順手所指
ᡤᠠᠯᠠ ᠠᠴᠠᠪᡠᠮᡝ ᠵᠣᡵᡳᡥᠠ᠈

ᡳ᠂ ᡳᠨᡳ᠂ ᠪᡝ 等也使得
ᡳ᠂ ᡳ᠂ ᠵᠠᠯᡳᠨ 多

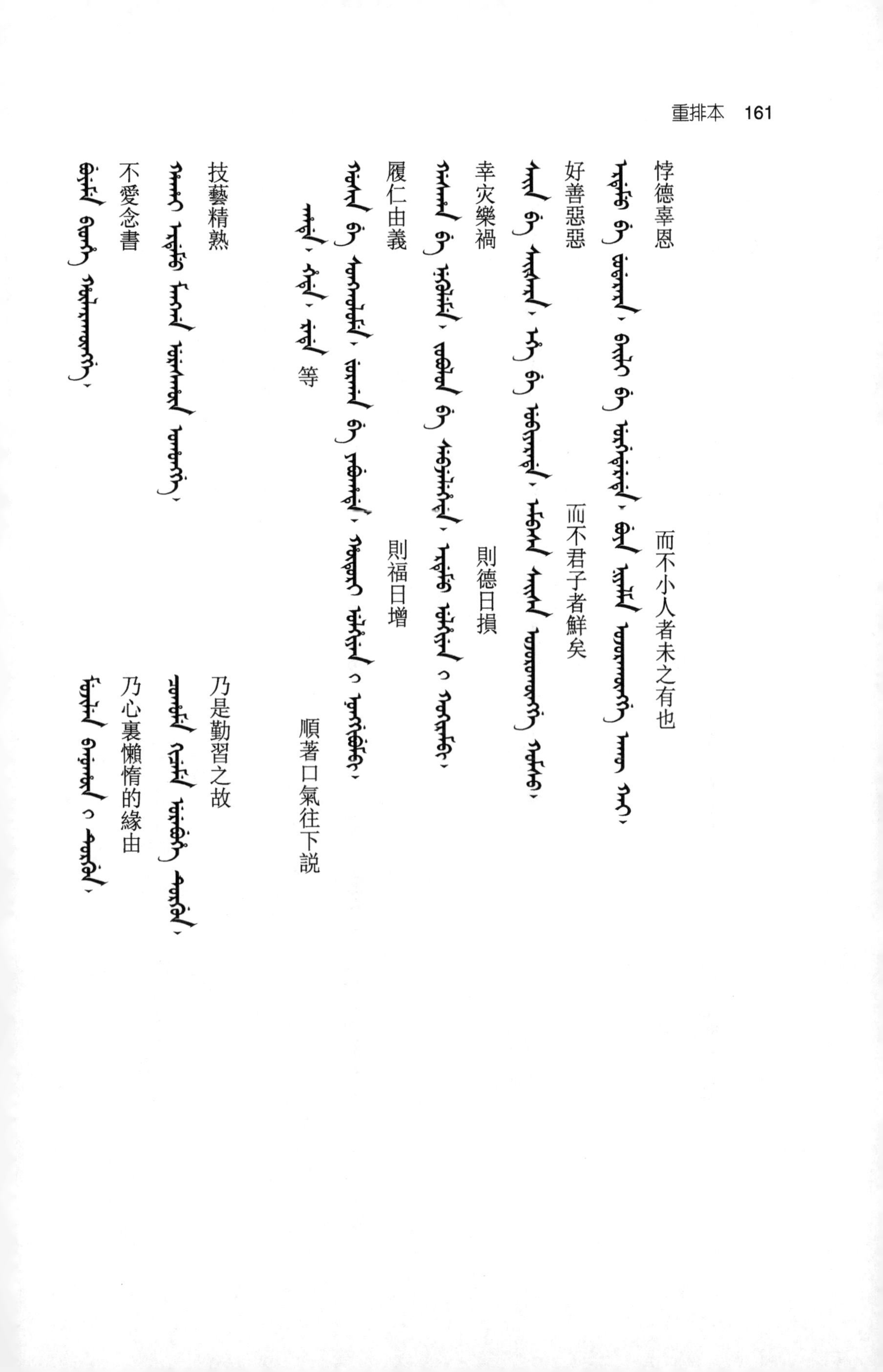

悖德辜恩　而不小人者未之有也

好善惡惡　而不君子者鮮矣

幸灾樂禍　則德日損

履仁由義　則福日增

等　順著口氣往下說

技藝精熟　乃是勤習之故

不愛念書　乃心裏懶惰的緣由

ᡤᡝᠯᡳ ᡨᡝᡵᡝᡳ ᠣᠶᠣᠩᡤᠣᠩᡤᡝ᠈ ᡝᡵᡝ ᠣᠴᡳ ᠣᠶᠣᠩᡤᠣᠩᡤᡝ ᡴᠠᡳ᠈
又其要焉者也

ᠪᡝᠶᡝ ᡩᠠᠰᠠᡵᠠ᠈ ᠪᠣᠣ ᠪᡝ ᡨᡝᡴᠰᡳᠯᡝᡵᡝ᠈ ᠮᡠᠵᡳᠯᡝᠨ ᠪᡝ ᡨᠣᠪ᠈ ᡤᡡᠨᡳᠨ ᠪᡝ ᡠᠨᡝᠩᡤᡳ ᠪᡝ ᡩᠠ ᠪᡝ ᠵᠠᡴᠠ ᠪᡝ ᡥᠠᡶᡠᡵᡝ
修身齊家　以正心誠意爲本　而格物致知

ᡴᡳ᠈ ᡤᡳ 下無 ᡴᡳ᠈ ᡤᡳ᠈ ᡥᡳ᠈

ᡳᠨᡝᠩᡤᡳ ᡨᠣᠮᡝ ᡳᠰᡳᠪᡠᠮᡝ᠈ ᠪᡳᠶᠠᡩᠠᡵᡳ ᠪᡠᠰᡝᠮᡝ᠈ ᡨᠠᠴᡳᠨ ᡤᡝᠩᡤᡳᠶᡝᠨ ᡝᠯᡩᡝᠩᡤᡝ ᡩᡝ ᡳᠰᡳᠨᠠᠮᠪᡳ᠈
日就月將　學有緝熙於光明

已然推效無 ᡴᡳ᠈ ᡤᡳ

ᠪᡳᡨᡥᡝ ᡨᠠᠴᡳᠮᡝ᠈ ᠴᠣᠣᡥᠠ ᡠᡵᡝᠪᡠᠮᡝ᠈ ᡤᡠᠩᡤᡝ ᠮᡠᡨᡝᠪᡠᠮᡝ᠈ ᡤᡝᠪᡠ ᡳᠯᡳᠪᡠᠮᡝ᠈
習文　演武　功成　名立

ᠮᡝ 本是有力字

如何辦 ᠠᡩᠠᡵᠠᠮᡝ ᡳᠴᡳᡥᡳᠶᠠᠮᠪᡳ᠈ 近時句尾加 ᠨᡳ 字
ᠠᡩᠠᡵᠠᠮᡝ 如何 ᠠᡳᠨᠠᡥᠠᡳ 未必

怎麼治 ᠠᡩᠠᡵᠠᠮᡝ ᡩᠠᠰᠠᠮᠪᡳ᠈ 老語 ᠠᠪᠰᡳ 即可托
總作怎麼焉豈何

總之調停得宜 ᡠᡥᡝᡵᡳ ᠠᠴᠠᠪᡠᠮᡝ ᡳᠴᡳᡥᡳᠶᠠᠴᡳ ᠠᠴᠠᠨᠠᠴᡳ᠈ ᡠᡨᡥᠠᡳ ᡝᠨᡩᡝᠪᡠᡴᡠ ᠠᡴᡡ ᠣᠮᠪᡳ᠈ 便無過失矣
總而善籌畫者 ᡠᡥᡝᡵᡳ ᠪᠣᡩᠣᡵᠣ ᠪᠣᡩᠣᡵᠣ ᠮᠠᠩᡤᠠ ᡠᡵᠰᡝ᠈ ᠠᠮᠪᠠ ᠮᡠᡵᡠ ᡤᡝᠮᡠ ᡤᡠᠩᡤᡝ ᠮᡠᡨᡝᠪᡠᡥᡝᠪᡳ 大抵悉皆成功
總而言之凡勤學之士 ᡠᡥᡝᡵᡳ ᡝᠰᡝ ᠶᠠᠶᠠ ᡴᡳᠴᡝᠮᡝ ᡨᠠᠴᡳᡵᡝ᠈ ᠠᠮᠠᠯᠠ ᡤᡝᠮᡠ ᠮᡠᡨᡝᡥᡝᠪᡳ᠈ 後來皆成了
總而神情 ᡠᡥᡝᡵᡳ
後文末用 ᠰᡝ᠈ ᠰᡝᠮᡝ᠈ ᠰᡝᡥᡝ᠈

衣服得了再穿 ᡝᡨᡠᡴᡠ ᠪᠠᡥᠠ ᠮᠠᠩᡤᡳ᠈ ᠵᠠᡳ ᡝᡨᡠᠮᠪᡳ᠈
ᠪᠠᡥᠠ 之下忌 ᠴᡳ 托
飯食得了再吃 ᠪᡠᡩᠠ ᠪᠠᡥᠠ ᠮᠠᠩᡤᡳ᠈ ᠵᠠᡳ ᠵᡝᠮᠪᡳ᠈

誠爲梓材

ᠪᠠᡳᡨᠠᠩᡤᠠ ᠰᡝ ᡠᠨᡝᠩᡤᡳ᠉

果然不差

ᡨᠠᡧᠠᠨ ᠠᡴᡡ ᡠᠨᡝᠩᡤᡳ᠉

果然誠爲是 ᡠᠨᡝᠩᡤᡳ

何事於仁

ᠠᡳᠨᠠᡥᠠ ᡤᠣᠰᡳᠨ ᡳ ᠪᠠᡳᡨᠠ ᠨᡳ᠉

焉能不喜

ᠠᡳᠨᠠᡥᠠ ᡠᡵᡤᡠᠨᠵᡝᡵᠠᡴᡡ ᠪᡳ ᡠᠨᡝᠩᡤᡳ᠉

焉望成乎

ᠠᡳᠨᠠᡥᠠ ᡨᡠᡵᡤᡠᠨ ᡩᡝ ᡧᠠᠩᡤᠠᠮᠪᡳ᠉

君子焉可誣也

ᠠᡳᠨᠠᡥᠠ ᠠᡳᠰᡳ ᠪᡝ ᠠᡳᠰᡳᠨ ᡧᠠᠩᡤᠠᠮᠪᡳ ᠠᡳᠨᡳ᠉

誠爲至寶

ᡨᡝᠨ ᡳ ᠪᠣᠣᠪᠠᡳ ᡠᠨᡝᠩᡤᡳ᠉

果然不虛

ᡥᠣᠯᠣ ᠠᡴᡡ ᡠᠨᡝᠩᡤᡳ᠉

往往句下末尾托

豈可忽也

ᠠᡳᠨᠠᡥᠠ ᠣᡵᡤᡳᠯᡳᠮᠪᡳ ᡠᠨᡝᠩᡤᡳ᠉

未必不然

ᠠᡳᠨᠠᡥᠠ ᡥᠣᠣᠮᠪᡳ ᠠᡴᡡ ᠨᡳ᠉

豈能脫然事外哉

ᠠᡳᠨᠠᡥᠠ ᠪᠠᡳᡨᠠ ᠨᡳ ᡨᡠᠯᡝᡵᡤᡳ ᡠᠨᡝᠩᡤᡳ᠉

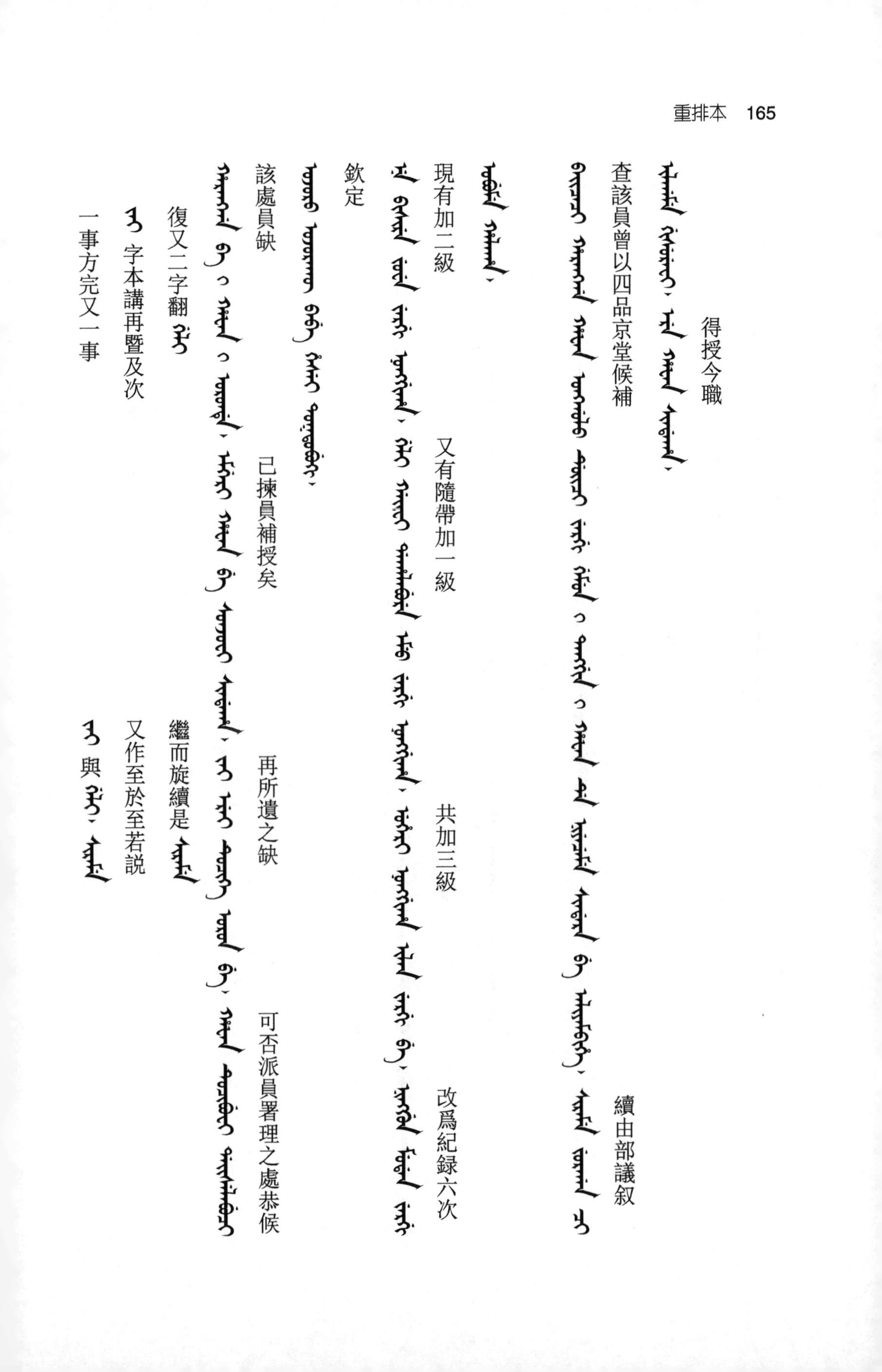

得授今職

查該員曾以四品京堂候補　續由部議叙

現有加二級　又有隨帶加一級　共加三級　改爲紀録六次

欽定

該處員缺　已揀員補授矣　再所遺之缺　可否派員署理之處恭候

復又二字翻　繼而旋續是

字本講再暨及次　又作至於至若說

一事方完又一事　與

始而應允 繼而食言

ᡨᡠᡴᡨᠠᠨ ᡩᡝ ᠠᠩᡤᠠ ᠠᠯᠵᠠᡥᠠ ᠪᡳᠮᡝ᠈ ᠠᠮᠠᠯᠠ ᡤᡝᠯᡳ ᠠᡳᡶᡠᡥᠠ᠈

復取石氏書 刪其繁亂

ᡤᡝᠯᡳ ᡧᡳ ᡥᠠᠯᠠᠩᡤᠠ ᡳ ᠠᡵᠠᡥᠠᠩᡤᡝ ᠪᡝ ᡤᠠᡳᡶᡳ᠈ ᡨᡝᡵᡝᡳ ᠯᠠᡵᡤᡳᠨ ᡶᠠᠴᡠᡥᡡᠨ ᠪᡝ ᠮᡝᡳᡨᡝᡥᡝ᠉

ᠠᡵᡴᡡᠰᠠᠪᡠᡥᠠ᠈

至若父有家子 稱曰家督 弟有伯兄 尊曰家長

ᠠᠮᠠ ᡩᡝ ᠪᠣᠣ ᡳ ᠵᡠᡳ ᠪᡳᠴᡳ᠈ ᠪᠣᠣ ᡳ ᡩᠠ ᠰᡝᠮᡝ ᡥᡡᠯᠠᠮᠪᡳ᠈ ᡩᡝᠣ ᡩᡝ ᠠᡥᡡᠨ ᠠᡥᡡᠨ ᠪᡳᠴᡳ᠈ ᠪᠣᠣ ᡳ ᡝᠵᡝᠨ ᠰᡝᠮᡝ ᡥᡡᠯᠠᠮᠪᡳ ᡩᡝ

至於爾兵民 不知學校爲重 以爲與爾等無與

ᠵᠠᡳ ᠰᡠᠸᡝᠨᡳ ᠴᠣᠣᡥᠠ ᡳᡵᡤᡝᠨ᠈ ᡨᠠᠴᡳᡴᡡ ᡳ ᠪᠠᡳᡨᠠ ᠪᡝ ᠣᠶᠣᠩᡤᠣ ᠰᡝᠮᡝ ᠰᠠᡵᡴᡡ᠈ ᠰᡠᠸᡝᠨᡩᡝ ᡩᠠᠯᠵᠠᡴᡡ ᠰᡝᠮᡝ ᡤᡡᠨᡳᠮᠪᡳ᠈

是年交部核議 次年舉行可也

ᡨᡝᡵᡝ ᠠᠨᡳᠶᠠ ᠵᡠᡵᡤᠠᠨ ᡩᡝ ᠪᠠᡳᠴᠠᠮᡝ ᡤᡳᠰᡠᡵᡝᡶᡳ ᡤᡳᠰᡠᡵᡝᡥᡝᠩᡤᡝ᠈ ᠵᠠᡳ ᠠᠨᡳᠶᠠ ᠶᠠᠪᡠᠪᡠᠴᡳ ᠣᠮᠪᡳ᠈

斯禮也 達乎諸侯大夫及士庶人

ᡝᡵᡝ ᡩᠣᡵᠣᠯᠣᠨ ᡤᠣᠯᠣᡳ ᠪᡝᡳᠰᡝ ᠠᠮᠪᠠᠰᠠ᠈ ᠵᠠᡳ ᡨᠠᠰᡳᡵᡥᠠᠨ ᠰᡠᠯᠠ ᡳᡵᡤᡝᠨ ᡩᡝ ᡳᠰᡳᠪᡠᡥᠠ᠈

垂拜稽首 讓于殳斨暨伯與

ᠵᡳ ᡥᡝᠩᡴᡳᠯᡝᠮᡝ ᠨᡳᠶᠠᡴᡡᡵᠠᡶᡳ᠈ ᡧᡠ ᠴᡳᠶᠠᠩ ᠵᠠᡳ ᠪᠣ ᡳ ᡩᡝ ᠠᠨᠠᠪᡠᡥᠠ᠈

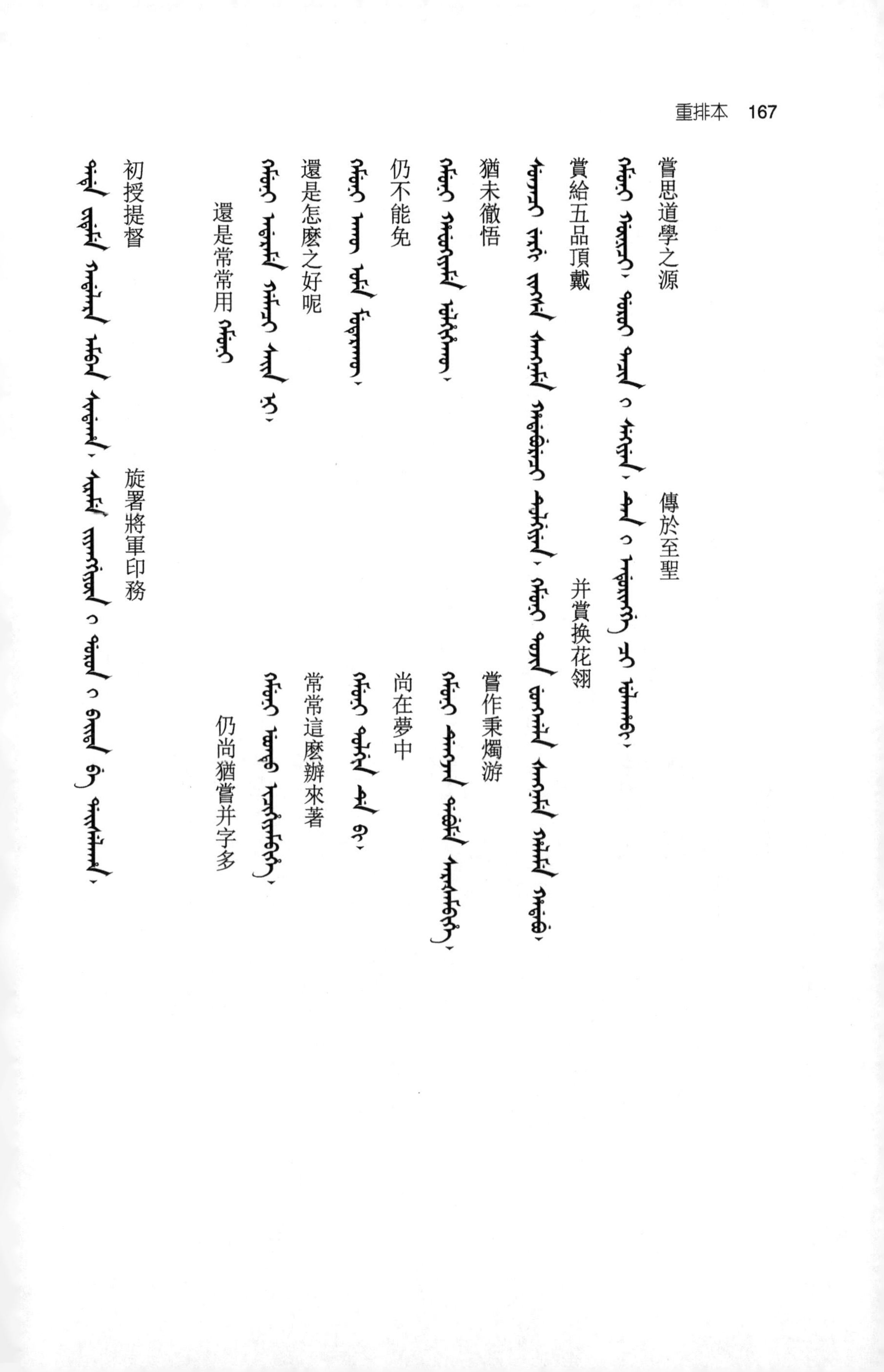

嘗思道學之源　傳於至聖

賞給五品頂戴　并賞換花翎

猶未徹悟　嘗作秉燭游

仍不能免　尚在夢中

還是怎麼之好呢　常常這麼辦來著

還是常常用　仍尚猶嘗并字多

初授提督　旋署將軍印務

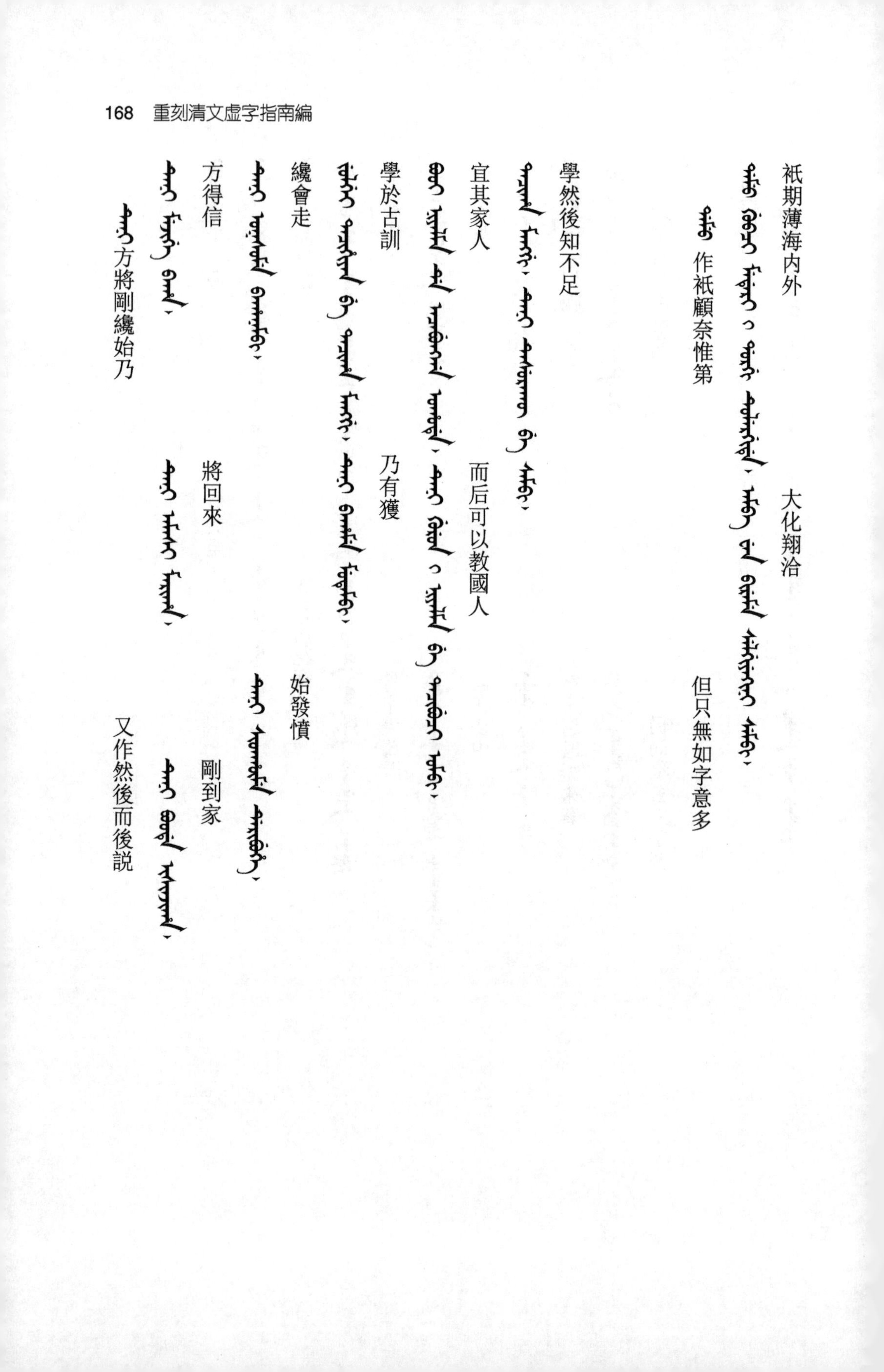

祇期薄海内外　大化翔洽

[illegible]

[illegible]　作祇顧奈惟第　但只無如字意多

學然後知不足

[illegible]

宜其家人　而后可以教國人

[illegible]

學於古訓　乃有獲

[illegible]

纔會走　始發憤

[illegible]

方得信　將回來　剛到家

[illegible]

[illegible]　方將剛纔始乃　又作然後而後說

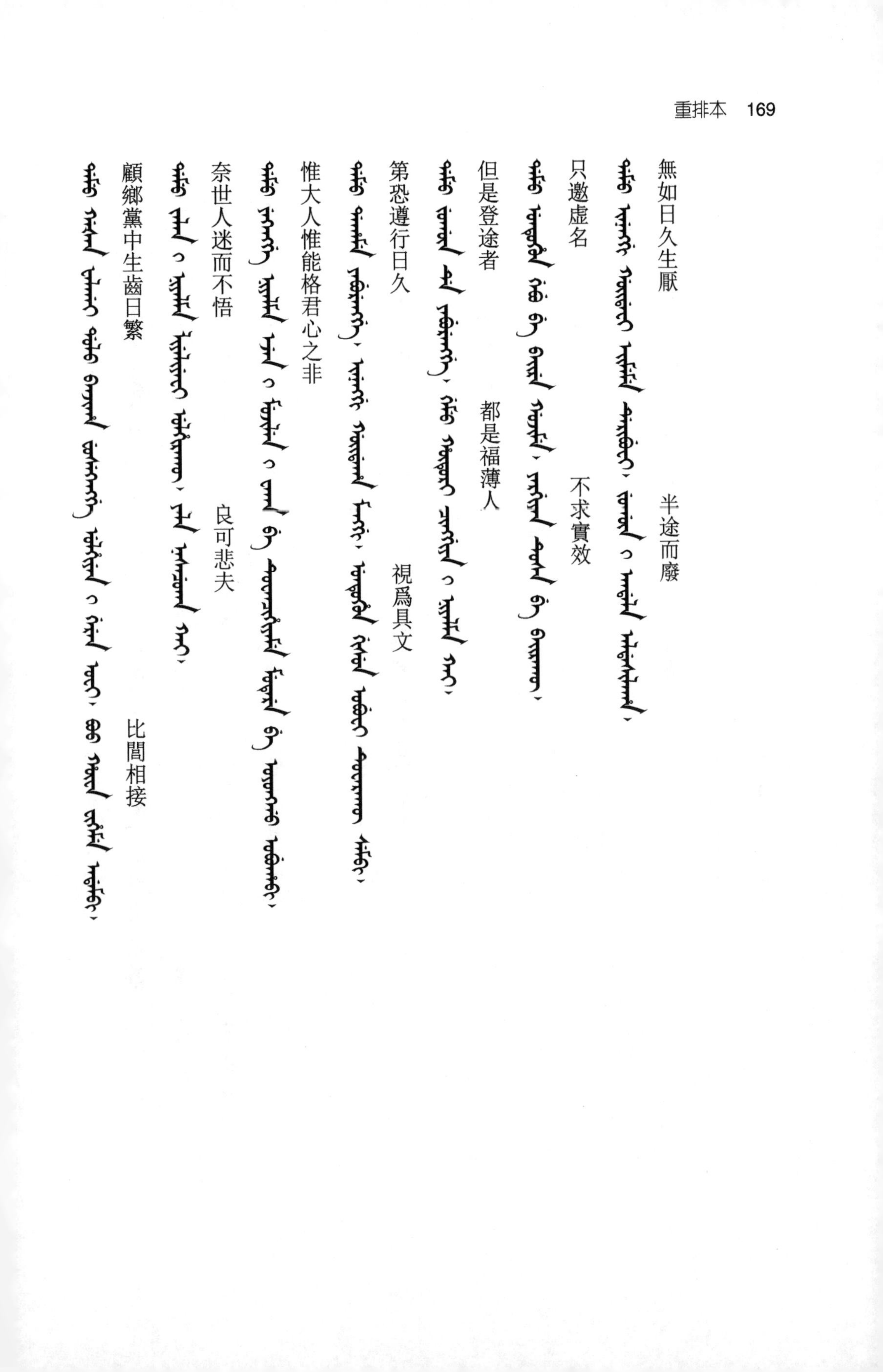

無如日久生厭 半途而廢

只邀虛名 不求實效

但是登途者 都是福薄人

第恐遵行日久 視爲具文

惟大人惟能格君心之非

奈世人迷而不悟 良可悲夫

顧鄉黨中生齒日繁 比閭相接

ᡩᠠᠪᠠᠯᠠ 作而已用　　ᡩᠠᠪᠠᠨᠠᡴᡡ 而已矣說

ᡩᠠᠪᠠᠯᠠ 上連 ᠨᡳ 字　　ᡩᠠᠪᠠᠨᠠᡴᡡ 上接 ᡩᡝ

ᠠᡳᠨᠠᠮᡝ ᠪᠠᡳᡨᠠ ᠪᡝ ᡩᡠᠸᡝᠨᡨᡝᠯᡝ ᡩᠠᠪᠠᠯᠠ᠈ ᠠᠨᡳᠶᠠ ᠶᠣᠩᡴᡳᠶᠠᠨ ᠪᡝ ᠪᠠᡳᠮᠪᡳᠨᡳ᠈

無非了事而已　何必求全

ᠠᡳᠨᠠᠮᡝ ᡠᡨᡨᡠ ᠣᠵᠣᡵᠣ ᡩᠠᠪᠠᠯᠠ᠈ ᠠᡩᠠᡵᠠᠮᡝ ᠠᠮᠠᠰᡳ ᡳᠯᡤᠠᠪᡠᠮᠪᡳᠨᡳ

不過如此而已　還要怎麼辨呢

ᡶᡠᡯᡳ ᡳ ᡩᠣᡵᠣ᠈ ᡨᠣᠨᡩᠣ᠈ ᡤᡳᠯᠵᠠᠨ ᡩᡝ ᡩᠠᠪᠠᠨᠠᡴᡡ᠈

夫子之道　忠恕而已矣

ᡨᠠᠴᡳᠨ ᡶᠣᠨᠵᡳᠨ ᡳ ᡩᠣᡵᠣ ᡤᡡᠸᠠ ᠠᡴᡡ᠈ ᡩᠠᠮᡠ ᡠᡴᠴᠠᡥᠠ ᠮᡠᠵᡳᠯᡝᠨ ᠪᡝ ᠪᠠᡳᡵᡝ ᡩᡝ ᡩᠠᠪᠠᠨᠠᡴᡡ᠈

學問之道無他　求其放心而已矣

今將清文之法則　集成數語利初學

ᠪᡳ ᠵᡳᠨᠠᠨ ᠪᡳᡨᡥᡝ ᡳ ᠪᠠᠨᠵᡳᠪᡠᡥᠠ ᠪᡝ ᠸᠠᠴᡳᡥᡳᠶᠠᡶᡳ᠈ ᡤᡡᠨᡳᠴᡳ᠈ ᡠᠨᡨᡠᡥᡠᠨ ᡥᡝᡵᡤᡝᠨ ᡳ ᡤᡳᠰᡠᠨ ᠪᡳ ᠰᡝᠮᡝ᠈ ᡩᡠᠯᡝᡶᡳ ᠪᡳᡨᡥᡝ ᠠᡩᠠᡵᠠᠮᡝ ᠠᡴᡡ ᠣᠮᠪᡳ

余於指南編竟　因思虛字既已有詞　過文豈可無具

ᡨᡠᡨᡨᡠ ᠴᡳᡥᠠᡳ᠈ ᠠᡳᠨᠠᠮᡝ ᡠᡩᡠ ᡤᡳᠰᡠᠨ ᠪᠠᠨᠵᡳᠪᡠᡶᡳ᠈ ᡨᡠᡴᡨᠠᠨ ᡨᠠᠴᡳᡵᡝ ᡠᡵᠰᡝ ᡩᡝ ᡨᡠᠸᠠᠪᡠᡥᠠ᠈

於是杜撰數語　以示初學

平鋪變翻與調換
實義虛文須仔細
ᡩᡝ、ᠪᡝ、ᠴᡳ、ᡳ 中間串
清文一道却如何
歌曰
此是清文總規矩
ᠮᡝ 等字承何語
所有長音各 ᡳ 字
還有 ᡨᡝ、ᡩᡝ、ᡩᠣ 字外
ᠮᡳ 字上除 ᡳ 共 ᡩᡝ
ᠮᠣ、ᠮᡝ、ᠮᠣ 等字外
更有破字 ᡨᡝ、ᡩᡝ、ᡨᠣ
ᡩᡝ、ᠪᡝ、ᡴᡳ 字三個上
ᡴᡳ 接整字 ᡨᠣ 等 ᠪᠣ
ᡳ 字之上接整字

減多增少細琢磨
已然未然要斟酌
ᡴᡳ、ᠮᡳ、ᠮᠣ 等末尾多
整上破下是文波
寄語學人自參酌
整字末尾結文多
亦如整字用法活
整破不拘皆連得
ᡩᡝ、ᡩᡝ 共 ᡩᠣ
其餘破都接得
ᠮᡳ、ᠮᡳ、ᠮᠣ、ᡴᠣ 字多
除去 ᡳ、ᡴᡳ 與 ᡴᡳ、ᡩᡝ
ᠮᡝ、ᡴᡝ、ᠮᠣ 與 ᠮᡝ、ᡴᡝ、ᠮᠣ
無論單連都使得

ᡝᡵᡝ ᠪᡝ ᡩᠠᡥᠠᠮᡝ ᡨᠠᠴᡳᠮᡝ ᠣᡥᠣᡩᡝ᠈ ᠠᡳᠨᠴᡳ ᡳᠨᡝᠩᡤᡳ ᡳ ᡠᠯᡥᡳᠶᡝᠨ ᠪᡳᠶᠠᡳ ᠨᠣᠩᡤᡳᠨ᠈ ᠮᡳᠴᡳᡥᡳᠶᠠᠨ ᠴᡳ ᡧᡠᠮᡳᠨ ᡩᡝ ᡳᠰᡳᠨᠠᠴᡳ ᠣᠮᠪᡳ᠉

依此學去 庶幾日就月將 可由淺而造其深也

ᡝᡵᡝ ᡝᠮᡠ ᡠᠴᡠᠯᡝᠨ᠈ ᠨᡝᠨᡝᠮᡝ ᠮᠠᠨᠵᡠ ᠪᡳᡨᡥᡝᡳ ᡴᠣᠣᠯᡳ ᠪᡝ ᡤᡳᠰᡠᡵᡝᡥᡝ᠈ ᠰᡳᡵᠠᠮᡝ ᡠᠪᠠᠯᡳᠶᠠᠮᠪᡠᡵᡝ ᠠᡵᡤᠠ ᠪᡝ ᡤᡳᠰᡠᡵᡝᡥᡝ᠈ ᡨᠠᠴᡳᡵᡝ

此一歌 先言清文之則 次言翻譯之法 學者

轉寫本

萬福序

manju gisun -i untuhun hergen -i temgetu jorin bithei xutuqin

《清文虛字指南編》序

manju bithe oqibe, nikan bithe oqibe, gemu doro be ejere tetun.

文無清漢，皆爲載道之輿。

julgei gisun okini, te -i gisun okini, youni bithe be ulara baitalan.

辭有古今，悉屬傳文之具。

kungzi -i henduhengge: gisun de xu akv oqi, ularangge goidarakv sehe be tuwaqi.

孔子曰："言之無文，行之不遠。"

doro, bithei ildun de genggiyelere be dahame, bithe inu gisun -i ildun de iletulembikai.

是道以文明，而文亦由辭而顯也。

te biqi ihan be qukubuhe, tura de jalukiyahangge, bithe qagan ton akv.

夫[1]汗牛充棟，載籍靡窮。

tuttu seme nikan bithe udu ambula biqibe, ulhime bahanahai xuwe hafuka de,

然漢文雖博，而融會貫通，

bihe bihei ini qisui ereqi tede hafunara ferguwequke babi.

久之自有即此達彼之妙。

manju bithede oqi tuttu akv.

清文則弗然。

1 己酉本無"夫"字，據光緒甲午年刻本補出。

emu gisun -i sarkv bithe biqi, uthai emu gisunde iqihi ombi.

文有一句不知，即爲一句之疵。

emu hergen -i ulhirakv gisun biqi, uthai emu hergen de fiyartun ombi.

句有一字未解，即爲一字之玷。

tere anggala manju bithei mangga ba, untuhun gisunde bisire dabala, yargiyan hergen de akv.

且清文之難，純在虛文，而不在實字。

deribure aqabure kemun iqi de, untuhun gisun akv oqi. terei jurgan be iletuleme muterakv,

起合之準繩，非虛文，無以達其義。

holboro ulire sudala siren de, untuhun gisun akv oqi, terei gvnin be tuyembume banjinarakv.

貫串之脉絡，非虛文，弗克傳其神。

taqire urse, terei kemun iqi be baharakv oqi, duribure aqabure babe ilgame muterakv.

學者不得其準繩，則起合無以辨。

sudala siren be sarkv oqi, holboro ulire babe getukeleme muterakv.

不知其脉絡，則貫串無由明。

tere ubaliyambuha sunja nomun duin bithe -i jergi geren bithe de,

其五經四子翻譯諸書，

untuhun gisun yargiyan jurgan be gemu yongkiyabuha biqibe,

虛文實義，無所不備，

damu debtelin jaqi labdu, emu erinde biretei akvname tuwame banjinarakv,

然卷帙繁多，一時遍覽難周，

ede tuktan taqire urse de tusa ojoro hergen tomorhon gisun gisun -i bithe be baiki seqi, yala absi mangga ni.

求其字簡句易有裨於初學者，戛戛乎難之。

ubabe gvninaha dari, herqun akv ede gvnin axxafi.

每念及此，不覺有感於斯。

tereqi mini mentuhun albatu be bodorakv, beyei heni saha babe tuqibume.

於是不揣鄙陋，樗櫟自專。

manju gisun -i untuhun hergen i uqun be, majige tuwanqihiyame dasatafi,

取《清文虛字歌》，稍加潤色，

gisun tome hergen aname gergen aname, duibulen gisun be yarume dosimbubi,

逐句逐字，引以譬語，

emu bithe obume banjibufi, temgetu jorin seme gebulehe.

集成一帙，命之曰《指南》。

ubaliyambure be tuktan taqire urse, erebe gaifi fuhaxame sibkime ohode,

初學翻譯者誠取而熟玩之，

heu seme alin be tafara doko yenju, mederi be doore dogon tuhan obuqi ombi dere.

或可爲梯山之捷徑，航海之津梁也與。

damu mini taqihangge qinggiya bahanahangge tongga, ere bithe be banjibure de,

第以余之葑菲芻蕘，集是編也，

erebe dosimbu nakv terebe melebure ufaraqun akv ome muterakv ayou sembi.

不無引此失彼之弊。

damu buyerengge, den genggiyen saisa ere bithe be sabufi, ambula tuwanqihiyame,

惟願高明遇此，大爲筆削，

tesuhekv babe niyeqetere, hamirakv babe dasatara ohode.

補其不足，匡其不逮。

emu gisun nonggibuqi, emu gisun i tusa bahara;

則多一言，有一言之益；

emu hergen eberembuqi, emu hergen i jelen geterere be dahame,

去一字，少一字之慽，

ere mini jabxan sere anggala, inu amaga taqire ursei jabxan kai.

豈余之幸也，亦來許之幸也。

badarangga doro i juwanqi aniya niuwanggiyan boniu ulgiyan biyai iqede,

光緒十年甲申陽月朔，

heu tiyan wanfu gingguleme ejeme araha.

厚田萬福謹識。

發　明

著書問世本爲學者之忌，張香濤之《輶軒語》曾明言之。蓋士生今之文明大備之日，無容剽竊陳言，自立門户也。而清文不然，自御製諸書外刊板者無多。更有祕本精鈔，率皆握珠懷玉，以至學者尋徑甚難。兹先生之意在繼往開來，與好事盜名者不可同年而語矣。

是書爲講究清文虛字而設，故旁徵遠譬，不厭精詳。雖先正哈貫庵夫子有《度鍼》一集，亦未有如是之多也。且未梓行，傳鈔不廣。此其包羅宏富，引譬詳明，雖不敢謂錙銖無遺，而玉度金鍼已盡入錦樓矣。

是書雖引用經典不少，然借助於俚辭鄙句者頗多。蓋清文之口氣不若此，不克肖其神，且爲初學設，固不必深文也。兹於原書稍加修飾，博雅君子觀者諒之。

是書與原本除正筆誤外，尚有增入者，若干條删改者，若干條然非自用皆平昔與先生隨時商訂者。兹於刊板之便全行照録，但期學者展卷易明，續貂之譏所不計也。

是書原無著者姓氏，兹特於卷首標出，蓋不敢因訂正之名而掩作者之美也。

是書原板尚存，惟係家藏，傳刷不易，今重付剞劂者，爲廣流傳也。

是書原祇一卷，且篇頁較長，兹特梨棗稍小，上下卷分，以便讀者。

是書原無目録發明，而讀者一時未能盡悉，兹將其二種增添以資省覽。

刘鳳山序

gung xu zi umesi faksi seme, erguwejitu durbejitu qi uksalame muterakv;

夫公輸至巧，規矩難離；

kumun -i hafan kuwang dembei galbi seme, aliui eliui be kemun obuhabi.

師曠極聰，律吕是式。

xu muten de badarambuqi, ya haqin uttu waka ni?

推之於文藝，何莫非然？

tuttu oqi, xu fiyelen arambi sere doro, jilgan mudan durun kemun, tuktan taqire urse urunakv narhvxame sibkiqi aqambi.

是以行文一途，格調機局，初學務宜切講。

sain eldengge ginqihiyan yangsangga, inenggi goidatala kiqeqi ini qisui isiname mutembi.

精英藻麗，工久自能造詣也。

damu kimqiqi, nikan bithei duka de dosire kouli, tuktan taqire urse de tutabuha eiten fiyelen, ududu minggan tanggv haqin -i teile akv,

惟考漢文入門之法，示初學諸篇，無慮數千百種，

musei manju gisun -i mujilen i turu, fuhali uladuha bithe komso ofi, utala inenggi taqiha seme, hono terei jorin be getukelehekv de isinahabi.

而吾三韓心法，竟鮮傳書，以致爲學多日尚有未能明其旨者。

bi kemuni manju gisun i toktoho kouli be isamjafi bithe arame, amaga taqire urese de tusa araki seme gvnihade,

余嘗思將清文成法集而爲書以益後進，

beye ulhihengge qinggiya sahangge komso babe tulbime, gehun akv qihai salihakv.

而自問淺識寡見，未敢自專。

tere inenggi emu yamun i guqu wan agu i emgi ere turgun be leuleme isiname ofi,

一日與同寅萬公，語及其故，

siyan xeng emu bithe be tuqibufi minde tuwabuha de, ere manjun gisun -i temgetu jorin bithe, mini guqu de folobuha sehebi.

先生出一卷示余曰："此《清文指南》，友人某已梓之矣。"

bi debtelin be neifi hvlara de, buyehei sindame jenderakv.

余展卷讀之，愛不釋手。

siyan xeng ni gvnin, eiqi neneme mini mujilen be bahabi.

先生之意，蓋先有獲於我心者也。

damu emu niyalma qi banjibufi, largin fulu kemungge dulemxeku i ufaraqun be akv obume muterakv,

惟是編諸一手，不無繁衍簡略之虞，

utala niyalma de sarkiyabufi, talude qalabume taxarabuha qalabun bi.

鈔假多人，間有魯魚亥豕之弊。

tereqi gvnin de getuken akv ba biqi, dere tokome faksalabuki, giyan de narahvn akv ba biqi, dere tokome subuki.

於是意有未明，面請剖之，理有未詳，面請解之。

geli tesurakv de, niyeqehe, dalhidara babe meitehe.

又且補其不足，去其重複。

tuttu seme urunakv siyan seng inu sehe manggi.

然必先生韙之然後筆之於書也。

teni sahahvn meihe -i niyeniyeri forgon de giui jeng tang sere bithe unqara puseli -i niyalma, dasame foloro mujin bi, nimi asaraha debtelin be baifi,

癸巳春聚珍坊主，有志重梓，索余藏本，

bi musei manju bithe be batarambure be saixambime, geli musei amaga taqire ursede tusa arara be maktaha turgunde,

余既嘉其振我國書，復羡其益我後學，

tuttu kimqime aqabufi, folobume xuwaselabuha, gebu be nonggime dasame woloho manju gisun -i untuhun hergen i temgetu jorin bithe seme gebulehe.

故加校核，以付剞劂，增其名曰《重刻清文虚字指南編》。

emu aniya otolo bithe xanggaha de, bi tereqin xutuqin arafi da dube be ejehe.

歷寒暑而書成，余遂序之以誌其原委。

badarangga doro -i oriqi aniya niyeniyeri ujui biyade, ujen qouhai gvsai fungxan xutuqin araha.

光緒二十年孟春之月漢軍鳳山序。

dasame foloho manju bithe i untuhun hergen -i temgetu jorin bithe

目 録

卷上

bihe

ombi, oqi, ome

二十 fi me, me fi, pi

saka, jaka

me uthai, mbihede

fi dere, fi kai

二十五 ohode, fi bi, me bi

hebi, habi

kakv, rakv

hai, hei

ofi

rangge, rengge

qi banjinangge

三十 ofi kai

de kai, be kai

henduhengge

sehengge, sembi

aiqi, dere

三十五 bime 凡屬bime者皆入此

gojime

ralame, relame

aika, yala,aikabade

talude

ainambi

aqambi, aqanambi

mutembi, bahanambi

四十 antaka

namxan

dade, daqi, elekei

manggi

andande, sidende, nerginde

tetendere, be dahame

onggolo, unde

nggala,nggele

uttu ohode

四十五 adarame

上卷目録終

卷下

一 maka, dule

manggi

seqi, sehe

obu, oso

ki, bai, dere

五 ki sembi

rau

reu

de ombi

haminambi, hamimbi

amuran, guwelke

sarkv, baiburakv, iui

kini

akhaqin -i , eitereme

qina

donjiqi

absi

十 qohome

bi, akv

de bi, de akv

manga, ja

yaya

inu

giyan

kejine

十五 ele, hale, hele

ai dalji

nurhvme

nisihai

noho

muterei teile

ebsihe

manggi nakv

mari, nggeri, mudan

dari, tome

aname

kan, ken, kon

二十 meliyan

shvn, shun

tai, tui

ngga, ngge, nggo

gelhun akv

alimbaharakv

herqun akv

gvnihakv

eberi akv

banjinarakv

umainaqi ojorakv

esi seqi ojorakv

urunakv

urui

二十五 giyanakv

ambula

qohotoi

daljakv

heni, majige

an -i, da an -i

jing, jingkini

doigonde

ishunde

ildun de

ini qisui

elemangga, neneme

uthai

eitereqibe

三十 emke emken -i

xuwe

qingkai

meni, teisu

tala, tele, tolo

oho, ombi, obure

oqi, ome, ofi

uttu ofi

tutu ofi

tere anggala

tutu seme

三十五 te biqi, biqibe

eiqi, embiqi

jalin, haran, turgun

ainu

ereni, ede, tereqi

naranggi jifuji

umesi

asuru

emdubei

四十 umai, fuhali

gemu,youni,waqihiyame

qi tulgiyen

凡ala, jabu, fonji之屬皆入此

dele, wala

四十五 emgi, sasa, baru

qihai, funde

iqi, songkoi

hade, rede

mbi

ra, re

baha

eiqibe

adarame, ainahai

mujangga

jai, geli, sirame

五十 kemuni

teni

damu

wajiha, wajihabi

下卷目錄終

蒙古萬福厚田著，漢軍鳳山禹門訂。

卷上

[1] -i ni qi kai 與 de be，用處最廣講論多。

manju bithe de untuhun hergen baitala-ra ba umesi labdu,

滿族 文 **位** 虚的 字 使用**-未** 處 非常 多

清文用虛字處最多,

taqi-re urse gvnin werexe-me sibki-me bai-qi aqa-mbi.

學**-未** 者 心意 留意**-并** 追究**-并** 請求**-條** 應該**-現**

學者當留心講求之。（1a3-5）

[2] “裏頭”“上頭”併“時候”，“給與”“在於”皆是 de。

angga de hvla-mbi.

口 **位** 讀**-現**

口裏頭念。

mujilen de eje-mbi.

心裏 **位** 記**-現**

心裏頭記。

uju de hukxe-mbi.

頭 **位** 頂**-現**

頭上頭頂之。

falanggv de tukiye-mbi.

掌 **位** 擎**-現**

掌上頭擎之。

hafan te-re de bolgo oso.

官 作**-未** **位** 清廉的 成爲**.祈**

作官的時候要清。

baita iqihiya-ra de tondo oso.

事情 辦-未 **位** 公正 成爲.**祈**

辦事的時候要公。

minde gaji-fi tuwa.

我.**與** 拿-**順** 看.**祈**

給我拿來看。

inde bene-fi xa.

他.**與** 送-**順** 瞧.**祈**

給他送去瞧。

niyalma de tusa ara-mbi.

人 **與** 利益 做-**現**

與人方便。

beye de jabxaki baha-mbi.

自己 **與** 便宜 得到-**現**

與己得益。

aibi-de aqa-mbi?

何處-**位** 相遇-**現**

在何方相見?

uba-de aliya-mbi.

此處-**位** 等候-**現**

在此處等候。

baita de kiqe-mbi.

事 **位** 勤-**現**

敏於事。

gisun de olhoxo-mbi.

話 **位** 謹慎-**現**

慎於言。（1a6-1b6）

[3] “把”“將”“以”“使”“令”“教”字，共是七様盡翻be，下邊必有bu字應，不然口氣亦可托。

jingse be hada-bu-mbi.

頂子 **賓** 帶來-**使**-**現**

把頂子帶之。

gvlha be etu-mbi.

韡子 **賓** 穿-**現**

把韡子穿之。

bithe be ure-me hvla.

書 **賓** 熟-**并** 讀.**祈**

將書熟熟的念。

hergen be saikan ara.

字 **賓** 好好地 寫.**祈**

將字好好的寫。

gosin jurgan be fulehe o-bu-mbi.

仁 義 **賓** 根 成爲-**使**-**現**

以仁義爲本。

doro erdemu be tuhen o-bu-mbi.

道 德 **賓** 歸宿 成爲-**使**-**現**

以道德爲歸。

ambasa saisa[1] be an be tuwakiya-bu-mbi.

堂官 賢者 **賓** 本分 **賓** 看守-**使-現**

使君子安常。

buya niyalma be waka be ulhi-bu-mbi.

小 人 **賓** 非 **賓** 懂得-**使-現**

使小人知非。

niyalma be gvnin usa-mbu-mbi.

人 **賓** 心意 失望-**使-現**

令人失望。

jaka be teisu baha-bu-mbi.

東西 **賓** 本分 得到-**使-現**

令物得所。

amban o-ho niyalma be tondo o-kini se-mbi.

臣 作爲-**完** 人 **賓** 忠 成爲-**祈** **助-現**

教臣子忠。

jui o-ho niyalma be hiyouxun o-kini se-mbi.

兒子 作爲-**完** 人 **賓** 孝順 成爲-**祈** **助-現**

教人子孝。

niyalma be sain gisun gisure-bu-mbi.

人 **賓** 好 話 説-**使-現**

教人説好話。

niyalma be sain baita yabu-bu-mbi.

人 **賓** 好的 事情 做-**使-現**

1 ambasa saisa：爲固定搭配，意思是“君子”。

教人行好事。（1b7-2b2）

[4] bu字亦有自然處，衹看有be與無be。

erdemu ili-bu-ha manggi gebu mutebu-mbi.

德 立-**使**-**完** 之後 名字 使成-**現**

德建而後名立。

beye tuwanqihiya-bu-ha manggi bou teksile-bu-mbi.

身體 **使**端正-**完** 之後 家 整頓-**使**-**現**

身修而後家齊。（2b3-5）

[5] “也”字翻be講是字，上用serengge與sehengge。

tondo se-re-ngge dulimba be.

忠 説-**未**-**名** 中 **賓**

忠者，中也。

ginggun se-re-ngge qibsen be.

恭敬 説-**未**-**名** 静 **賓**

敬者，静也。

banin se-re-ngge uthai giyan be.

天性 説-**未**-**名** 即 道理 **賓**

性即理也。

giyan se-re-ngge uthai sukdun be.

道理 説-**未**-**名** 即 氣 **賓**

理即氣也。

fulehe be kiqe-mbi se-he-ngge,

根 **賓** 謀求-**現** 説-**完**-**名**

所謂務本者，

hiyouxun deuqin be yabu-re be.

孝順 悌 **賓** 行-**未** **賓**

是行孝弟也。

xu be taqi-mbi se-he-ngge,

文章 **賓** 學-**現** 説-**完**-**名**

所謂學文者，

irgebun bithe be kiqe-re be.

詩 書 **賓** 學-**未** **賓**

是攻詩書也。（2b6-3a3）

[6] 上 de 下 bu 爲“被”字，用法如同上有 be。

weri de basu-bu-mbi.

他人 **與** 耻笑-**被**-**現**

被人耻笑。

gvwa de gida-bu-mbi.

别人 **與** 欺壓-**被**-**現**

被人欺壓。（3a4-5）

[7] “的”“之”“以”“用”皆翻 -i，在人運用要斟酌。

fe iqe -i baita haqin.

舊 新 **屬** 事 類别

新陳的案件。

uru waka -i arbun dursun.

是 非 **屬** 形勢 體型

是非的情形。

duin mederi -i onqo.

四 海 **屬** 廣

四海之廣。

tumen jaka -i largin.

萬 物 **屬** 多

萬物之多。

tondo -i ejen be uile-mbi.

忠 **工** 君主 **賓** 侍奉-**現**

以忠事君。

onqo -i fejergingge be kadala-mbi.

廣 **工** 部下 **賓** 管理-**現**

以寬御下。

gida -i gidala-mbi.

鎗 **工** 扎-**現**

用鎗扎。

xaka -i xakala-mbi.

叉 **工** 扠-**現**

用叉扠。（3a6-3b3）

[8] 四頭“之”下 -i 念 ni，此外單連都使得。

goqishvn anahvnjan -i taqin.

謙遜 謙讓 **屬** 風氣

遜讓之風。

tondo akdun -i yabun.

忠 信 **屬** 行爲

忠信之行。

giyan fiyan -i[1] gama-mbi.

道理 面貌 **工** 處置-**現**

調停齊楚。

funqen daban[2] -i iqihiya-mbi.

剩餘 過度 **工** 辦理-**現**

辦理裕如。

abka-i xu na -i giyan.

天-**屬** 文 地 **屬** 道理

天文地理。

niyalma-i buyenin jaka-i arbun.

人-**屬** 感情 物-**屬** 形象

人情物態。

yasa-i tuwa-mbi.

眼睛-**工** 看-**現**

用眼瞧。

gala-i jori-mbi.

手-**工** 指-**現**

用手指。（3b4-4a1）

[9] 五頭“的”“之”字翻 ni，猶同 -i 字一樣説。

ya wang ni harangga.

哪 王 **屬** 屬下

那王的屬下。

---

1 giyan fiyan -i：爲固定搭配，意思是“清清楚楚地”。

2 funqen daban：爲固定搭配，意思是“富盈”。

ya gung ni duka.

哪 公 屬 門

那公的門上。

ba wang ni baturu.

霸 王 屬 勇

霸王之勇。

jang liyang ni mergen.

張 良 屬 智慧

張良之智。（4a2-4）

[10] 句尾之ni“呢”“哉”用，上承文氣有所托。

adarame與ainahai，ainu與ai, aiseme。

ere ai jaka ni?

這 什麼 東西 呢

這是什麼東西呢?

bi ainu taka-ra-kv ni?

我 爲何 認得-**未-否** 呢

我爲何不認得呢?

tere baita ainahai foihori bi-he-ni?

那 事情 豈有 偶然 是-**完**-哉

其事豈偶然哉?

tere-i giyan ainahai taxan ni?

那-**屬** 道理 豈有 虚假 哉

其理豈或爽哉?

adarame onqodo-me guwebu-me mute-mbi-ni?

爲何 寬宥-**并** 寬恕-**并** 能-**現**-呢

何能寬宥?

ainahai fejile de fangka-bu-qi o-mbi-ni?

豈有 下頭 位 往下扔-使-條 可以-現-呢

豈足蔽辜?

ainu uttu manda ni?

爲何 如此 慢 呢

因何如此慢?

aiseme tuttu ekxe-mbi-ni?

怎麽 那麽 忙-現-呢

怎麽那們忙? (4a5-4b3)

[11] qi字若在整字下,"自""從""由""第""比""離"説。

否則上連破字用,"若"字"若是"還有"則"。

abka qi wasi-mbi.

天 從 降-現

自天而降。

na qi banji-mbi.

地 從 生-現

自地而生。

julge-qi tetele gemu uttu.

古代-從 至今 都 這樣

從古至今皆如是。

ere-qi amasi geli antaka?

此-從 往後 又 怎麽樣

從此以往復如何?

hanqiki qi goroki de isi-na-mbi.

近 從 遠 位 到達-去-現

由近及遠。

dorgi qi tulergi de hafu-na-mbi.

中 從 外 位 通到-去-現

由中達外。

udu-qi?

幾-序

第幾?

udu-qi-ngge?

幾-序-名

第幾的?

ila-qi.

三-序

第三。

ila-qi-ngge.

三-序-名

第三的。

uba-qi goro akv.

此處-從 遠 否

離此處不遠。

tuba-qi umesi hanqi.

那裏-從 非常 近

離那裏狠近。

i sin-qi fulu.

他 你-從 强

他比你强。

bi we-qi eberi?

我 誰-**從** 不及

我比誰不及?

gene-qi uthai hvdun jiu.

去-**條** 就 快 來.**祈**

若去就快來。

ji-dera-kv o-qi ali-re be jou.

來-**未**-**否** 可以-**條** 等-**未** **賓** 停止

若不來不必等。

teike teisule-he-ngge weqi?

剛纔 遇-**完**-**名** 是誰

將纔遇見的是誰人?

teniken tunggiye-he-ngge aiqi?

方纔 拾-**完**-**名** 什麽

方纔拾着的是什麽?

kiqe-me taqi-qi xangga-qi o-mbi,

勤奮-**并** 學-**條** 做成-**條** 可以-**現**

勤學則可成,

taqi-ra-kv o-qi beye-be waliya-bu-mbi-kai.

學習-**未**-**否** 可以-**條** 身體-**賓** 捨弃-**使**-**現**-也

不學則自弃也。(4b4-5a7)

[12] deri 亦是“從”“由”字,比 qi 實在有着落。

e-deri absi gene-mbi?

此-**經** 往何處 去-**現**

從此處何往？

te-deri bou-de mari-mbi.

那-經 家-位 回-現

從那裏回家。

muke xeri deri tuqi-mbi.

水 泉 經 出來-現

水由泉出。

edun sangga deri dosi-mbi.

風 孔 經 進入-現

風由孔入。

fa deri gala be jafa-mbi.

窗 經 手 賓 拿-現

自牖執其手。

mederi deri bira de juwe-mbi.

海 經 河 位 運送-現

自海運於河。（5b1-4）

[13] sa se si ta te“們”“衆”“等”，衹看本字口氣說。

官事又有二様用，sei 字與 be 俱使得。

“等事”“等物”與“等處”，乃用 jergi 方使得。

han sa, wang sa.

君 複 王 複

君等。王等。

gung se, heu se.

公 複 侯 複

公等。侯等。

amba-sa, hafa-sa.

堂官-複　官-複

大臣等。官員等。

irge-se, merge-se.

民-複　賢人-複

民人等。賢士們。

haha-si, hehe-si.

男子-複　女子-複

衆男子。衆女人。

amji-ta, ahv-ta.

伯父-複　兄-複

伯父們。衆兄們。

eshe-te, deu-te.

叔父-複　弟-複

叔父們。衆弟們。

ali-ha bithe-i da ortai sei，ginggule-me wesi-mbu-he[1].

承擔-完 書-屬 首領 鄂雨泰 等 謹-并 升-使-完

大學士鄂爾泰等謹題。

amban be baiqa-qi[2].

臣 我們 調查-條

臣等查。

jabxa-ha ufara-ha jergi baita.

得-完 失-完 等 事情

---

1 gingguleme wesimbumbi：爲固定搭配，意思是“謹題”。

2 baiqaqi：公文書信用語，位於叙述的開頭，意思是“查”。

得失等事。

etu-re je-tere jergi jaka.

穿-未 吃-未 等 物

衣食等物。

hanqi goro -i jergi ba.

遠 近 屬 等 處

遠近等處。（5b5-6a6）

[14] ji, ju 是“來”，na, ne, nu 是“去”。

dosi-nji-re-ngge dosi-nju.

進來-來-未-名 進來-來.祈

進來的進來。

tuqi-nji-re-ngge tuqi-nju.

出-來-未-名 出-來.祈

出來的出來。

dosi-na-ra-ngge dosi-nu.

進-去-未-名 進-去.祈

進去的進去。

tuqi-ne-re-ngge tuqi-nu.

出-去-未-名 出-去.祈

出去的出去。

dosi-fi fonji-na.

進-順 問-去.祈

進去問去。

tuqi-fi gisure-ne.

出-順 說-去.祈

出去説去。（6a7-6b3）

[15] “齊”“衆”nu, du, 與 qa, qe。

sasa aqa-nu-mbi.

一齊 見-齊-現

大家齊見。

uhe-i hebde-nu-mbi.

一致-工 商量-齊-現

公同齊商。

ishunde aisila-ndu-mbi .

互相 幫助-齊-現

一齊相助。

geren temxe-ndu-mbi.

大家 争-齊-現

大家齊争。

dalba-de ili-qa-mbi.

旁邊-位 站-齊-現

齊在旁邊站。

amala daha-qa-mbi.

後面 跟從-齊-現

一齊後面跟。

ekisaka-i te-qe-mbi.

静静-工 坐-齊-現

齊都静坐。

sula leule-qe-mbi.

閑 談-齊-現

大衆閑談。（6b4-7a1）

[16] ta, da, te, de, xa, xe, xo，qa, qe, qo 與 ja, je, jo。

此等字樣皆一意，“頻頻”“常常”“連連”説。

aisila-ta-mbi.

幫助-常常-現

常常幫助。

ubaxa-ta-mbi.

反覆-頻頻-現

頻頻反覆。

uqu-da-mbi.

攙和-連連-現

連連攙和。

baktan-da-mbi.

容納-常常-現

常常容納。

niyeqe-te-mbi.

綴補-頻頻-現

頻頻補綴。

hvngsi-te-mbi.

胡説-常常-現

常常摔抖。

ibe-de-mbi.

前進-連連-現

連連進步。

seule-de-mbi.

思索-常常-現

常 常 思 索。

habta-xa-mbi.

眨眼-連連-現

連 連 展 眼。

bilu-xa-mbi.

撫摸-頻頻-現

頻 頻 摩 拊。

elde-xe-mbi.

照耀-頻頻-現

頻 頻 照 耀。

neme-xe-mbi.

增加-連連-現

連 連 增 加。

toko-xo-mbi.

刺-連連-現

連 連 戮[1] 刺。

holto-xo-mbi.

撒謊-常常-現

常 常 撒 謊。

argana-qa-mbi.

發芽-頻頻-現

1 戮：疑爲“戳”。

頻頻生芽。

atara-qa-mbi.

喧閙-常常-現

常常喧閙。

xurge-qe-mbi.

寒顫-連連-現

連連打顫。

erge-qe-mbi.

休息-常常-現

常常安逸。

korso-qo-mbi.

悔恨-頻頻-現

頻頻愧恨。

hokso-qo-mbi.

憂憤-常常-現

常常煩惱。

gvni-nja-mbi.

思考-常常-現

常常思想。

tooha-nja-mbi.

遲誤-頻頻-現

頻頻猶豫。

erehu-nje-mbi.

指望-連連-現

連 連 指 望。

ulhi-nje-mbi.

懂得-常常-現

常 常 醒 悟。

golo-jo-mbi.

害怕-頻頻-現

頻 頻 恐 怕。

olho-jo-mbi.

恐怕-常常-現

常 常 畏 懼。（7a2-7b3）

[17] ai 字多貼“何”字講，又是“什麽”與“甚麽”。

ai baita?

何 事

何 事？

ai turgun?

何 故

何 故？

ai dalji?

何 干

何 干？

ai sui?

何 苦

何 苦？

ai gvnin?

什麽 心意

什麼心意?

ai yabun?

什麼 行爲

什麼行爲?

ai bengsen?

什麼 本事

什麼本事?

ai muten?

什麼 能耐

什麼能奈?

ai yokto?

甚麼 趣兒

甚麼趣兒?

ai demun?

甚麼 様子

甚麼様子?（7b4-7）

[18] au, eu, iu 尾皆疑問，又作反口語氣説。

tere niyalma be taka-mbi-u?

那 人 **賓** 認識-**現**-**疑**

認得那個人麼?

ere giyan be ulhi-mbi-u?

這 理 **賓** 懂-**現**-**疑**

懂得這個理麼?

julge-i ulasi[1] be sabu-ha-u?

古-屬 迹 **賓** 看見-**完**-**疑**

瞧見古迹了麼?

yoro gisun[2] be donji-ha-u?

謡言 話 **賓** 聽-**完**-**疑**

聽見謡言了麽?

qananggi si gene-he-u?

前日 你 去-**完**-**疑**

前日你去了麽?

sikse i ji-he-u?

昨天 他 來-**完**-**疑**

昨天他來了麽?

aika amtangga-u?

什麽 有趣兒-**疑**

有什麽趣兒嗎?

yala sebjengge-u?

果然 快樂的-**疑**

真是個樂兒麽?

dule uttu ni-u?

原來 這樣 呢-**疑**

原來這樣麽?

mini teile ni-u?

我.**屬** 唯獨 呢-**疑**

---

1 julgei ulasi：爲固定搭配，意思是“古迹”。

2 yoro gisun：爲固定搭配，意思是“謡言。

豈只是我嗎?

ere-qi tuqine-re-ngge bi-u?

此-從 不外於-未-名 有-疑

有外此者乎?

ere-qi dulende-re-ngge bi-u?

此-從 超過-未-名 有-疑

豈加於此哉?

gosin se-qi o-mbi-u?

仁愛 說-條 可以-現-疑

可謂仁乎?

targaqun o-bu-ra-kv-qi o-mbi-u?

戒律 可以-使-未-否-條 可以-現-疑

可不戒歟?

inu sebjen waka-u?

亦 快樂 不是-疑

不亦樂乎?

iletu tusa waka-u?

明顯的 利益 不是-疑

非明效歟?

e-de akv semeu?

這-位 否 難道.疑

顧不在茲乎?

yala sain akv semeu?

豈 美 否 難道.疑

豈不美哉?（8a1-8b3）

[19] “反詰”“不曾”“未曾”語，-rakvn, -hakvn 等字多。

倘或本文是整字，則用 -akvn 下邊托。

baitala-qi ojo-ra-kv-n?

使用-**條** 可以-**未-否-疑**

不可用麽？

yabu-me mute-ra-kv-n?

行-**并** 能-**未-否-疑**

不能行麽？

yala sabu-ha-kv-n?

確實 看見-**完-否-疑**

真没瞧見麽？

tere umai donji-ha-kv-n?

他 全然 聽説-**完-否-疑**

并未聽見麽？

muse gisure-he-kv-n?

咱們 説-**完-否-疑**

咱們没言説麽？

suwe hebexe-he-kv-n?

你們 商量-**完-否-疑**

你們未商量麽？

taqi-ha-ngge sain akv-n?

學-**完-名** 好 **否-疑**

學的不好麽？

ura-bu-he-ngge mangga akv-n?

發聲-**使-完-名** 强 **否-疑**

練的不强麽？（8b4-9a2）

[20] 四頭整字變疑問，yvn, xon, giyvn 字尾接着。

ere uquri[1] saiyvn?

這 之際 好.疑

這一向好麽？

ini gisun taxon?

他.屬 話 假的.疑

他的話假麽？

tere baita yargiyvn?

那 事情 真的.疑

那宗事真麽？（9a3-5）

[21] kai 字落脚即决斷，翻作"哪""呀""啊""也"説。

tuwa-qi mujangga kai!

看-條 果然 哪

看起來果然哪！

gisure-he-ngge yala taxan akv kai!

説話-完-名 果然 假的 否 呀

所言真不假呀！

tokto-ho doro kai!

一定-完 道理 啊

一定的道理啊！

ini qisui[2] bainara giyan kai!

他.屬 自然的 請求 道理 也

1 ere uquri：爲固定搭配，意思是"最近""近來"。

2 ini qisui：爲固定搭配，意思是"由他……""聽其……"。

自然之理也！（9a6-9b1）

[22] dabala 本是“罷”字意，又作“耳”字也使得。

或然又作“而已”矣，ha, re, kv 尾接處多。

angga-i qanggi gisure-re dabala.

嘴-**屬** 全是 説-**未** 罷

竟嘴説罷。

manggai niyalma be tafulara dabala.

無非 人 **賓** 勸-**未** 罷

不過勸人罷。

niyalma tome beye de wesihun ojo-ro-ngge bi,

人 每個 自己 **與** 可貴 變成-**未**-**名** 有

人人有貴於己者，

gvni-ra-kv dabala.

想-**未**-**否** 耳

弗思耳。

niyalma ainahai ete-ra-kv de jobo-mbi-ni,

人 豈有 得勝-**未**-**否** **位** 發愁-**現**-呢

夫人豈以不勝爲患哉，

yabu-ra-kv dabala.

行-**未**-**否** 耳

弗爲耳。

tere gosin inu urebu-re de bi-sire dabala.

他 仁義 也 使熟練-**未** **位** 在-**未** 而矣

夫仁亦在乎熟之而已矣。

ambasa saisa[1] kouli be yabu-me hesebun be aliya-ra dabala.

堂官 賢人 法則 **賓** 行-**并** 天命 **賓** 等候-**未** 而矣

君子行法以俟命而已矣。（9b2-10a1）

[23] ume是"休""勿""莫""别""毋"，下用ra, re, ro字托。

ume banuhvxa-ra.

休 懶惰-**未**

休懶惰。

ume sarta-bu-re.

勿 耽誤-**使**-**未**

勿遲誤。

ume oihorila-ra.

莫 輕忽-**未**

莫輕忽。

ume onggo-ro.

别 忘記-**未**

别忘記。

ume ginggun akv o-joro.

毋 恭敬 **否** 成爲-**完**

毋不敬。（10a2-5）

[24] hono bade是"尚且"，下有"何況"be ai hendure。

若無"反詰""何況"處，babi與ni俱可托。

還有下接mbi處，臨文隨地細斟酌。

1 ambasa saisa：爲固定搭配，意思是"君子"。

bithe be hono giyangna-me bahana-ra-kv bade,

書 賓 尚且 講-并 會-未-否 尚且

書尚且不會講,

xu fiyelen[1] ara-ra be ai hendu-re[2].

文章 篇章 寫-未 賓 什麽 説-未

何况作文章。

jalan -i enqu demun -i niyalma, kungzi mengzi -i bithe be hono

世 屬 不同 怪樣 屬 人 孔子 孟子 屬 書 賓 尚

ulhi-me mute-ra-kv bade,

懂得-并 能-未-否 尚且

世之異端之士於孔孟之書尚不能解,

louzi juwangzi -i taqin de urui sibki-me fuhaxa-qi,

老子 莊子 屬 學問 位 偏偏 追究-并 思考-條

而於老莊之術一味鑽研,

ere bolgo getuken -i jalan be waliya-fi, butu buruhun -i jugvn de

這 清 明白 屬 世 賓 抛弃-順 幽暗 昏暗 屬 路 位

dosi-na-ha be dahame,

進-去-完 賓 因爲

是舍清明之世,而入幽暗之途,

ai tusa ara-ra babi?

什麽 益處 造-未 毫無緣故地

有何益哉?

---

1 xu fiyelen:爲固定搭配,意思是“文章”。

2 ai hendure:爲固定搭配,要求前面用 bade 呼應(bade...ai hendure),意思是“尚且……何况……”。

tere taqin de hiyouxun deuqin be hono giyangna-ra-kv bade,

其 習俗 **位** 孝順 悌 **賓** 尚 講-**未**-**否** 尚且

其俗也孝弟尚且不講，

gosin jurgan be ele weihuken seqibe,

仁 義 **賓** 越發 輕 雖然

仁義更以爲輕，

ai doro be jafa-fi, abka na -i siden-de ili-bu-mbi-ni?

什麽 道 **賓** 抓-**順** 天 地 **屬** 見證-**位** 立-**使**-**現**-哉

然以何道立於天地之間哉？

hono urunakv kiqe-me hvsutule-fi,

尚 一定 勤奮-**并** 努力-**順**

尚必待功力專勤，

dahvn dahvn -i[1] hing se-me girkv-ha manggi, teni baha-ra bade,

重複 重複 **屬** 專心貌 助-**并** 專心-**完** 之後 纔 得到-**未** 尚且

至再至三而始得之，

ede taqin fonjin -i doro kiqe-re-ngge ele neme-qi.

因此 學 問 **屬** 道理 用功-**未**-**名** 越發 增加-**條**

可以知學問之道。

dosi-na-ra-ngge inu ele xumin o-joro be sa-qi o-mbi.

進-去-**未**-**名** 也 越發 深 變成-**未** **賓** 知道-**條** 可以-**現**

功愈加則業亦愈進。（10a6-11a7）

[25] ombiu semeu mujanggau，三字上亦可用 bade。

beye de tusa se-re bade,

身體 **位** 益 説-**未** 尚且

---

1 dahvn dahvn -i：爲固定搭配，意思是“反復地”“重複地”“再三地”。

尚且於己有益，

gvnin sithv-ra-kv-qi o-mbi-u?

心意 專心-未-否-條 可以-現-疑

可不專心麽？

jalan -i baita hono uttu o-joro bade,

世上 屬 事情 尚 如此 成爲-未 尚且

世事尚然如是，

inu nasaquka akv semeu?

也 可悲的 否 助.疑

不亦悲乎？

emgeri kiqe-qi, mujilen ulhi-re gvnin bahana-ra bade,

一次 勤-條 心意 懂得-未 心意 懂得-未 尚且

一勤，則心領神會，

taqin fonjin xumin dosi-na-ra-kv mujangga-u?

學 問 深 進-去-未-否 真的-疑

學問豈不深造哉？（11b1-5）

[26] rahv ayou是“恐”字，連用 rahv 單 ayou。

文氣斷住托 sembi，串文句下用 seme。

taqin fonjin eberi o-jo-rahv se-mbi.

學 問 不及 成爲-未-虛 助-現

恐其學問不及。

gungge gebu mutebu-ra-kv ayou se-mbi.

功 名 使成-未-否 虛 助-現

恐怕功名不成。

waliya-rahv se-me gvnin werexe-mbi.
抛弃-**虚** **助-并** 心意 留意-**現**
恐怕遺失而留神。
efuje-re ayou se-me mujilen bibu-mbi.
損壞-**未** **虚** **助-并** 心意 留下-**現**
恐其毁壞而在意。（11b6-12a2）

[27] 單用seme是"等因""等語"，承上啓下爲過脉。
uttu tuttu se-me, harangga geren ba-qi bithe benji-he-bi.
這樣 那樣 説-**并** 該地 各個 地-**從** 咨文 送來-**完**-**現**
如此如彼等因由各該處咨行前來。
enqu afaha ara-fi ilga-me faksala-me saixa-me
分別 奏折 書寫-**順** 辨别-**并** 分開-**并** 誇獎-**并**
huwekiyebu-ki se-me bai-me wesi-mbu-he-bi.
鼓勵-**祈** **助-并** 請求-**并** 上奏-**使**-**完**-**現**
另片奏請分别奬勵等語。（12a3-6）

[28] 上文結句連下用，中間過筆用seme。
qouha-i qaliyan de eden akv se-re anggala,
士兵-**屬** 餉 **位** 缺少 **否** **助-未** 不但
不但與兵餉無虧，
ba na de yargiyan -i ambula tusa bi seme,
處 地 **位** 的確 **工** 非常 益處 有 因爲
於地方實有裨益，
tuttu gelhun akv tokto-ho kouli be memere-qi o-jora-kv.
所以 敢 **否** 規定-**完** 規則 **賓** 固執-**條** 可以-**未**-**否**
故不敢拘泥成格。（12a7-12b3）

[29] de seme 是“雖在”講。

hahi qahi de seme,

急迫 倉皇 **位** 雖然

雖在造次，

inu alja-qi o-jora-kv.

也 分離-**條** 可以-**未-否**

亦不可離。

tuhe-re afa-ra de seme,

顛沛-**未** 戰鬥-**未** **位** 雖然

雖在顛沛，

kemuni ashv-qi o-jora-kv.

尚且 放弃-**條** 可以-**未-否**

仍不可去。（12b4-6）

[30] be seme 作“連”“是”説。

imbe se-me inu fime-qi o-jora-kv,

他.**賓** 説-**并** 也 試試-**條** 可以-**未-否**

連他也惹不得，

simbe seme geli aina-ra?

你.**賓** 説-**并** 又 做什麽-**未**

是你又怎麽樣？（12b7-13a1）

[31] “雖”字神情有 udu，句下應有 biqibe。

ha, he, ho 等共整字，往往常有用 seme。

揣摩文氣如何語，qibe, saqibe, oqibe。

udu dabali -i gese biqibe，inu baha-bu-qi aqa-ra-ngge.

雖然 超過的 **工** 好像 雖然 也 得到-**使-條** 應該-**未-名**

雖覺過僾，亦所應得。

udu kouli-de aqana-ra-kv biqibe，inu aqa-ra be tuwa-me akdula-qi

雖然 規則-位 符合-未-否 雖然 也 可以-未 賓 看-并 擔保-條

o-mbi.

可以-現

雖不符例，亦可酌保。

udu songkolo-me alhvda-ha seme，hono hamina-ra-kv ayou se-mbi.

雖然 遵守-并 效仿-完 雖然 尚 達到-未-否 虚 助-現

雖然則效，猶恐不逮。

udu badarambu-me fisembu-he[1] seme，hono xuwe hafu-ha-kv.

雖然 推廣-并 述説-完 雖然 尚 一直 通徹-完-否

雖則衍述，尚未通徹。

udu enduringge niyalma seme，inu sa-r-kv ba-bi.

雖然 聖人 人 雖然 也 知道-未-否 處-有

雖聖人，亦有所不知。

udu bithe hvla-qibe, doro giyan be getukele-ra-kv.

雖然 書 讀-讓 禮節 道理 賓 搞清楚-未-否

雖然讀書，不明道理。

udu gungge bi se-qibe, beye-i gvnin be dekderxe-qi o-jora-kv.

雖然 功勞 有 説-讓 身體-屬 心意 賓 起叛心-條 可以-未-否

雖然有功，不可自逞其志。

udu endebuku akv se-qibe， ser se-re ba-be olhoxo-ra-kv-qi

雖然 過失 否 説-讓 細微貌 助-未 處-賓 謹慎-未-否-條

1 badarambumbi fisembumbi：爲固定搭配，意思是“衍述”。

o-jora-kv.

可以-**未-否**

雖然無過，不可不慎其微。

udu mujilen jobo-ra-kv o-qibe, inu seule-me gvni-qi aqa-mbi.

雖然 心意 憂愁-**未-否** 可以-**讓** 也 思索-**并** 想-**條** 應該-**現**

雖是不勞心，也得思索。

udu hvsun baibu-ra-kv o-qibe, inu katunja-me haqihiya-qi aqa-mbi.

雖然 力氣 費-**未-否** 可以-**讓** 也 勉强-**并** 勉强-**條** 應該-**現**

雖然不費力，亦須勉强。（13a2-14a2）

[32] oqibe 是“總然”“即便”，又作“無論”“或是”説。

uthai iqi aqa-ra-kv oqibe, inu nikede-me baitala-qi aqa-mbi.

即便 目標 相合-**未-否** 雖然 也 將就-**并** 使用-**條** 應該-**現**

即便不合式，亦得遷就着使。

manju oqibe nikan oqibe, gemu hafan irgen dabala.

滿族 無論 漢族 無論 都 臣 人民 罷了

無論滿漢，皆屬臣民。

jalafun oqibe, aldasi oqibe, ya jalgan ton[1] waka.

壽命 或 夭折 或 哪個 壽數 數目 非

或壽或夭，孰非命算。（14a3-6）

[33] “與其”翻爲 anggala，上連必用 ra, re, ro。

下有“不如”“不若”字，用 de isirakv 托。

mekele hvla-ra anggala, dolori eje-re de isi-rakv.

徒勞 讀-**未** 與其 内心 記住-**未** 位 達到-**未-否**

---

1 jalgan ton：爲固定搭配，意思是“壽數”。

與其竟念，不如心裹記。

untuhuri gisure-re anggala, songkolo-me yabu-re de isi-ra-kv.
徒然 說-未 與其 遵循-并 行-未 位 達到-未-否

與其空説，不若照着行。

bahana-ra-kv o-joro anggala, amqa-me taqi-re de isi-ra-kv.
會-未-否 可以-未 與其 追趕-并 學-未 位 達到-未-否

與其不會，莫若趕着學。（14a7-14b4）

[34] sere anggala是“不惟”“不但”，又作“豈惟”“豈但”説。

abka de tehere-mbi se-re anggala, inu na de jergile-qi o-mbi.
天 位 相配-現 說-未 與其 也 地 位 匹敵-條 可以-現

不惟參天，亦且兩地。

hafan wesi-mbi se-re anggala, geli ulin mada-mbi.
官 陞-現 說-未 不但 也 錢財 充滿-現

不但陞官，且又發財。

beye dursule-mbi se-re anggala, geli hvsutule-me yabu-mbi.
身體 模仿-現 說-未 不但 也 用力-并 行-現

豈惟身體，而且力行。

beye be tuwanqihiya-mbi se-re anggala, inu niyalma be dasa-mbi.
身體 賓 修-現 說-未 不但 也 人 賓 醫治-現

豈但修己，抑且治人。（14b5-15a2）

[35] “豈肯”“豈能”用aibi，上面須用ra, re, ro。

banjibu-me ara-ra aibi?
編纂-并 寫-未 豈肯

豈肯造作？

balai yabu-re aibi?

任意 做-**未** 豈肯

豈肯爲非?

ja -i onggo-ro aibi?

容易 **工** 忘記-**未** 豈能

豈能遽忘?

mutebu-ra-kv aibi?

使完成-**未-否** 豈能

豈能不成?（15a3-5）

[36] qi 連 aibi 是“何有”。

dorolon anahvnjan -i gurun be dasa-me mute-qi, aibi?

禮 謙讓 **工** 國家 **賓** 治理-**并** 能-**條** 何有

能以禮讓爲國乎，何有?（15a6-7）

[37] “何妨”aibi 上連 de。

gisun bi-qi, getukele-me gisure-re de aibi?

話 有-**條** 察明-**并** 説-**未** **位** 何妨

有話，何妨説明?（15b1-2）

[38] “專”“純”“竟”“只”使 qanggi，“僅”“止”[1]“惟”“獨”用 teile。二字上接 i, ni, de, be 字，ra, re, ha, he 等字多。

oilorgi yangse[2] be qanggi wesihule-mbi.

浮皮 樣子 **賓** 只有 尊敬-**現**

專尚浮華。

---

1 止：底本誤作“上”。

2 oilorgi yangse：爲固定搭配，意思是“浮華”“外表華麗”。

abka-i giyan -i qanggi.

天-屬 道理 屬 純

純乎天理。

sui ara-ha qanggi.

罪孽 造-完 竟

竟作孽。

mangga ara-ra qanggi.

剛强 做-未 只

只逞强。

ere emu niyalma-i teile.

這 一 人-屬 唯獨

僅此一人。

e-de teile waji-mbi-u?

此-位 僅 完成-現-疑

止此而已乎?

hvdun be buye-re teile.

快 賓 欲-未 唯獨

惟有欲速。

mini teile tuttu akv.

我.屬 唯獨 那様 否

予獨不然。(15b3-16a1)

[39] 若是“不獨”“不止”句，teile akv 語活多。

taqin fonjin fulu -i teile akv, yabun tuwankiyan inu sain.

學 問 强 屬 唯獨 否 行爲 品行 也 好

不獨學問見長，品行也好。

afa-me mute-re teile akv, geli tuwakiya-me bahana-mbi.
戰鬥-并 能-未 只 否 也 看守-并 會-現
不止能戰，又且善守。（16a2-5）

[40] adali "如同" gese "相似"，總作"比"如" "似" "若"說。
二字之上接 -i, ni, ra, re 與 ha, he 諸字多。

ini arbun giru sini adali, sini banin wen ini gese.
他.屬 相貌 模樣 你.屬 相似 你.屬 天資 化 他.屬 相似
他的形容如同你，你的品貌似乎他。

jalafun julergi alin -i adali, hvturi dergi mederi -i gese.
壽命 南邊 山 屬 比 福 東邊 海 屬 如
壽比南山，福如東海。

sain be daha-ra-ngge tafara adali, ehe be daha-ra-ngge uleje-re gese.
好 賓 歸化-未-名 登-未 如 惡 賓 歸化-未-名 倒塌-未 如
從善如登，從惡如崩。

den alin de tafa-ha gese, xumin tunggu de enggele-he gese.
高 山 位 登-完 如 深 淵 位 來到-完 如
如登高山，如臨深淵。

bi-mbi-me akv -i gese, jalu bime untuhun -i adali.
有-現-并 否 屬 如 實 而 虛 屬 一樣
有若無，實若虛。

faijuma -i gese, tesu-ra-kv -i gese.
不妥-屬 似 足-未-否-屬 似
似不妥，似不足。（16a6-16b6）

[41] "與彼相同""與此相似"，adali 上又接 de。

ini taqi-ha-ngge sinde adali, sini ara-ha-ngge inde adali.
他.屬 學-完-名 你.與 相同 你.屬 做-完-名 他.與 相同
他學的與你相同，你作的與他相似。（16b7-17a1）

[42] esi 之下 qi 字托，短章粗語方使得。

esi ji-qi, esi gene-qi. esi je-qi, esi omi-qi.
自然 來-條 自然 去-條 自然 吃-條 自然 喝-條
自然來，自然去。自然吃，自然喝。（17a2-3）

[43] jakade 上用 ra, re, ro，下文落脚 ha, he, ho。
ka, ke, ko 皆一體用，引証已往述辭多。
上邊若接 -i, ni 字，又作跟前字句説。

i minde ala-ra jakade, bi teni sa-ha.
他 我.與 告訴-未 因爲 我 纔 知道-完
他告訴我，我纔知道了。

si eje-ra-kv o-joro jakade, tuttu onggo-ho.
你 記-未-否 可以-未 因爲 所以 忘記-完
你不記着，所以忘了。

niyaman-de hajila-ra jalade , tuttu algin algi-ka.
親戚-與 相愛-未 因爲 所以 名 揚-完
親於親，所以揚名。

dengjan dabu-re jakade, tuttu gehun gere-ke.
燈盞 點火-未 因爲 所以 明亮 天亮-完
點上燈，所以大亮。

bengsen fulu o-joro jakade, tuttu geren qi qolgoro-ho.
本事 强 可以-未 因爲 因此 所有 從 超出-完
本領高强，所以出衆。

seibeni iui han amba muke be ebere-mbu-re jakade abka-i fejerg-i neqin
先前 禹 君 大 水 賓 衰弱-使-未 之後 天-屬 下-屬 平的

o-ho.
成爲-完

昔者禹抑洪水，而天下平。

jeu gung tulergi aiman be daha-bu-fi, eshun gurgu be boxo-ro jakade,
周 公 外面 部落 賓 投降-使-順 生疏 野獸 賓 督促-未 之後

tanggv hala-i irgen nikton o-ho.
百 姓-屬 百姓 安寧 成爲-完

周公兼夷狄，驅猛獸，而百姓寧。

kungzi xajingga nomun[1] be xangga-bu-re jakade, faquhvn amban hvlha jui
孔子 法的 經 賓 成全-使-未 之後 亂 官 賊 子

gele-he.
畏懼-完

孔子成《春秋》，而亂臣賊子懼。

sefu -i jaka-de taqibu-re be bai-mbi, mini jaka-de yandu-me bai-mbi.
師傅 屬 跟前-位 指教-未 賓 請求-現 我.屬 跟前-位 央求-并 請求-現

師傅的跟前討教，我等的跟前求情。（17a4-18a3）

[44] 追論已然之未然，bihe biqi 下托 bihe。

taqi-ha-kv bihe bi-qi, inu ulhi-me mute-ra-kv bihe.
學-完-否 過 助-條 也 曉得-并 能-未-否 過

若未學過，也不能曉得。

1 xajingga nomun：爲固定搭配，意思是“《春秋》”。

donji-ha-kv bihe bi-qi, inu sa-me mute-ra-kv bihe.
聽-完-否 過 助-條 也 知道 能-未-否 過
若未聽見，亦不能知道。（18a4-6）

[45] ha he 等下接 biqi，下文末用 bihe 托。
比論往事若如彼，也就如此意思說。

tere fon-de yargiyan mujilen -i iqihiya-ha biqi, inu qala-bu-ha-de
那 時候-位 真實的 心意 工 辦理-完 若有 也 搞錯-使-完-位
isina-ra-kv bihe.
到-未-否 過
當時若是認真辦，也不至舛錯。

onnggolo gvnin werexe-he biqi, te inu sa-r-kv o-me mute-ra-kv bihe.
先前 心意 使留意-完 若有 今 也 知道-未-否 可-并 能-未-否 過
從前要留神，如今也不能不知道了。（18a7-18b3）

[46] ombi ojorokv 爲“可”“不可”，上連 qi 字是法則。

ambasa saisa be unggi-qi o-mbi, tuhebu-qi o-joro-kv; holto-qi o-mbi,
堂官 賢者 賓 趕走-條 可-現 陷害-條 可-未-否 哄騙-條 可-現
geudebu-qi o-joro-kv.
誆騙-條 可-未-否
君子可逝也，不可陷也；可欺也，不可罔也。（18b4-6）

[47] 由此及彼言所以，oqi 下用 ombi 托。

dorolon jurgan be sa-r-kv o-qi, beye-be ilibu-me mute-ra-kv o-mbi.
禮 義 賓 知道-未-否 助-條 身體-賓 立-并 能-未-否 成爲-現
不知禮義，無以立身。

tondo akdun be da o-bu-re o-qi, beye yabu-re de mangga akv
忠 信任 賓 首領 成爲-使-未 助-條 身體 行-未 位 難 否

o-mbi.
成爲-**現**
主乎忠信，不難行已。（18b7-19a2）

[48] “若在”“若往”de oqi。

dorgi-de oqi, gemun heqen be karma-me dali-mbi.
内-**位** 如果 京都 城 **賓** 保衛-**并** 保護-**現**
若在内，則拱衛京師。

tulergi de oqi, jase jeqen be giyari-me dasa-mbi.
外 **位** 如果 邊塞 邊境 **賓** 巡察-**并** 進兵-**現**
若往外，則撫巡邊疆。（19a3-5）

[49] be oqi“若將”“若把”説。

ler ler se-re bithe-i niyalma be oqi, durum tuwakv o-bu-me
和藹 和藹 **助-未** 文-**屬** 人 **賓** 如果 老朽 榜樣 成爲-**使-并**
alhvda-ra giyan.
效仿-**未** 道理
若將藹藹文人，宜其法爲表範。

hou hou se-re qouha-i haha be oqi, kalka heqen obu-me nikendu-re
昂然 昂然 **助-未** 兵-**屬** 男人 **賓** 如果 盾 城 成爲-**并** 相依-**未**
giyan.
道理
若把赳赳武夫，應須依作干城。（19a6-19b1）

[50] o字若要接整字，不作“可”字作“爲”説。

ejen o-fi ejen doro be akvmbu-ki, amban o-fi amban -i doro be
皇上 爲-**順** 皇上 道理 **賓** 做到-**祈** 臣 爲-**順** 臣 **屬** 道理 **賓**

akvmbu-ki se-qi.

做到-祈 說-條

欲爲君盡君道，欲爲臣盡臣道。

juwe de gemu you han xvn han be alhvda-qi waji-ha.

二 位 都 堯 王 舜 王 賓 效仿-條 毁掉-完

二者皆法堯舜而已矣。（19b2-4）

[51] 整字難破接 ome，猶同 la, le 用法活。

guqu gargan de akdun o-me, gaxan falga de hvwaliyasun o-me

朋友 支 位 信任 助-并 鄉 鄉 位 平和 助-并

mute-qi,

能-條

能信乎朋友，和夫鄉黨，

hanqiki qi goroki de isi-tala, niyalma tome gemu ginggule-me ujele-me

近 從 遠 位 到-至 人 每個 都 恭敬-并 重視-并

jiramila-me tuwa-mbi kai.

優待-并 看-現 矣

則由近及遠，人皆敬重而厚待之矣。（19b5-7）

[52] 整字上接 ra, re, ro，ka, ke, ko 與 ha, he, ho。

此等字作“的”“之”用，又有“所”字意含着。

gurun be dasa-ra fulehe, dasan be yabubu-re oyonggo.

國 賓 醫治-未 根 政事 賓 做-未 要點

爲國之本，爲政之要。

erdemu be sonjo-ro kouli, gebu algi-ka taqin, niungniu tuqi-ke bengsen.

德 賓 選擇-未 規則 名 宣揚-完 學問 超群的人 出來-完 本事

掄才之典，著名的學問，超群的本事。

geren qi qolgoro-ko muten, enduringge niyalma-i tuta-bu-ha taqihiyan.
衆 從 超出-完 才能 賢達的 人-屬 落後-使-完 教訓
出衆的能奈，聖人所遺之訓。
nene-he saisa-i leule-he gisun, hargaxan yamun -i tokto-ho kouli.
先-完 賢者-屬 談論-完 話 朝廷 朝廷 屬 規定-完 規則
先賢所論之言，朝廷所定之例。（20a1-20b1）

[53] 若遇文氣難斷處，逐句只管用 fi, me。
ejen o-ho niyalma, beye-be tob o-bu-fi, hargaxan yamun de enggele-me,
君 爲-完 人 身體-賓 公正 成爲-使-順 朝廷 朝廷 位 來到-并
人君正己以臨朝，
geren hafan be tob o-bu-fi, tumen irgen be dasa-me,
所有 官 賓 公正 成爲-使-順 萬 民 賓 治理-并
正群僚以治萬民，
duin mederi-be tob o-bu-fi, abka-i fejergi be wembu-he manggi,
四 海-賓 公正 成爲-使-順 天-屬 下 賓 教化-完 之後
正四海以化天下，
teni gurun bou be enteheme karma-me, goro goida-tala doro tuta-bu-qi o-mbi.
纔 國 家 賓 永遠的 保護-并 遠 好久-至 道理 留下-使-條 可-現
方可永保國家，統垂悠久也。（20b2-6）

[54] fi 字本是未然“了”，中間串語過文多。
bou-de mari-fi, buda je-fi, taqikv-de ji-fi, saikan bengsen be taqi-kini.
家-位 回-順 飯 吃-順 學校-位 來-順 好好地 本事 賓 學-祈

回了家，吃了飯，上了學，好生學本事。

ambasa saisa neqin de bi-fi hesebun be aliya-mbi gisun -i onggolo
臣 賢者 公平 位存在-順 天命 賓 等候-現 話 屬 之前

yabu-fi, amala daha-bu-mbi.
行-順 後 隨從-使-現

君子居易以俟命，先行其言，而後從之。

inenggi goida-fi eime-me deribu-fi, fe be waliya-fi iqe be kiqe-mbi.
日 久-順 討厭-并 開始-順 舊 賓 完-順 新 賓 謀取-現

日久而生厭，舍舊而圖新。（20b7-21a4）

[55] 有力神情應用 pi，又比 fi 字意活潑。

tanggv hala-i irgen leksei we-mpi, tumen jaka youni ijishvn o-ho.
百 姓-屬 百姓 全 融化-延 萬 物 都 順利 成爲-完

百姓普化，萬物咸若。

tumen gurun uhe-i hvwaliya-pi, eiten gungge gemu badara-ka.
萬 國 統一-工 和好-延 所有 功勞 都 滋蔓-完

萬邦協和，庶績咸熙。

monggon sa-mpi hargaxa-mbi, mujilen je-mpi yabu-mbi.
脖子 伸-延 仰望-現 心思 忍耐-延 行-現

引領而望，忍心而行。（21a5-21b1）

[56] me 字在中爲串貫，句尾却又講之着。

wembu-me tuwanqihiya-me selgiye-me yabu-bu-mbi, taqibu-me hvwaxabu-me
熔化-并 弄直-并 傳播-并 行-使-現 教-并 養育-并

banji-bu-me xangga-bu-mbi.
生-使-并 成全-使-現

化裁推行，教養生成。

hiyouxun senggi-me be ujele-me wesihule-mbi, irgebun bithe be urebu-me
孝順 友愛-并 賓 看重-并 尊敬-現 詩 書 賓 練習-并

taqi-mbi.
學-現

敦崇孝友，服習詩書。

beye-be olhoxo-me taqihiyan be daha-mbi,
身體-賓 謹慎-并 教誨 賓 歸化-現

謹身率教，

giyan be songkolo-me fafun be tuwakiya-mbi, julge-i dorolon be daha-me,
理 賓 遵循-并 法令 賓 防守-現 古代-屬 行禮 賓 聽從-并

循理奉公，遵之古禮，

te -i arbun de aqana-me, niyalma be tuwa-ra baita be yabu-re ohode,
今屬 形勢 位 符合-并 人 賓 看-未 事情 賓 行-未 如果

sain akv -i kouli bi-u.
好 否 屬 規則 有-疑

合着時勢，待人處事，豈有不好的。（21b2-7）

[57] “方纔”“剛纔”如之何，saka jaka 上接 me。

yasa niqu-me saka, gaitai uthai hiri amga-ha.
眼睛 閉眼-并 時候 忽然 就 熟 睡-完

方纔合眼，忽然就睡熟了。

beye forgoxo-me jaka, herqun akv geli tuhe-ke.
身 轉-并 時候 知覺 否 又 倒下-完

剛纔回身，不覺又倒下了。（22a1-3）

[58] “纔一”“剛一”文氣快，句中文字只須 me。

teni debtelin be nei-me, dolori aqinggiyabu-fi sesule-mbi.
纔 卷 賓 打開-并 心中 使搖動-順 驚訝-現
纔一展卷，感切由衷。
teni bithe be tuwa-me, alimbaharakv nasa-me sejile-mbi.
纔 文 賓 看-并 極其 嘆息-并 嘆息-現
剛一臨文，曷深慨嘆。（22a4-6）

[59] "將及""甫及"與"方及"，往往常有用ome。
juwan inenggi o-me baita waqihiya-ha.
十 日 到-并 事情 完成-完
將及旬日而蔵事。
emu biya o-me gungge mute-bu-he.
一 月 到-并 功 成-使-完
甫及匝月而成功。
ilan aniya o-me wen selgiye-bu-he.
三 年 到-并 化 傳播-使-完
方及三年而化成。（22a7-22b2）

[60] me字若連uthai，語氣緊如mbihede。
emgeri sabu-me, uthai sa-mbi.
一次 看見-并 就 知道-現
一見便知。
emgeri yasala-me, uthai getuken o-ho.
一次 看見-并 就 明白 成爲-完
一目了然。
urunakv kiri-mbihe-de, teni tusa bi.
一定 忍耐-過-位 纔 益處 有
必有忍，乃有濟。

urunakv kiqe-mbihe-de, teni gungge bi.

一定 勤奮-過-位 纔 功 有

必黽勉，方有功。（22b3-5）

[61] me 字下面有 fi 字，不有 mbi 即 ha he。

beye-be ili-bu-me doro be yabu-me. niyaman be elde-mbu-fi gebu be

身體-賓 立-使-并 道理 賓 行-并 親戚 賓 照耀-使-順 名 賓

algi-mbu-fi,

宣揚-使-順

立身行道，顯親揚名，

jui o-ho niyalma-i doro be gvtubu-ra-kv o-qi aqa-mbi. gebu be

兒子 成爲-完 人-屬 道理 賓 玷污-未-否 成爲-條 可以-現 名 賓

kiqe-me maktaqun be gai-fi,

教-并 名譽 賓 要-順

無虧於人子之道也可。沽名鈞譽，

deribun de kiqe-me duben de heulede-fi, ulhiyen -i sarta-bu-re waliya-bu-re

始 位 勤奮-并 終 位 懈怠-順 漸漸 屬 耽誤-使-未 抛弃-使-未

de dosina-ha-bi.

位 領會-完-現

勤始惰終，而日就荒廢焉。

te de aqabu-me julge be yargiyala-me, hanqiki be gvni-me tengkiquke

今位 相應-并 古 賓 核實-并 近處 賓 思-并 切實

ba-be fonji-me ofi, mergen de hamina-ha bime, gosin de ibene-he-bi.

處-賓 問-并 由於 賢惠 位 將近-完 而 心 位 往前去-完-現

準今酌古，近思切問，而幾乎賢且進於仁矣。（22b6-23a5）

[62] fi 字下面有 me 字，工夫遞進語言多。

juse deute be tuwa-hai donji-hai ulhiyen -i ure-fi,
子 弟 **賓** 看-**持** 問-**持** 漸漸 **屬** 熟-**順**

使子弟見聞日熟，

durum kemun[1] be songkolo-me yabubu-me, inenggi goida-ha manggi,
模子 尺度 **賓** 遵守-**并** 做-**并** 日 久-**完** 之後

循蹈規矩之中，

gvnin mujilen gulu nomhon, yabun tuwakiyan tob ujen o-mbi.
心 心 純 忠實 行爲 品行 公正 重 成爲-**現**

久之心地淳良，行止端重。

ba tome teisu teisu gaxan dende-fi, gaxan tome meni meni[2] falga be
處 每 本分 本分 鄉村 分-**順** 鄉村 每 我們的 我們的 甲 **賓**

kadalabu-me, hoton de o-qi.
使管轄-**并** 城 **位** 成爲-**條**

每處各自分保，每保各統一甲。

hoton be bodo-me dende-fi, gaxan de oqi, tokso be bodo-me faksala-fi,
坊 **賓** 思考-**并** 分開-**順** 鄉村 **位** 如果 莊 **賓** 思考-**并** 分開-**順**

城以坊分，鄉以圖別，

bou tome duka aname, ishunde seremxe-me tuwakiyabu.
家 每 門 依次 彼此 提防-**并** 看守.**祈**

排鄰比户，互相防閑。

hergi-me yabu-re hethe akv -i urse, tere-i gebu be hvlha-fi, tere-i
游蕩-**并** 行-**未** 業 否 **屬** 人們 他-**屬** 名 **賓** 讀-**順** 他-**屬**

---

1 durum kemun：爲固定搭配，意思是“規矩”。

2 meni meni：爲固定搭配，意思是“分別”“各自”。

taqihiyan be efule-me.
教誨 賓 毀壞-并
游食無藉之輩，陰竊其名，以壞其術。

amba muru gashan sabi jobolon hvturi -i jergi haqin de anagan ara-me,
大 模樣 灾 祥 憂患 福氣 屬 層 類別 位 借口 造-并
qeni holo untuhun temgetu akv -i gisun be algi-mbu-mbi.
他們.屬 虛假 空的 證據 否 屬 話 賓 宣揚-使-現
大率假灾祥禍福之事，以售其誕幻無稽之談。

gurun bou de fafun ili-bu-ha-ngge, qoho-me irgen -i bala-i yabu-re be
國 家 位 法 立-使-完-名 擬正-并 人民 屬 任意 行-未 賓
nakabu-fi, yarhvda-me sain be yabu-kini, miusihon be ashv-fi
使停止-順 領-并 好 賓 行-祈 不正當 賓 摒弃-順
jingkini be wesihule-me, tuksiquke qi jaila-fi elhe be baha-kini se-re-ngge.
基本的 賓 尊敬-并 危險的 間隔 躲避-順 平安 賓 得到-祈 助-未-名
朝廷之立法，所以禁民爲非，導其爲善，除邪崇正，云危就安者也。（23a6-24b1）

[63] fi 連 dere 與 kai 字，暗述上文因字活。

niyalma teisu be daba-me balai yabu-re-ngge, jurgan giyan be sa-r-kv
人 相等 賓 越過-并 任意 行-未-名 正義 道理 賓 知道-未-否
ofi dere.
所以 吧
人之越分妄爲，不知夫義理耳。

yaya taqin -i xangga-ra-kv-ngge, qoho-me gvnin sithv-ra-kv ofi kai.
所有 學問 屬 成就-未-否-名 擬正-并 心 專心-未-否 所以 也
凡學之無成者，以其心不專也。（24b2-5）

[64] me 字平平往下串。

bireme yargiyala-me julge be yaru-me,

一概 核實-并 古 賓 引導-并

旁徵遠引，

dahi-me dabta-me akv-mbu-me tuqibu-me,

再-并 反復説-并 去世-使-并 顯出-并

往覆周詳，

gvnin be iletu getuken o-bu-re be kiqe-mbi.

心思 賓 明顯 明白 成爲-使-未 賓 勤-現

意取顯明。

niyengniyeri tari-me bolori bargiya-me,

春 耕-并 秋 收攏-并

春耕秋斂，

ume erin be ufara-bu-re,

勿 時 賓 出錯-使-未

勿失其時，

kemne-me malhvxa-me haira-me uji-me,

測量-并 節約-并 愛惜-并 養-并

撙節愛養，

ume kemun be jurqe-re.

勿 尺度 賓 違背-未

勿愆於度。（24b6-25a3）

[65] 串文斷落 ra, re, ro。

beye sela-ra.

身體 舒暢-未

自慊。

beye-de kimqi-re.

身體-位 審查-未

自省。

beye de forgoxo-ro.

身體 位 轉動-未

自反。

beye-be tuwanqihiya-ra be.

身體-賓 弄直-未 賓

自修。

taqi-re urse beye haqihiya-qi aqa-mbi.

學習-未 人們 自己 勸勉-條 應該-現

學者須自勉焉。（25a4-6）

[66] 或 me 或 re 連連用，句尾當托 ohode。

工夫説到效驗處，自然而然 be dahame。

下文還得托 mbi，起止界限方明白。

beye-ningge be akvmbu-fi niyalma be gilja-me,

身體-名 賓 盡力-順 人 賓 寬恕-并

盡己而恕人，

sarasu de isibu-fi jaka be hafu-me,

知識 位 得到-順 東西 賓 通曉-并

致知以格物，

fe be urebu-me iqe be sa-ra,

舊 賓 練習-并 新 賓 知道-未

温故而知新，

jiramin be ujele-me dorolon be wesihule-re o-ho-de,

厚度 賓 重視-并 禮 賓 尊敬-未 成爲-完-位

敦厚以崇禮，

ini qisui sukdun hvwaliya-pi, mujilen tokdo-ro,

他.屬 隨意的 氣態 和好-延 心思 固定-未

自然和氣而神凝，

jurgan xu-mpi, gosin ure-re be dahame,

正義 通曉-延 心 熟練-未 賓 因爲

義精而仁熟。

doro ere-qi wesihun, erdemu ere-qi jiramin o-mbi.

道理 此-從 高 德 此-從 厚 成爲-現

將見道於是乎高，德於是乎厚矣。（25a7-25b7）

[67] 揣度已往用 fi bi。

temgetu be eje-fi bi.

鈐記 賓 記-順 現

記上記號了。

songko be sulabu-fi bi.

痕迹 賓 保留-順 現

留下迹址了。

butui erdemu iktambu-fi bi.

暗-屬 德 積累-順 現

陰騭積下了。

gungge faxxan ilibu-fi bi.

功勞 功勞 立-順 現

功勞立下了。

wen wang han, u wang han -i dasan,

文 王 君 武 王 君 **屬** 政事

文武之政，

undehen xusihe de ara-fi bi.

木板 方策 **位** 寫-**順** **現**

布在方策。

kungzi mengzi -i doro, bithe qagan de eje-fi bi.

孔子 孟子 **屬** 道理 書 書籍 **位** 寫-**順** **現**

孔孟之道，載在典籍。（26a1-5）

[68] 正當其時 me bi 多。

jing bithe hvla-me bi.

正 書 讀-**并** **現**

正念着書。

jing hergen ara-me bi.

正 字 寫-**并** **現**

正寫着字。

sula gisun gisure-me bi-sire de.

閑 話 説-**并** **助**-**未** **位**

正在説閑話。

sasa kaiqame deribu-he.

一起 叫喊-**并** 開始-**完**

大家嚷起來了。

alban iqihiya-me bi-sire de,

公事 辦-**并** **助**-**未** **位**

正在辦官事，

ishunde daisa-me deribu-he.

彼此 亂鬧-并 開始-完

彼此鬧起來了。（26a6-26b2）

[69] habi hebi 已然語。

taqi-me bahana-ha-bi.

學-并 會-完-現

已學會了。

weile-me xangga-ha-bi.

做-并 成就-完-現

已做成了。

eje-me ure-he-bi.

記-并 熟-完-現

已記熟了。

urebu-me dubi-he-bi.

練習-并 習慣-完-現

已練慣了。（26b3-4）

[70] 泛論未然 mbi 字活。

erdemu-be[1] genggiyele-mbi.

德-賓 明白-現

明德。

irgen be iqemle-mbi.

人民 賓 更新-現

---

1 erdemube：底本拼寫錯誤。

新民。

sain de ilina-mbi.

好 位 止住-現

止善。

ilin be sa-mbi.

止 賓 知道-現

知止。(26b5-6)

[71] hakv, hekv是“没”“未”字。

alibu-me boula-ha-kv.

呈遞-并 稟報-完-否

未稟報。

donjibu-me wesimbu-he-kv.

使聽見-并 奏-完-否

未奏聞。

baha-fi ala-ha-kv.

得-順 告訴-完-否

没得告訴。

tuqibu-me gisure-he-kv.

出-并 説-完-否

没説出來。(26b7-27a1)

[72] rakv專以“不”“弗”説。

dorolon -i kemne-ra-kv o-qi,

禮 工 限制-未-否 成爲-條

不以禮節之,

inu yabu-qi o-joro-kv kai.
也 行-條 可以-未-否 也
亦不可行也。

taqi-ra-kv-qi waji-ha, taqi-qi, mute-ra-kv ofi, naka-ra-kv.
學-未-否-條 完-完 學-條 能-未-否 因爲 停止-未-否
有弗學，學之弗能，弗措也。（27a2-4）

[73] “只管”“只是”“儘只”語，hai, hei, hoi 字串着説。

yabu-hai teye-ra-kv.
行-持 休息-未-否
只管走不歇着。

gisure-hei naka-ra-kv.
説-持 停止-未-否
只是説不止。

bodo-hoi waji-ra-kv.
籌劃-持 完-未-否
儘只算不完。（27a5-6）

[74] 情切文完意難盡，hai, hei, hoi 下 bi 連着。

ili-hai iqihiya-ra be aliya-hai bi.
立-持 辦理-未 賓 等-持 現
立候辦事。

bi kemuni ere-hei bi.
我 常常 指望-持 現
予日望之。

aifini-qi tulbi-me bodo-hoi bi.
早已-從 推測-并 思考-持 現

久有籌畫。（27a7-27b2）

[75] “因爲”神情是 ofi，上非整字必用 me。

句中又作“爲是”講，上連整字方使得。

yabun tuwakiyan sain ofi, niyalma teni kundule-me tuwa-mbi.

行爲 品行 好 因爲 人 纔 尊敬-**并** 對待-**現**

因爲品行好，人纔敬重。

taqi-re de amuran ofi, bengsen teni geren qi qolgoro-me mute-he-bi.

學-**未** **位** 愛好 因爲 本事 纔 所有 **從** 超出-**并** 能-**完**-**現**

因爲好學，本事方能出衆。

da dube akv ofi, tutu manggaxa-me faihaqa-mbi.

根源 末端 **否** 因爲 所以 爲難-**并** 煩悶-**現**

因爲無頭緒，所以爲難着急。

kemne-me malhvxa-me ofi, tuttu bayan de isibu-ha-bi.

節制-**并** 節約-**并** 因爲 所以 富 **位** 使得到-**完**-**現**

因爲節儉，所以致富。

hafan o-fi baita iqihiya-ra de, tondo mujilen tebu-qi aqa-mbi.

官員 爲-**順** 事情 辦理-**未** **位** 正 心 盛-**條** 應該-**現**

爲官莅政，須秉公心。

niyalma o-fi niyalma-i doro be ulhi-ra-kv oqi, niyalma o-joro-ngge ai-ni?

人 爲-**順** 人-**屬** 道理 **賓** 懂得-**未**-**否** 如果 人 成爲-**未**-**名** 什麽-呢

是人而不通人理，則何以爲人？（27b3-28a3）

[76] waka 之上非整字，必用 rengge 與 hangge。

an -i uquri ere durun -i niyalma waka, ere aina-ha ni?

本分 **屬** 時候 這 樣子 **屬** 人 不是 這 做什麽-**完** 呢

平素不是這樣人，這是怎麽了？

teni erdemu waka oqi, we uttu o-me mute-mbi?

纔 德 不是 如果 誰 這樣 成爲-**并** 能-**現**

非至德，孰能如是乎？

labdu be nemxe-re-ngge waka, jaqi baitala-ra de aqabu-ra-kv ofi kai!

多 **賓** 争多-**未-名** 非 很 使用-**未** **位** 符合-**未-否** 因爲 啊

不是貪多，太不符用啊！

daqi gebu be kiqe-re jalin dabala, aisi be bai-ha-ngge waka.

原來 名 **賓** 勤-**未** 因爲 而已 利益 **賓** 請求-**完-名** 非

原爲圖名，非是求利。（28a4-28b1）

[77] 開口一叫使 rengge，末尾亦用長音托。

ambula donji-me haqihiya-me eje-re-ngge, erdemu be hvwaxabu-re doro be

很 聽-**并** 加緊-**并** 記-**未-名** 德 **賓** 栽培-**未** 道理 **賓**

badarambu-re-nggge kai.

推廣-**未-名** 也

博聞强記，所以畜德而弘業者也。

fafun kouli se-re-ngge, hvwangdi han-sa-i umaina-qi o-jora-kv

法 規則 説-**未-名** 皇帝 君王-**複-屬** 不得已-**條** 可以-**未-否**

baitala-ra-ngge.

使用-**未-名**

法例者，帝王不得已而用之也。（28b2-4）

[78] 追述上文褒貶語，下用 qi banjinahangge。

tere taqin xangga-ra-kv-ngge qoho-me kiqe-ra-kv qi banjina-ha-ngge.

其 學 成全-**未-否-名** 擬正-**并** 勤-**未-否** **從** 不成-**完-名**

其學之不成者，乃由於不勤也。

niyalma gvnin -i qiha-i balai yabu-re-ngge, sukdun salgabun -i urhu qi
人 心 **屬** 任意-**屬** 任意 行-**未**-**名** 氣勢 緣分 **屬** 傾斜 **從**

banjina-ha-ngge.
不成-**完**-**名**

人之任意妄爲，乃由氣質之偏。

yaya dorolon jurgan be getukele-ra-kv-ngge, bithe taqi-ra-kv qi banjina-ha-ngge.
一切 禮 正義 **賓** 搞清楚-**未**-**否**-**名** 書 學-**未**-**否** **從** 不成-**完**-**名**

大凡不明禮義者，不肯讀書所致也。（28b5-29a2）

[79] 三字平行歸一致，ra, re, ro 下接 rengge。

teisu be tuwakiya-ra,
相等 **賓** 遵守-**未**

守分，

erin de aqabu-re,
時 **位** 符合-**未**

從時，

sain be sonjo-ro,
好 **賓** 選擇-**未**

擇善，

jurgan de gurinje-re-ngge,
正義 **位** 流動-**未**-**名**

徙義者，

erdemu be wesihule-re, doro be sebjele-re niyalma kai.
德 **賓** 尊敬-**未** 道理 **賓** 取樂-**未** 人 也

尊德樂道之人也。（29a3-5）

[80] rengge, hangge 是“的”“者”用，暗有“人”字意藏着。

niyalma be wa-ra-ngge， ergen touda-mbi.

人 賓 殺-未-名 命 還-現

殺人的償命。

bekdun be edele-re-ngge， jiha touda-mbi.

債 賓 欠-未-名 錢 還-現

欠債的還錢。

sain be yabu-ha-ngge, hvturi baha-mbi.

善 賓 行-完-名 福 得到-現

爲善者享福。

ehe be deribu-he-ngge, sui tuwa-mbi.

壞 賓 發動-完-名 罪 看-現

作惡者受罪。（29a6-29b2）

[81] serengge 是論“夫”“者”字，整字與 ha, he 亦可托。

下文若是有“也”“者”，inu kai 字作着落。

mujin se-re-ngge，sukdun de dala-ha-ngge.

志 説-未-名 氣態 位 爲首-完-名

夫志，氣之帥也。

sukdun se-re-ngge，beye de jalu-ka-ngge.

氣 説-未-名 身體 位 充滿-完-名

氣，體之充也。

gosin jurgan se-re-ngge，dasan -i fulehe.

仁 義 説-未-名 政 屬 根

仁義者，理之本也。

erun koro se-re-ngge, dasan -i dube.

刑 處罰 説-**未**-**名** 政 **屬** 末梢

刑罰者，理之末也。

endurengge-i taqin se-re-ngge,

神聖-**屬** 學 説-**未**-**名**

夫聖學，

kungzi mengzi de badarambu-ha-bi.

孔子 孟子 **位** 開拓-**完**-**現**

昌於鄒魯。

doro-i xoxohon se-re-ngge,

道理-**屬** 匯總 説-**未**-**名**

夫道統，

you han xvn han qi deribu-he-bi.

堯 王 舜 王 **從** 開始-**完**-**現**

肇自中天。

fujurungga ambasa saisa be, dubentele onggo-qi o-jora-kv se-re-ngge.

端莊的 堂官 賢者 **賓** 永久 忘記-**條** 成爲-**未**-**否** 説-**未**-**名**

有斐君子，終不可諠兮者。

wesihun erdemu ten -i sain,

興盛 德 機 **屬** 好

道盛德至善，

irgen -i onggo-me mute-ra-kv be hendu-he-bi kai.

人民 **屬** 忘記-**并** 能-**未**-**否** **賓** 説-**完**-**現** 也

民之不能忘也。

dulimba tob se-re-ngge,
中 正 説-**未-名**
中正本也，

fulehe inu genggiyen kengse se-re-ngge.
根 也 明 果斷 説-**未-名**
明斷用也。

baitalan inu dasan se-re-ngge,
用 也 政 説-**未-名**
夫政也者，

geli okjiha ulhv -i adali kai.
又 菖蒲 蘆葦-**屬** 一様 也
蒲盧也。（29b3-30a7）

[82] ofi kai 是倒裝語。

jalan -i niyalma-i karman tuwakiyan be daruhai kvbuli-re-ngge tere-i jurgan
世 **屬** 人-**屬** 保護 守護 **賓** 經常的 變化-**未-名** 其-**屬** 正義

aisi -i ilgabun be sa-r-kv ofi kai.
利益 **屬** 區別 **賓** 知道-**未-否** 因爲 也
世人之常變操守者，不知夫義利之區也。

yaya niyalma-i da banin be ufarabu-ha-ngge, sain be genggiyele-fi, tuktan
所有 人-**屬** 根本天性 **賓** 丢失-**完-名** 善 **賓** 明白-**順** 初

de dahv-me mute-ra-kv ofi kai.
位 復-**并** 能-**未-否** 因爲 也
凡人失其本性者，不能明善復初也。（30b1-5）

[83] de kai be kai 是“也”説。

niyengniyeri edun -i selgiye-re,
春 風 工 傳播-未
春鼓之以風，
juwari aga -i simebu-re-ngge,
夏 雨 工 使滋潤-未-名
夏潤之以雨，
abka-i erin de kai.
天-屬 時 位 也
是天之時也。
nuhu olhon ba erin fisi-he de aqa-ra,
高崗 乾燥的 地方 時 稷-完 位 相適合-未
高躁者宜黍稷，
nuhaliyan derbehun ba handu jeku de aqa-ra-ngge,
低窪的 潮濕 處 稻穀 糧食 位 相適合-未-名
下濕者宜粳稻，
na -i aisi de kai.
地 屬 利益 位 也
是地之利也。
mujin be toktobu-mbi se-he-ngge,
志向 賓 使確定-現 説-完-名
所謂定志者，
emu mujilen -i sain be sonjo-fi， teng se-me tuwakiya-ra be kai.
一 心 屬 善 賓 選擇-順 結實 助-并 看守-未 賓 也

是一心擇善而固執之也。

qibsen be da ara-mbi se-re-ngge,

安静 賓 處 當作-現 説-未-名

主敬者,

beye mujilen be jafata-me bargiyata-fi

身體 心 賓 約束-并 接受-順

gvwabsi akv o-bu-re be kai.

往别處 否 成爲-使-未 賓 也

是攝束身心而不他適也。(30b6-31a5)

[84] 若是引經與據典，必用 de henduhengge。

句尾須用 sehebi，起止界限方明白。

dorolon -i nomun de hendu-he-ngge,

禮 屬 經 位 説-完-名

《禮記》曰:

dorolon hafu-qi teisu tokto-mbi se-he-bi.

禮 通曉-條 相等 規定-現 説-完-現

“禮達而分定。”

ede wesihun fusihvn be ilga-ra,

因此 尊貴 低賤 賓 辨别-未

可見辨尊卑,

dergi fejergi be faksala-ra de,

上 下 賓 分開-未 位

分上下,

dorolon qi dulende-re-ngge akv be sa-qi o-mbi.

禮 從 超過-未-名 否 賓 知道-條 成爲-現

莫過於禮也。

hiyouxungga nomun de hendu-he-ngge,

孝順的 經 位 説-完-名

《孝經》云：

dergi be elhe obu-re, irgen be dasa-ra de,

上 賓 安 變爲-未 人民 賓 治理-未 位

"安上治民，

dorolon qi sain ningge akv se-he-bi.

禮 從 善 名 否 説-完-現

莫善於禮。"

ere-be tuwa-ha-de dorolon se-re-ngge,

這-賓 看-完-位 禮 説-未-名

是知禮也者，

jalan de aisila-ra irgen de dala-ra oyonggo baita kai.

世 位 幫助-未 人民 位 爲首-未 緊要的 事情 也

輔世長民之要務也。（31a6-31b6）

[85] 用 henduhe 引述起，句下須用 sehengge。

往往中間用 sefi，只看單連意何如。

julge-i niyalma-i hendu-he, belhe-me jabdu-qi joboqun akv o-mbi se-he-ngge.

古-屬 人-屬 説-完 準備-并 妥當-條 憂愁 否 可以-現 説-完-名

昔人云："有備無患。"

yaya baita be doigomxo-qi, ilina-ra, doigomxo-ra-kv oqi, waliya-bu-re be

所有 事情 賓 預防-條 立-未 預防-未-否 如果 廢除-使-未 賓

hendu-he-bi.

説-完-現

言凡事豫則立，不豫則廢也。

kungzi -i hendu-he, julge-i niyalma-i gisun tuqi-ra-kv-ngge,
孔子 屬 說-完 古-屬 人-屬 話 出來-未-否-名

孔子云："古者言之不出，

beye-i hamina-ra-kv jalin giru-me ofi kai se-he-ngge.
身體-屬 將近-未-否 因爲 羞愧-并 因爲 也 說-完-名

耻躬之不逮也者。"

qoho-me untuhun gisun tuqibu-re gojime, jabume yargiyan -i songkolo-me
擬正-并 虛假的 話 述說-未 雖然 答應 真實的 工 遵循-并

mute-ra-kv ayou se-re turgun kai.
能-未-否 虛 助-未 緣故 也

蓋恐其徒托空言，不能躬行實踐也。

fuzi -i hendu-he, taqi-mbi-me erindari urebu se-fi, geli taqi-re de
夫子 屬 說-完 學-現-并 時時 練習.祈 說-順 又 學-未 位

amqa-ra-kv -i adali o-so se-he-ngge.
及時-未-否 屬 一樣 成爲-祈 說-完-名

子曰："學而時習之。"又曰："學如不及。"

qoho-me niyalma be majige andande se-me naka-qi o-joro-kv erin be,
擬正-并 人 賓 小 一會兒 說-并 停止-條 成爲-未-否 時 賓

amqa-me kiqe-me taqi-kini se-re gvnin kai.
追趕-并 勤-并 學-祈 助-未 心意 也

乃使人及時勤學，不可須臾而或輟也。（31b7-32b2）

[86] "爲"字"謂"字是 sembi，上面必有 be"叫"着。

umesi den, tumen jaka be elbe-he-ngge be, abka se-mbi.
非常 高 萬 物 賓 覆蓋-完-名 賓 天 說-現

至高而覆萬物者，爲天。

umesi jiramin tumen jaka be ali-ha-ngge be, na se-mbi.
非常 厚 萬 物 賓 接受-**完-名** **賓** 地 説-**現**

至厚而載萬物者，爲地。

inenggi, abka na de elde-re-ngge be, xun se-mbi.
日 天 地 **位** 照-**未-名** **賓** 日 説-**現**

日間光照於天地者，曰日。

dobori abka na de elde-re-ngge be, biya se-mbi.
夜 天 地 **位** 照-**未-名** **賓** 月 説-**現**

夜裏光照於天地者，曰月。

na de qokqohon -i bi-sir-engge be, alin se-mbi.
地 **位** 直 **屬** 有-**未-名** **賓** 山 説-**現**

在地上高聳的，叫作山。

xeri deri eye-me tuqi-nji-re-ngge be, muke se-mbi.
泉 **經** 流-**并** 出-去-**未-名** **賓** 水 説-**現**

由泉中流出者，叫作水。

abka-i hesebu-he-ngge be, banin se-mbi.
天-**屬** 命中注定-**完-名** **賓** 天性 説-**現**

天命之謂性。

sukdun -i salgabu-ha-ngge be, buyenin se-mbi.
氣 **屬** 命中注定-**完-名** **賓** 感情 説-**現**

氣禀之謂情。

turgun bi-fi yabu-re-ngge be, aisi se-mbi.
緣故 有-**順** 行-**未-名** **賓** 利益 説-**現**

有所爲而爲，謂之利。

turgun akv yabu-re-ngge be, jurgan se-mbi.
原因 否 行-未-名 賓 義 説-現
無所爲而爲，謂之義。（32b3-33a4）

[87] 代申其意 sehengge，發明已往經典多。

irgebun -i nomun de, xe, deye-me abka de isina-mbi,
詩 屬 經 位 鳶 飛翔-并 天 位 到達-現
《詩》云：“鳶飛戾天，
nimaha tunggu de godo-mbi se-he-ngge.
魚 淵 位 躍-現 説-完-名
魚躍於淵。”
tere, dergi fejergi de iletule-he be hendu-he-bi.
其 上 下 位 顯出-完 賓 説-完-現
言其上下察也。
dasan -i nomun de, gungge be wesihun obu-re-ngge, damu mujin de,
政治 屬 經 位 功勞 賓 可貴 成爲-未-名 但是 志向 位
《書》曰：“功崇惟志，業廣惟勤，
doro be badarambu-re-ngge, damu kiqebe de se-he-ngge, qoho-me baita,
道理 賓 推廣-未-名 但是 勤 位 説-完-名 擬正-并 事情
mujin, daqi ishun de nikendu-fi mutebu-mbi se-re turgun.
志向 從前 對着 位 相倚-順 能-現 説-未 緣故
蓋業與志本相須而成也。”
jijungge nomun de, ini erdemu enteheme akv de, eiqi giruqun be ali-mbi
易 經 位 他.屬 德 永遠的 否 位 或 羞辱 賓 接受-現
se-he-ngge ere gisun absi sain.
説-完-名 這 話 多麽 好

《易》曰："不恒其德，或承之羞。"旨哉言乎。

dorolon -i nomun de, mafa be wesihule-me ofi, tuttu da be ginggule-mbi,
禮 屬 經 位 祖先 賓 尊敬-并 因爲 所以 根本 賓 恭敬-現

da be ginggule-me ofi, tuttu mukvn be bargiya-mbi
根本 賓 恭敬-并 因爲 所以 族 賓 收攏-現

se-he-ngge.
說-完-名

《禮》云："尊祖，故敬宗；敬宗，故收族。"

niyalma-i doro de urunakv mukvn be hvwaliyambu-re be ujen obu-qi
人-屬 道理 位 一定 族 賓 調和-未 賓 重 當作-條

aqa-ra be getukele-he-ngge.
應該-未 賓 察明-完-名

明人道必以睦，族爲重也。

hvlha holo be geterembu-re de mangga se-he-ngge, ede kai.
偷 假 賓 清除-未 位 難 說-完-名 因此 也

此所謂盗賊難弭也。

qouha-i doro be gaxan falga baibu-re de baktambu-ha-bi se-he-ngge, erebe
兵-屬 道 賓 鄉村 族 需要-未 位 使容納-完-現 說-完-名 將此

kai.
也

所謂寓兵法於保甲中也。（33a5-34a5）

[88] ainqi 下用 dere aise，原是猜疑話來着。

如今竟作"蓋"字用，dere aise 不必托。

tere baita ainqi xangga-ha dere?
那 事情 想是 成全-完 吧

那件事情想是成了罷?

ere jaka ainqi efuje-he dere?

這 東西 想是 壞-完 吧

這宗東西想是壞了罷?

ainqi hiri amga-ha aise?

想是 熟 睡-完 想是

想必睡着了罷?

ainqi hono gete-he-kv aise?

想是 還 醒-完-否 想必

想必還没醒罷?

ainqi julge-qi ebsi irgen -i an kouli[1], gemu kiqebe malhvn be wesihun

想必 古代-從 往這 人民 屬 本分 規則 只 勤 節省 賓 興盛

obu-ha-bi.

成爲-完-現

蓋自古民風，皆貴乎勤儉。

ainqi dorolon se-re-ngge, abka na -i entehe-me, tumen jaka -i ilgabun.

想是 道理 説-未-名 天 地 屬 經-并 萬 物 屬 序

蓋禮爲天地之經，萬物之序。（34a6-34b6）

[89] dere 又作“罷”“而已”，如用 dabala 一樣托。

上面若非遇整字，非用 mbi 不可托。

deribun bi-sire, duben bi-sire-ngge, teni niyalma se-qi o-mbi dere.

開始 有-未 終 有-未-名 纔 人 説-條 可以-現 罷

有始有終的，纔是人罷。

1 an kouli：爲固定搭配，意思是“風俗”“常規”“舊例”。

hehe niyalma bi-kai, uyun niyalma teile dere.
女的 人 有-也 九 人 只 罷了
有婦人焉，九人而已。（34b7-35a3）

[90] bime 本作“而且”用，整單破連用法活。
下有“又”字加 geli，若遇已然即 ha he dade。
也是“又”字意，geli 之字緊連着。

gosin jurgan bime tondo nomhvn.
仁 義 而且 忠 厚
仁義而且忠厚。

erdemu be ikta-mbu-mbime, geli gosin be yabu-mbi.
德 **賓** 積累-**使**-**現**.并且 又 仁 **賓** 行-**現**
積德而且累仁。

xayo xayola-mbime, geli nomun jondo-mbi.
素食 吃素-**現**.而且 又 經 念經-**現**
持齋而且念經。

bithe be hvla-ha bime hergen be inu ara-ha.
書 **賓** 讀-**完** 而且 字 **賓** 也 寫-**完**
讀了書而且把字亦寫了。

niyalma de tusa ara-ra dade, geli jaka be aisi obu-ha-bi.
人 **位** 利益 造-**未** 而且 又 物 **賓** 利益 看作-**完**-**現**
濟人而且利物。

gosin de yendenu-re dade, geli anahvnja-ra be kiqe-mbi.
仁 **位** 興盛-**未** 而且 又 謙讓-**未** **賓** 勤-**現**
興仁而且講讓。（35a4-35b6）

[91] 上文頓住又“而且”，ere dade 與 tere dade。

ede bime 亦如是，緊接上文字句説。

ere dade[1] minggan haqin -i kvbuli-re, tumen haqin -i forgoxo-ro-ngge, emu
其 而且 千 類別 屬 變-未 萬 類別 屬 轉動-未-名 一

mujilen de fakjila-mbi.
心 位 靠-現

而且千變萬化，宰於一心。

tere dade, aniya hvsi-me bithe hvla-ra-kv o-qi o-kini, emu inenggi se-me
其 而且 年 包-并 書 讀-未-否 成爲-條 可-祈 一 日 説-并

buya niyalma de hanqi o-qi o-jora-kv.
詭詐的 人 位 附近 成爲-條 可-未-否

而且寧可終歲不讀書，不可一日近小人。

ede bime[2] ten -i unenggi -i doro, an dulimba qi tuqine-ra-kv.
因此 而且 極 屬 真誠 屬 道理 本分 中 從 不出於-未-否

而且至誠之道，不外中庸。（35b7-36a6）

[92] uttu bime“然而”用。

uttu bime han o-jora-kv-ngge, akv kai.
這樣 而且 王 成爲-未-否-名 否 也

然而不王者，未之有也。（36a7-36b1）

[93] tuttu bime“乃”“且”多。

tuttu bime, ulin jaka-i mangga be gvni-ra-kv, gvnin -i qihai mamgiya-me
那樣 而且 錢財 物-屬 難 賓 想-未-否 心意 -屬 任意 奢侈-并

1 ere dade：爲固定搭配，意思是“而且”“况且”。

2 ede bime：爲固定搭配，意思是“而且”。

kobqihiyada-mbi, tuttu bime ambasa saisa be tetuxe-qi o-jora-kv.

裝扮-**現** 所以 而且 堂官 賢者 **賓** 使用-**條** 可以-**未**-**否**

乃不知物力艱難，任意奢侈。且君子不器。（36b2-5）

[94] 僅能如彼不能此，上好下歹是 gojime。

變文上下皆好意，dabala 句下 rakv 托。

句中皆以“而”字用，只看本文意思説。

gebu be kiqe-re gojime, yargiyan be bai-ra-kv.

名 **賓** 勤-未 雖然 真實 **賓** 請求-**未**-**否**

務名而不求實。

aisi be yendebu-re gojime, jemden be geterembu-ra-kv.

利益 **賓** 興旺-**未** 雖然 毛病 **賓** 清除-**未**-**否**

興利而不除弊。

jurgan be tob obu-re dabala, aisi be kiqe-ra-kv,

正義 **賓** 公正 成爲-**未** 而已 利益 **賓** 勤-**未**-**否**

正其誼而不謀其利，

doro be genggiyele-re dabala, gungge be bodo-ra-kv.

道理 **賓** 明白-**未** 而已 功勞 **賓** 思考-**未**-**否**

明其道而不計。（36b6-37a5）

[95] 正然如此又如彼，ra, re 等字連 lame。

句中作爲“隨”“且”用，行文用意甚活潑。

hvla-ralame ara-mbi.

讀-**伴** 寫-**現**

隨念隨寫。

yabu-relame tuwa-mbi.

行-**伴** 看-**現**

隨走隨看。

saraxa-ralame feliye-mbi.

游-**伴** 走-**現**

且逛且游。

gisure-relame inje-mbi.

説-**伴** 笑-**現**

且説且笑。（37a6-37b2）

[96] aika yala unenggi，下非 oqi 即 ohode。

aikabade 亦如此，“設若”“如果”“倘或”説。

若是句短文氣近，亦可用 qi 字托着。

aika taqi-ra-kv oqi, adarame giyan be sa-me mute-mbi-ni?

假如 學-**未**-**否** 如果 爲何 真實 **賓** 知道-**并** 能-**現**-呢

設若不學，豈能知理？

yala mujangga oqi fafun hergin be ambula neqi-he be dahame,

是 果然 如果 法度 法紀 **賓** 大 違反-**完** **賓** 遵守

如果屬實，大干法紀，

ekxeme fere heqe-me siha-me beide-qi aqa-mbi.

急忙 底 完-**并** 追究-**并** 審問-**條** 應該-**現**

亟宜澈底根究。

unenggi baita tome jurgan -i lashala-me mute-re ohode ini qisui dabatala

真誠 事情 每個 義 **工** 弄斷-**并** 能-**未** 如果 他.**屬** 個人的 太過

ebele -i qalabun akv o-mbi.

這邊 **屬** 過失 **否** 助-**現**

果能事事斷之以義，自無過不及之差矣。

aika bade jugvn -i andala aldasila-ra oqi, inu haira-ka akv se-me-u?

倘若況且 路 **屬** 半 中道而止-**未** 如果 也 愛惜-**完** **否** 說-**并**-**疑**

倘或半途而廢，不亦惜乎？

unenggi beye-be tob obu-qi, dasan de dana-ra-de, ai o-jora-kv?

真誠 身體-**賓** 公正 成爲-**條** 政 **位** 照管-**未**-**位** 什麽 可以-**未**-**否**

苟正其身，於從政乎何有？（37b3-38a5）

[97] aika 又有兩様講，猜度神情"難道"説。

猜度下用 gese 字，"難道" biu niu 等字托。

ere baita be, aika iqihiya-me mute-ra-kv -i gese.

這 事情 **賓** 難道 辦-**并** 能-**未**-**否** **屬** 如同

這事兒想必是不能辦。

tere jugvn be aika kiqe-qi o-jora-kv -i gese?

那 道 **賓** 難道 圖謀-**條** 可以-**未**-**否** **屬** 如同

那道兒莫非是不可謀？

aika baita bi-u?

難道 事情 有-**疑**

難道有事麽？

aika banjina-ra-kv ni-u?

難道 行-**未**-**否** 呢-**疑**

難道不行麽？

aika sain akv semeu?

難道 好 **否** 嗎.**疑**

難道不好麽？

aika mejige akv mujangga-u?

難道 消息 **否** 真的-**疑**

難道没信麽?（38a6-38b4）

[98] talude“萬一”“偶”“或”用，比語“設或”sehede。

talude ufara-ha se-he-de, aliya-ha se-me amqabu-ra-kv kai!

萬一 出錯-**完** 説-**完**-**位** 後悔-**完** 説-**并** 使趕上-**未**-**否** 呀

設或萬一丢了呢，後悔不及呀!

talude erun de tuxa-ha de, juse sargan sui tuwa-mbi.

萬一 刑 **位** 遭-**完** **位** 孩子 妻子 罪孽 看-**現**

設使偶罹於法，則累及妻孥。

te biqi[1], fafun -i asu de emgeri fehune-he se-he-de,

現在若有 法令 **屬** 網 位 一次 去踏-**完** 説-**完**-**位**

試思一蹈法網，

tanggv haqin -i gosihon be ali-mbi.

百 類别 **屬** 苦 **賓** 等待-**現**

百苦備嘗。（38b5-39a2）

[99] ainambi上破字用fi，整字過文須用be。

gvwabsi bai-fi aina-mbi?

向别處 請求-**順** 爲何-**現**

何必他求?

goromi-me seule-fi aina-mbi?

長遠-**并** 思慮-**順** 爲何-**現**

何須遠慮?

jiha fulu be aina-mbi?

錢 多 **賓** 爲何-**現**

1 te biqi: 爲固定搭配，意思是“今有”“設如”。

何用錢多?

dorolon largin be aina-mbi?

禮 大 **賓** 何爲-**現**

何必禮大?（39a3-5）

[100] aqambi 上必接 qi，aqanambi 上應用 de。

sain be yabu-qi aqa-mbi.

善 **賓** 行-**條** 應該-**現**

須當爲善。

ehe be yabu-qi aqa-ra-kv.

惡 **賓** 行-**條** 應該-**未**-**否**

不應作惡。

julge de aqana-mbi, te de aqana-ra-kv.

古 **位** 符合-**現** 今 **位** 符合-**未**-**否**

合乎古，不宜乎今。（39a6-39b1）

[101] mutembi 與 bahanambi，整字接 be 破用 me。

ganggan be mute-mbi, genggen be mute-ra-kv.

剛 **賓** 克-**現** 柔 **賓** 克-**未**-**否**

克其剛，不克其柔。

ambula isibu-me mute-mbi, geren de tusa ara-me mute-ra-kv.

大 施-**并** 能-**現** 人民 **位** 利益 造-**并** 能-**未**-**否**

能博施，不能濟衆。

bithe-i taqin be bahana-mbi, qouha-i bodogon be bahana-ra-kv.

書-**屬** 學 **賓** 會-**現** 武-**屬** 謀略 **賓** 會-**未**-**否**

會文學，不會武略。

gurun be dasa-me bahana-mbi, qouha be baitala-me bahana-ra-kv.
國 賓 治理-并 會-現 武 賓 使用-并 會-未-否
善治國，不善用兵。（39b2-6）

[102] antaka上用qi字，整字長音也使得。

xayo xayola-ra-ngge, nomun nomulara qi antaka, samadi tere anggala,
素食 吃素-未-名 經 傳教 從 如何 禪 其 開口求告.祈
doro be ulhi-qi antaka?
道理 賓 懂得-條 如何
持齋比説法如何？坐禪何如悟道？

mini gisure- he gisun antaka?
我.屬 説-完 話 如何
我説的話如何？

ini niru-ha nirugan antaka?
他.屬 畫-完 畫 如何
他畫的畫如何？

fuzi -i kemuni gisure-re-ngge antaka, fuzi -i asuru gisure-re-kv-ngge antaka?
夫子屬 時常 説-未-名 如何 夫子 屬 太 説-未-否-名 如何
子所雅言者何如？夫子罕言者何如？（39b7-40a4）

[103] namaxan上接ha, he等，亦可上用ra, re, ro。

tuxan qi alja-ha namaxan, neneme getukele-me joule-me afabu-ha.
職務 從 分別-完 之時 先前 搞清楚-并 交代-并 交代-完
臨卸任，先交代明白了。

simne-me gene-he namaxan, uthai dosi-ki se-me erehunje-he.
考試-并 去-完 之時 就 進入-祈 助-并 指望-完

將赴考，就指望着中。

jura-re namaxan, kunesun weri-he.

動身-**未** 之時 乾糧 留下-**完**

臨起身，留下盤費了。

mari-re namaxan, aqiha gaji-ha.

回-**未** 之時 行李 帶來-**完**

臨回頭，帶來行李了。（40a5-40b1）

[104] dade daqi elekei 下，bihe 與 ha he 等字托。

dade gvwa ba-de te-mbihe.

原來 別的 處-**位** 居住-**過**

原先在别處住。

dade emu ba-de banji-mbi-he.

原來 一個 處-**位** 生活-**現**-**完**

起初同居。

daqi ji-he-ngge goida-ha.

原來 來-**未**-**名** 好久-**完**

由來尚矣。

daqi hihala-ra-kv bihe.

原來 稀罕-**未**-**否** **過**

從不稀罕。

elekei lahin ta-ha.

幾乎 煩瑣 拖着-**完**

幾乎受累。

elekei turibu-he.

幾乎 脱落-**完**

差一點兒失落了。（40b2-5）

[105] manggi 本講虛時候，翻作“而後”“然後”說。

ka, ha, ko, ho 與 ke, he，字句之上緊連着。

上接口氣作“既”講，緊接下句 geli 托。

gebu algi-ka manggi, absi derengge.

名 宣揚-完 之後 多麼 體面

享了名的時候，多體面。

gungge ili-bu-ha manggi, absi horonggo.

功勞 立-使-完 之後 多麼 威武

立了功的時候，多威武。

jurgan xungke manggi, gosin teni ure-mbi.

義 洞悉 之後 仁 纔 熟悉-現

義精，而後仁熟。

wen selgiye-he manggi, taqin teni sain o-mbi.

化 傳佈-完 之後 學 纔 善 可以-現

化行，而後俗美。

edun toro-ko manggi, jai gene-ki.

風 定-完 之後 再 去-祈

風定了，然後再去。

xun forgoxo-ho manggi, jai guri-ki.

日 轉動-完 之後 再 挪-祈

日頭轉過去，然後再挪。

ere-be bahana manggi, geli tere-be taqi-mbi.

這-賓 會.祈 之後 又 那-賓 學-現

會了這個，又學那個。

e-de kiqe manggi, geli te-de faxxa-mbi.

此-**位** 勤.**祈** 之後 又 那-**位** 努力-**現**

勤於此，又勉於彼。（40b6-41a7）

[106] 泛論常文 de 字過，ra, re 等字上連着。

beye-be ili-bu-re de, unenggi be da obu-mbi,

身體-**賓** 立-**使**-**未** **位** 真誠 **賓** 根 成爲-**現**

立身以誠爲本，

beye-be tuwakiya-ra de, ginggun be nenden obu-mbi.

身體-**賓** 遵守-**未** **位** 恭敬 **賓** 先 成爲-**現**

持躬以敬爲先。（41b1-3）

[107] andande 上接整字，sidende -i 字與 ra, re, ro。

ili-hai andande, belhe-me jabdu-ha.

立-**持** 一會兒 準備-**并** 妥當-**完**

立時之間，豫備妥當。

gaitai andande, gaija-ra waliya-ra-ngge meimeni enqu.

忽然 一會兒 要-**未** 捨弃-**未**-**名** 各自 不同

頃刻之間，取舍各殊。

dartai andande, kvbuli-re arbun haqingga-i tuqi-nji-mbi.

瞬間 一會兒 變化-**未** 形象 各樣的-**工** 出-來-**現**

倏忽之間，變態百出。

majige andande, tulhun tugi duin iqi dekde-he.

一點兒 忽然 陰 雲 雨 右 起-**完**

須臾之頃，陰雲四起。

emu qimari andande gaihari ulhi-fi, kenehunje-re gvnin subu-he-bi.
一 明天 一會兒 突然 懂得-**順** 懷疑-**未** 心意 解開-**完**-**現**

一朝猛省，疑團解釋。

emu qimari andande aliya-me hala-me, juhe-i adali we-mbi, talman -i adali samsi-mbi.
一 明天 一會兒 後悔-**并** 改變-**并** 冰-**屬** 一樣 融化-**現** 雲霧 **屬** 一樣 散-**現**

一旦悔改，如冰消霧釋。

abka na -i siden-de, niyalma umusi wesihun.
天 地 **屬** 之間-**位** 人 非常 可貴

天地之間，人爲至貴。

aga aga-ra siden-de, kiqe-me baitala-ra-ngge jing teisu.
雨 下雨-**未** 之間-**位** 努力-**并** 使用-**未**-**名** 正好 相稱

下雨之際，正好用工。

sula leule-re siden-de, gebu taqihiyan de holbobu-ha-bi.
閑的 討論-**未** 之間-**位** 名 教 **位** 相關-**完**-**現**

閑談之中，有關名教。

aqabu-fi bodo-ro siden-de, majige farfabu-qi o-jora-kv.
相會-**順** 思考-**未** 之間-**位** 稍許 紊亂-**條** 可以-**未**-**否**

會計之頃，毋少紊亂。（41b4-42b1）

[108] nerginde 上接 -i，與 ra, re, ha, he 等字多。

bekte bakta -i nergin-de eje-he-ngge getuken akv.
倉猝 容納 屬 時候-**位** 記住-**完**-**名** 清楚 **否**

倉猝之間，記憶不清。

tolo-me baiqa-ra nergin-de gaitai iqe hafan hala-qi o-jora-kv.
數-**并** 調查-**未** 時候-**位** 忽然 新 堂官 更换-**條** 可以-**未-否**
盤察之際，不可頓易生手。

seule-me gvni-re nergin-de lok se-me merki-me baha.
尋思-**并** 思考-**未** 頃刻-**位** 忽然貌 **助-并** 回憶-**并** 獲得.**完**
尋思之下，驀然想起。

nimeku manggala-ha nergin-de, herqun akv wangga xangga[1] o-ho.
病 病危-**完** 頃刻-**位** 知覺 **否** 香 成全 成爲-**完**
病篤之餘，不覺昏沈。

you fuseje-he nergin-de, enqu haqin -i finta-me nime-mbihe.
癰 破-**完** 時候-**位** 不同 類别 **屬** 刺骨疼-**并** 患病-**過**
癰潰之頃，異常痛楚。（42b2-7）

[109] tetendere 上用 qi，dahame 上必須 be。

qi tetendere 爲“既是”， be dahame 作“既然”説。

be dahame 上還有字，若非 akv 尾即 ha, re。

alban ka-me yabu-qi tetendere, uthai kiqe-me faxxa-qi aqa-mbi.
官務 當差-**并** 做-**條** 既然 就 勤-**并** 努力-**條** 應該-**現**
既是當差，就該黽勉。

taqikv-de ji-he be dahame, ainu kiqen baitala-ra-kv ni?
學校-**位** 來-完 **賓** 既然 爲何 功夫 使用-**未-否** 呢
既然上學來了，爲何不用工呢？

bithe hvla-me mute-ra-kv be dahame, geli adarame xu fiyelen be ara-me
書 讀-**并** 能-**未-否** **賓** 既然 又 爲何 文 章 **賓** 寫-**并**

---

1 wangga xangga：爲固定搭配，意思是“形容病得不省人事”。

mute-mbi-ni?

能-**現**-呢

既然不能讀書，又焉能作文章呢？

tenteke baita yabu-re be dahame, sain niyalma se-qi o-mbi.

那樣的 事情 實行-**未** **賓** 既然 好 人 説-**條** 可以

既然似此行事，可謂善人。（43a1-7）

[110] “已然”“業經”是 emgeri，下用 ha, he 等字托。

emgeri iqihiya-ha, aiseme ekxe-mbi?

已經 辦理-**完** 爲什麼 急忙-**現**

已然辦了，何必忙？

emgeri gisure-he, hono aifu-mbi-u?

已經 説-**完** 還 改口-**現**-**疑**

已然説了，還改口麽？

emgeri onggo-ho, aiseme jono-fi aina-mbi.

已經 忘記-**完** 爲什麽 提起-**順** 做什麽-**現**

業經忘了，何必提他。（43b1-3）

[111] onggolo“未先”unde“尚未”，ra, re, ro 字上連着。

sindara onggolo, emgeri bodo-me jabdu-ha.

放置 先 已經 思考-**并** 妥當-**完**

未放之先，已算妥了。

wesi-re onggolo, uthai sere-me ulhi-he.

陞-**未** 先 就 覺察-**并** 曉得-**完**

未陞之先，就覺悟了。

forgoxo-ro onggolo, nene-me tomila-me tokto-ho.

調轉-未 先 先-并 派-并 規定-完

未調之先，先擬定了。

tomila-ra unde de, nene-me mejige ba-ha.

派-未 尚未 位 先-并 消息 得-完

尚未派，先得了信了。

afabu-re unde de, emgeri getukele-me tuwa-ha.

交給-未 尚未 位 已經 搞清楚-并 看-完

尚未交，已看明白了。

tokto-ro unde de, aifini-qi hebexe-he.

規定-未 尚未 位 早已-條 商定-完

尚未定，早就商量了。（43b4-44a1）

[112] 若是未然文氣快，接以 nggala 與 nggele。

gisun waji-nggala, uthai gene-he.

話 完-前 就 去-完

話未完，便去了。

baita tuqi-nji-nggele, nene-me jaila-ha.

事情 出-來-前 先-并 躲避-完

事未發，先躲了。（44a2-3）

[113] 由工致效推開講，須用 uttu ohode。

uhe-i beye be ginggule-re baitalan be kemne-re sain irgen o-joro be

共同-工 身體 賓 恭敬-未 使用 賓 度量-未 好 人民 可以-未 賓

kiqe,

努力.祈

共勉爲謹身節用[1]之庶人，

weihuken oilohon temxere dabaxa-ra ehe taqin be waqihiya-me waliya,

輕 輕佻 競争 過度-未 惡 風氣 賓 完成-并 抛弃.祈

盡除夫浮薄囂凌之陋習，

uttu ohode, geren -i taqin gulu jiramin,

如此 如果 人民 屬 風氣 純正 厚

則風俗醇厚，

bou tome hvwaliyasun neqin o-joro be dahame,

家 每 平和 平的 可以-未 賓 因爲

家室和平，

gurun bou -i erdemu wen -i xangga be urgunje-me hargaxa-qi o-mbi.

國 家 屬 德 文 屬 化 賓 高興-并 仰望-條 可以-現

而朝廷德化之成，可以樂觀也。

jase be toso-ro de, haksan oyonggo be sa-qi aqa-mbi;

邊 賓 防備-未 位 險峻 重要的 賓 知道-條 應該-現

備邊，則險要之宜知；

mederi be seremxe-re de, edun boljon be ulhi-qi aqa-mbi;

海 賓 防禦-未 位 風 水波 賓 曉得-條 應該-現

防海，則風濤之宜悉；

uttu ohode， meimeni baita de teni gvtuqun akv o-mbi.

如此 如果 各自的 事情 位 纔 過失 否 可以-現

庶幾無負本業矣。（44a4-44b5）

1 己酉本爲“固”，據甲午本改爲“用”。

[114] 不得主意問所以，是 adarame ohode。

adarame ohode sain?

怎麽樣 如果 好

怎 麽 着 好?

adarame ohode o-mbi?

如何 如果 可以-**現**

如 之 何 則 可? （44b6-7）

[115] 著急無法如之何，adarame 下用 ra, re, ro。

adarame gama-ra?

怎麽樣 處置-**未**

怎 麽 處?

adarame weile-re?

怎麽樣 作-**未**

怎 麽 作?

adarame bodo-ro?

怎麽樣 算-**未**

怎[1] 麽 算? （45a1-2）

---

1 怎：底本誤作“那”。

卷下

[116] 疑問“不知”是 maka，“原來”“敢則”是 dule，二字之下一義用，若非 mbi 即 ni, niu 托。

maka udu bi?

不知 多少 有

不知幾許?

maka adarame gama-mbi?

不知 怎麽樣 處置-**現**

不知怎處?

maka aina-mbi-ni?

不知 做什麽-**現**-呢

不知作什麽?

maka aise-mbi-ni?

不知 説什麽-**現**-呢

不知説什麽?

maka bi-ni-u?

不知 有-呢-**疑**

不識有諸?

maka mujangga ni-u?

不知 果然 呢-**疑**

不識果否?

dule sa-mbi.

原來 知道-**現**

原來知道。

dule o-mbi.

竟然 可以-**現**

敢則可以。

dule xaxun akv ni.

原來 周正 **否** **疑**

原來不齊全。

dule teisu akv ni.

竟然 相稱 **否** **疑**

敢則不相稱。

dule uttu ni-u?

原來 這樣 呢-**疑**

原來這樣嗎?

dule akv ni-u?

竟然 否 呢-**疑**

敢則沒有嗎?（1a3-1b3）

[117] 追憶“想是”用 aise，上連整字與 ha, he。

hakv, hekv, rakv 等，還有 mbi 與 bi 字多。

xangga-ha baita aise.

成全-**完** 案子 想必

想是成案。

tokto-ho gisun aise.

固定-**完** 話 想必

想是成語。

nene-me yo-ha aise?

先-**并** 走-**完** 想必

想是先走了罷?

teni ji-he aise?

方纔 來-完 想必

想是纔來了罷?

hono isi-nji-ha-kv aise.

還 得到-來-完-否 想必

想必還未到。

geli gene-he-kv aise.

又 去-完-否 想必

想必又没去。

umai sa-r-kv aise.

并未 知道-未-否 想必

想必并不知。

yala akv aise.

果然 否 想必

想必真没有。

hergen ara-mbi aise.

字 寫-現 想必

想是寫字呢。

beri tata-mbi aise.

弓 拉-現 想必

想是拉弓呢。

saligan bi aise.

主宰 有 想必

想必有主宰。

bou-de bi aise.

家-**位** 在 想必

想必在家裏。（1b4-2a4）

[118] “不過”“無非”是 manggai，下托 dabala 與 dere。

manggai untuhuri gisure-re dabala.

不過 徒然 說-**未** 罷了

不過空說。

manggai baibi jono-ro dabala.

不過 没有效果 常提起-**未** 罷了

不過白提。

manggai ainame gana-mbi dere.

無非 塞責 拿去-**現** 罷了

無非塞責。

manggai ton arambi dere.

無非 數 做-**現** 罷了

無非充數。（2a5-7）

[119] 自説自解用 seqi，上輕下重襯文活。

beye-be ilibu-re de unenggi be fulehe obu-mbi seqi, ele ginggun be

自己-**賓** 立-**未** **位** 真誠 **賓** 根 成爲-**現** 雖然 所有 敬 **賓**

nenden obu-qi aqa-mbi.

先 成爲-**條** 應該-**現**

自立以誠爲本，尤須以敬爲先。

jili de kimun banjina-ha seqi, kimun de jili ele nemebu-mbi.

怒 **位** 仇恨 不利-**完** 雖然 仇恨 **位** 怒 所有 增益-**現**

忿以成仇，仇而益忿。（2b1-4）

[120] 述説人言使 sehe，用 be tuwaqi 串下説。

ini gisun, si, bi imbe gisure-he se-me hendu-he se-he.

他.屬 話 你 我 他.賓 説-完 説-并 説-完 説-完

他説你説我説了他了。

weri simbe uttu tuttu se-he, inu-u waka-u?

别人 你.賓 這様 那様 説-完 是-疑 不是-疑

别人説你如此如彼，然乎否乎？

hendu-re balama, damu sain baita be yabu, karula-me aqabu-re be ume

説-未 狂妄 但 好 事 賓 行.祈 報答-并 符合-未 賓 不要

fonji-re se-he.

問-未 説-完

常言道：“但行好事，莫問前程。”

dekdeni hendu-he-ngge, bithe qouha-i erdemu be taqi-me bahana-fi, hvwangdi

諺 説-完-名 書 兵-屬 德 賓 學-賓 會-順 皇帝

han -i bou-de baitalabu-mbi se-he.

君王 屬 家-位 使用-現 説-完

諺云：“學成文武藝，貨於帝王家。”

dekdeni gisun, dabagan deri daba-mbi, lifagan deri lifa-mbi se-he.

諺 説 山嶺 經 越過-現 泥巴 經 陷入-現 説-完

俗語云：“近硃者赤，近墨者黑。”

fuzi -i hendu-he-ngge, tondo akdun be da obu se-he be tuwa-qi,

夫子 屬 説-完-名 忠 信 賓 根本 成爲.祈 説-完 賓 看-條

jalan-de aqabu-re oyonggo, tondo qi tuqine-ra-kv be se-qi o-mbi.

世人-位 遇見-未 重要 忠 從 不外於-未-否 賓 説-條 可以-現

子曰："主忠信。"可見涉世之要，不外乎忠信也。（2b5-3b1）

[121] 轉此成彼是 sehei，"只顧"之意暗含着。

murtashvn ba tuwanqihiya-mbi sehei, tob be ufara-ha.

荒謬 處 使端正-**現** 只顧 公正 **賓** 失去-**完**

矯枉而失正。

baita dekdebu-fi niyalma be tuhebu-ki sehei.

事 造-**順** 人 **賓** 落下-**祈** 只管

造釁以傾人。

beye elemangga weile de tuhene-mbi.

自己 反而 過失 **位** 倒下去-**現**

究之布井以自陷。

alban ka-me yabu-mbi sehei, qisu baita be gemu sartabu-ha.

官 當-**并** 行-**現** 只管 自私 事 **賓** 都 耽擱-**完**

只顧當差，把私事都耽誤了。

ere emu haqin be taqi-ki sehei, gvwa be youni da-ra-kv o-ho.

這 一 類別 **賓** 學-**祈** 只管 別的 **賓** 全 管-**未**-**否** 成爲-**完**

只顧學這一樣兒，別的全不管了。（3b2-6）

[122] 使令人辭硬口氣，整字 obu 與 oso。

niyalma se-me jalan de banji-fi,

人 說-**并** 世 **位** 生-**順**

人生在世，

niyama be uile-re de, urunakv hiyouxula,

人 **賓** 侍奉-**未** **位** 一定 孝.**祈**

事親必孝，

dergi be uile-re de, urunakv ginggule,
上 賓 侍奉-未 位 一定 恭敬.祈
事上必敬,
geren be tuwa-ra de, urunakv mujilen be kumdu obu,
衆人 賓 看-未 位 一定 心 賓 謙虚 成爲.祈
待衆必虚心,
beye-be tuwakiya-ra de, urunakv hanja gingge oso,
自己-賓 看守-未 位 一定 廉潔 廉潔 成爲.祈
處己必廉潔,
uttu oqi, teni niyalma se-qi ombi kai.
這樣 成爲-條 纔 人 説-條 可以-現 而已
如此方可謂之人也已。(3b7-4a5)

[123] 半截字下接 sembi，亦作使令口氣説。

imbe ai-be yabu se-mbi?
他.賓 什麼-賓 做.祈 助-現
令他作什麽?
mimbe ai-be gisure se-mbi?
我.賓 什麼-賓 説.祈 助-現
叫我説什麽?
simbe bithe hvla se-re-ngge,
你.賓 書 讀.祈 助-未-名
教你念書,
simbe sain taqi-kini se-re-ngge kai.
你.賓 好 學-祈 助-未-名 啊
是教你學好啊。(4a6-4b1)

[124] 整字下截接 saka，助語神情重字多。

iletusaka holto-ho kai.

明顯的 撒謊-完 也

明 明 的 是 撒 謊。

hojokesaka ere absi?

稱心的 此 怎麽樣

好 好 的 是 怎 説？（4b2-3）

[125] ki 字本作“罷”“請”講，bai 與 dere 也托得。

si juleri yarhvda-ki.

你 前 引導-祈

你 在 前 導 引 罷。

bi taka teye-ki.

我 暫且 歇息-祈

我 暫 且 歇 歇 罷。

wesi-fi te-ki.

上-順 坐-祈

請 陞 上 去 坐。

juleri yo-ki.

前 走-祈

請 在 頭 裏 走。

amasi bedere-ki bai.

回 返回-祈 吧

請 回 去 罷。

akv obu-ki bai.

否 成爲-祈 吧

請免了罷。

erdeken -i belhe-ki dere.

早一些 工 預備-祈 罷了

早些預備罷。

doigomxo-me jebkele-ki dere.

預先-并 防備-祈 罷了

豫先隄防罷。（4b4-5a1）

[126] "欲""要""將"是 ki sembi。

niyalma-i mujilen be tuwanqihiya-ki se-mbi.

人-屬 心 賓 扶正-祈 助-現

欲正人心。

geren -i taqin be jiramila-ki se-mbi.

衆人 屬 習俗 賓 厚待-祈 助-現

欲厚風俗。

ambasa saisa o-ki se-mbi.

堂官 賢人 作爲-祈 助-現

要作君子。

buya niyalma o-ki se-mbi.

小 人 作-祈 助-現

要作小人。

amba doro be mutebu-ki se-mbi.

大 道理 賓 使成-祈 助-現

大道將成。

ajige endebuku be fuliyambu-ki se-mbi.

小 過錯 賓 赦免-祈 助-現

小過將赦。（5a2-5）

[127] rau, reu“懇”“求”“祈”“請”説。

kesi isibu-me xolo xangna-rau.

恩 施予-**并** 空閑 賞賜-**祈**

懇恩賞假。

youni obu-me gilja-rau.

全 成爲-**并** 寬恕-**祈**

求賜矜全。

kvbuli-me hafumbu-reu.

變化-**并** 疏通-**祈**

祈爲變通。

da dube be fisembu-reu.

原始 終結 **賓** 闡述-**祈**

請述原委。

saixa-me huwekiyebu-reu.

誇獎-**并** 激勵-**祈**

懇請獎勵。

baktambu-me gama-reu.

包容-**并** 拿去-**祈**

求爲包涵。（5a6-5b1）

[128] “歸於”“屬於”de ombi。

ere gese yabun,

此 一樣 行爲

似此爲人，

dubentele dursuki akv de o-mbi.

終身 相似 否 位 屬於-現

終久歸於不肖。

bithe-i taqin -i amba xangga,

書-屬 學問 屬 大 成全

儒者之大成，

fuzi de o-ho-bi.

夫子 位 屬於-完-現

屬於夫子。（5b2-4）

[129] de obu "作爲" "列爲" 説。

tesu idu-i oron be, neneme baitala-ra de obu.

本 班-屬 無缺 賓 先 使用-未 位 看作.祈

本班之缺，作爲儘先。

gemun -i hafasa-i simnen simne-re de uju jergi de obu-ha.

京都 屬 官員-屬 挑選 考試-未 位 第一 等 位 作爲-完

京察列爲一等。（5b5-7）

[130] "庶乎" "幾乎" haminambi，上破接 me 用 de。

qalabun akv o-me hamina-mbi.

過失 否 成爲-并 幾乎-現

庶乎不差。

umesi taifin de hamina-mbi.

非常 太平 位 幾乎-現

幾乎至治。（6a1-2）

[131] "將及" "將近" hamime，字上非 me 必有 re。

inenggi dulin o-me hami-me,

日 半 成爲-并 將近-并

將及晌午，

ser se-me edun daha.

細小的樣子 助-并 風 跟隨.祈

微風颯颯。

gerhen mukiye-me hami-me,

光明 熄滅-并 將近-并

將近黃昏，

feser se-me aga-me turibu-he.

粉碎的樣子 助-并 下雨-并 落下-完

細雨紛紛。

gurun bou yende-me hamin-me,

國 家 興-并 將近-并

國家將興，

urunakv sain sabi o-mbi.

一定 好 吉祥 成爲-現

必有貞祥。

gungge faxxan mutebu-re hami-me,

功 功業 使成-未 將近-并

功業及成，

aina-ha se-me[1] ja obu-fi tuwa-qi o-jora-kv.

做什麼-完 説-并 容易 成爲-順 看-條 可-未-否

1 ainaha seme：爲固定搭配，意思是“斷然”“必然”。

慎勿輕視。（6a3-7）

[132] hamika與isika，用法如同hamime。

inenggi-shvn o-me hami- ka.

日-弱 成爲-并 將近-完

將及傍午。

yamji-shvn o-me isi-ka.

晚上-弱 成爲-并 將近-完

將近日暮。

amba arbun xangga-ra hami-ka.

大 氣勢 成-未 將近-完

大局垂成。

weilen -i hvsun waji-re isi-ka.

工程 屬 勞力 完-未 將近-完

工作迨竣。（6b1-3）

[133] amuran與guwelke，二字之上緊連de。

faksi be bai-re de amuran.

巧 賓 請求 與 好

好取巧。

qisu be yabu-re de amuran.

私 賓 行-未 與 好

好營私。

ufara-ra de guwelke.

閃失-未 與 提防.祈

小心失了。

efuje-re de guwelke.

壞-未 與 提防.祈

仔細壞了。（6b4-6）

[134] sarkv, baiburakv, jou, 三字上面得接 be。

inu waka be sa-r-kv?

是 不是 賓 知道-未-否

不知是否?

o-joro o-jora-kv be sa-r-kv?

可以-未 可以-未-否 賓 知道-未-否

不知可否?

faihaqa-ra be baibu-ra-kv.

急躁-未 賓 須-未-否

不必着急。

manggaxa-ra be baibu-ra-kv.

爲難-未 賓 需要-未-否

不用爲難。

gemun de ji-dere be jou.

全 位 來-未 賓 停止

毋庸來京。

jase de tebune-re be jou.

邊塞 位 駐防-未 賓 停止

不須駐口。（6b7-7a3）

[135] 勉勵使令是 kini，重字上 qi“寧可”説。

“就便如何”遇整字，uthai 下 okini 托。

bithe hvla-ra niyalma gvnin werexe-kini.

書 讀-未 人 心 留心-祈

讀書之人留心。

alban kara niyalma wesihun ibene-kini.

官務 俗人 人 向上 往前去-祈

當差之人向上。

butu-i erdemu be ambula iktambu-kini.

陰-工 德 賓 多 積累-祈

陰騭多多的積。

mujilen -i gaman be saikan ilibu-kini.

心意 屬 辦法 賓 好好地 樹立-祈

心術好好的培。

beye-be muribu-qi muribu-kini,

自己-賓 委曲-條 使冤屈-祈

寧可屈已，

niyalma be kokira-qi o-jora-kv.

人 賓 損害-條 可以-未-否

不可損人。

aniya hvsi-me bithe hvla-ra-kv o-qi o-kini.

年 包-并 書 讀-未-否 可以-條 可以-祈

寧可終歲不讀書。

uthai mujin aqabu-kini,

即便 志向 相應-祈

即便得志，

inu beye-be ele-he ara-qi o-jora-kv.

也 自己-賓 够-完 做-條 可以-未-否

也不可自足。

uthai mentuhun albatu o-kini,

即便 愚蠢 粗俗 可以-祈

就便愚陋，

inu bithe hvlabu-qi aqa-mbi.

也 書 讀-條 應該-現

亦當使令讀書。（7a4-7b4）

[136] ai haqin -i 與 eitereme，“總然”“任憑”語句說。

句下應用 kini 字，或用 seme 亦使得。

ai haqin -i bengsen bi-kini, inu dabu-re ba akv.

什麽 類別 屬 本事 有-祈 也 顧及-未 處 否

總然有本事，也算不了什麽。

ai haqin -i sure genggiyen seme, inu banitai se-me mute-ra-kv.

什麽 類別 屬 聰明 聰明 無論 也 本性 説-并 能-未-否

任憑怎樣聰明，也不能生而知之。

eitereme yangsela-me miyami-kini, inu ini ehe be dalda-me mute-ra-kv.

縱然 打扮-并 裝飾-祈 也 他.屬 惡劣 賓 隱瞞-并 能-未-否

總然修飾，亦莫掩其惡。

eitereme xorgime boxo-ho seme, an -i ler se-me elehun -i

縱然 集中-并 催-完 無論 平常 屬 緩慢的樣子 助-并 自若 屬

bi-mbi.

是-現

任其催促，仍就逍遥自在。（7b5-8a3）

[137] qina kini 講“是呢”，口氣軟硬要明白。

qina 本是自然句，kini 使令口氣多。

oqina 與 okini，亦同此意一樣説。

sula xolo de beri tata-qina.

閑 閑 **位** 弓 拉-**祈**

閑空兒拉拉弓是呢。

gabta-me waji-fi niyamniya-ra be urebu-kini.

射-**并** 完-**順** 射馬箭-**未** **賓** 練習-**祈**

射了步箭練練馬箭是呢。

ume dabali mamgiya-me faya-ra,

勿 過分 浪費-**并** 耗費-**未**

不要過於耗費了，

majige hibqan o-qina.

稍微 節儉 可以-**祈**

稍省儉罷。

bayan seme ai baita, ainame yadahvn o-kini.

富 雖然 什麽 事情 將就 貧窮 可以-**祈**

富了怎樣，寧可窮罷。（8a4-8b2）

[138] “聽見”“聞得”是 donjiqi，下用 sere, sembi, sehe。

donji-qi, si, te ubaliyambu-re be taqi-mbi se-re.

聽-**條** 你 今 使翻譯-**未** **賓** 學-**現** 説-**未**

聽見你如今學翻譯呢。

donji-qi boude banji-re doro,

聽-**條** 家-**位** 養育-**未** 道理

聞得居家之道，

sain yabu-re-ngge umesi sebjen se-mbi.

好 行-**未**-**名** 非常 快樂 説-**現**

爲善最樂。

donji-qi goqishvn o-qi nonggibu-mbi,

聽-**條** 謙遜 可以-**條** 使增加-**現**

蓋聞“謙受益，

jalu o-qi ekiye-mbi se-he.

滿 可以-**條** 減弱-**現** 説-完

滿招損”。（8b3-6）

[139] “好不”“怎之”是 absi，又作“何之”“何往”説。

absi hojo.

多麼 稱心

好不暢快。

absi koro.

多麼 傷感

好不傷感。

absi ferguwequke.

多麼 奇異的

好奇怪。

absi enqu.

多麼 別緻

好別致。

absi o-ki se-mbi-ni?

怎麼 可以-**祈** 説-**現**-呢

要怎之呢？

absi o-joro be sa-r-kv.

怎麽 可以-未 賓 知道-未-否

不知怎之好。

absi gene-ki se-mbi?

往哪裏 去-祈 助-現

將何之?

absi gene-mbi?

往哪裏 去-現

何往?（8b7-9a3）

[140] "不拘""如何""無論怎樣"，"無入""焉往"是 absi oqibe。

absi oqibe, o-jora-kv-ngge akv.

怎樣 無論 可以-未-否-名 否

不拘怎樣没有使不得的。

absi oqibe, inu gemu emu adali.

怎樣 無論 也 都 一 相同

無論怎樣也都是一般。

absi oqibe beye elehun akv-ngge akv.

怎樣 無論 自己 自若 否-名 否

無入而不自得焉。

absi oqibe aqana-ra-kv-ngge bi-u?

怎樣 無論 相宜-未-否-名 有-疑

焉往而有不宜者乎?（9a4-6）

[141] "誠以""蓋以""原以""凡以"，併"所以""無非""乃"

qohome。

gvnin, jalin, turgun， 整字長音俱可托。

上文頓住另叫起，則用 ere qohome。

julge-i niyalma banji-re be waliya-fi jurgan be gai-ha-ngge,
古-**屬** 人 生-**未** **賓** 抛弃-**順** 正義 **賓** 取下-**完**-**名**

古人舍生而以取義者，

qohome jabxan de guwe-re anggala,
特意地 幸運 **位** 避免-**未** 央求.**祈**

誠以幸免，

jurgan be tuwakiya-ra-ngge wesihun de isi-ra-kv se-re turgun.
正義 **賓** 看守-**未**-**名** 可貴 **位** 達到-**未**-**否** 説-**未** 緣故

不如守義之爲貴也。

yaya bithe-i urse be uji-re kesi,
任何 文-**屬** 人們 **賓** 養-**未** 恩

凡所以養士之恩，

bithe-i urse be taqihiyan doro be youni umesi akvmbu-ha-ngge,
文-**書** 人們 **賓** 教誨 道理 **賓** 全 非常 盡力-**完**-**名**

教士之法，無不至盡，

qohome bithe-i niyalma be duin haqin -i irgen -i uju se-re
原以 文-**屬** 人 **賓** 四 類 **屬** 人民 **屬** 首 説-**未**

turgun.
緣故

蓋以士爲四民之首也。

taqikv taqihiyakv be ilibu-ha-ngge,
學校 學校 **賓** 使立-**完**-**名**

學校之設，

qohome niyalma-i erdemu be hvwaxabu-kini, geren -i taqin be
原以 人-屬 德 賓 培育-祈 人們 屬 風氣 賓

jiramilabu-kini se-re jalin.
使厚待-祈 説-未 因爲

原以成人材而厚風俗。

tere taqibukv hafan -i oron-de, youni tukiyesi silgasi se-he
其 教習 官員 屬 位置-位 全 舉人 貢生 説-完

baitalabu-ha-ngge.
使用-完-名

其廣文一官，悉以孝廉明經取用。

qohome saisa be yendebu-me, erdemu be hvwaxabu-kini,
凡以 賢者 賓 興-并 德 賓 養育-祈

凡以興賢育才，

irgen be wembu-me, taqin be xanggabu-kini se-he-ngge.
人民 賓 教化-并 習俗 賓 使成全-祈 助-完-名

化民成俗也。

gurun bou fafun ilibu-ha-ngge, qohome ehengge be isebu-me, sain
國 家 法令 立-完-名 所以 惡人 賓 畏懼-并 好

akvngge be targabu-re jalin.
没有的人 賓 使戒-未 因爲

朝廷之立法，所以警不善而懲無良。

enduringge niyalma-i jalan be ulhibu-me irgen be taqibu-ha-ngge,
聖 人-屬 世界 賓 知道-并 人民 賓 教育-完-名

聖人覺世牖民，

qohome abka-i fejergingge be gemu tob de forobu-kini se-re gvnin.
無非 天-屬 下面的 賓 都 正 位 使面向-祈 助-未 心意

無非使天下胥歸於正也。

dorolon -i nomun de, kumdungge be jafa-ra de jalu-ngge be
禮 屬 經 位 空虛 賓 拿-未 位 充滿-名 賓

jafa-ra adali,
拿-未 相似

《禮》云:“執虛如執盈,

untuhun ba-de dosi-re-de, niyalma bi-sire gese se-he-ngge.
空的 處-位 進-未-位 人 有-未 好像 說-完-名

進虛若有人。”

qohome niyalma de ginggun be da obu-re taqin be
乃 人 位 恭敬 賓 主導 當作-未 學問 賓

taqibu-ha-ngge kai.
教-完-名 也

乃教人主敬之學也。

tere dulimba be teng se-me jafa se-he-ngge, qohome you han
其 中 賓 結實的樣子 助-并 拿.祈 助-完-名 乃 堯 王

-i xvn de afabuha mujilen -i turu kai.
屬 舜 位 交付 心 屬 心法 也

允執厥中者,是堯授舜之心法也。

dasan -i nomun de, erdemu se-re-ngge, tokto-ho sefu akv,
政 屬 經 位 德 說-未-名 一定-完 老師 否

《書》曰:“德無常師,

sain be da ara-ra-ngge be sefu obu-ha-bi se-he-ngge.
好 賓 主 做-未-名 賓 老師 作爲-完-現 說-完-名
主善爲師。”

qohome niyalma be sain be sonjo-fi daha-kini se-re-ngge kai.
乃 人 賓 好 賓 選擇-順 聽從-祈 助-未-名 也
乃是教人擇善而從也。

dung zi -i hendu-he-ngge, tumen irgen -i aisi be daha-ra-ngge,
董 子 屬 說-完-名 萬 人民 屬 利益 賓 得到-未-名
董子曰：“萬民之從利也，

uthai muke-i wasihvn iqi eye-re adali.
就 水-屬 往下 方向 流傳-未 一樣
猶水之走下。

taqihiyan wen -i toso-me seremxe-ra-kv oqi,
教 化 屬 預防-并 提防-未-否 如果
不以教化隄防之，

naka-me mute-ra-kv o-mbi se-he-bi.
停止-并 能-未-否 成爲-現 說-完-現
不能已也。”

ere qohome irgen be dasa-ra-ngge, bira be dasa-ra qi dabana-mbi,
此 乃 人民 賓 治理-未-名 川 賓 治理-未 從 超過-現
誠以治民甚於治川，

dorolon jurgan -i taqihiya-me wembu-ra-kv oqi tere-i buyen be
禮 義 屬 教訓-并 教化-未-否 如果 其-屬 欲望 賓

ilibu-qi o-jora-kv se-re turgun.
立-條 成爲-未-否 說-未 緣故

不以禮義教化之，其欲不可遏也。（9a7-11b4）

[142] “有”“無”當翻 bi, akv，不拘長短上有 de。

yabun be toktobu-re de kemun bi,

行爲 **賓** 使規定-**未** **位** 標準 有

制行有物，

saisa be baitala-ra de memeren akv.

賢者 **賓** 使用-**未** **位** 固執 **否**

立賢無方。

baita de tokto-ho giyan bi,

事 **位** 規定-**完** 道理 有

事有定理，

irgen de entehen mujilen akv.

人民 **位** 固定的 心 **否**

民無恒心。（11b5-7）

[143] de bi又作“在”字用，de akv 作“不在”説。

dasan be yabubu-re oyonggongge, jemden be geterembu-re de bi, aisi be

政 **賓** 行-**未** 重要的事 弊端 **賓** 剔除-**未** **位** 有 利益 **賓**

yendebu-re de akv.

興-**未** **位** **否**

爲政之要，在除弊，不在興利。（12a1-3）

[144] “難”“易”翻爲 mangga, ja，上用長音或 qi, de。

beyeningge be ete-re de manga,

自己的 **賓** 克服-**未** **位** 難

克己難，

amurangga be daha-ra-ngge ja.
所好的 賓 隨從-未-名 容易
從好易。

ejen o-joro-ngge manga,
君主 作爲-未-名 難
爲君難，

amban o-joro-ngge ja akv.
臣 作爲-未-名 容易 否
爲臣不易。

yaya baita tuwa-qi ja biqibe, yabu-qi manga.
所有 事情 看-條 容易 雖然 行-條 難
凡事看之易，而作之難。

alin tafa-fi tasha be jafa-ra de ja, angga juwa-me niyalma de
山 上-順 虎 賓 抓-未 位 容易 口 開-并 人 位
ala-ra-ngge mangga.
告訴-未-名 難
上山擒虎易，開口告人難。（12a4-12b2）

[145] 若是單言“容易”字，上用 ja -i 也使得。

durum bi-sire jaka be, ja -i weile-mbi.
模子 有-未 東西 賓 容易 工 做-現
有式之物容易作，

kouli bi-sire baita be, ja -i iqihiya-mbi.
例 有-未 事情 賓 容易 工 辦理-現
有例之事容易辦。

ja -i yabu-re jugvn be yabu-ra-kv,

容易 **屬** 行-**未** 道路 **賓** 走-**未-否**

好走的道路不走，

ja -i bodo-ro be bodo-ra-kv.

容易 **工** 算-**未** **賓** 算-**未-否**

好算的賬目不算。（12b3-5）

[146] mangga 又作“善”“肯”用，字上須接 ra, re, ro。

niyalma tak-ara manga.

人 認得-**未** 善

善識人。

bou banji-re mangga.

家 生-**未** 善

善居家。

tubixe-me bodo-ro mangga.

揣測-**并** 算-**未** 善

善揣摩。

bithe hvla-ra mangga.

書 讀-**未** 肯

肯讀書。

gvnin werexe-re mangga.

心 留意-**未** 肯

肯留神。

baita onggo-ro manga.

事 忘記-**未** 肯

肯忘事。（12b6-13a1）

[147] “凡”字則當翻 yaya，“不拘”“無論”下用 seme。

yaya niyalma taqi-re de, giyan -i gvnin sithv-qi aqa-mbi.

凡 人 學-未 位 理 屬 心 專-條 應該-現

凡人爲學，理當用心。

yaya we seme, bahana-ra-kv-qi o-jora-kv, ele sa-r-kv-qi o-jora-kv.

任何 誰 無論 會-未-否-條 可-未-否 一切 知道-未-否-條 可-未-否

不拘是誰，不可不會，尤不可不知。

yaya ai baita seme, giyan be daha-me yabu-qi sain.

任何 什麽 事 無論 道理 賓 跟從-并 行-條 好

無論何事，可得按理而行。（13a2-5）

[148] inu 本翻“是”“亦”也，上用長音整字托。

句上平説爲“也”“亦”，用在字下是“也”説。

bi-he bi-hei, inu ehe o-me dubi-he.

有-完 有-持 也 壞 變-并 習慣-完

一來二去，也慣壞了。

entekengge, inu sesheri, niyalma de duibule-qi o-jora-kv.

這樣的人 也 俗 人 位 比較-條 可-未-否

似此者，亦非俗人可比。

mujilen se-re-ngge, emu beye-i da inu,

心 説-未-名 一 身體-屬 主要 是

心是一身之主，

unenggi o-qi, hafu-ra-kv-ngge akv se-he-ngge inu.

誠 稱爲-條 通曉-未-否-名 否 説-完-名 是

所謂誠無不格也。（13a6-13b4）

[149] “該當”“宜”“應”皆翻 giyan，或上或下皆使得。

用在句首下連 i，在下上接 ra, re, ro。

往往也托長音等，qi 字間或亦使得。

giyan -i ehe be hala-fi, sain de foro-qi aqa-mbi.

理 **屬** 惡 **賓** 改正-**順** 好 **位** 朝向-**條** 應該-**現**

理當改惡向善。

neile-me yarhvda-ra giyan.

開導-**并** 引導-**未** 應

應開導。

teudeje-me forgoxo-ro giyan.

調換-**并** 調動-**未** 該

該調換。

qibtui gvni-re giyan.

再三地 考慮-**未** 當

當三思。

da be waliya-fi, dube be kiqe-re-ngge giyan.

根本 **賓** 放弃-**順** 末端 **賓** 努力-**未**-**名** 宜

宜乎捨本而逐末也。

beye dorolo-me gene-qi giyan.

自己 下拜-**并** 去-**條** 應

理應親身往拜。

jasigan jasi-fi hebde-qi giyan.

信 寄信-**順** 商討-**條** 應

理當寄信相商。（13b5-14a4）

[150] kejine是“許久”“良久”，在下則又講“多多”。

kejine ofi teni mari-ha.

許久 因爲 纔 返回-**完**

許久方歸。

kejine o-ho manggi teni aitu-ha.

良久 成爲-**完** 之後 纔 復蘇-**完**

良久方蘇。

emu hergen se-me taka-ra-kv-ngge kejine bi.

一 字 說-**并** 認識-**未-否-名** 多多 有

多有一丁不識者。

ere tere se-me ilga-ra-kv-ngge kejine bi.

這 那 說-**并** 辨別-**未-否-名** 多多 有

不分彼此者多多矣。（14a5-14b1）

[151] ele是“越發”“益加”講，又作“更”“彌”“尤”“愈”說。若在ra, re, ha, he下，又作“諸凡”“所有”說。

ele baita waka o-ho.

越發 事情 不是 成爲-**完**

越發不成事體。

ele kiqe-me fafurxa-mbi.

益加 勤奮-**并** 發奮-**現**

益加勤奮。

ele narhvxa-me olhoxo-qi aqa-mbi.

更 詳細-**并** 謹慎-**條** 應該-**現**

更當詳慎。

ele kimqi-qi o-jora-kv.

更 審查-條 可-未-否

更不可考。

hargaxa-qi ele den,

仰望-條 越發 高

仰之彌高，

xorgi-qi ele akdun.

鑽-條 越發 堅固

鑽之彌堅。

tere arbun ele saikan,

其 形象 越發 美麗

其形尤美，

tere tuwabun ele sain.

其 閱 越發 好

其況尤佳。

kiqe-re-ngge ele neme-qi,

用功-未-名 越發 增加-條

功愈加，

dosi-na-ra-ngge ele xumin o-mbi.

進-來-未-名 越發 深 可以-現

而進愈深。

ton ara-ra ele urse,

數 當作-未 越發 人們

凡諸充數者，

yertexe-ra-kv mujangga-u.

慚愧-未-否 果然-疑

寧不慚愧。

yamun de bi-sire ele hafasa,

朝廷 位 在-未 越發 官員

所有在署之員，

ainame ainame[1] gama-qi o-mbi-u.

將就 將就 處置-條 可以-現-疑

豈可因循。

iqihiya-ha ele baita be, kouli haqin de dosimbu.

辦理-完 所有 事 賓 例 類 位 進入.祈

凡辦過案件，著載入則例。

selgiye-me tuqibu-he ele hese-i bithe be, folo-fi suwayan houxan

傳達-并 陳述-完 所有 聖旨-屬 書 賓 刻-順 黄色 紙

de xuwasela.

位 印刷.祈

所有頒發詔旨，著刊刻謄黄。（14b2-15a6）

[152] 暗含所有翻 le 字，文意猶如用 ele。

上面多連 ha, he 字，下加長音亦有則。

uqara-ha-la niyalma, niyama hvnqihin waka o-qi, uthai fe guqu

遇見-完-所有 人 人 同族 不是 成爲-條 就 舊 朋

o-mbi.

成爲-現

1 ainame ainame：爲固定搭配，意思是“將就”“苟且”“敷衍”。

所遇之人，非親即故。

dule-ke-le ba, neqin sain haksan olhoquka-ngge adali akv.

經過-**完**-所有 處 平 好 險峻 危險-**名** 一樣 **否**

所過地方，平夷險阻不同。

eaten ba-de te-he-le-ngge, han -i aha waka-ngge akv.

所有 處-**位** 住-**完**-所有-**名** 王 **屬** 奴才 不是-**名** **否**

率土之濱，莫非王臣。（15a7-15b5）

[153] “强如”“争似”“何干”“何與”，ai dalji 字句多。

上接 qi 字“强如”“争似”，“何干”“何與”上連 de。

hiyan dabu-re-ngge, juktehen saraxa-ra qi ai dalji.

香 焚燒-**未**-**名** 廟 游玩-**未** **從** 什麼 相干

燒香，强如逛廟。

erdemu iktambu-re-ngge, aisin weri-re qi ai dalji.

德 積蓄-**未**-**名** 金子 留下-**未** **比** 什麼 相干

積德，争似遺金。

bi da-qibe, dara-kv oqibe, sinde ai dalji?

我 管-**讓** 馴服-**否** 無論 你.**與** 什麼 相干

我管不管，與你何干？

niyalma-i yende-re joqi-re-ngge, jaka de ai dalji?

人-**屬** 興旺-**未** 衰敗-**未**-**名** 東西 **位** 什麼 相干

人之興替，與物何與？（15b6-16a4）

[154] “連”“累”“屢見”是 nurhvme，上連整字看文波。

aniya nurhv-me elgiyen -i bargiya-ha, mudan nurhv-me daba-me olo-ho.

年 連-**并** 豐裕 -**工** 收-**完** 次 連-**并** 越過-**并** 蹚水-**完**

連年豐收，累次跋涉。

aniya nurhv-me haji yuyun, mudan nurhvme kesi isibu-ha.

年 連-**并** 荒歉 饑荒 次 連-**并** 恩 送給-**完**

屢次荒歉，叠次施恩。（16a5-7）

[155] “連着”“帶着”是 nisihai，上接整字是規模。

jasigan be jise nisihai suwaliya-me gaju.

信 **賓** 稿 連着 連同-**并** 取.**祈**

信連着底子一併取來。

bithe be dobton nisihai gemu hvbala-ki.

書 **賓** 書套 連着 都 裱糊-**祈**

書帶套都裱一裱。

da jergi nisihai tuxan qi nakabu.

根本 品級 連着 職分 **從** 罷免.**祈**

原品休致。（16b1-4）

[156] “光是”“竟是”用 noho，整字與 -i 上連着。

yasa-i juleri emu girin -i ba, gemu jahari noho.

眼睛-**屬** 前 一 帶 **屬** 處 都 石子 光是

眼前一帶，光是石子。

duin iqi jugvn akv, muke-i noho.

四 下 路 **否** 水-**屬** 竟是

四下無路，竟是水。（16b5-7）

[157] muterei teile“儘其力量”，上用 -i, ni 字接着。

hvsun -i mute-re-i teile yabu-mbi.

力量 **屬** 能够-**未**-**屬** 唯獨 行-**現**

儘其力而爲之。

enqehen -i mute-re-i teile kiqe-mbi.

能力 **屬** 能够-**未**-**屬** 唯獨 勤奮-**現**

儘其量而圖之。

mini mute-re-i teile kiqe-ki.

我.**屬** 能够-**未**-**屬** 唯獨 圖謀-**祈**

儘我而謀。

ini mute-re-i teile yabu-ki.

他.**屬** 能够-**未**-**屬** 唯獨 行-**祈**

儘他而作。（17a1-3）

[158] “儘數”則用 ebsihe，上連 i 字與 ra, re。

如今下連 i 字用，ebsihei 字句多。

ton -i ebsihe afabu-me tuqibu-he.

數 **屬** 盡 交給-**并** 出來-**完**

儘數交出。

bi-sire ebsihe gemu gama-ha.

有-**未** 盡 都 拿去-**完**

儘其所有都拿去了。

beye-i bi-sire ebsihe-i ujibu-mbi.

身體-**屬** 有-**未** 盡-**工** 養育-**現**

以養餘年。（17a4-7）

[159] manggi nakv 講“既”字，上用半截字連着。

彼而又此使 manggi，然而未果 nakv 合。

duka uqe be ambarame eldembu manggi, geli amga enen de elgiyen -i

門 户 **賓** 大的 使光耀.**祈** 既 又 後 後代 **位** 寬裕 **工**

tutabu-mbi.

使留下-現

既光大門閭，又垂裕後昆。

gebu eje manggi, geli ilga-me gisurebu-he.

名 記.祈 既 又 辨别-并 説-完

既經記名，復蒙議叙。

getukele-me wesimbu-fi yabubu nakv, geli jurgan qi gisure-fi

察明-并 奏-順 做.祈 既 又 正義 從 説-順

bederebu-mbi.

駁回-現

既奏明允准，又准部議駁。

nonggi-me dosimbu nakv, dahanduhai sibxala-me meite-he.

增加-并 使進入.祈 既 隨即 淘汰-并 裁減-完

既經添入，旋即裁汰。（17b1-6）

[160] mari, nggeri, mudan 是“遭”“次”，整單破連用法多。

aqa-me udu mari o-ha-kv, amala uthai tulergi golo-i hafan de wesine-he.

遇見-并 幾 次 成爲-完-否 後來 就 外面 省-屬 官 位 上陞-完

見不幾次，後來就陞出外任官去了。

ududu mari ji-fi, xuwe baha-fi dere aqa-ha-kv.

幾 次 來-順 竟然 得到-順 面 見-完-否

來了好幾次，竟未得見面。

amasi julesi ududu juwanggeri yabu-fi amala teni teye-he.

往後 往前 幾 十次 行-順 後來 纔 休息-完

來往走了數十遭，然後纔歇下了。

ilan mudan qouha tuqi-fi, ninggunggeri afa-ha.

三 次 士兵 出來-順 六次 戰鬥-完

出了三次兵，打了六次仗。

mudan mudan -i beye-be tuwabu-ha de, gemu qoho-ho-ngge be sinda-ha-bi

次 次 屬 自己-賓 看見-完 位 都 擬正-完-名 賓 放置-完-現

歷次引見，都放了擬正的了。

mudan nurhv-me alban ka-me yabu-ha-ngge, yala umesi suila-ha-bi.

次 連着-并 官務 當-并 做-完-名 確實 非常 辛苦-完-現

連次當差，實在狠累。（17b7-18a6）

[161] “每”翻 ta, te, dari, tome，數目多寡用 ta, te。

年月日時用 dari，地方人物用 tome。

ere dubi-he be niyalma tome inenggi-dari ila-ta fali jefu.

這 習慣-完 賓 人 每 日-每 三-分 個 吃.祈

這果子每人每日吃三個。

tere suje be bou tome biya-dari duin-te juxuru bene.

那 綢緞 賓 家 每 月-每 四-每 尺 送.祈

那緞子每家每月送四尺。（18a7-18b3）

[162] aname 變文借用字，亦作“每”字意思説。

bithe tuwa-ra kouli,

書 看-未 法則

讀書之法，

hergen tome gisun aname,

字 每 話 依次

逐字逐句，

gemu fuhaxa-me kimqi-me sibki-me bai-qi aqa-mbi.

都 思考-并 審查-并 深究-并 請求-條 應該-現

皆當玩索而研究之。

haji habqihiyan -i taqin, gaxan aname hoton tome iletule-fi,

親和 和睦 屬 風氣 鄉村 每 城市 每 體現-順

親睦之風，成於一鄉一邑，

hvwaliyasun sain -i sukdun, gubqi mederi -i dorgi tulergi de

平和 好 屬 氣 全部 海 屬 裏 外 位

hafuna-mbi.

通往-現

雍和之氣，達於薄海内外。（18b4-19a2）

[163] “即至”“以及”轉入語，句中用qi aname。

usisi faksi hvdaxa-ra tuwele-re urse, gulu nomhon o-joro be

農民 工匠 做生意-未 販賣-未 人們 淳樸 忠厚 成爲-未 賓

ufara-ra-kv se-re anggala.

失去-未-否 説-未 而且

農工商賈，不失爲淳樸。

sele-i hitha nere-re urse qi aname, inu dorolon kumun irgebun bithe

鐵-屬 飾件兒 披-未 人們 從 以至於 也 禮 音樂 詩 書

de ju- mpi wembu-fi,

位 牙關緊閉-延 教化-順

即至韜鈐介胄[1]之士，亦被服乎禮樂詩書，

1 胄：底本誤作“冑”。

ini hatan furu qokto kangsanggi be dorgideri mayambu-qi o-mbi.
他.屬 暴烈 兇暴 驕傲 鼻梁 賓 悄悄的 使消失-條 可以-現

以潛消其剽悍桀驁。

gemule-he heqen amba hoton de, elgiyen -i bargiya-ha jalin uhe-i
定都-完 城 大 城市 位 寬裕的 工 收拾-完 因爲 統一的-工

urgunje-ndu-mbi se-re anggala simeli gaxan mudan wai qi aname,
高興-共同-現 說-未 而且 冷清 鄉村 情形 彎曲 從 以至於

angga de axu-me hefeli be bixu-me sebjele-ra-kv-ngge akv kai.
嘴 位 含-并 腹 賓 摸-并 取樂-未-否-名 否 也

通都大邑，共慶豐稔，以及窮鄉僻壤，未有不含餔鼓腹而樂者也。（19a3-19b5）

[164] 整字“微乎”kan, ken, kon。

hvwa -i fu daldangga fu qi fangkala-kan.
院子 屬 墻 影壁 墻 從 低-弱

墻院比影壁微乎矮些。

qin -i bou, julergi bou qi de-ken.
正 屬 房 前 房 從 高-弱

正房比南房微乎高些。

qelehe jugvn, talu jugvn qi onqo-kon.
鋪曼磚石 路 狹窄的 路 從 寬-弱

甬路比夾道微乎寬些。（19b6-20a1）

[165] 破字“微然”meliyan 多。

gisure-me goi-ha manggi,
說-并 中-完 既

說是了，

inje-meliyan -i umai her har[1] sa-r-kv.
笑-弱 屬 全然 理會 理會 知道-未-否
微然笑一笑不作理會。
ere helme exe-meliyan ofi,
這 影兒 斜着-弱 因爲
這影兒微然斜一点兒，
asuru tob akv.
太 公正 否
不大很直。
doko jugvn deri majige mudali-meliyan biqibe,
抄近的 路 經 稍微 繞過-弱 雖然
由小道微然繞一点兒，
inu asuru qalabu-re ba akv.
也 太 使出錯-未 處 否
也差不多。（20a2-6）

[166] 又有 shvn, shun 字，亦作“稍微”意思説。
golmi-shvn.
長-弱
微須長些。
sarta-shvn.
遲誤-弱
稍遲誤些。

1 her har：爲固定搭配，意思是“理會”“理睬”。

enggele-shun.

臨-弱

稍前探些。

tukiye-shun.

仰-弱

微挺著些。（20a7-20b1）

[167] sihvn, sihun 與si 字，baru 的神情“往”“向”説。

wasihvn

往上

往西

wesihun

往上

往東

julesi

往南

向前

amasi

往後

向後

mini baru miusirila-mbi.

我.屬 向 冷笑-現

望着我冷笑。

ini baru menere-mbi.

他.屬 向 發呆-現

望着他發呆。（20b2-4）

[168] “極”“盡”意思用 tai, tei，堪可神情 quka, quke。

此等用法皆一體，上將半截字連着。

nure omi-re de wa-tai amuran, sokto-ra-kv o-qi naka-ra-kv.

黄酒 喝-**未** **位** 狠狠地-**極** 好 醉-**未**-**否** 成爲-**條** 停止-**未**-**否**

極好飲酒，不醉不止。

buqe-tei faxxa-me, funqe-he hvsun be haira-ra-kv.

死-**極** 努力-**并** 多餘-**完** 能力 **賓** 愛惜-**未**-**否**

盡命奮勉，不惜餘力。

tondo amban hiyouxungga jui -i jekdun jilihangga saixaquka.

忠 臣 孝順的 子 **屬** 貞 忠烈 可嘉獎的

忠臣孝子貞烈堪嘉。

mergen niyalma fujurungga saisa -i yabun dursun buyequke.

賢惠 人 端莊 賢者 **屬** 行 體型 可愛的

淑人秀士風度可羡。

ada-ra duka suila-shvn bou -i yadahvn hafirhvn joboquka.

毗鄰-**未** 門 辛苦-**極** 家 **屬** 貧窮 窄 可憂慮的

蓬門蓽户窮迫堪虞。

hvlha holo ehe urse -i doksin oshon gelequke.

偷盗 虚假 惡劣人們 **屬** 兇暴 殘酷 可怕的

賊盗匪徒暴虐可懼。（20b5-21a5）

[169] 整字連寫 ngga, ngge, nggo，乃作“有”字“人”字説。

usiha-ngga

有靈性的

有知識

ulhiqungga

有悟性的

有 悟 性

funiyagangga

有度量的

有 度 量

serequngge

有警覺的

有 眼 色

ferkingge

見識多

有 見 識

bengsengge

有本事

有 本 事

doro-nggo

道理-名

有 道 理

horonggo

有威力的

有 威 嚴

bodohonggo

有謀略的

有 謀 略

fulingga

有福分的

厚 福 人

jilangga

慈善的

慈 善 人

fulungga

安常人

安 常 人

enqehengge

有本事的人

能 幹 人

sebsingge

和氣的

和 氣 人

yebkengge

俊傑

俊 傑 人

kobtonggo

恭謹的

敬 謹 人

tomohonggo

志向確定的人

鎮 定 人

xolonggo
快的人
爽俐人（21a6-21b5）

[170] gelhun akv 是“敢”字，ai gelhun akv“豈敢”説。
文中若遇“不敢”字，akv, rakv 下面托。

gelhun akv uttu gisure-qi tetendere, uthai gelhun akv songkoi yabu-mbi.
哪敢 否 這樣 説-**條** 既然 就 哪敢 **否** 按照 行-**現**
既敢這們説，就敢照着行。

ai gelhun akv erdemu be juwede-me ilada-mbi-qi.
什麽 哪敢 **否** 德 **賓** 有二心-**并** 不專心-**現-條**
豈敢二三其德。

gelhun akv kesi be urgede-me erdemu be qashvla-ra-kv.
哪敢 **否** 恩典 **賓** 辜負-**并** 德 **賓** 違背-**未-否**
不敢辜恩背德。

gelhun akv mujilen be akvmbu-ra-kv, hvsun be waqihiya-ra-kv oqi
哪敢 **否** 稍微 **賓** 盡力-**未-否** 力量 **賓** 完成-**未-否** 如果
o-jora-kv.
成爲-**未-否**
不敢不盡心竭力。

gelhun akv tondo akvngge akv.
哪敢 **否** 忠 没有的 **否**
不敢不忠。（21b6-22a7）

[171] “不勝”“無任”alimbaharakv。

den be hukxe-me jiramin be fahu-re-ngge, alimbaharakv dolori hing se-me
高 **賓** 感戴-**并** 厚 **賓** 踩-**未-名** 不勝 心中 非常 **助-并**

hukxe-mbi.

感激-現

戴高履厚，不勝感激於衷。

amban be alimbaharakv gele-me olho-mbi-me urgunje-me sela-mbi.

臣 我們 無任 畏懼-并 恐懼-現-并 高興-并 喜悦-現

臣等無任悚惶忻忭。（22b1-4）

[172] herqun akv“不覺得”。

herqun akv dursuki akv de eyene-fi, aitubu-qi o-jora-kv o-ho-bi.

知覺 否 相似 否 位 流傳-順 解救-條 成爲-未-否 助-完-現

不覺得流於不肖，而不可救。

yasa habtaxa-ra siden-de, herqun akv geli emu aniya o-ho.

眼睛 不停地眨-未 間隔-位 知覺 否 又 一 年 成爲-完

展眼間，不覺又是一年。（22b5-7）

[173] “不憶”“不圖”是 gvnihakv，文中“乃”字也翻得。

gvnihakv sain nomhon urse, enteke jobolon gashan de tuxa-ha.

不料 好 老實 人們 這樣的 兇 禍 位 遭遇-完

不意善良輩，遭此荼毒。

kumun -i uttu o-ho be gvnihakv bi-he.

音樂 屬 這樣 成爲-完 賓 不料 有-完

不圖爲樂之至於斯也。

inenggi aname gene-hei，hvsibu-me dalibu-ha-ngge umesi xumin o-ho-bi.

日 依次 去-持 被裹住-并 使遮擋-完-名 非常 深 成爲-完-現

乃日複一日，痼弊已深。（23a1-5）

[174] eberi akv 上連 qi，“不下”“不亞”“不讓”説。

geren zi tanggv bou -i bithe, ududu minggan tumen haqin-qi eberi akv.

所有 子 百 家 **屬** 書 幾 千 萬 類別-**條** 不如 **否**

諸子百家之書，不下數千萬種。

juzi -i taqin, mengzi qi eberi akv.

朱子 **屬** 學 孟子 **從** 不如 **否**

朱子之學，不亞孟子。

wesihun jalan -i dasan, dule-ke julge qi eberi akv.

高 朝代 **屬** 政事 通過-**完** 古 **從** 不如 **否**

熙朝之治，不讓往古。（23a6-23b3）

[175] "不成""不行""不來""不了"，banjinarakv 上緊接 me。

gene-me banjina-ra-kv.

去-**并** 成-**未**-**否**

去不成。

gisure-me banjina-ra-kv.

説-**并** 行-**未**-**否**

説不行。

iqihiya-me banjina-ra-kv.

辦理-**并** 成-**未**-**否**

辦不來。

yabu-me banjina-ra-kv.

行-**并** 成-**未**-**否**

行不了。（23b4-6）

[176] umainaqi ojorakv"不得已"。

fafun kouli se-re-ngge, gurun bou-de umaina-qi o-jora-kv ilibu-ha-ngge.

法令 例 説-**未**-**名** 國 家-**位** 不得已-**條** 成爲-**未**-**否** 立-**完**-**名**

法例者，朝廷不得已而設也。

ere baita be umesi umaina-qi o-jora-kv ofi yabu-ha dabala.

這 事 賓 非常 不得已-條 成爲-未-否 因爲 行-完 而已

此事出於 萬不得已耳。（23b7-24a2）

[177] esi seqi ojorakv"不由得"。

uttu se-he-be donji-re jakade, esi se-qi o-jora-kv dolori se sela-ha-bi.

此 説-完-賓 聽-未 因爲 自然 説-條 可-未-否 内心 年齡 舒暢-完-現

聽見如此説，不由得心裏暢快。

fili fiktu akv balai daixa-ha-ngge, tuwa-qi esi se-qi o-jora-kv jili banji-mbi.

堅固 隔閡 否 任意 胡鬧-完-名 瞧-條 自然 説-條 可-未-否 怒 生-現

無故的混鬧，瞧之不由得生氣。（24a3-7）

[178] "務須""必定"是 urunakv。

urunakv yargiyan fulehun be neigenje-me bahabu.

一定 真實的 恩惠 賓 均匀-并 得到.祈

務須使實惠均沾。

xudesi yamun -i ursei qihai jemden be deribubu-qi o-jora-kv.

官吏 朝廷 屬 人們 任意 毛病 賓 開始-條 可-未-否

毋得任胥吏舞弊。

sain be yabu-qi urunakv sain karulan baha-mbi.

好 賓 行-條 一定 好 報答 得到-現

行善必定得好。（24b1-4）

[179] "偏是""一定"urui 合。

urui ferguwequke be kiqe-me fulu be buye-re mangga.

偏偏 奇妙的 賓 努力-并 强 賓 喜愛-未 難

偏是肯務奇好勝。

urui aldungga be gai-me iqe be temgetule-ki se-mbi.

一定 奇怪 **賓** 帶領-**并** 新 **賓** 表揚-**祈** 助-**現**

一定要領異標新。(24b5-7)

[180] "能有多少"是 giyanakv。

sain erdemungge niyalma giyanakv udu?

善 有德才的人 人 能有的 多少

善德人能有多少?

urgun sebjen -i baita giyanakv udu?

喜慶 快樂 **屬** 事情 能有的 多少

喜歡事能有多少?

giyanakv udu sali-mbi?

能有的 多少 值-**現**

能值幾何?

giyanakv udu funqe-mbi?

能有的 多少 剩下-**現**

能剩多少?(25a1-3)

[181] ambula 是"博""大""廣""多"。

ambula donji-fi haqihiya-me eje-mbi.

博 聽-**順** 加强-**并** 記-**現**

博聞强記。

ambula tusangga ba-bi.

大 有益的 處-有

大有裨益。

tafula-ra jugvn be ambula nei-he.

勸告-**未** 路 **賓** 大 打開-**完**

廣開言路。

ulin nadan[1] be ambula isabu-ha.

錢財 乜 賓 大 聚集-完

多聚資財。（25a4-6）

[182] “特特”“專專”qohotoi。

qohotoi dorolo-me gahvxa-mbi.

特意 下拜-并 懇求-現

特特拜懇。

qohotoi elhe be bai-me ji-he.

特意 平安 賓 請求-并 來-完

特特來請安。

qohotoi ere-me gvni-mbi.

特意 指望-并 想-現

專專指望。

qohodoi kiqe-re taqin.

專門 努力-未 學

專門之業。（25a7-25b2）

[183] daljakv“不干”“無與”“無涉”。

beye-de daljakv -i baita be, gala da-fi aina-mbi.

自己-與 不幹 屬 事情 賓 手 動-順 做什麽-現

不干己事，何必著手。

suwen-de daljakv seqi tetendere, uthai dabu-qi o-joro ba akv.

你們-與 無關 雖然 既然 就 顧及-條 可-未 處 否

---

1 ulin nadan：爲固定搭配，意思是“資財”“財貨”。

既是與爾等無與，就無足輕重。

minde daljakv -i adali, aina-ha se-me dolo tataxa-ra-kv.

我.與 無涉 屬 相似 做什麼-完 説-并 内心 牽扯-未-否

似乎與我無涉，絶不介意。（25b3-7）

[184] “微乎”“些須”是 heni，“幾希”用在句尾托。

heni amtan bi.

稍微 味道 有

微乎有點味。

heni baita akv.

稍微 事情 否

無有些須事。

niyalma gasha gurgu qi enqungge, heni.

人 鳥 獸 從 有不同的 稍微

人之異於禽獸者幾希。（26a1-3）

[185] “少少”“略略”“微微的”，“稍加”“一些”是 majige。

majige muke sinda.

一些 水 放置.祈

少少着點水。

majige qende-me tuwa.

略 試-并 試.祈

略略的試一試。

majige yebe o-ho.

稍微 稍好 成爲-完

微微的好了些。

majige meite-me hala-ha.

稍微 删-并 改正-完

稍加删改。

majige fulu ba akv.

一些 優 處 否

無有一些長處。

majige tesu-ra-kv ba-bi.

稍微 足-未-否 處-有

稍有不足。（26a4-7）

[186] heni majige 連着用，“一毫”“一點”意思説。

heni majige jalingga koimali -i mujilen deribu-qi o-jora-kv.

一點兒 稍微 奸 奸詐 屬 心 開始-條 可-未-否

不可起一毫奸詐之心。

heni majige untuhun holo -i gvnin tebu-qi o-jora-kv.

一點兒 稍微 虚假 虚假 屬 心 存有-條 可-未-否

不可存一點虚僞之見。

heni majige fulu gai-ha ba akv.

一點兒 稍微 多 要-完 處 否

未嘗一毫多取。

heni majige qisu jemden akv.

一點兒 稍微 自私 弊端 否

没有一點私弊。（26b1-4）

[187] “仍然”“照常”使 an -i。

an -i fe songkoi yabu-mbi.

本 工 舊 按照 行-現

仍然照舊而行。

an -i baita iqihiya-mbi.

平常的 **工** 事情 辦理-**現**

照常辦事。（26b5-6）

[188] da an -i “依舊” “仍舊” 説。

da an -i dahv-me muheliyen o-ho.

根本 常規 **工** 重複-**并** 圓的 成爲-**完**

依舊復圓。

da an -i bi-qi antaka?

根本 常規 **工** 有-**條** 如何

仍舊貫，如之何？

da an -i o-joro unde?

根本 常規 **工** 成爲-**未** 尚未

仍未復元。（26b7-27a2）

[189] ulhiyen -i “漸次” “馴” “日” 字，重言 “蒸蒸” “駸駸” 多。

geren golo-i qouha-i baita, ulhiyen -i bolgo o-ho.

各個 省-**屬** 士兵-**屬** 事情 逐漸 **工** 清 成爲-**完**

各省軍務，漸次就清。

badarambu-me gisure-me, ulhiyen -i hing se-me gungnequke ofi

推廣-**并** 説-**并** 逐漸 **工** 專心的樣子 助-**并** 恭敬 因爲

abka-i fejergi neqin o-ho wesihun-de isibu-ha.

天-**屬** 下 太平 成爲-**完** 興盛-**位** 得到-**完**

推而言之，以馴致乎篤恭而天下平之盛。

erdemu -i wembu-qi, niyalma ulhiyen -i sain de ibede-mbi-me sa-r-kv

德 **工** 教化-**條** 人 逐漸 **工** 善 **位** 逐漸-**現**-**并** 知道-**未**-**否**

o-mbi.
可-現
化之以德，民日趨善而不知。
ulhiyen ulhiyen -i dasabu-fi, ehe de isina-ha-kv-bi.
逐漸 逐漸 工 治理-順 惡劣 位 到達-完-否-現
蒸蒸乂，不格姦。
ulhiyen ulhiyen -i erun baitala-ra-kv -i dasan de hamina-ha-bi.
逐漸 逐漸 工 刑 使用-未-否 屬 政事 位 將近-完-現
駸駸乎幾於刑措之治矣。（27a3-27b2）

[190] "正然""正在"翻 jing 字。

jing amasi ji-dere de, gaitai jugvn -i andala deng se-me ilinja-ha.
正在 往後 來-未 位 忽然 路 屬 一半 被堵住的樣子 助-并 停住-完
正然往回裏來，忽然半路站住了。
jing baha-kini se-me ere-me bi-sire-de, yargiyan -i nashvlabu-ha be we
正在 得到-祈 助-并 指望-并 有-未-位 確實 工 湊巧-完 賓 誰
gvni-ha.
想-完
正在指望着得，誰想真凑巧。（27b3-6）

[191] jingkini "正經""真實"合。

jingkini niyalma-i yabun, hiyouxun deuqin tondo akdun qi
正經的 人-屬 行爲 孝順 悌 忠 堅固 從
tuqi-na-ra-kv.
超出-去-未-否
正經人品，不外孝弟忠信。

jingkini taqin fonjin, dorolon kumun irgebun bithe de bakta-ka-bi.

真實的 學 問 禮 音樂 詩 書 **位** 包容-**完**-**現**

真實學問，乃在禮樂詩書。

jingkini ulan, jingkini obu-me sinda-mbi.

真實的 傳 真實的 成爲-**并** 補授-**現**

真傳，實授。（27b7-28a3）

[192] "豫先"翻譯有二者，doigonde 與 doigomxome。

doigomxome 是着力字，自然口氣 doigonde。

doigon-de sa-me mute-re-ngge, endurin waka oqi ai.

預先-**位** 知道-**并** 能-**未**-**名** 神仙 不是 如果 什麽

豫先能知道，除非是神仙。

doigomxo-me belhe-me jabdu-qi, ai ai[1] baita gemu qalabu-re de

預先-**并** 預備-**并** 妥當-**條** 什麽 什麽 事情 都 被弄錯-**未** **位**

isina-ra-kv o-mbi.

到達-**未**-**否** 可以-**現**

豫先豫備妥當，什麽事不致都錯誤。（28a4-28b1）

[193] ishunde 是"互相""彼此"。

ishunde silta-me anata-mbi.

互相 推諉-**并** 拖延-**現**

互相推諉。

ishunde aisila-me wehiye-mbi.

彼此 幫助-**并** 支持-**現**

彼此扶持。

1 ai ai：爲固定搭配，意思是"樣樣""各種"。

ishunde guqule-mbi.

相互 交朋友-**現**

相交。

ishunde gvli-mbi.

相互 相契-**現**

相契。（28b2-4）

[194] “順便”“乘便”是 ildun de。

hoton tuqi-re ildun de, bigan -i tuwabun be tuwa-na-mbi.

城市 出-**未** 方便 **位** 野外 **屬** 景致 **賓** 看-去-**現**

出城順便看看野景。

alban ka-me yabu-re ildun de, niyaman hvnqihin -i bou-de dari-ki.

差 當-**并** 行-**未** 方便 **位** 親戚 親族 **屬** 家-**位** 路過-**祈**

乘當差之便，往親戚家走走。（28b5-7）

[195] “自然”本是 ini qisui。

kiqen isina-ha manggi, ini qisui xangga-mbi.

功夫 達到-**完** 之後 他.**屬** 私人的 成全-**現**

工夫到了，自然成。

bi-he bi-hei, ini qisui tusa aqabu-mbi.

有-**完** 有-**持** 他.**屬** 私人的 利益 迎合-**現**

久而久之，自有效驗。（29a1-3）

[196] “反到”elemangga 與 nememe。

si endebu-he bi-me, elemangga gvwa niyalma be laida-mbi.

你 出錯-**完** **現-并** 反倒 别 人 **賓** 無賴-**現**

你錯了，反訛别人。

ineku arga akv, nememe mini baru ten gai-mbi.
本來的 方法 **否** 反倒 我.**屬** 向 基礎 要-**現**
本就無法，反到望我要準。（29a4-6）

[197] “即便”“就”是uthai。

uthai uttu gisure-qi, inu o-jora-kv se-re ba akv.
即便 這樣 說-**條** 也 可-**未-否** 說-**未** 處 **否**
即如此言之，亦未嘗不可。

yo-ki se-qi, uthai yo-qina.
走-**祈** 说.**助-條** 就 走-**祈**
要走，就走罷。

akv-qi, baji o-ho manggi, uthai sita-ha.
否-條 少時 成爲-**完** 之後 就 延遲-**完**
不然，少遲一會，就誤了。

ehe gisun tuqibu-ra-kv-ngge, uthai sain niyalma inu.
壞 話語 出-**使-未-否-名** 就 好 人 是
不說不好話，便是好人。（29a7-29b3）

[198] “總之”“要之”eitereqibe。

eitereqibe, qib se-me axxa-ra-kv-ngge, dursun inu.
總之 寂然的樣子 **助-并** 動-**未-否-名** 體型 是
總之，寂然不動者，體也。

aqinggiyabu-ha iqi hafuna-ra-ngge, baitalan inu.
感動-**完** 順着 通往-**未-名** 用 是
感而遂通者，用也。

eitereqibe, enduringge niyalma-i doro, unenggi qi tuqine-ra-kv.
總之 神聖的 人-**屬** 道理 真誠 **從** 不出與-**未-否**

要之，聖人之道，不外乎誠。（29b4-7）

[199] emke emken -i "一一" "逐一"。

tuxan tuxan -i yabu-ha ba be, emke emken -i getukele-me faida-me
職位 職位 屬 行-完 處 賓 一 一個 屬 察明-并 排列-并

ara-ha.
做-完

歷任履歷，一一開列明白。

emke emken -i kimqi-me baiqa-fi, geren haqin -i ton youni
一 一個 屬 審查-并 調查-順 所有 類別 屬 數目 都

aqana-ha.
相符-完

逐一考查，各款數目悉屬相符。（30a1-3）

[200] "直" "索" "豁" "貫" "竟" 翻 xuwe。

xuwe gemun heqen be bai-me ji-he.
直 京都 城 賓 請求-并 來-完

直奔京師。

xuwe sain be taqi-ra-kv.
索 好 賓 學-未-否

索不好學。

xuwe neibu-fi gvnin bahabu-ha.
竟然 使打通-順 心 會-完

豁然而悟。

gai-tai xuwe hafu-ka.
忽然 一直 通到-完

忽爾貫通。

xuwe gene-fi amasi mari-ra-kv.

竟 去-順 返回 返回-未-否

竟去而不返。（30a4-7）

[201] qingkai 本講“差很遠”，“迥别”“迥異”“懸殊”“懸隔”。

taqi-ha-ngge, inqi qingkai qalabu-ha.

學-完-名 他.從 甚 使搞錯-完

學的比他差遠了。

te-he-ngge sinqi qingkai goro.

住-完-名 你.從 甚 遠

住的比你遠的很。

erin -i arbun qingkai enqu.

時 屬 形勢 甚 相異

時勢迥别。

an -i jergi niyalma qi qingkai enqu.

常 屬 平常 人 從 甚 相異

迥異尋常。

tob miusihvn qingkai enqu.

正 邪 甚 相異

邪正懸殊。

abka na -i gese qingkai giyalabu-ha.

天 地 屬 相似 甚 隔斷-完

天地懸隔。（30b1-4）

[202] meni meni, teisu teisu, beri beri，與 meimeni 皆作“各自”説。

meimeni meni meni“衆”“齊”用，teisu teisu, beri beri“各人”合。

baita de afa-ha urse, meimeni baita be kadala-mbi, meni meni[1]
事情 位 執掌-**完** 人們 各自 事情 **賓** 管理-**現** 各自 各自

teisu be akvmbu-mbi, meni meni baita be tuwakiya-mbi.
相稱 **賓** 盡力-**現** 各自 各自 事情 **賓** 看守-**現**

執事者，各司其事，各盡乃職，各世其業。

qouha irgen suwe teisu teisu huwekiye-ndu-me yendenu-me juse deu-te
士兵 人民 你們 各自 各自 興奮-一起-**并** 興盛-一起-**并** 孩子 弟弟-**複**

-i giyan be akvmbu.
屬 道理 **賓** 盡力.**祈**

兵民等，其感發興起各盡子弟之職。

funqe-he hvlha beri beri burula-me uka-ha.
剩下-**完** 匪徒 各自 各自 逃走-**并** 逃跑-**完**

餘匪各自逃竄。（30b5-31a4）

[203] “直至”“永遠”“遲久”意，tala, tele 與 tolo。

sula-ha taqin ulaha kouli,
遺留-**完** 風氣 傳遞 禮俗

遺俗流風，

goro goida-tala tuta-bu-ha.
遠 久-至 留下-**使**-**完**

久遠貽留。

hing se-re tondo, teng se-re mujin,
志誠的樣子 **助**-**未** 忠 堅硬 **助**-**未** 志向

精忠銳志，

1 meni meni：爲固定搭配，意思是“各自”。

tetele hono iletule-he.

至今 還 出衆-**完**

至今猶著。

qolagoro-ko gungge ferguwequke lingge,

超出-**完** 功勞 神奇的 功烈

奇勛偉烈，

ududu jalan o-tolo ula-ha.

幾 世 成爲-**至** 傳-**完**

傳及數世。（31a5-31b1）

[204] 整字必要改破字，ome, ofi, ojoro。

unenggi ama eme de hiyouxun, guqu gargan de akdun o-me

誠 父 母 **位** 孝順 朋友 支 **位** 信任 成爲-**并**

mute-re ohode.

能-**未** 如果

誠能孝於父母，信乎朋友。

ini qisui gaxan falga ulhiyen -i hvwaliyasun, falan adaki ulhiyen -i

你.**屬** 私人的 鄉村 宗族 逐漸 **屬** 平和 鄰里 相鄰的 逐漸 **屬**

hvwangga ofi.

和睦 因爲

自然鄉黨日和，鄰里日睦。

yabun tuwakiyan gulu yongkiyan, gvnin mujilen gosin jiramin o-joro

行爲 平行 樸實 全 心 心 仁 厚 成爲-**未**

be dahame,

賓 既然

將見品行醇全，心地仁厚，

erdemu xangga-ha ambasa saisa se-re-ngge, enteke niyalma waka-u?
德 成全-完 堂官 賢者 說-未-名 這樣的 人 不是-疑

而成德之君子，其非斯人與？（31b2-6）

[205] "已""了""可""以"作"爲"字，oho, ombi, obure。

ombi 可以上接 qi，其餘整字方接得。

jugvn be dasata-ha-ngge, emgeri neqin o-ho.
道路 賓 修建-完-名 已經 平 成爲-完

道墊的已平了。

nimeku be oktosila-ha-ngge, emgeri yebe o-ho.
病 賓 醫治-完-名 已經 稍好 成爲-完

病治的已好了。

ere niyalma de heu se-me guqule-qi o-mbi.
此 人 位 很不錯 助-并 交朋友-條 可-現

此人頗可交。

tere baita-be lak se-me iqihiya-qi o-mbi.
其 事情-賓 剛好 助-并 辦理-條 可-現

其事正可以辦。

julge-i niyalma be durun obu-re dabala, te -i niyalma be ume.
古-屬 人 賓 法規 作爲-未 而已 今 屬 人 賓 不要

kouli obu-re.
法則 作爲-未

以古人作則，别以今人爲法。（31b7-32a5）

[206] oqi ome 連 ofi，乃是"因爲""可以"說。

si onggo-ra-kv o-qi o-me ofi, teni sinde afabu-fi, simbe ejebu-he-bi.
你 忘-未-否 可-條 可-并 因爲 纔 你.與 交付-順 你.賓 記-完-現
因爲你可以不忘，纔交你教你記著。

imbe sefu obu-qi o-me ofi, qe teni sefu obu-ha-bi.
他.賓 師傅 作爲-條 可-并 因爲 他們 纔 師傅 成爲-完-現
因他可爲師，他等纔師之矣。

tere-i ama jui ahvn deu -i siden-de alhvda-qi o-me ofi, irgen teni其.屬 父 子 兇 弟 屬 見證-位 效法-條 可-并 因爲 人民 纔
alhvda-mbi-kai.
效法-現-也
其爲父子兄弟足法，而后民法之也。（32a6-32b3）

[207] “若是”“可以”如何語，oqi ome ohode。

ere baita be da-ra-kv o-qi o-me ohode, uthai gala-i da-ra be jou.
此 事情 賓 管-未-否 成爲-條 可-并 若是 就 手-屬 動-未 賓 罷了
此事若是可以不管，就不必著手。

tere haqin be akv obu-qi o-me ohode, uthai aqa-ra be tuwa-me
那 類別 賓 否 可-條 可-并 若是 就 適合-未 賓 看-并
iqihiya-ki.
辦理-祈
那項可免，就請酌量辦理。（32b4-7）

[208] uttu ofi“是以”“因此”用。

uttu ofi, irgen -i angga be seremxe-re-ngge, bira be toso-ro qi oyonggo.
這樣 因爲 人民 屬 口 賓 提防-未-名 川 賓 預防-未 從 重要

是以防民之口，甚於防川。

bira uleje-fi sendeje-he-de, kokiran o-joro-ngge mujakv ambula, uttu ofi

川 倒塌-順 决口-完-位 損失 可-未-名 非常 多 這樣 因爲

川崩而潰，爲傷良多。

narhvxa-me fujurula-me baiqa-qi, geren leulen gemu emu adali.

詳細-并 詢問-并 調查-條 各個 言論 都 一 相似

因此詳加訪查，輿論盡皆相同。（33a1-6）

[209] tuttu ofi“所以”“是故”多。

tuttu ofi, bira be dasa-me bahana-ra urse, sendele-fi eyebu-mbi.

那樣 因爲 川 賓 治理-并 會-未 人們 掘開-順 放水-現

所以善爲川者，决之使道。

irgen be dasa-me bahana-ra urse, tuqibu-me gisurebu-mbi.

人們 賓 治理-并 會-未 人們 陳述-并 使説-現

善爲民者，宣之使言。

tuttu ofi, ambasa saisa dere-i ten be baitala-ra-kv-ngge akv.

那樣 因爲 堂官 賢者 方面-屬 極 賓 使用-未-否-名 否

是故君子無所不用其極。（33a7-33b3）

[210] tere anggala 是“况且”。

tere anggala, wesihun jalan de beye-re yuyu-re joboqun akvngge,

那 而且 興盛 世 位 凍-未 飢餓-未 憂愁 没有的

gemu doro bi-fi uttu o-ho-ngge kai.

都 道理 有-順 這樣 成爲-完-名 也

况且，盛世無饑寒之累者，皆有道以致之也。

tere anggala, ne juse deute o-ho niyalma, amga inenggi geli niyalma de

那 而且 現在 孩子 弟弟 成爲-完 人 後 日 又 人 位

ama ahvn o-mbi.

父 兇 可-現

况今日之子弟，又爲將來之父兄。（33b4-34a1）

[211] “然而”一轉 tuttu seme。

niyalma banji-re de, emu inenggi seme baitalan akv obu-me mute-ra-kv,

人 生-未 位 一 日 説-并 用 否 成爲-并 能-未-否

生人不能一日無用，

uthai emu inenggi se-me ulin akv o-qi o-jora-kv.

就 一 日 説-并 錢財 否 助-條 可-未-否

即不可一日無財。

tuttu se-me, urunakv ulin be fulukan -i funqebu-he manggi,

那樣 説-并 一定 錢財 賓 略多 工 使剩餘-完 之後

然必留有餘之財，

teni erin akv -i baitala-ra de aqabu-qi o-mbi.

纔 時 否 屬 使用-未 位 相應-條 可-現

而後可供不時之用。

jafa-me baha-qi, xangna-ha bi,

逮捕-并 補獲-條 賞賜-完 現

緝捕有賞，

oihorila-fi turibu-qi weile bi.

忽視-順 脱漏-條 過失 有

疏縱有罰。

hvlha be gida-qi fafun bi,

盜 賓 壓-條 刑罰 有

諱盜有禁，

bilgan be jurqe-qi kouli bi.

險要之處 賓 違背-條 法則 有

違限有條。

tuttu se-me, umesi sain ningge, gaxan falga banjibu-re-de isi-re-ngge

那樣 説-并 非常 好 名 鄉村 族 使生-未-位 達到-未-名

akv.

否

然而最善者，莫如保甲。（34a2-34b3）

[212] “今夫”“今有”te biqi。

te bi-qi muji maise be, use-fi bire-mbi.

今 有-條 大麥 小麥 賓 播種-順 排-現

今夫麰麥，播種而耰之。

te bi-qi, emu niyalma inenggi-dari ini adaki bou-i qoko be hvlha-mbi.

今有-條 一 人 日-每 他.屬 相鄰的 家-屬 雞 賓 偷盜-現

今有人日攘其鄰之雞者。（34b4-7）

[213] “若夫”“夫以”te biqibe。

te biqibe, banin be akvmbu-me mute-ra-kv-ngge, ten -i unenggi -i

今 雖然 天性 賓 盡力-并 能-未-否-名 極 屬 真誠 屬

doro waka kai.

道理 不是 也

若夫不能盡其性者，非至誠之道也。

te biqibe, abka na -i onqo de, ai-be baktambu-ra-kv, jalan fon -i goro

今 雖然 天 地 屬 寬大 位 什麽-賓 容納-未-否 世 時 屬 遠

de, ai-be bibu-ra-kv?

位 什麽-**賓** 留下-**未-否**

夫以天地之大，何所不容？宇宙之遥，何所不有？（35a1-5）

[214] eiqi“或是”embiqi“或有”。

eiqi bayan oqibe, eiqi yadahvn oqibe, hesebun forgon waka-ngge akv.

或是 富 不論 或是 貧 不論 天命 天運 不是-**名** 否

或是富，或是貧，莫非命運。

embiqi sain ningge bi-sire, embiqi ehe ningge bi-sir-engge, gemu sukdun

或有 善 **名** 有-**未** 或有 惡 **名** 有-**未-名** 都 氣

salgabun -i haran.

緣分 **屬** 緣故

或有善，或有惡，皆緣氣質。（35a6-35b2）

[215] “或者”ememu 與 ememungge。

tere niyalma aina-ha-ni, emumu fonde getuken, ememu fon-de hvlhi.

那 人 怎麽-**完**-呢 有些 時-**位** 明白 有些 時-**位** 愚蠢

那個人是怎麽了？或者一時明白，或者一時糊塗。

ere giyan naranggi adarame, ememungge inu se-mbi, ememungge waka

這 道理 到底 爲何 或者 是 説-**現** 或者 不是

se-mbi.

助-現

這個理到底怎麽樣？或者説是，或者説不是。（35b3-6）

[216] jalin, haran, turgun，“因爲”“情由”“緣故”多。

hafan wesi-me mute-ra-kv, ulin mada-me mute-ra-kv-ngge, tere hesebun

官 陞-**并** 能-**未-否** 錢財 充滿-**并** 能-**未-否-名** 那 天命

forgon eberi -i jalin kai.
運氣 不及 **屬** 因爲 也

不能陞官發財，是因爲命運不好。

aisila-me menggun tuqibu-re jalin, saixa-me huwekiyebu-ki se-me bai-me
援助-**并** 銀子 釋放-**未** 因爲 嘉奬-**并** 鼓勵-**祈** **助-并** 請求-**并**

wesimbu-he-bi.
奏-**完-現**

因爲捐輸，奏請奬勵。

juse deu-te -i yabun ginggun akvngge, an -i uquri taqihiya-ra-kv -i
孩子 弟弟-**複** **屬** 行爲 恭敬 没有 常規 **屬** 時候 指教-**未-否** **屬**

haran.
緣故

子弟品行不謹，乃平素不教訓的情由。

asiha-ta -i kiqe-me taqi-ra-kv-ngge, ai haran? bithe-i amtan be sa-r-kv de
少年-**複** **屬** 勤奮-**并** 學-**未-否-名** 什麽 緣故 書-**屬** 滋味 **賓** 知道-**未-否** **位**

kai.
也

“少年不肯勤學，是何情由？”“不知書中滋味也。”

amba baita be mutebu-me banjina-ra-kv-ngge, buya aisi de dosi-ka turgun.
大 事情 **賓** 使成-**并** 造成-**未-否-名** 小 利益 **位** 進入-**完** 緣故

大事之不得成者，見小利的緣故。

niyalma de enduringge bi-sire arsari bi-sire-ngge, ai turgun se-qi?
人 **位** 聖 有-**未** 平常 有-**未-名** 什麽 緣故 説-**條**

“人之有聖有凡，是何緣故？”

mergen mentuhun -i banin adali akv ofi kai.

賢惠 愚蠢 **屬** 天性 相似 **否** 因爲 也

“乃賢愚之性不同也。”（35b7-36b2）

[217] ainu“因何”aiseme“何必”，ainara“怎樣”aisere“莫説”。

yabu-fi uttu kejine o-ho, ainu kemuni isina-ha-kv, yasa tuwa-hai uthai

走-**順** 這樣 好久 成爲-**完** 爲何 尚且 到-**完**-**否** 眼睛 看-**持** 就

isinji-ha kai.

到來-**完** 也

“走了這麼半天了，因何還没到？”“眼看着就到了。”

aiseme emdubei ekxe-mbi-ni?

何必 再三 急忙-**現**-呢

何必衹是忙？

ai haqin -i taqibu-kini, tere xuwe taqi-ra-kv be aina-ra?

什麼 類别 **屬** 教-**祈** 他 始終 學-**未**-**否** **賓** 怎樣-**未**

任憑怎麼教，他索不學怎樣？

arsari niyalam be aise-re, uthai endurin se-me, inu enteke amba kesi akv

平常的 人 **賓** 何必-**未** 就 神仙 説-**并** 也 這樣的 大 造化 **否**

se-qina.

説-**祈**

莫説是凡人，就是神仙，也没有這麼大造化呀。（36b3-37a1）

[218] aide bahafi, ainambahafi，“焉得”“何得”“怎麼”説。

umai minde ala-ha-kv kai, bi ai-de baha-fi sa-mbi?

并未 我.**與** 告訴-**完**-**否** 也 我 什麼-**位** 得到-**順** 知道-**現**

并未告訴我，我焉得知道？

jalan -i baita be ambula dulebu-ra-kv oqi, ai-de baha-fi sa-mbi?
世 屬 事情 賓 多 經歷-未-否 若 什麽-位 得到-順 知道-現

若不涉獵世務，何得而知？

bi weri gisure-he be donji-ha-kv, ere baita be ainambaha-fi sa-ra?
我 别人 説-完 賓 聽-完-否 這 事 賓 怎能-順 知道-未

我没聽見人説，此事怎麽得知？（37a2-5）

[219] "由此" "由是" 與 "於是"，"於此" "以此" "以之" 多。

ereni , ede, tereqi，臨文用字自斟酌。

ere-ni tuwa-ha-de, ejen gosingga dasan be yabu-ra-kv bime bayambu-qi,
此.工 看-完-位 君 仁 政事 賓 行-未-否 而且 使富-條

gemu kungzi de ashvbu-re-ngge kai.
都 孔子 位 使抛弃-未-名 也

由此觀之，君不行仁政而富之，皆弃於孔子者也。

ere-ni tuwa-ha-de, ambasa saisa-i uji-he-ngge be sa-qi o-mbi-kai. taqi-re
此-工 看-完-位 堂官 賢者-屬 供養-完-名 賓 知道-條 可-現-也 學-未

urse be ereni beye-de forgoxo-me bai-me.
人們 賓 以此 自己-位 回轉-并 得到-并

由是觀之，君子之所養可知矣。使學者於此返求諸身而自得之。

ini qisui bahabu-kini se-mbi, ereni bata be toktobu-qi, ai bata
他.屬 私人的 使得到-祈 助-現 以此 敵人 賓 使確定-條 什麽 敵人

gidabu-ra-kv.
被壓住-未-否

以此制敵，何敵不摧?

ere-ni gungge be kiqe-qi, ai gungge mutebu-ra-kv?
此-工 功勞 賓 圖謀-條 什麼 功勞 成-未-否

以此圖功，何功不克?

ejen o-ho niyalma ere-ni dasan be yabubu-mbi, amban o-ho urse, ere-ni
君 作爲-完 人 此-工 政事 賓 辦-現 臣 作爲-完 人們 此-工

irgen be dasa-mbi.
人民 賓 治理-現

人君以之出治，人臣以之理民。

taqi-re urse ede tere-i tuttu oqi aqa-ra giyan be bai-me gene-hei.
學-未 人們 因此 其-屬 那樣 因爲 遇見-未 道理 賓 請求-并 去-持

學者於此求其理之當然。

goida-ha manggi, yongkiyan dursun amba baitalan gemu getukele-mbi.
久-完 之後 全 體型 大 使用 都 察明-現

久之，全體大用皆明矣。

ede honan -i ba -i qeng halangga juwe fuze tuqi-fi, meng
因此 河南 屬 處 屬 程 姓氏 二 夫子 出-順 孟

halangga -i ula-ha-ngge be baha-fi sira-ha.
姓氏 屬 傳-完-名 賓 得到-順 繼承-完

於是河南程氏兩夫子出，而有以接乎孟氏之傳焉。

tere-qi ebsi geren -i taqin gulu jiramin, dasan taqihiyan sain genggiyen
此-從 以來 各個 屬 風氣 純正 厚 政 教 好 光明

ofi, ulhiyen -i umesi taifin -i wesihun de isina-ha-bi.
由於 逐漸 工 非常 太平 屬 興盛 位 到達-完-現

由是以來風俗醇厚，政教休明，日臻於郅治之隆矣。

tere-qi teni deribu-me sela-me tesu-ra-kv-ngge de niyeqete-he.

此-**從** 纔 開始-**并** 稱心-**并** 足够-**未**-**否**-**名** **位** 經常補-**完**

於是始興發補不足。（37a6-38b1）

[220] naranggi 與 jiduji，"畢竟""究竟""到底""歸着"。

naranggi xangga-ha tusa iletule-he ba akv.

畢竟 成全-**完** 利益 顯出-**完** 處 **否**

畢竟未見成效。

naranggi oktosila-me ebsi o-me mute-he-kv.

到底 醫治-**并** 往這 可-**并** 能-**完**-**否**

到底没治過來。

jiduji umai jortaingge waka.

究竟 并無 故意的 不是

究竟并非故意。

jiduji kemuni tere-i baili de kai.

究竟 還 他-**屬** 恩 **位** 也

歸着還是虧了他。（38b2-5）

[221] umesi hon jaqi mujakv，"至""極""最""甚""狠""過""太"多。

又有 dembei nokai 字，量其本文句如何。

umesi oyonggo.

非常 重要

至要緊。

umesi buyequke.

非常 可愛的

極 可 愛。

umesi yoktakv.

非常 没趣

最 無 味。

umesi giyangga.

非常 有理的

甚 有 理。

umesi tuwamehangga.

非常 可觀的

很 可 觀。

hon dabana-ha.

太 超出-完

過 甚 矣。

hon o-jora-kv.

太 可-未-否

太 不 堪。

jaqi ubiyada.

太 厭惡

甚 可 惡。

jaqi dabana-ha.

太 超出-完

太 過 愈。

mujakv mujilen jobo-mbi.

很 心 勞累-現

太势心。

mujakv hvsun baibu-mbi.

很 力量 費-現

多費力。

mujakv dolo tataxa-mbi.

很 内心 牵挂-現

很挂懷。

yabu-re de dembei mangga.

做-未 位 很 難

做之甚難。

baita haqin dembei largin.

事情 類别 很 繁

事務很繁。

tuwa-ra de nokai ja.

看-未 位 很 容易

看之很易。

yan -i ton nokai ujen.

兩 屬 數 很 重

分量最大。（38b6-39a6）

[222] "不甚""不很""如何"句，asuru下用rakv, akv托。

asuru gvnin sithv-ra-kv.

甚 心 専-未-否

不甚專心。

asuru mujin aqabu-ra-kv.

甚 志向 相符-未-否

不很得志。

axuru tondo jiramin akv.

甚 忠 厚 否

不很忠厚。

asuru sure genggiyen akv.

甚 聰明 光明 否

不甚聰明。（39a7-39b2）

[223] “頻頻”“屢屢”是 emdubei，“只是”“只管”“儘只”多。

emdubei hoilala-mbi.

屢屢 回頭偷看-現

頻頻回顧。

emdubei kiyakiya-mbi.

頻頻 贊美-現

頻加嘆美。

emdubei guweleqe-mbi.

屢屢 窺探-現

屢屢窺伺。

emdubei fujurula-mbi.

屢屢 詢問-現

屢加詢訪。

emdubei dabsita-mbi.

只管 搶嘴-現

只是搶辭。

emdubei oforodo-mbi.

只管 挑唆-現

只管傳舌。

emdubei kvwasada-mbi.

只管 誇張-現

儘只誇張。（39b3-5）

[224] “并”翻 umai, fuhali 是“竟”，“漠然”“全然”“漫然”說。

umai herse-ra-kv.

并不 理睬-未-否

并不理會。

umai sa-r-kv.

并不 知道-未-否

并不知道。

fuhali xele-he.

竟 捨弃-完

竟捨了。

fuhali waliya-ha.

竟 撇下-完

竟扔了[1]。

umai da-ra-kv.

全然 管-未-否

全然不管。

umai joboxo-ra-kv.

全然 發愁-未-否

漠然無憂。

---

1 己酉本和甲午本爲“子”，據文義改爲“了”。

fuhali gvnin de tebu-ra-kv.
竟 心 位 懷有-未-否
漫然不關其慮。（39b6-40a1）

[225] "盡" "都" "俱" "皆" "均" gemu。

tunggen -i gubqi niyaman mujilen -i baita, gemu gisure-ra-kv de
心裏 屬 全 内心深處 心 屬 事情 都 説-未-否 位
bakta-ka-bi.
包容-完-現
滿懷心腹事，盡在不言中。

jalan -i eiten baita be, gemu uttu se-me tuwa-qi aqa-mbi.
世 屬 所有 事情 賓 都 這樣 説-并 看-條 應該-現
世間庶務，都作如是觀纔是。

gungge gebu bayan wesihun se-re-ngge, gemu taqin fonjin qi
功勞 名 富 貴 説-未-名 都 學 問 從
baha-ra-ngge.
得到-未-名
功名富貴，俱從學問中得來。

jalafun aldasi mohon hafu o-joro-ngge, gemu hesebun de bi.
壽 夭折 盡頭 暢通的 成爲-未-名 都 天命 位 有
壽夭窮通，皆在乎命。

tere-qi gvwa hvsun bu-me faxxa-ha geren hafasa be, gemu jurgan de
此-從 别的 力量 給-并 努力-完 所有 官員 賓 都 部院 位
afabu-fi ilga-me gisurebu.
交給-順 辨别-并 商議.祈
其餘出力各員，均着交部議敘。（40a2-40b1）

[226] “全”“悉”youni 與 waqihiyame。

niyengniyeri bolori juwe forgon -i qaliyan jeku be, youni
春 秋 兩 季 屬 錢糧 糧食 賓 全

onqodo-me guwebu-he-bi.
寬恕-并 寬免-完-現

上下兩忙錢糧，全行豁免。

bilu-me tohorombu-re kadala-me jafata-ra ba-be, tulbi-me gama-ra-ngge,
撫養-并 使安定-未 管理-并 約束-未 情況-賓 推測-并 帶去-未-名

youni nashvn giyan de aqana-ha.
全 機會 道理 位 相宜-完

撫綏彈壓，調度悉合機宜。

bisirele aniya aniya-i baita haqin be waqihiya-me bolgo obu-me
所有 年 年-屬 事情 類 賓 完成-并 清 作爲-并

iqihiya-ha.
辦理-完

所有歷年案件，全行清理。

inu de adalixa-ra waka be waqihiya-me geterembu-he.
確實 位 相似-未 不是 賓 完成-并 清除-完

悉除夫似是之非。（40b2-7）

[227] “一概”“普遍”是 biretei,，再有 gubqi 與 bireme。

biretei ujele-me isebu-mbi, aina-ha se-me onqodo-me guwebu-ra-kv.
全 重視-并 懲處-現 爲何-完 所-并 寬恕-并 赦免-未-否

一概重懲，决不寬貸。

fifa-ka foso-ko ehe hvlha be, biretei gisabu-me mukiyebu-he.
逃散-完 照射-完 惡劣 偷盜 賓 全 殺净-并 熄滅-完

零星賊匪，概行剿滅。

aga simen xumin hafu-fi, gubqi bade emu adali yo-me singgebu-he.
雨 澤 深 濕透-**順** 全 某處 一 相同 去-**并** 使滲透-**完**

雨澤深透，普地一律沾濡。

gurun -i gubqi fujurungga wen be ambula selgiye-he dorgi-qi tulergi-de
國 **屬** 全部 文雅 化 **賓** 多 傳播-**完** 裏面-**從** 外面-**位**

isi-tala, bire-me gosin jilan be hukxe-mbi.
達到-**至** 冲-**并** 仁 慈 **賓** 感激-**現**

遍國中雅化覃敷，由中達外，普感仁慈。

folo-fi suwayan houxan de xuwasela-fi, bire-me ulhibu-me selgiye.
刻-**順** 黄色 紙 **位** 印刷-**順** 鋪開-**并** 通曉-**并** 傳播.**祈**

刊刻謄黄，遍行曉諭。（41a1-7）

[228] qi tulgiyen 是"除""之外"，上遇破字加 ha, re。

inqi tulgiyen, hono geren qi qolgoro-ko-ngge bi-u akv-n?
他.**從** 以外 還 大家 **從** 超出-**完**-**名** 有-**疑** 否-**疑**

除他之外，還有出衆的没有?

ere-qi tulgiyen, jai umai gvwa durun ningge akv o-ho.
這-**從** 以外 再 **并**無 別的 樣子 **名** 否 成爲-**完**

除此之外，再没有別的樣兒的了。

kouli songkoi iqihiya-ra-qi tulgiyen, baha-qi getukele-me tuqibu-fi
法則 按照 辦理-**未**-**從** 以外 得到-**條** 搞清楚-**并** 叙説-**順**

hese be bai-mbi.
聖旨 **賓** 請求-**現**

除照例辦理外，相應聲明請旨。

jergi aqa-fi dahabu-me wesimbu-re-qi tulgiyen, neneme harangga ba-de
平常的 見-**順** 推薦-**并** 奏-**未**-**從** 以外 先 該地 處-**位**

sa-kini se-me yabubu-ki se-mbi.
知道-**祈** **助**-**并** 做-**祈** **助**-**現**

除會銜題奏外，先行知照該處可也。（41b1-7）

[229] 由他至此又轉述，hangge, hengge, bade“據稱”説。

harangga hafan -i alibu-ha-ngge, eme sakda-fi nimeku ba-ha turgun-de,
該地 官員 **屬** 啟禀-**完**-**名** 母 變老-**順** 疾病 得-**完** 緣故-**位**

tuhembu-me ujibu-reu se-me bai-me alibu-ha-bi.
處置-**并** 被養育-**祈** 説-**并** 請求-**并** 啟禀-**完**-**現**

據該員禀稱，“母老有疾，懇請終養”等語。

harangga amban -i wesimbu-he-ngge, esi yargiyan -i bi-sire arbun
該地 堂官 **屬** 奏-**完**-**名** 自然 實在 **屬** 是-**未** 情形

dursun be dahame, kesi isibu-me gisure-re be jou.
體形 **賓** 因爲 恩 得到-**并** 説-**未** **賓** 罷了

據該大臣奏稱，自係實在情形，加恩著毋庸議。

mukvn -i da sa-i boula-ha bade, ere biya-de umai ongki-ha meite-he
族 **屬** 首領 **複**-**屬** 禀報-**完** 據稱 這 月-**位** 并無 逃跑-**完** 打斷-**完**

baita turgun akvngge yargiyan se-me boula-ha-bi.
事情 緣故 没有的 實在 説-**并** 禀報-**完**-**現**

據族長等報稱，本月并無添裁事故是實。（42a1-42b1）

[230] ala, jabu 與 fonji, gele, sengguwe, olho。

akda, nike, ertu, isina, isibu 與 jobo。

aisila, teisule 共 bu 字，上邊一定盡連 de。

bi sinde ala-ha gisun antaka?

我 你.**與** 告訴-**完** 說 如何

我告訴你的話如何?

si adarame minde jabu-ha bihe-ni?

你 怎麼 我.**與** 答應-**完** **過**-呢

你怎麼答應我來著呢?

i sinde fonji-ha-ngge ai baita?

他 你.**與** 問-**完**-**名** 什麼 事

他問你的是什麼事?

udu fahvn amba seme, taka-ra-kv niyalma be aqa-ra de gele-mbi.

雖然 膽量 大 雖然 認得-**未**-否 人 **賓** 見-**未** **位** 害怕-**現**

雖然膽大，怕見生人。

baita faxxan be ilibu-ki se-qi, jobo-ro suila-ra de ume sengguwe-re.

事 功業 **賓** 建立-**祈** **助**-**條** 勞累-**未** 辛苦-**未** **位** 并無 畏懼-**未**

要立事業，别憚勞苦。

abka-i hesebun de olho-ro-ngge, tere ambasa saisa dere?

天-**屬** 天命 **位** 恐怕-**未**-**名** 其 堂官 賢者 罷了

畏乎天命者，其爲君子乎?

horon enqehen de akda-fi, balai algixa-me hoxxo-me batkala-mbi.

威勢 能力 **位** 依靠-**順** 任意 張揚-**并** 引誘-**并** 騙-**現**

依著勢力，招摇撞騙。

ambasa saisa an dulimba de nike-fi, jalan qi jaila-fi sabubu-ra-kv

堂官 賢者 本分 中 **位** 依賴-**順** 世 **從** 躲避-**順** 使看見-**未**-否

se-me aliya-ra-kv.

說-并 後悔-未-否

君子依乎中庸，遯世不見知而不悔。

bayan wesihun de ertu-fi, abka-i jaka be doksira-me efule-mbi.

富 貴 位 倚仗-順 天-屬 物 賓 行暴-并 毀壞-現

仗著富貴，暴殄天物。

tere-i ten de isina-fi, abka na de iletule-mbi.

其-屬 極 位 到達-順 天 地 位 顯出-現

及其至也，察乎天地。

beye-i qihakvngge be,

自己-屬 不肯做的事兒 賓

己所不欲，

niyalma de ume isibu-re.

人 位 不要 實現-未

勿施於人。

tuxan akv de ume jobo-ro,

職務 否 位 不要 勞累-未

不患無位，

adara-me ili-re de jobo.

如何-并 立-未 位 憂愁.祈

患所以立。

jalan de aisila-me, irgen de dala-mbi.

世 位 輔助-并 人民 位 爲長-現

輔世長民。

gvwa bade fe guqu de teisule-he-ngge, inu sebjen waka-u?
別的 地 舊 朋 位 相遇-完-名 也 快樂 不是-疑
他鄉遇故交，不亦樂乎？

ere-be minde bu-ra-kv, hono we-de bu-ki se-mbi-ni?
這-賓 我.與 給-未-否 還 誰-與 給-祈 助-現-呢
這個不給我，還要給誰？（42b2-43b5）

[231] dele, wala, fejile, dolo, tule 與 oilo。
qala, ebele, amala, tala tele 共 tolo。
又有 leri, lori 等，字下皆不可接 de。
除却 dele ebele 下，i, ni, qi, be 都接不得。

nahan -i dele te-ki.
炕 屬 上 坐-祈
請在炕上坐。

deretu -i wala faida-ha-ngge ai faidangga?
長桌子 屬 下首 擺設-完-名 什麽 陳設品
桌案子下首擺的是什麽擺設？

mou-i fejile serguwexe-qi dembei sain.
樹-屬 下 乘凉-條 很 好
樹下乘凉很好。

bou-i dolo bi-qi, absi gingka-mbi.
屋-屬 内 有-條 多麽 煩悶-現
在屋子裏怪悶的。

duka-i tule tuqi-fi tuwa-na-qina.
門-屬 外 出-順 看-去-祈

出門外去看看。

muke-i oilo heni boljon qolkon akv.

水-屬 表面 一點兒 水波 大浪 否

水的浮面一點波浪没有。

bira-i qala ili-fi menere-fi aina-mbi?

河-屬 那邊 站-順 發愣-順 做什麼-現

站在河那邊發楞作什麼?

douhan -i ebele douhanji-fi sartabu-me andubu-ki.

橋 屬 這邊 過橋-順 消遣-并 消愁-祈

過橋這邊來消遣消遣罷。

alin -i amala mudali-na-fi buthaxa- na-ki se-mbi-kai.

山 屬 後 繞過-去-順 打獵-去-祈 助-現-啊

要繞到山後去打獵啊。

daqi dube-de isi-tala, amba jurgan hala-ra-kv.

始-從 尾-位 到-至 大 義 换-未-否

由始至終,大節不渝。

julge-qi tetele sain algin burubu-ra-kv.

古-從 至今 好 名聲 消失-未-否

自古及今,令聞不泯。

utala aniya o-tolo, daha-me yabu-me heulede-ra-kv.

許多 年 到-直 聽從-并 行-并 懈怠-未-否

直至多年,奉行不怠。

morin -i deleri feksibu-me benebu-me, ume sartabu-re.

馬 屬 上 使跑-并 使從-并 不要 耽擱-未

馬上飛遞無誤。

yasa-i juleri karula-me aqabu-re-ngge, qalabun akv.

眼睛-屬 前 報應-并 相應-未-名 過失 否

眼前報應無差。

muke-i oilori neu-me eye-re-ngge, toktohon akv.

水-屬 上面 漂流-并 流-未-名 確定 否

水面飄流不定。

mujilen -i dolo hada-hai eje-fi onggo-ra-kv.

心 屬 裏 進入-持 記住-順 忘記-未-否

心裏牢記不忘。（43b6-44b6）

[232] emgi, sasa 與 baru，還有 qihai 共 funde。

遇此等字如何串，上用 -i, ni 是準則。

jaka -i emgi dekde-mbi iru-mbi.

物 屬 同 浮起-現 下沉-現

與物浮沉。

ini emgi uhe-i gene-mbi.

他.屬 同 共同-工 去-現

同他共往。

geren -i sasa getukele-me gisure-he.

衆人 屬 一齊 搞清楚-并 説-完

同衆言明。

meni sasa boljo-me jabdu-ha.

我們.屬 一齊 約定-并 業已-完

我們大家約定。

abka-i baru hada-hai tuwa-mbi.

天-屬 向 注視-持 看-現

望天上直看。

mini baru balai[1] elben fe-mbi.

我.屬 向 任意 茅草 胡說-現

對著我胡說。

gvnin -i qihai balai[2] yabu-mbi.

心 屬 任意 任意 行-現

任意妄爲。

ini qihai o-kini.

他.屬 由 成爲-祈

由他去罷。

niyalma-i funde tulbi-me bodo-ho[3].

人-屬 替 推測-并 思考-完

代人籌畫訖。

ini funde suila-me jobo-ho.

他.屬 替 勞苦-并 受苦-完

替我偏勞了。（44b7-45a6）

[233] iqi, songkoi, jergi, haran, jalin, turgun 多。

上接 -i, ni 與 ra, re, ha, he, ho 等也使得。

edun -i iqi delixe-mbi.

風 屬 隨着 蕩漾-現

---

1 elben fembi：爲固定搭配，意思是“信口開河”“胡說”。

2 qihai balai：爲固定搭配，意思是“任意”。

3 tulbimbi bodombi：爲固定搭配，意思是“籌劃”“推測”。

隨風蕩漾。

gala-i jori-ha-i iqi.

手-屬 指-完-屬 順着

順手所指。

ere durum -i songkoi weile-ki.

這 樣子 屬 依照 做-祈

照様作罷。

gisure-he songkoi obu.

説-完 依照 成爲.祈

著依議。

jai jergi hafan -i jergi xangna-me nonggi.

第二 品級 官 屬 等 賞賜-并 增加.祈

賞加二品銜。

deye-re furire axxa-ra ili-re jergi jaka.

飛-未 潛水 動-未 立-未 等 物

飛潛動植之物。

yaya baita onggo-ro manga-ngge,

一切 事情 忘記-未 容易-名

是事愛忘,

ejesu ehe -i haran.

記性 惡劣 屬 緣故

是記性不好的緣由。

gvnin mujilen toktohon akv-ngge.

心 心 定 否-名

心神不定。

buyen qihalan bi-sire haran.

欲望 嗜好 有-未 缘故

因有嗜好之由。

hese-i baiqa-me iqihiyabu-ha-ngge,

聖旨-屬 調查-并 辦理-完-名

奉旨查辦，

ai baita-i jalin?

什麽 事情-屬 爲

所因何事？

bukdari ara-fi donjibu-me wesimbu-re-ngge,

奏折 寫-順 使聽見-并 奏-未-名

專摺奏聞，

turgun be tuqibu-me hese be bai-re jalin.

緣故 賓 陳述-并 聖旨 賓 請求-未 爲

爲瀝情請旨事。

buye-me bithe hvla-ra-kv-ngge,

愛-并 書 讀-未-否-名

不愛念書，

mujilen banuhvn -i turgun.

心 懶惰 屬 緣故

乃心裏懶惰的緣由。

haha-i erdemu[1] mangga ureshvn o-ho-ngge,

男-屬 德 優 熟練 成爲-完-名

1 hahai erdemu：爲固定搭配，意思是“技藝”“武藝”“本事”。

技藝精熟，

qohome kiqe-me urebu-he turgun.

乃 勤奮-并 練習-完 緣故

乃是勤習之故。（45a7-46a5）

[234] hade, hede, rede 等，順著口氣往下説。

gosin be songkolo-me, jurgan be yabu-ha-de, hvturi ulhiyen -i

仁 賓 遵循-并 正義 賓 做-完-位 福 漸漸的 工

nonggibu-mbi.

使增加-現

履仁由義，則福日增。

gashan be nekule-me, jobolon be sebjele-he-de, erdemu ulhiyen -i灾 賓 趁機-并 禍患 賓 樂於-完-位 德 漸漸的 工

kokira-mbi.

損壞-現

幸灾樂禍，則德日損。

sain be saixa-ra, ehe be ubiya-ra-de, ambasa saisa o-joro-kv-ngge komso.

善 賓 稱贊-未 壞 賓 厭惡-未-位 堂官 賢者 作爲-未-否-名 少

好善惡惡，而不君子者鮮矣。

erdemu be fudara-ra, baili be urgede-re-de, buya niyalma o-jora-kv-ngge akv kai.

德 賓 違背-未 恩 賓 辜負-未-位 小 人 成爲-未-否-名 否 也

悖德辜恩，而不小人者未之有也。（46a6-46b4）

[235] mbi 本是有力字。

bithe taqi-mbi.

書 學-現

習文。

qouha urebu-mbi.

武藝 練習-現

演武。

gungge mutebu-mbi.

功勞 使成-現

功成。

gebu ilibu-mbi.

名 立-現

名立。（46b5-6）

[236] 已然推效無 ra, re。

inenggi dari ibe-fi, biya-dari dosi-fi,

日 每 前往-順 月-每 進-順

日就月將，

taqihai urkuji eldengge genggiyen o-ho.

學-持 不停地 有光的 光明 成爲-完

學有緝熙於光明。（46b7-47a2）

[237] ra, re 下無 na, me, fi。

beye-be tuwanqihiya-ra, bou be teksile-re-de,

身體 修-未 家 賓 整理-未-位

修身齊家，

mujilen be tob, gvnin be unenggi obu-re be da obu-ha-bi.

心 賓 公正 心 賓 誠 作爲-未 賓 根本 作爲-完-現

以正心誠意爲本。

jaka ba hafu-re sarasu de isibu-re-ngge,

物 處 通到-未 知識 位 以致於-未-名

而格物致知，

geli tere-i oyonggongge kai.

又 其-屬 重要的事 也

又其要焉者也。（47a3-6）

[238] baha 之下忌 ha 托。

etuku ba-ha manggi, jai etu-mbi.

衣服 得到-完 之後 再 穿-現

衣服得了再穿。

buda ba-ha manggi, jai je-mbi.

飯 得到-完 之後 再 吃-現

飯食得了再吃。（47a7-47b1）

[239] “總而”神情 eiqibe，後文末用 ha, he, ho。

eiqibe yaya kiqe-me taqi-re urse, amga inenggi gemu xangga-ha.

總得 一切 勤奮-并 學-未 人們 後 日 都 做成-完

總而言之，凡勤學之士，後來皆成了。

eiqibe tulbime bodo-me bahana-ra-ngge, amba muru youni gungge

總得 推測-并 思考-并 領會-未-名 大 情勢 都 功勞

mutebu-he.

使成-完

總而善籌畫者，大抵悉皆成功。

eiqibe iqihiyanja-me gama-ra-ngge giyan ba-ha manggi, uthai endebu-re ba

總得 酌量辦理-并 處置-未-名 道理 得到-完 之後 就 失誤-未 處

akv o-ho.

否 成爲-完

總之調停得宜，便無過失矣。（47b2-6）

[240] adarame“如何”ainahai“未必”，總作“怎麼”“焉”“豈”“何”。

近時句尾加 ni 字，老語 mbi 即可托。

adarame iqihiya-mbi?

如何 辦理-現

如何辦？

adarame dasa-mbi?

怎麼 治理-現

怎麼治？

ambasa saisa be adarame felehude-qi o-mbi?

堂官 賢者 賓 如何 冒犯-條 可-現

君子焉可誣也？

adarame baita qi ukqa-me mute-mbi?

如何 事情 從 擺脱-并 能-現

豈能脱然事外哉？

adarame mutebu-re be ere-mbi-ni?

如何 成-未 賓 指望-現-呢

焉望成乎？

ainahai tuttu akv ni?

未必 那樣 否 呢

未必不然。

ainahai urgunje-ra-kv o-me mute-mbi?

未必 高興-未-否 成爲-并 能-現

焉能不喜?

ainahai foihorila-qi o-mbi-ni?

未必 輕視-條 可-現-呢

豈可忽也?

ainahai gosingga -i teile ni?

未必 仁 屬 唯獨 呢

何事於仁?（47b7-48a6）

[241] “果然”“誠爲”是 mujangga，往往句下末尾托。

qalabun akv mujangga.

過失 否 果然

果然不差。

holo akv mujangga.

虛 否 果然

果然不虛。

baitangga jaka mujangga.

有用的 物 確實

誠爲梓材。

ten -i boubai mujangga.

極 屬 寶貝 確實

誠爲至寶。（48a7-48b2）

[242] 一事方完又一事，jai 與 geli, sirame。

jai 字本講“再”“暨”“及”“次”，又作“至於”“至若”說。

“復”“又”二字翻geli，“繼而”“旋”“續”是sirame。

harangga ba -i hafan -i oron-de emgeri hafan be sonjo-fi
該地 處 屬 官員 屬 空缺-位 已經 官員 賓 選擇-順

sinda-ha.
補授-完

該處員缺，已揀員補授矣。

jai erei tuqi-ke oron be,
再 此-屬 超出-完 空缺 賓

再所遺之缺，

hafan tuqibu-fi daiselabu-qi o-joro o-jora-kv ba-be hese-i toktobu-ki.
官員 委派-順 使署理-條 可-未 可-未-否 處-賓 聖旨-屬 確定-祈

可否派員署理之處恭候欽定。

ne bi-sire juwe jergi nonggi-ha,
現在 有-未 二 級別 增加-完

現有加二級，

geli gaifi dahalabu-re emu jergi nonggi-ha, uheri nonggi-ha ilan jergi
又 得到-順 使跟隨-未 一 級 增加-完 總共 增加-完 三 級

be, ninggun mudan jergi obu-me hala-ha.
賓 六 次 級 成爲-并 改正-完

又有隨帶加一級，共加三級，改爲紀録六次。

baiqa-qi harangga hafan onggolo duiqi jergi gemun -i tanggin -i hafan
調查-條 該地 官員 以前 第四 品 京都 屬 堂 屬 官員

de niyeqe-me sinda-ra be aliya-mbihe.
位 補-并 補缺-未 賓 等候-過

查該員曾以四品京堂候補。

sira-me jurgan qi ilga-me gisure-fi[1],

繼承-并 部院 從 評定-并 說-順

續由部議敘，

ere hafan sinda-ha.

此 官員 授補-完

得授今職。

qui dorolo-me hengkile-fi,

垂 下拜-并 磕頭-順

垂拜稽首，

xu qiyang[2] jai be iui[3] de anahvnja-ha.

殳 斨 和 伯 與 與 謙讓-完

讓于殳斨暨伯與。

ere dorolon golo-i beise daifa-sa, jai hafasi geren niyalma de

此 禮 地方-屬 貝勒們 大夫-複 再 士 衆人 人 位

isina-ha-bi.

觸-完-現

斯禮也，達乎諸侯大夫及士庶人。

ineku aniya jurgan de afabu-fi kimqi-me gisurebu-fi, jai aniya deribu-me

本 年 部院 位 交給-順 審查-并 使商議-順 再 年 開始-并

yabubu-mbi se-mbi.

執行-現 助-説

1 ilgame gisurembi：爲固定搭配，意思是“議叙（根據官員功勞大小，由吏部酌議、評議）”。

2 xu qiyang 爲人名。

3 be iui 爲人名。

是年交部核議，次年舉行可也。

jai suweni geren qouha irgen, taqikv-i yamun -i ujen be sa-r-kv.
至於 你們.屬 所有 士兵 人民 學校-屬 廳 屬 重 賓 知道-未-否

oqi, suwende daljakv se-me gvni-ha-bi.
若是 你們.與 無關 説-并 想-完-現

至於爾兵民，不知學校爲重，以爲與爾等無與。

jai ama de da jui bi-qi, bou-i dala-ha-ngge se-me tukiye-mbi, deu de
至於父 位原來的子 有-條 家-屬 爲首-完-名 説-并 稱贊-現 弟弟 位

ahvngga ahvn bi-qi, bou-i ahvqila-ha-ngga se-me wesihule-mbi.
年長的 兄長 有-條 家-屬 居長-完-名 説-并 尊敬-現

至若父有家子，稱曰“家督”；弟有伯兄，尊曰“家長”。

geli xi halangga -i ara-ha-ngge be gaifi, tere-i largin faquhvn be
又 詩 氏 屬 造-完-名 賓 得到-順 其-屬 繁多 亂 賓

meite-he, tuktan de angga alja-ha bihe sira-me gisun aifu-ka.
刪-完 初次 位 口 分離-完 過 繼承-并 話 食言-完

復取石氏書，刪其繁亂。始而應允，繼而食言。

dade fide-me kadalara amban sinda-ha, sira-me jiyanggiyvn -i doron -i
原來 調動-并 管理-未 堂官 授補-完 繼承-并 將軍 屬 印章 屬

baita be daisela-ha.
事務 賓 代理-完

初授提督，旋署將軍印務。（48b3-50a4）

[243] “還是”“常常”用kemuni，“仍”“尚”“猶”“嘗”“并”字多。

kemuni adarame gama-qi sain ni?
還是 如何 處置-條 好 呢

還是怎麽之好呢？

kemuni uttu iqihiya-mbihe.
常常 這様 辦理-過
常常這麽辦來著。

kemuni akv o-me mute-ra-kv.
仍 否 可-并 能-未-否
仍不能免。

kemuni tolgin de bi.
尚 夢 位 在
尚在夢中。

kemuni hafukiya-me ulhi-he-kv.
尚 使通曉-并 曉得-完-否
猶未徹悟。

kemuni dengjan dabu-me saraxa-mbihe.
尚 燈 點-并 游玩-過
嘗作秉燭游。

sunjaqi jergi jingse xangna-me hadabure-qi tulgiyen, kemuni tojin funggala
第五 品 頂戴 賞賜-并 使釘-條 以外 還 孔雀 翎羽
xangna-me hala-me hadabu.
賞賜-并 更換-并 使釘.祈
賞給五品頂戴，并賞换花翎。

kemuni gvni-qi, doro-i taqin -i sekiyen, ten -i enduringge qi
還 想-條 道理-屬 學問 屬 來源 極 屬 神聖 從
ula-ha-bi.
傳-完-現
嘗思道學之源，傳於至聖。（50a5-50b4）

[244] teni“方”“將”“剛”“纔”“始”“乃”，又作“然後”而後”說。

teni mejige ba-ha.

方 消息 得到-**完**

方得信。

teni amasi mari-ha.

將 回 返回-**完**

將回來。

teni bou-de isinji-ha.

剛 家-**位** 到來-**完**

剛到家。

teni okso-me bahana-mbi.

纔 走-**并** 會-**現**

纔會走。

teni sithv-me deribu-he.

纔 專心-**并** 開始-**完**

始發憤。

julge-i taqihiyan be taqi-ha manggi, teni baha-me mute-mbi.

古-**屬** 教訓 **賓** 學習-完 之後 **纔** 得到-**并** 能-**現**

學於古訓，乃有獲。

bou-i niyalma de aqabu-ngga ohode, teni gurun -i niyalma be

家-**屬** 人 **位** 相宜-**名** 如果 **纔** **國** **屬** 人 **賓**

taqibu-qi o-mbi.

教-**條** 可-**現**

宜其家人，而后可以教國人。

taqi-ha manggi, teni tesu-ra-kv be sa-mbi.
學-完 之後 纔 足-未-否 賓 知道-現
學然後知不足。（50b5-51a3）

[245] damu作“衹”“顧”“奈”“惟”“第”，“但”“只”“無如”字意多。

damu gubqi mederi -i dorgi tulergi-de, amba wen bireme selgiye-kini
只 全部 海 屬 内 外-位 大 化 一概 傳播-祈
se-mbi.
助-現
衹期薄海内外，大化翔洽。

damu gaxan falga-i dolo banji-ha fuse-ke-ngge ulhiyen -i geren ofi, bou
只 鄉村 族-屬 裏 生-完 繁殖-完-名 漸漸 工 衆 因爲 家
hvwa[1] fihe-me ada-mbi.
院子 填-并 挨着-并
顧鄉黨中生齒日繁，比間相接。

damu jalan -i niyalma liyeliye-fi ulhi-ra-kv, yala nasaquka kai.
但 世 屬 人 發昏-順 懂得-未-否 果然 可悲的 啊
奈世人迷而不悟，良可悲夫。

damu yekengge niyalma ejen -i mujilen -i waka be tuwanqihiya-me
只 德高位尊的 人 君主 屬 心 屬 不是 賓 駕馭-并
mute-re be oyonggo obu-ha-bi.
能-未 賓 重要的 成爲-完-現
惟大人惟能格君心之非。

1 bou hvwa：爲固定搭配，意思是“家庭”“宅第”。

damu dahame yabu-re-ngge, inenggi goida-ha manggi, untuhun gisun
但 遵循 行-未-名 日 久-完 之後 虚假的 話

obu-fi tuwa-ra-kv se-mbi.
當作-順 看-未-否 助-現

第恐遵行日久，視爲具文。

damu jugvn de yabu-re-ngge, gemu hvturi qinggiya -i niyalma kai.
但 路 位 行-未-名 都 福 淺薄 工 人 啊

但是登途者，都是福薄人。

damu untuhun gebu be bai-re gojime, yargiyan tusa be bai-ra-kv.
只 虚假的 名 賓 請求-未 雖然 實在 利益 賓 請求-未-否

只邀虚名，不求實效。

damu inenggi goida-fi eime-me deribu-fi, jugvn -i andala aldasila-ha.
只 日 久-順 討厭-并 開始-順 路 屬 一半 半途廢事-完

無如日久生厭，半途而廢。（51a4-52a1）

[246] wajiha 作“而已”用，wajihabi“而已矣”説。

wajiha 上連 qi 字，wajihabi 上接 de。

manggai baita be waqihiya-qi waji-ha, aiseme yongkiya-ra be bai-mbi-ni.
只顧 事情 賓 完成-條 完成-完 何必 成全-未 賓 請求-現-呢

無非了事而已，何必求全？

manggai uttu gama-qi waji-ha, hono adarame iqihiya-ki se-mbi-ni?
一味地 這樣 處置-條 完成-完 還 怎麽樣 辦理-祈 助-現-呢

不過如此而已，還要怎麽辦呢？

fuzi -i doro, tondo giljan de waji-ha-bi.
夫子 屬 道理 忠 恕 位 完成-完-現

夫子之道，忠恕而已矣。

taqin fonjin -i doro gvwa-de akv,

學 問 屬 道理 别的-位 否

學問之道無他，

tere turibu-he mujilen be bai-re de waji-ha-bi.

其 顯出-完 心 賓 請求-未 位 完成-完-現

求其放心而已矣。

今將清文之法則，集成數語利初學。

bi temgetu jorin -i bithe banjibu-ha amala, geli utuhun hergen -i

我 鈐記 旨意 屬 書 編-完 後來 乂 虛 字-屬

uqulen bi-he be dahame, gisun holbo-ro iqi akv oqi o-jora-kv se-me

詞 有-完 賓 因爲 話 匹配-未 目標 否 如果 可-未-否 說-并

gvni-me, tereqi ainame emu udu gisun banjibu-fi tuktan taqi-re urse de

想-并 因此 將就 一 些 話 捏造-順 起初 學-未 人們 與

ulhibu-ki.

使通曉-祈

余於《指南》編竟，因思虛字既已有詞，過文豈可無具，於是杜撰數語，以示初學。

-i 字之上接整字，無論單連都使得。

ni 接整字 mbi 等 bi, ka, ke, ko 與 ha, he, ho。

de, be, qi 字三個上，除去 i ni 與 fi me。

更有破字 la, le, lo, lori, leri, hai, hei 字多。

mbi, habi, hebi 等字外，其餘整破都接得。

kai 字上除 -i 共 me, tala, tele 共 tolo。

還有 ra, re, ro 字外，整破不拘皆連得。

所有長音各 kv 字，亦如整字用法活。

sembi 等字承何語，整字末尾結文多。

此是清文總規矩，寄語學人自參酌。

歌曰：

清文一道却如何，整上破下是文波。

de, be, qi, -i 中間串，ni, kai, niu 等末尾多。

實義虛文須仔細，已然未然要斟酌。

平鋪變翻與調換，減多增少細琢磨。

ere emu meyen uqun de, neneme manju bithe-i iqi be gisure-he-bi.
此 一 段 歌 位 先 滿族 書-屬 目標 賓 說-完-現

sira-me manjura-me ubaliyambu-re fakjin be gisure-he-bi. taqi-re urse ere-i
繼承-并 說滿語-并 翻譯-未 憑藉 賓 說-完-現 學-未 人們 此-工

songkoi taqi-me ohode, ulhiyen -i inenggi-dari ibene-fi biya-dari dosina-fi
依照 學-并 如果 漸漸 工 日-每 往前去-順 月-每 進去-順

miqihiyan qi xumin de isina-qi o-mbi.
淺 從 深 位 到達-條 可-現

此一歌，先言清文之則，次言翻譯之法。學者依此學去，庶幾日就月將，可由淺而造其深也。（52a2-54a4）

北京大學中國語言學研究中心
對外經濟貿易大學北京語言與文化研究中心

早期北京話珍稀文獻集成
主編　劉雲

清代滿漢合璧文獻萃編
漢文主編　劉雲　陳曉
滿文主編　王碩　[日]竹越孝

卷二

重刻清文虚字指南編

[清]萬福　編著
王曉娜　滿文校注
劉雲　郝小煥　漢文校注

国家出版基金项目
NATIONAL PUBLICATION FOUNDATION

北京大学出版社
PEKING UNIVERSITY PRESS

影印本

宣統己酉年刻

重刻清文虚字指南編

京都隆福寺鏡古堂書坊梓行

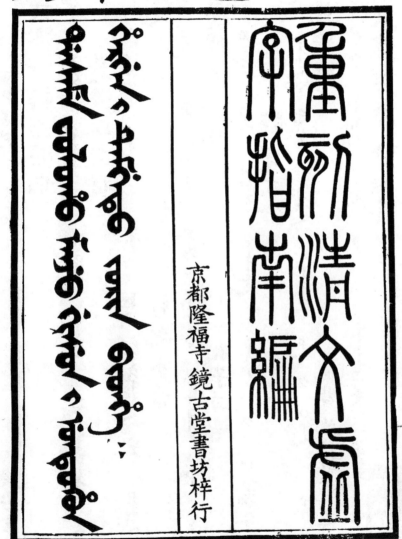

而文亦由辭而顯也

是道以文明

言之無文　行之不遠

悉屬傳文之具　孔子曰

興　辭有古今

文無清漢　皆為載道之

清文虛字指南編序

有一句不知

句有一字未解

即為一句之疵

清文則弗然

文

久之自有即此達彼之妙

而融會貫通

然漢文雖博

載籍靡窮

汗牛充棟

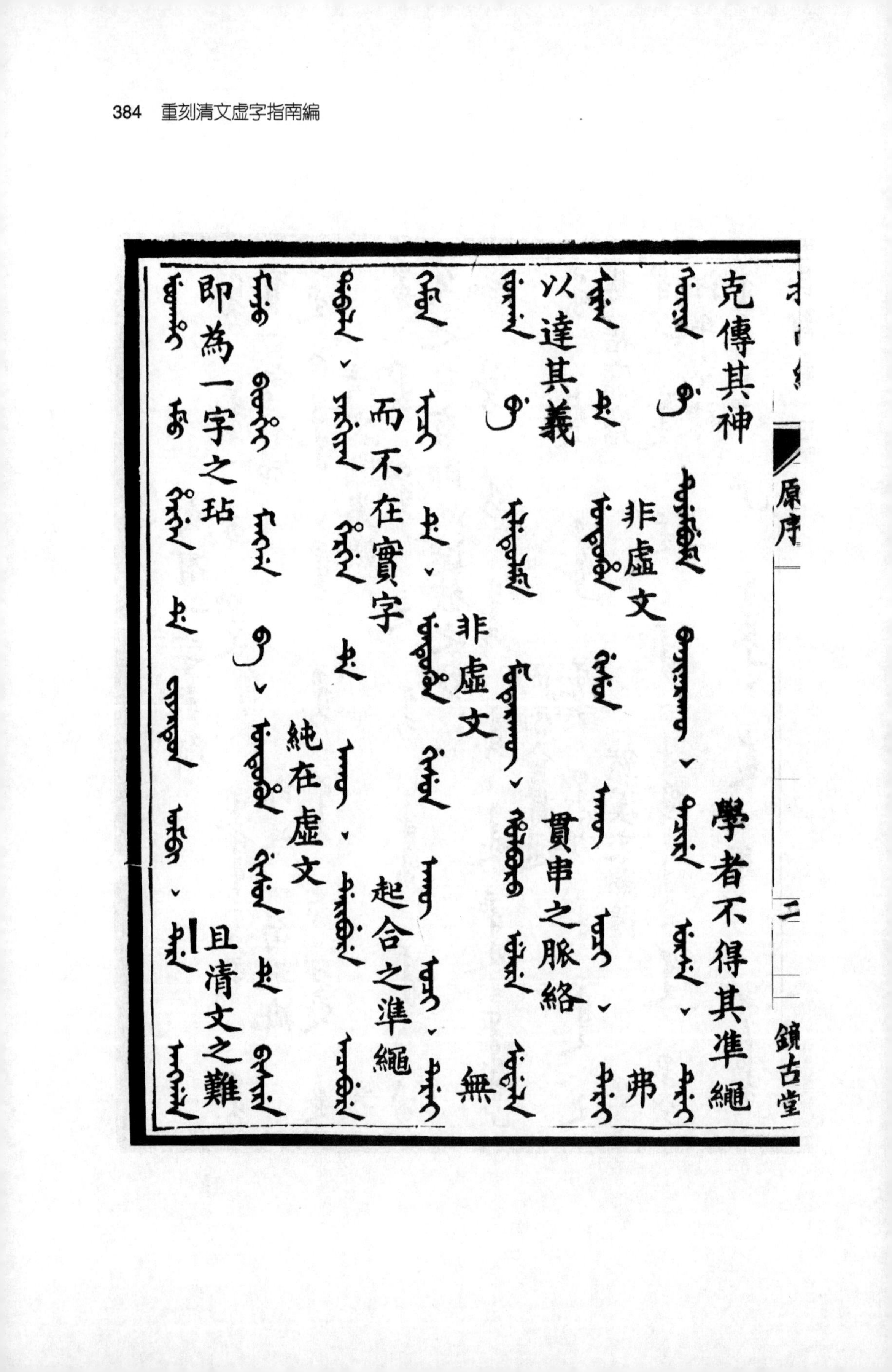

克傳其神
學者不得其準繩
非虛文
弗
以達其義
貫串之脈絡
非虛文
無
而不在實字
起合之準繩
純在虛文
即為一字之玷
且清文之難

時徧覽難周　求其字簡

所不備　然卷帙繁多　一

虛文實義　無

五經四子繙譯諸書　其

則貫串無由明　不知其脈絡

則起合無以辨

逐句逐字　引以譬語

稍加潤色

樗櫟自專　取清文虛字歌

於是不揣鄙陋

每念及此　不覺有感於斯

戞戞乎難之

句易有裨於初學者

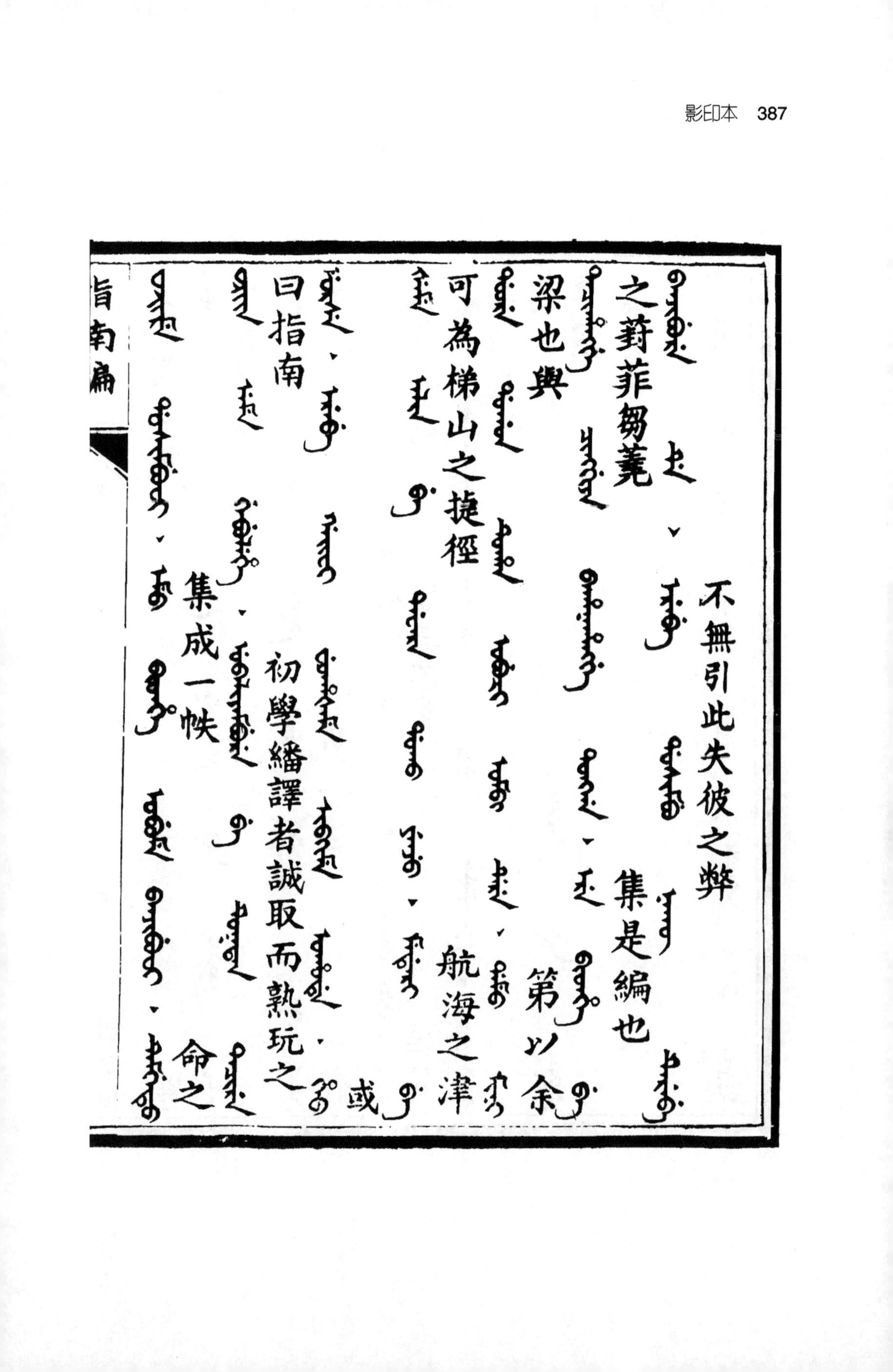

集成一帙
命之
曰指南
初學繙譯者誠取而熟玩之
或
可為梯山之捷徑
航海之津
梁也與
第以余
之蒟菲芻蕘
集是編也
不無引此失彼之弊

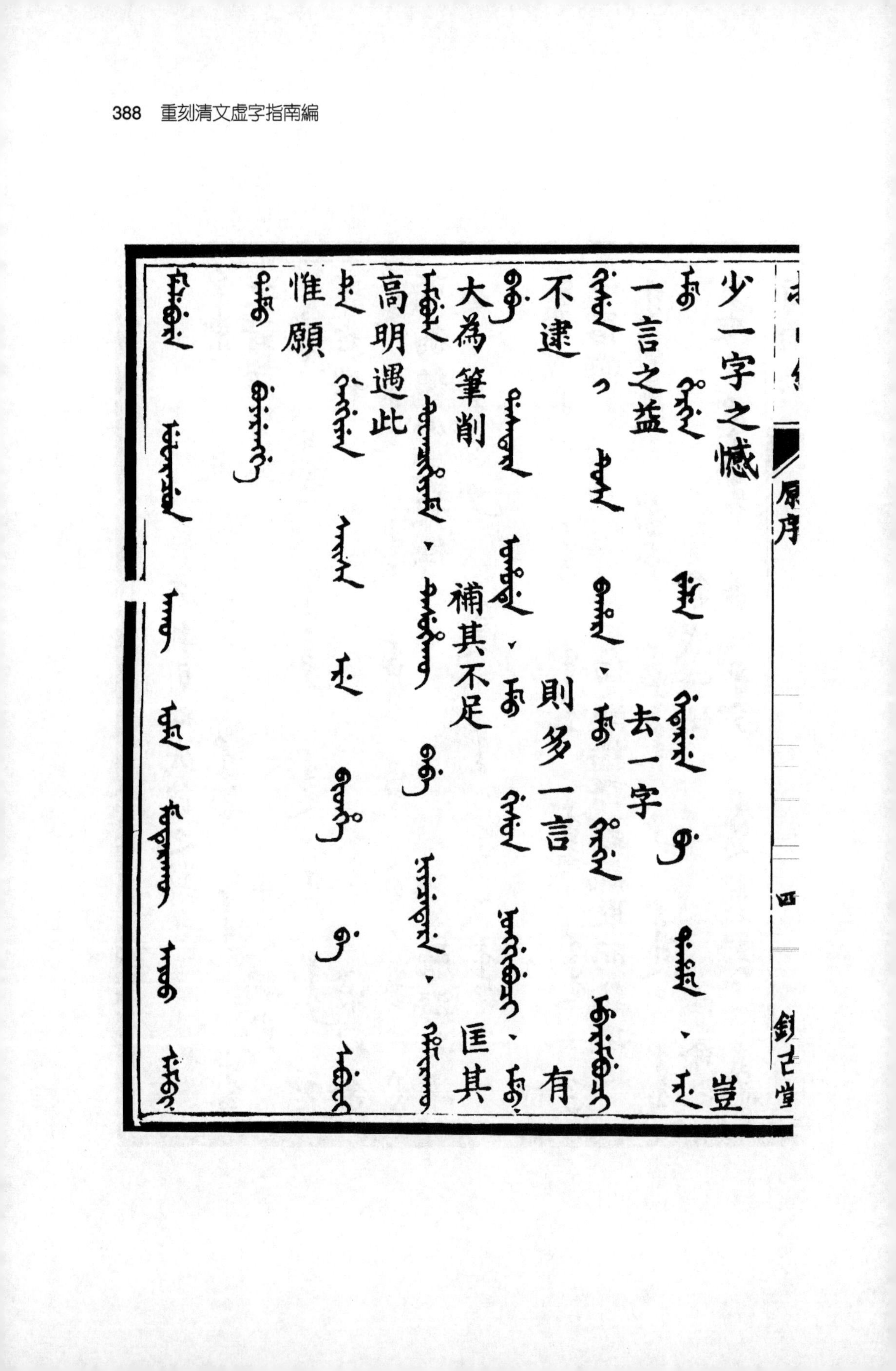

少一字之憾 豈

一言之益 去一字

不逮 則多一言 有

大為筆削 補其不足 匡其

高明遇此

惟願

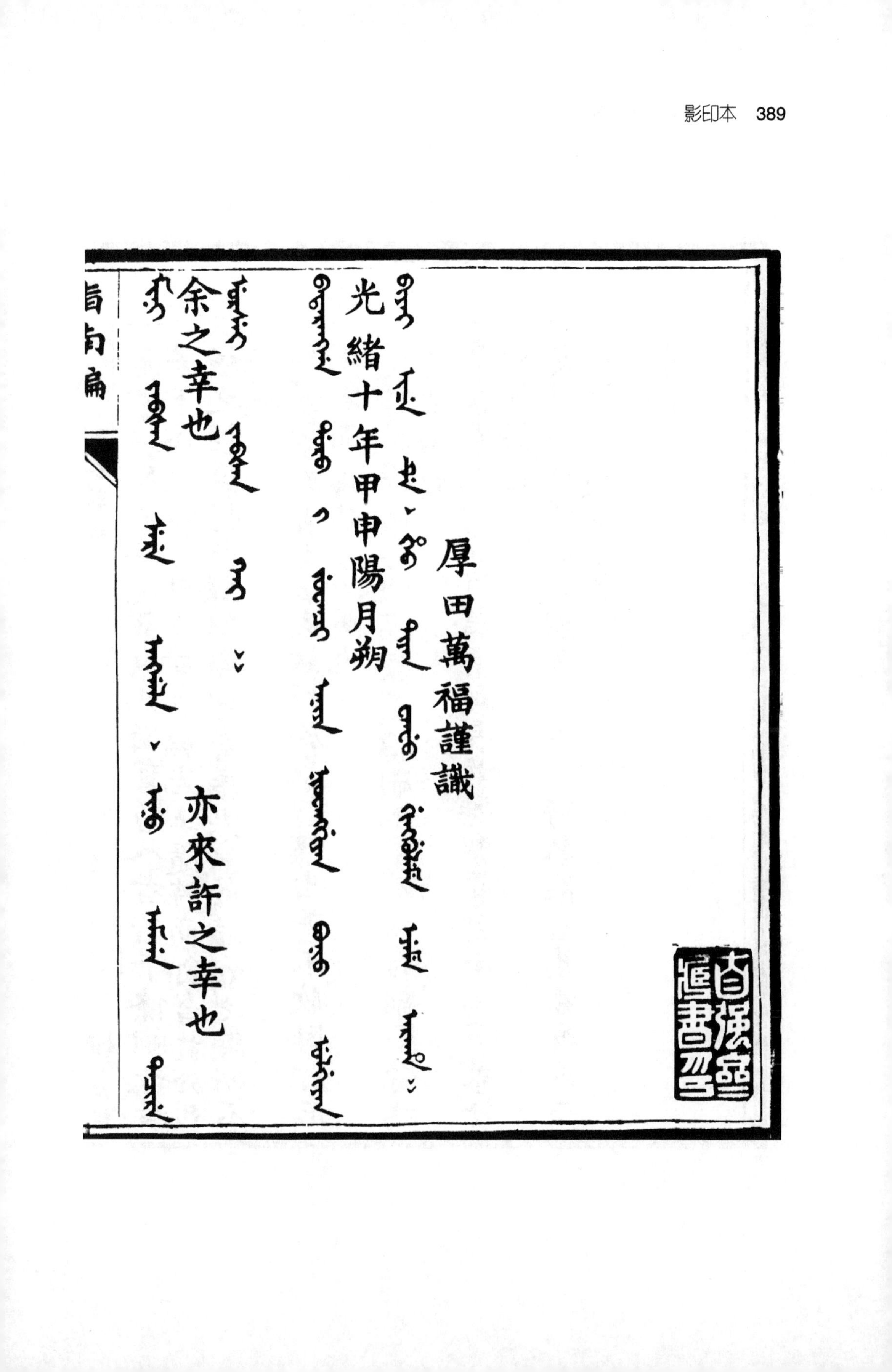

余之幸也 亦來許之幸也

光緒十年甲申陽月朔

厚田萬福謹識

一是書與原本除正筆誤外尚有增入者若干條刪改者若干條然非自用皆平昔與先生隨時商訂者茲於刊板之便全行照錄但期學者展卷易明續貂之譏所不計也

一是書原無著者姓氏茲特於卷首標出蓋不敢因訂正之名而掩作者之美也

一是書原板尚存惟係家藏傳刷不易今重付剞劂者為廣流傳也

一是書原祇一卷且篇頁較長茲特梨棗稍小上下卷分以便讀者

一是書原無目錄發明而讀者一時未能盡悉茲將其二種增添以資省覽

發明

一著書問世本為學者之忌張香濤之輶軒語曾明言之蓋士生今之文明大備之日無容剿竊陳言自立門戶也而清文不然自

御製諸書外刊板者無多更有秘本精鈔率皆握珠懷玉以至學者尋徑甚難茲先生之意在繼往開來與好事盜名者不可同年而語矣

一是書為講究清文虛字而設故旁徵遠譬不厭精詳雖先正哈貫庵夫子有度鍼一集亦未有如是之多也且未梓行傳鈔不廣此其包羅宏富引譬詳明雖不敢謂錙銖無遺而玉度金鍼已盡入錦樓矣

一是書雖引用經典不少然借助於俚辭鄙句者頗多蓋清文之口氣不若此不克肖其神且為初學設固不必深文也茲於原書稍加修飾博雅君子諒之

初學務宜切講

格調機局

何莫非然

是以行文一途

律呂是式

推之於文藝

師

曠極聰

夫公輸至巧

規矩難離

序

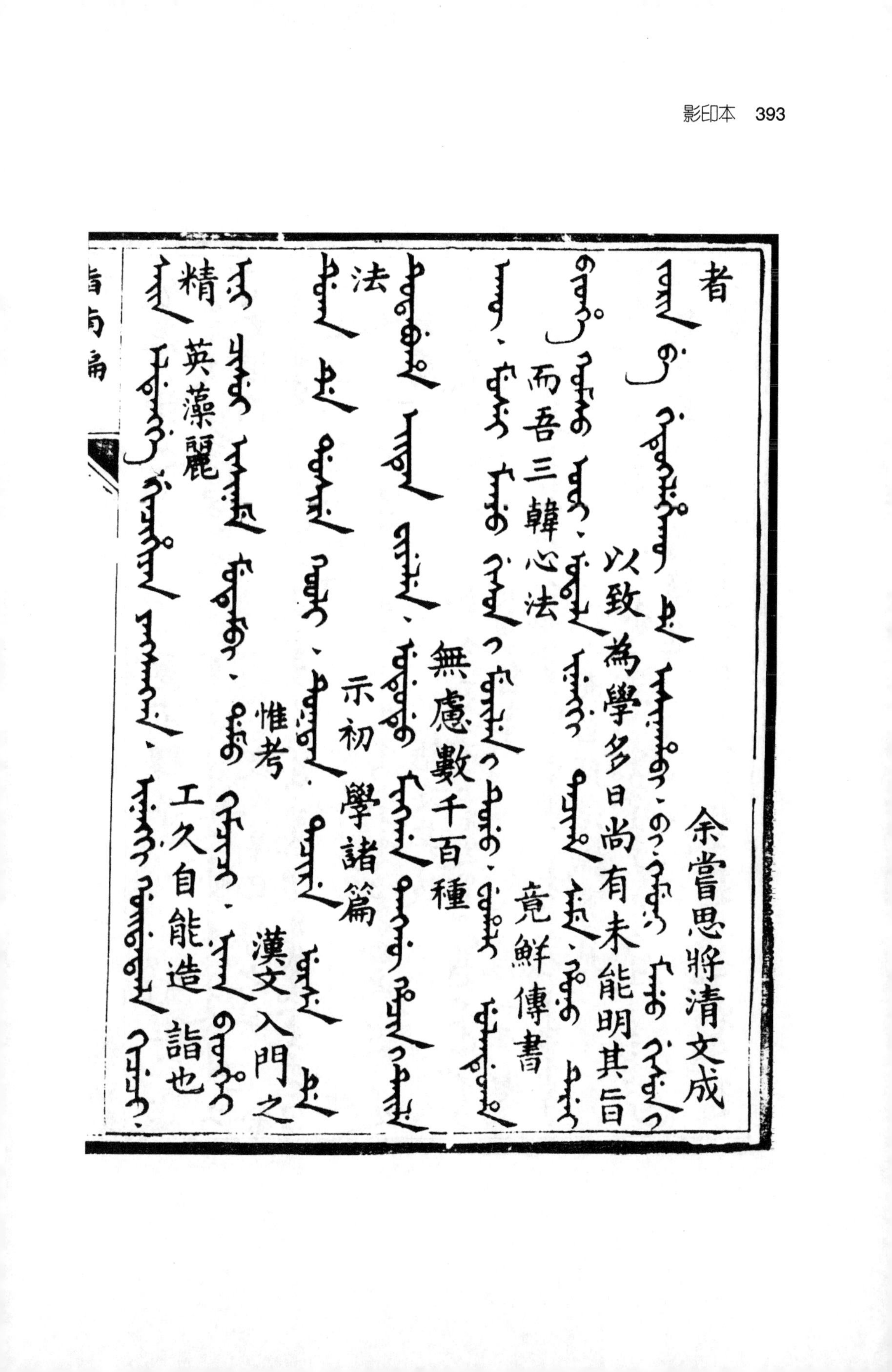

余嘗思將清文成
者
以致為學多日尚有未能明其旨
而吾三韓心法
竟鮮傳書
無慮數千百種
法
示初學諸篇
惟考
漢文入門之
精
英藻麗
工久自能造詣也

展卷讀之 愛不釋手 先生之意
清文指南 友人某已梓之矣 余
先生出一卷示余曰 此
同寅萬公 語及其故
未敢自專 一日與
而自問淺識寡見
法集而為書以益後進

先生韙之然後筆之於書也 然必
又且補其不足 去其重複
理有未詳 面請解之
於是意有未明 面請剖之
鈔假多人 間有魯魚亥豕之弊
不無繁衍簡略之虞
蓋先有獲於我心者也 惟是編 諸一手

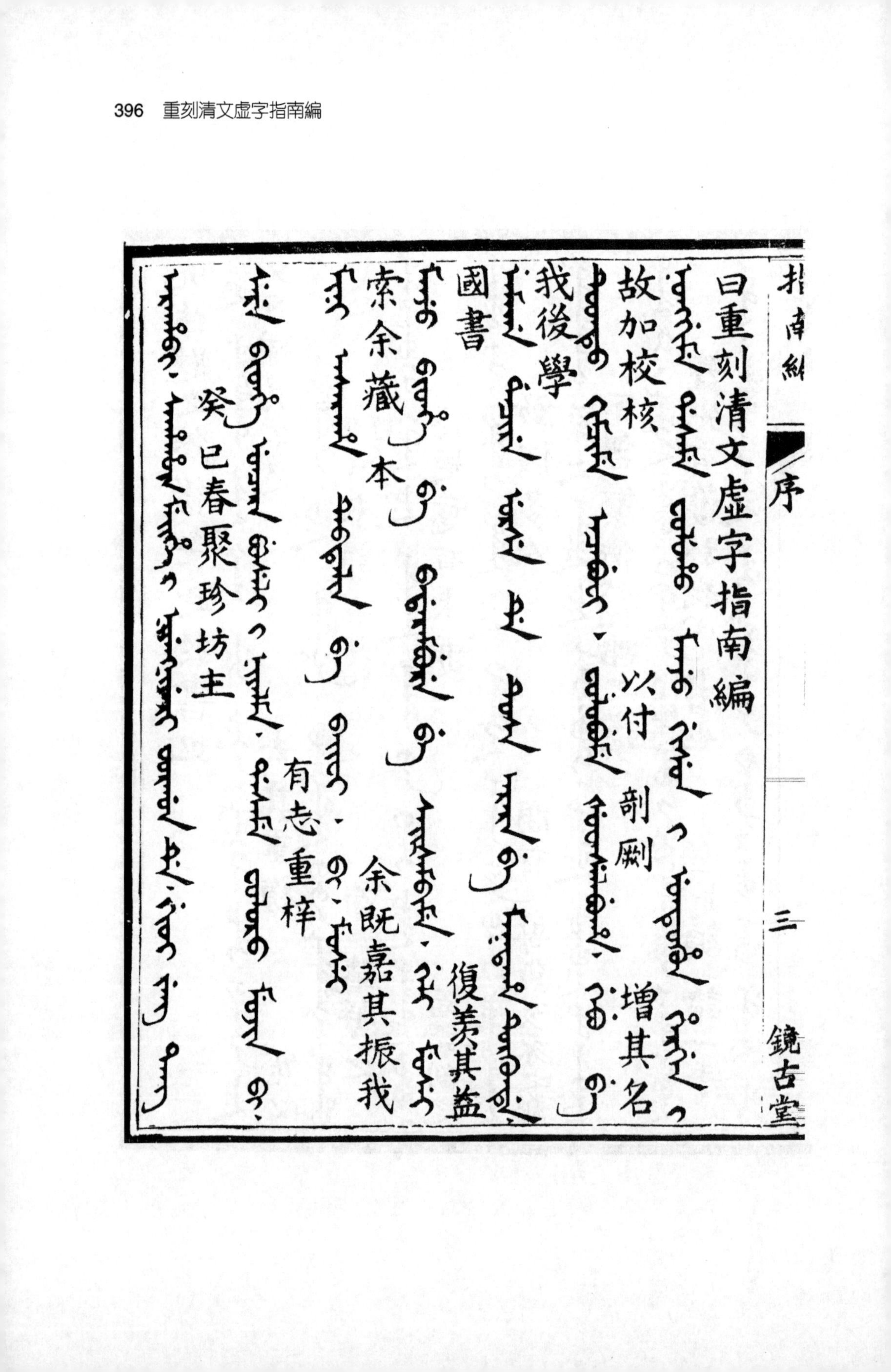

有志重梓
索余藏本
余既嘉其振我
國書
復羨其益
我後學
故加校核
以付剞劂
增其名
曰重刻清文虚字指南編

癸巳春聚珍坊主

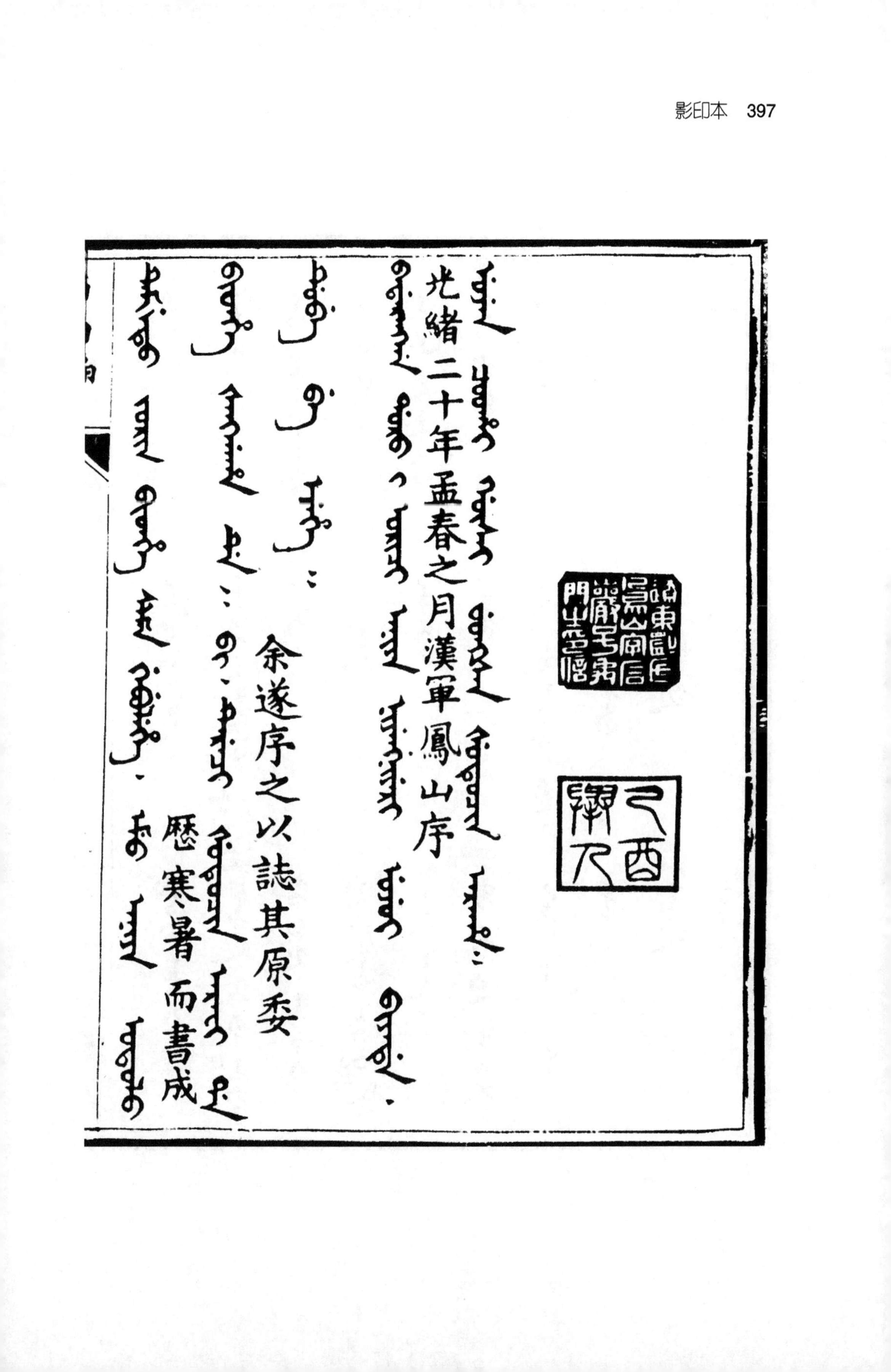

歷寒暑而書成

余遂序之以誌其原委

光緒二十年孟春之月漢軍鳳山序

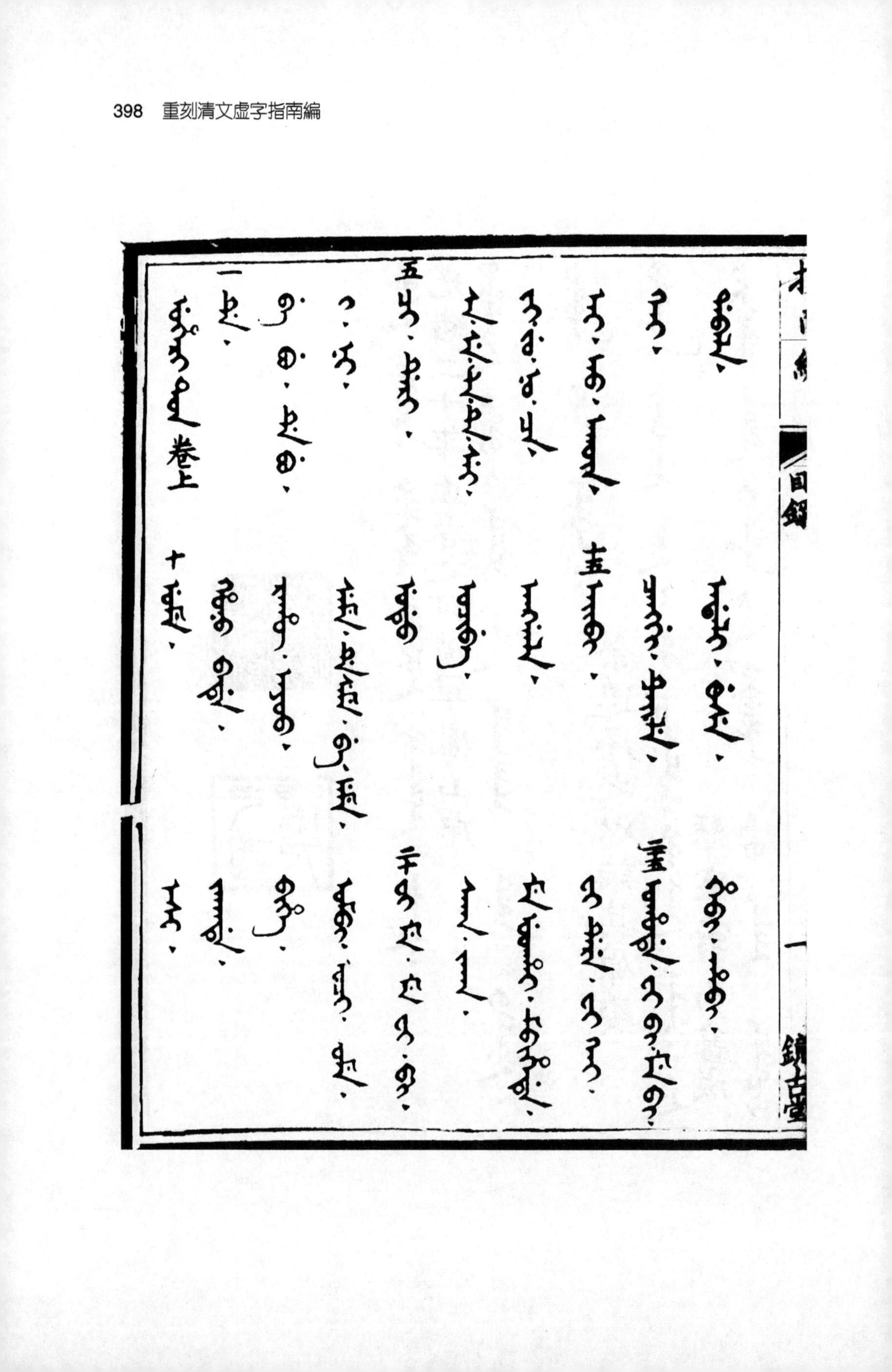

卷上 十

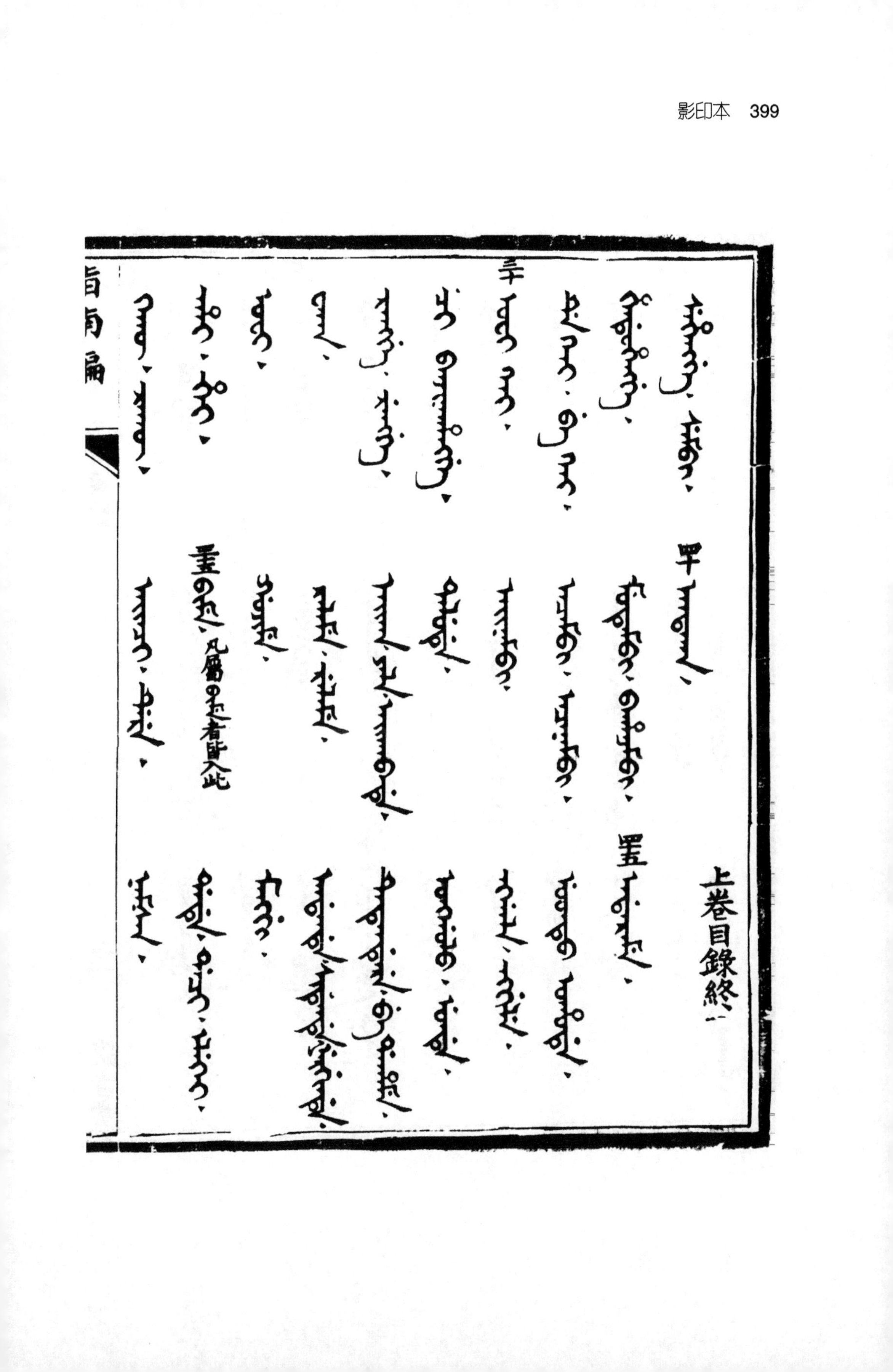

[illegible]

[illegible]

[illegible]

[illegible] 罢 [illegible] 凡屬 [illegible] 者皆入此

[illegible]

[illegible]

[illegible]

幸 [illegible]

[illegible]

罡 [illegible]

罕 [illegible]

上卷目錄終

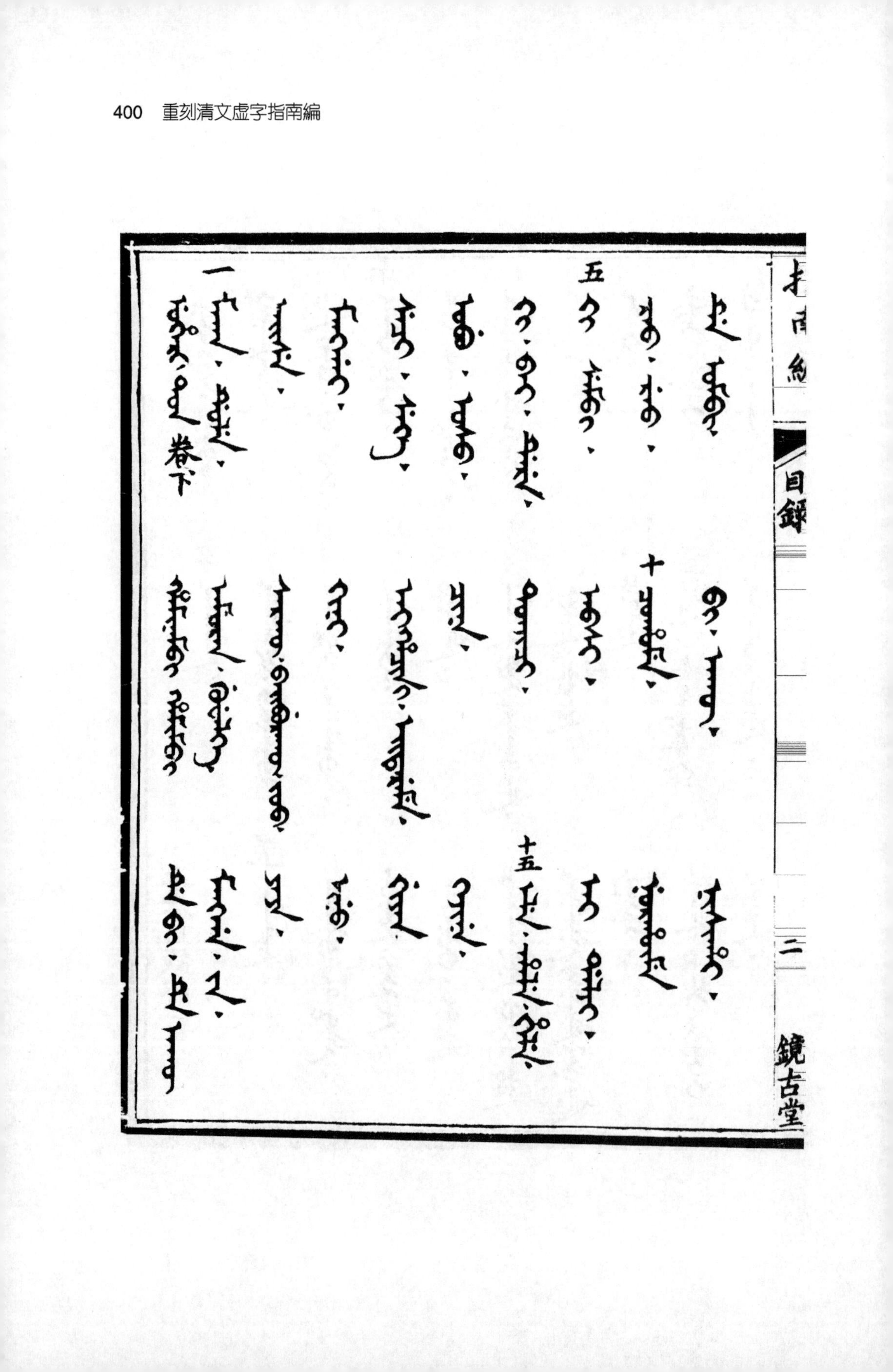

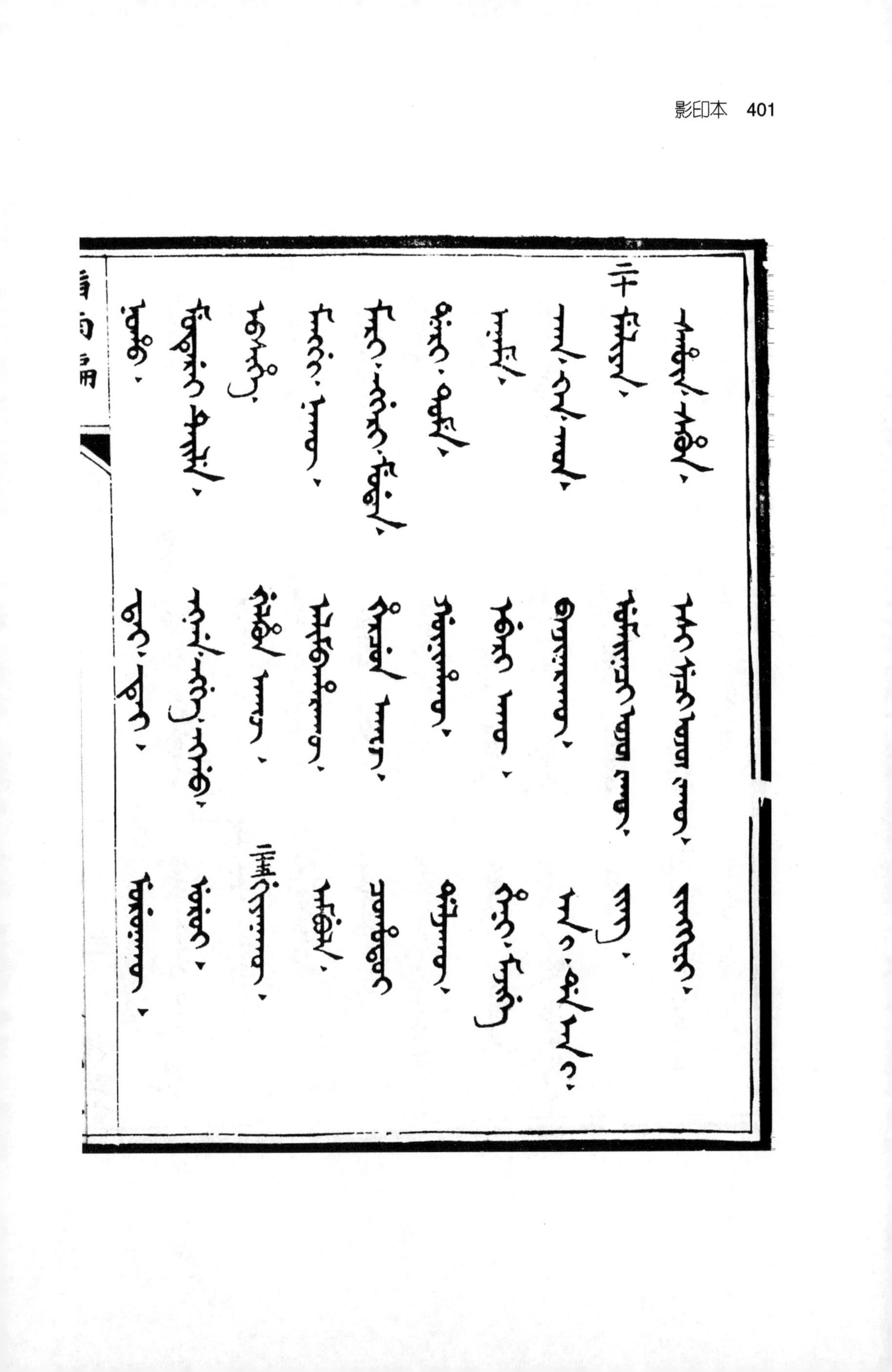

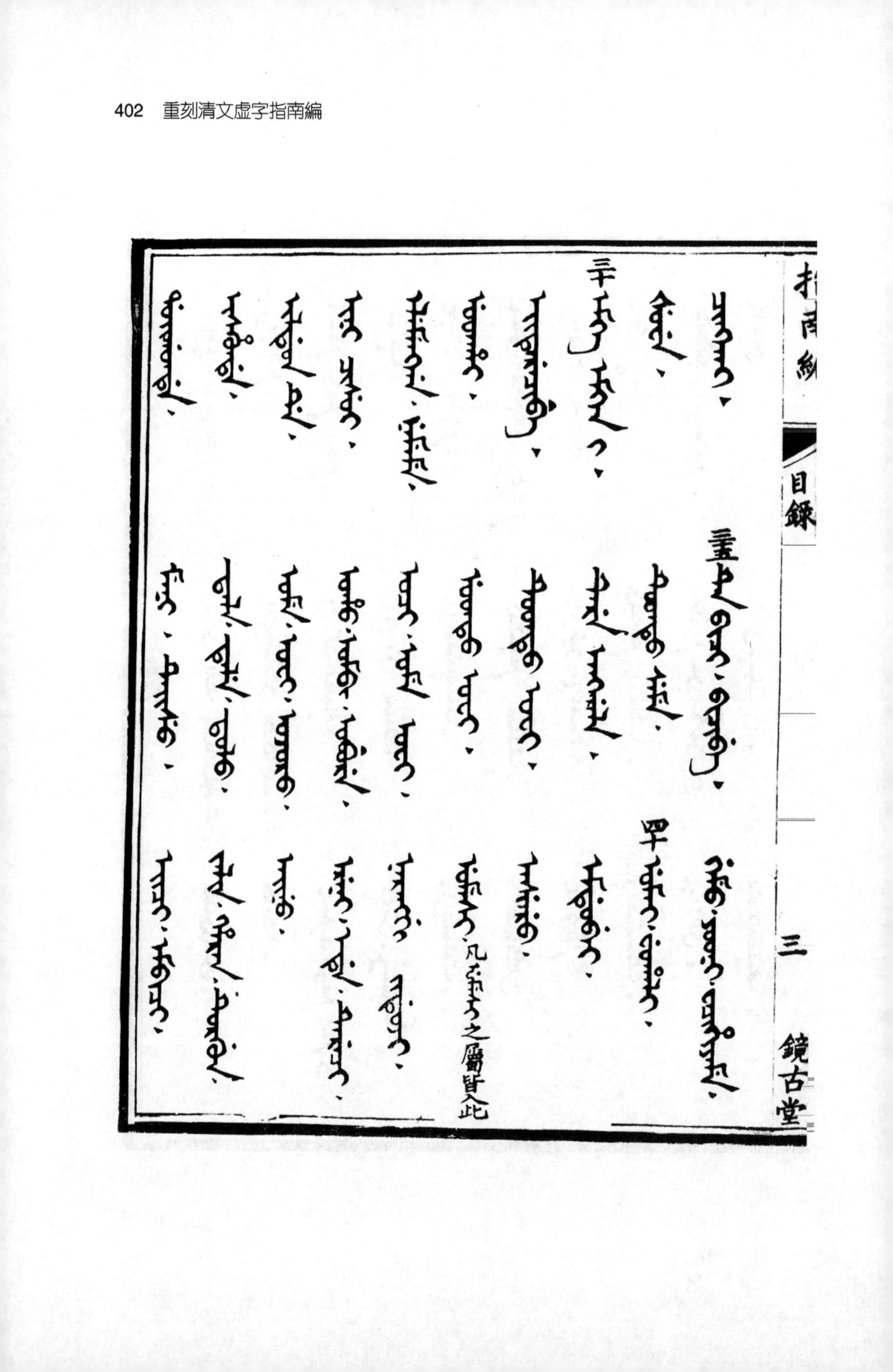

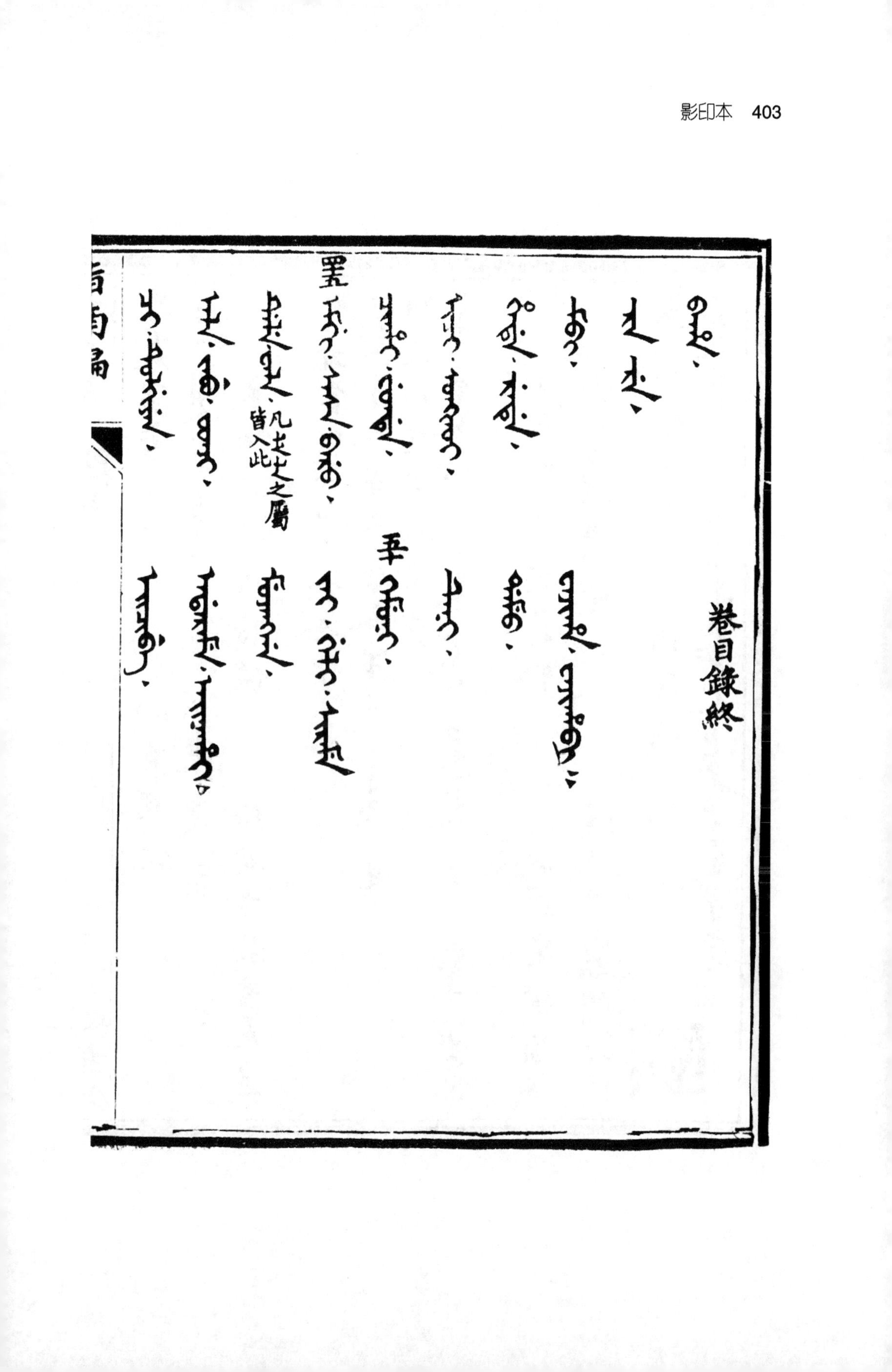

卷目錄終

平

墨

凡之之之屬皆入此

旨留篇

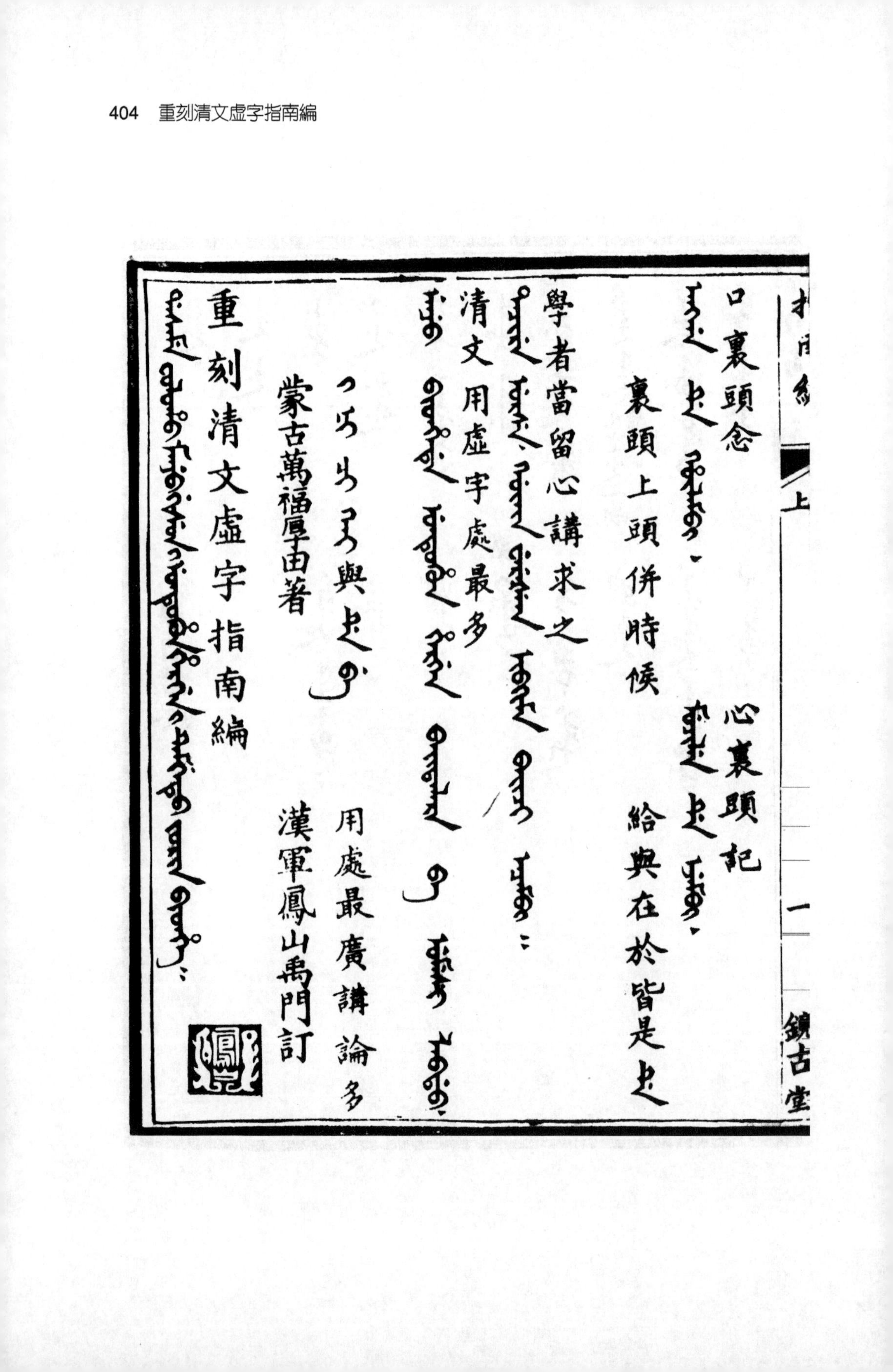

口裏頭念　心裏頭記

裏頭上頭併時候　給與在於皆是

學者當留心講求之

清文用虛字處最多

與　用處最廣講論多

蒙古萬福厚田著　漢軍鳳山禹門訂

重刻清文虛字指南編

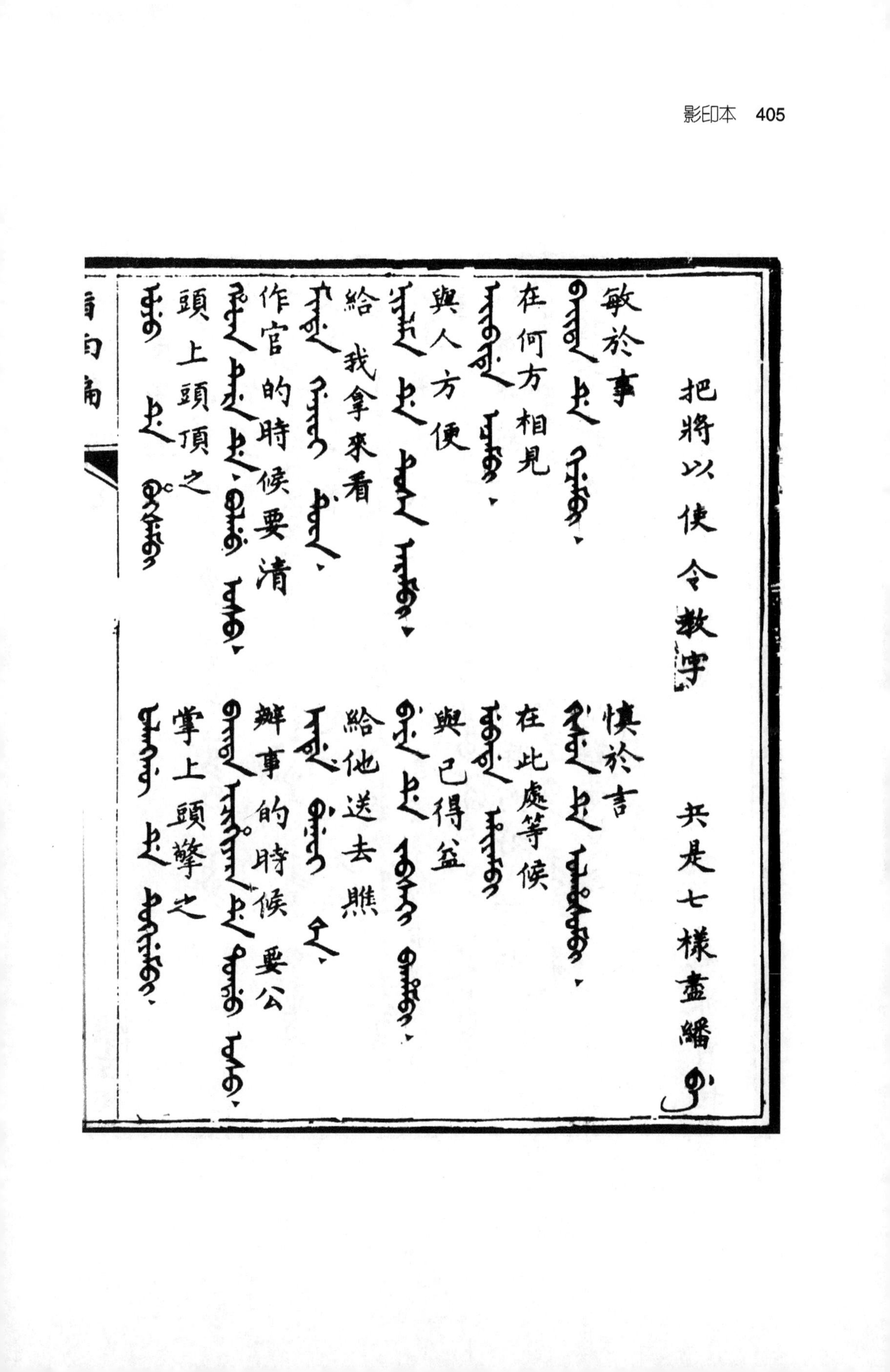

把將以使令教字　共是七樣盡繙

敏於事　慎於言

在何方相見　在此處等候

與人方便　與已得益

給我拿來看　給他送去瞧

作官的時候要清　辦事的時候要公

頭上頭頂之　掌上頭擎之

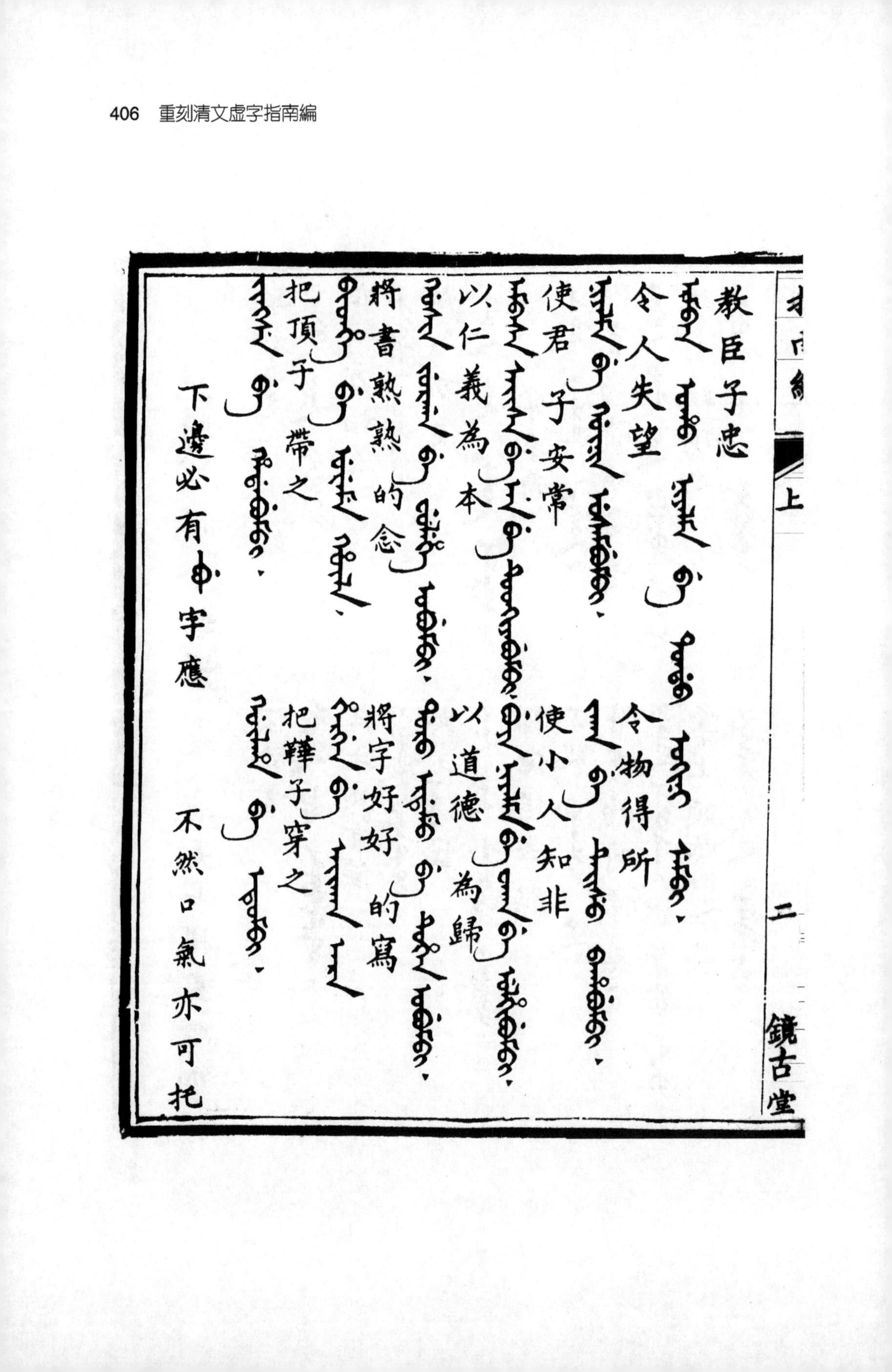

教臣子忠　令物得所

令人失望

使君子安常　使小人知非

以仁義為本　以道德為歸

將書熟熟的念　將字好好的寫

把頂子帶之　把韈子穿之

下邊必有ᠪᡠ字應　不然口氣亦可托

忠者　中也　敬者　静也

也字繙講是字　上用　與

家齊

德建而後　名立　身修而後

中字亦有自然處　祇看有與無

教人説好話　教人行好事

教人子孝

新陳的案件　　是非的情形

ᡳᠴᡝ ᡶᡝ ᡳ ᠪᠠᡳᡨᠠ　　ᡠᡵᡠ ᠸᠠᡴᠠ ᡳ ᠠᡵᠪᡠᠨ᠈

的之以用皆翻　　在人運用要斟酌

被人恥笑　　被人欺壓

ᠨᡳᠶᠠᠯᠮᠠ ᡩᡝ ᠪᠠᠰᡠᠪᡠᠮᠪᡳ᠈　　ᠨᡳᠶᠠᠯᠮᠠ ᡩᡝ ᡤᡳᡩᠠᡧᠠᠪᡠᠮᠪᡳ᠉

上ᡩᡝ下ᠪᡠ為被字　　用法如同上有ᡩᡝ

所謂學文者　　是攻詩書也

ᡧᡠ ᡩᡝ ᡨᠠᠴᡳᠮᠪᡳ ᠰᡝᡵᡝᠩᡤᡝ᠈　　ᡳᡵᡤᡝᠪᡠᠨ ᠪᡳᡨᡥᡝ ᡩᡝ ᡴᡳᠴᡝᡵᡝ ᡩᡝ᠈

所謂務本者　　是行孝弟也

ᡩᠠ ᡩᡝ ᡥᡡᠰᡠᠨ ᠪᡠᡵᡝ ᠰᡝᡵᡝᠩᡤᡝ᠈　　ᡥᡳᠶᠣᠣᡧᡠᠨ ᡩᡝᠣᠴᡳᠨ ᡩᡝ ᠶᠠᠪᡠᡵᡝ ᡩᡝ᠈

性即理也　　理即氣也

ᠪᠠᠨᡳᠨ ᠰᡝᡵᡝᠩᡤᡝ᠈ ᡠᡨᡥᠠᡳ ᡤᡳᠶᠠᠨ ᡩᡝ　　ᡤᡳᠶᠠᠨ ᠰᡝᡵᡝᠩᡤᡝ᠈ ᡠᡨᡥᠠᡳ ᠰᡠᡴᡩᡠᠨ ᡩᡝ᠈

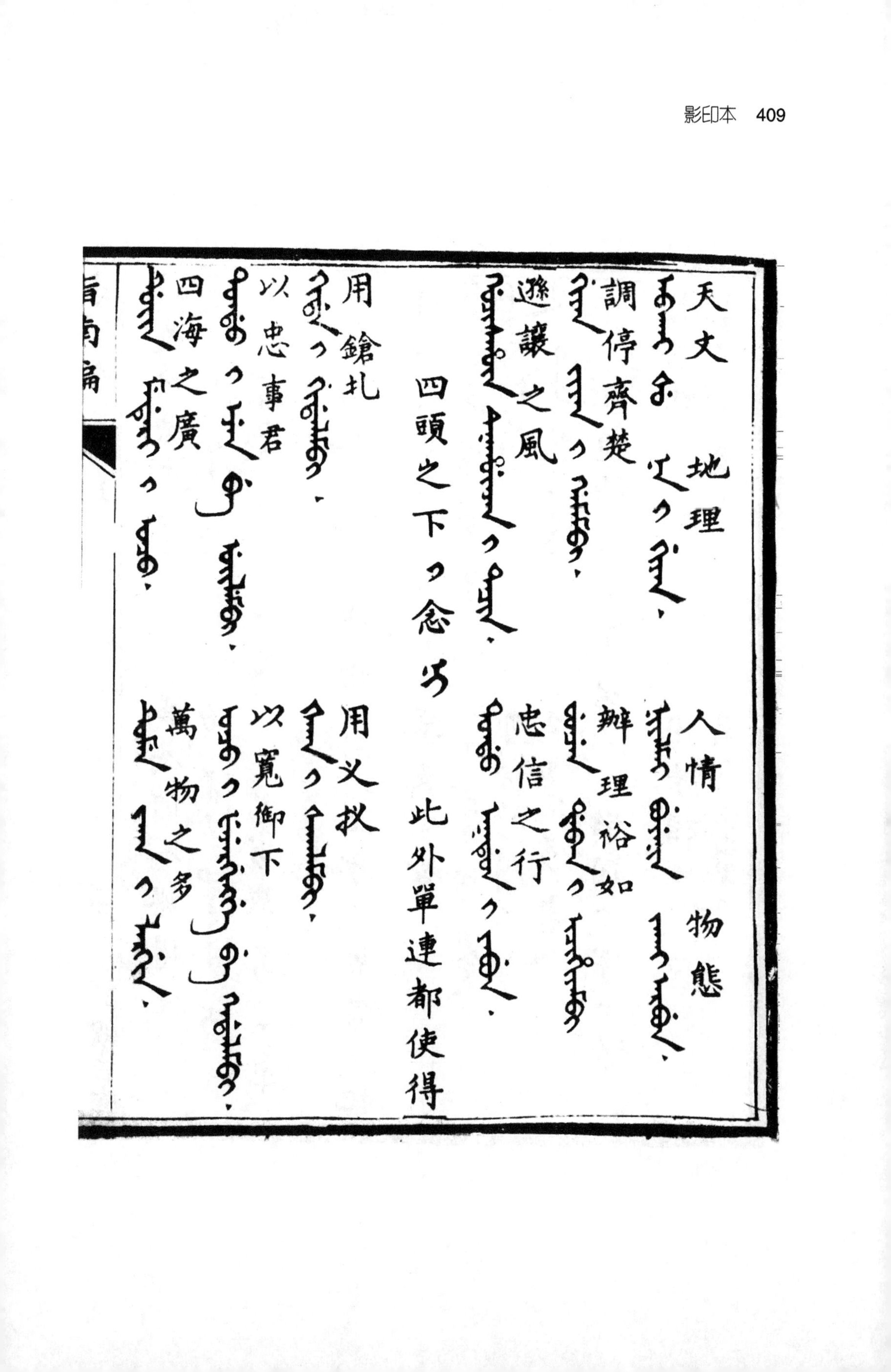

天文 地理 人情 物態

調停齊楚 辦理裕如

遜讓之風 忠信之行

四頭之下ᡳ念ᡳ 此外單連都使得

用鎗扎 用义扠

以忠事君 以寬御下

四海之廣 萬物之多

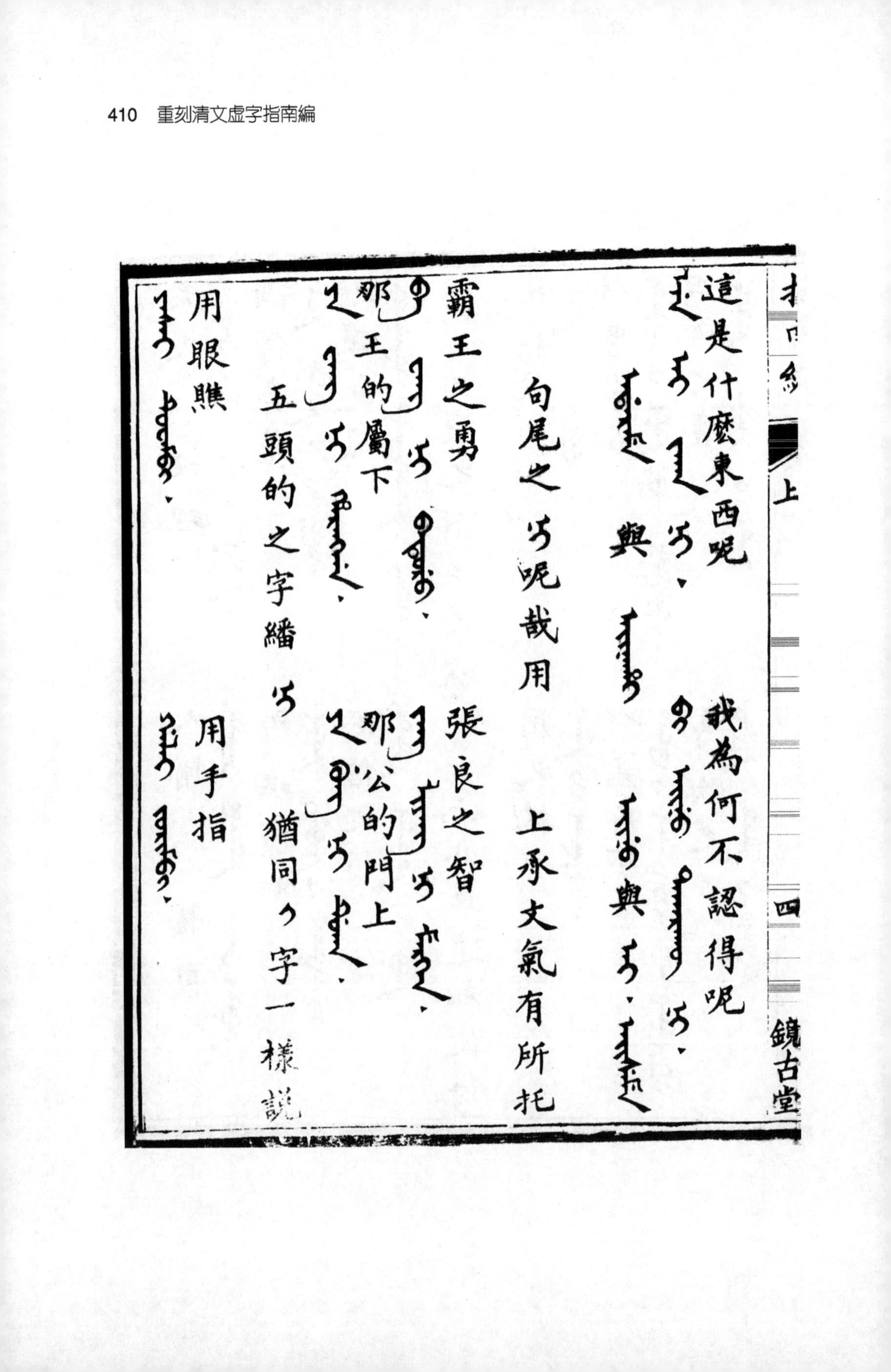

這是什麼東西呢　我為何不認得呢

與　與

句尾之ᠨᡳ呢哉用　上承文氣有所托

霸王之勇　張良之智

那王的屬下　那公的門上

五頭的之字繙ᠨᡳ猶同ᡳ字一樣說

用眼瞧　用手指

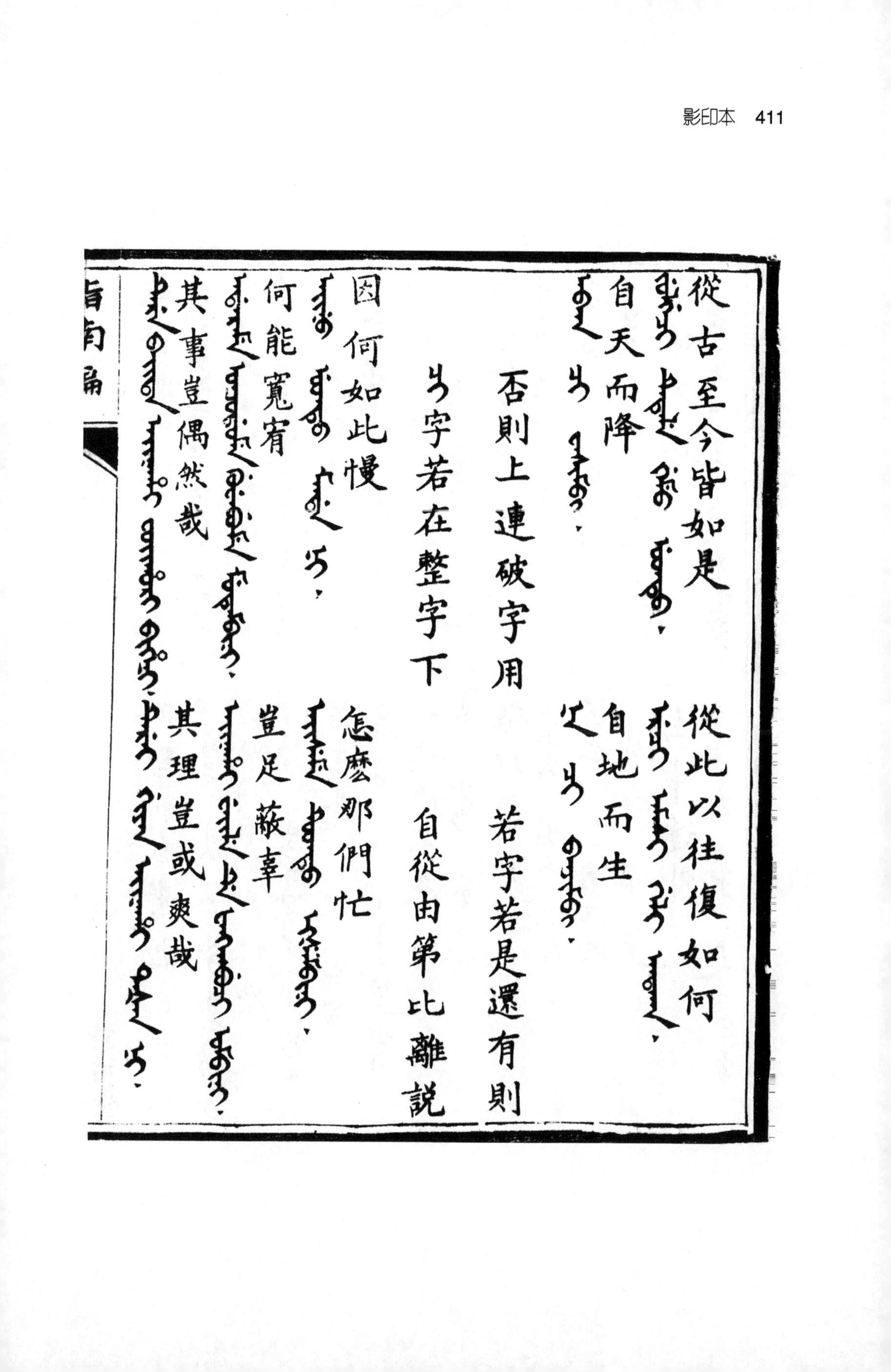

從古至今皆如是

自天而降

否則上連破字用

字若在整字下

因何如此慢

何能寬宥

其事豈偶然哉

從此以往復如何

自地而生

若字若是還有則

自從由第比離說

怎麼那們忙

豈足蔽辜

其理豈或爽哉

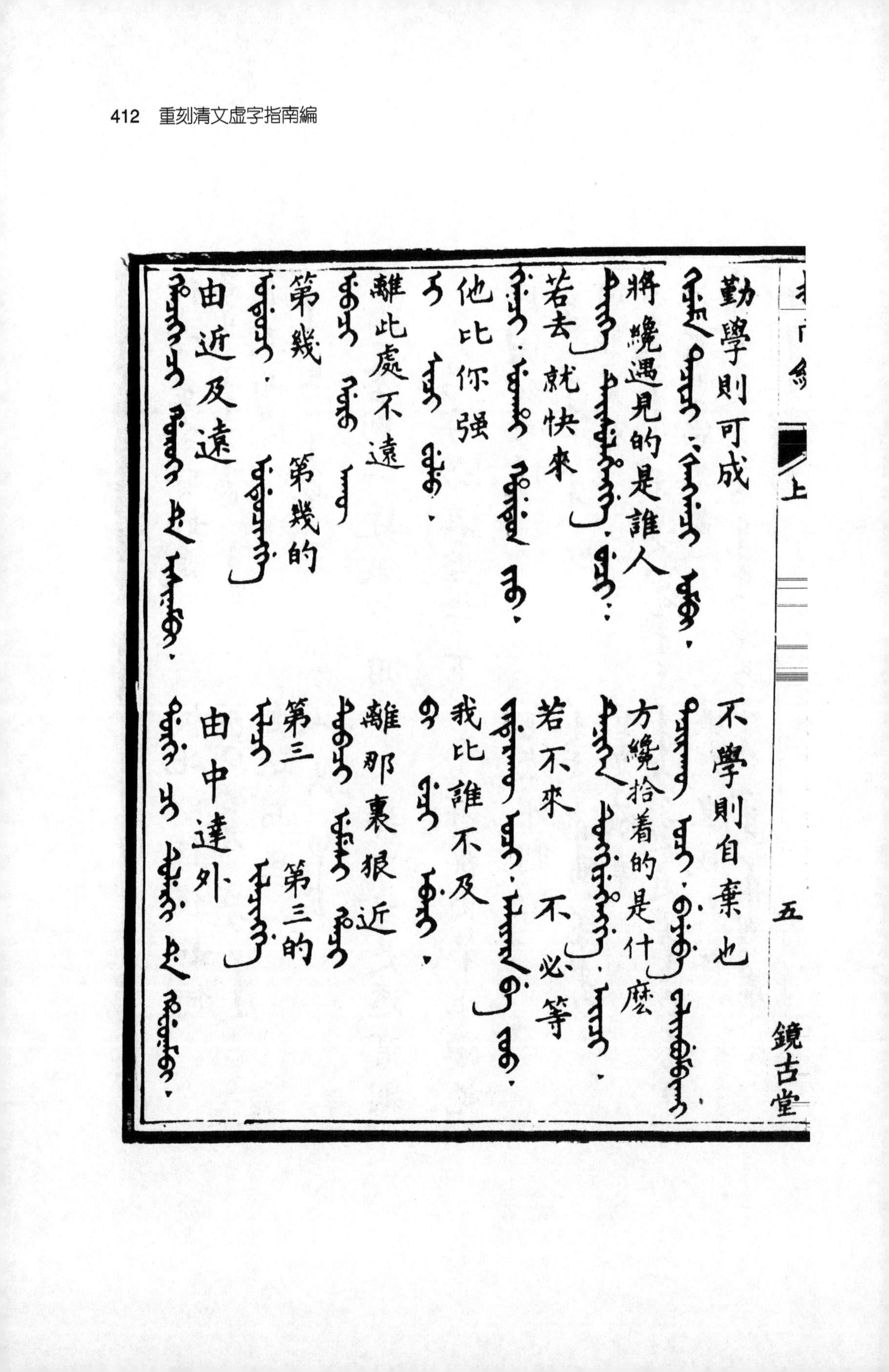

勤學則可成

不學則自棄也

將纔遇見的是誰人

方纔拾着的是什麼

若去 就快來

若不來 不必等

他比你强

我比誰不及

離此處不遠

離那裏狠近

第幾 第幾的

第三 第三的

由近及遠

由中達外

等事等物與等處乃用ᡩᡝᡵᡳ方使得

官事又有二樣用ᠴᡳ字與ᠪᡝ俱使得

ᠰᠠ ᠰᡝ ᠰᡳ ᡨᠠ ᡨᡝ們衆等祇看本字口氣說

自牖執其手

ᡶᠠ ᡩᡝᡵᡳ ᡨᡝᡵᡝᡳ ᡤᠠᠯᠠ ᠪᡝ ᠵᠠᡶᠠᠮᠪᡳ.

自海運於河

ᠮᡝᡩᡝᡵᡳ ᡩᡝᡵᡳ ᠪᡳᡵᠠ ᡩᡝ ᠵᡠᠸᡝᠮᠪᡳ.

水由泉出

ᠮᡠᡴᡝ ᠰᡝᡵᡳ ᡩᡝᡵᡳ ᡨᡠᠴᡳᠮᠪᡳ.

風由孔入

ᡝᡩᡠᠨ ᠰᠠᠩᡤᠠ ᡩᡝᡵᡳ ᡩᠣᠰᡳᠮᠪᡳ.

從此處何往

ᡝᡵᡝᠴᡳ ᠠᡳᠪᡳᡩᡝ ᡤᡝᠨᡝᠮᠪᡳ.

從那裏回家

ᡨᡝᡵᡝᠴᡳ ᠪᠣᡩᡝ ᠮᠠᡵᡳᠮᠪᡳ.

ᡩᡝᡵᡳ亦是從由字比ᠴᡳ實在有著落

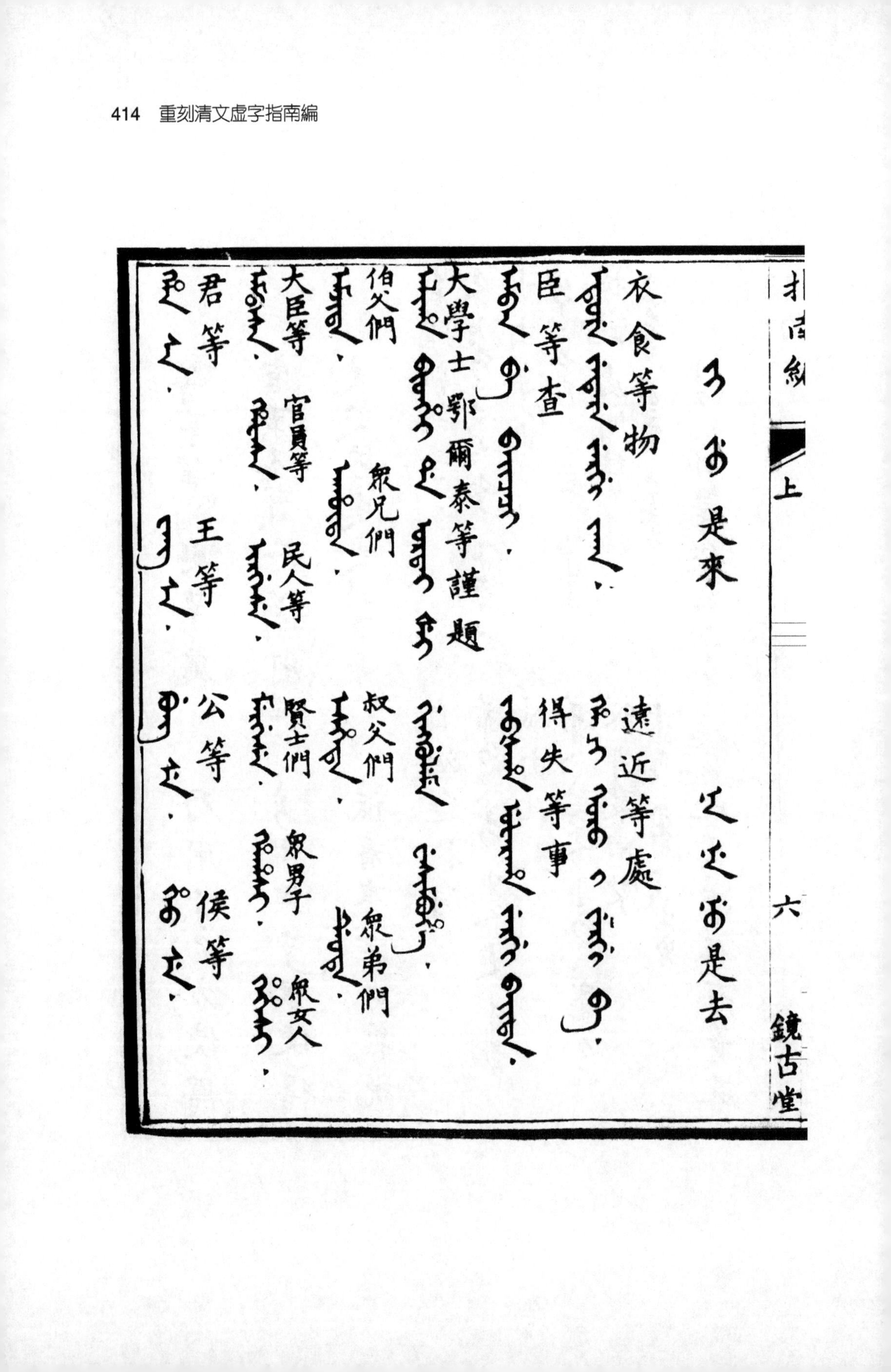

是來 是去

衣食等物 遠近等處

臣等查 得失等事

大學士鄂爾泰等謹題

伯父們 眾兄們 叔父們 眾弟們

大臣等 官員等 民人等 賢士們 眾男子 眾女人

君等 王等 公等 侯等

齊在旁邊站

一齊相助

大家齊見

齊衆　與

進去問去

進去的進去

進來的進來

一齊後面跟

大家齊爭

公同齊商

出去說去

出去的出去

出來的出來

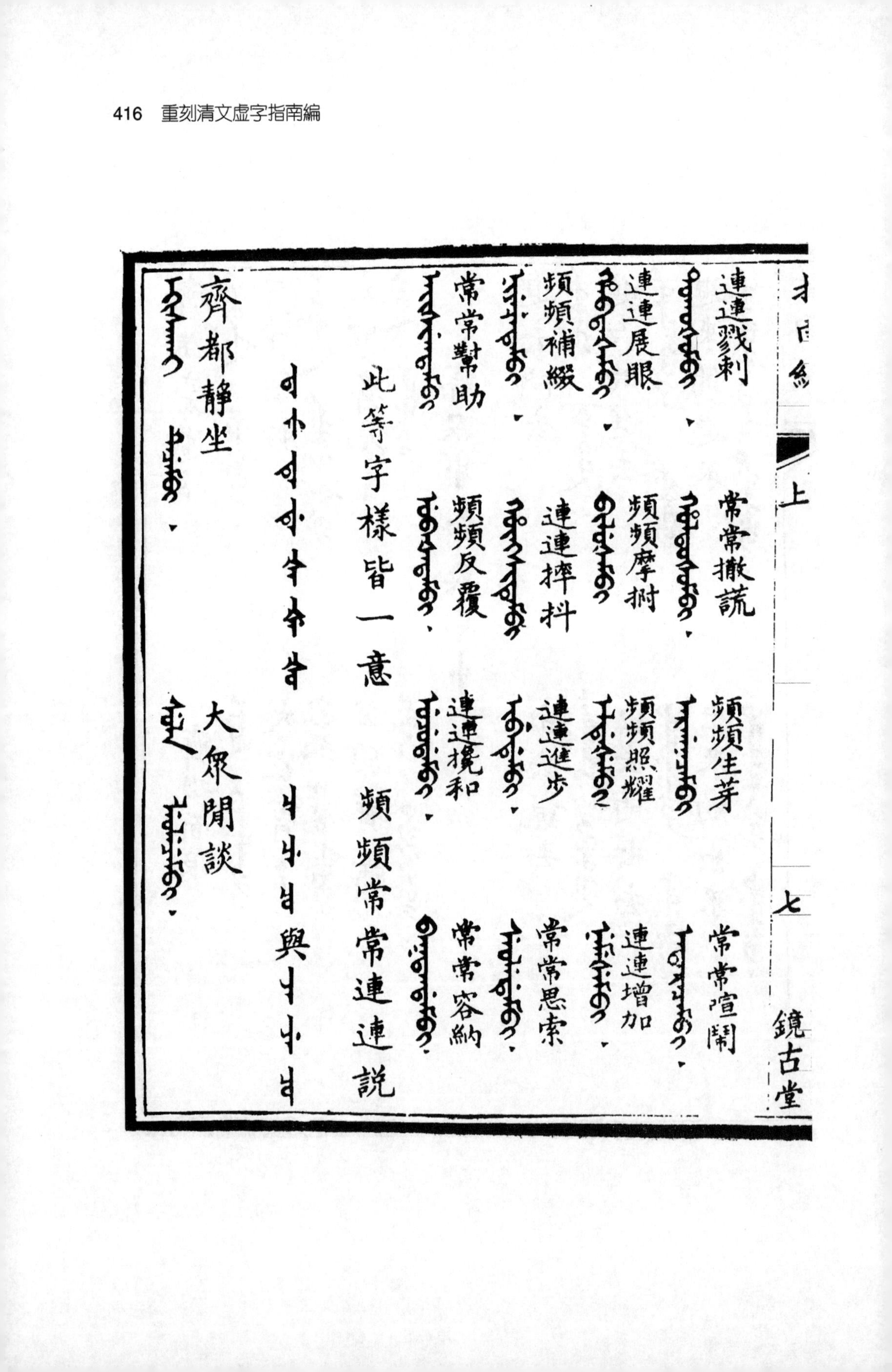

連連戳刺　常常撒謊　頻頻生芽　常常喧鬧

連連展眼　頻頻摩掛　頻頻照耀　連連增加

頻頻補綴　連連捽抖　連連進步　常常思索

常常幫助　頻頻反覆　連連攙和　常常容納

此等字樣皆一意　頻頻常常連連説

齊都靜坐　大衆閒談

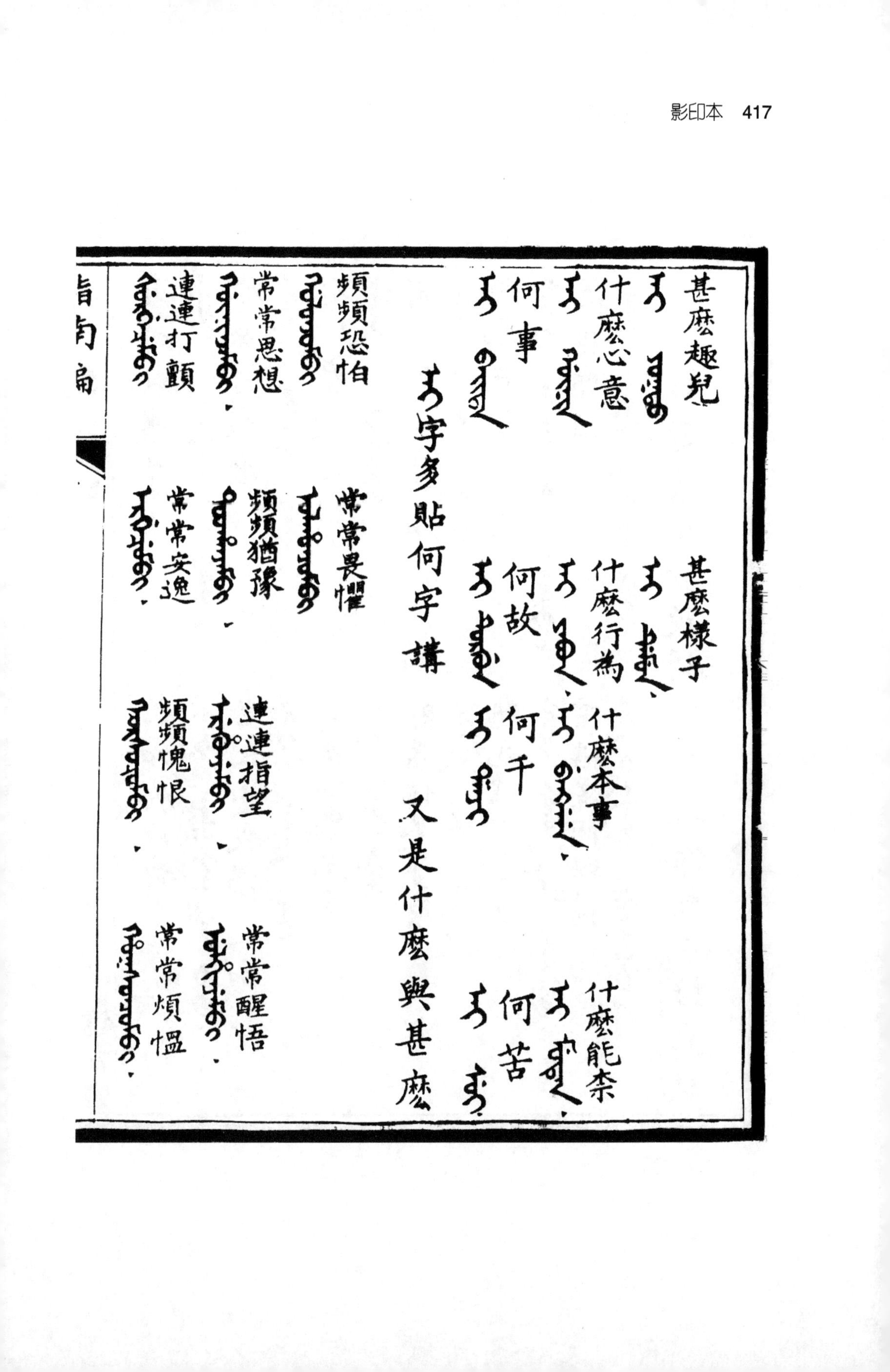

甚麽趣兒
甚麽樣子
什麽心意
什麽行為
什麽本事
什麽能柰
何事
何故
何干
何苦

字多貼何字講 又是什麽與甚麽

頻頻恐怕
常常畏懼
常常思想
頻頻猶豫
連連指望
常常醒悟
連連打顫
常常安逸
頻頻愧恨
常常煩惱

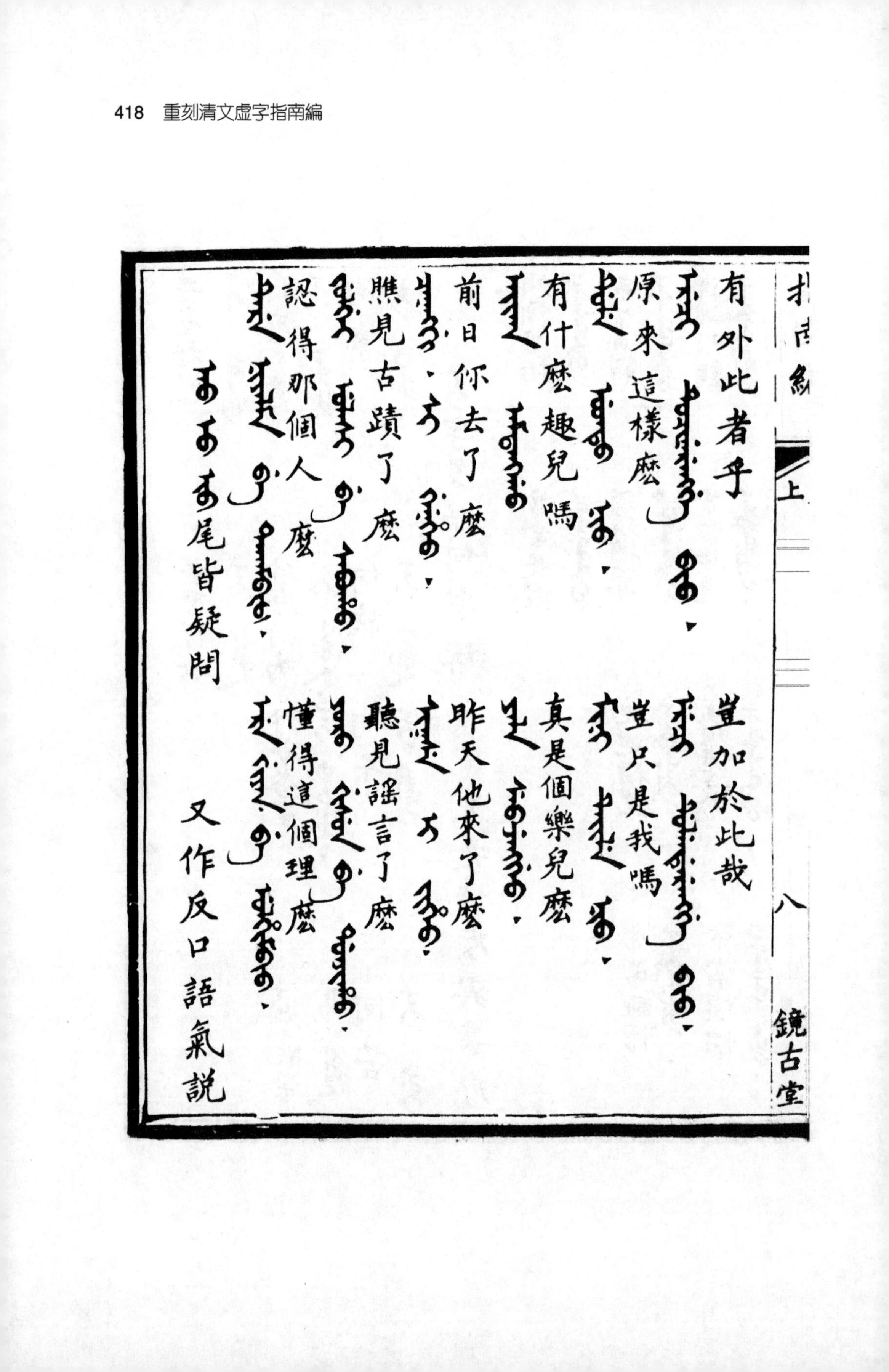

有外此者乎　豈加於此哉

原來這樣麼　豈只是我嗎

有什麼趣兒嗎　真是個樂兒麼

前日你去了麼　昨天他來了麼

瞧見古蹟了麼　聽見謠言了麼

認得那個人麼　懂得這個理麼

尾皆疑問　又作反口語氣説

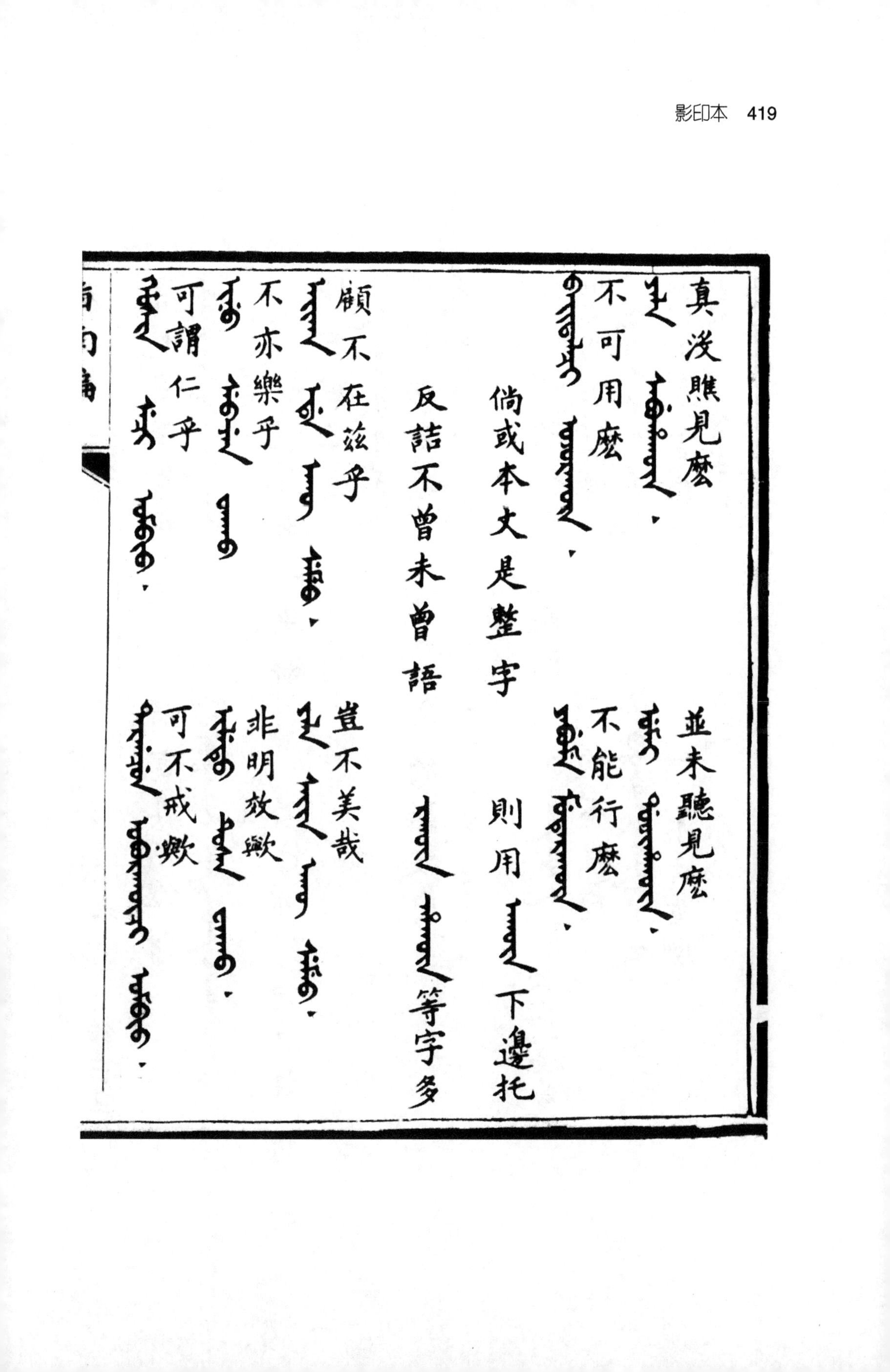

真沒瞧見麼

並未聽見麼

不可用麼

不能行麼

倘或本文是整字

則用　下邊托

反詰不曾未曾語

等字多

顧不在茲乎

豈不美哉

不亦樂乎

非明效歟

可謂仁乎

可不戒歟

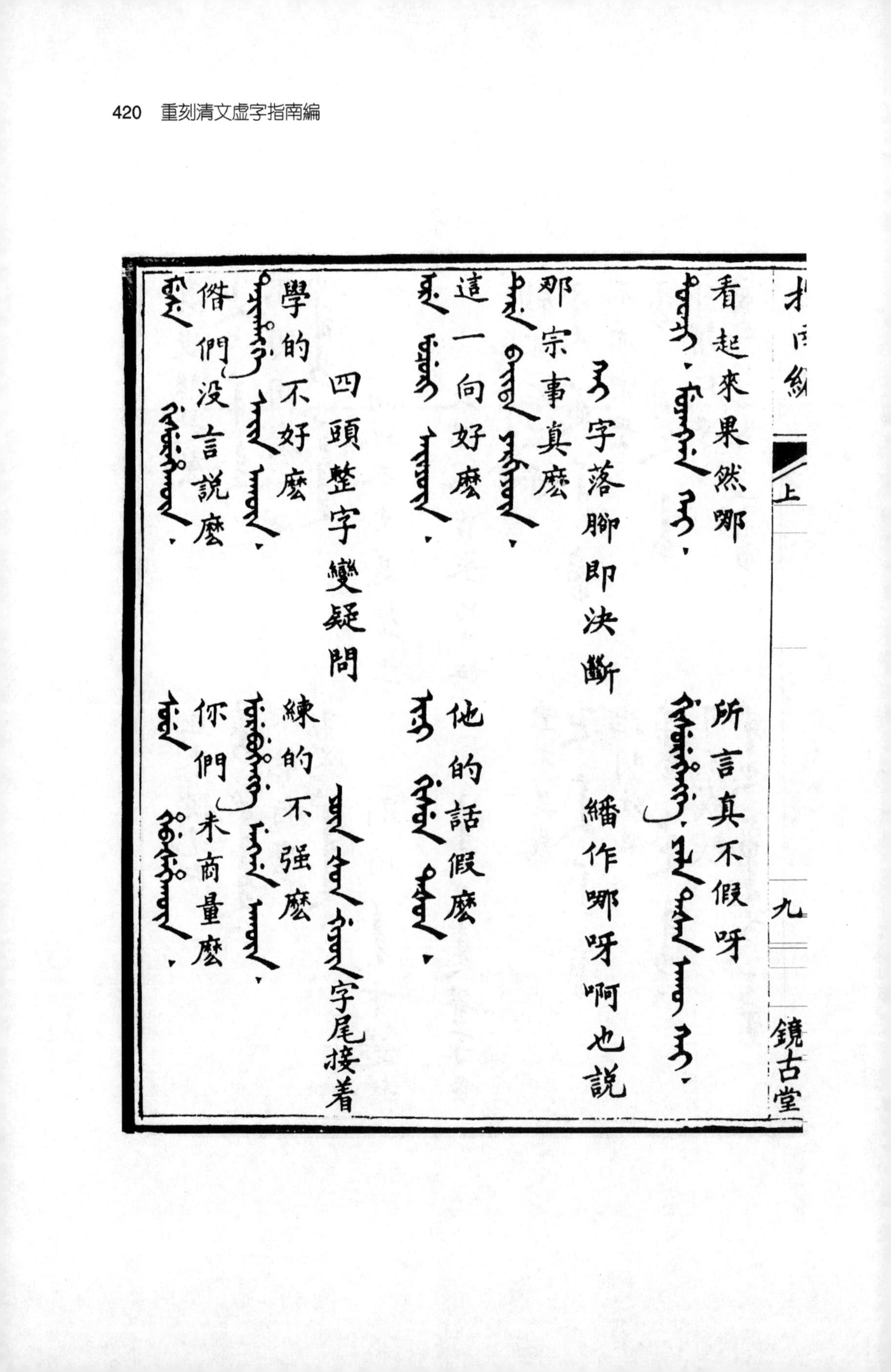

看起來果然哪

所言真不假呀

字落脚即決斷 繙作哪呀啊也說

那宗事真麽

這一向好麽

他的話假麽

四頭整字變疑問

字尾接着

學的不好麽

練的不强麽

偺們没言說麽

你們未商量麽

夫仁亦在乎熟之而已矣

夫人豈以不勝為患哉　弗為耳

人人有貴於己者　弗思耳

竟嘴說罷　不過勸人罷

或然又作而已矣　尾接處多

本是罷字意　又作耳字也使得

一定的道理啊　自然之理也

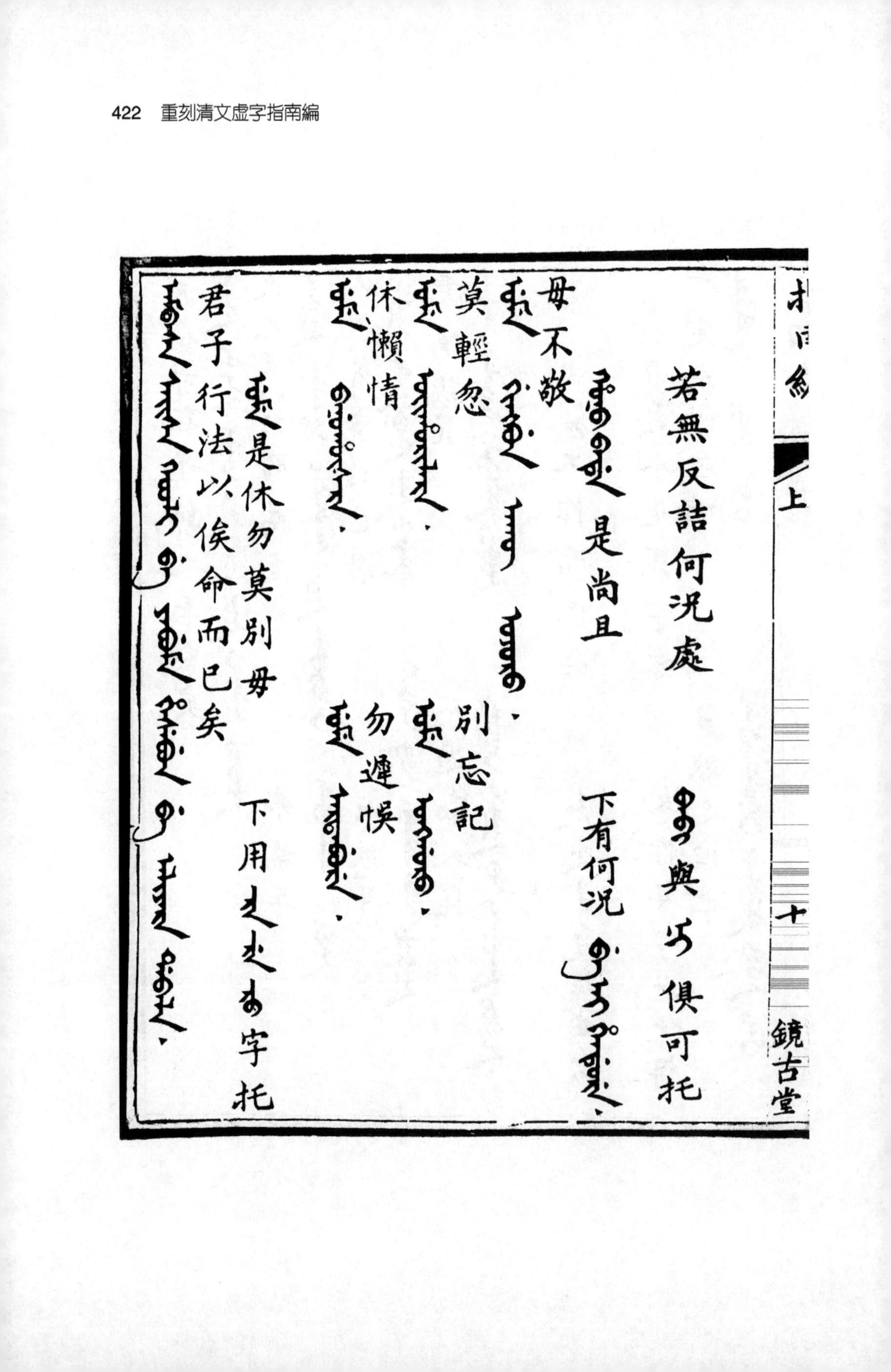

若無反詰何況處 與 俱可托

是尚且 下有何況

毋不敬

莫輕忽 別忘記

休懶惰 勿遲悞

是休勿莫別毋 下用 字托

君子行法以俟命而已矣

有何益哉

途

是舍清明之世而入幽暗之

而於老莊之術一味鑽研

世之異端之士於孔孟之書尚不能解

書尚且不會講　何況作文章

還有下接　處　臨文隨地細斟酌

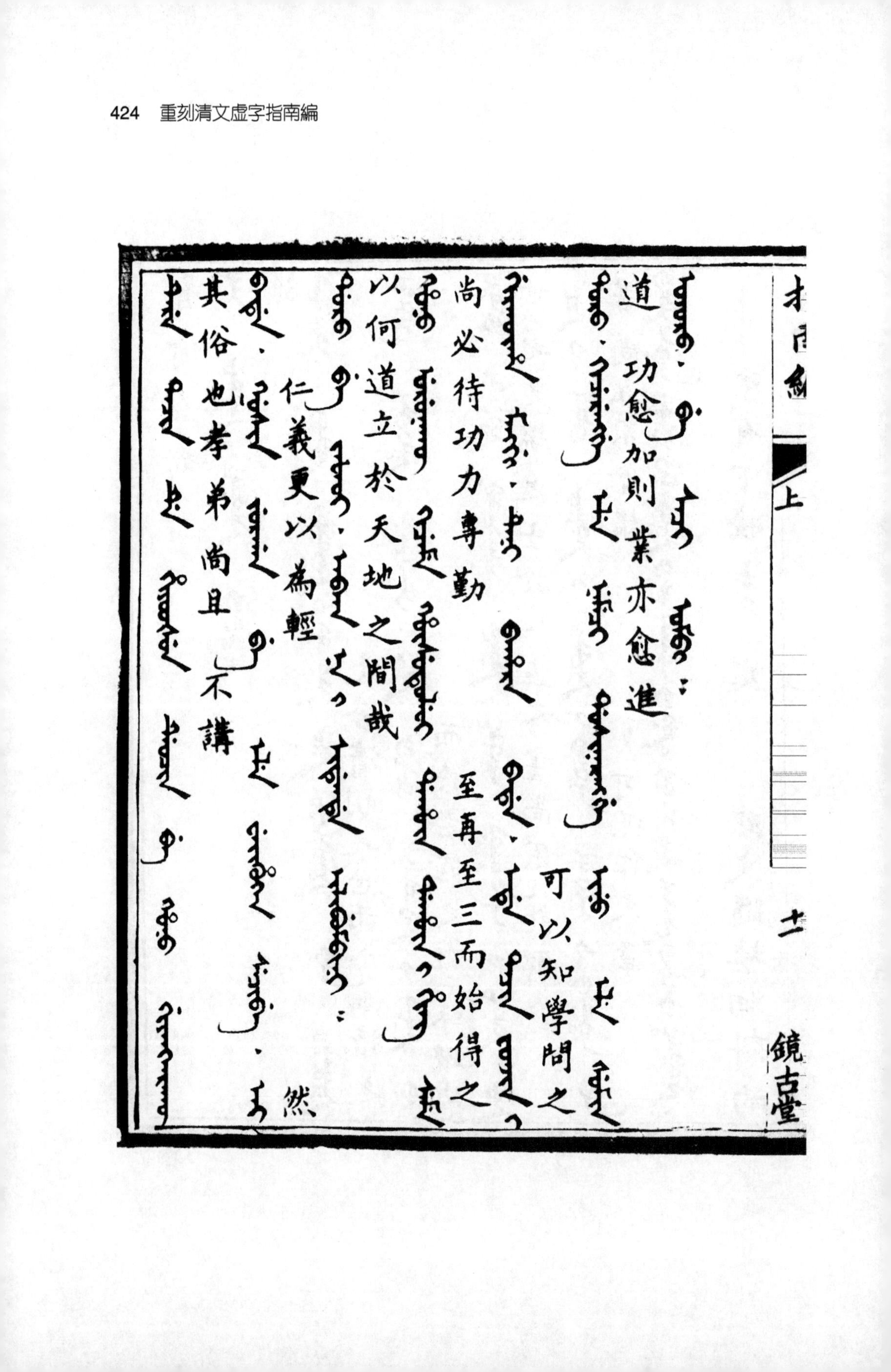

道
功愈加則業亦愈進
可以知學問之
道尚必待功力專勤
至再至三而始得之
以何道立於天地之間哉
然
其俗也孝弟尚且不講
仁義更以為輕

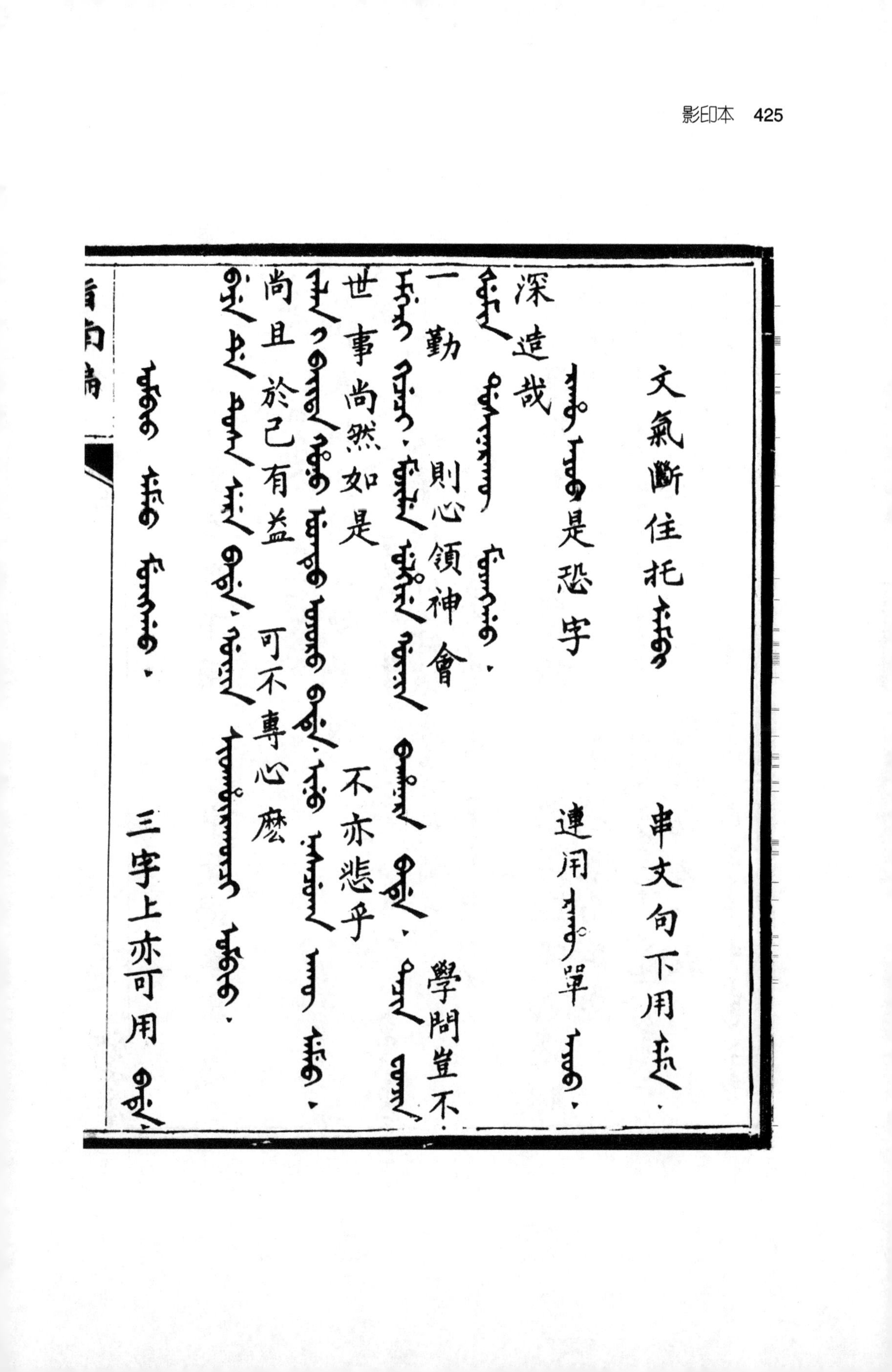

文氣斷住托 ᠰᡝᠮᠪᡳ 串文句下用 ᠰᡝᠮᡝ。

[illegible] [illegible] 是恐字 連用 [illegible] 單 [illegible]。

[illegible] [illegible] [illegible]。深造哉

一勤 [illegible] [illegible] 則心領神會 [illegible] [illegible] [illegible] 學問豈不

世事尚然如是 [illegible] [illegible] [illegible] 不亦悲乎

尚且於己有益 [illegible] [illegible] [illegible] 可不專心麼

[illegible] [illegible] [illegible]。三字上亦可用 [illegible]

上文結句連下用　中間過筆用

另片奏請分別獎勵等語

如此如彼等因由各該處咨行前來

單用是等因等語　承上啟下為過脉

恐怕遺失而留神　恐其毀壞而在意

恐其學問不及　恐怕功名不成

作連是說

雖在顛沛 仍不可去

雖在造次 亦不可離

是雖在講

故不敢拘泥成格

於地方實有裨益

不但與兵餉無虧

指南編

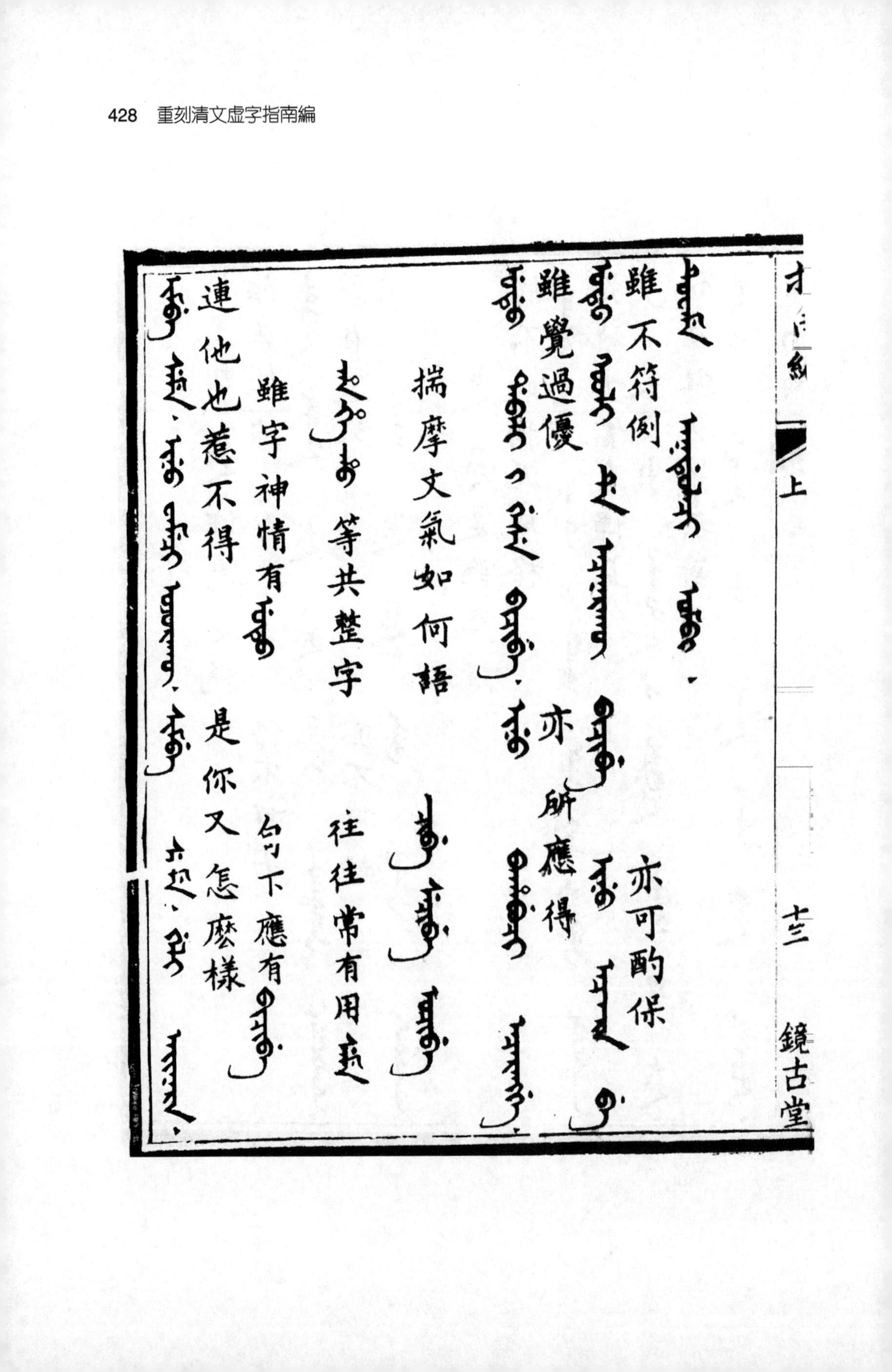

雖不符例　亦可酌保

雖覺過優　亦所應得

揣摩文氣如何語

等共整字　往往常有用

雖字神情有　句下應有

連他也惹不得　是你又怎麽樣

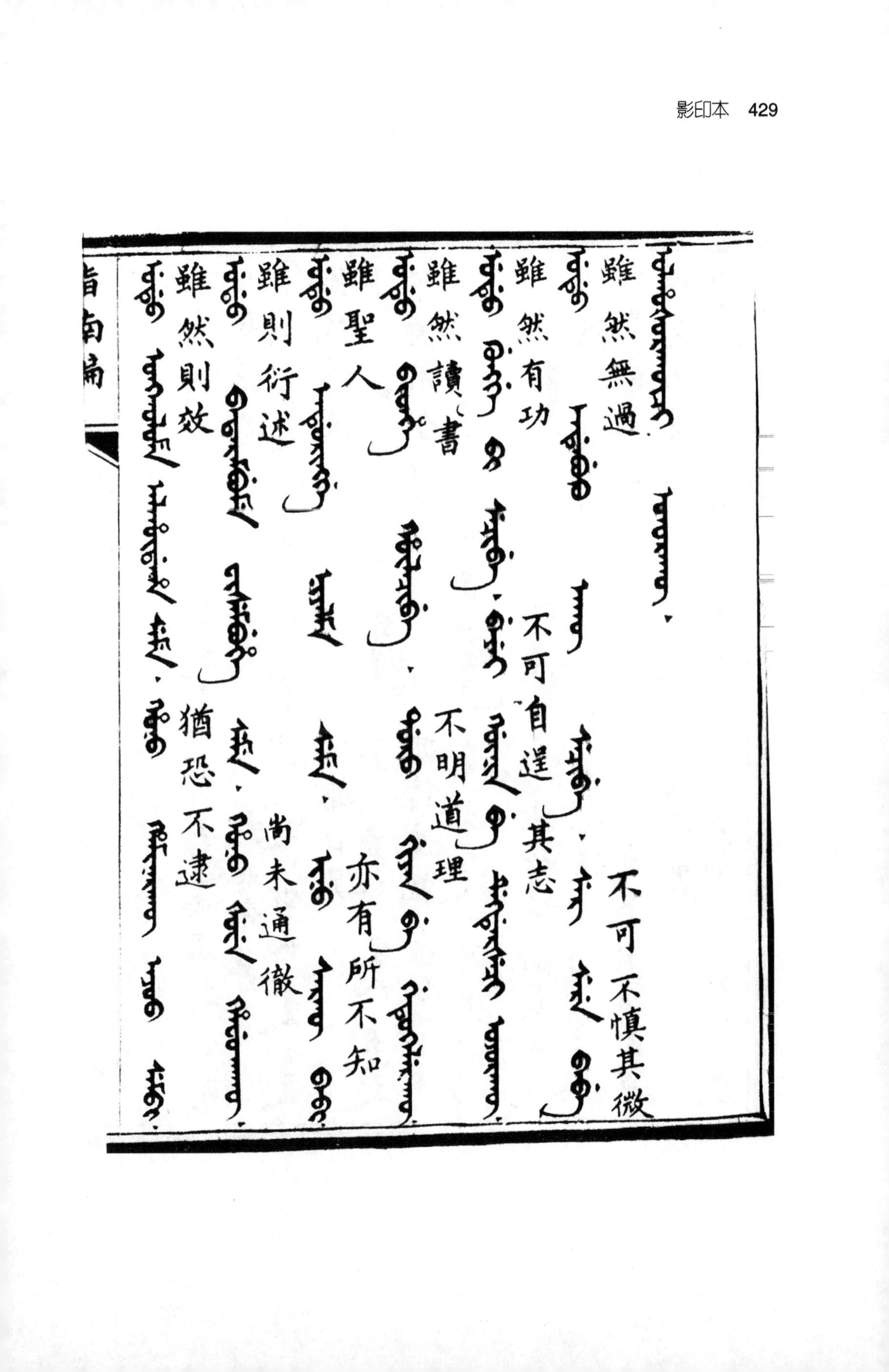

雖然則效　猶恐不逮

雖則衍述　尚未通徹

雖聖人　亦有所不知

雖然讀書　不明道理

雖然有功　不可自逞其志

雖然無過　不可不慎其微

與其繙為 上連必用

或壽或夭 孰非命算

無論滿漢 皆屬臣民

即便不合式 亦得遷就着使

是總然即便 又作無論或是說

雖然不費力 亦須勉強

雖是不勞心 也得思索

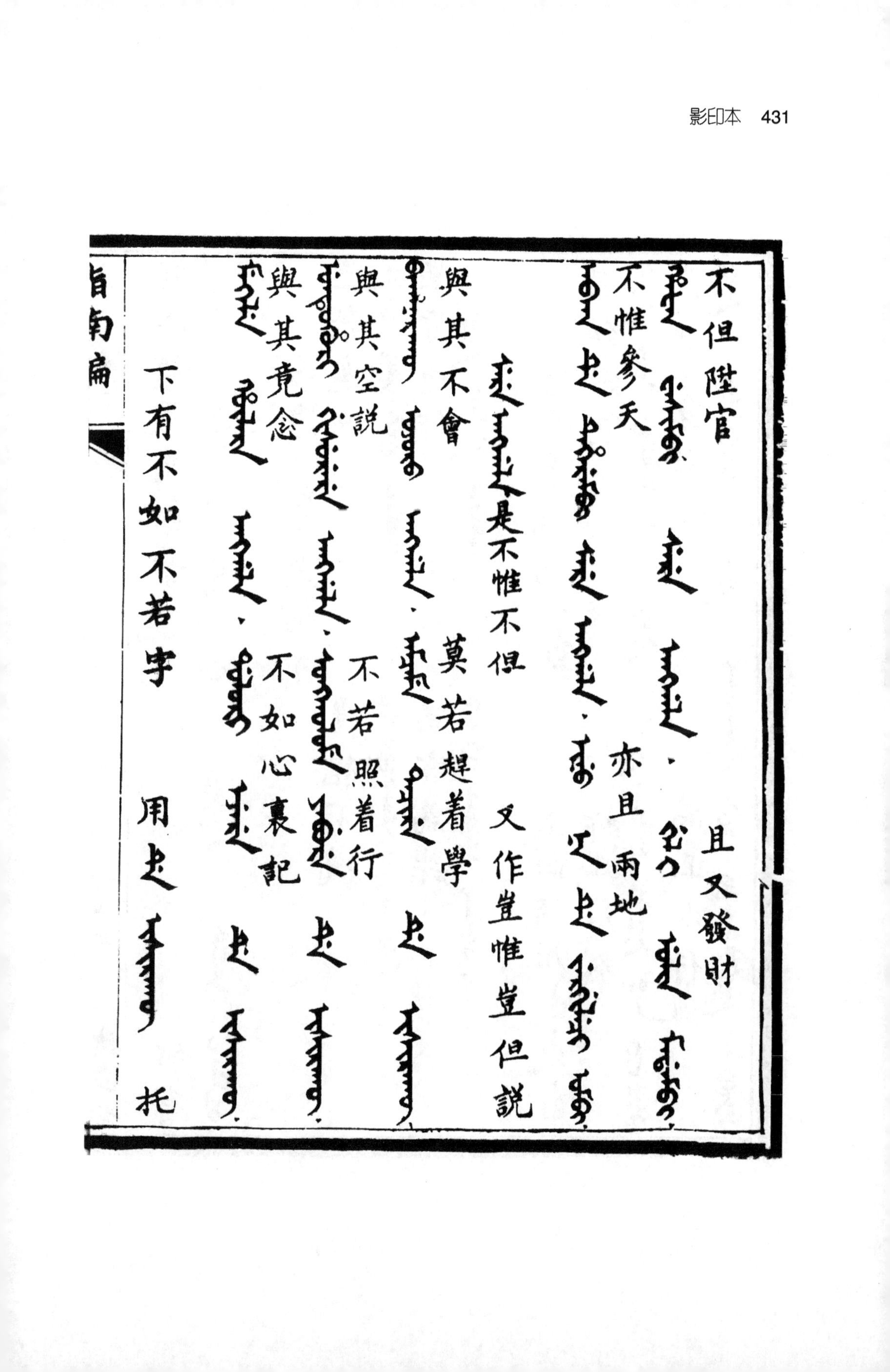

不但陞官　且又發財

不惟參天　亦且兩地

是不惟不但　又作豈惟豈但說

與其不會　莫若趕着學

與其空說　不若照着行

與其竟念　不如心裏記

下有不如不若字　用　托

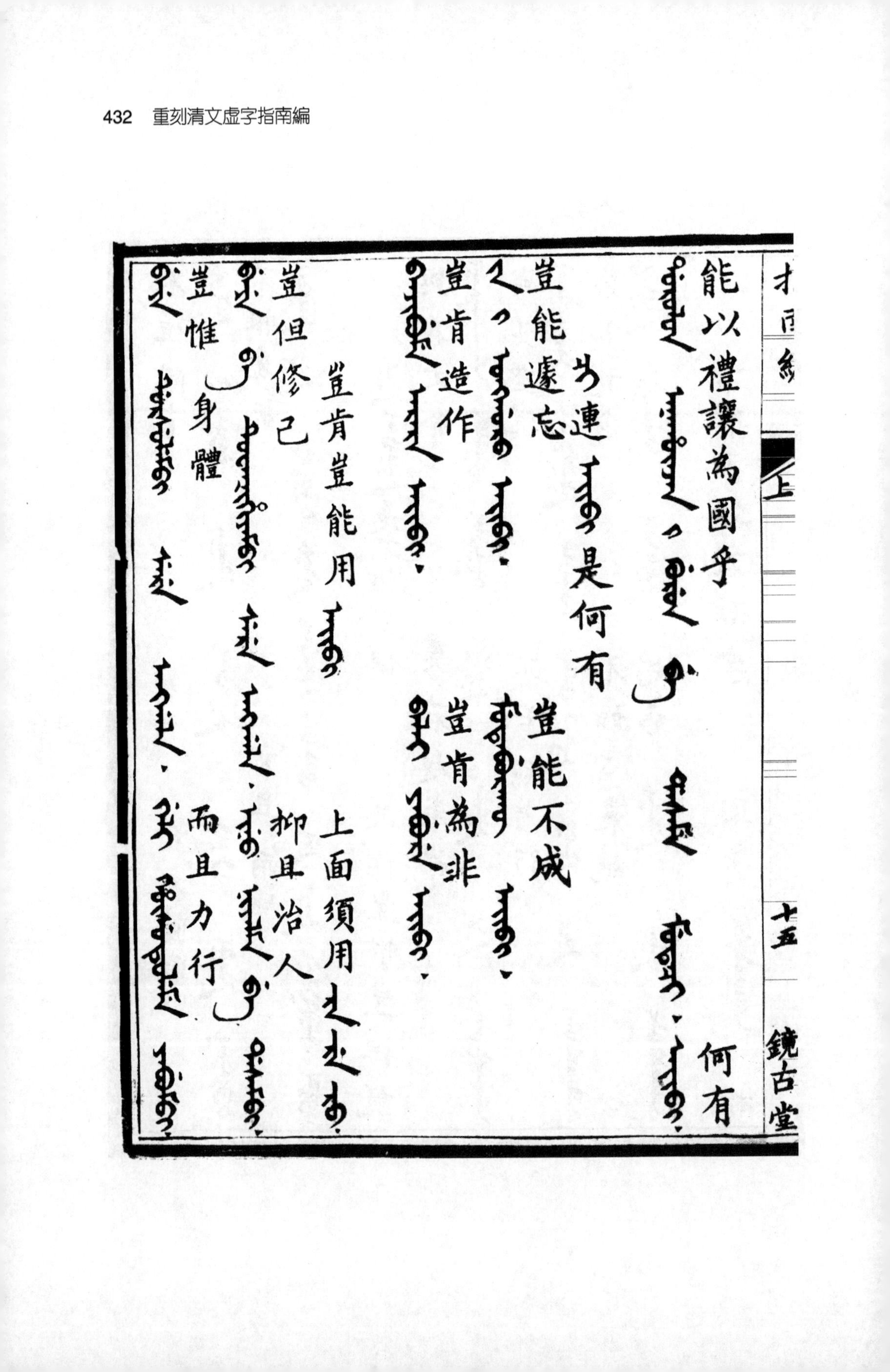

能以禮讓為國乎　何有

与連　是何有

豈能遽忘　豈能不成

豈肯造作　豈肯為非

豈肯豈能用　上面須用之

豈但修己　抑且治人

豈惟身體　而且力行

僅此一人

止此而已乎

竟作孽

只逞強

專尚浮華

純乎天理

二字上接

字

等字多

專純竟只使

僅上惟獨用

有話

何妨說明

何妨

上連

二字之上接ᠣ ᡳ ᠯᠠ ᠯᡝ與ᡩᡝ ᠪᡝ諸字多

如同ᡤᡳᠰᡠᠨ相似　總作比如似若說

ᠠᡶᠠᡵᠠ ᠮᡝᠩᡤᡝ ᡨᡝᡳᠯᡝ ᠠᡴᡡ᠈ ᡤᡝᠯᡳ ᡨᡠᠸᠠᡴᡳᠶᠠᡵᠠ ᠮᡝᠩᡤᡝ᠉

不止能戰　又且善守

ᠠᠰᡠ ᡨᠠᠴᡳᠨ᠈ ᡨᠠᠴᡳᡥᠠ ᠪᡝ ᠮᡝᠩᡤᡝ ᡨᡝᡳᠯᡝ ᠠᡴᡡ᠈ ᠶᠠᠪᡠᠨ ᡤᡝᠯᡳ ᠰᠠᡳᠨ᠉

不獨學問見長　品行也好

若是不獨不止句　語活多

惟有欲速　予獨不然

ᡥᡡᡩᡠᠨ ᠣᠪᡠᡵᡝ ᠪᡝ ᡴᠠᠨᡳ᠈ ᠪᡳ ᠴᡳᠩᡤᡳ ᡨᡠᠰᡳ ᠠᡴᡡ᠉

與彼相同與此相似、

上又接

似不妥

似不足

有若無

實若虛

如登高山

如臨深淵

從善如登

從惡如崩

壽比南山

福如東海

他的形容如同你

你的品貌似乎他

他告訴我 我纔知道了

上邊若接 [Manchu] 字 又作跟前字句說

[Manchu] 皆一體用 引証已往述辭多

自然來 上用 [Manchu] 下文落腳 [Manchu]

自然來 自然去 自然哭 自然喝

他學的與你相同 你作的與他相似

[Manchu] 之下 [Manchu] 字托 短章粗語方使得

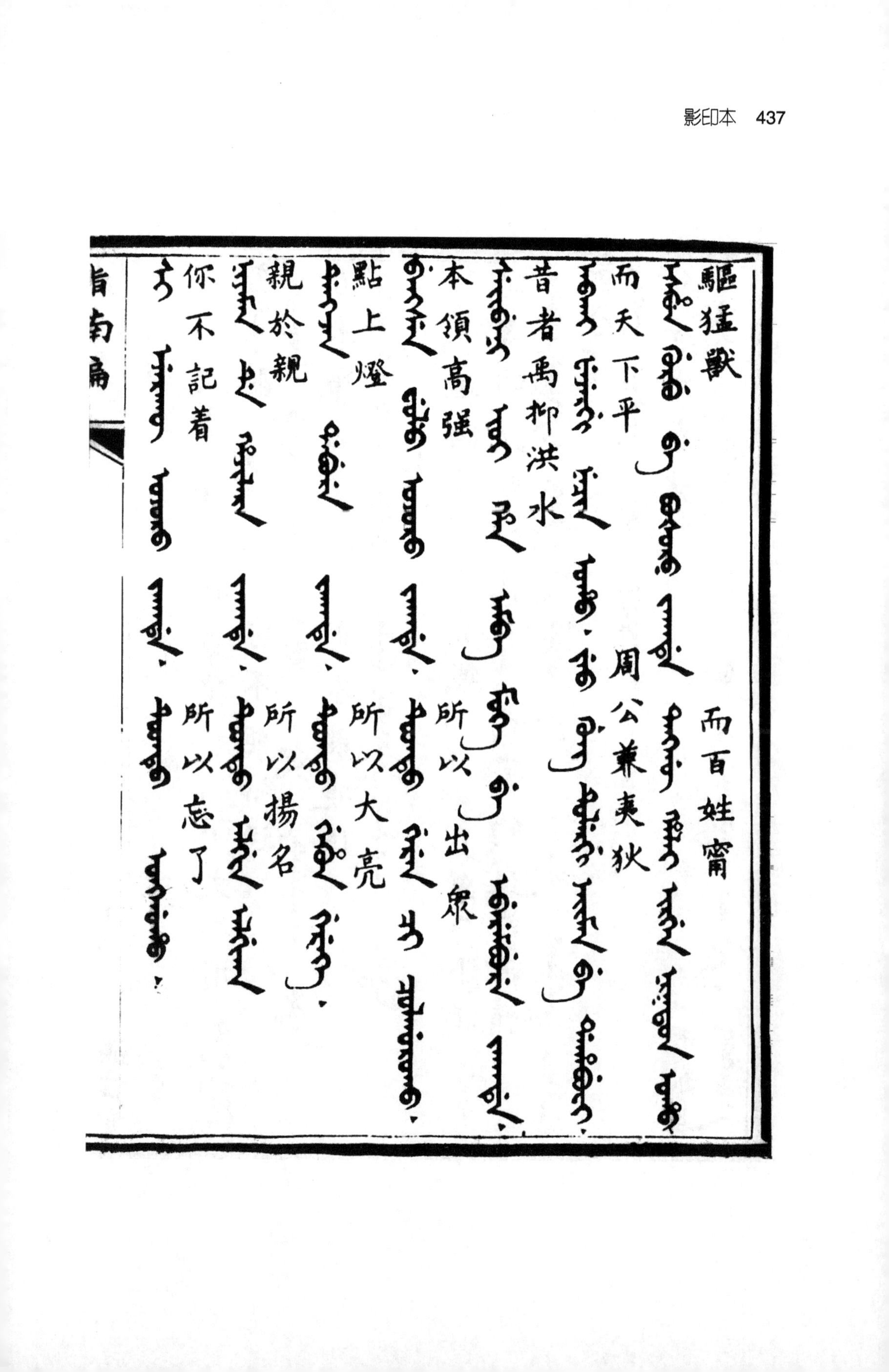

你不記着 所以忘了

親於親 所以揚名

點上燈 所以大亮

本領高强 所以出衆

昔者禹抑洪水

而天下平 周公兼夷狄

驅猛獸 而百姓甯

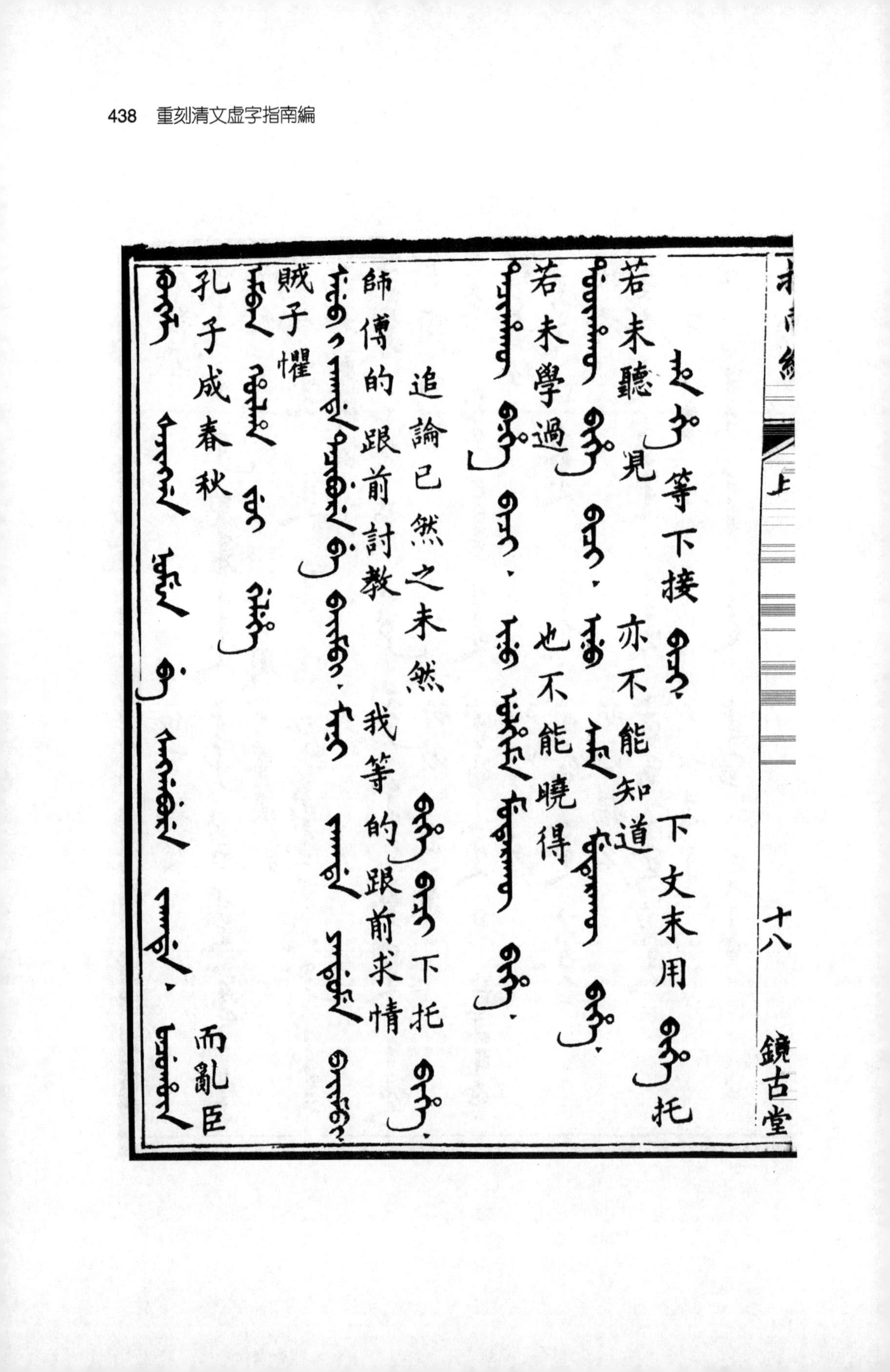

等下接　下文末用　托

若未聽見　亦不能知道

若未學過　也不能曉得

追論已然之未然　下托

師傅的跟前討教　我等的跟前求情

賊子懼

孔子成春秋　而亂臣

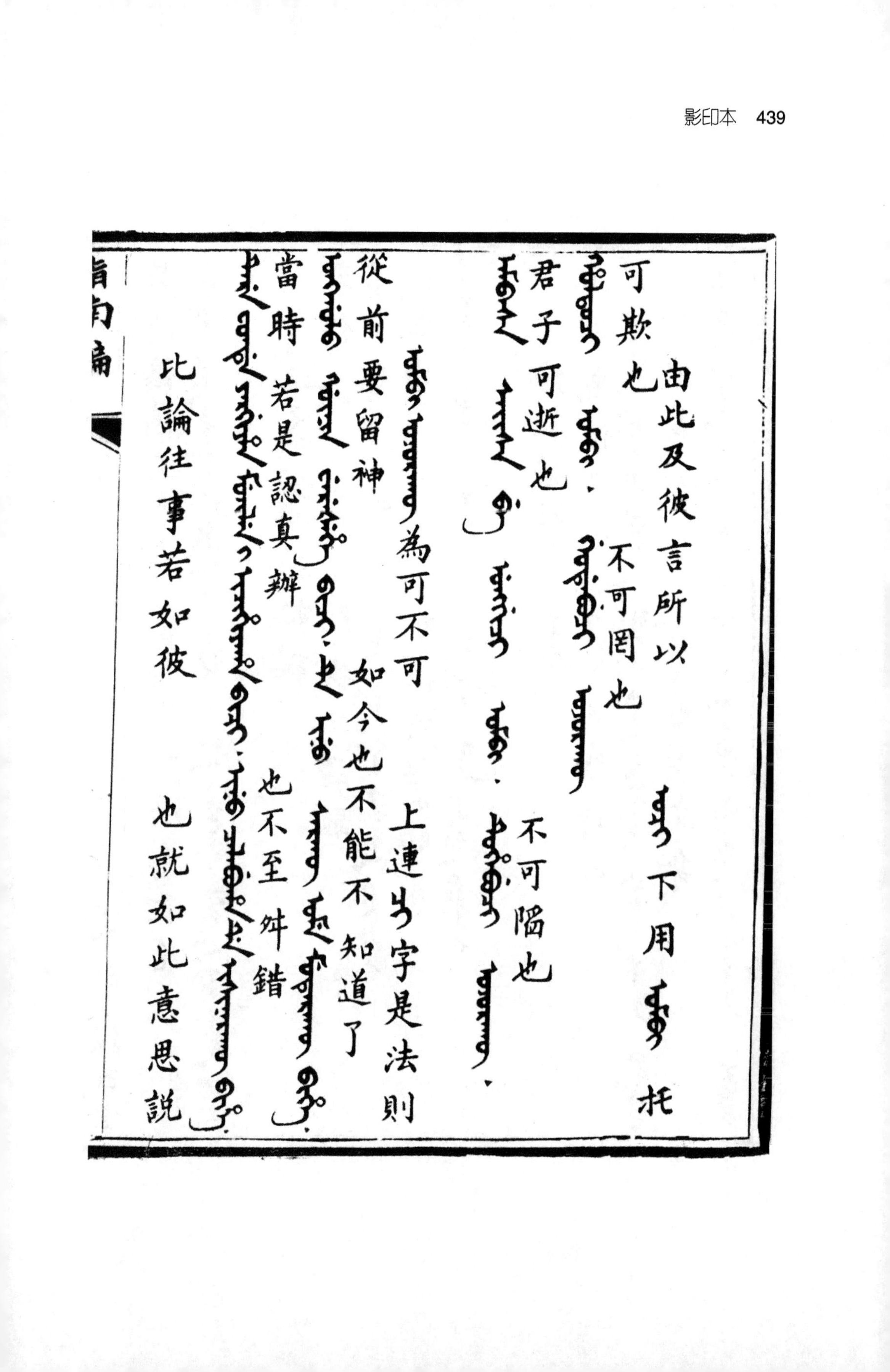

可欺也 由此及彼言所以 下用 托

君子可逝也 不可罔也 不可陷也

為可不可 上連 字是法則

從前要留神 如今也不能不知道了

當時若是認真辦 也不至舛錯

此論往事若如彼 也就如此意思說

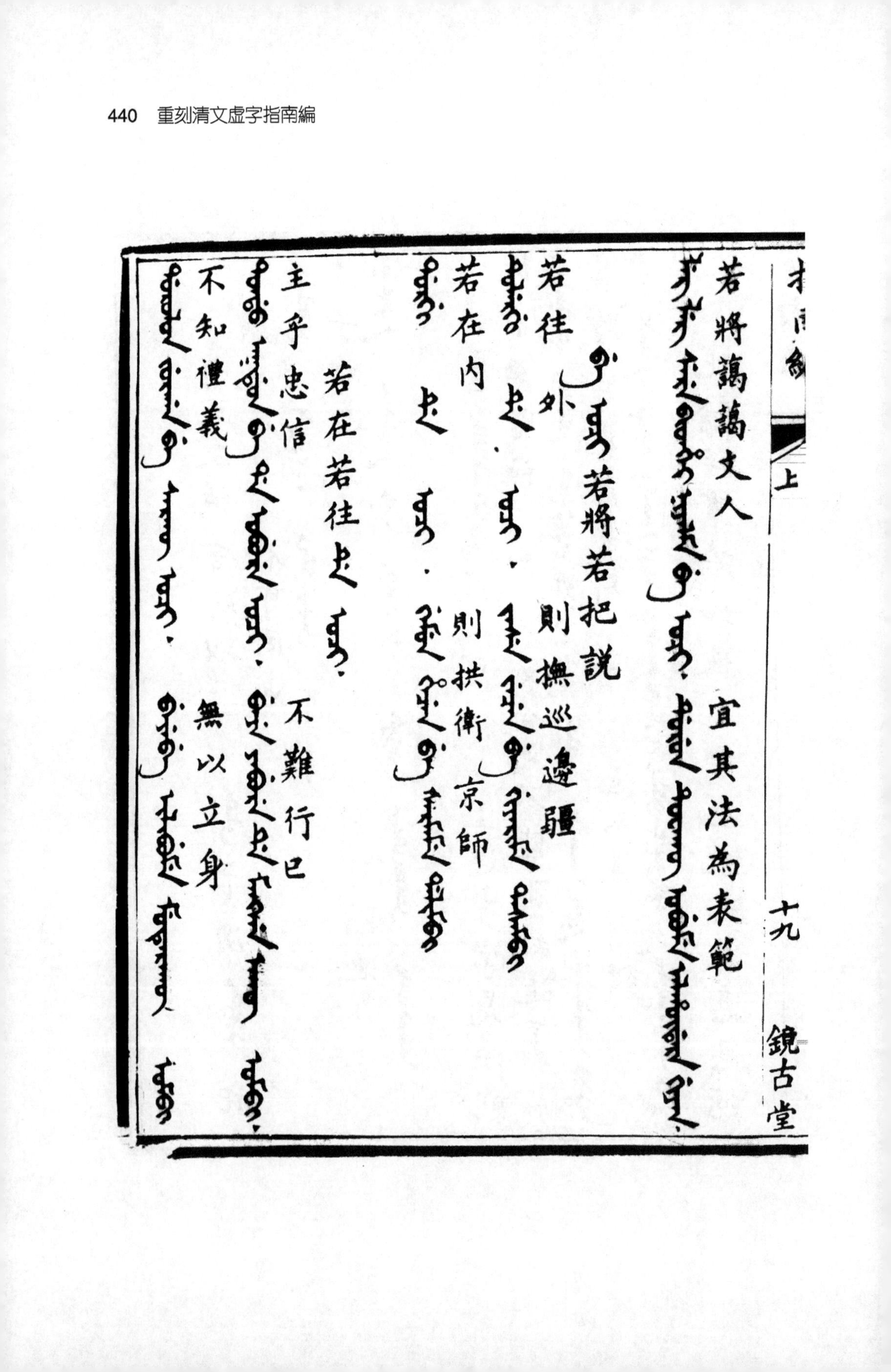

若將藹藹文人　宜其法為表範

若將若把說

若往外　則撫巡邊疆

若在內　則拱衛京師

若在若往

主乎忠信　不難行已

不知禮義　無以立身

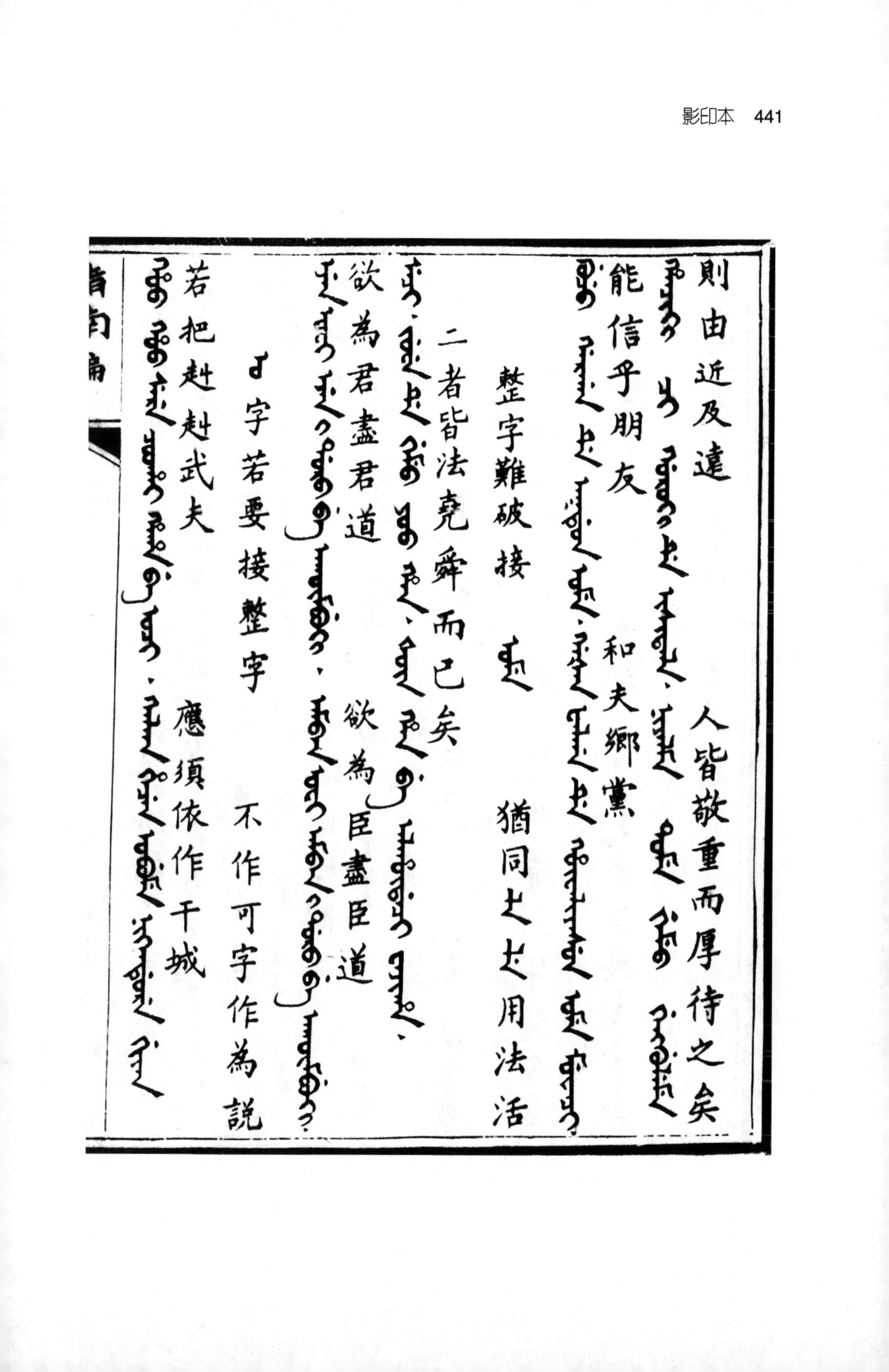

則由近及遠 人皆敬重而厚待之矣

能信乎朋友 和夫鄉黨

整字難破接 猶同 用法活

二者皆法堯舜而已矣

欲為君盡君道 欲為臣盡臣道

字若要接整字 不作可字作為說

若把赳赳武夫 應須依作干城

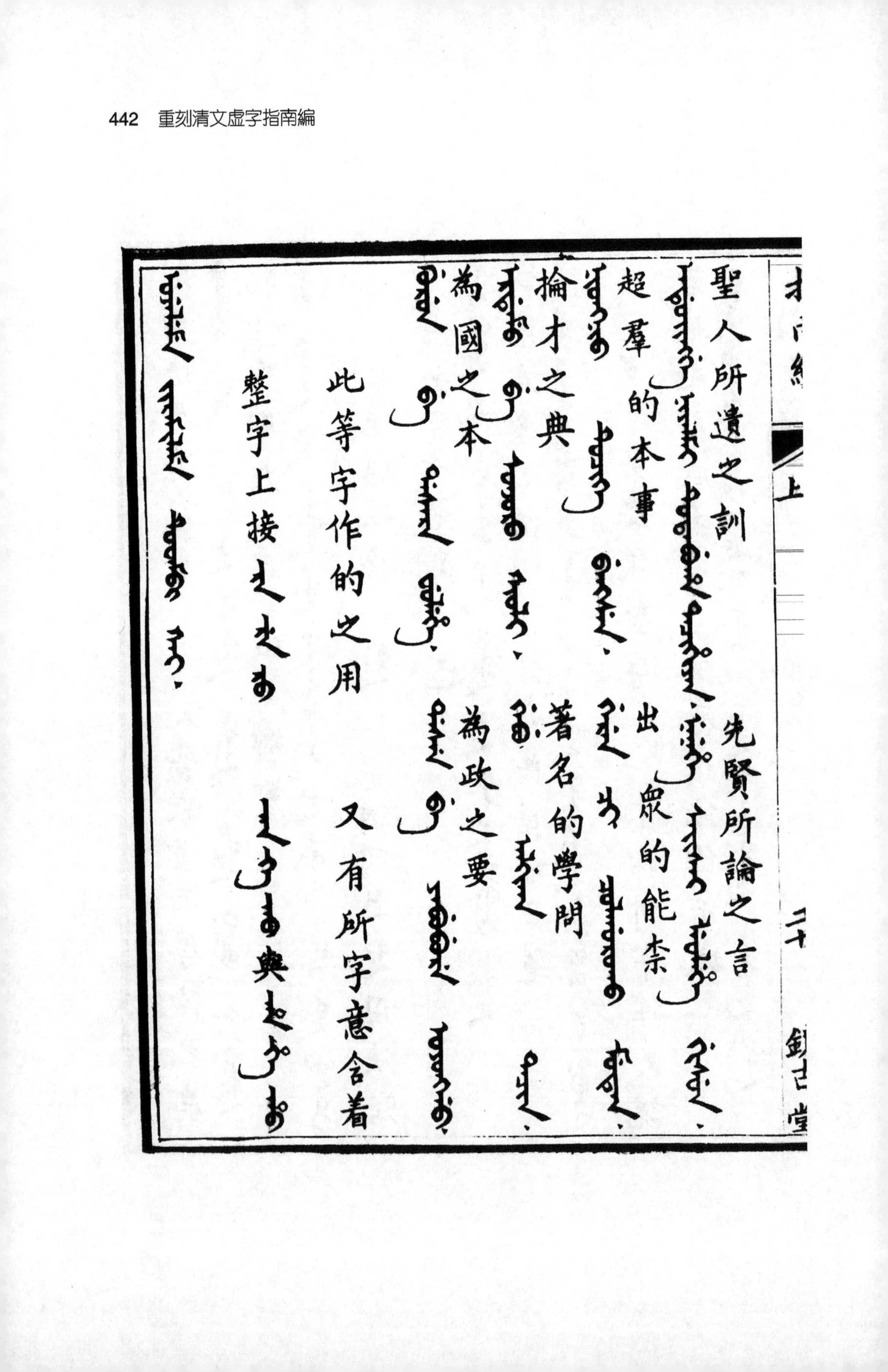

聖人所遺之訓　先賢所論之言

超羣的本事　出衆的能柰

掄才之典　著名的學問

為國之本　為政之要

此等字作的之用　又有所字意含着

整字上接　與

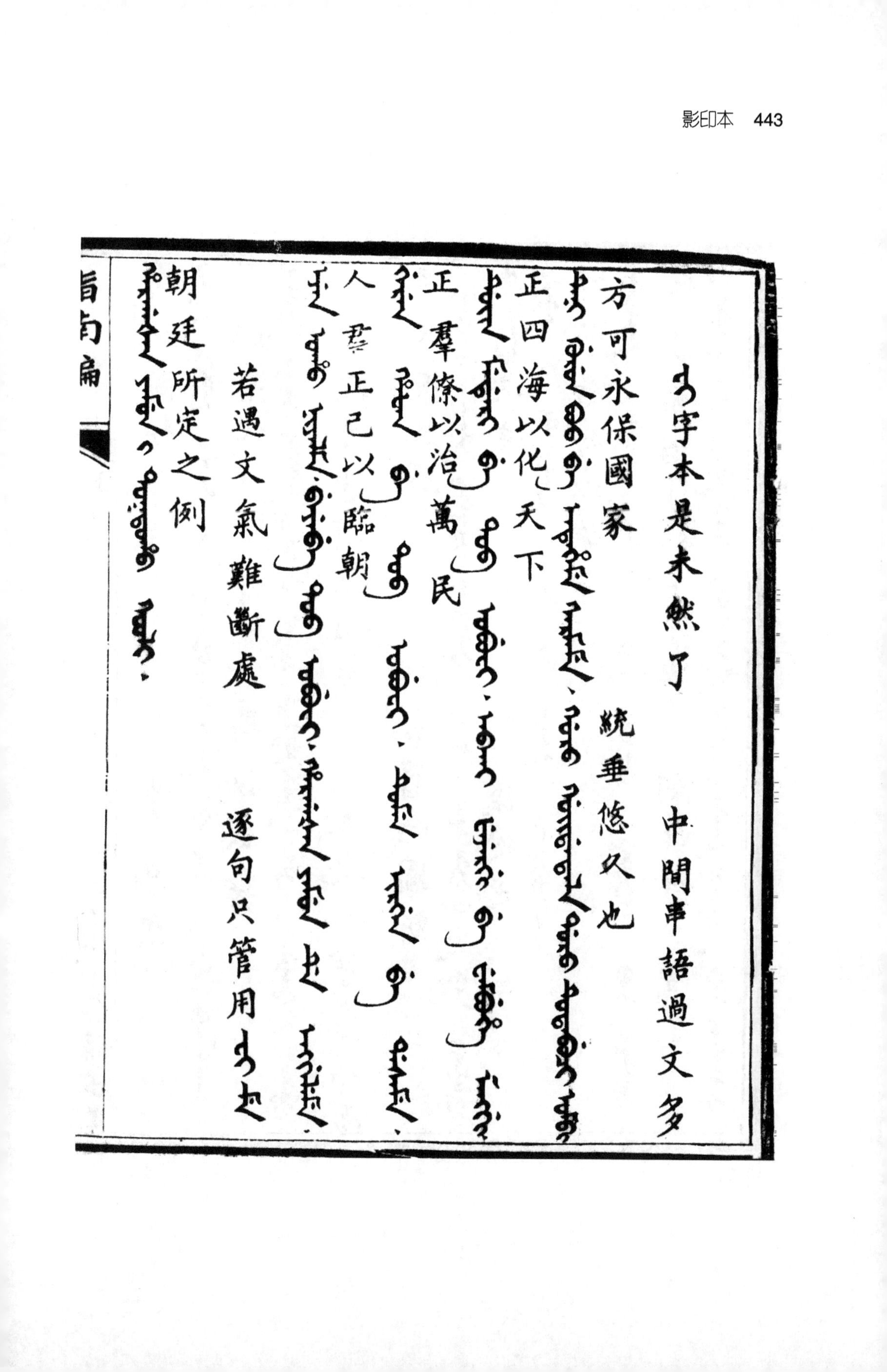

ᠰᡝ字本是未然了　中間串語過文多

方可永保國家　統垂悠久也

正四海以化天下

正羣僚以治萬民

人君正己以臨朝

若遇文氣難斷處　逐句只管用ᠰᡝ

朝廷所定之例

萬邦協和 庶績咸熙

百姓普化 萬物咸若

有力神情應用 又比 字意活潑

日久而生厭 舍舊而圖新

先行其言 而後從之

君子居易以俟命

回了家喫了飯上了學 好生學本事

待人處事 合着時勢 遵之古禮 豈有不好的

謹身率教 循理奉公

敦崇孝友 服習詩書

化裁推行 教養生成

也字在中為串貫 句尾卻又講之着

引領而望 忍心而行

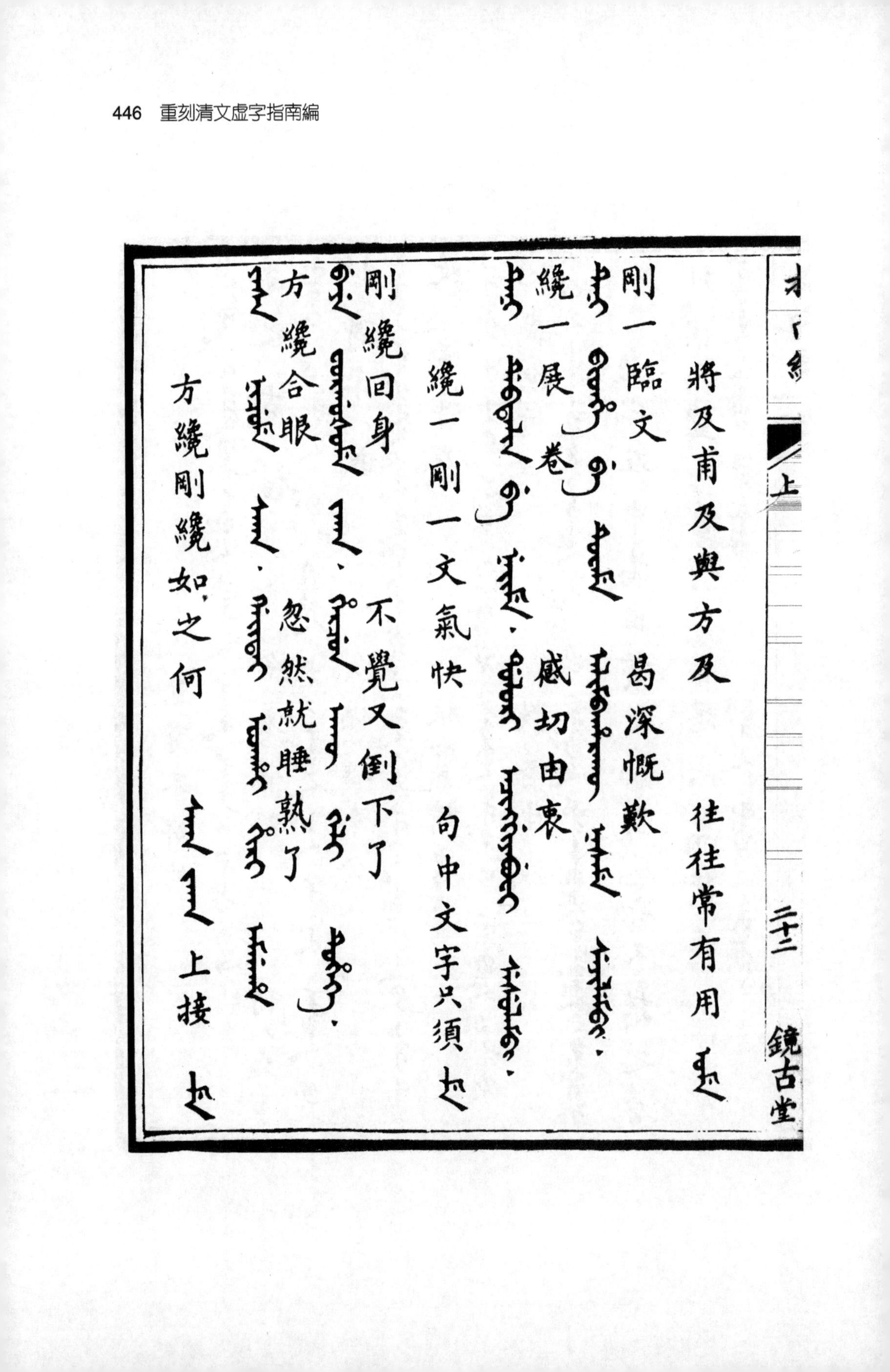

將及甫及與方及　往往常有用

剛一臨文　曷深慨歎

纔一展卷　感切由衷

纔一剛一文氣快　向中文字只須

剛纔回身　不覺又倒下了

方纔合眼　忽然就睡熟了

方纔剛纔如之何　上接

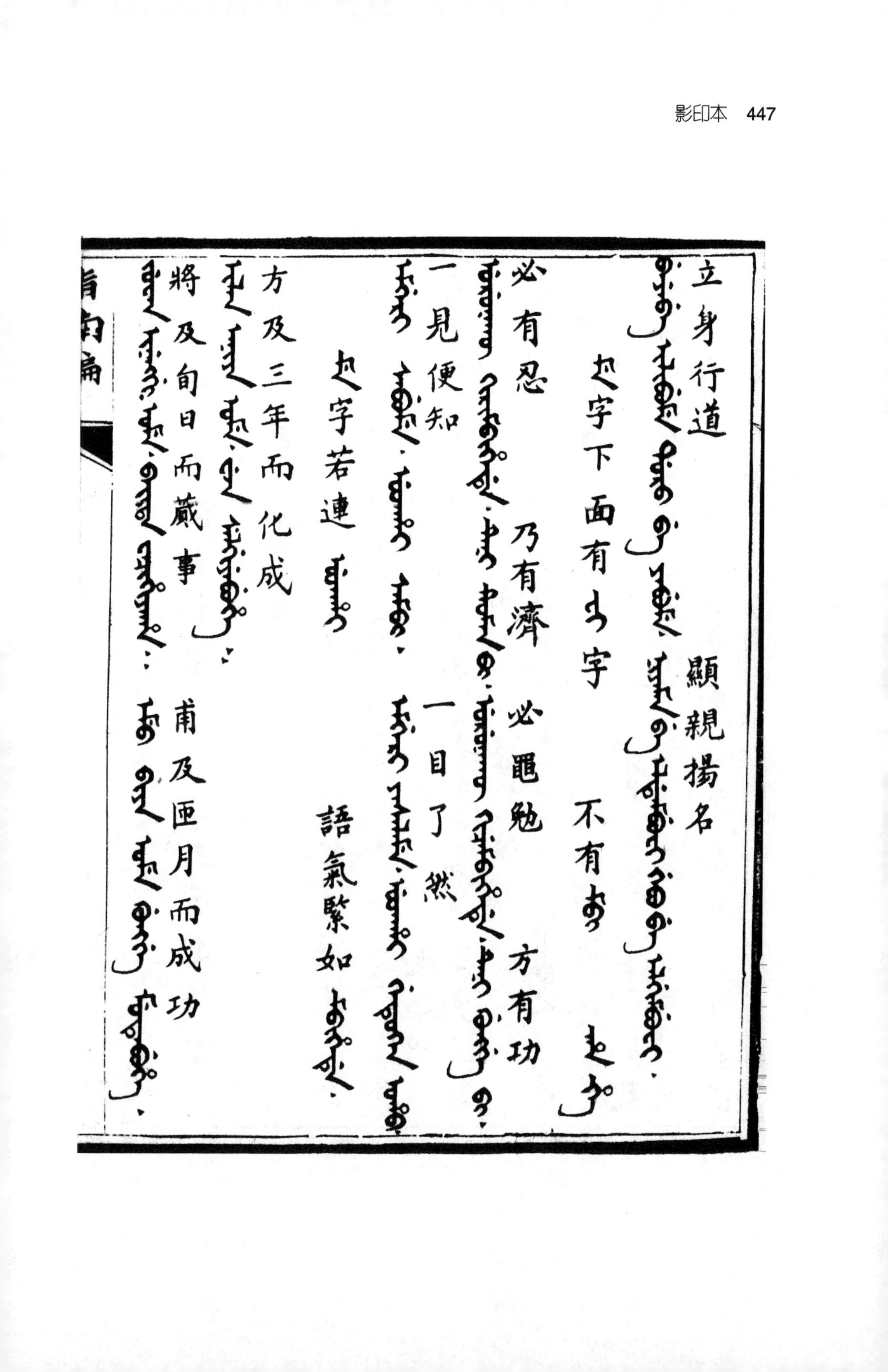

立身行道 顯親揚名

字下面有字 不有

必有忍 乃有濟 必黽勉 方有功

一見便知 一目了然

字若連 語氣緊如

方及三年而化成

將及旬日而藏事 甫及匝月而成功

字下面有字 工夫遞進語言多

而幾乎賢且進於仁矣

準今酌古 近思切問

而日就荒廢焉

沽名釣譽 勤始惰終

無虧於人子之道也可

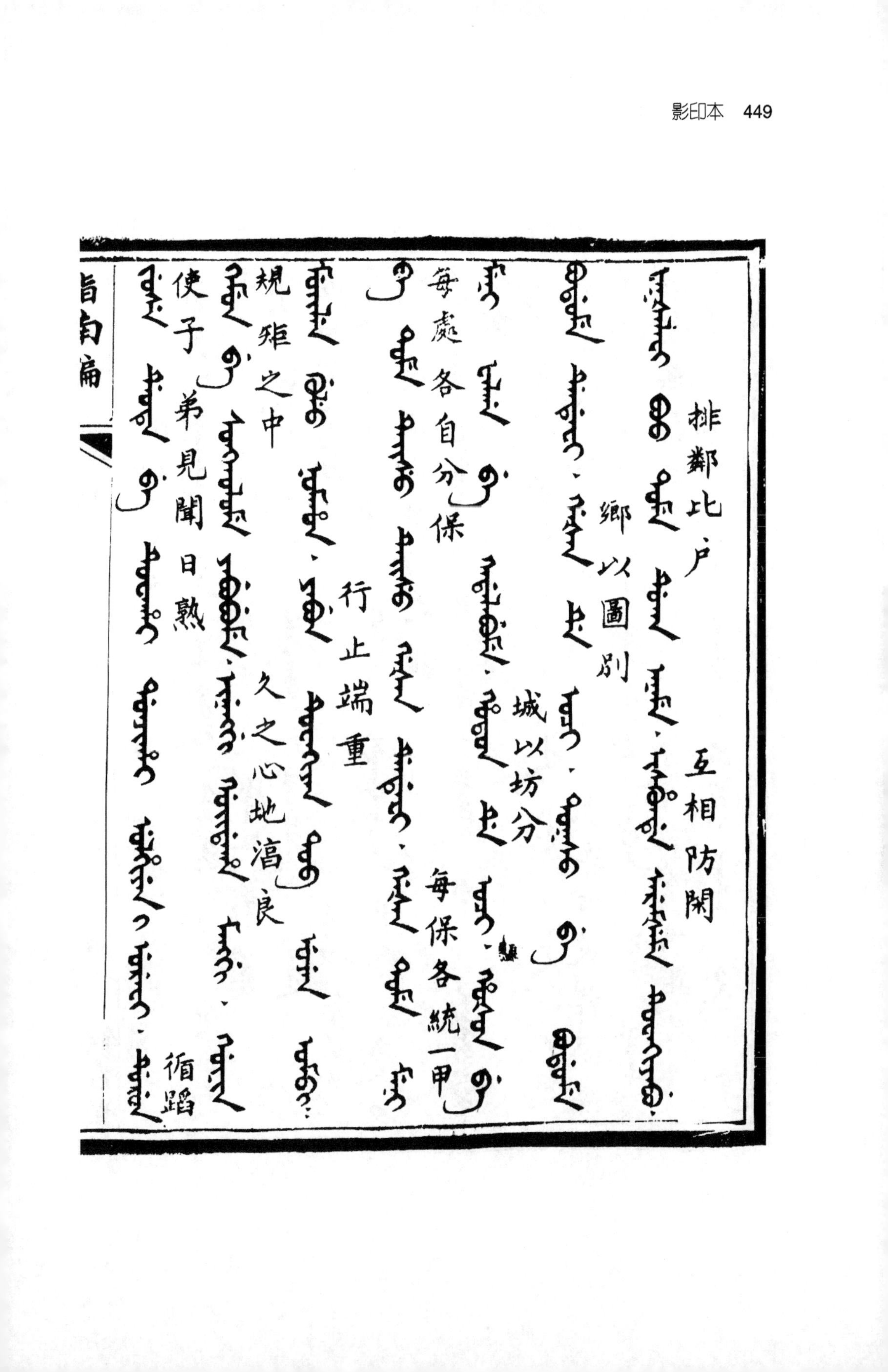

排鄰比戶 互相防閑

鄉以圖別

城以坊分

每處各自分保 每保各統一甲

行止端重

規矩之中 久之心地湻良

使子弟見聞日熟 循蹈

旨訓編

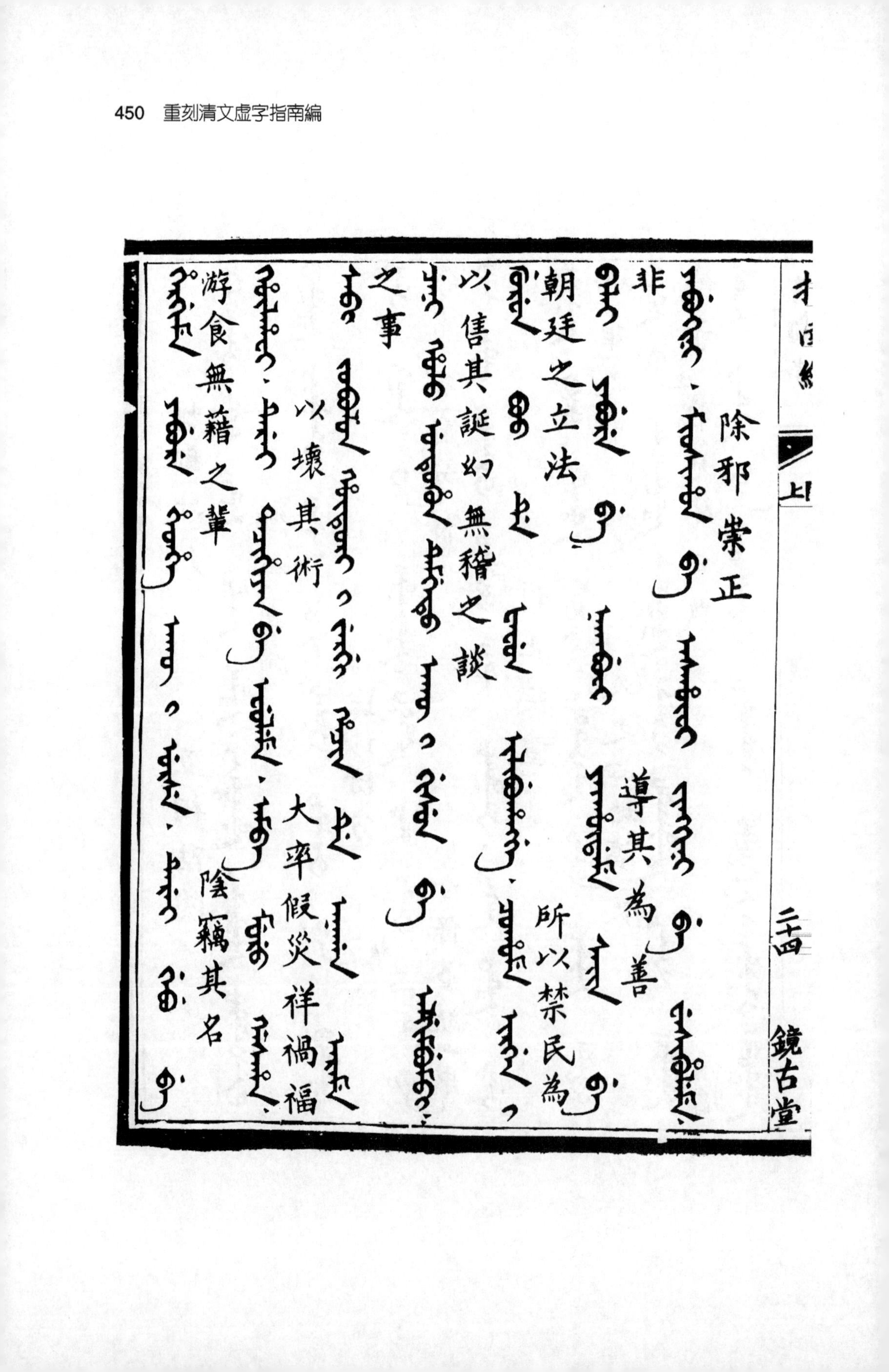

除邪崇正

導其為善

非

朝廷之立法

所以禁民為

以售其誕幻無稽之談

之事

以壞其術

大率假災祥禍福

游食無藉之輩

陰竊其名

旁徵遠引　往覆周詳

[Manchu] 字平平往下串

凡學之無成者　以其心不專也

耳

人之越分妄為　不知夫義理

連　與　字　暗述上文因字活

云危就安者也

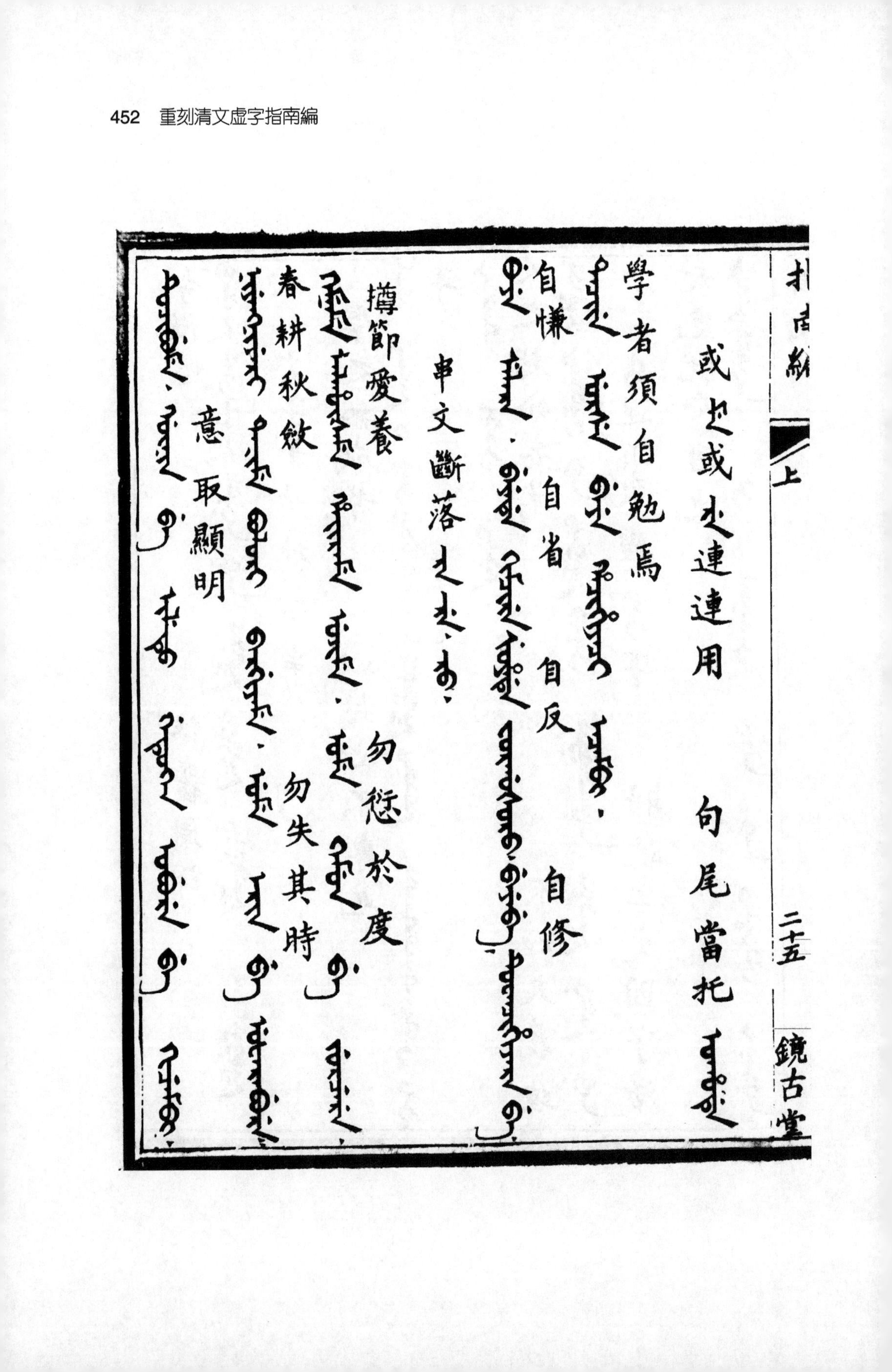

或[Manchu]或[Manchu]連連用　句尾當托 [Manchu]

[Manchu]

學者須自勉焉

[Manchu]

自慊　自省　自反　自修

串文斷落 [Manchu]

[Manchu]

撙節愛養　勿慾於度

[Manchu]

春耕秋斂　勿失其時

意取顯明

[Manchu]

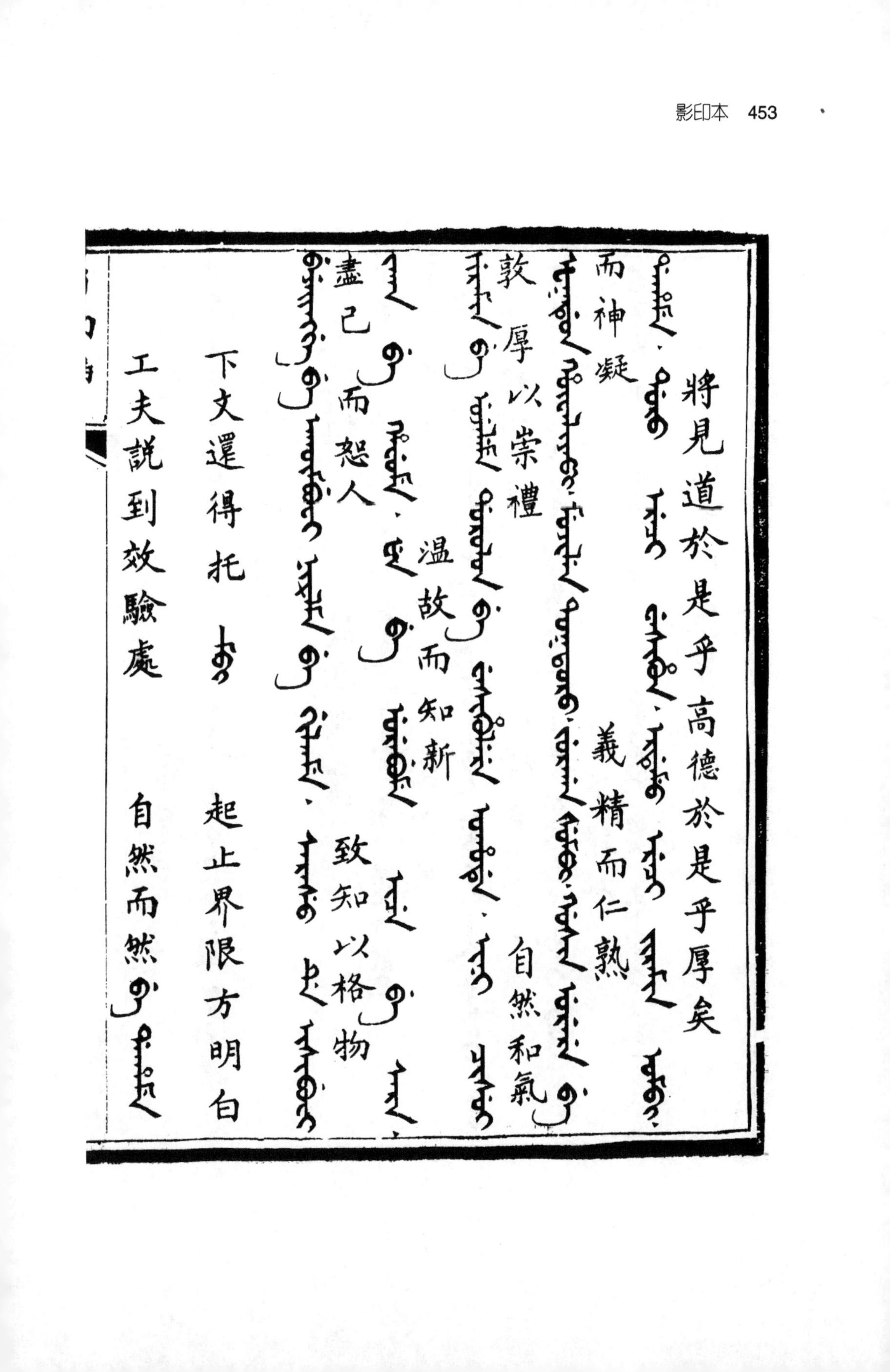

將見道於是乎高德於是乎厚矣

而神凝　義精而仁熟

敦厚以崇禮　自然和氣

温故而知新

盡己而恕人　致知以格物

下文還得托　起止界限方明白

工夫説到效驗處　自然而然

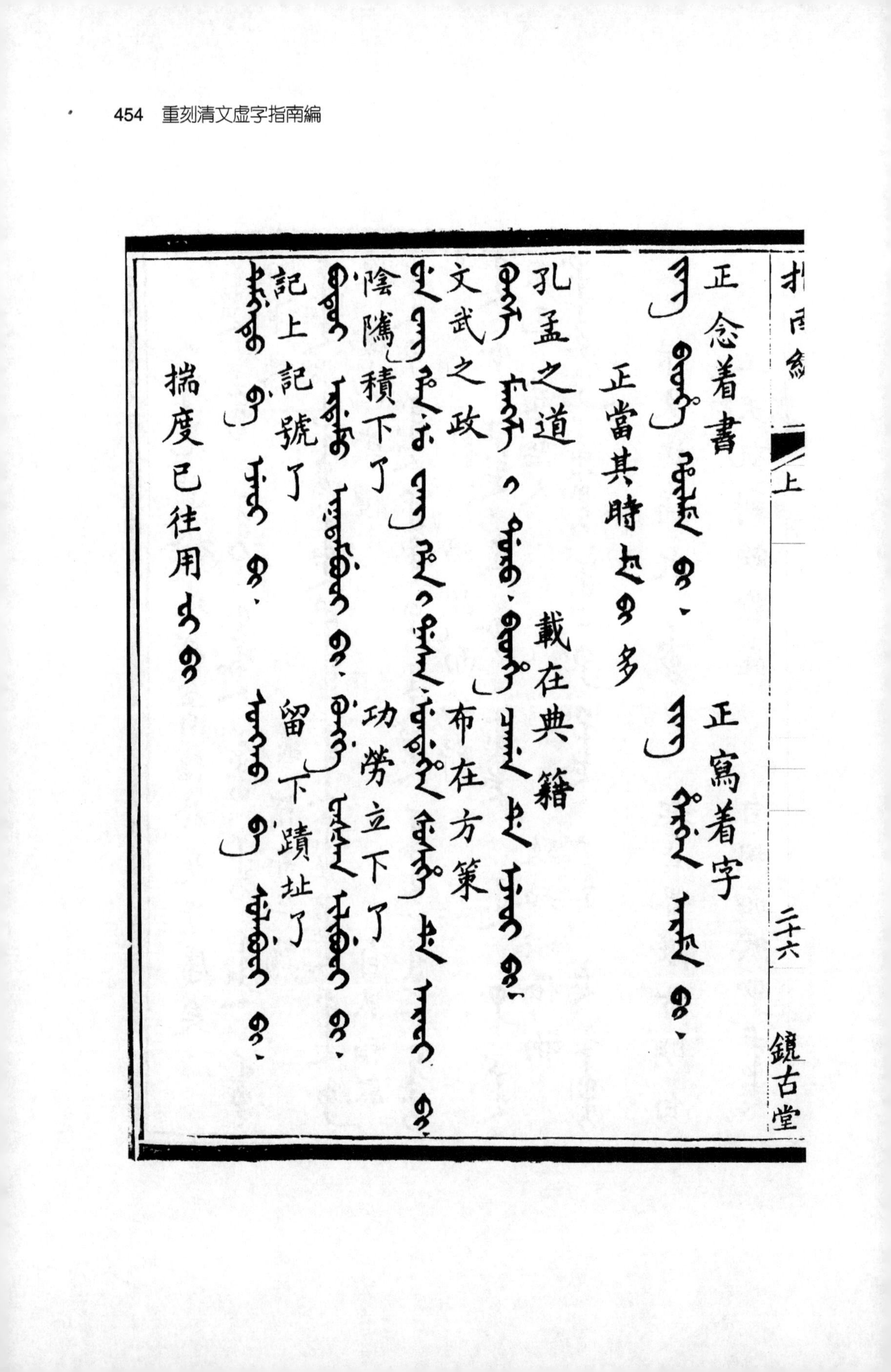

正念着書　正寫着字

正當其時　多

孔孟之道　載在典籍

文武之政　布在方策

陰隲積下了　功勞立下了

記上記號了　留下蹟址了

揣度已往用

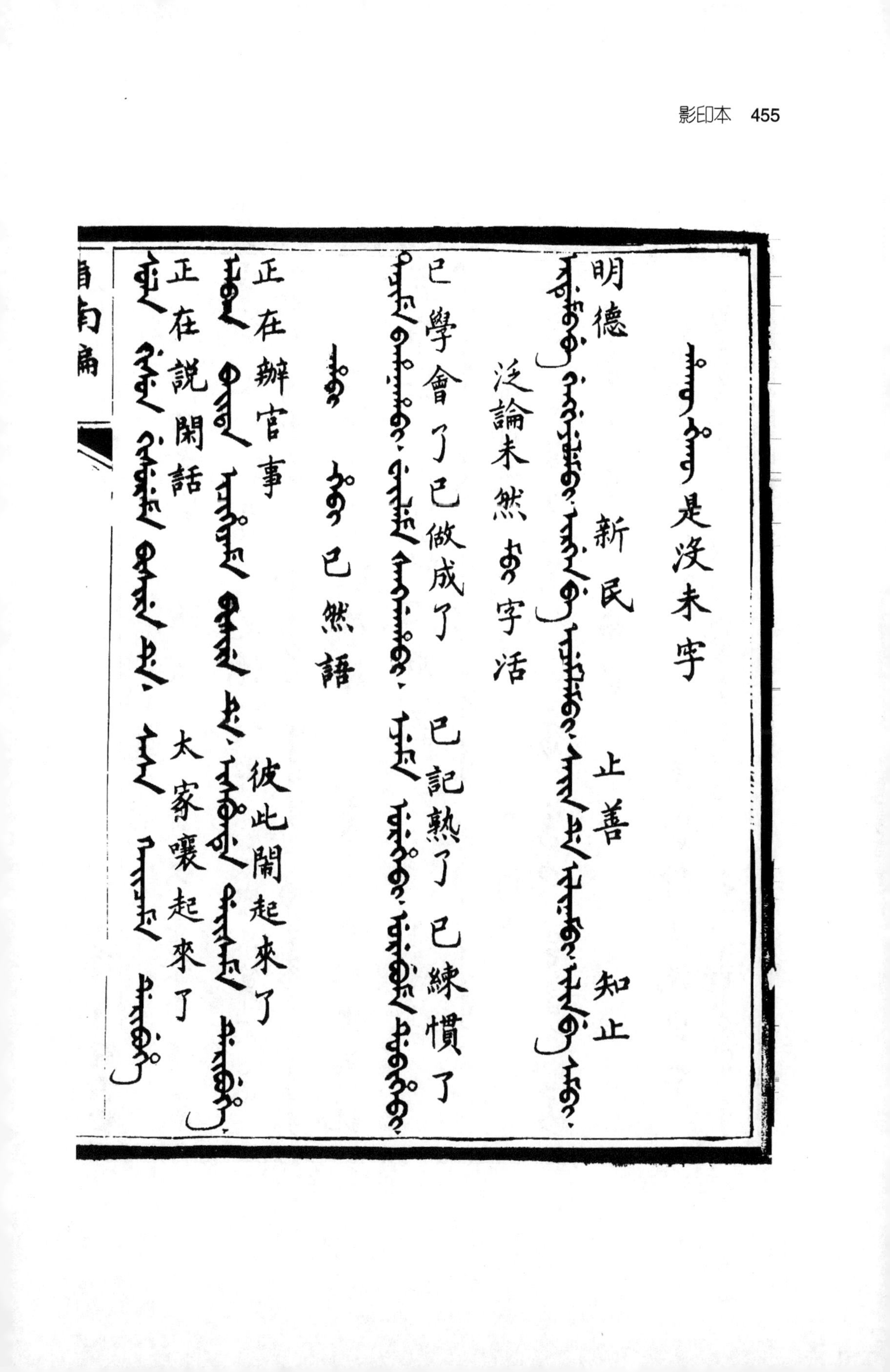

是沒未字

明德　新民　止善　知止

泛論未然字活

已學會了已做成了　已記熟了已練慣了

已然語

正在辦官事　彼此鬧起來了

正在說閑話　太家嚷起來了

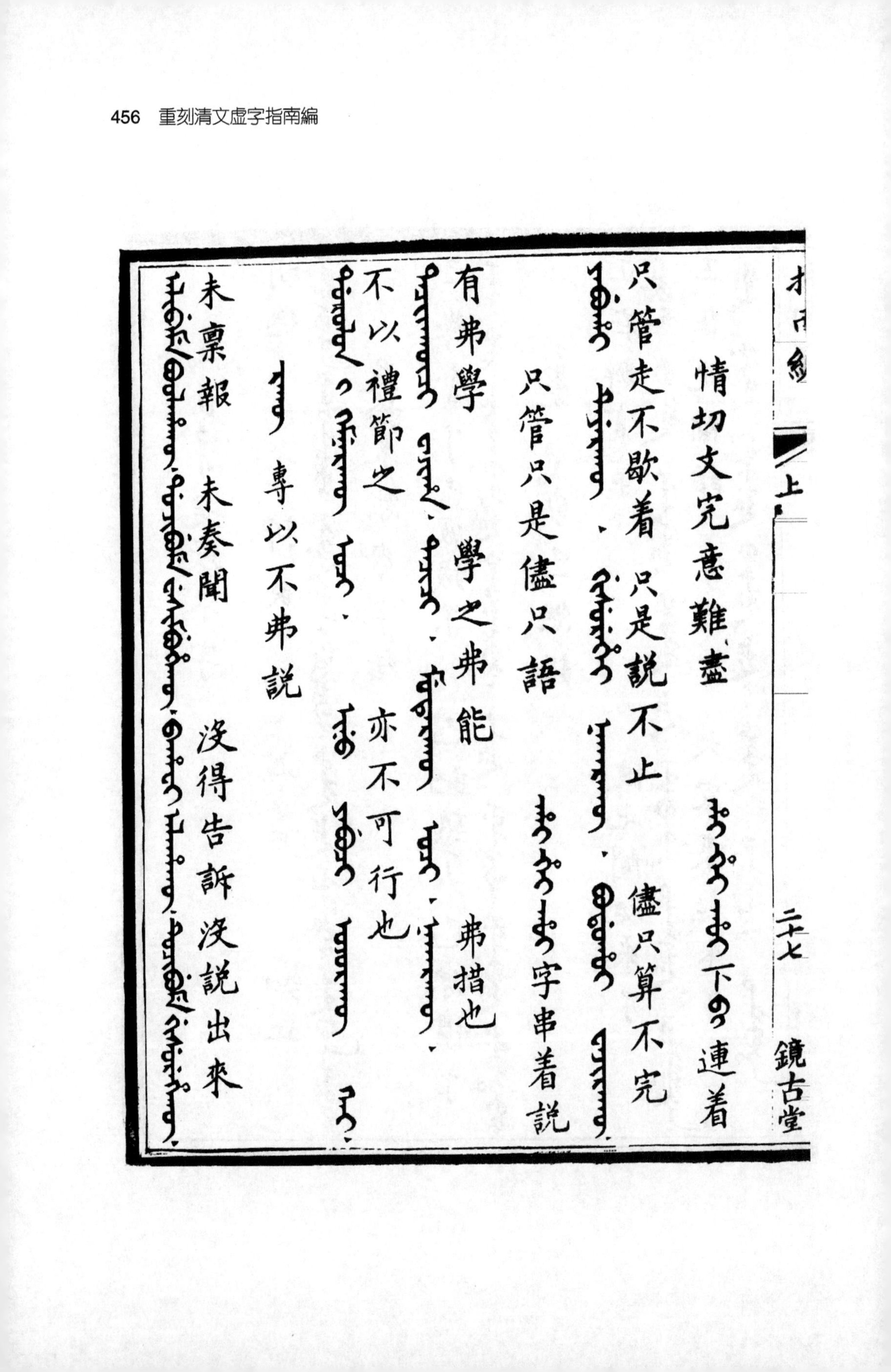

情切文完意難盡 下の連着

只管走不歇着 只是說不止 儘只算不完

只管只是儘只語 字串着說

有弗學 學之弗能 弗措也

不以禮節之 亦不可行也

專以不弗說

未稟報 未奏聞 沒得告訴沒說出來

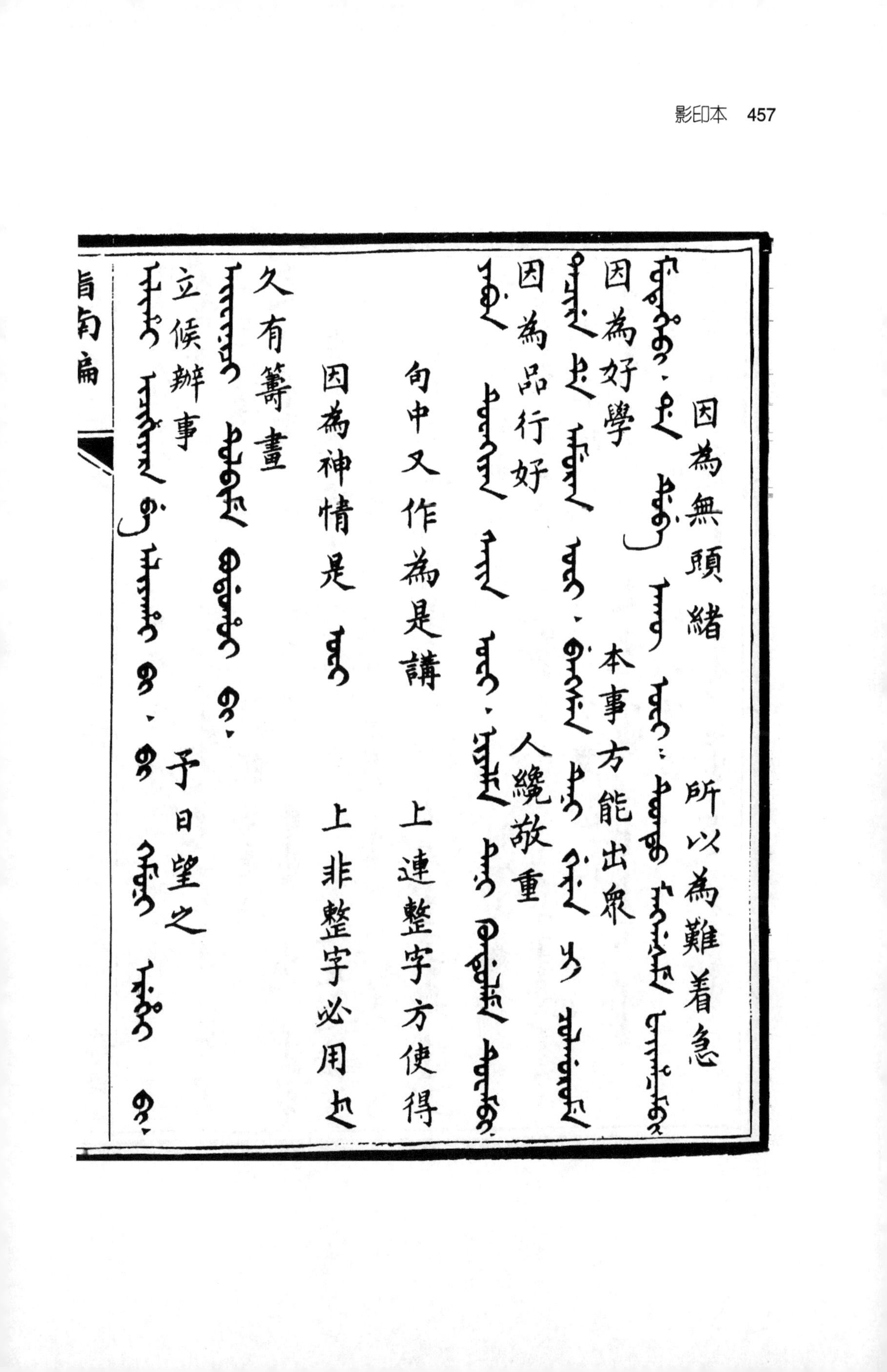

因為無頭緒　所以為難着急

因為好學　本事方能出衆

因為品行好　人纔敬重

句中又作為是講　上連整字方使得

因為神情是　上非整字必用

久有籌畫

立候辦事　予日望之

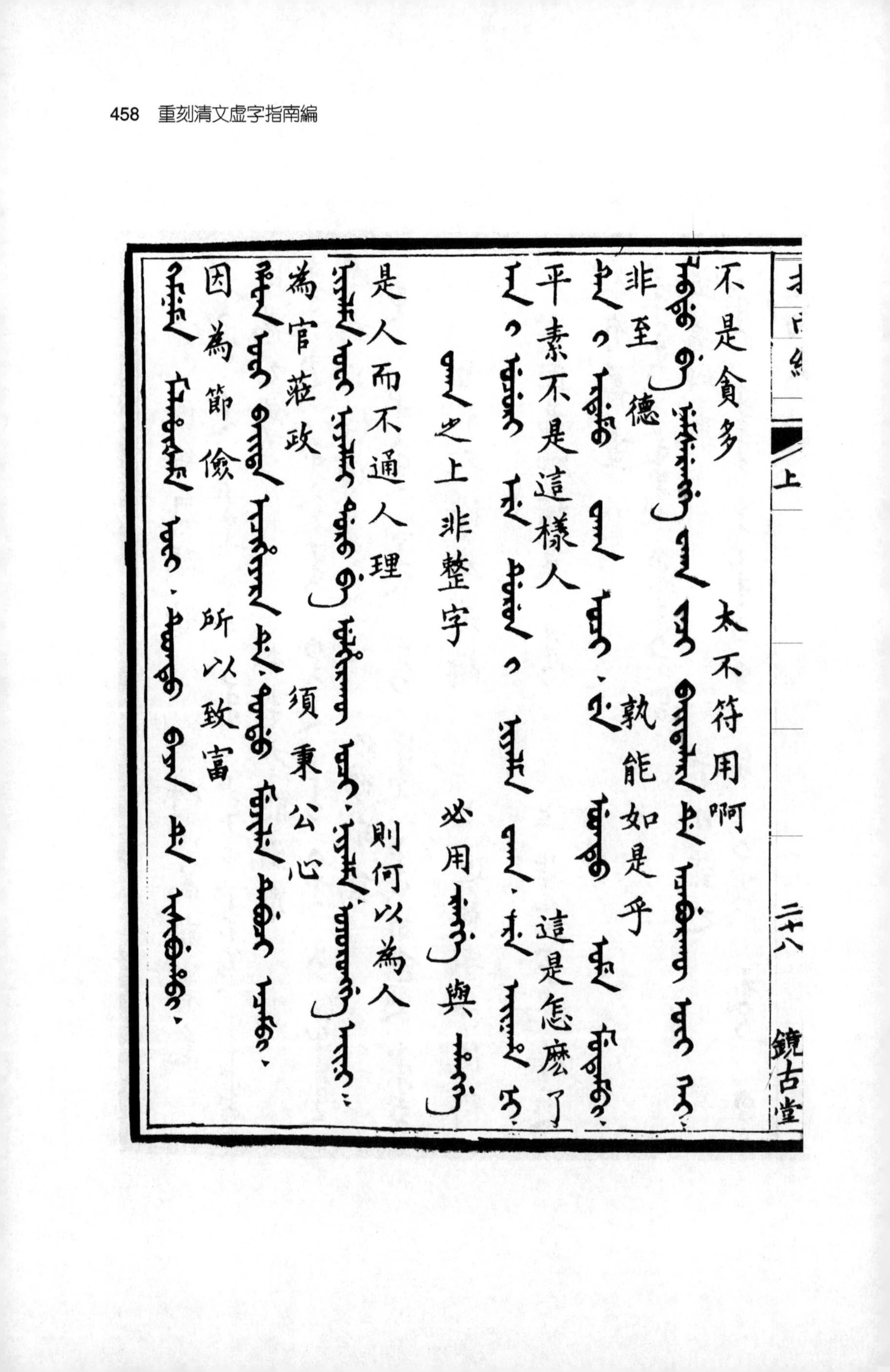

不是貪多 太不符用啊

非至德 孰能如是乎

平素不是這樣人 這是怎麽了

之上非整字 必用 與

是人而不通人理 則何以為人

為官蒞政 須秉公心

因為節儉 所以致富

人之任意妄為 乃由氣質之

其學之不成者 乃由於不勤也

追述上文褒貶語 下用

法倒者 帝王不得已而用之也

博聞强記 所以畜德而弘業者也

開口一叫使 末尾亦用長音托

原為圖名 非是求利

是的者用 暗有人字意藏着

從義者 尊德樂道之人也

守分 從時 擇善

三字平行歸一致 下接

不肯讀書所致也

偏 大凡不明禮義者

夫聖學 昌於鄒魯

仁義者 理之本也 刑罰者 理之末也

夫志 氣之帥也 氣 體之充也

下文若是有也者 字作着落

是論夫者字 整字與 亦可托

為善者 享福 作惡者 受罪

殺人的 償命 欠債的 還錢

夫政也者 蒲盧也

明斷用也

中正本也

道盛德至善 民之不能忘也

有斐君子 終不可諠兮者

夫道統 肇自中天

春鼓之以風　夏潤之以雨　是天

是也說

也

凡人失其本性者　不能明善復初

不知夫義利之區也

世人之常變操守者

是倒裝語

句尾須用 起止界限方明白

若是引經與據典 必用

是攝束身心而不他適也

也 主敬者

所謂定志者 是一心擇善而固執之

下濕者宜秔稻 是地之利也

之時也 高躁者宜黍稷

用　引述起　句下須用

輔世長民之要務也

莫善於禮

是知禮也者

孝經云

安上治民

莫過於禮也

可見辨尊卑

分上下

禮記曰

禮達而分定

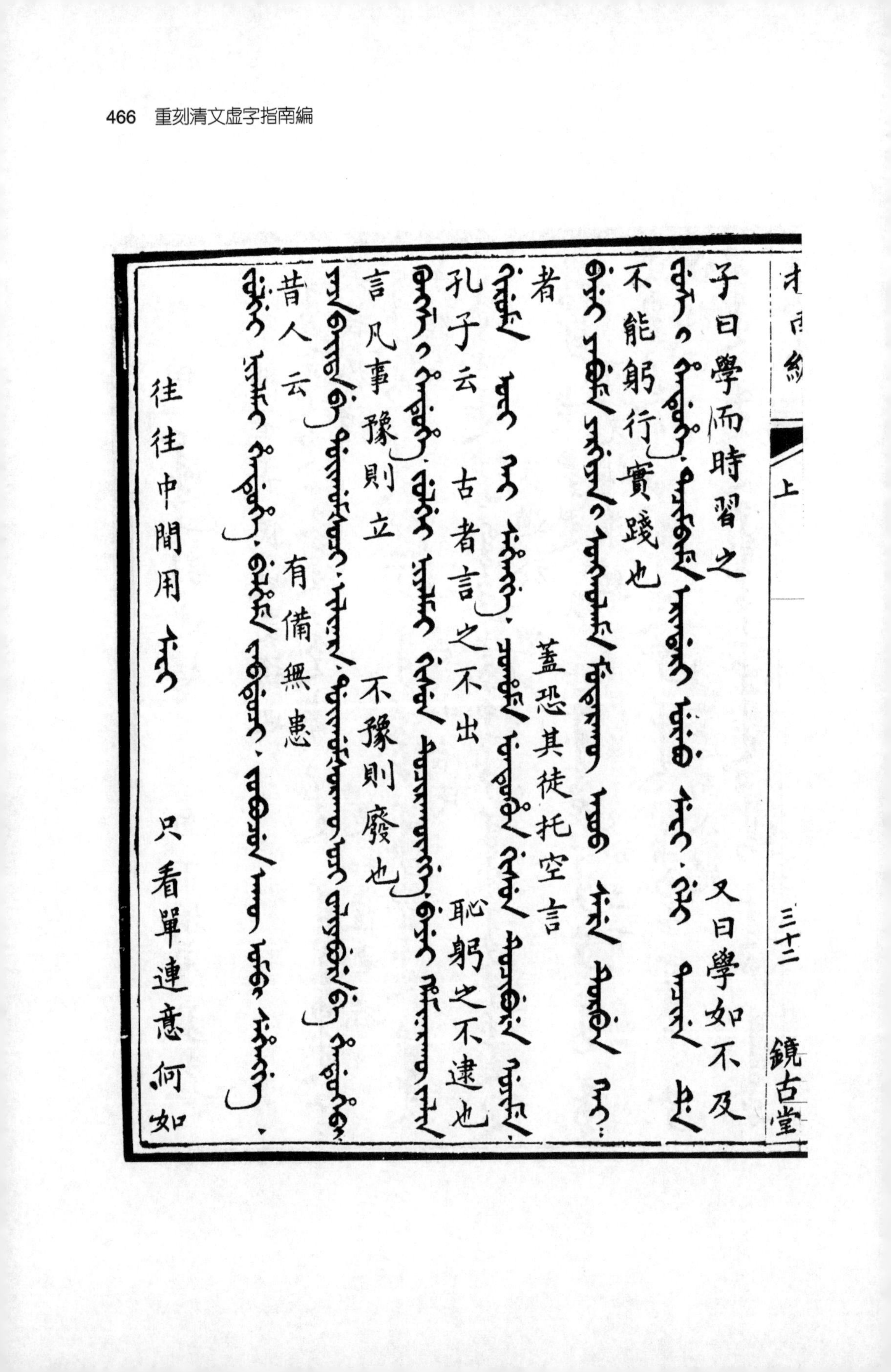

子曰學而時習之　又曰學如不及

不能躬行實踐也

者　蓋恐其徒托空言

孔子云　古者言之不出　恥躬之不逮也

言凡事豫則立　不豫則廢也

昔人云　有備無患

往往中間用　只看單連意何如

夜裏光照於天地者 曰月

日間光照於天地者 曰日

至厚而載萬物者 為地

至高而覆萬物者 為天

為字謂字是 上面必有 叫着

臾而或輟也

乃使人及時勤學不可須

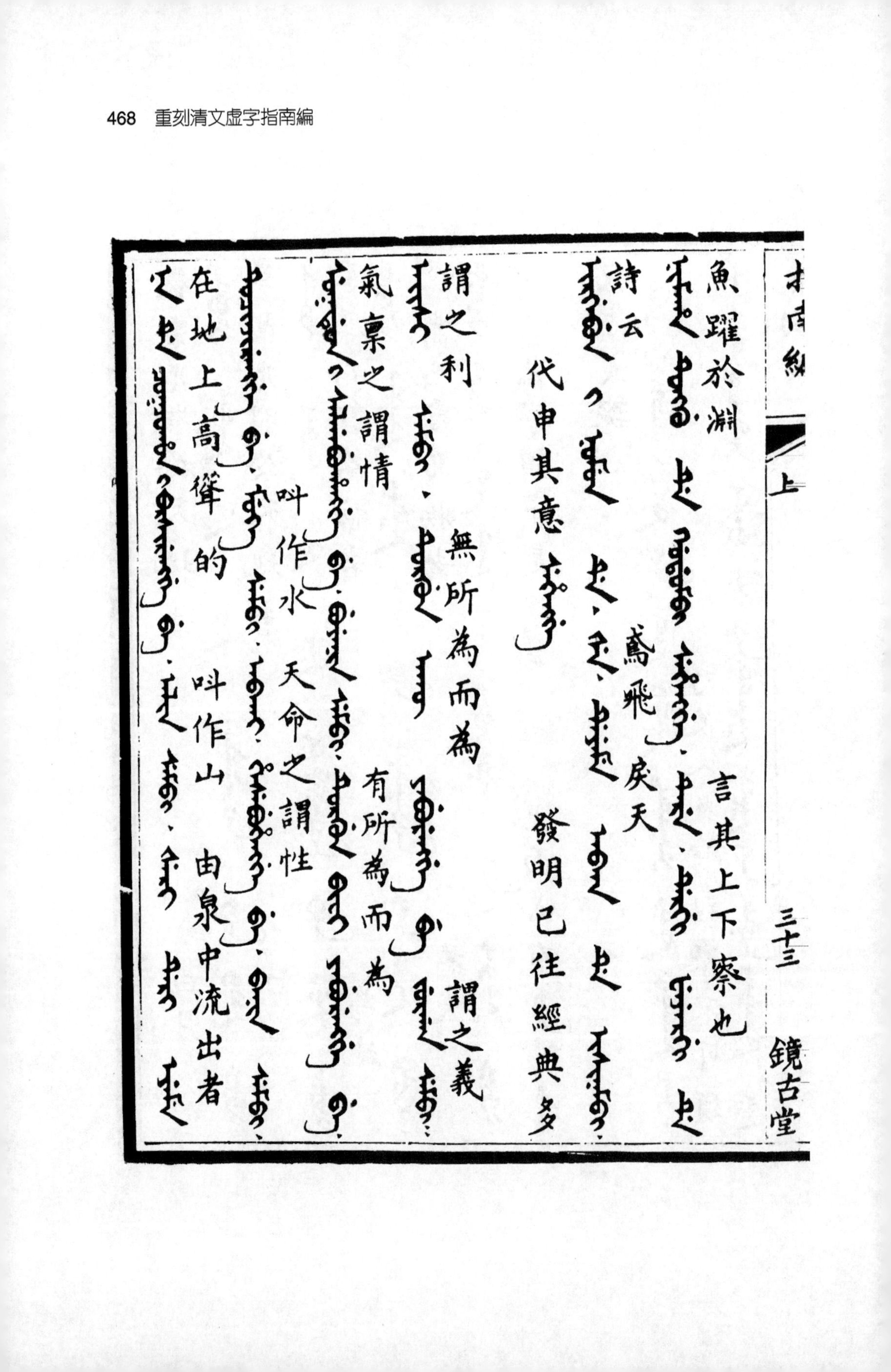

魚躍於淵 言其上下察也

詩云 鳶飛戾天

代申其意 發明已往經典多

謂之利 無所為而為 謂之義

氣稟之謂情 有所為而為

叫作水 天命之謂性

在地上高聳的 叫作山 由泉中流出者

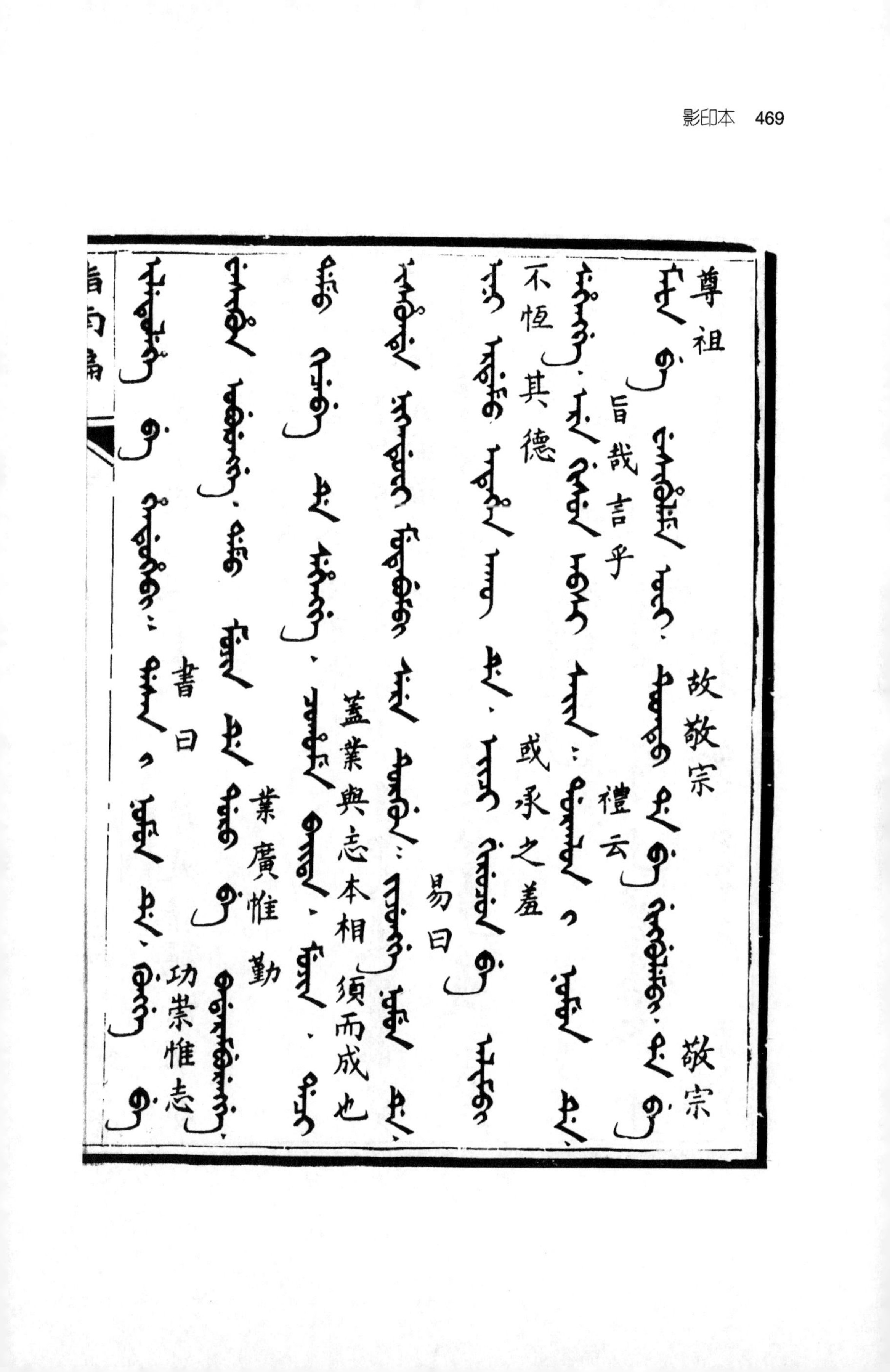

尊祖

故敬宗

敬宗

旨哉言乎

禮云

不恒其德

或承之羞

易曰

蓋業與志本相須而成也

業廣惟勤

書曰

功崇惟志

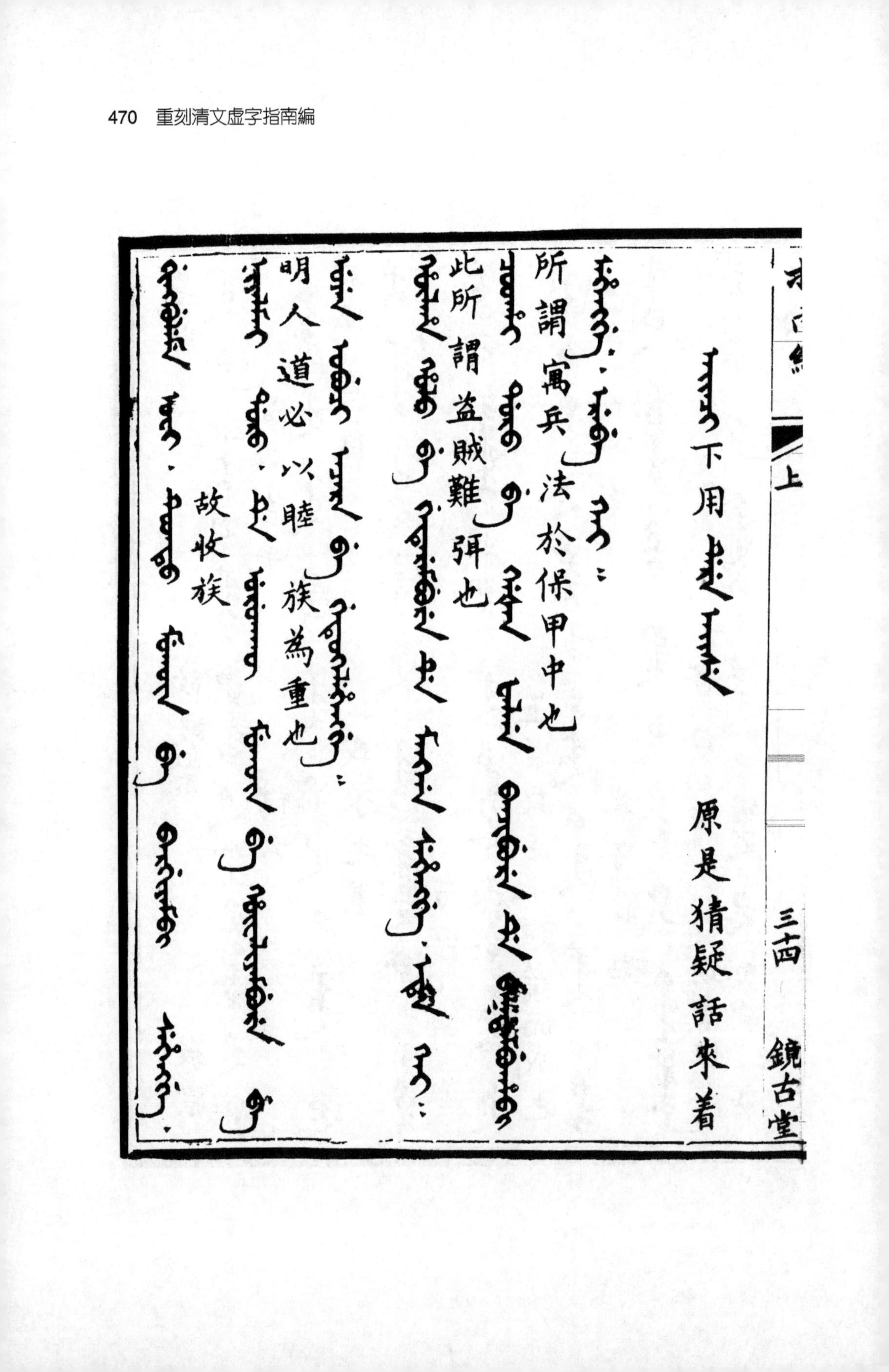

下用

原是猜疑話來着

所謂寓兵法於保甲中也

此所謂盜賊難弭也

明人道必以睦族為重也

故收族

[Manchu] 又作罷而已 如用 [Manchu] 一樣托

蓋禮為天地之經 萬物之序

勤儉

蓋自古民風 皆貴乎

想必睡着了罷 想必還沒醒罷

那件事情想是成了罷 這宗東西想是壞了罷

如今竟作蓋字用 不必托

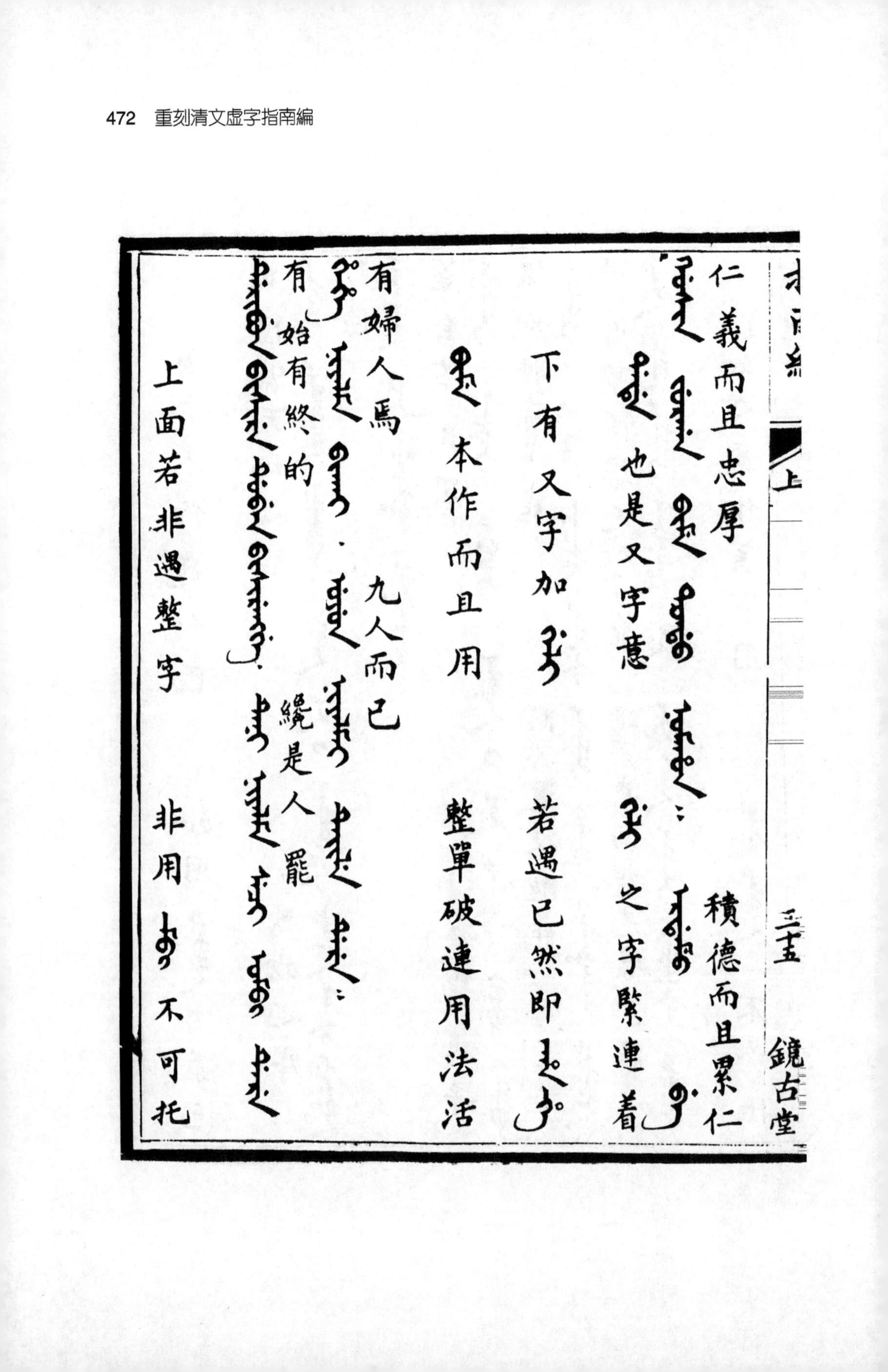

仁義而且忠厚 積德而且累仁

也是又字意 之字緊連着

下有又字加 若遇已然即

本作而且用 整單破連用法活

有婦人焉 九人而已

有始有終的 纔是人罷

上面若非遇整字 非用 不可托

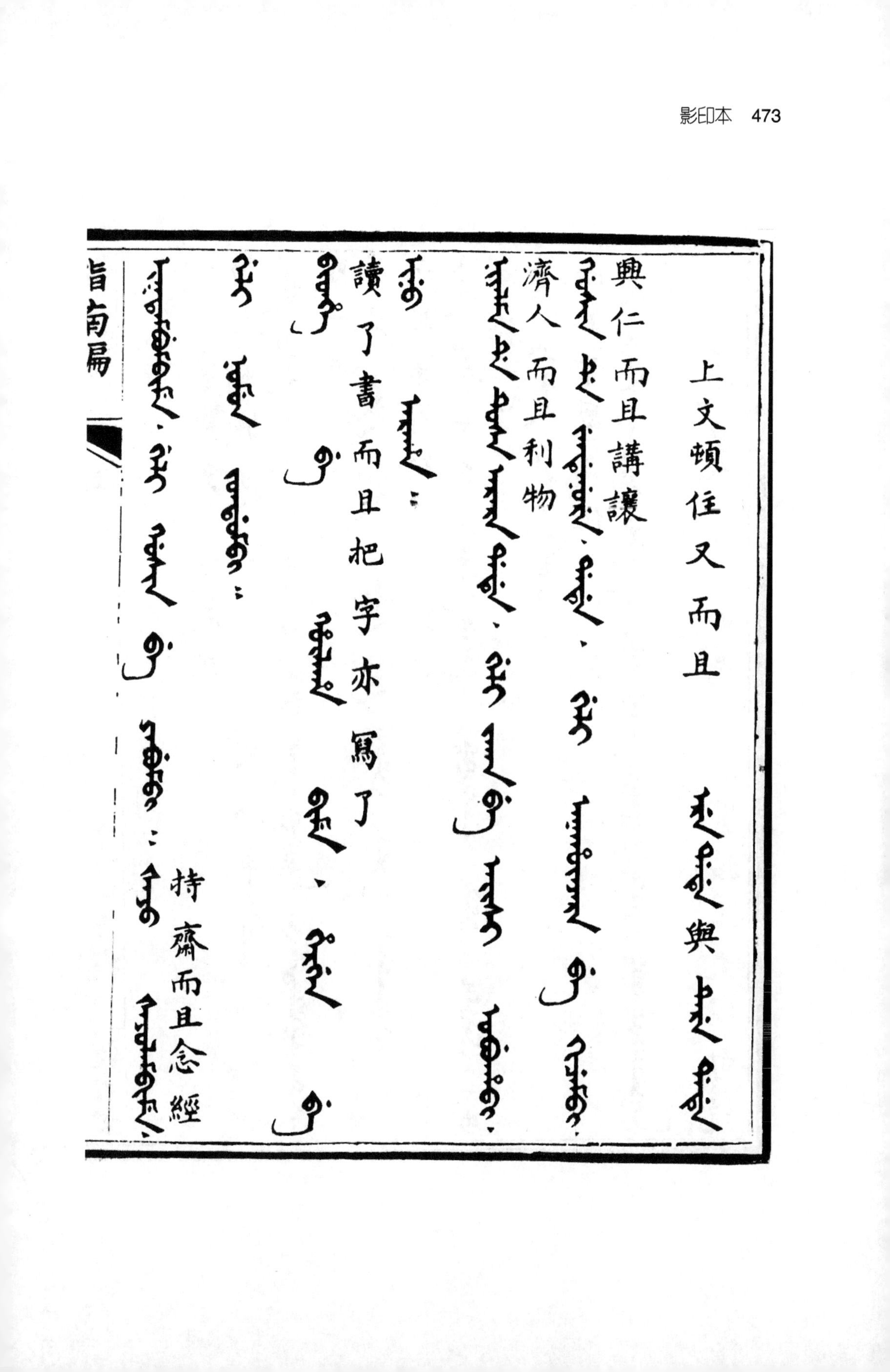

上文頓住又而且

與

興仁而且講讓

濟人而且利物

讀了書而且把字亦寫了

持齋而且念經

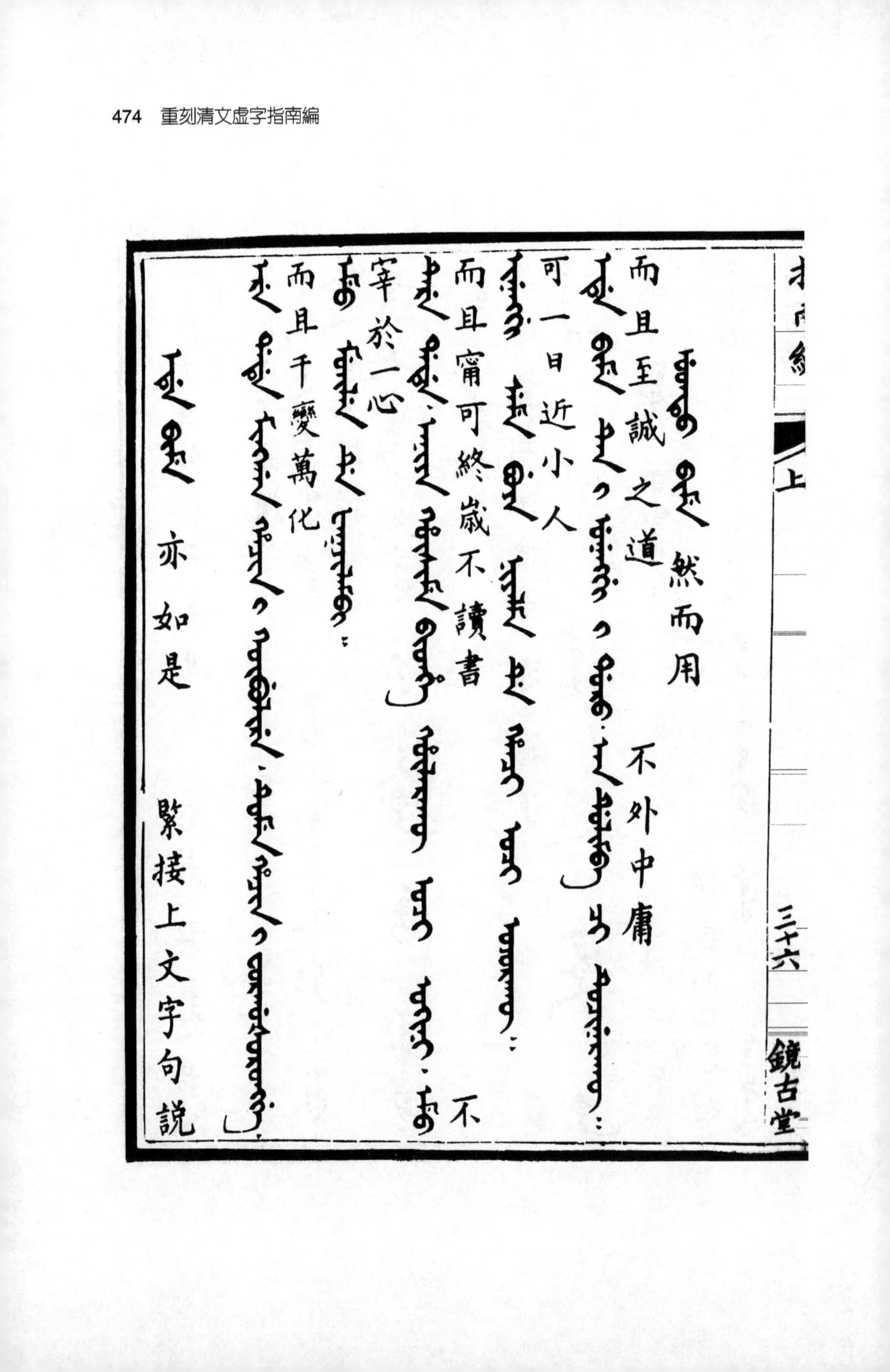

然而用

而且至誠之道　不外中庸

可一日近小人

而且甯可終歲不讀書　不

宰於一心

而且千變萬化

亦如是　緊接上文字句說

變文上下皆好意 句下 托

僅能如彼 不能此 上好下歹是

且君子不器

倭

乃不知物力艱難

任意奢

乃且多

然而 不王者 未之有也

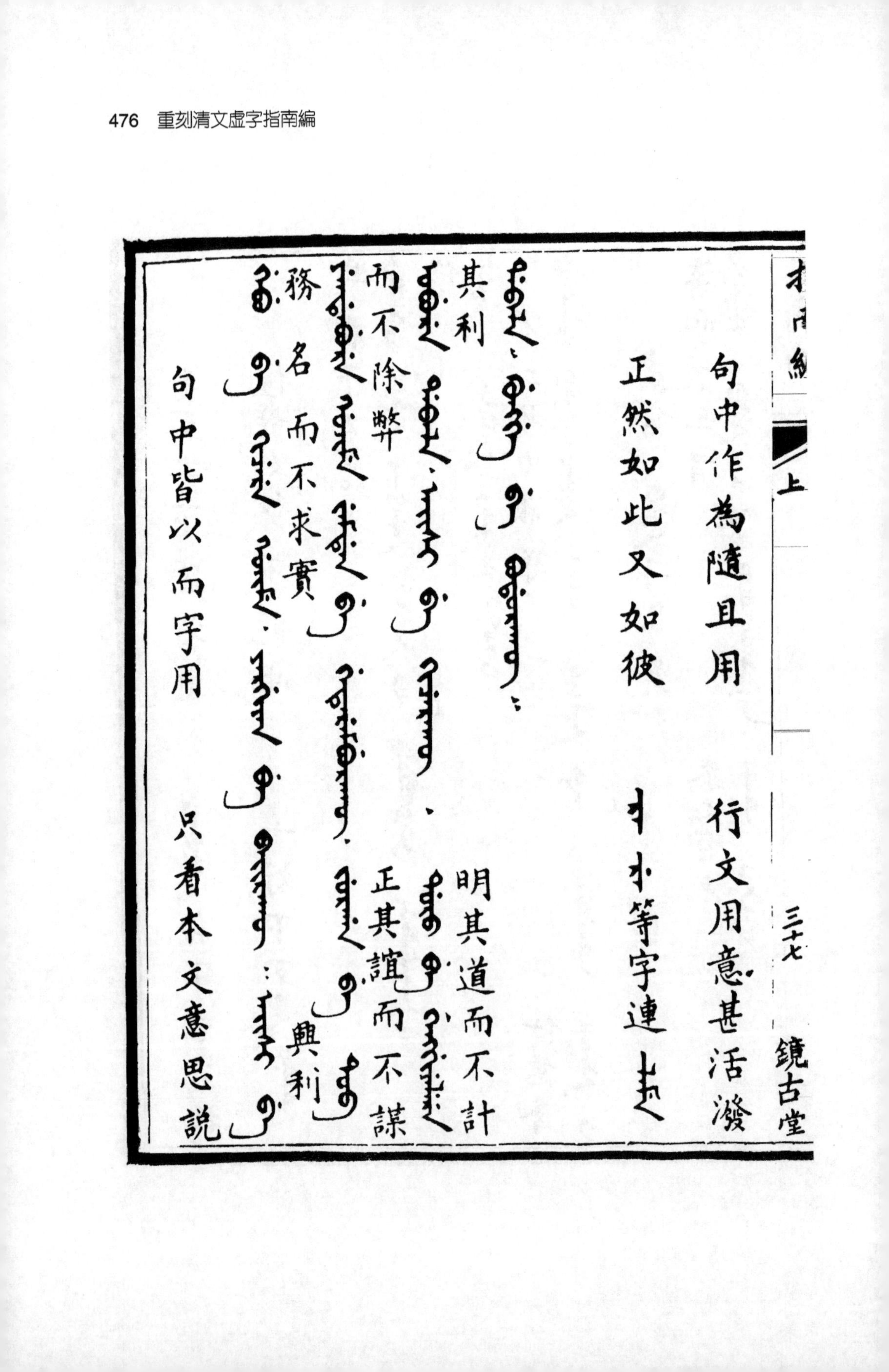

句中作為隨且用　行文用意甚活潑
正然如此又如彼　等字連
其利　明其道而不計
而不除弊　正其誼而不謀
務名而不求實　興利
句中皆以而字用　只看本文意思說

如果屬實大干法紀

設若不學 豈能知理

若是句短文氣近 亦可用 字托着

亦如此 設若如果倘或說

下非 即

且逛且遊 且說且笑

隨念隨寫 隨走隨看

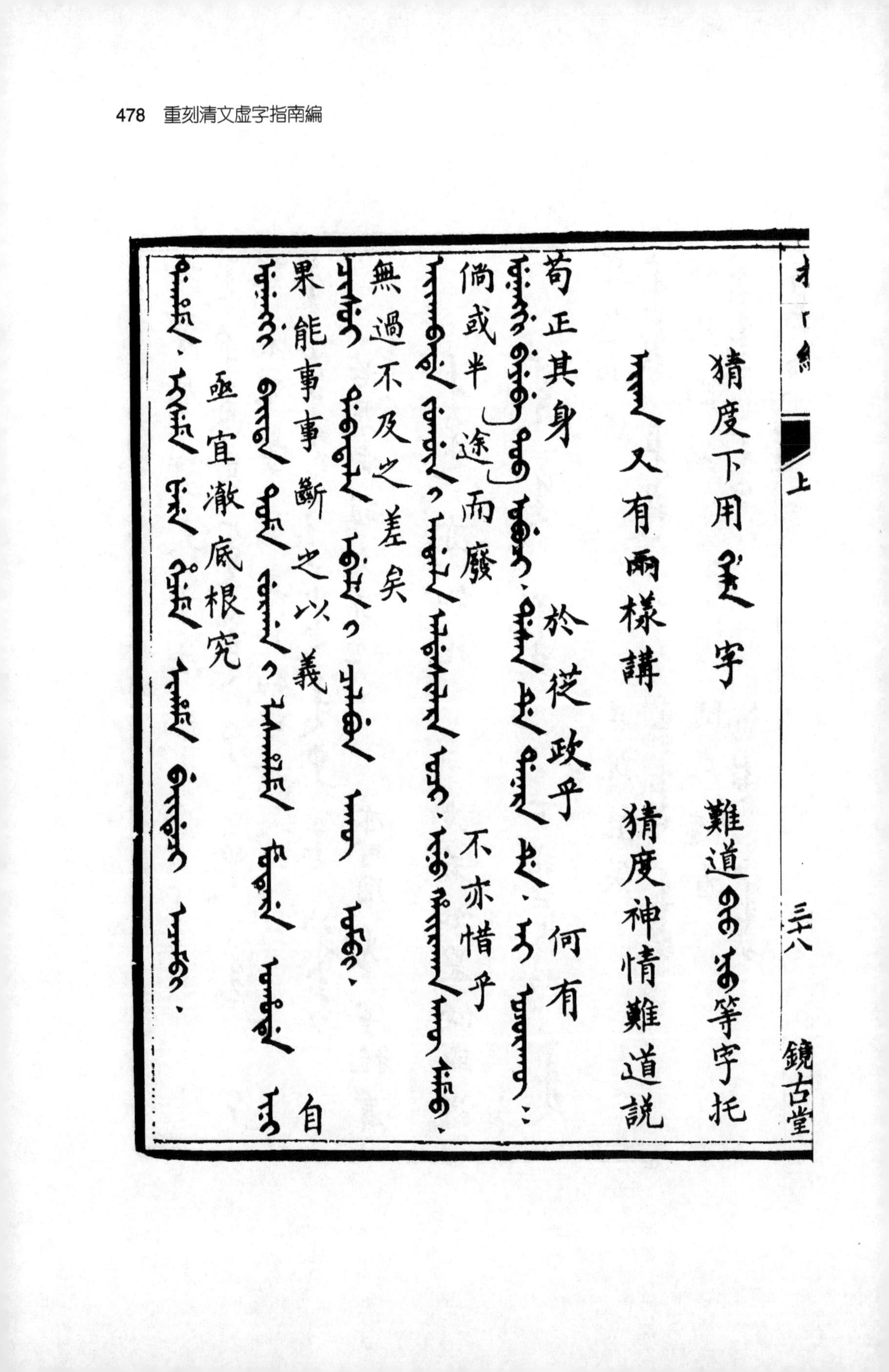

猜度下用　字　難道　等字托

又有兩樣講　猜度神情難道說

苟正其身　於從政乎　何有

倘或半途而廢　不亦惜乎

無過不及之差矣

果能事事斷之以義　自

亟宜澈底根究

設使偶羅於法　則累及妻孥

設或萬一丟了呢　後悔不及呀

萬一偶或用　比語設或

難道不好麼　難道沒信麼

難道有事麼　難道不行麼

那道兒莫非是不可謀

這事兒想必是不能辦

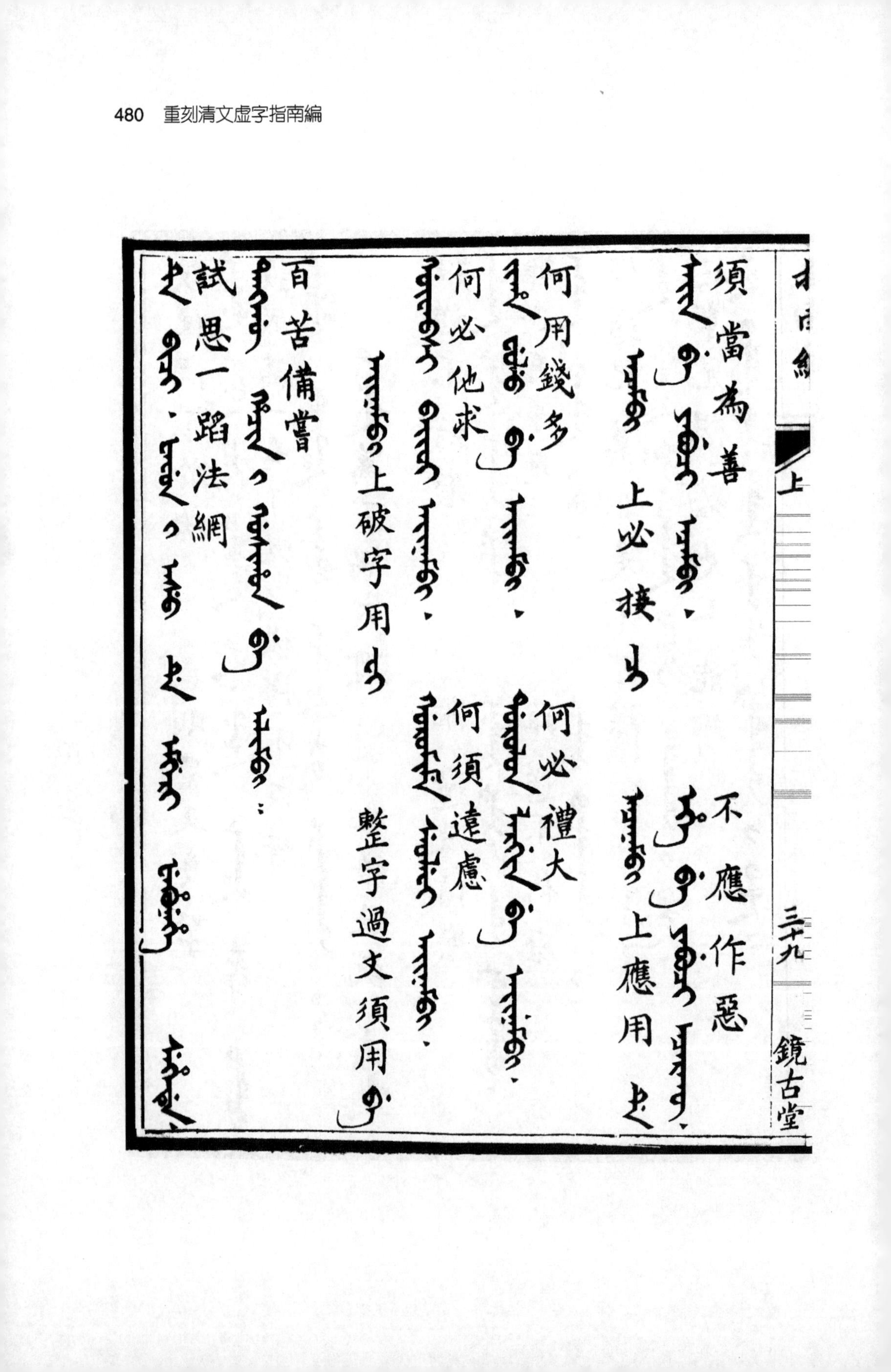

須當為善

上必接

不應作惡

上應用

何用錢多

何必禮大

何必他求

何須遠慮

上破字用

整字過文須用

百苦備嘗

試思一蹈法網

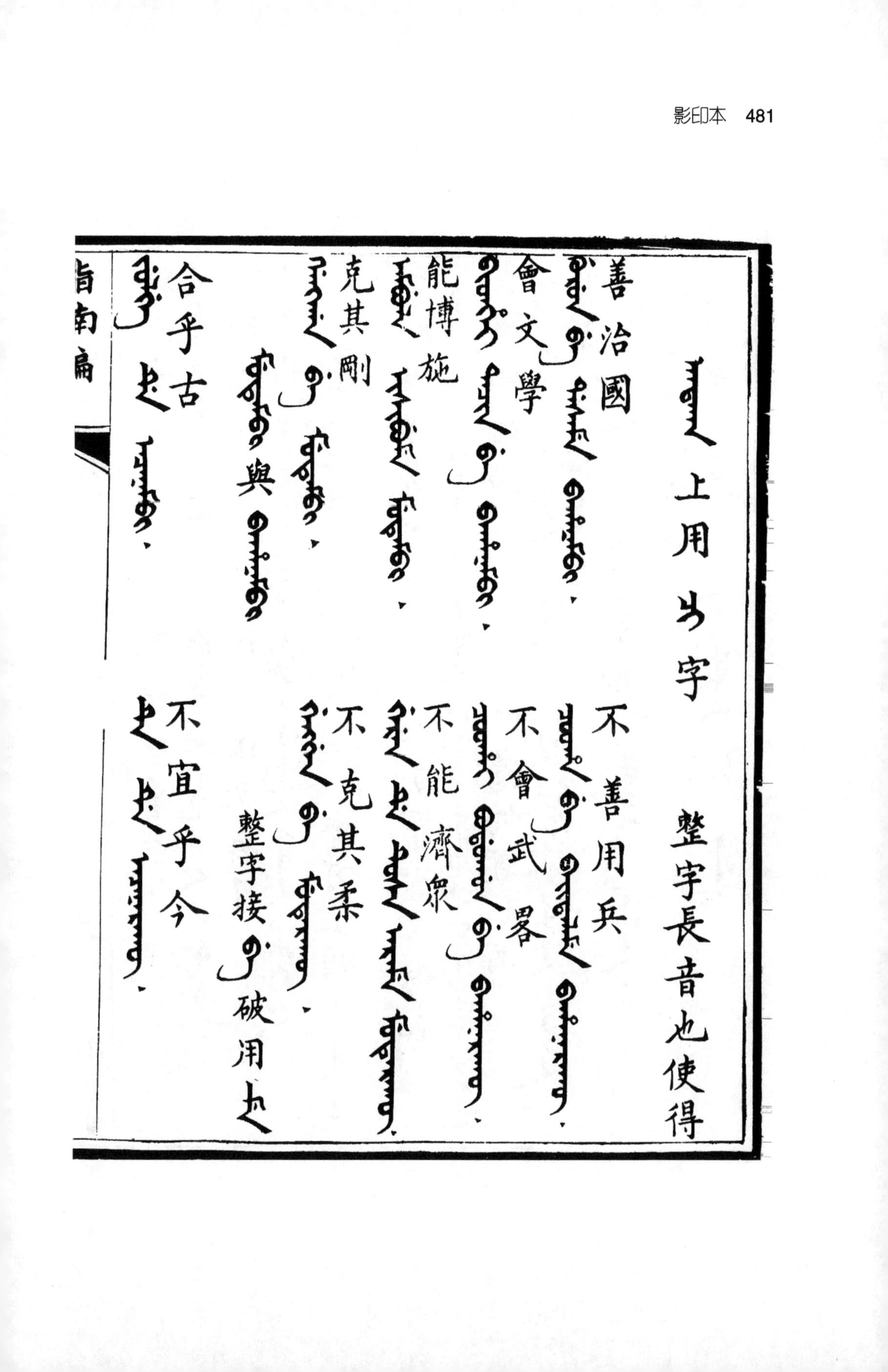

上用 字　整字長音也使得

善治國　不善用兵

會文學　不會武畧

能博施　不能濟衆

克其剛　不克其柔

與　整字接 破用

合乎古　不宜乎今

將赴考　就指望着中

臨卸任　先交代明白了

上接　等　亦可上用

子所雅言者何如　夫子罕言者何如

我說的話如何　他畫的畫如何

坐禪何如悟道

持齋比說法如何

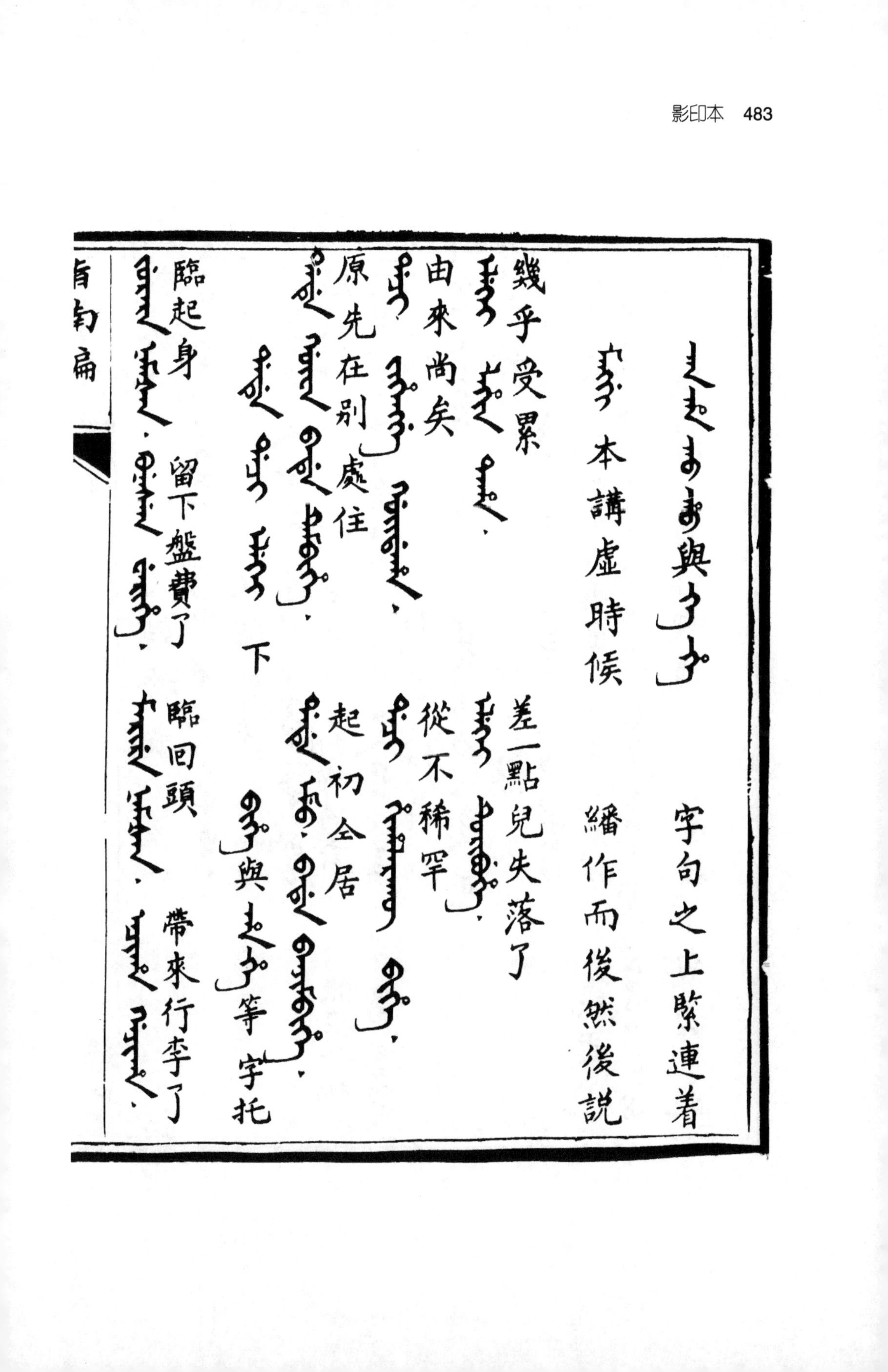

與

本講虛時候

字句之上緊連着

繙作而後然後說

幾乎受累

差一點兒失落了

由來尚矣

從不稀罕

原先在別處住

起初全居

下

與　等字托

臨起身

留下盤費了

臨回頭

帶來行李了

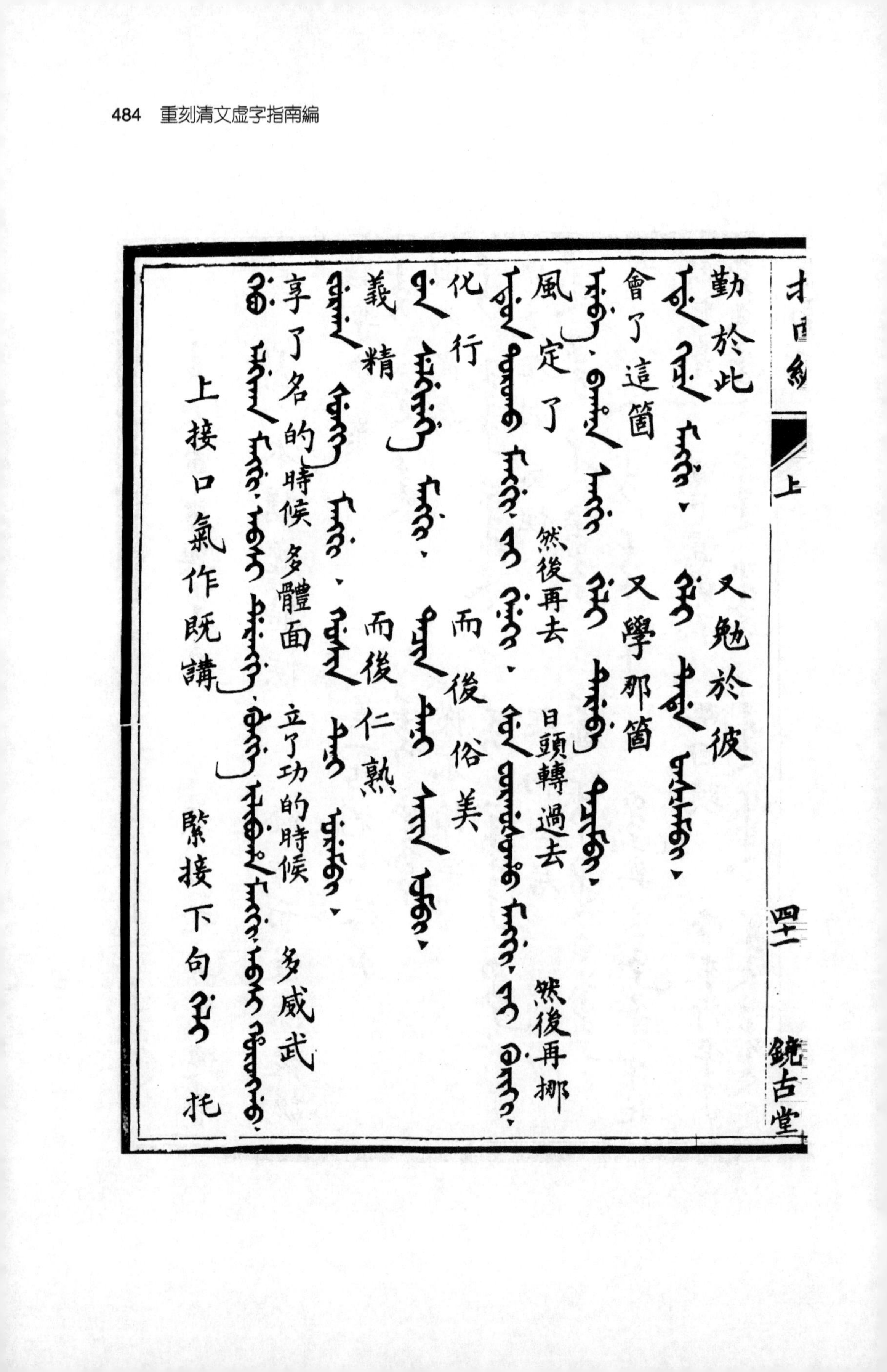

勤於此 又勉於彼

會了這箇 又學那箇

風定了 然後再去 日頭轉過去 然後再挪

化行 而後俗美

義精 而後仁熟

享了名的時候 多體面 立了功的時候 多威武

上接口氣作既講 槩接下句 托

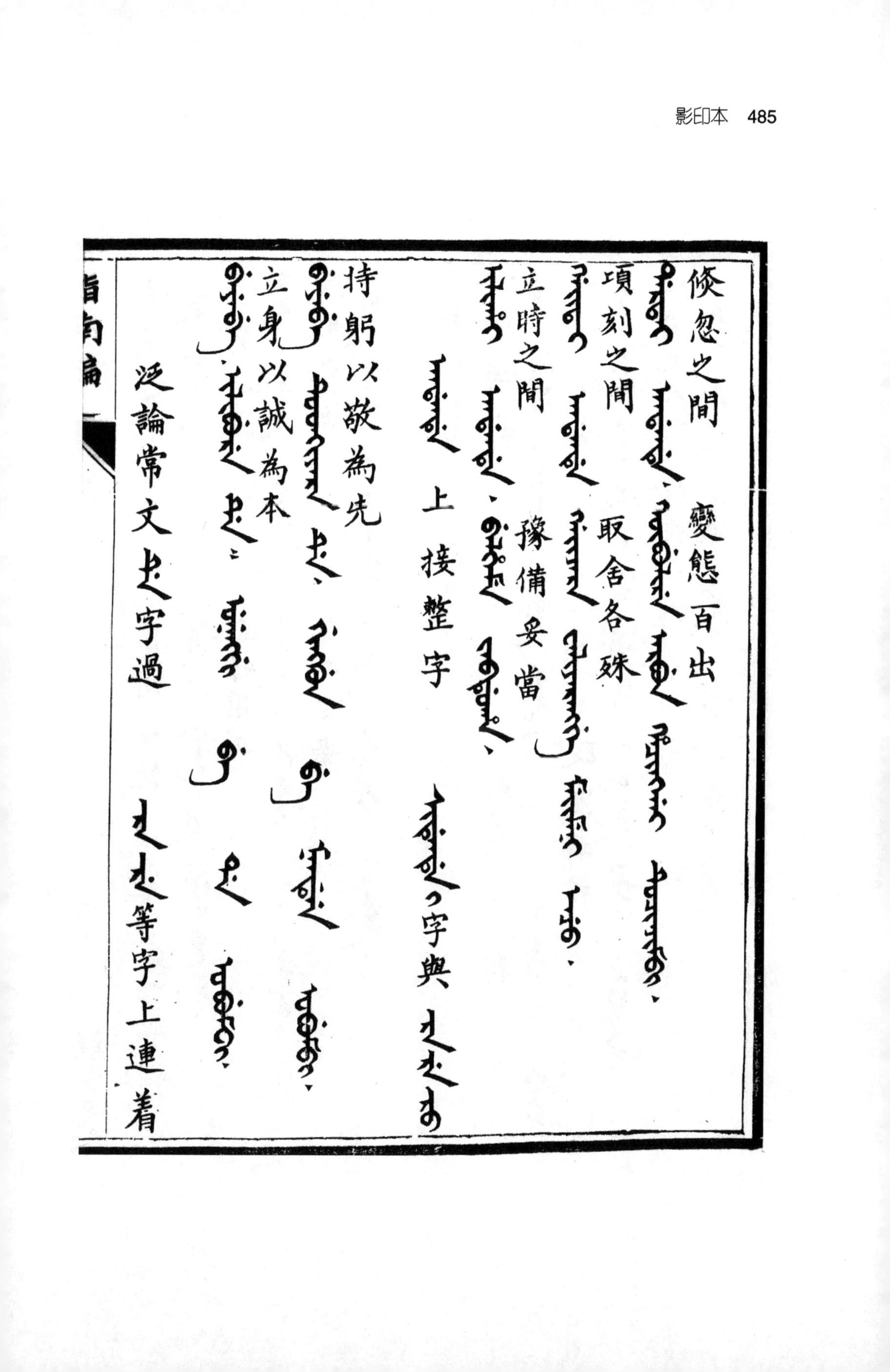

倏忽之間 變態百出

頃刻之間 取舍各殊

立時之間 豫備妥當

上接整字 字與

持躬以敬為先

立身以誠為本

泛論常文字過等字上連着

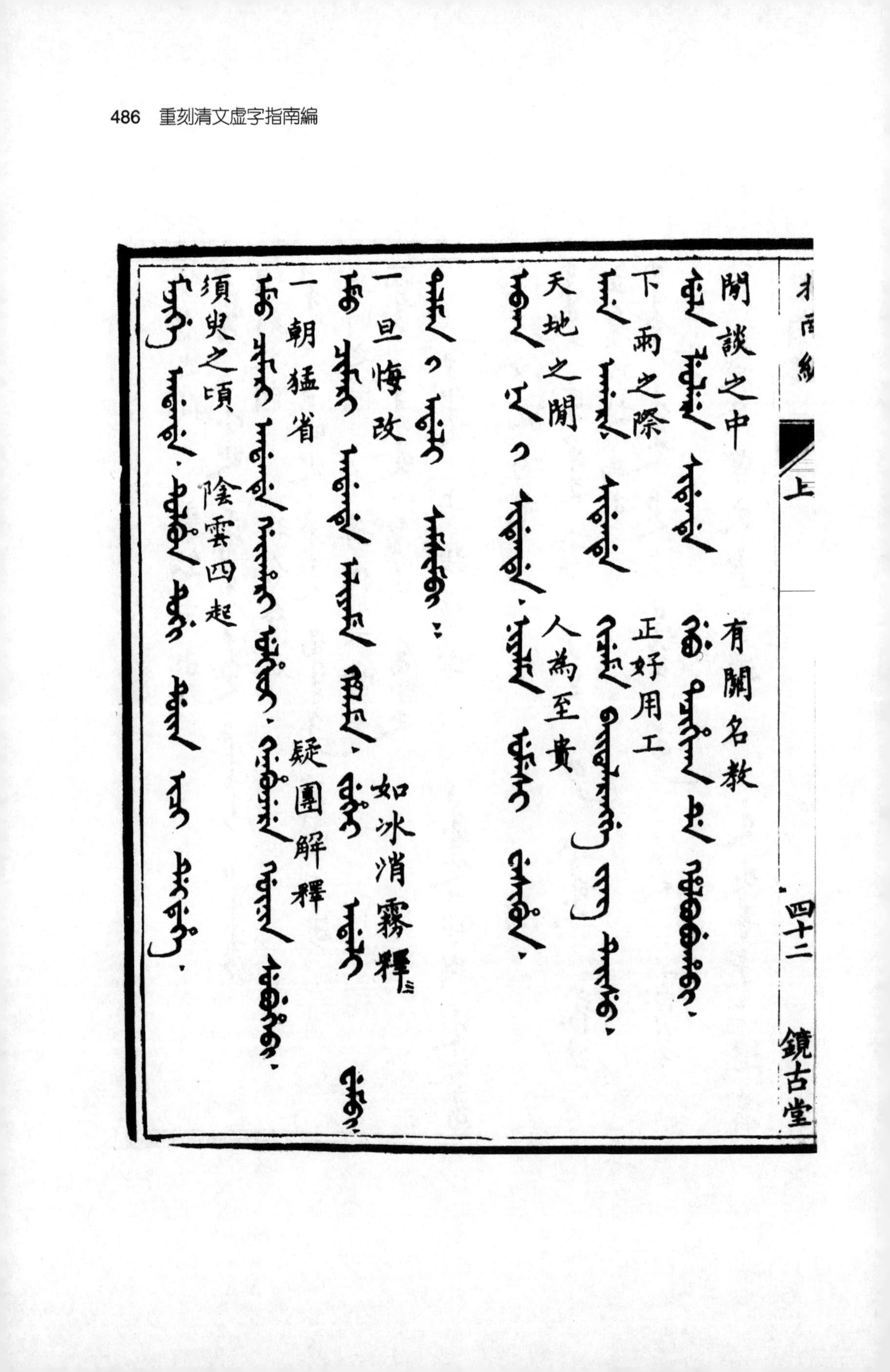

閒談之中　有關名教

下雨之際　正好用工

天地之間　人為至貴

一旦悔改　如冰消霧釋

一朝猛省　疑團解釋

須臾之頃　陰雲四起

癱潰之頃　異常痛楚

病篤之餘　不覺昏沈

尋思之下　驀然想起

盤察之際　不可頓易生手

倉猝之間　記憶不清

上接　與　等字多

會計之頃　毋少紊亂

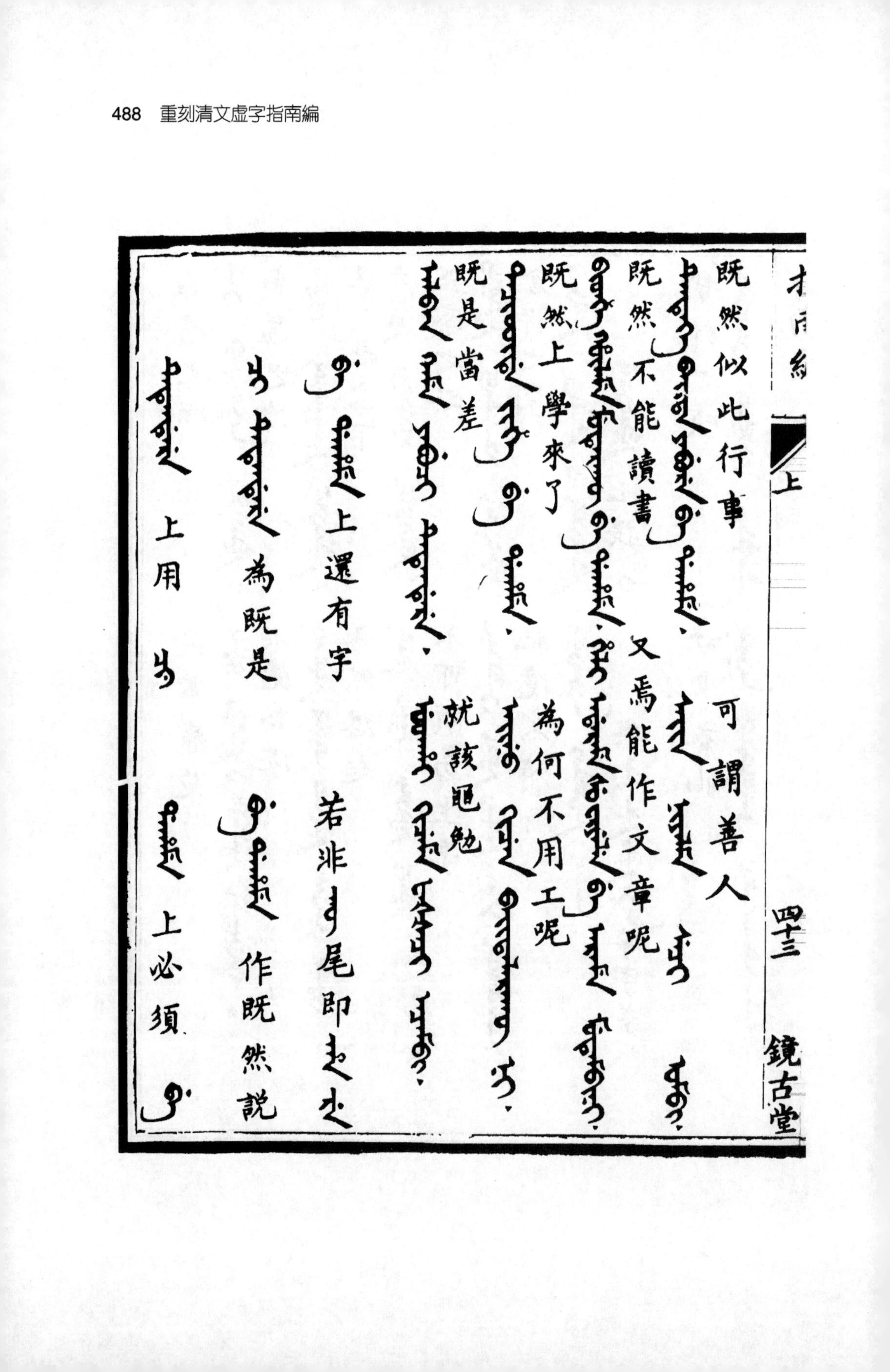

既然似此行事 可謂善人

既然不能讀書 又焉能作文章呢

既然上學來了 為何不用工呢

既是當差 就該黽勉

上還有字 若非 尾即

為既是 作既然說

上用 上必須

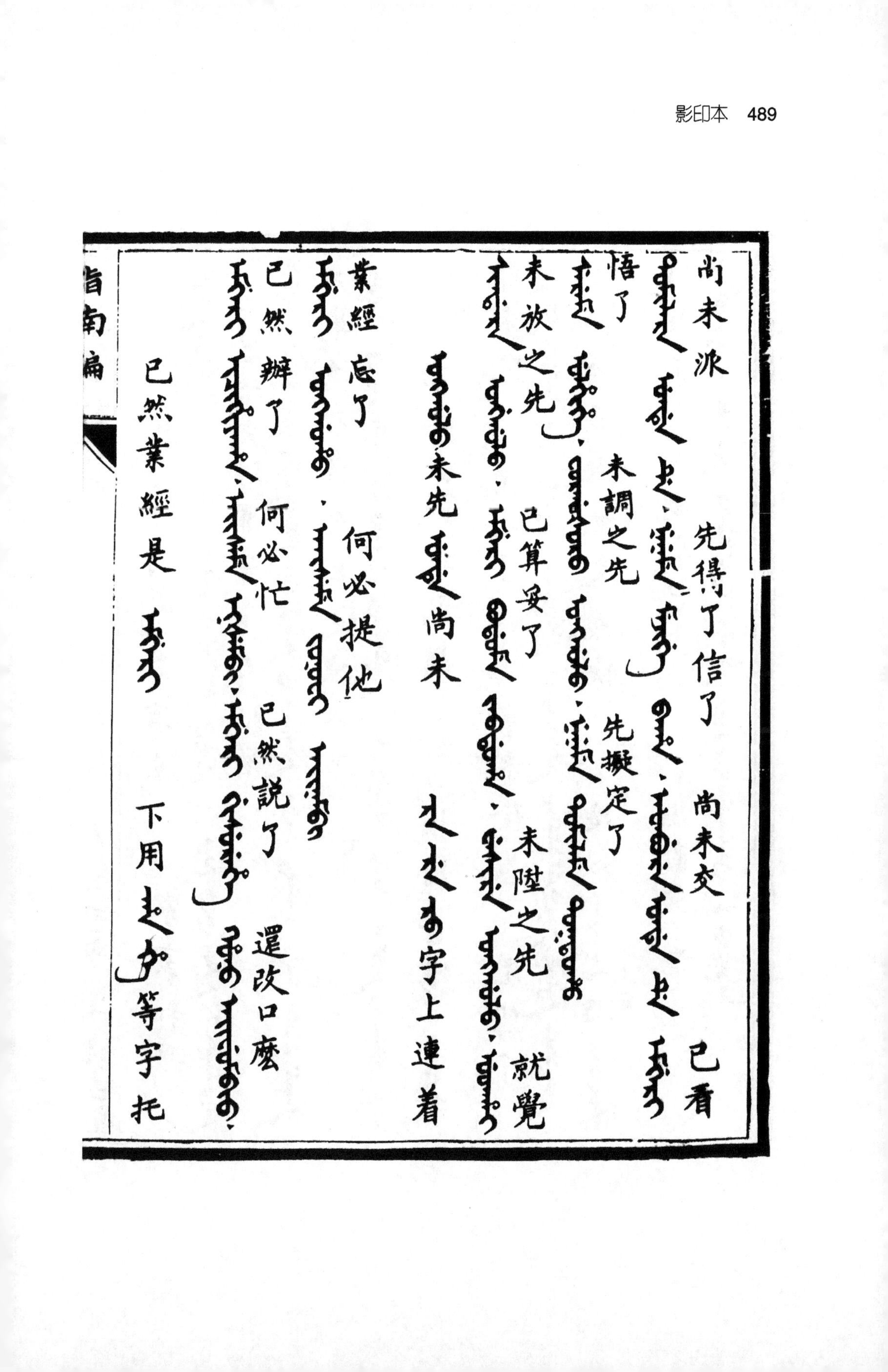

指南編

尚未派 先得了信了 尚未交 已看

悟了 未調之先 先擬定了

未放之先 已算妥了 未陞之先 就覺

未先 尚未 字上連着

業經 底了 何必提他

已然辦了 何必忙 已然說了 還改口麼

已然業經是 下用 等字托

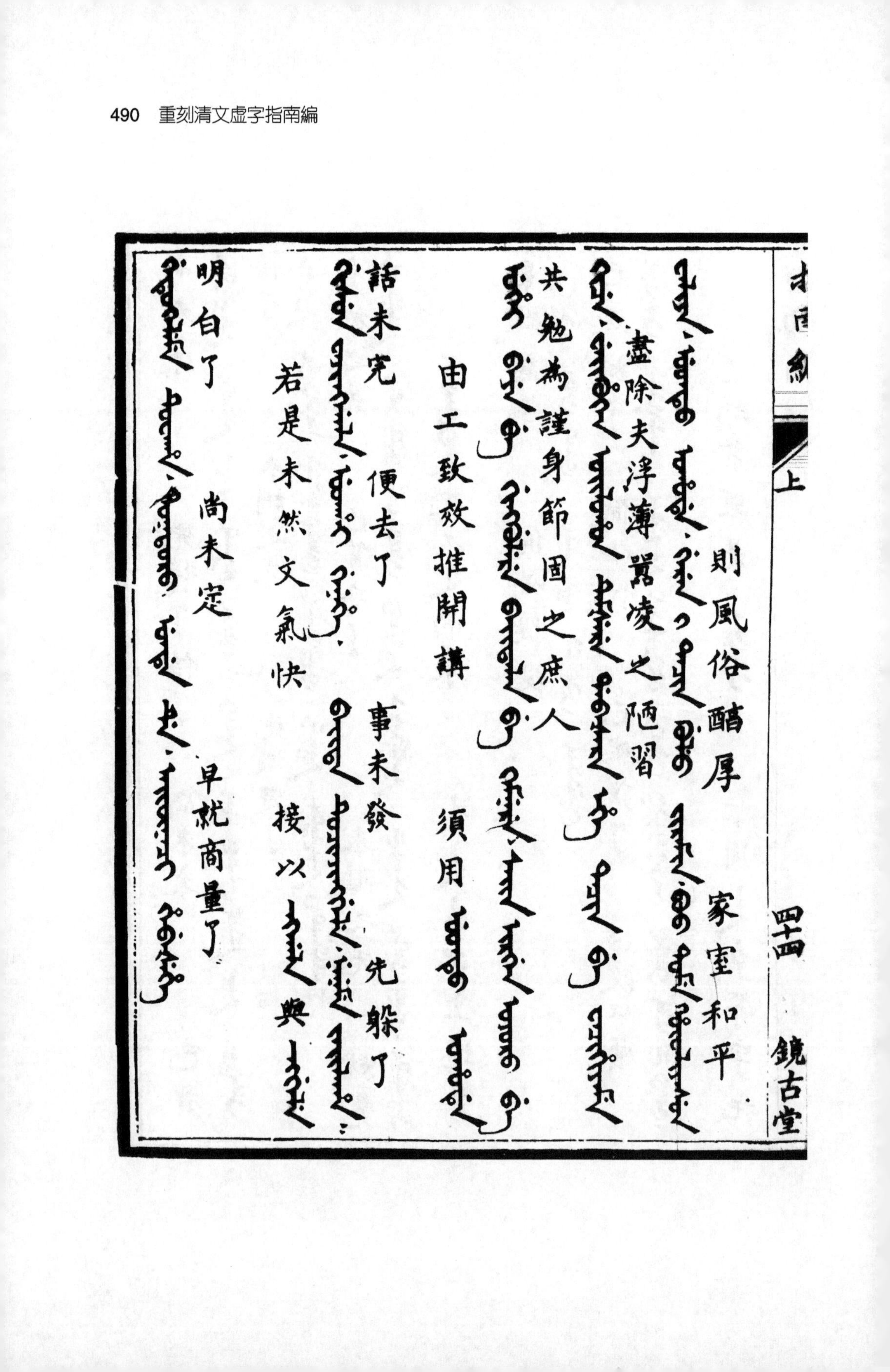

則風俗醕厚　家室和平

盡除夫浮薄囂凌之陋習

共勉為謹身節固之庶人

由工致效推開講　須用

話未完　便去了　事未發　先躲了

若是未然文氣快　接以　與

明白了　尚未定　早就商量了

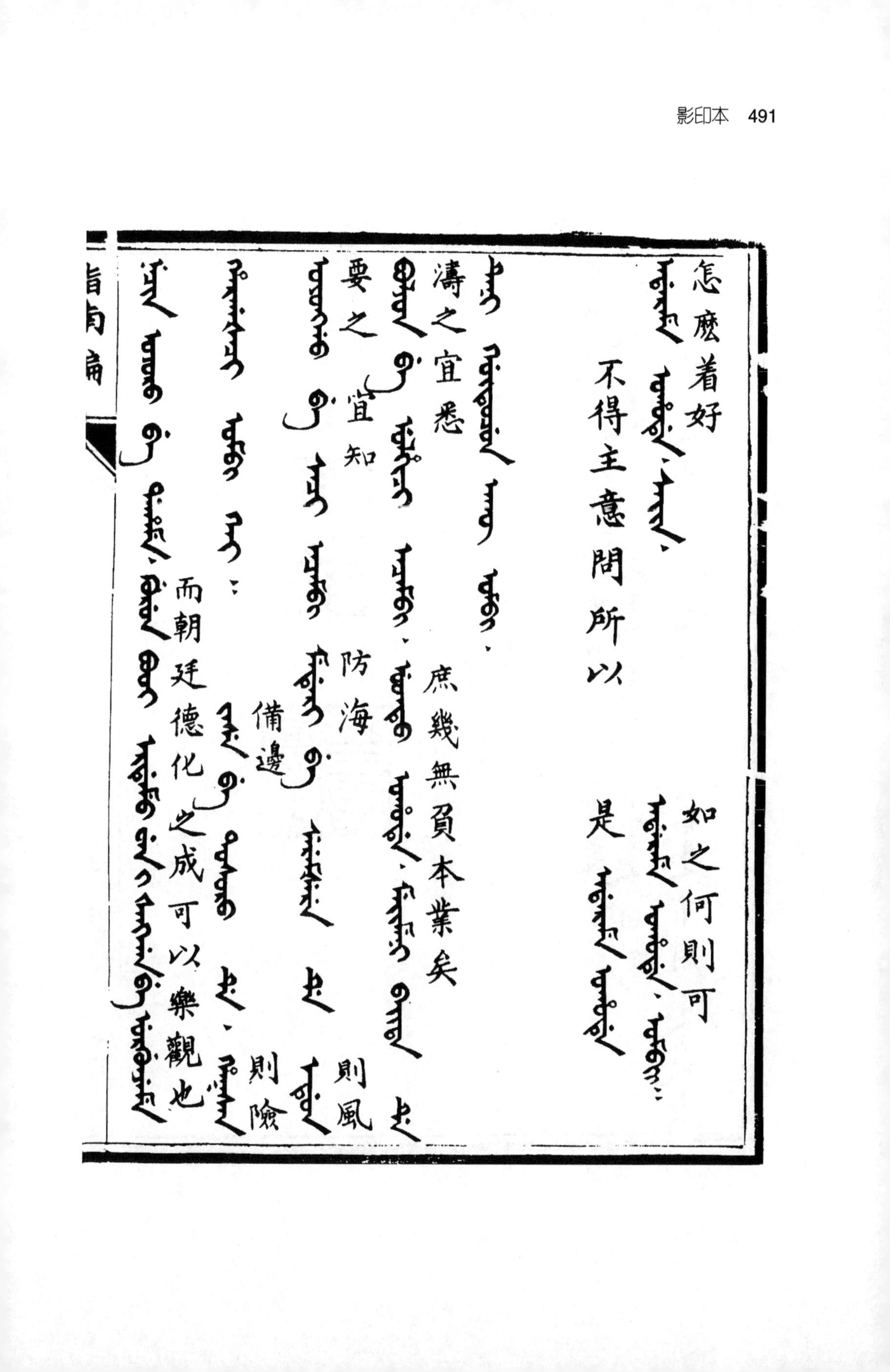

怎麽着好

如之何則可

不得主意問所以

是

濤之宜悉

庶幾無負本業矣

要之

宜知

防海

則風

備邊

則險

而朝廷德化之成可以樂觀也

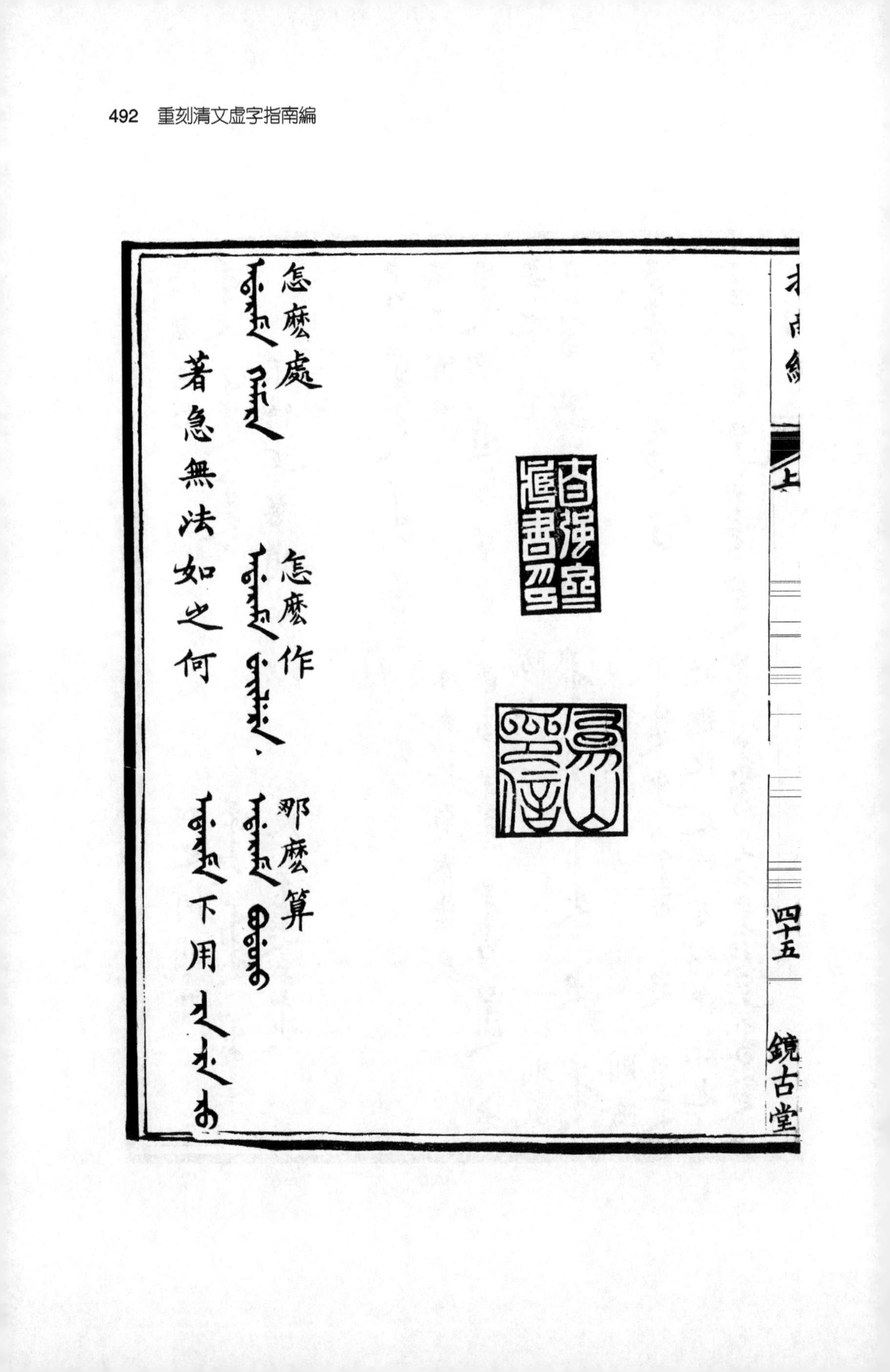

怎麽處

怎麽作

那麽算

著急無法如之何

下用

不識有諸

不識果否

不知作什麽

不知説什麽

不知幾許

不知怎處

二字之下一義用

若非 即 托

疑問不知是

原來敢則是

蒙古萬福厚田著
漢軍鳳山禹門訂

重刻清文虚字指南編

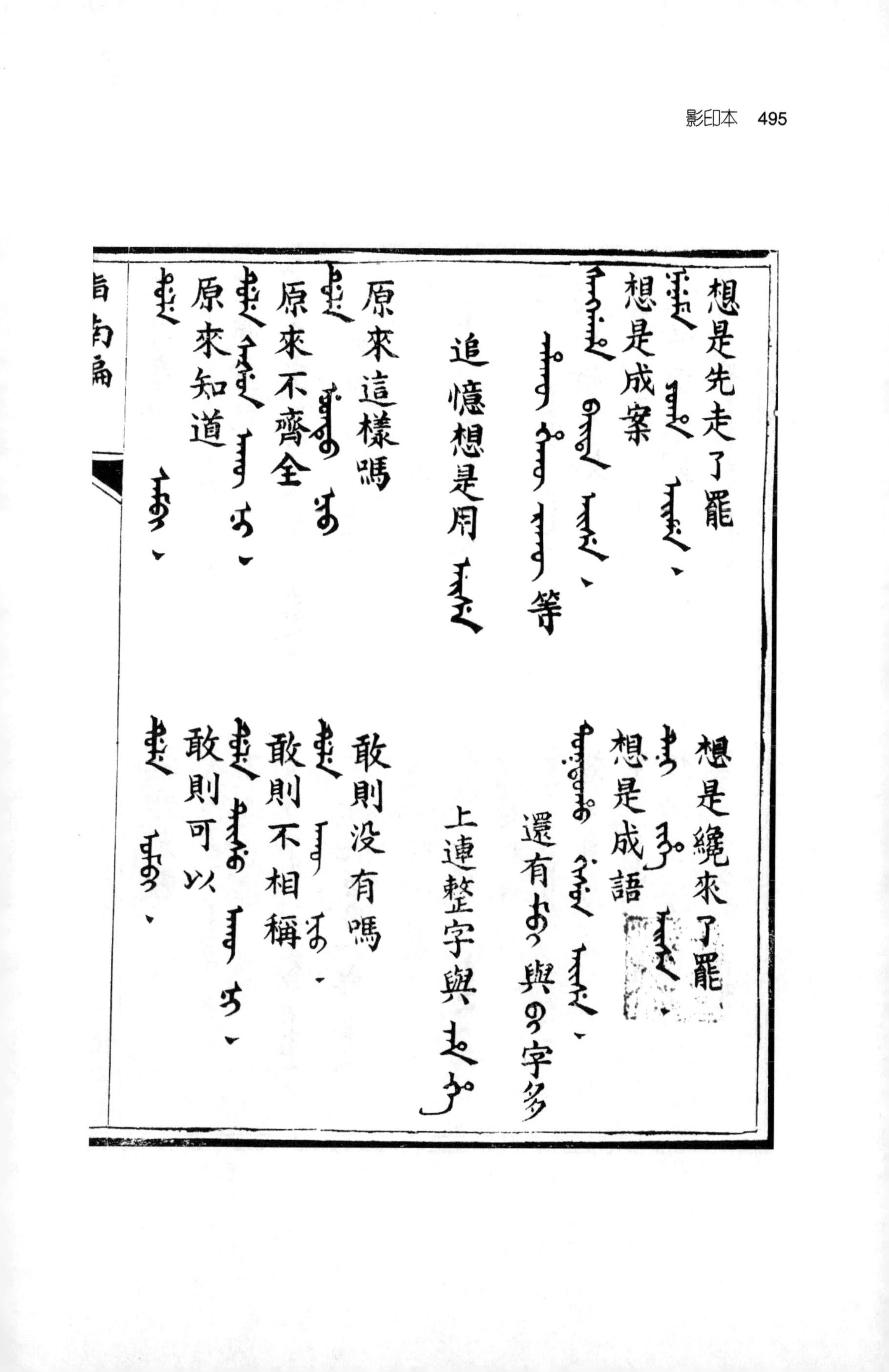

想是先走了罷

想是成案

等

追憶想是用

原來這樣嗎

原來不齊全

原來知道

想是纔來了罷

想是成語

還有與字多

上連整字與

敢則沒有嗎

敢則不相稱

敢則可以

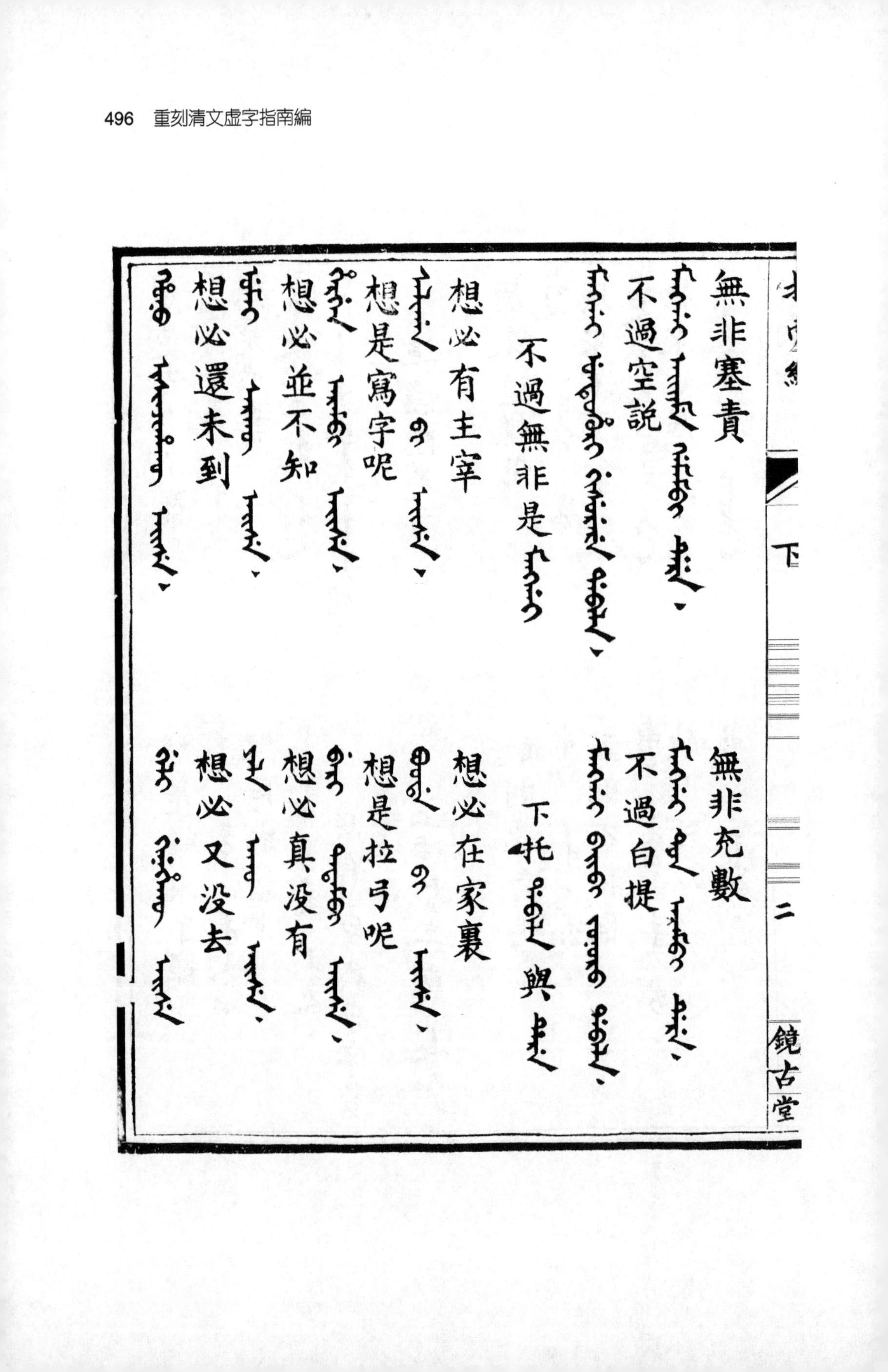

無非塞責　無非充數

不過空説　不過白提

不過無非是　下托　與

想必有主宰　想必在家裏

想是寫字呢　想是拉弓呢

想必並不知　想必真沒有

想必還未到　想必又沒去

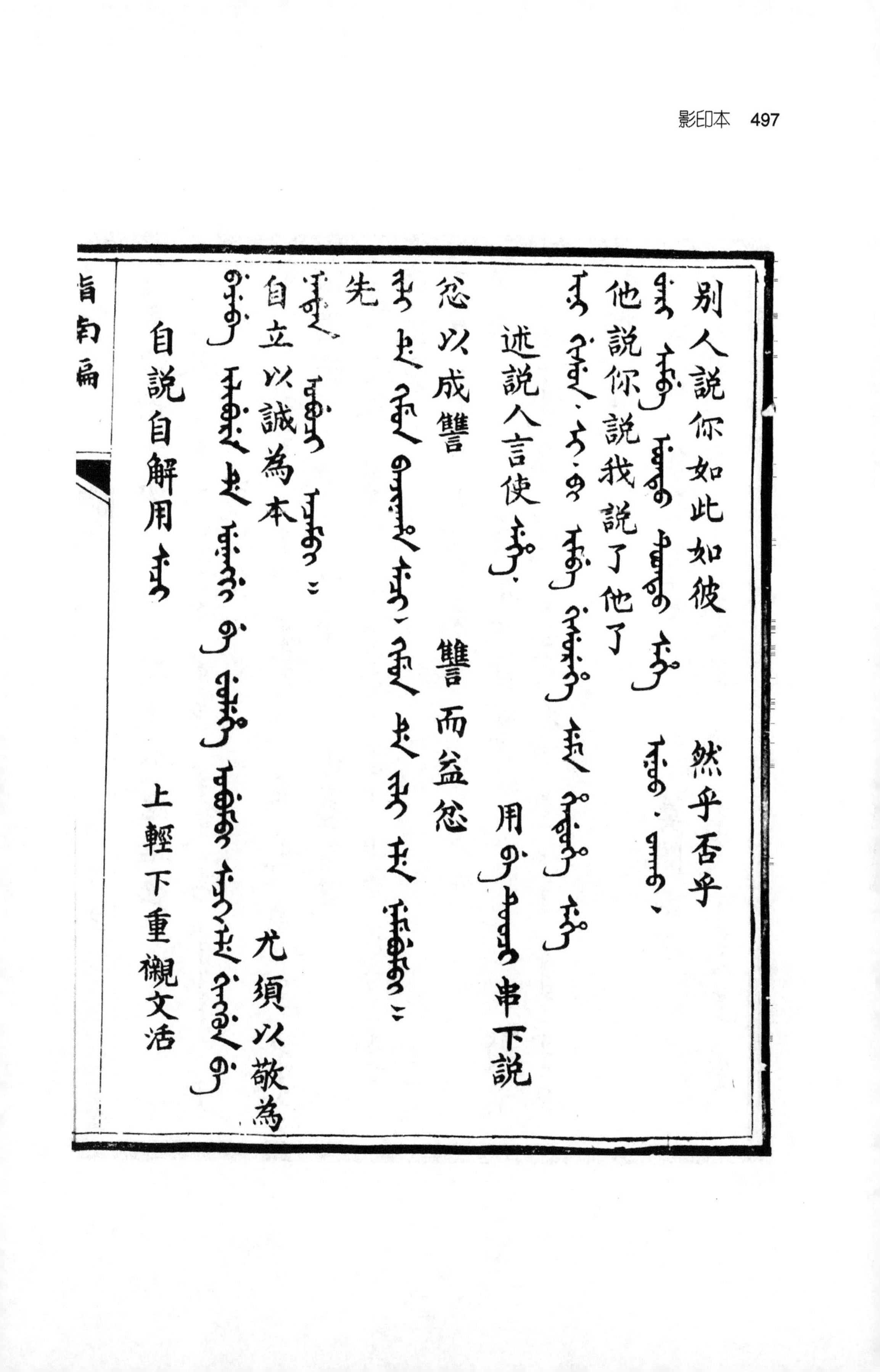

別人說你如此如彼　然乎否乎

他說你說我說了他了

述說人言使　用串下說

忿以成讐　讐而益忿

先

自立以誠為本　尤須以敬為

自說自解用　上輕下重襯文活

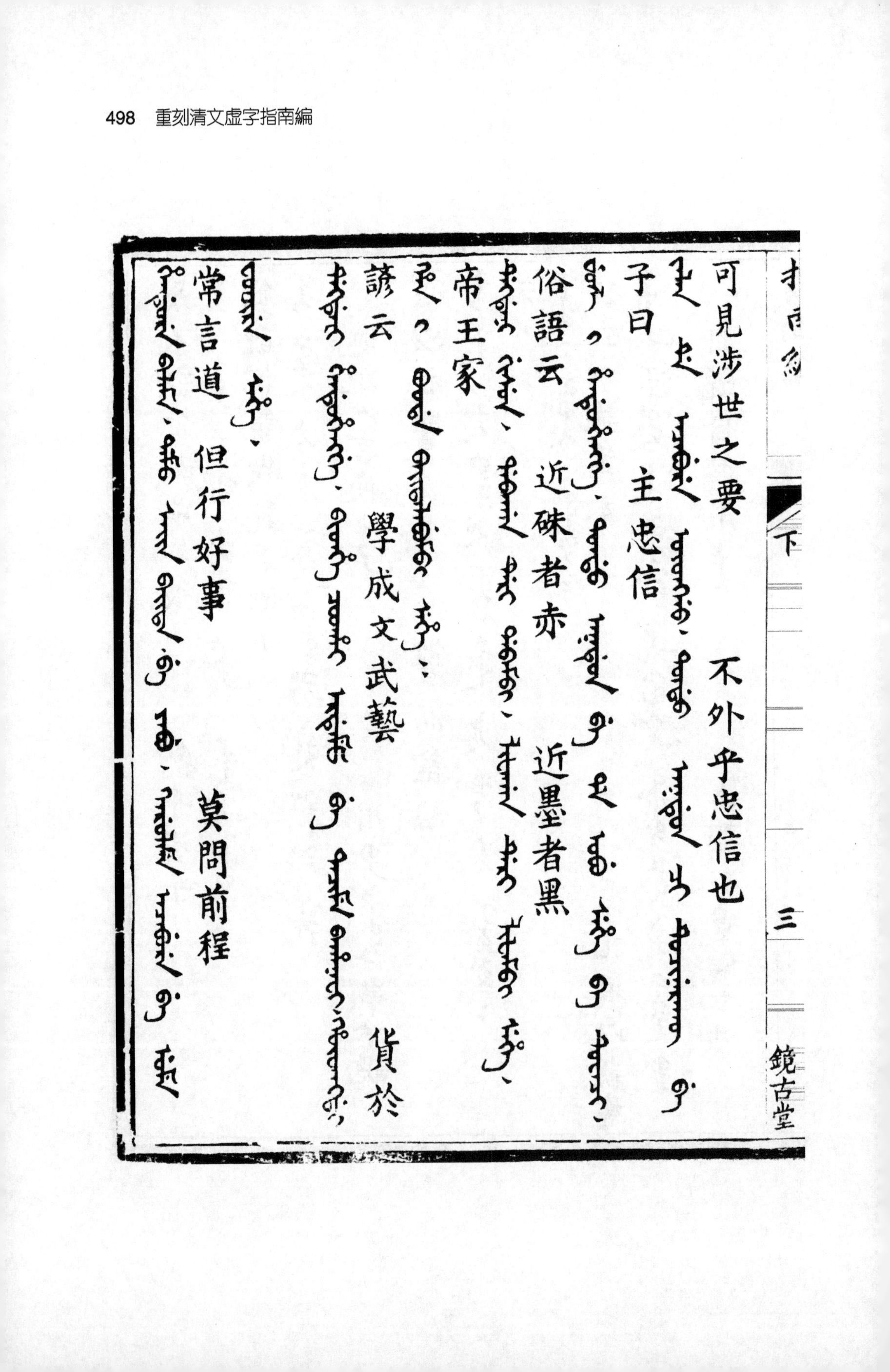

可見涉世之要　不外乎忠信也

子曰　主忠信

俗語云　近硃者赤　近墨者黑

帝王家

諺云　學成文武藝　貨於

常言道　但行好事　莫問前程

使令人辭硬口氣　整字與、

只顧學這一樣兒　別的全不管了

只顧當差　把私事都躭誤了

造釁以傾人　究之布井以自陷

矯枉而失正

轉此成彼是　只顧之意暗含着

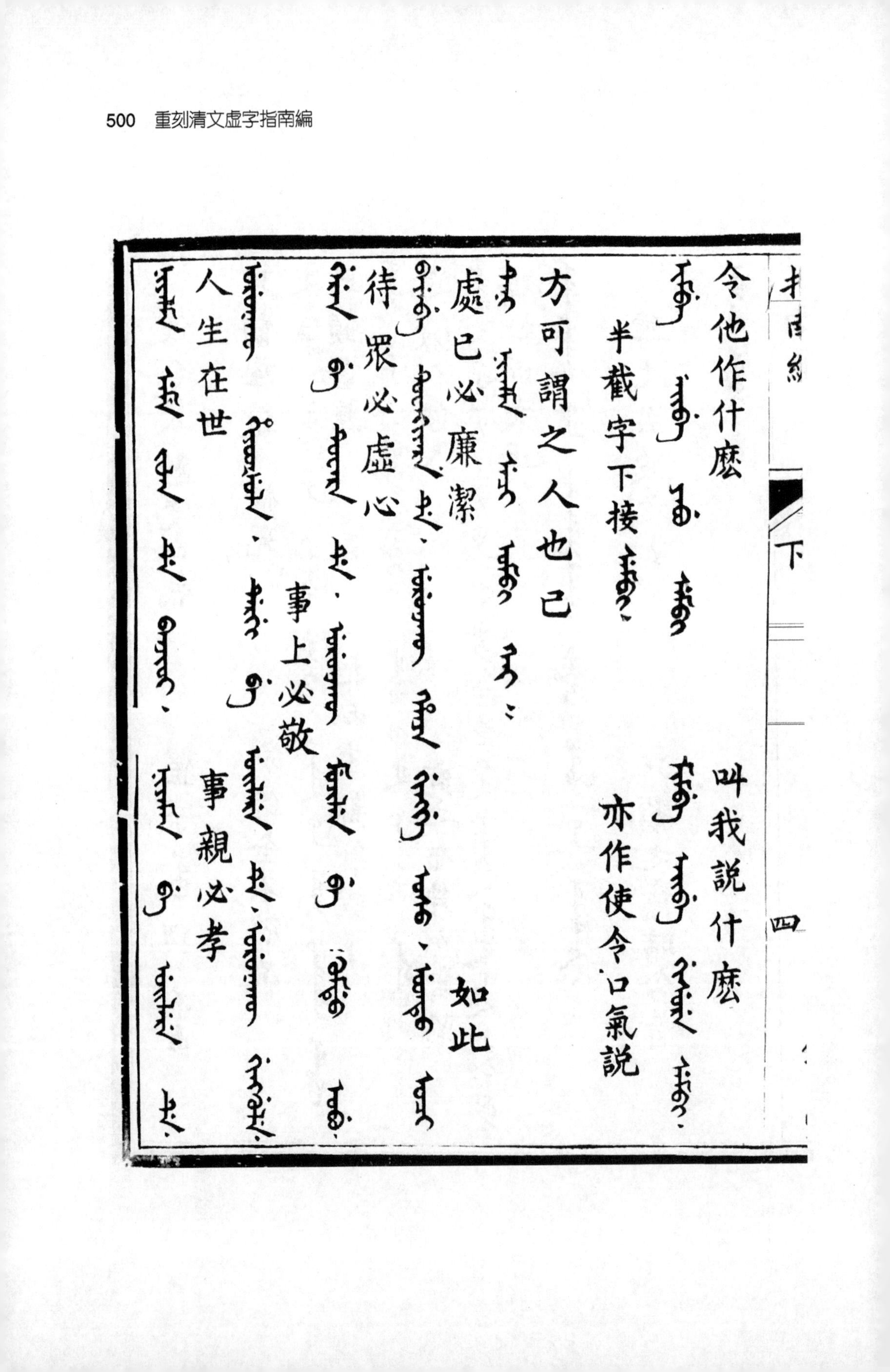

令他作什麼

叫我說什麼

半截字下接

亦作使令口氣說

方可謂之人也已

處已必廉潔

如此

待衆必虛心

事上必敬

人生在世

事親必孝

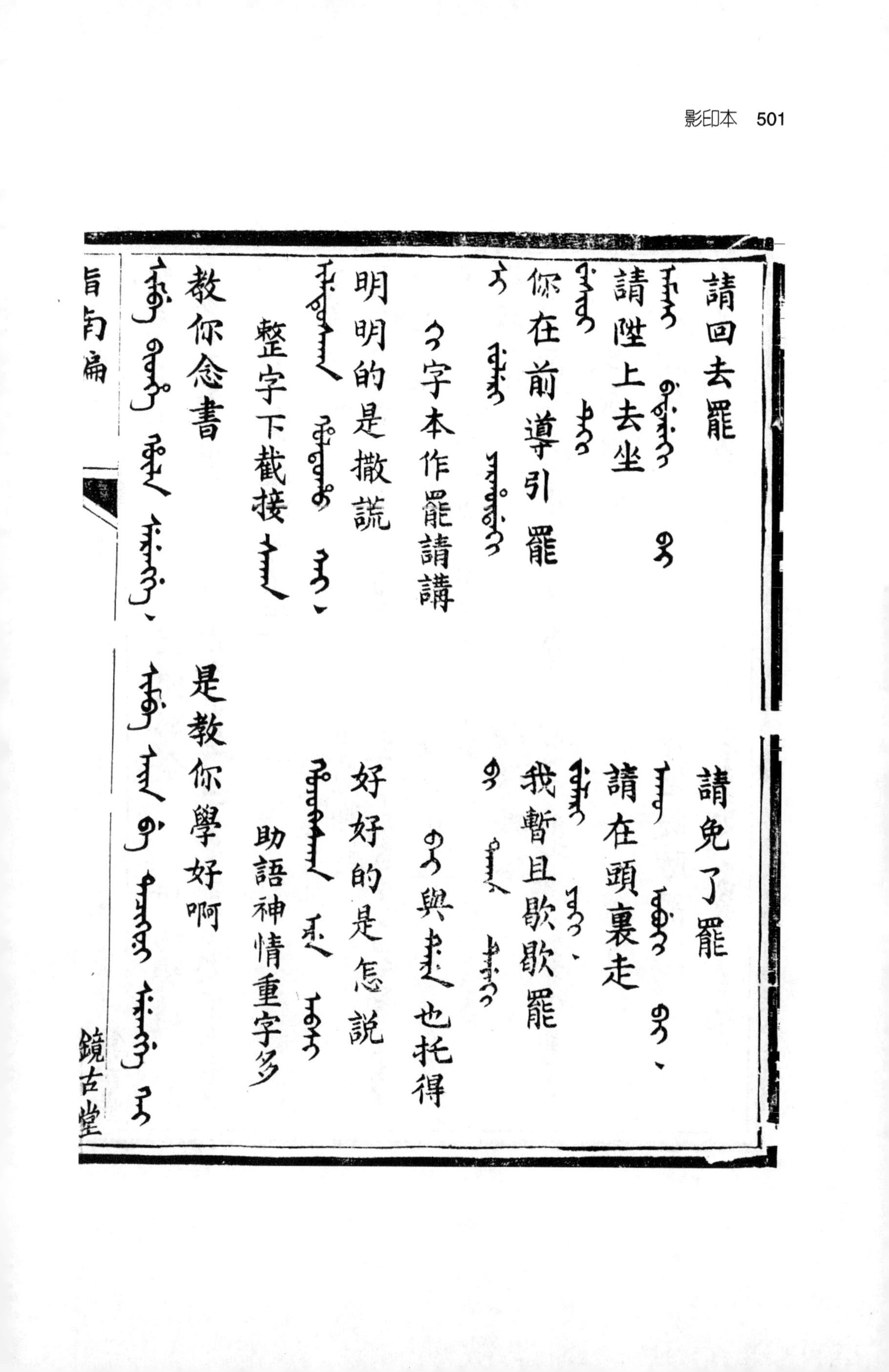

請回去罷

請陞上去坐

你在前導引罷

…字本作罷請講

明明的是撒謊

整字下截接

教你念書

請免了罷

請在頭裏走

我暫且歌歌罷

…與…也托得

好好的是怎說

助語神情重字多

是教你學好啊

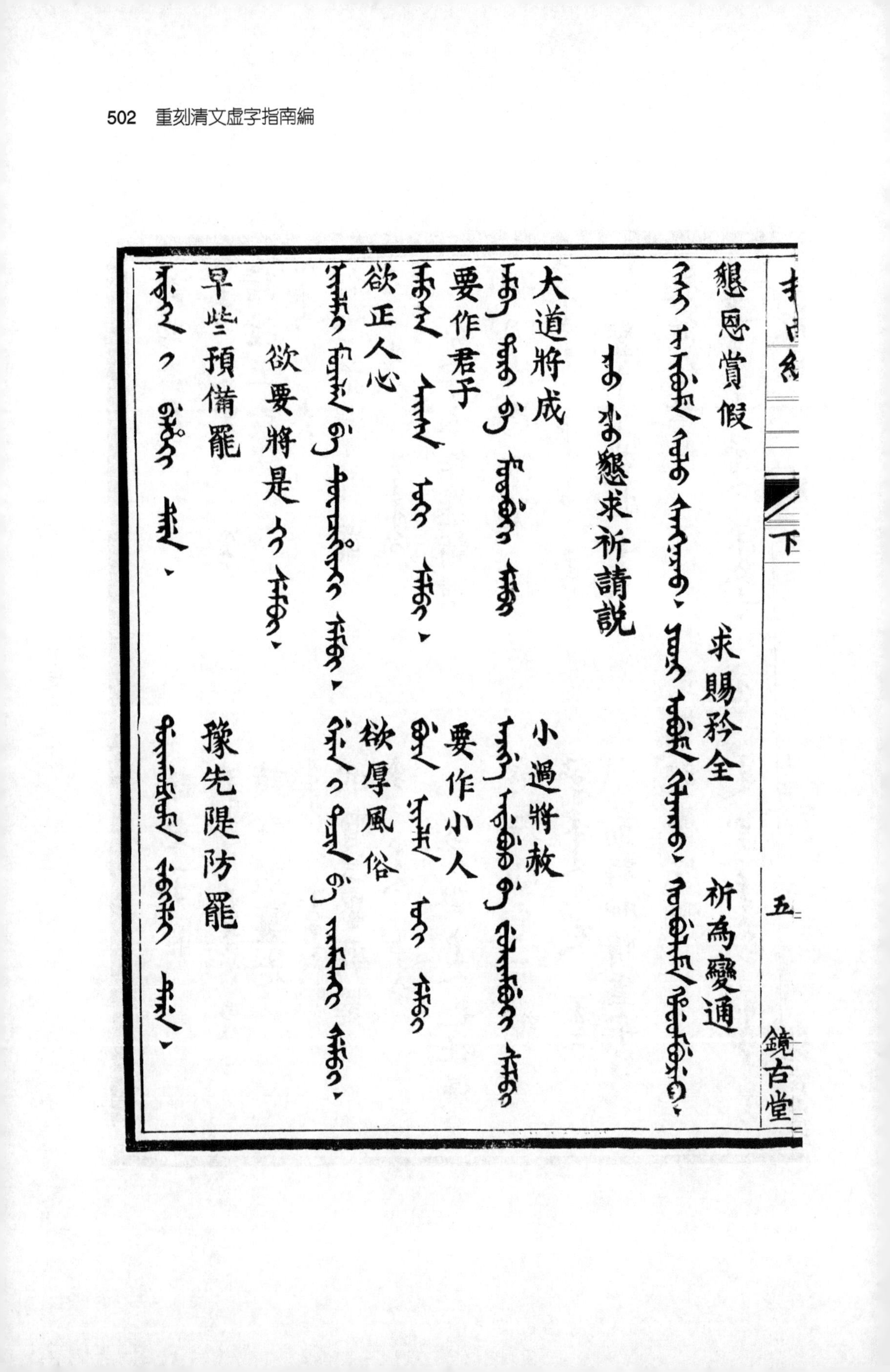

懇恩賞假　求賜矜全　祈為變通

懇求祈請說

大道將成　小過將赦

要作君子　要作小人

欲正人心　欲厚風俗

欲要將是

早些預備罷　豫先隄防罷

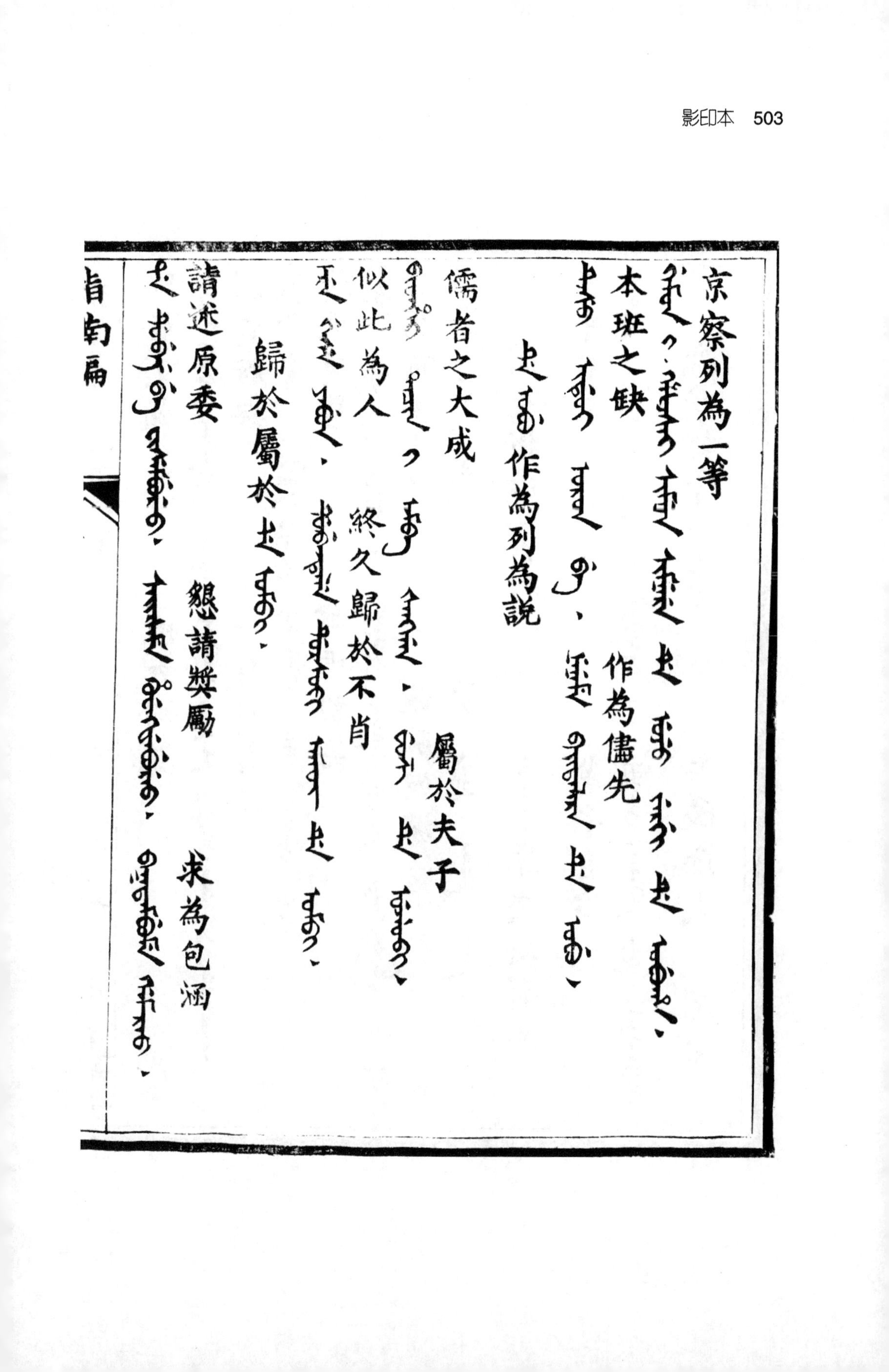

京察列為一等

本班之缺　作為儘先

作為列為說

儒者之大成　屬於夫子

似此為人　終久歸於不肖

歸於屬於

請述原委　懇請獎勵　求為包涵

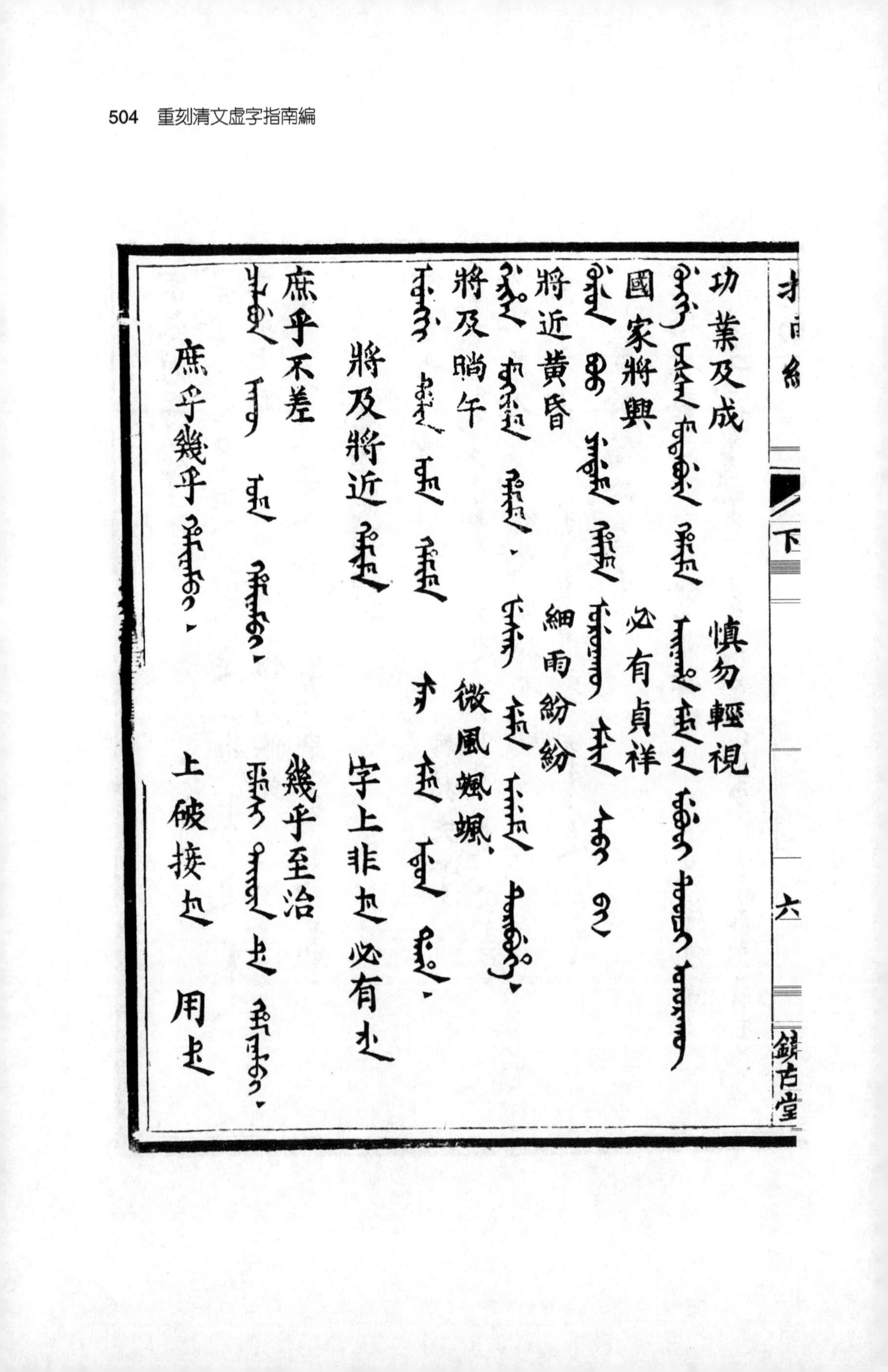

功業及成　慎勿輕視

國家將興　必有貞祥

將近黃昏　細雨紛紛

將及晌午　微風颯颯

將及將近　字上非　必有

庶乎不差　幾乎至洽

庶乎幾乎　上破接　用

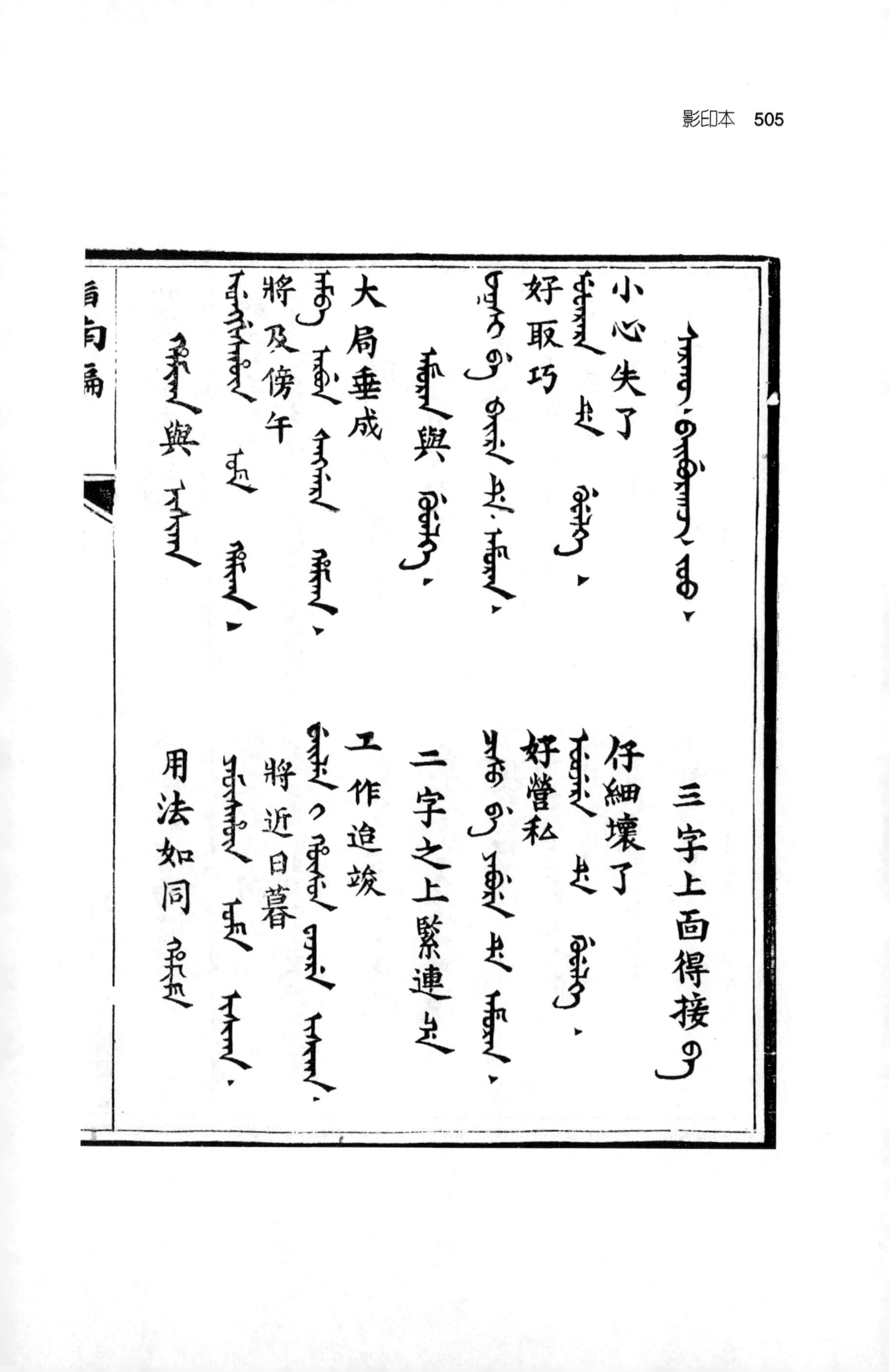

三字上面得接

小心失了

仔細壞了

好取巧

好營私

與

二字之上緊連

大局垂成

工作追竣

將及傍午

將近日暮

與

用法如同

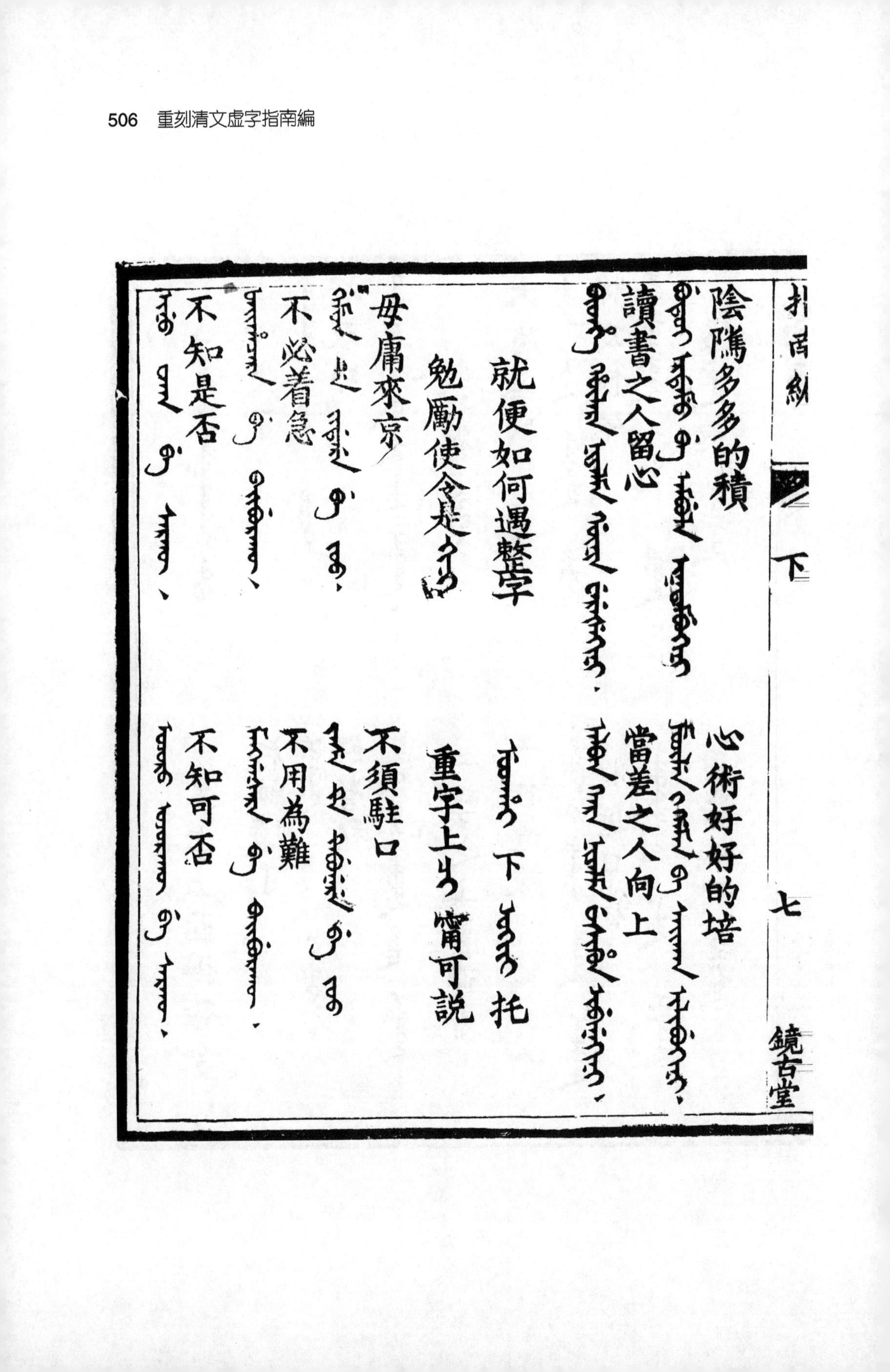

陰隲多多的積　心術好好的培

讀書之人留心　當差之人向上

就便如何遇整字　下　托

勉勵使令是　重字上　甯可說

毋庸來京　不須駐口

不必着急　不用為難

不知是否　不知可否

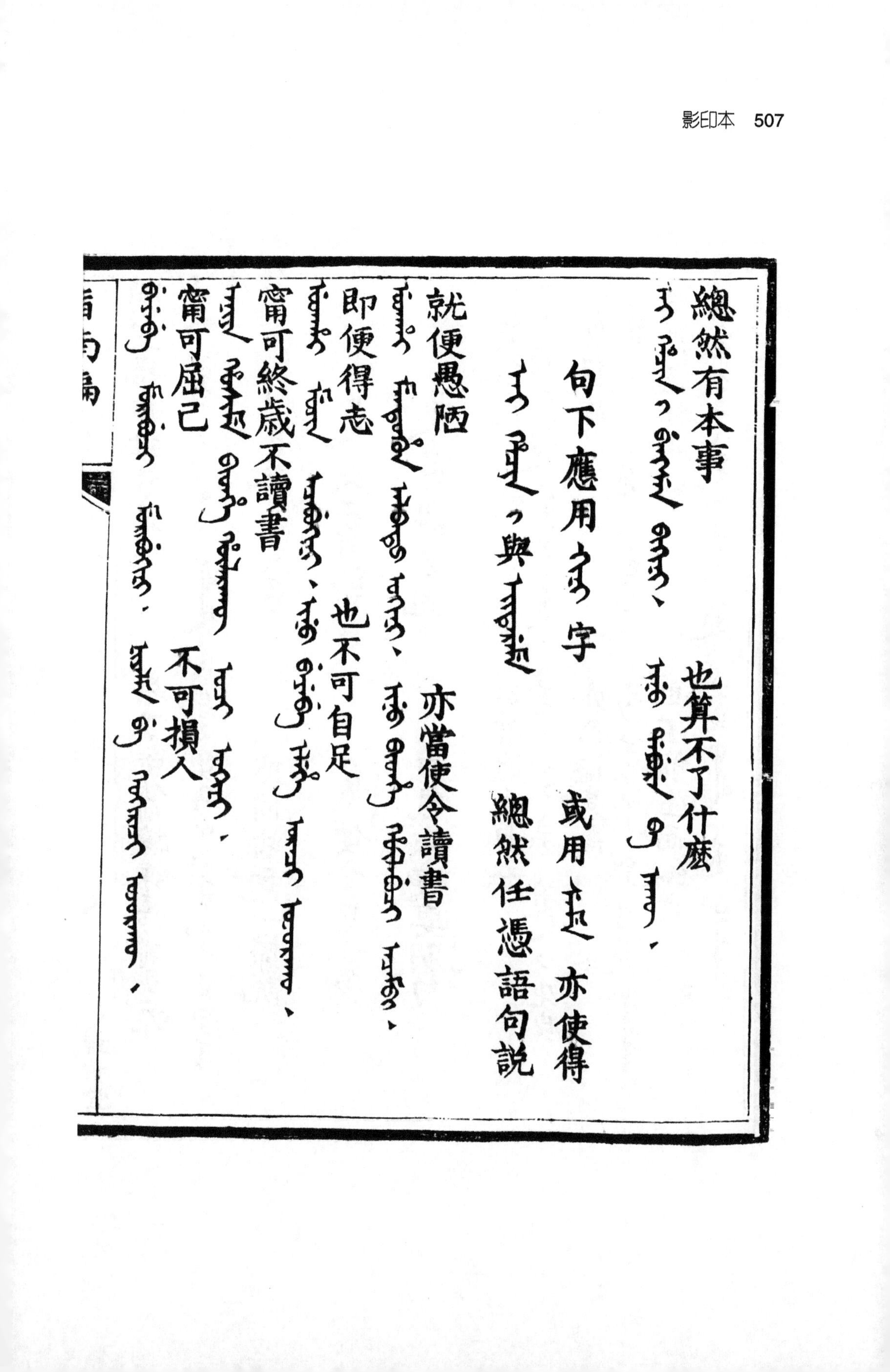

總然有本事　也算不了什麽

句下應用　字　或用　亦使得

與　總然任憑語句說

就便愚陋　亦當使令讀書

即便得志　也不可自足

甯可終歲不讀書

甯可屈己　不可損人

指南編

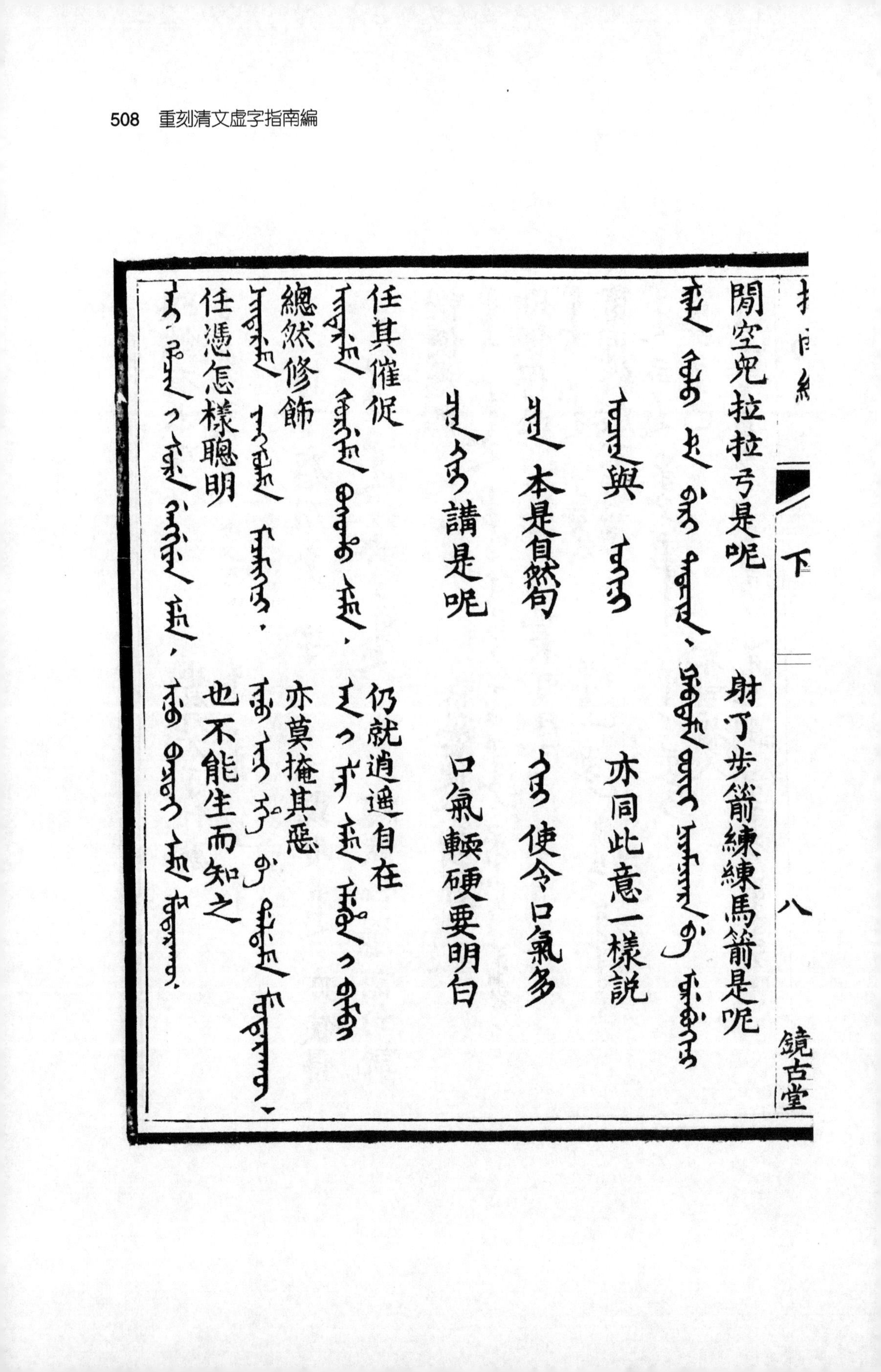

閒空兒拉拉弓是呢　射了步箭練練馬箭是呢

與　亦同此意一樣說

本是自然句　使令口氣多

講是呢　口氣輭硬要明白

任其催促　仍就逍遥自在

總然修飾　亦莫掩其惡

任憑怎樣聰明　也不能生而知之

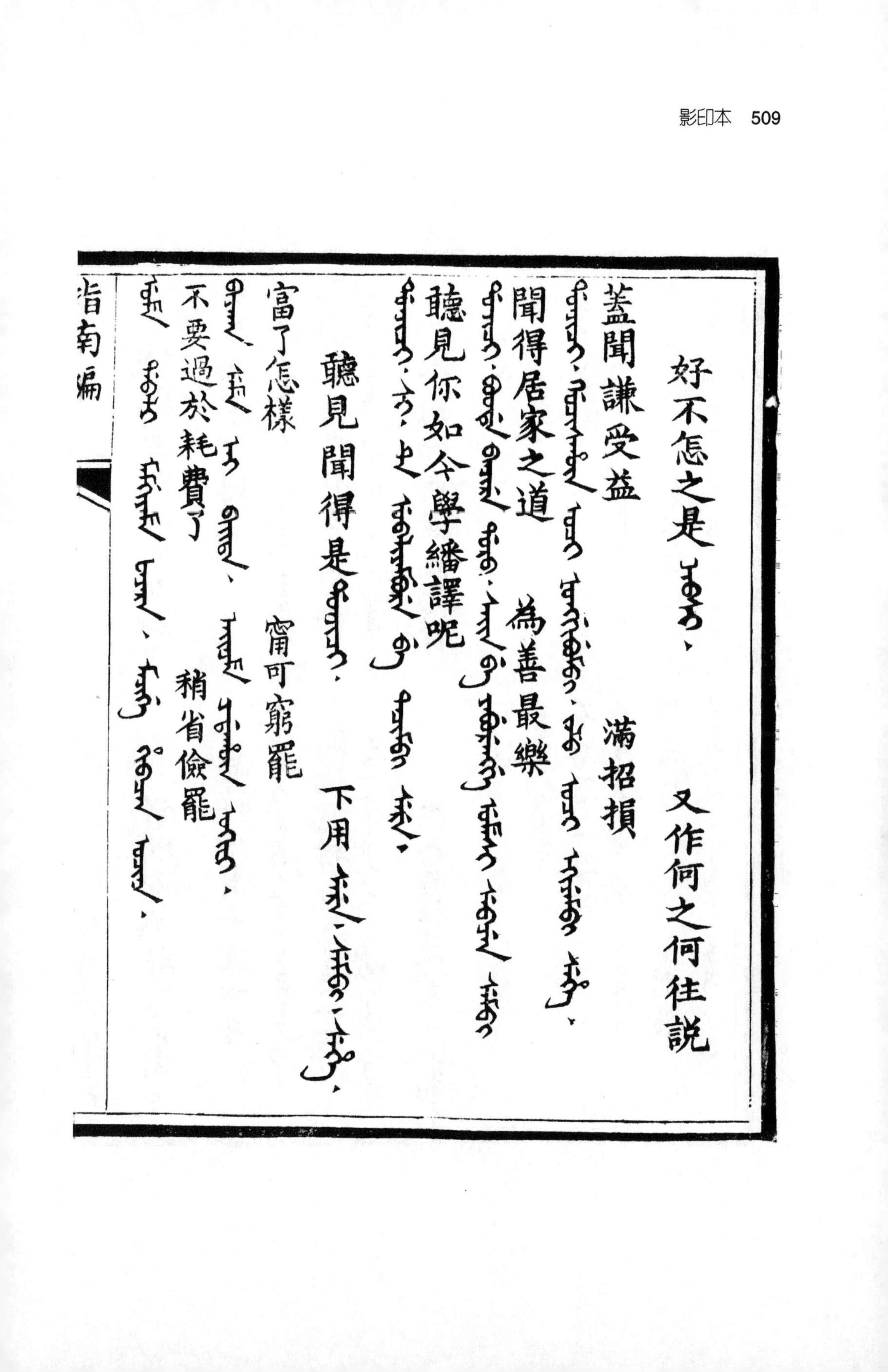

好不怎之是　又作何之何往說

蓋聞謙受益　滿招損

聞得居家之道　為善最樂

聽見你如今學繙譯呢

聽見聞得是　下用

富了怎樣　甯可窮罷

不要過於耗費了　稍省儉罷

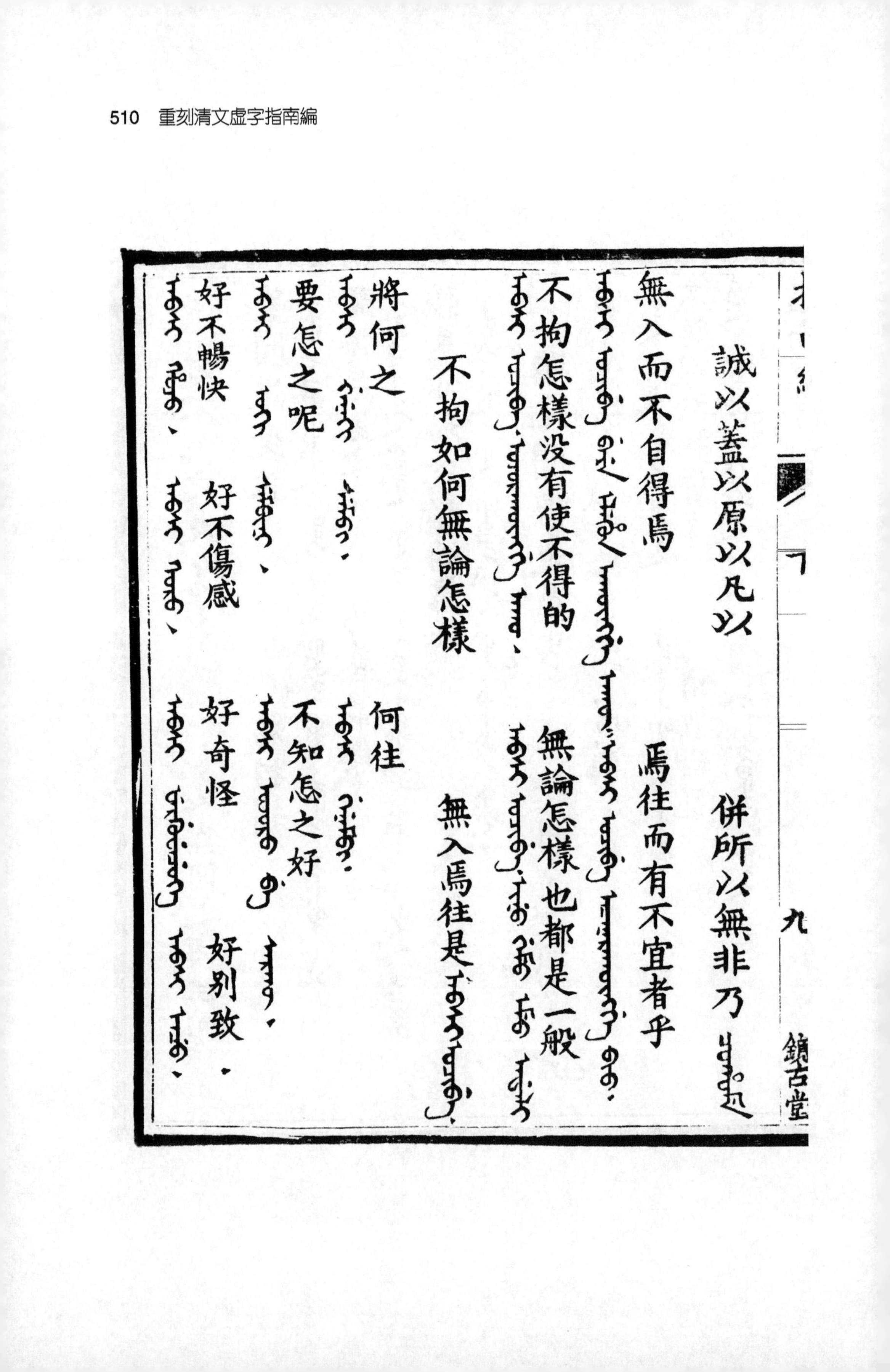

誠以蓋以原以凡以　併所以無非乃

無入而不自得焉　焉往而有不宜者乎

不拘怎樣沒有使不得的　無論怎樣也都是一般

不拘如何無論怎樣　無入焉往是

將何之　何往

要怎之呢　不知怎之好

好不暢快　好不傷感　好奇怪　好別致

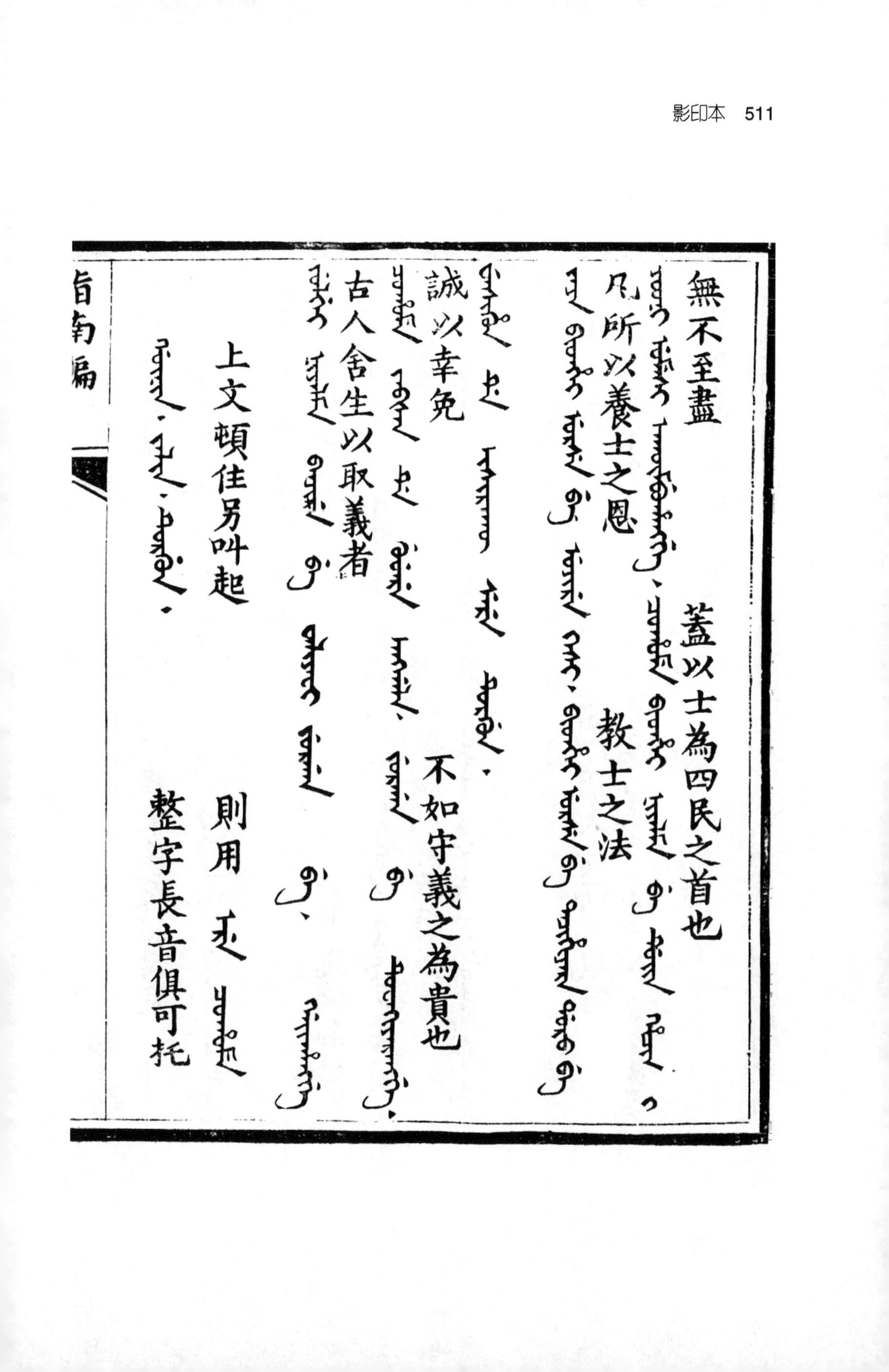

無不至盡　蓋以士為四民之首也

凡所以養士之恩　教士之法

誠以幸免　不如守義之為貴也

古人舍生以取義者

上文頓住另叫起　則用

整字長音俱可托

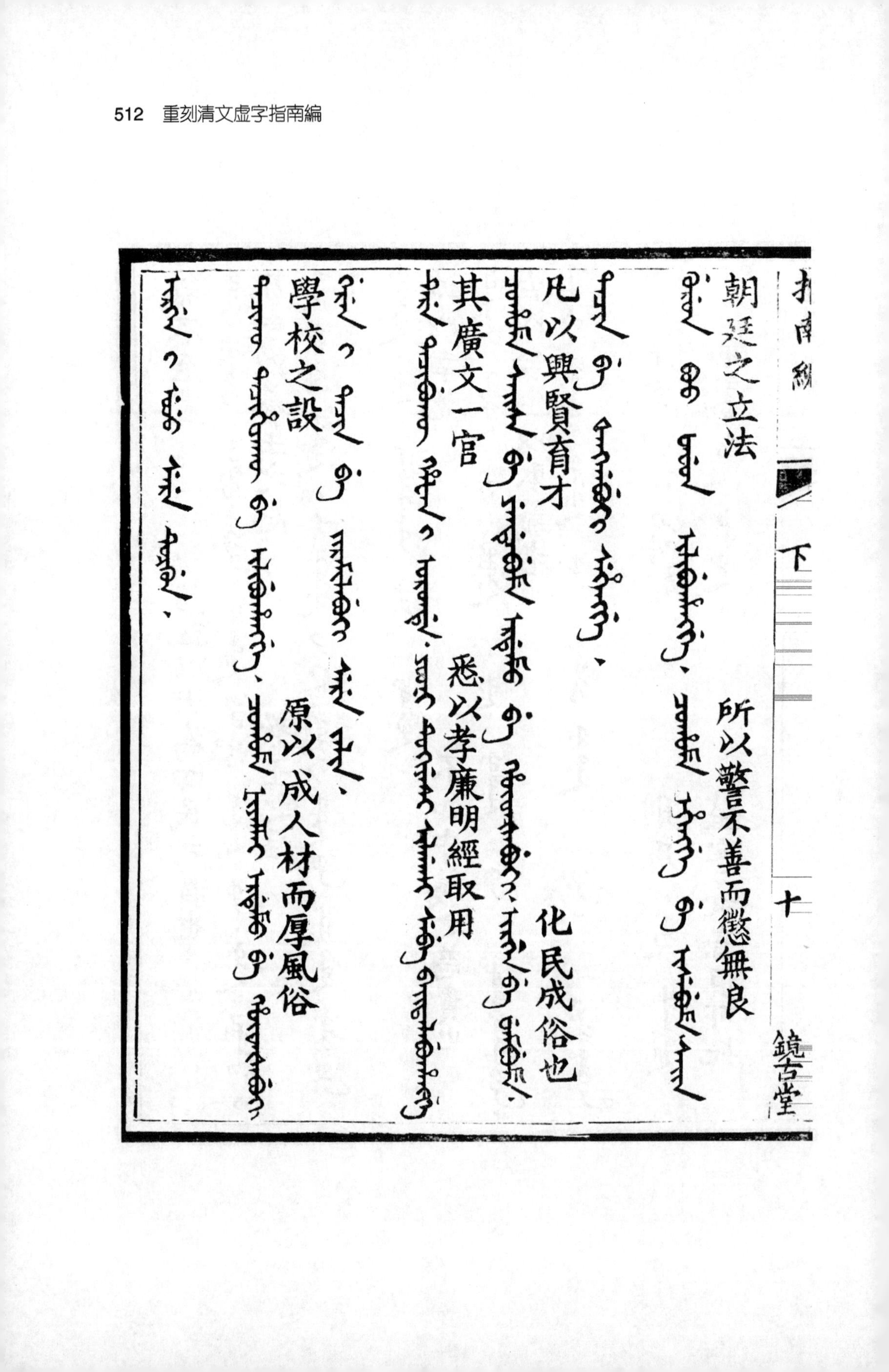

朝廷之立法 所以警不善而懲無良

凡以興賢育才 化民成俗也

其廣文一官 悉以孝廉明經取用

學校之設 原以成人材而厚風俗

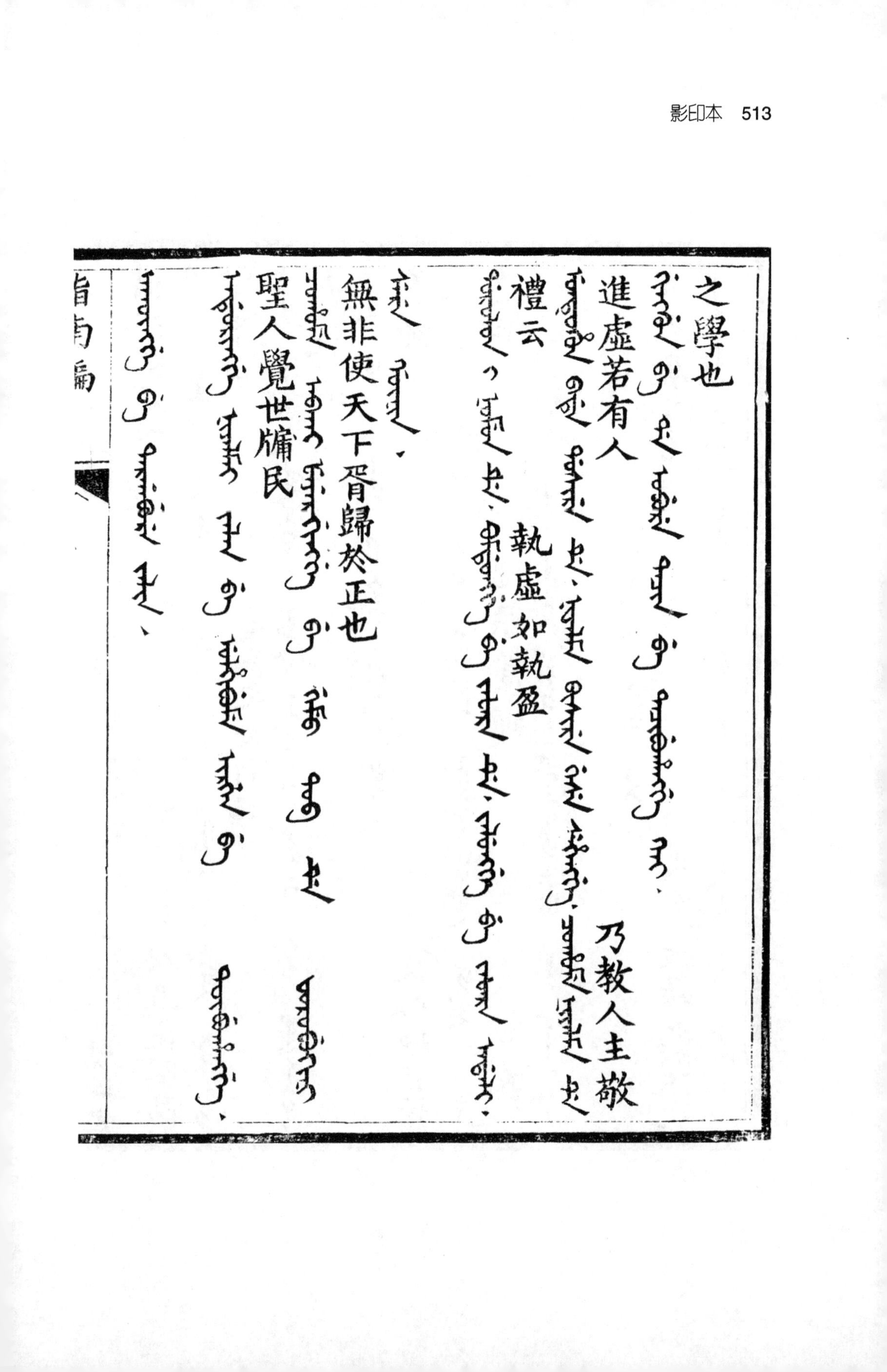

之學也

乃教人主敬

進虛若有人

禮云

執虛如執盈

無非使天下胥歸於正也

聖人覺世牖民

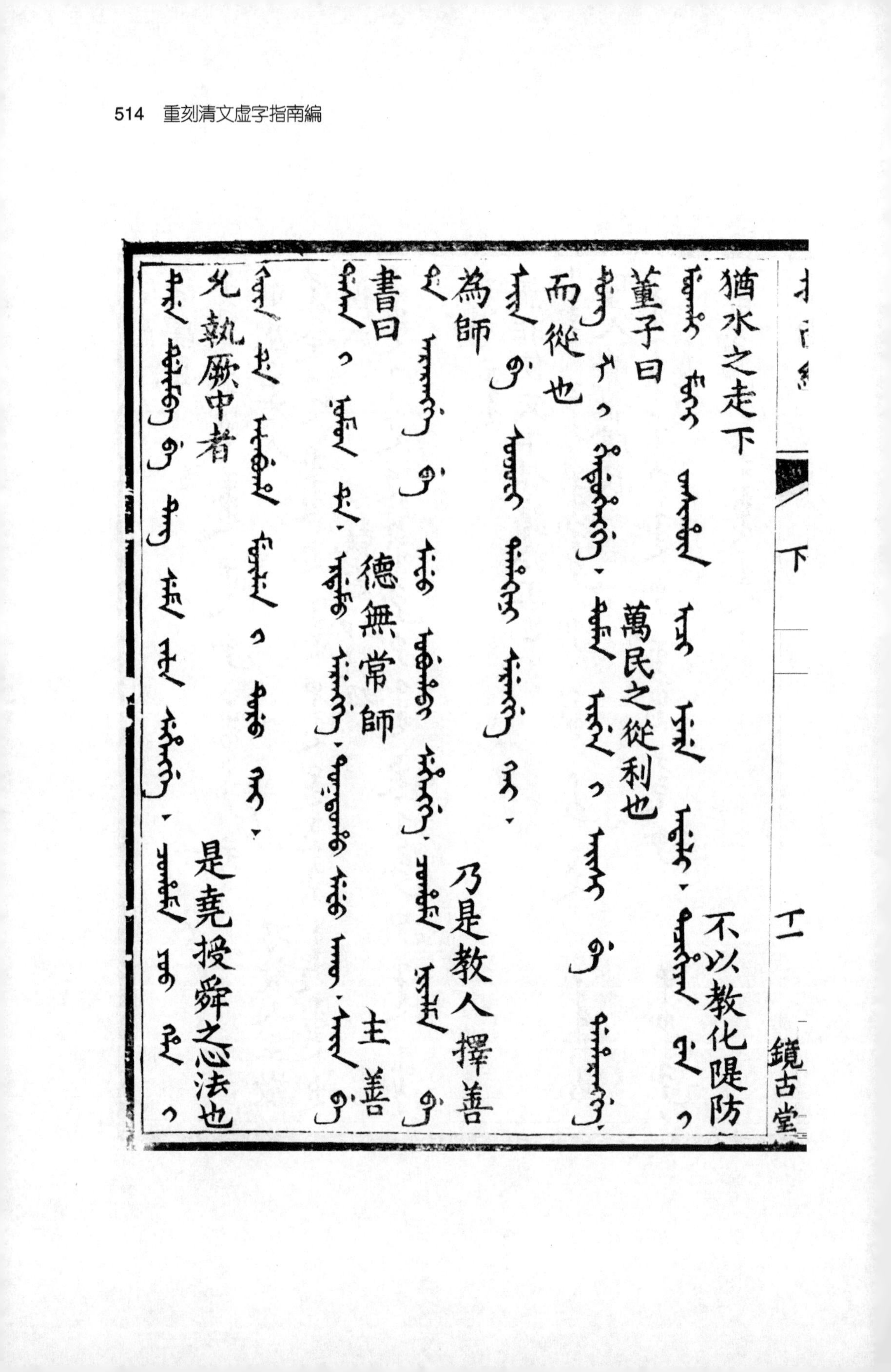

猶水之走下　不以教化隄防

董子曰　萬民之從利也

而從也

為師　乃是教人擇善

書曰　德無常師　主善

允執厥中者　是堯授舜之心法也

事有定理

民無恆心

制行有物

立賢無方

有無當繙

不拘長短上有

不以禮義教化之

其欲不可遏也

以治民甚於治川

之

不能已也

誠

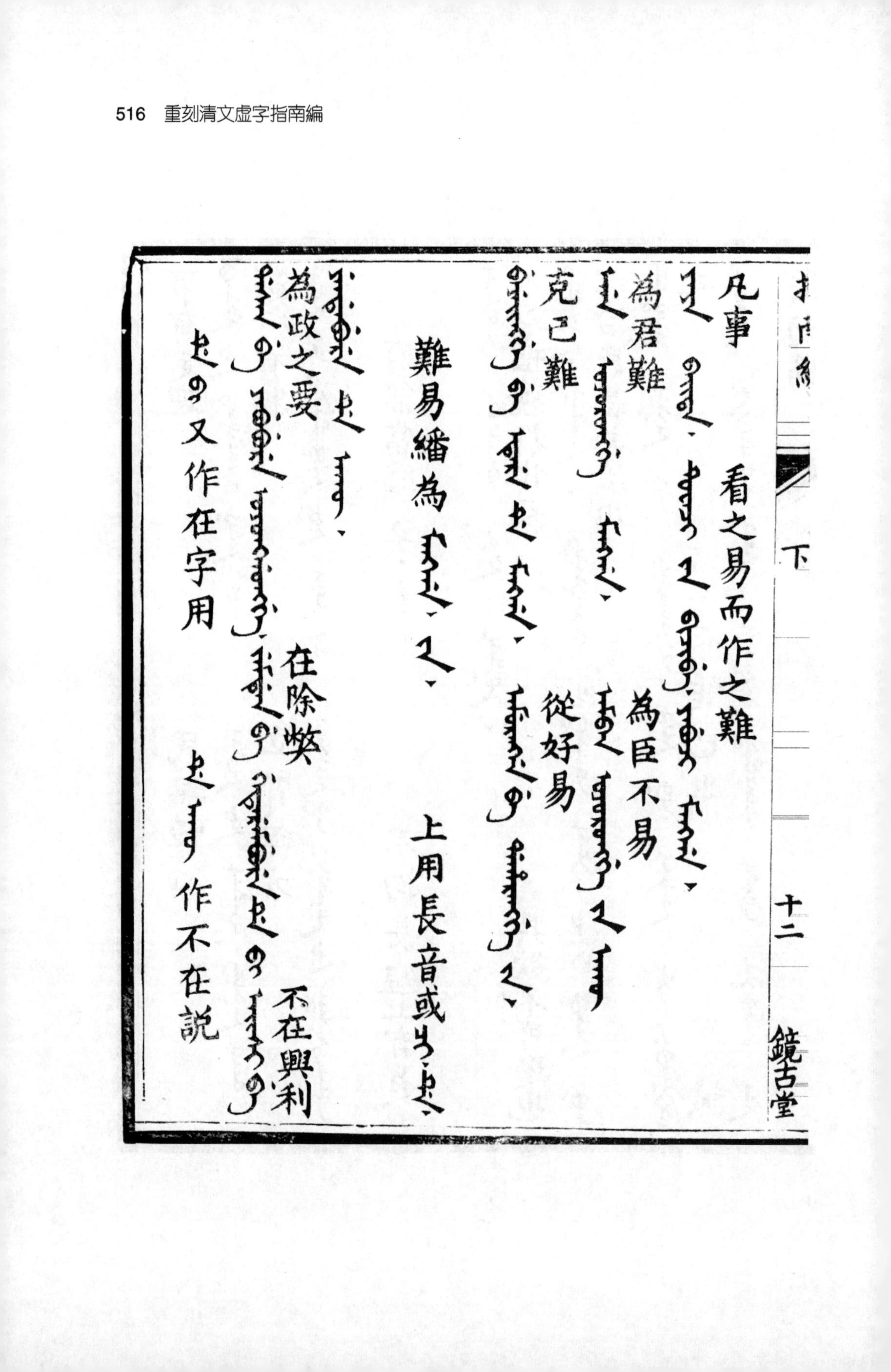

凡事看之易而作之難

為君難 為臣不易

克己難 從好易

難易繙為 上用長音或

為政之要 在除弊 不在興利

又作在字用 作不在說

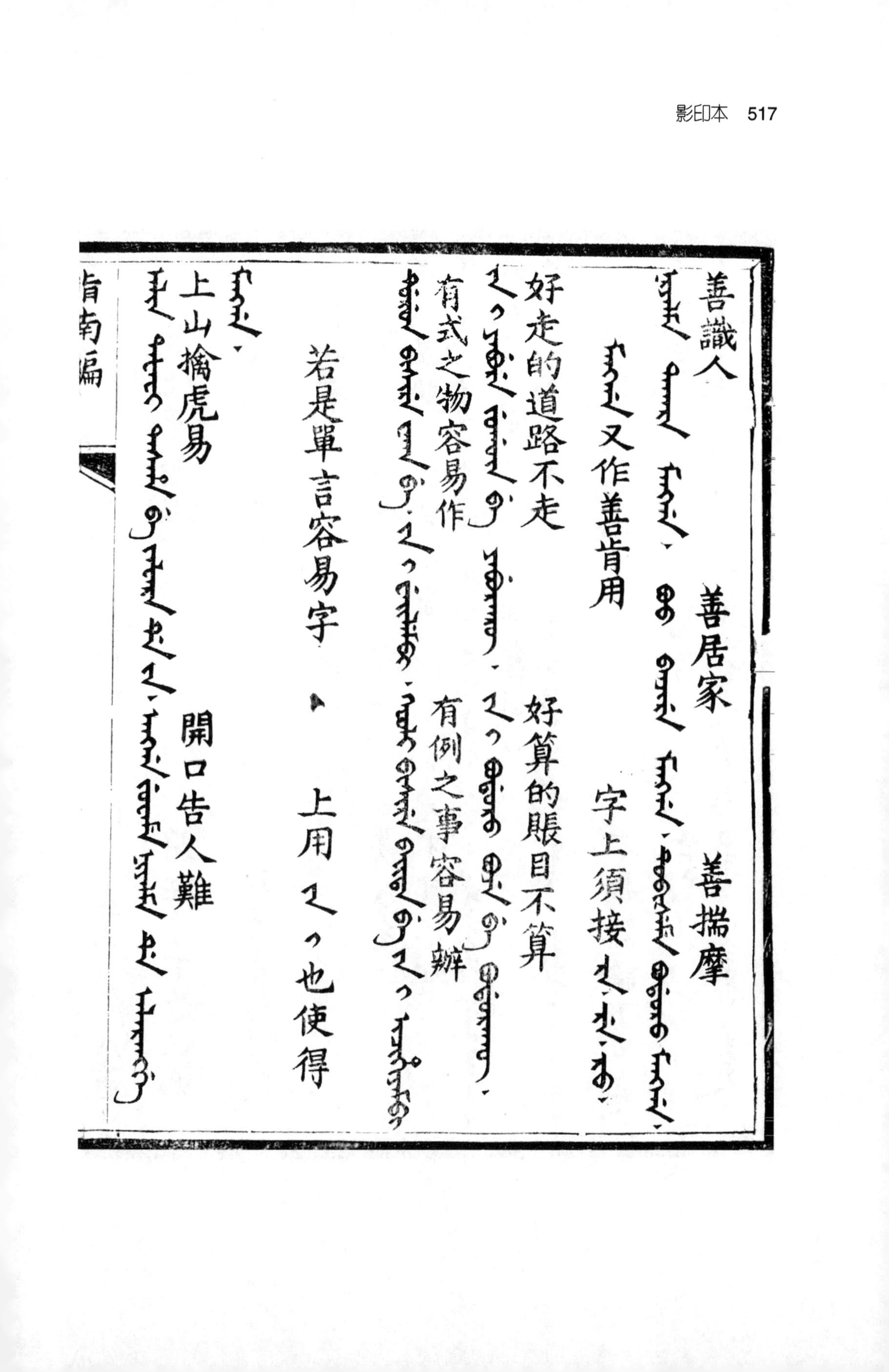

善識人　善居家　善揣摩

又作善肯用　字上須接

好走的道路不走　好算的賬目不算

有式之物容易作　有例之事容易辦

若是單言容易字　上用　也使得

上山擒虎易　開口告人難

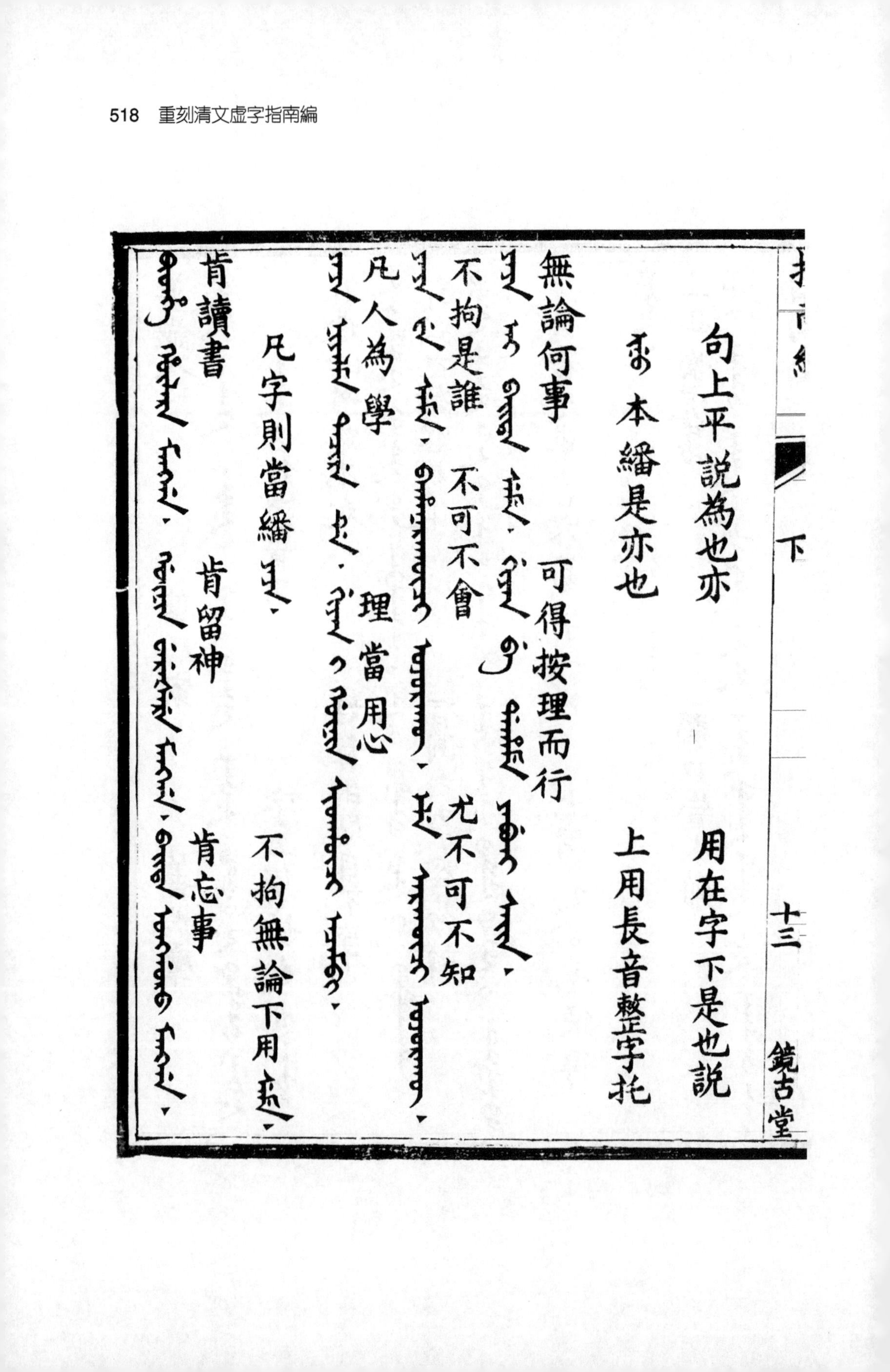

句上平說為也亦　用在字下是也說

本繙是亦也　上用長音整字托

無論何事　可得按理而行

不拘是誰　不可不會　尤不可不知

凡人為學　理當用心

凡字則當繙　不拘無論下用

肯讀書　肯留神　肯忘事

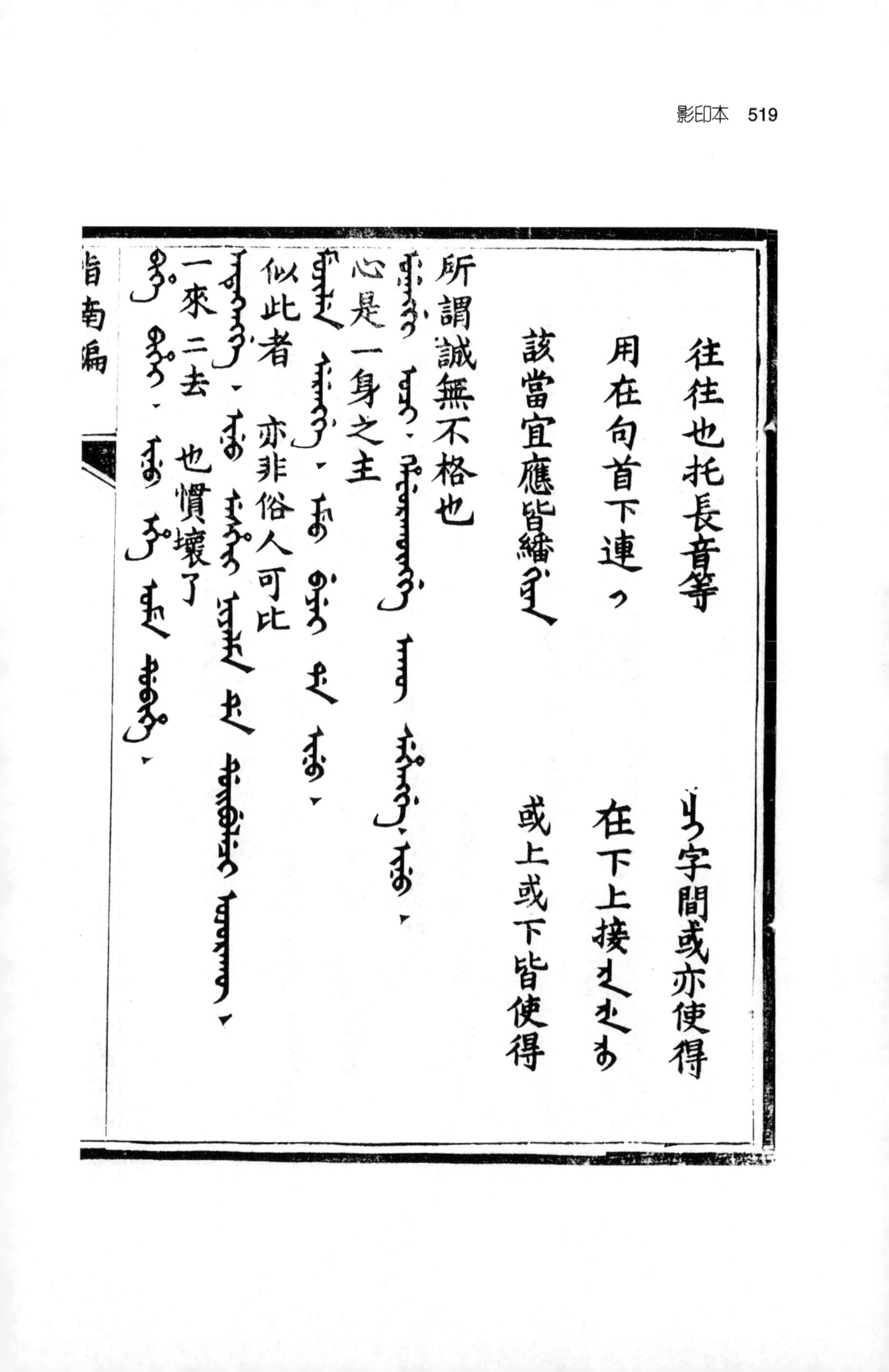

往往也托長音等　字間或亦使得

用在向首下連　在下上接

該當宜應皆繙　或上或下皆使得

所謂誠無不格也

心是一身之主

似此者　亦非俗人可比

一來二去　也慣壞了

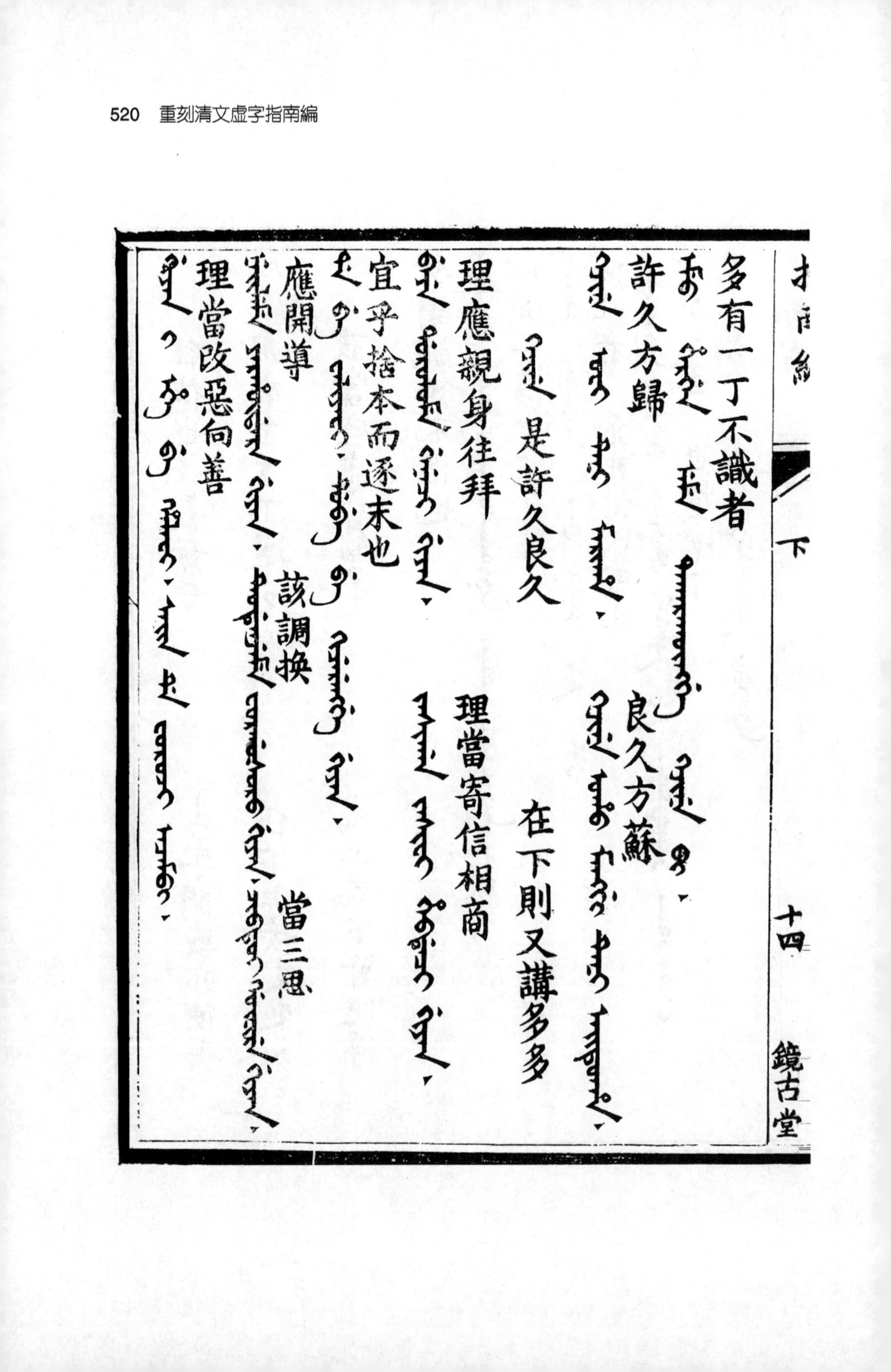

多有一丁不識者

許久方歸

良久方蘇

是許久良久

在下則又講多多

理應親身往拜

理當寄信相商

宜乎捨本而逐末也

應開導

該調換

當三思

理當改惡向善

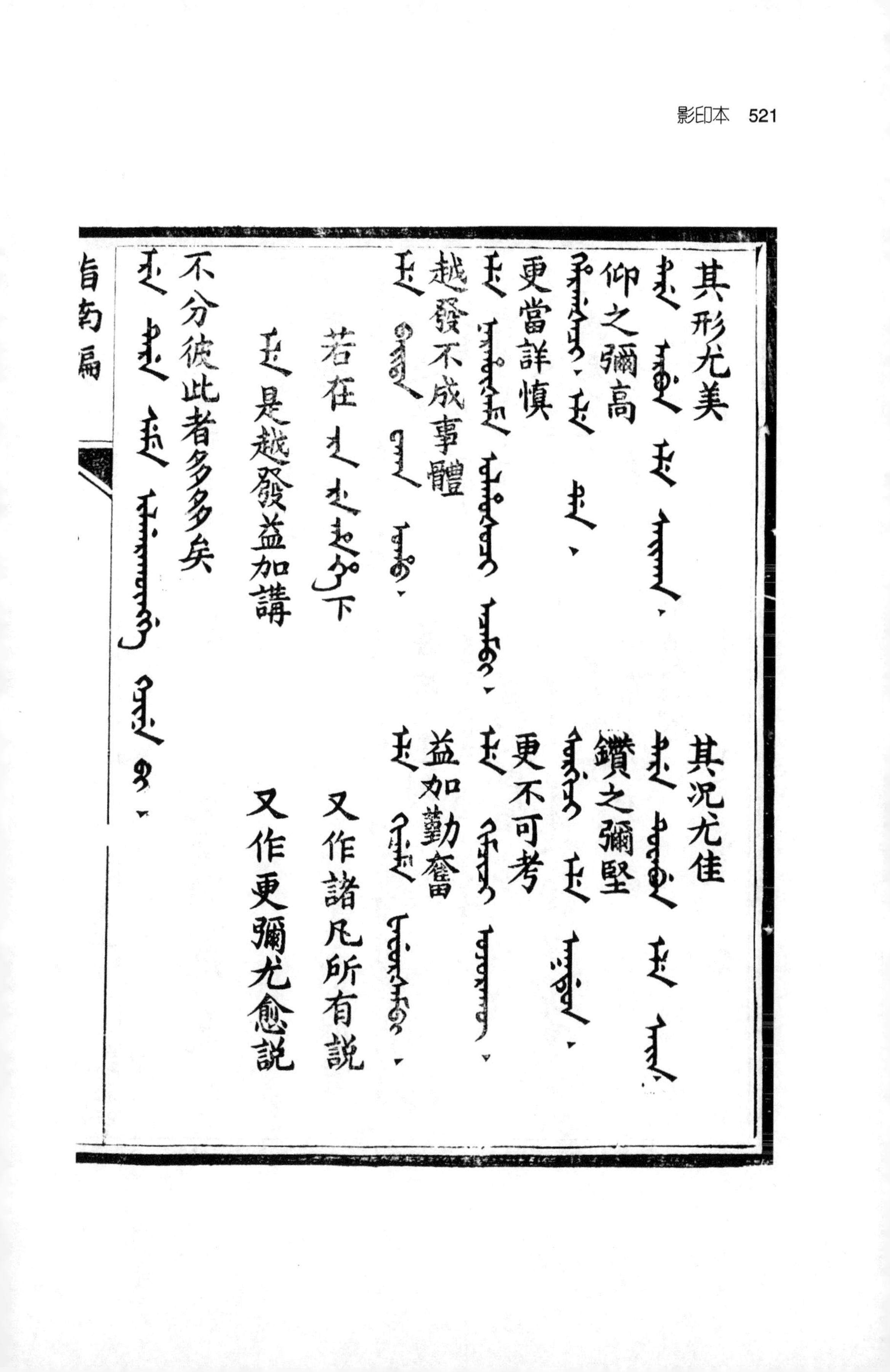

其形尤美

其況尤佳

仰之彌高

鑽之彌堅

更當詳慎

更不可考

越發不成事體

益加勤奮

若在 下

又作諸凡所有說

是越發益加講

又作更彌尤愈說

不分彼此者多多矣

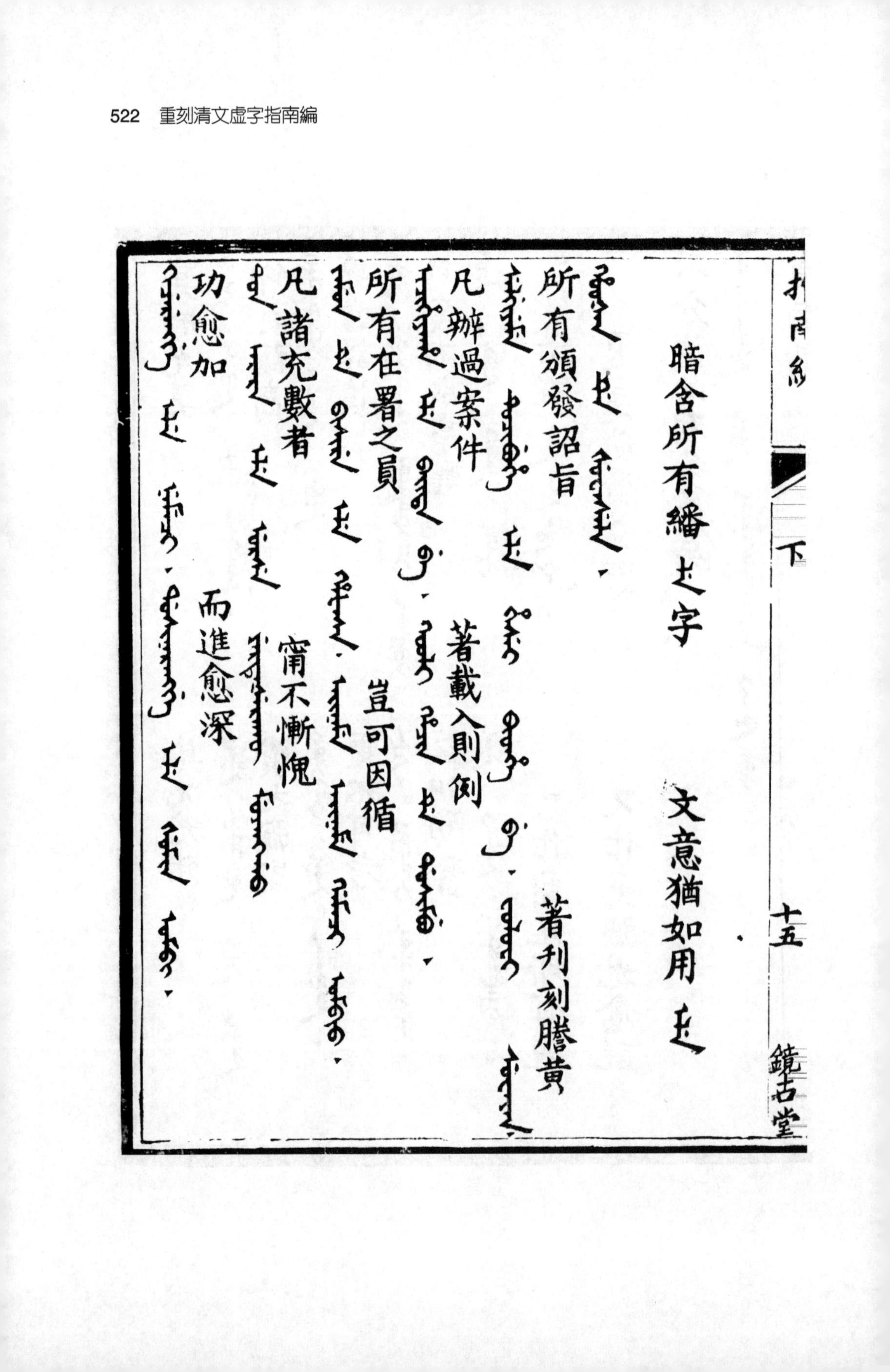

暗含所有繙上字　文意猶如用

所有須發詔旨　著刊刻謄黃

凡辦過案件　著載入則例

所有在署之員　豈可因循

凡諸充數者　寗不慚愧

功愈加　而進愈深

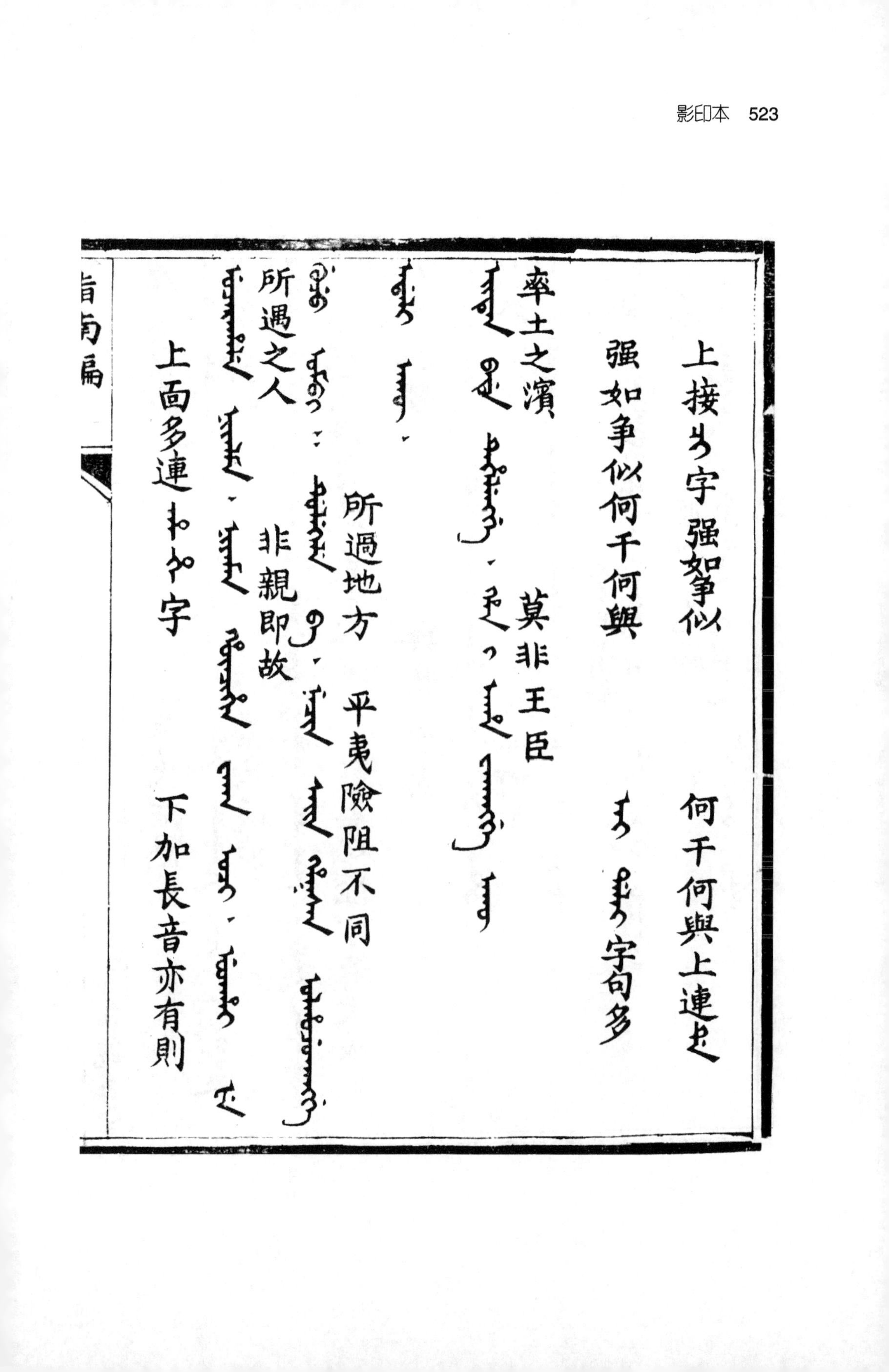

上接字强如爭似 何干何與上連

强如爭似何干何與 字句多

率土之濱 莫非王臣

所過地方 平夷險阻不同

所遇之人 非親即故

上面多連字 下加長音亦有則

屢次荒歉　疊次施恩

連年豐收　累次跋涉

連累屢見是　上連整字看文波

人之興替　與物何與

我管不管　與你何干

積德　爭似遺金

燒香　强如逛廟

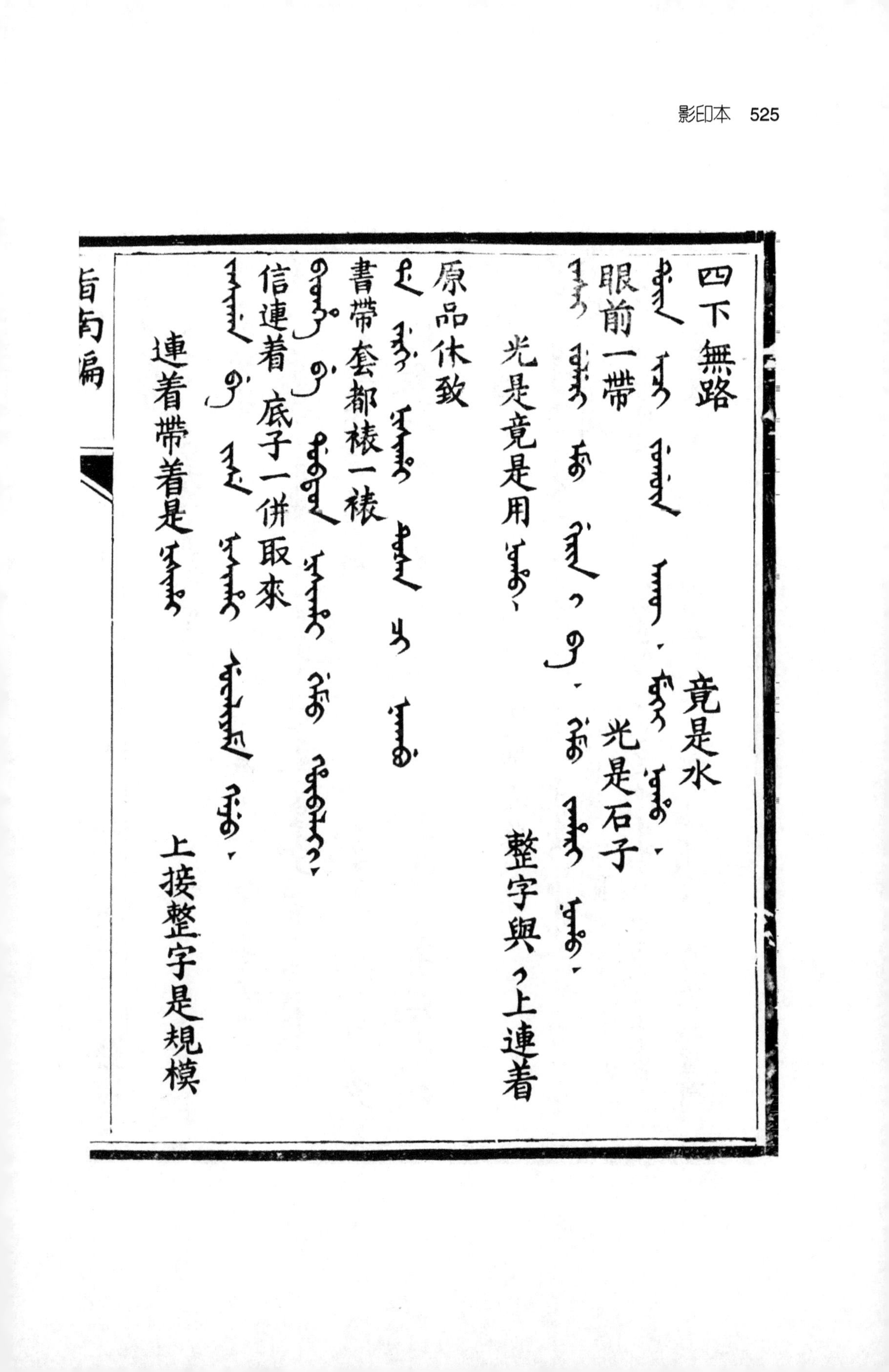

四下無路　竟是水
眼前一帶　光是石子
光是竟是用　整字與 上連着
原品休致
書帶套都裱一裱
信連着底子一併取來
連着帶着是　上接整字是規模

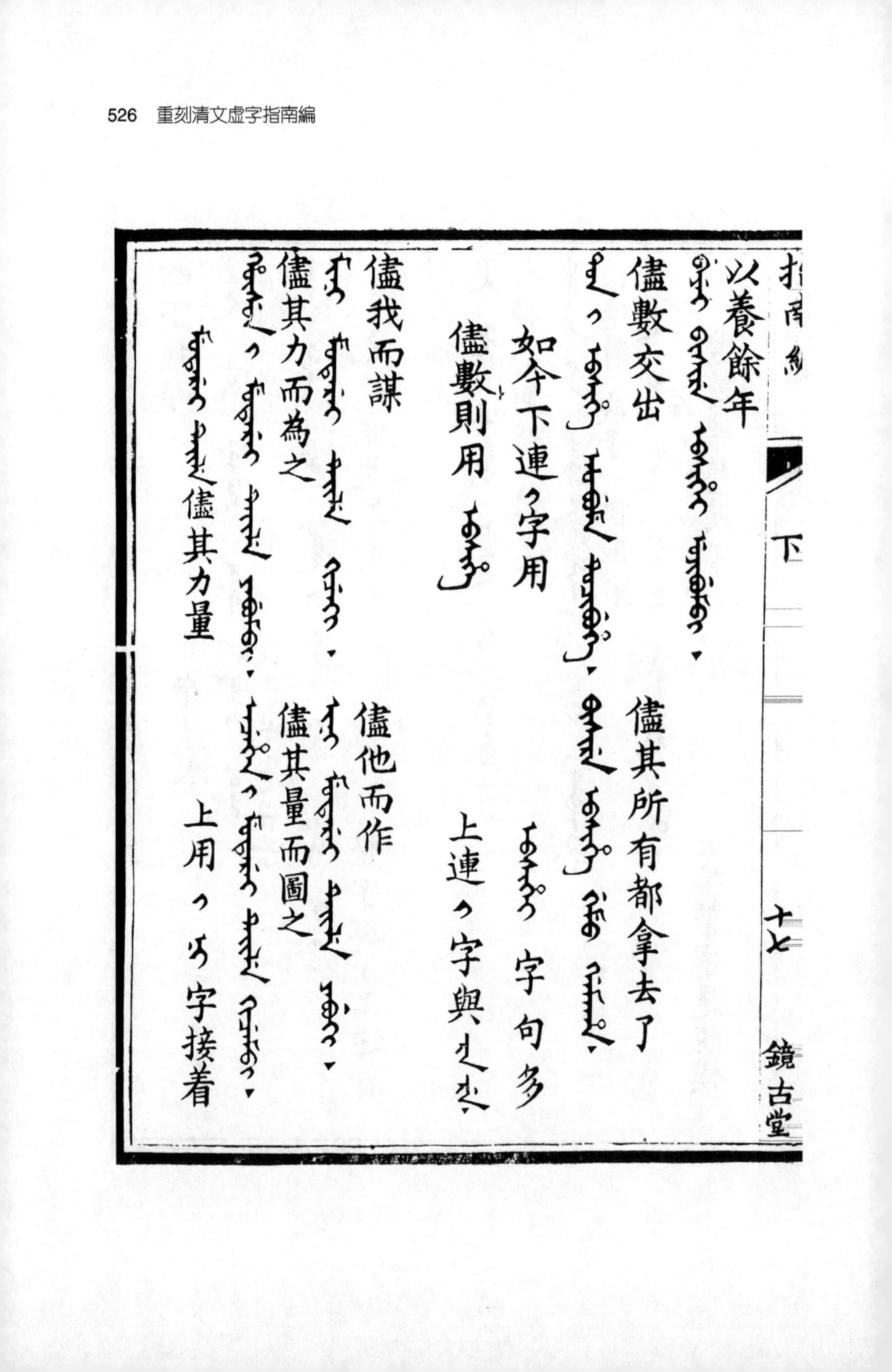

以養餘年

儘數交出　儘其所有都拿去了

如今下連字用　字句多

儘數則用　上連字與

儘我而謀　儘他而作

儘其力而為之　儘其量而圖之

儘其力量　上用字接着

是遭次　整單破連用法多

既經添入　旋即裁汰

既奏明允准　又准部議駁

既經記名　復蒙議敘

既光大門閭　又垂裕後昆

彼而又此使　然而未果　合

講既字　上用半截字連着

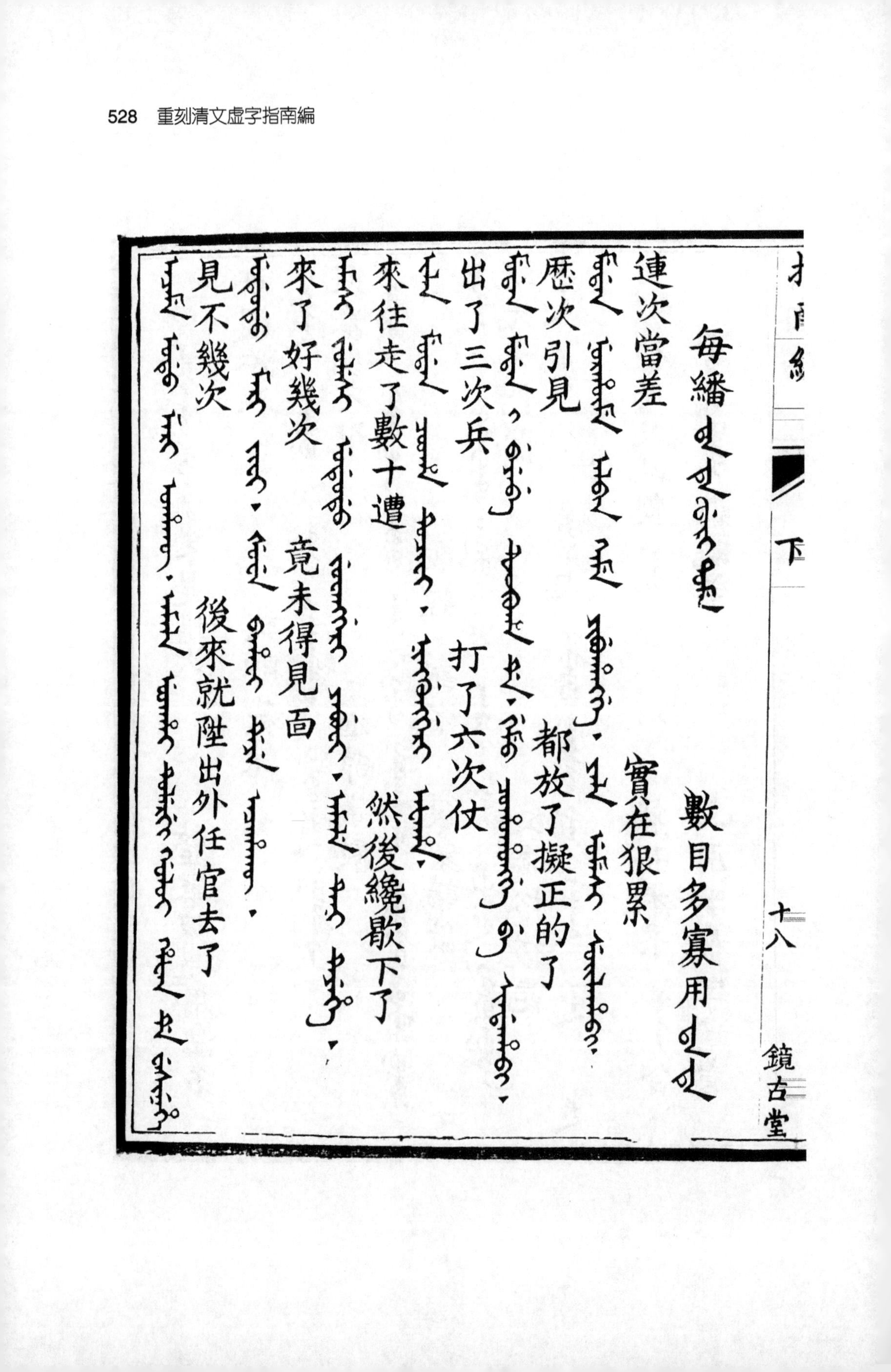

每繙 數目多寡用

連次當差 實在狠累

歷次引見 都放了擬正的了

出了三次兵 打了六次仗

來往走了數十遭 然後纔歇下了

來了好幾次 竟未得見面

見不幾次 後來就陞出外任官去了

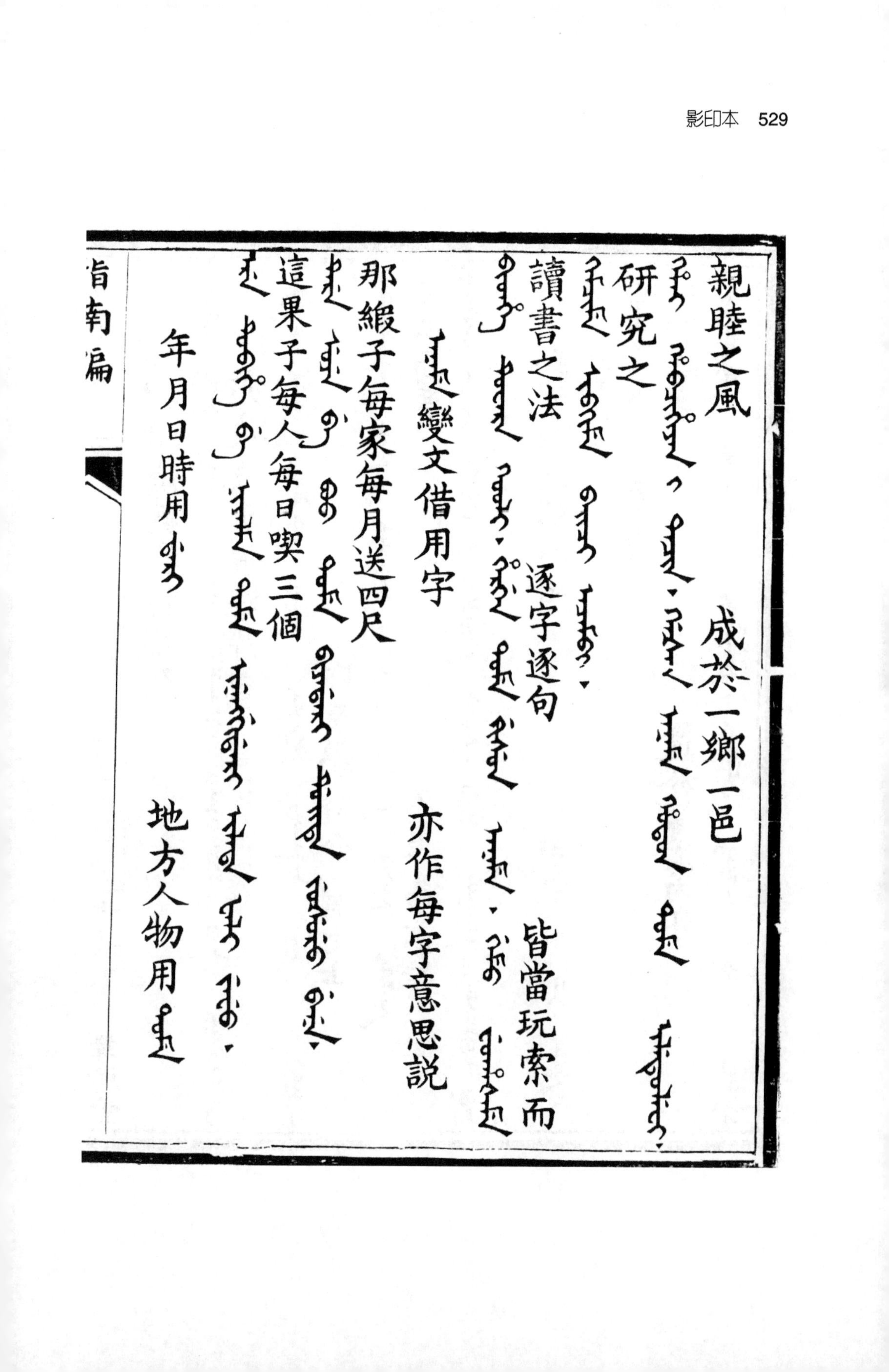

親睦之風　成於一鄉一邑

研究之

讀書之法　逐字逐句　皆當玩索而

變文借用字　亦作每字意思說

那緞子每家每月送四尺

這果子每人每日喫三個

年月日時用　地方人物用

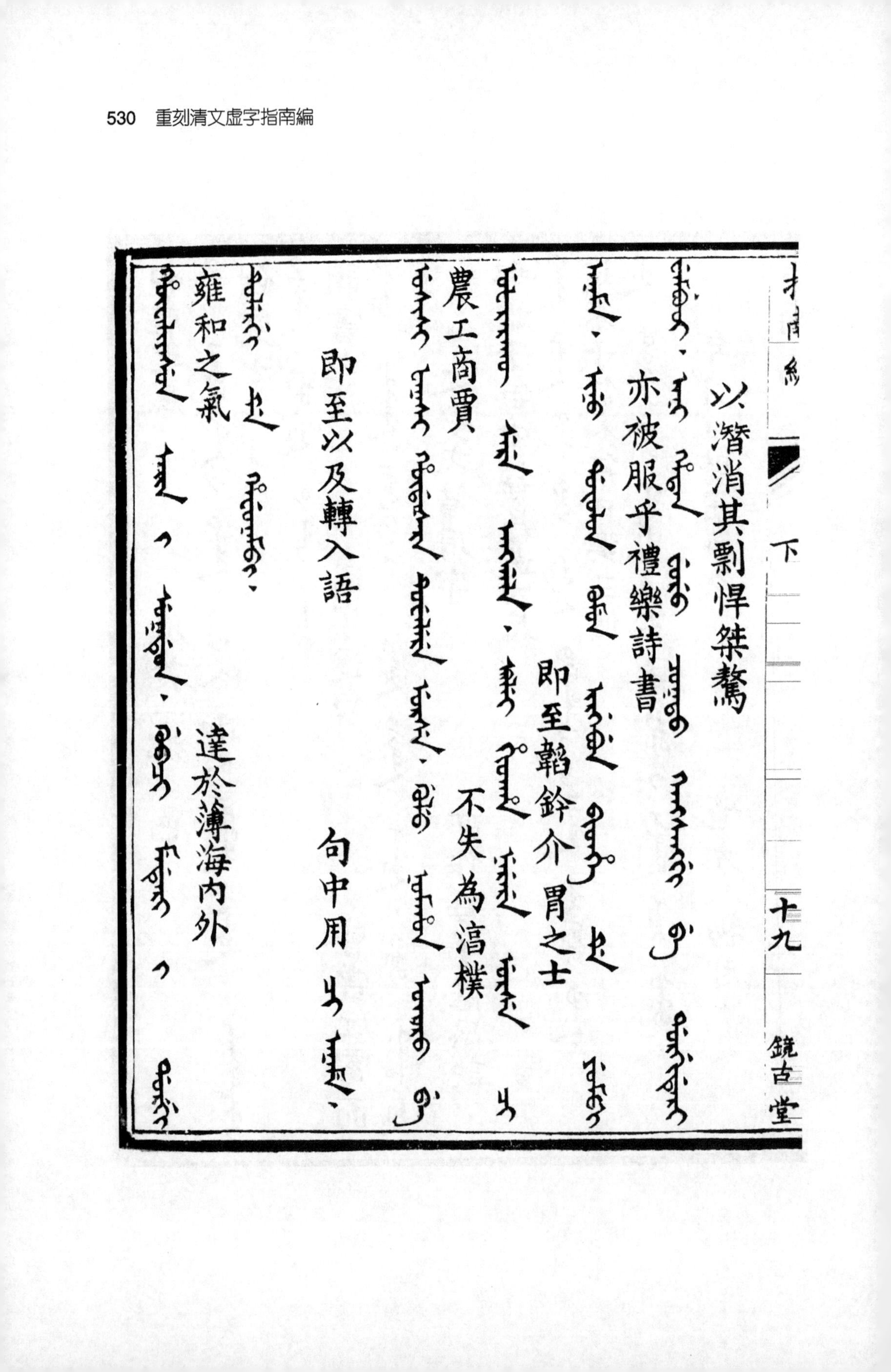

以潛消其剽悍桀驁

亦被服乎禮樂詩書

即至韜鈐介胄之士

不失為湻樸

農工商賈

即至以及轉入語句中用

雍和之氣

達於薄海內外

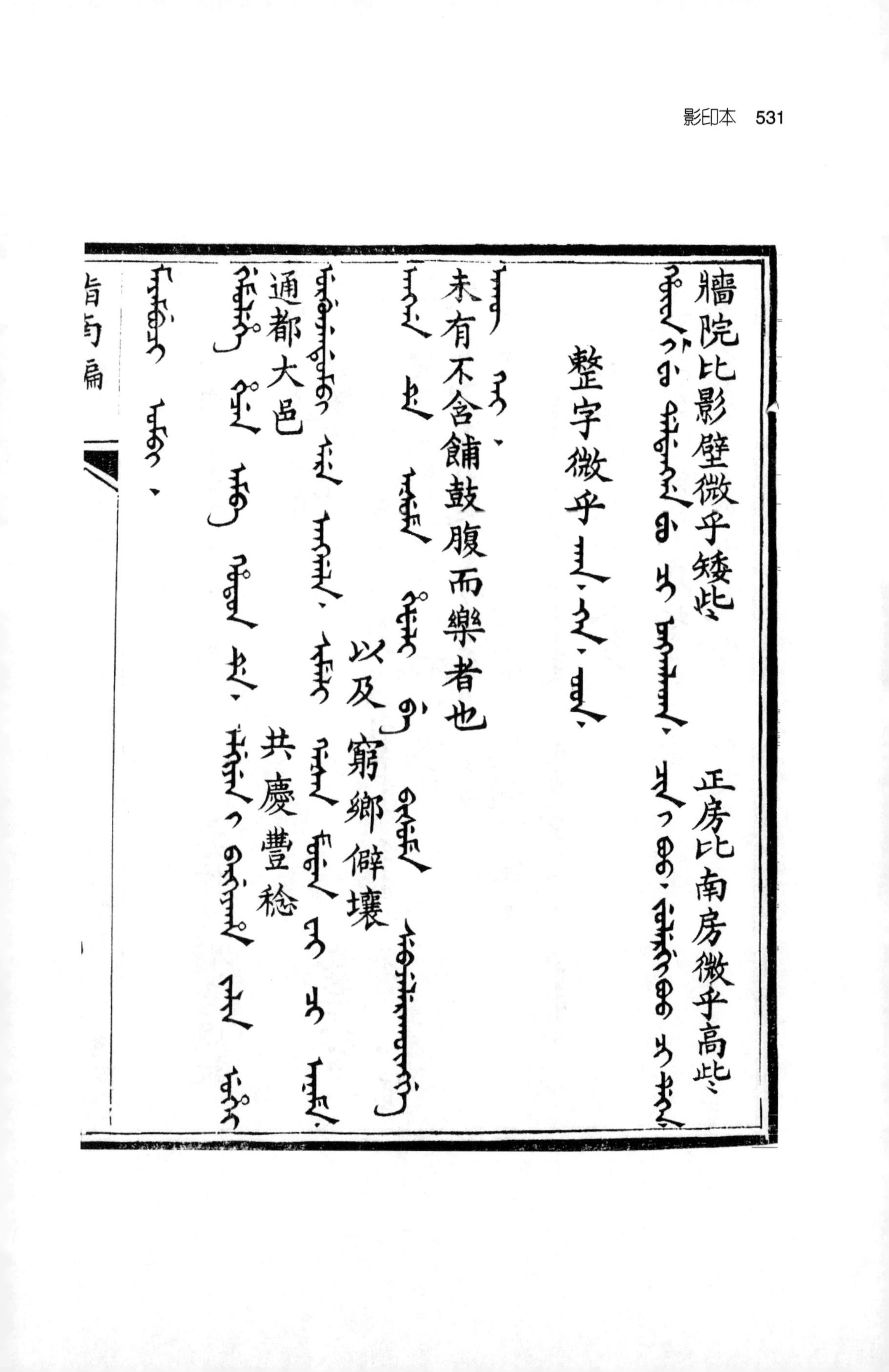

牆院比影壁微乎矮些

正房比南房微乎高些

整字微乎

未有不含餔鼓腹而樂者也

以及窮鄉僻壤

通都大邑

共慶豐稔

又有 、 字 亦作稍微意思說

由小道微然繞一点兒 也差不多

這影兒微然斜一点兒 不大很直

說是了 微然笑一笑不作理會

破字微然 多

甬路比夾道微乎寬些、

極好飲酒　不醉不止

此等用法皆一體　上將半截字連着

極盡意思用　堪可神情

望着我冷笑　望着他發獃

往西　往東　向前　向後

與字　的神情往向說

微須長些　稍遲誤些　稍前探些　微挺著些

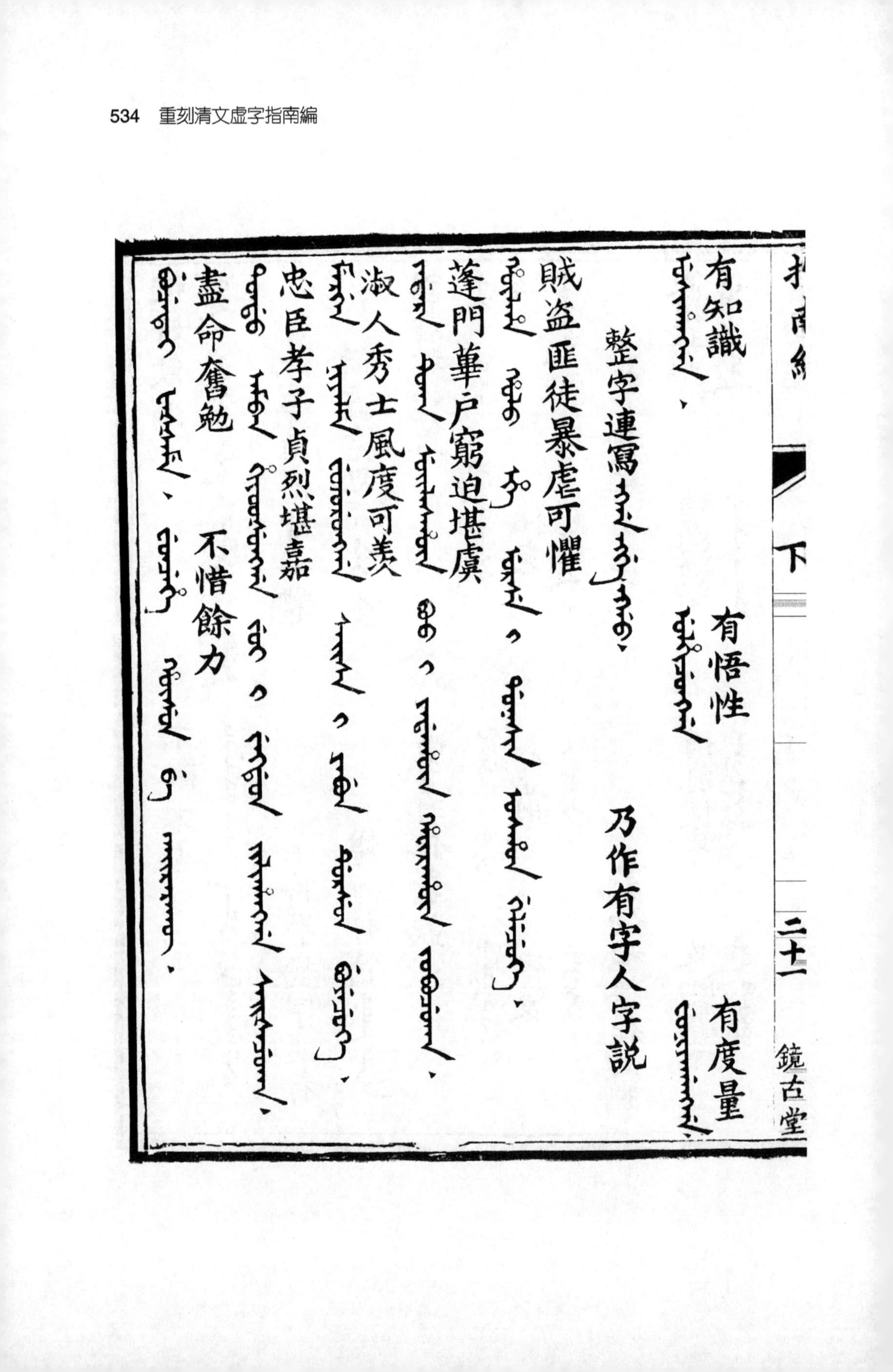

有知識　有悟性　有度量

整字連寫　乃作有字人字說

賊盜匪徒暴虐可懼

逢門華戶窮迫堪虞

淑人秀士風度可羡

忠臣孝子貞烈堪嘉

盡命奮勉　不惜餘力

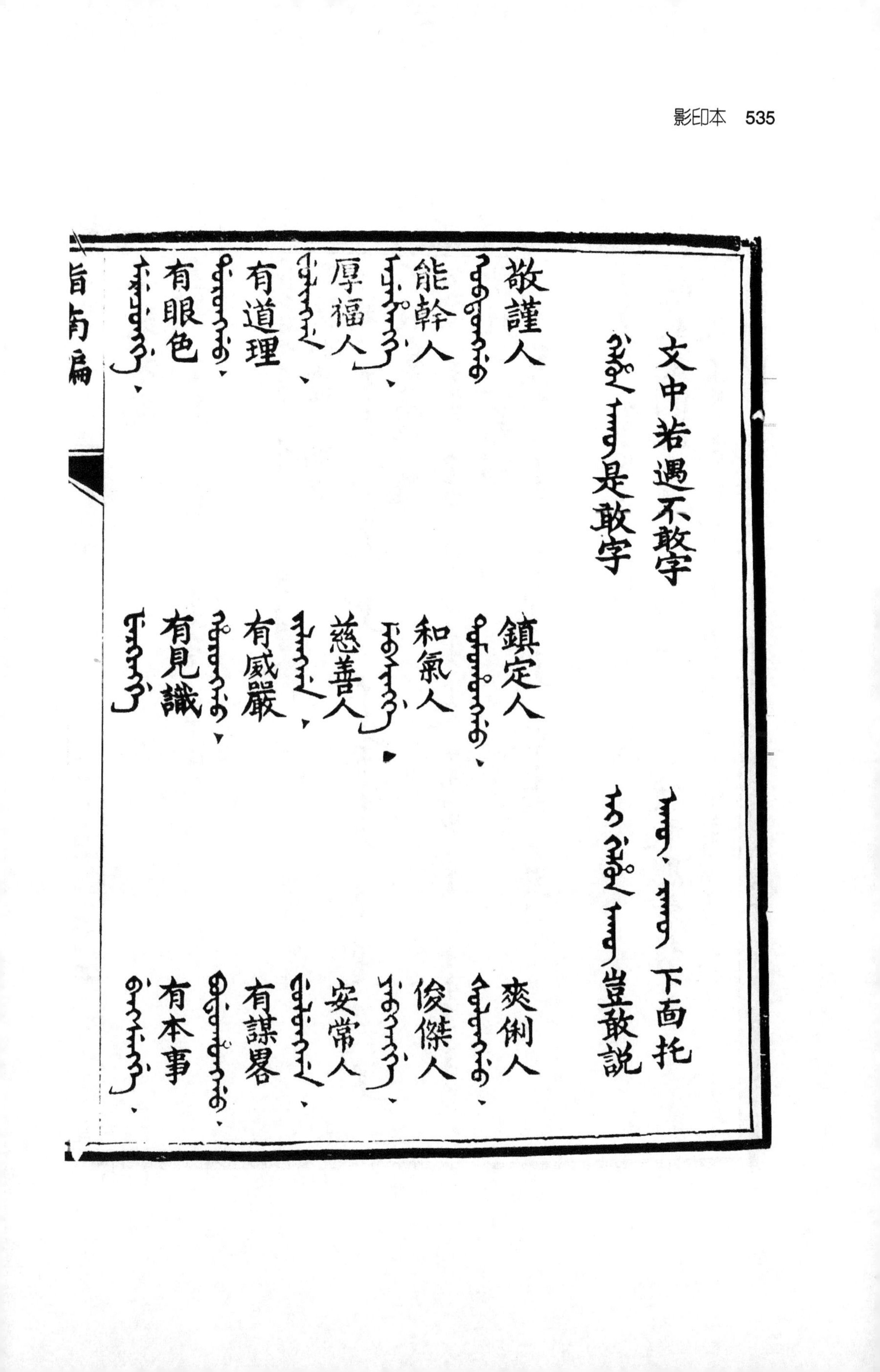

文中若遇不敢字　下面托

是敢字　豈敢說

敬謹人　鎮定人　爽俐人

能幹人　和氣人　俊傑人

厚福人　慈善人　安常人

有道理　有威嚴　有謀畧

有眼色　有見識　有本事

不敢不忠

不敢不盡心竭力

不敢辜恩背德

豈敢二三其德

既敢這們說 就敢照着行

展眼間　不覺又是一年

不覺得流於不肖　而不可救

不覺　不覺得

臣等無任悚惶忻忭

戴高履厚　不勝感激於衷

不勝無任

ᡤᡝᡵᡝᠨ ᡯᡳ ᡨᠠᠩᡤᡡ ᠪᠣᠣ ᡳ ᠪᡳᡨᡥᡝ᠈ ᠮᡳᠩᡤᠠᠨ ᡨᡠᠮᡝᠨ ᡥᠠᠴᡳᠨ ᠴᡳ
諸子百家之書 不下數千萬種

ᡝᠪᡝᡵᡳ ᠠᡴᡡ 上連 ᠴᡳ 不下不亞不讓說

[illegible]
乃日復一日 痼弊已深
不圖為樂之至於斯也

[illegible]
不意善良輩 遭此荼毒

[illegible]
不憶不圖是 文中乃字也繙得

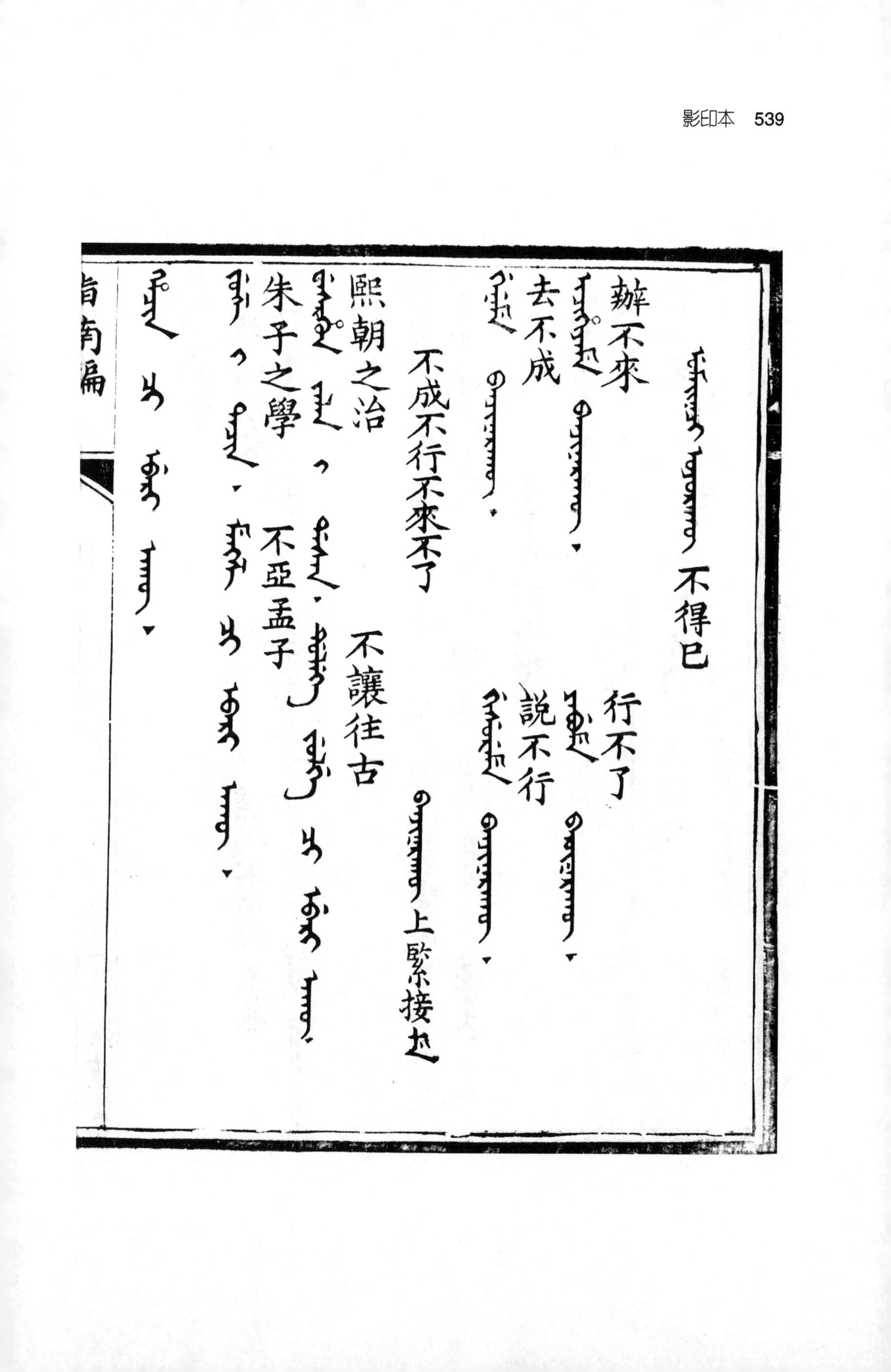

不得已

辦不來 行不了

去不成 說不行

不成不行不來不了 上緊接过

熙朝之治 不讓往古

朱子之學 不亞孟子

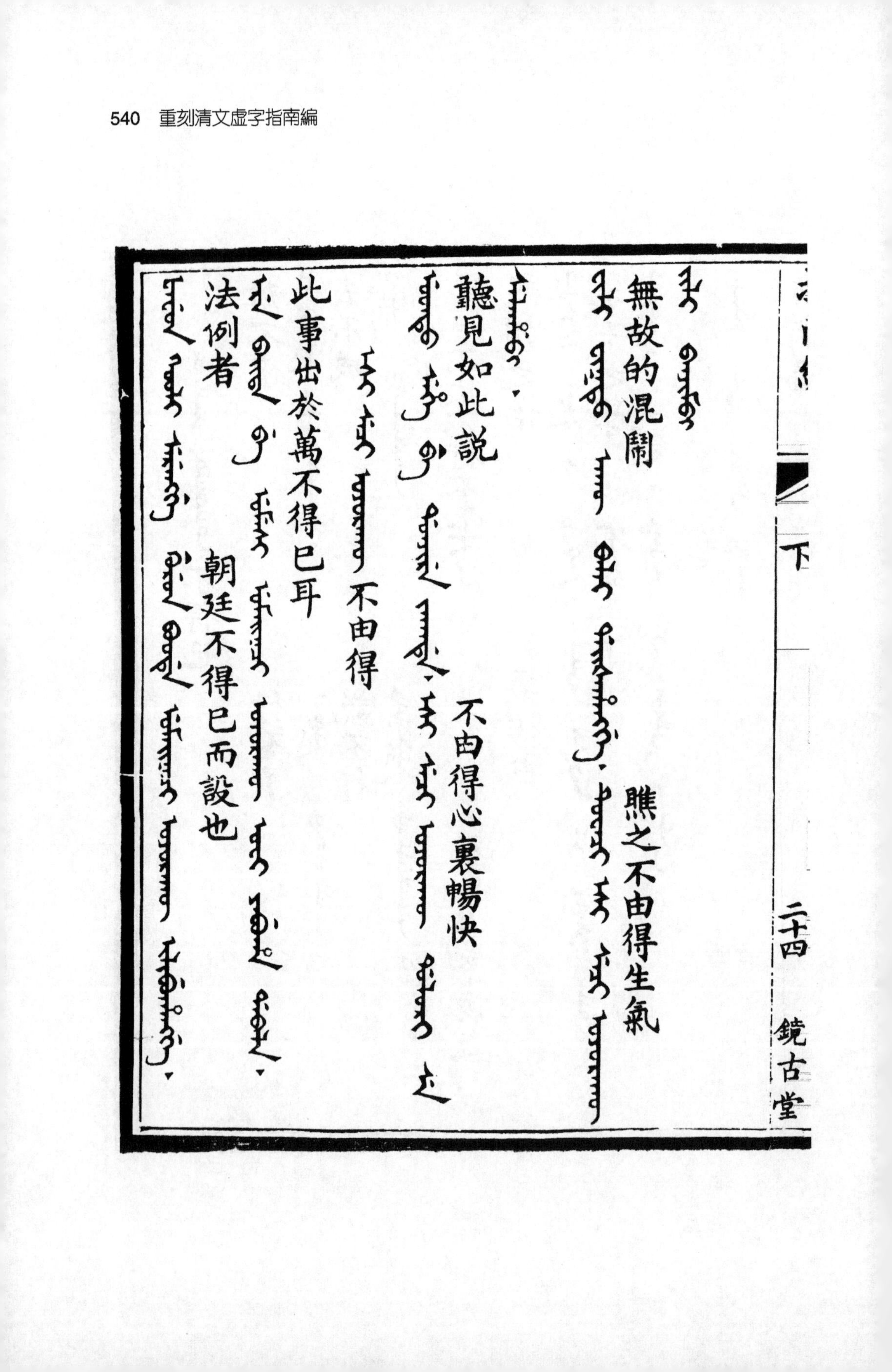

無故的混鬧

瞧之不由得生氣

聽見如此說

不由得心裏暢快

不由得

此事出於萬不得已耳

法例者

朝廷不得已而設也

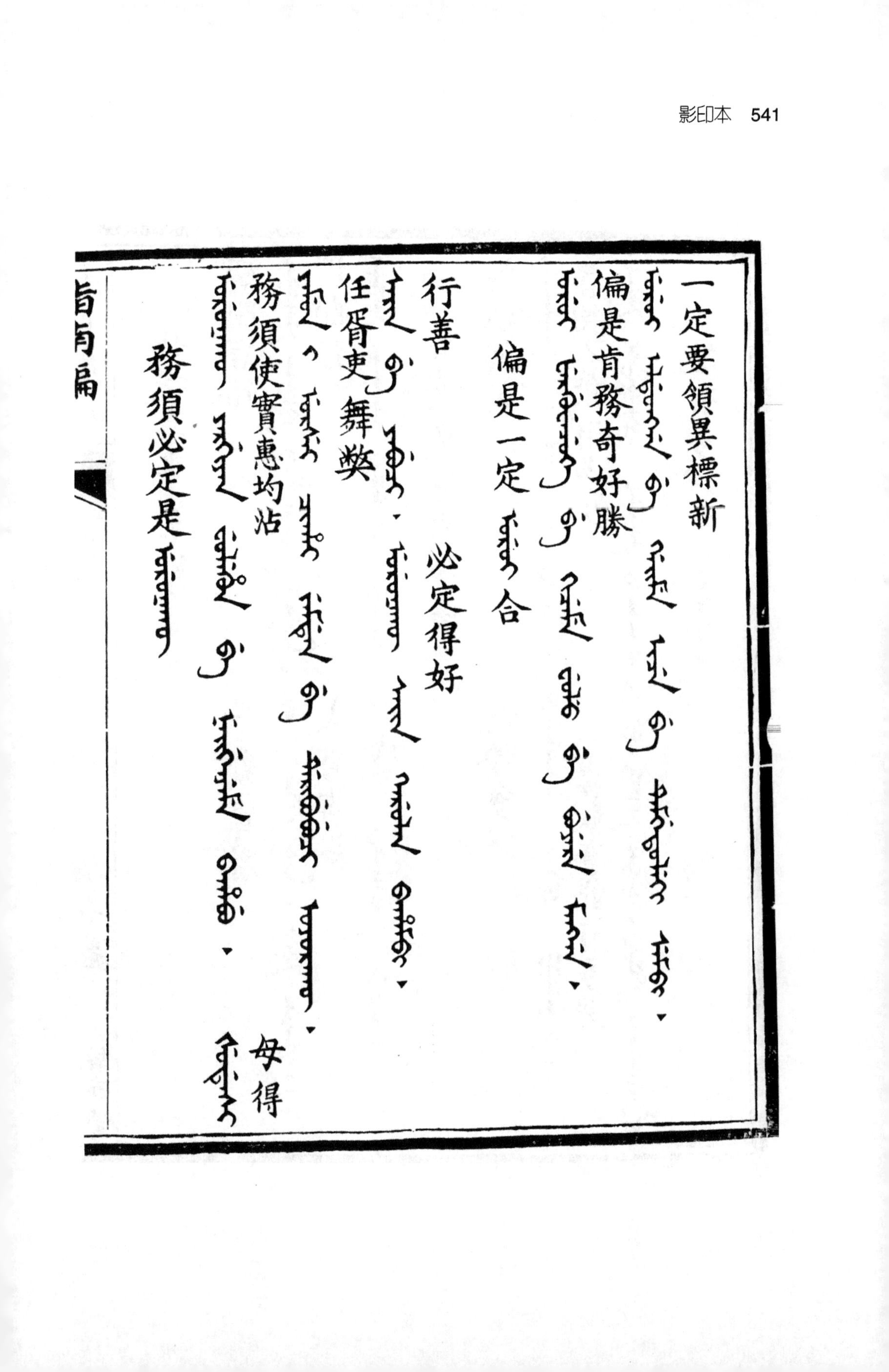

一定要領異標新

偏是肯務奇好勝

偏是一定合

行善

必定得好

任胥吏舞弊

務須使實惠均沾

毋得

務須必定是

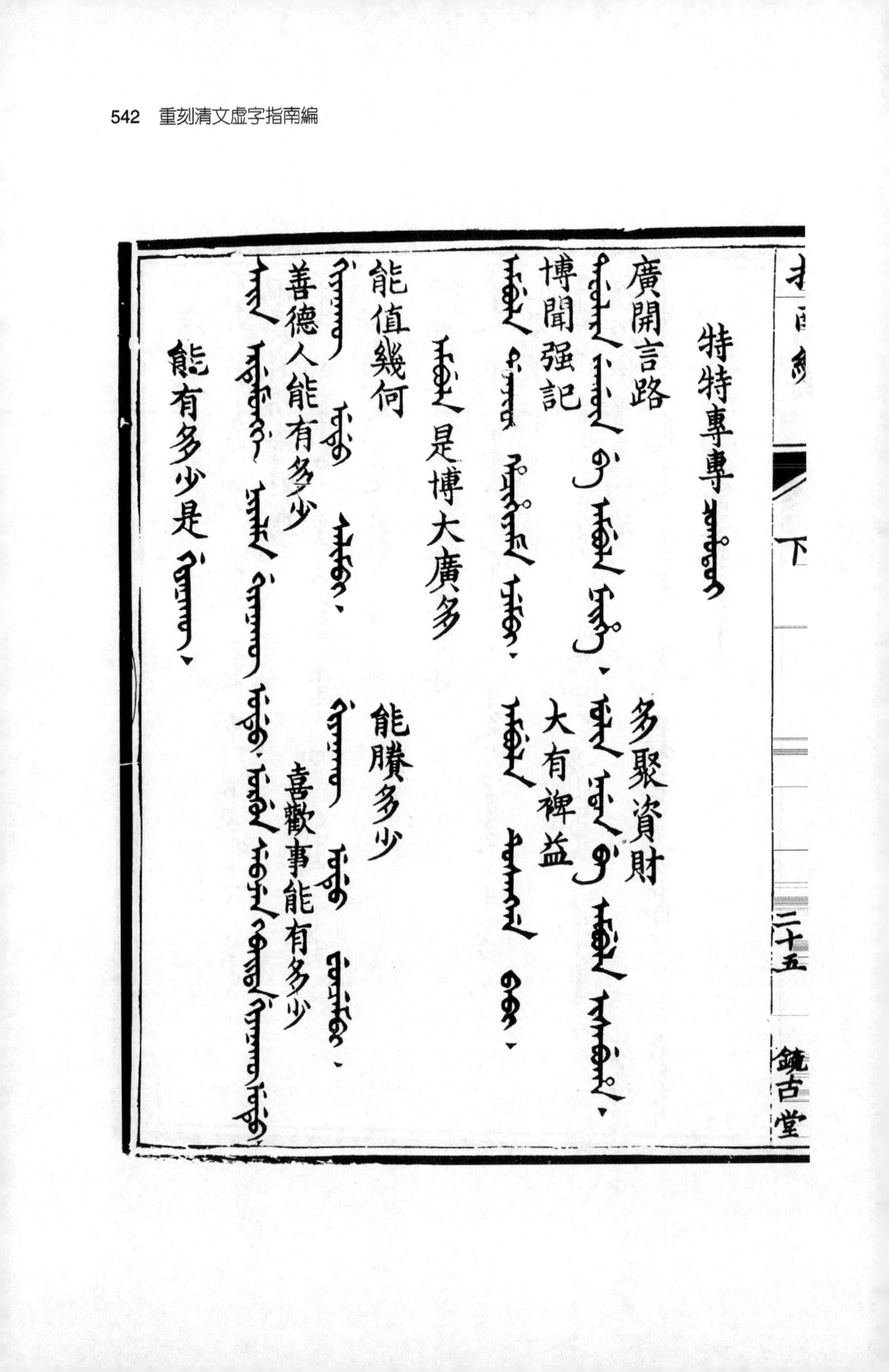

特特專專

廣開言路　多聚資財

博聞强記　大有裨益

是博大廣多

能值幾何　能賸多少

善德人能有多少　喜歡事能有多少

能有多少是

似乎與我無涉　絕不介意

既是與爾等無與　就無足輕重

不干已事　何必著手

不干無與無涉

專專指望　專門之業

特特拜懇　特特來請安

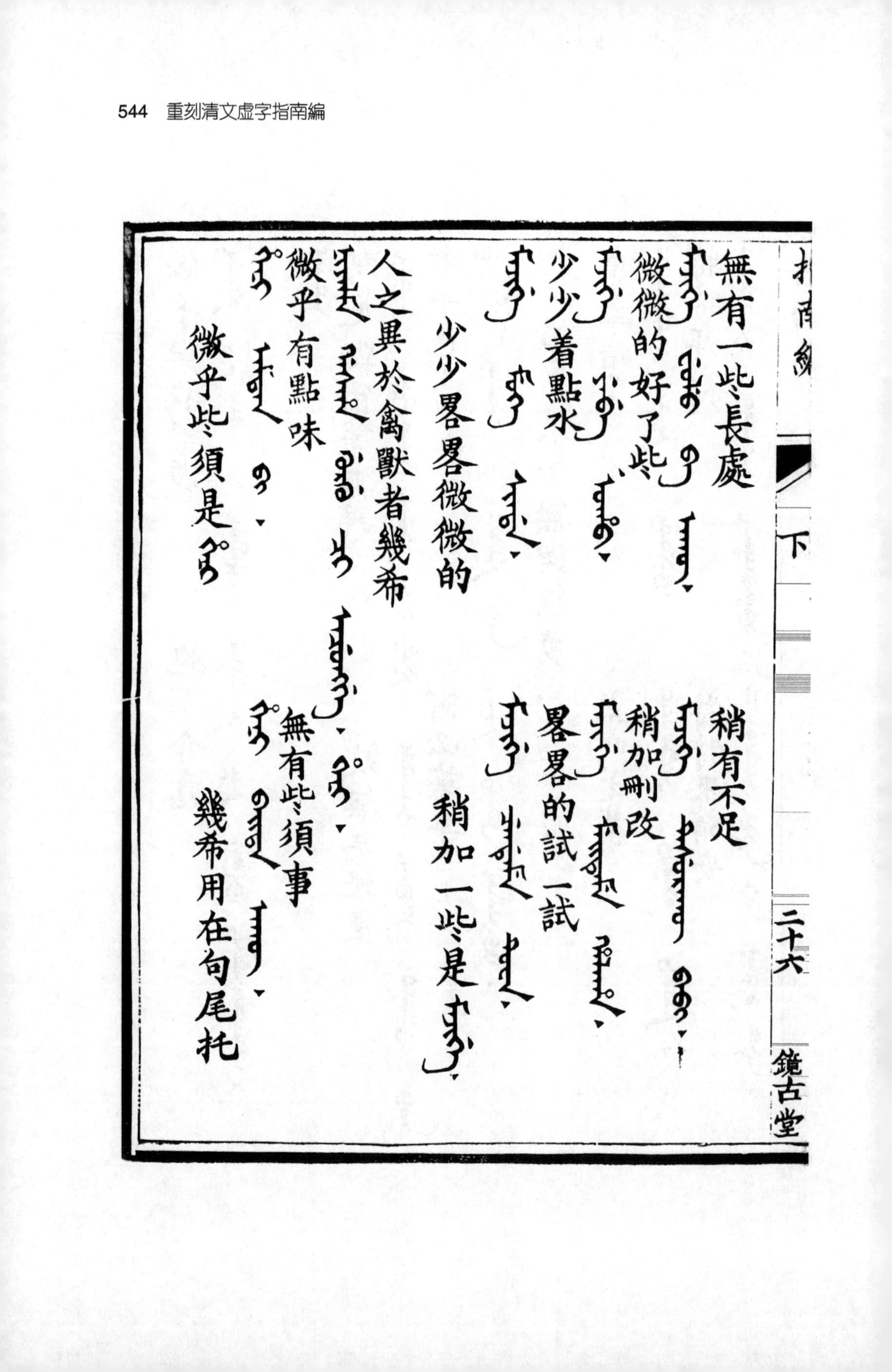

無有一些長處

微微的好了些

少少着點水

少少畧畧微微的

人之異於禽獸者幾希

微乎有點味

微乎些須是

稍有不足

稍加刪改

畧畧的試一試

稍加一些是

無有些須事

幾希用在句尾托

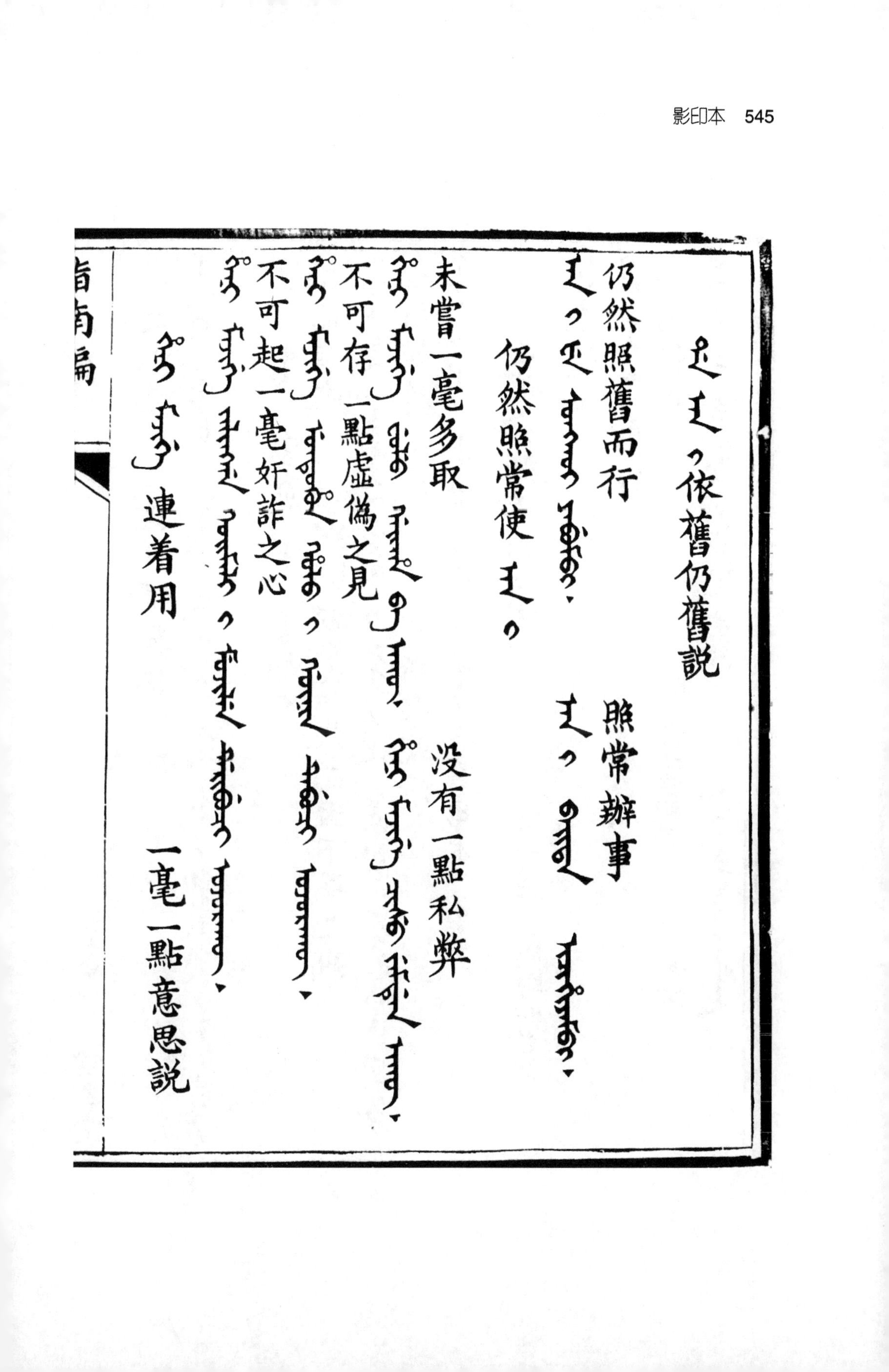

依舊仍舊說

仍然照舊而行

照常辦事

仍然照常使

未嘗一毫多取

沒有一點私弊

不可存一點虛偽之見

不可起一毫奸詐之心

連着用

一毫一點意思說

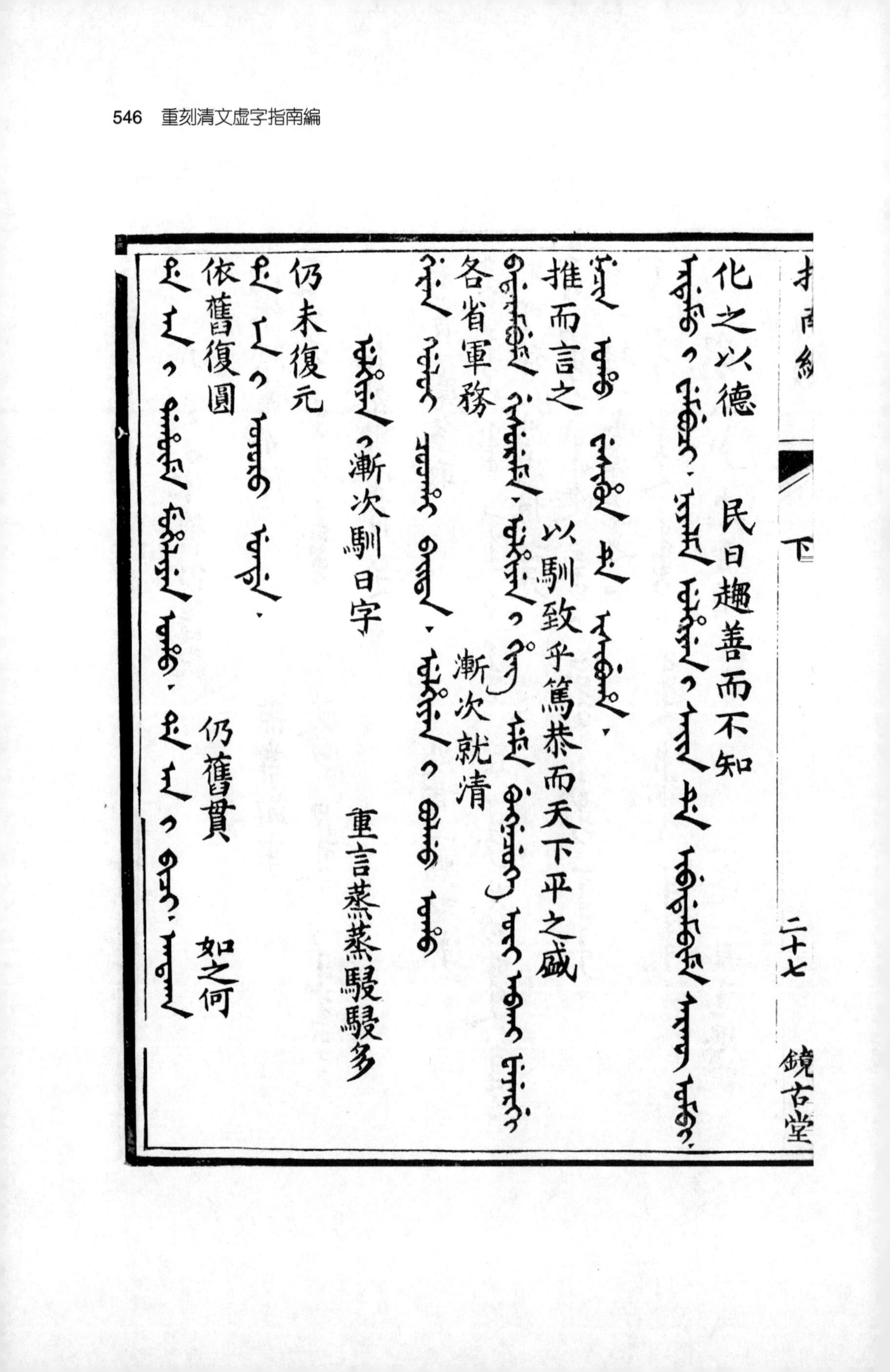

化之以德　民日趨善而不知

推而言之　以馴致乎篤恭而天下平之盛

各省軍務　漸次就清

漸次馴日字　重言蒸蒸駸駸多

仍未復元

依舊復圓　仍舊貫　如之何

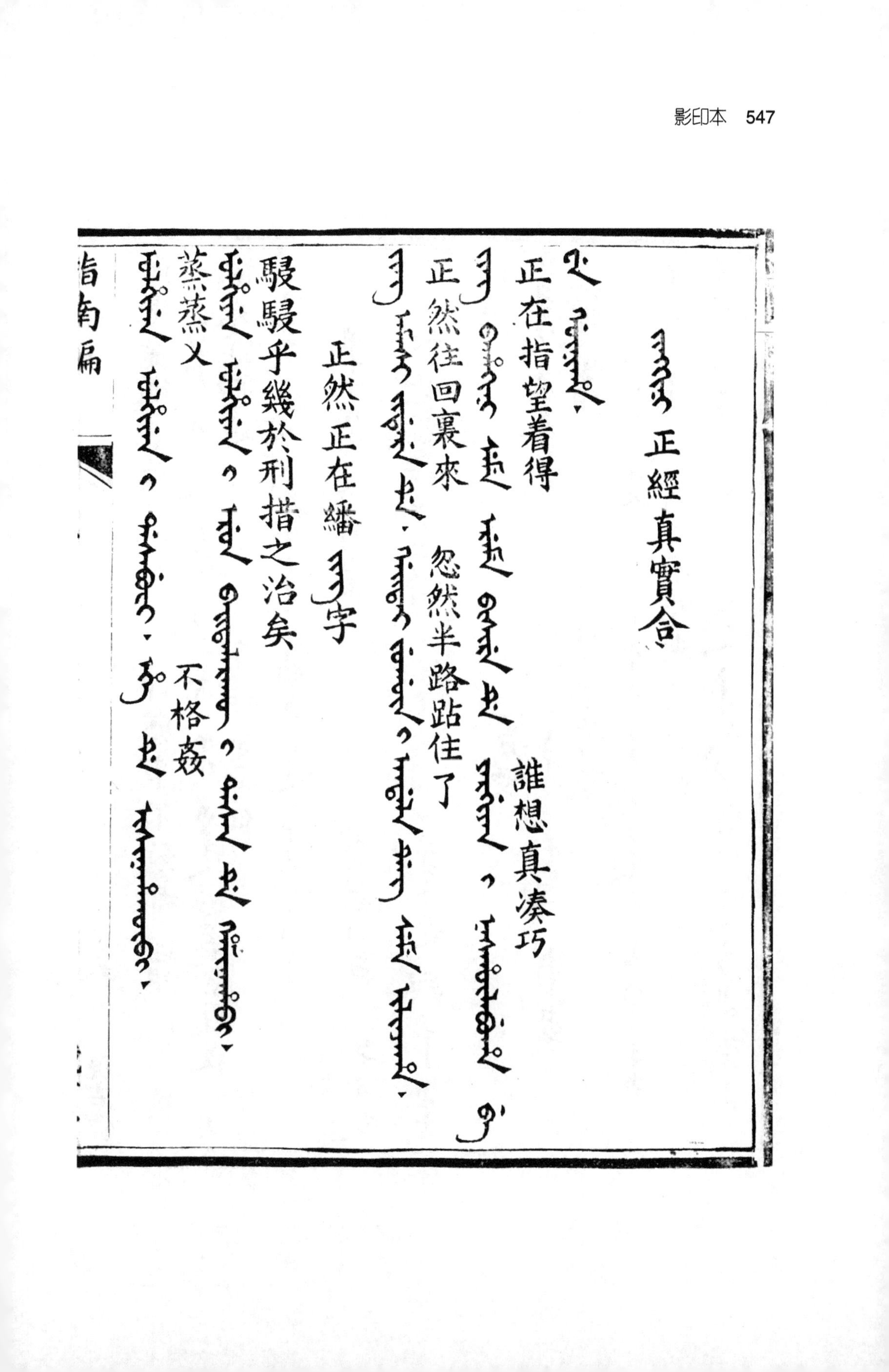

ᡨᠣᠪ 正經真實合

正在指望着得

誰想真湊巧

正然往回裏來

忽然半路跕住了

正然正在繙ᡨᠣᠪ字

騴騴乎幾於刑措之治矣

蒸蒸乂

不格姦

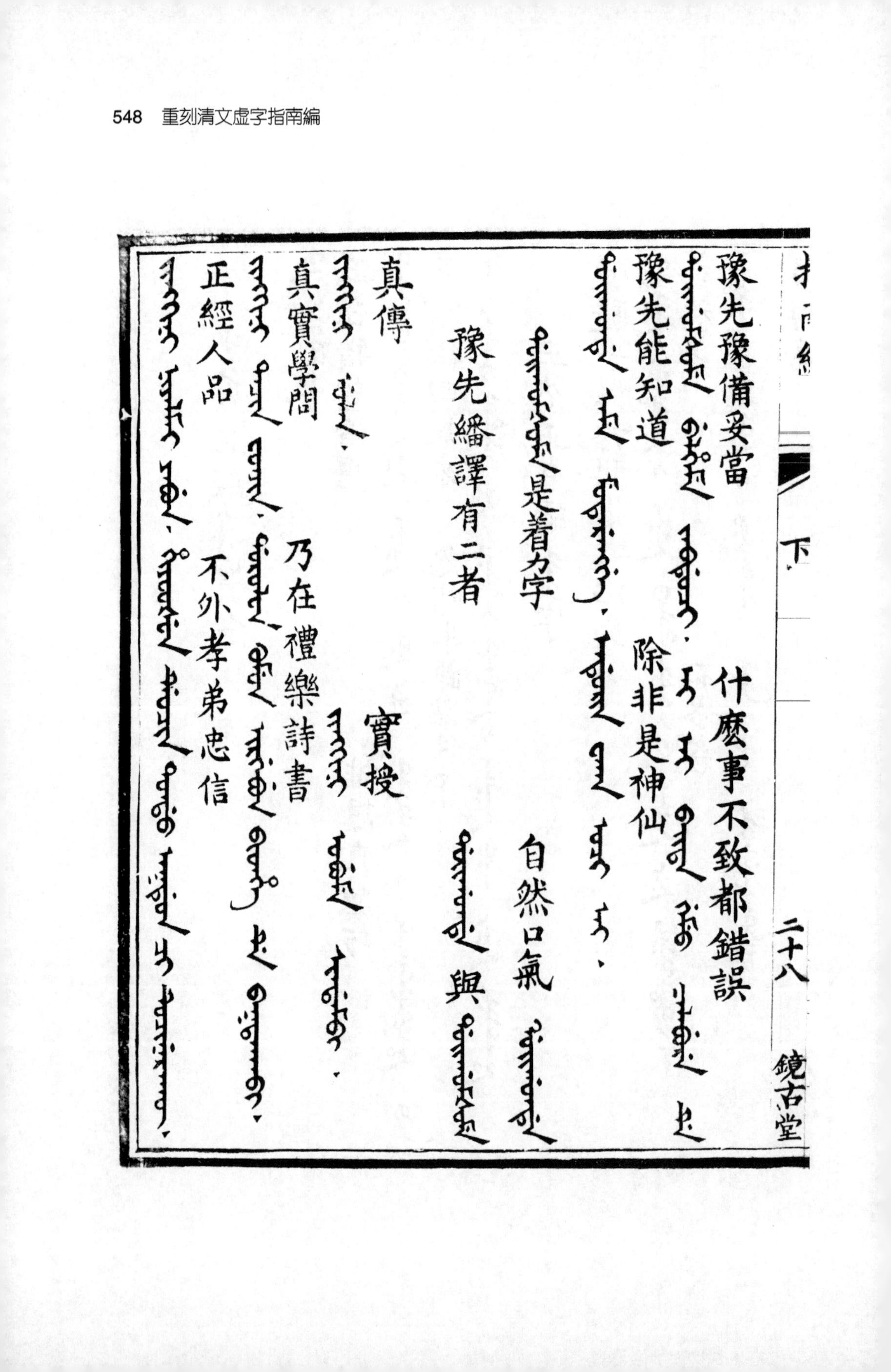

豫先豫備妥當　什麼事不致都錯誤

豫先能知道　除非是神仙

是着字　自然口氣

豫先繙譯有二者　與

真傳　實授

真實學問　乃在禮樂詩書

正經人品　不外孝弟忠信

乘當差之便

往親戚家走走

出城順便

看看野景

順便乘便是

相交

相契

互相推諉

彼此扶持

是互相彼此

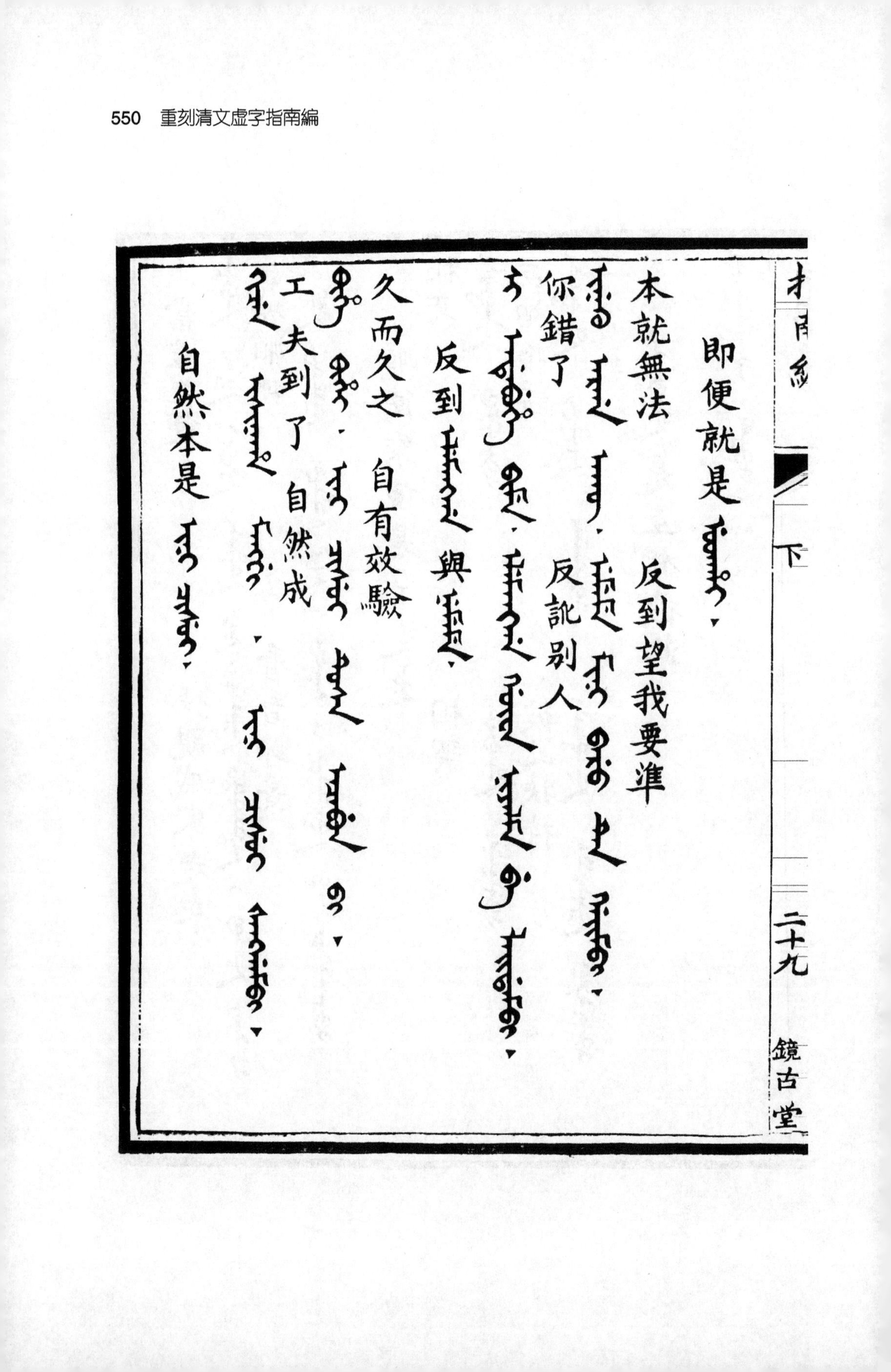

即便就是 [illegible]

本就無法 [illegible] 反到望我要準 [illegible]

你錯了 [illegible] 反訛別人 [illegible]

反到 [illegible] 與 [illegible]

久而久之 [illegible] 自有效驗 [illegible]

工夫到了 [illegible] 自然成 [illegible]

自然本是 [illegible]

要之 聖人之道 不外乎誠

總之 寂然不動者 體也 感而遂通者 用也

總之要之

不說不好話 便是好人

要走 就走罷 不然 少遲一會 就誤了

即如此言之 亦未嘗不可

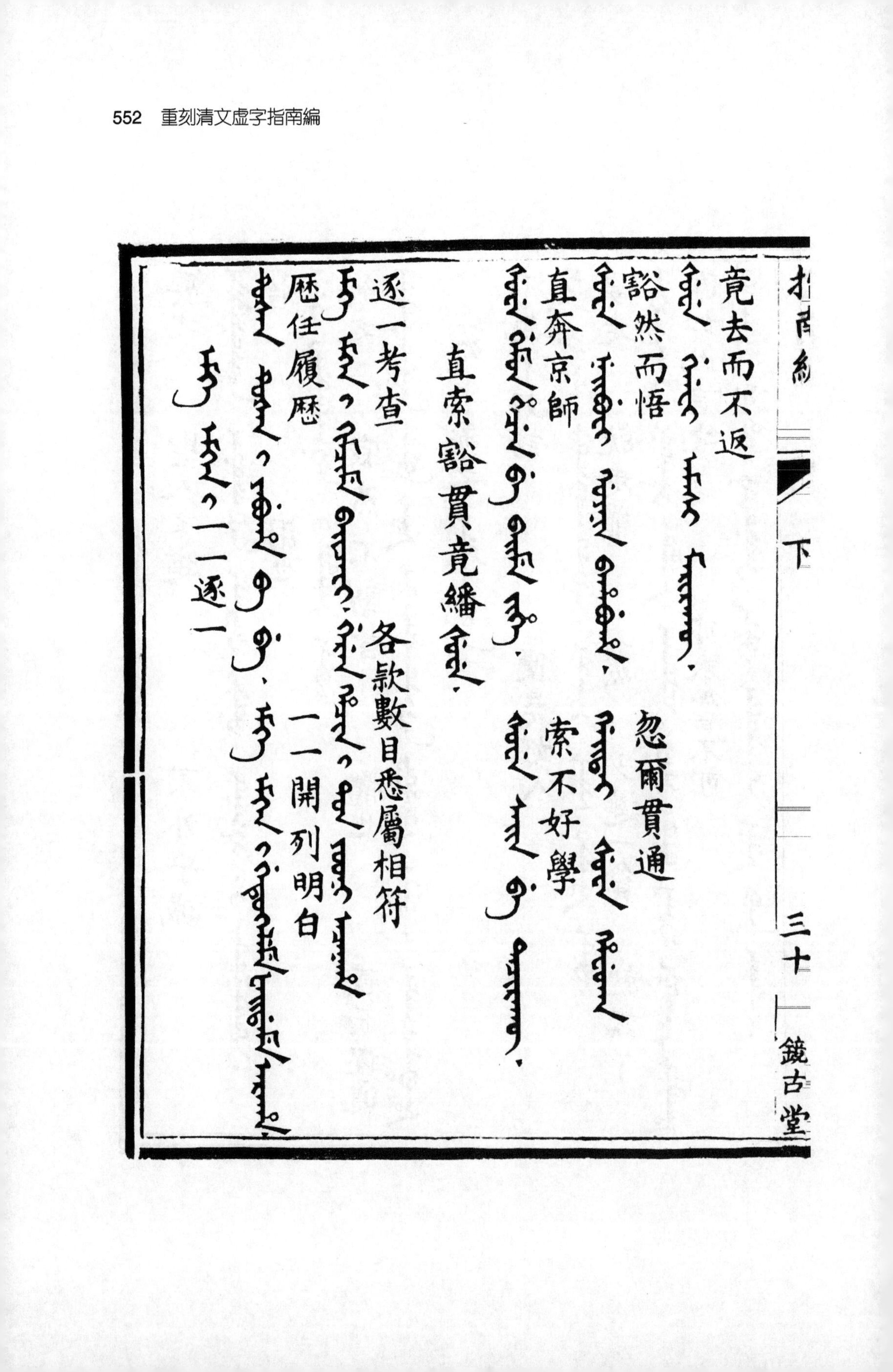

竟去而不返

忽爾貫通

豁然而悟

直奔京師

索不好學

直索豁貫竟繙

逐一考查

各款數目悉屬相符

歷任履歷

一一開列明白

一一逐一

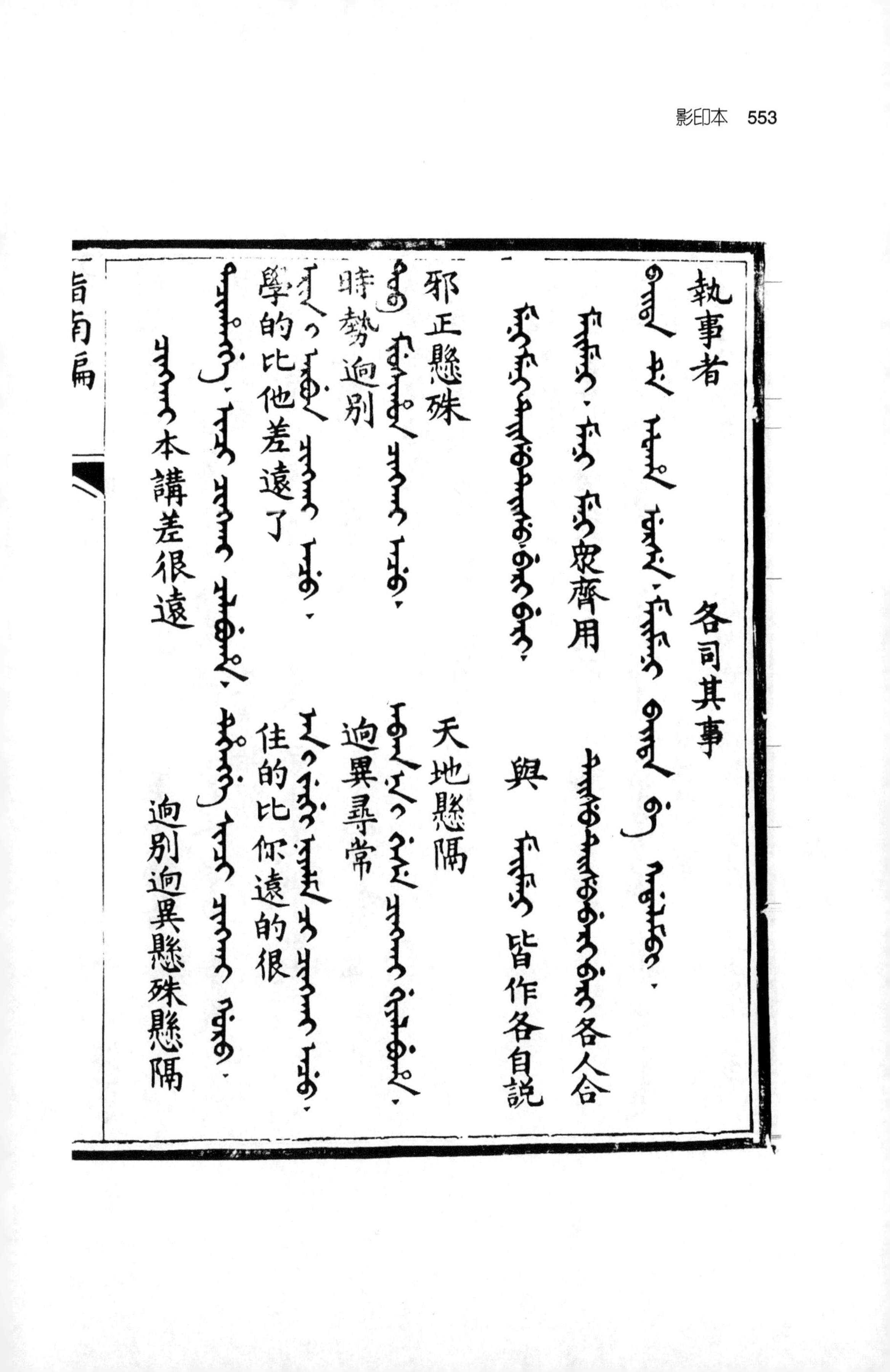

執事者 各司其事

衆齊用 各人合

與 皆作各自說

邪正懸殊

天地懸隔

時勢逈別

逈異尋常

學的比他差遠了

住的比你遠的很

本講差很遠

逈別逈異懸殊懸隔

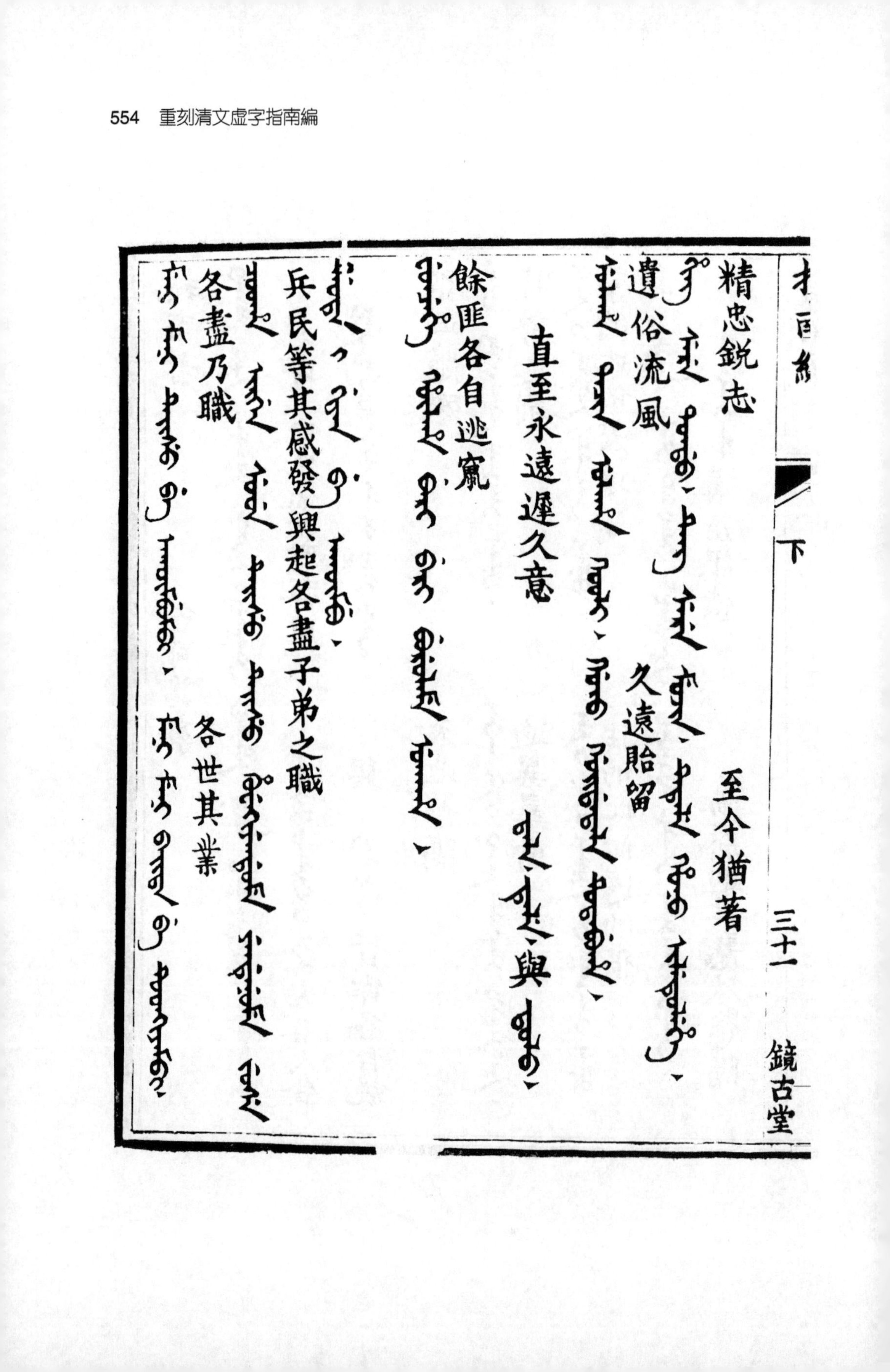

精忠銳志　至今猶著

遺俗流風　久遠貽留

直至永遠遲久意　與

餘匪各自逃竄

兵民等其感發興起各盡子弟之職

各盡乃職　各世其業

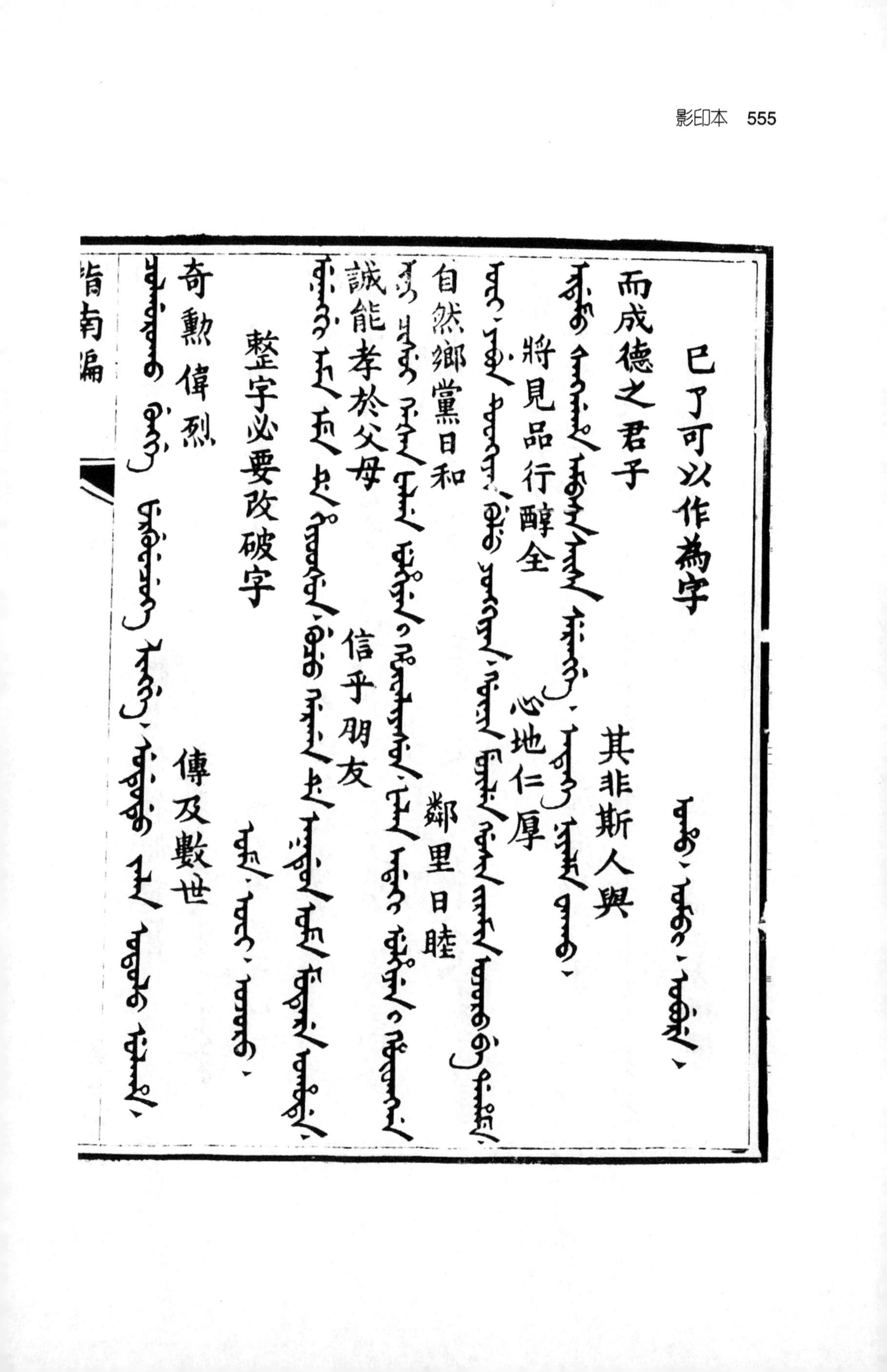

已了可以作為字

而成德之君子　其非斯人與

將見品行醇全　心地仁厚

自然鄉黨日和　鄰里日睦

誠能孝於父母　信乎朋友

整字必要改破字

奇勲偉烈　傳及數世

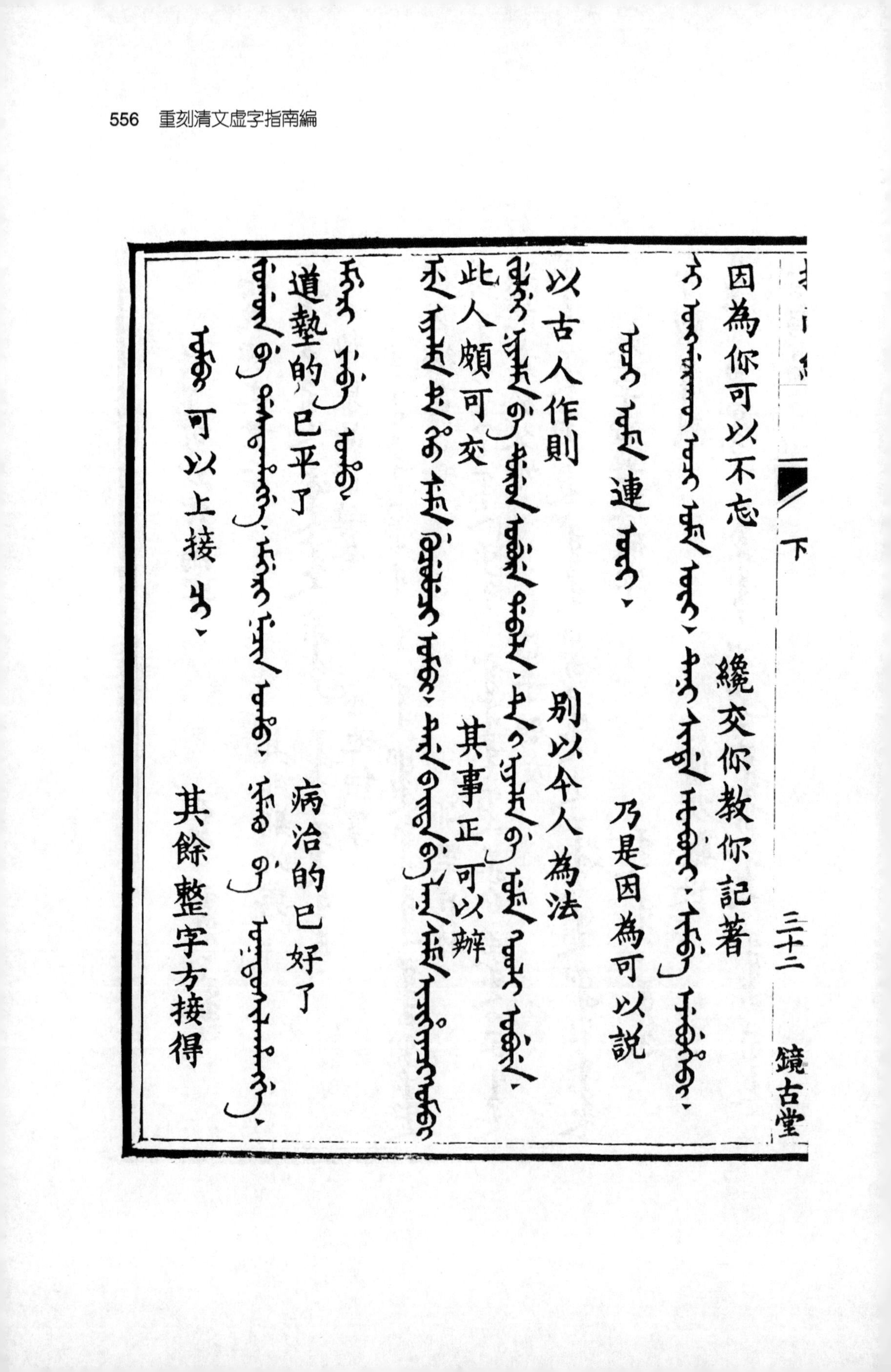

因為你可以不忘　纔交你教你記著

連　乃是因為可以說

以古人作則　別以今人為法

此人頗可交　其事正可以辦

道塾的已平了　病治的已好了

可以上接　其餘整字方接得

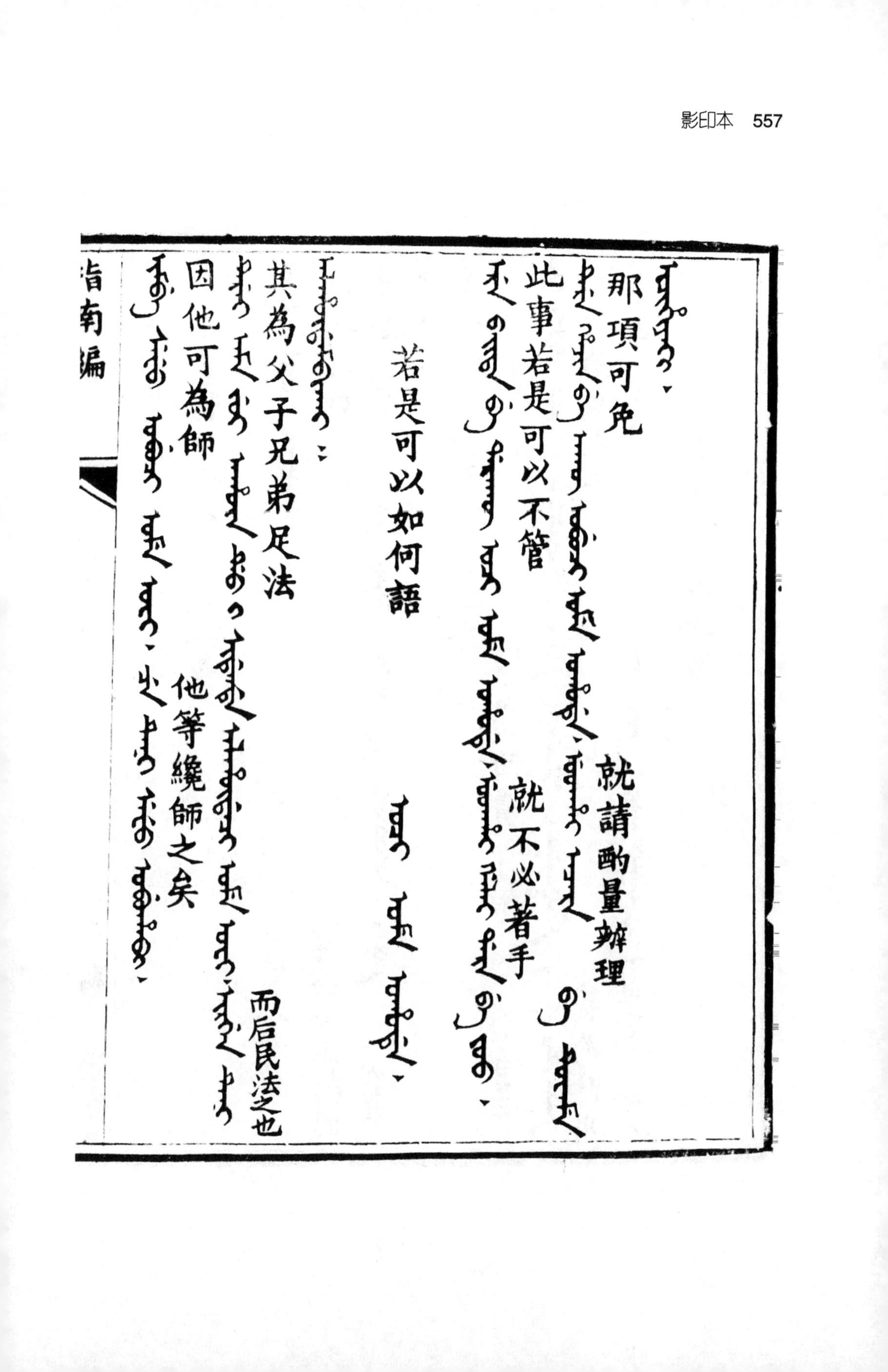

那項可免

此事若是可以不管
就請酌量辦理

就不必著手

若是可以如何語

其為父子兄弟足法
而后民法之也

因他可為師
他等纔師之矣

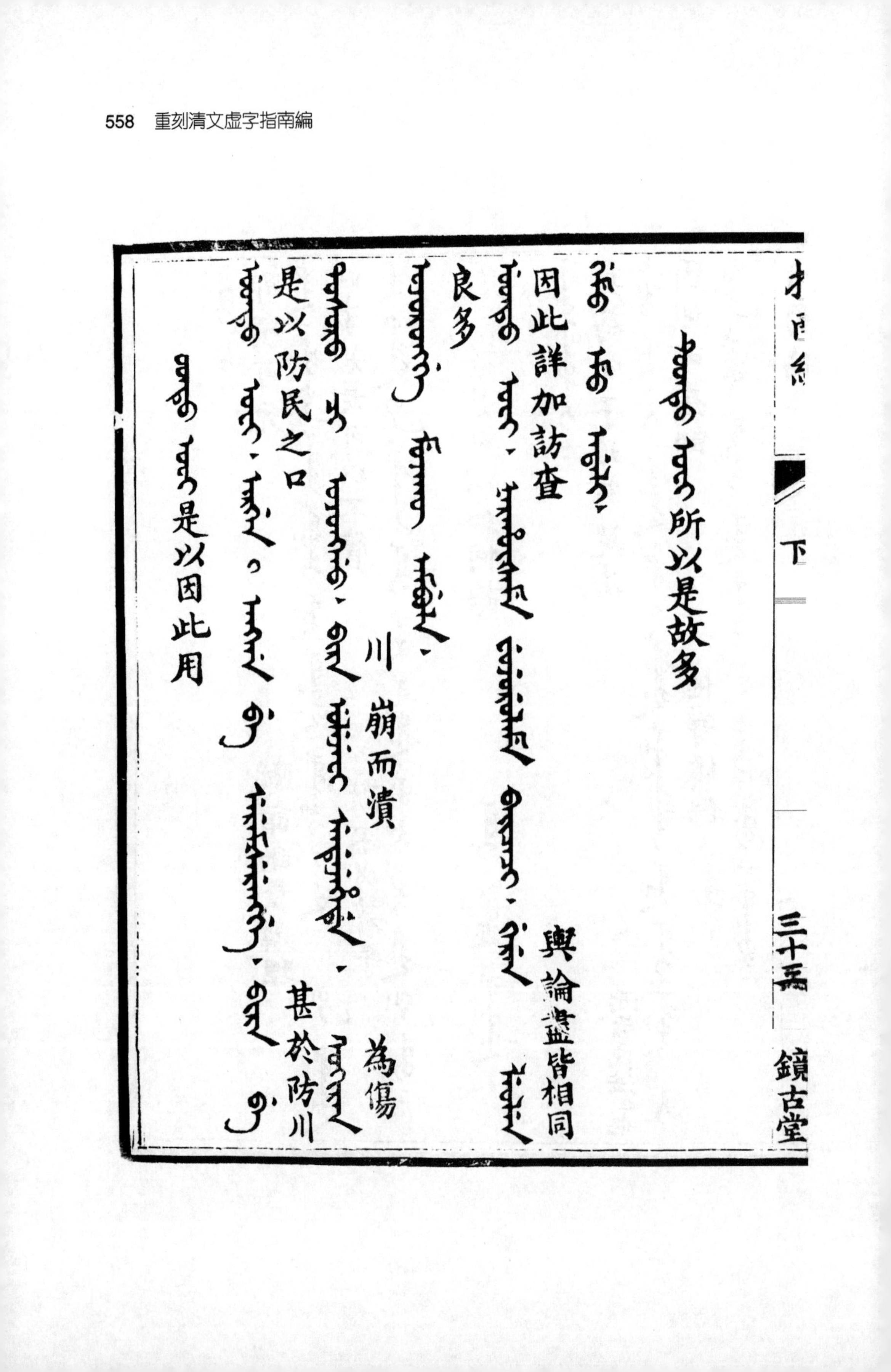

所以是故多

因此詳加訪查 與論盡皆相同

良多

川崩而潰 為傷

是以防民之口 甚於防川

是以因此用

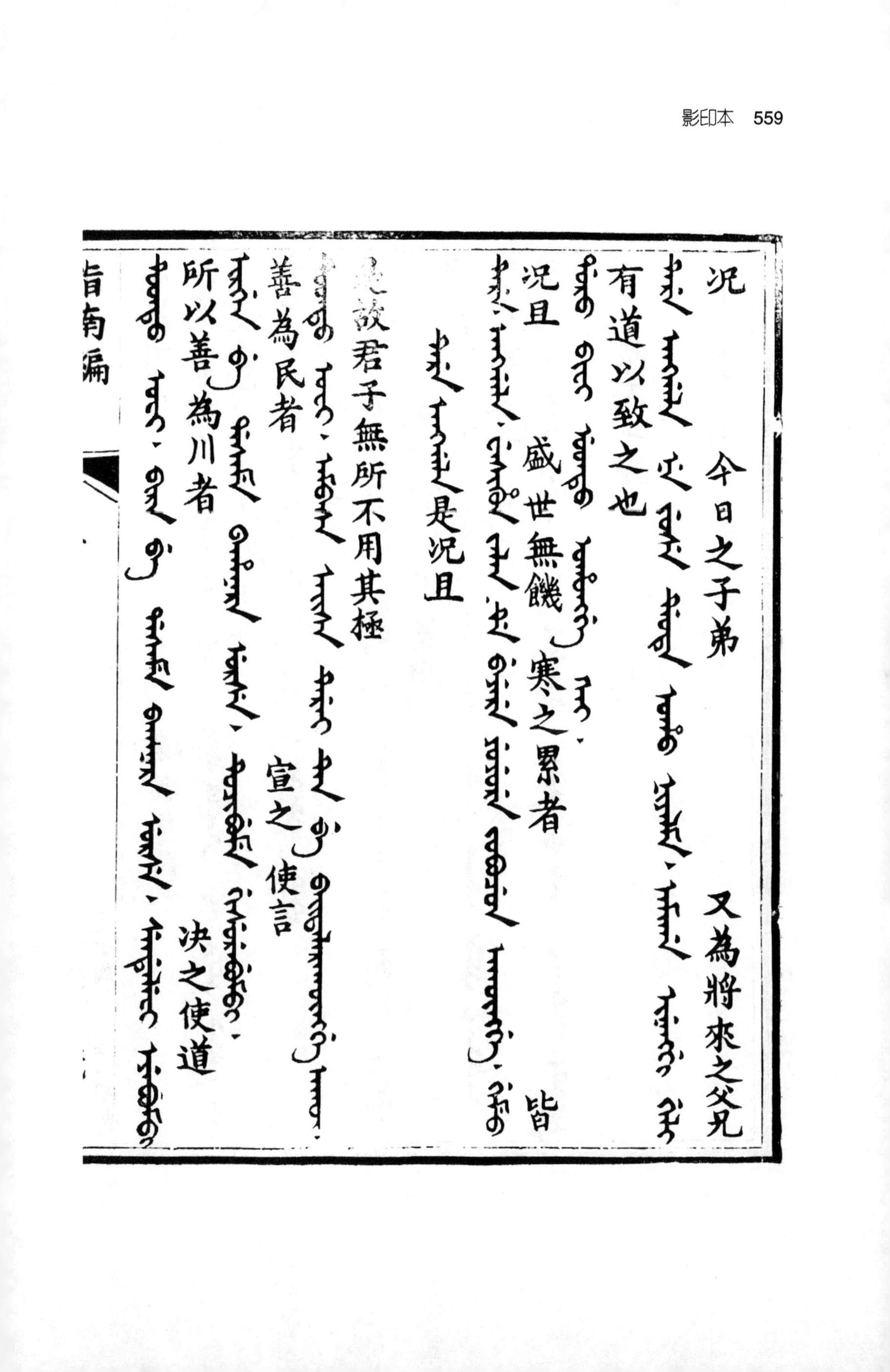

況 今日之子弟 又為將來之父兄

有道以致之也

況且 盛世無饑 寒之累者 皆

是況且

是故君子無所不用其極

善為民者 宣之使言

所以善為川者 決之使道

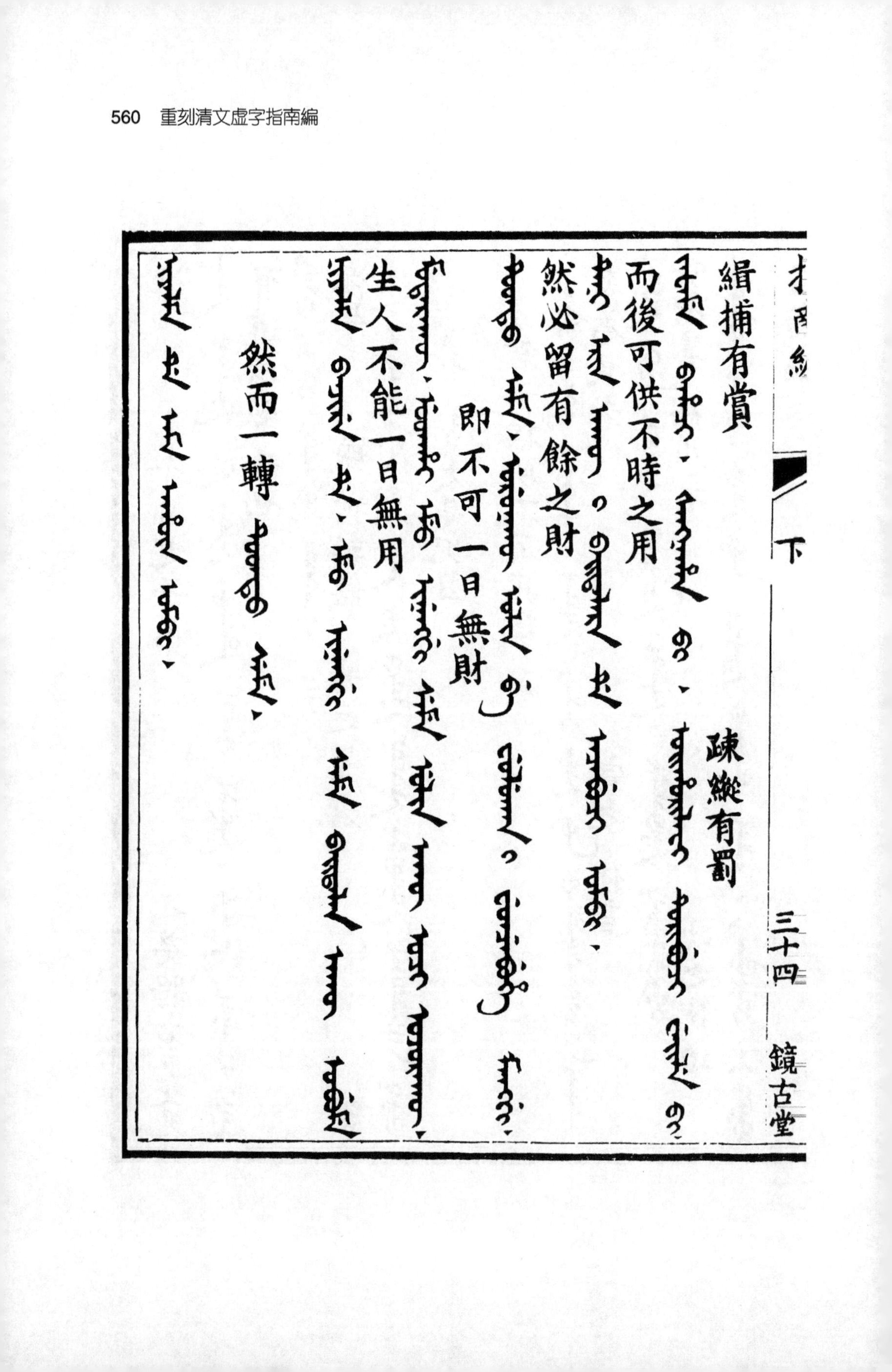

然而一轉

生人不能一日無用

即不可一日無財

然必留有餘之財

而後可供不時之用

緝捕有賞

疎縱有罰

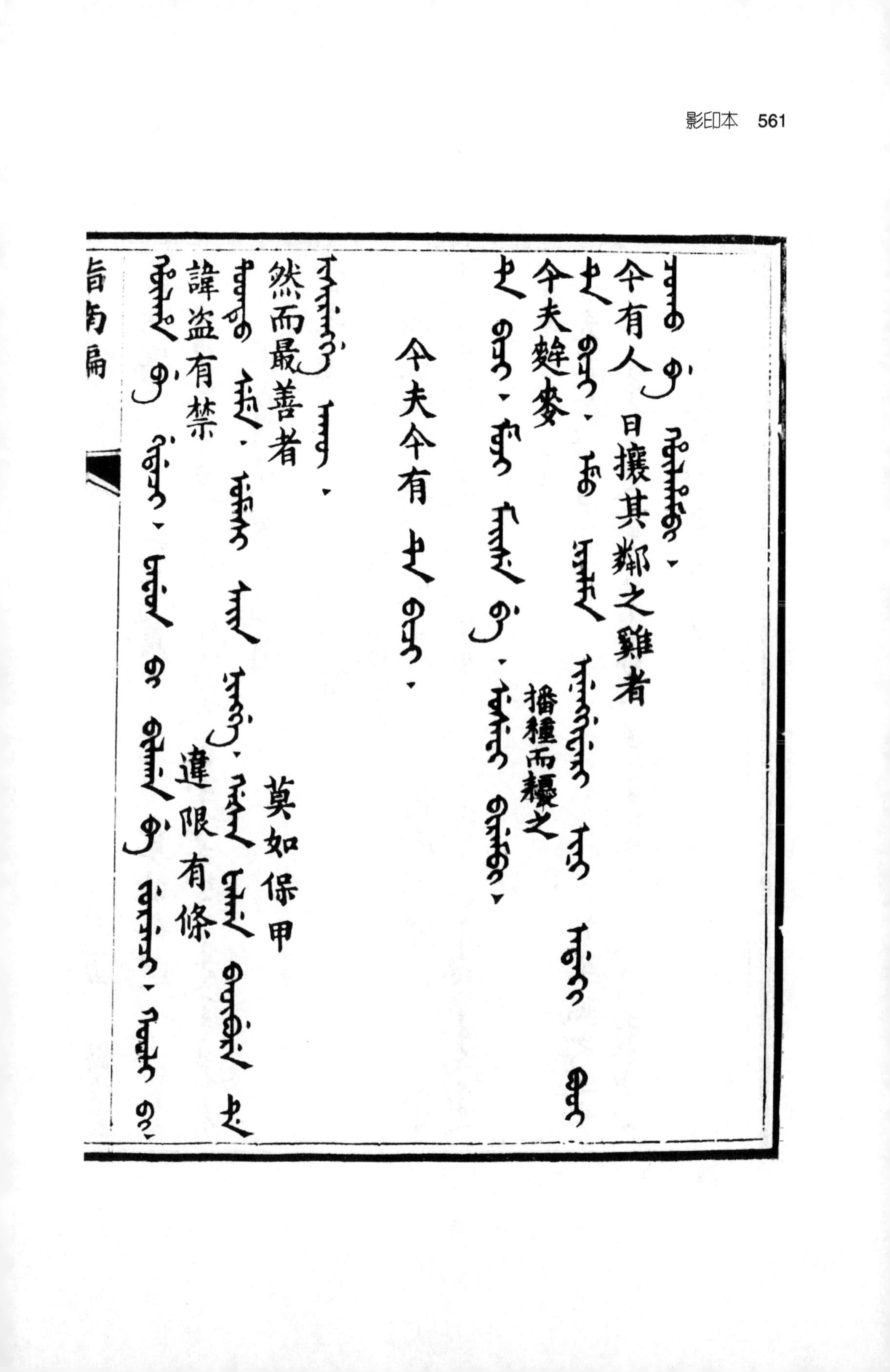

今有人日攘其鄰之雞者

今夫麰麥 播種而耰之

今夫今有

然而最善者 莫如保甲

諱盜有禁 違限有條

或是富　或是貧　莫非命運

或是　或有

宙之遥　何所不有

夫以天地之大　何所不容　宇

若夫不能盡其性者　非至誠之道也

若夫夫以

因為情由緣故多

或者說是

或者說不是

這箇理到底怎麽樣

那箇人是怎麽了 或者一時明白 或者一時糊塗

或者與

緣氣質

或有善 或有惡 皆

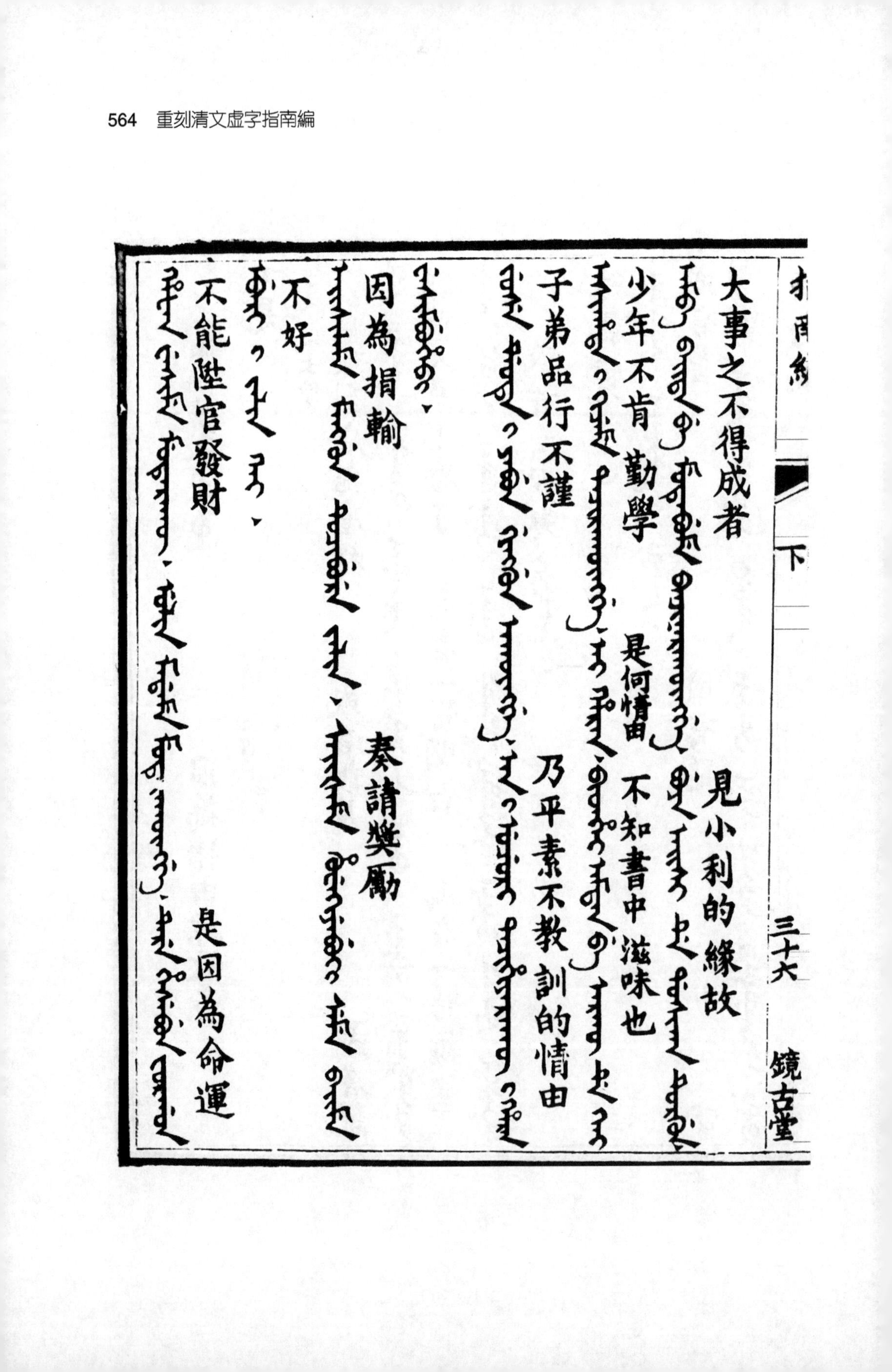

大事之不得成者 見小利的緣故

少年不肯勤學 是何情由 不知書中滋味也

子弟品行不謹 乃平素不教訓的情由

因為捐輸 奏請獎勵

不好

不能陞官發財 是因為命運

莫說是凡人 就是神仙 也沒有這麽大造化呀

任憑怎麽教 他索不學怎樣

眼看着就到了 何必祇是忙

走了這麽半天了 因何還沒到

因何 何必 怎樣 莫說

乃賢愚之性不同也

人之有聖有凡 是何緣故

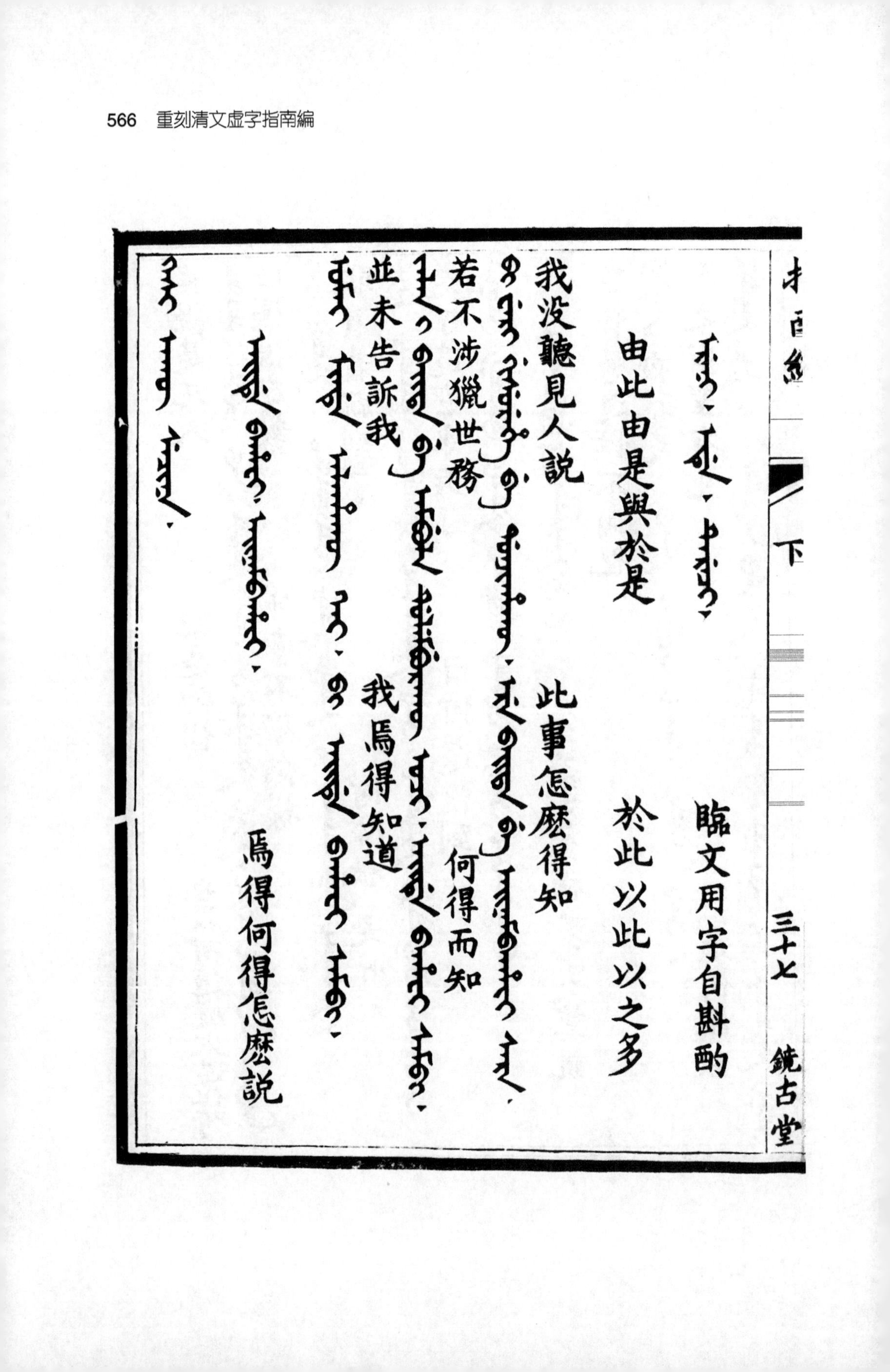

臨文用字自斟酌

由此由是與於是 於此以此以之多

我沒聽見人說 此事怎麽得知

若不涉獵世務 何得而知

並未告訴我 我焉得知道

焉得何得怎麽說

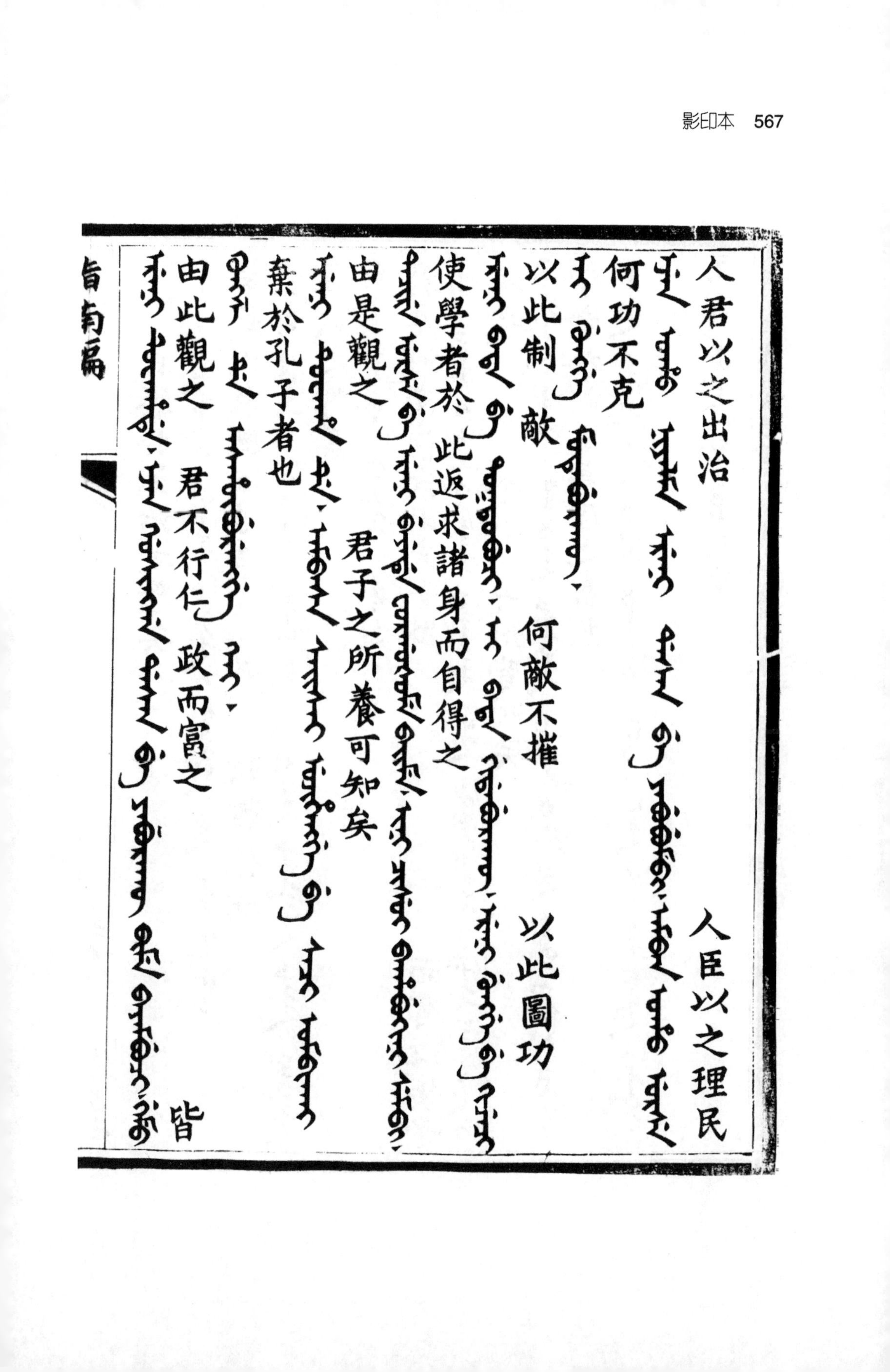

人君以之出治
人臣以之理民
以此圖功
何功不克
以此制敵
何敵不摧
使學者於此返求諸身而自得之
由是觀之
君子之所養可知矣
棄於孔子者也
由此觀之
君不行仁政而富之
皆

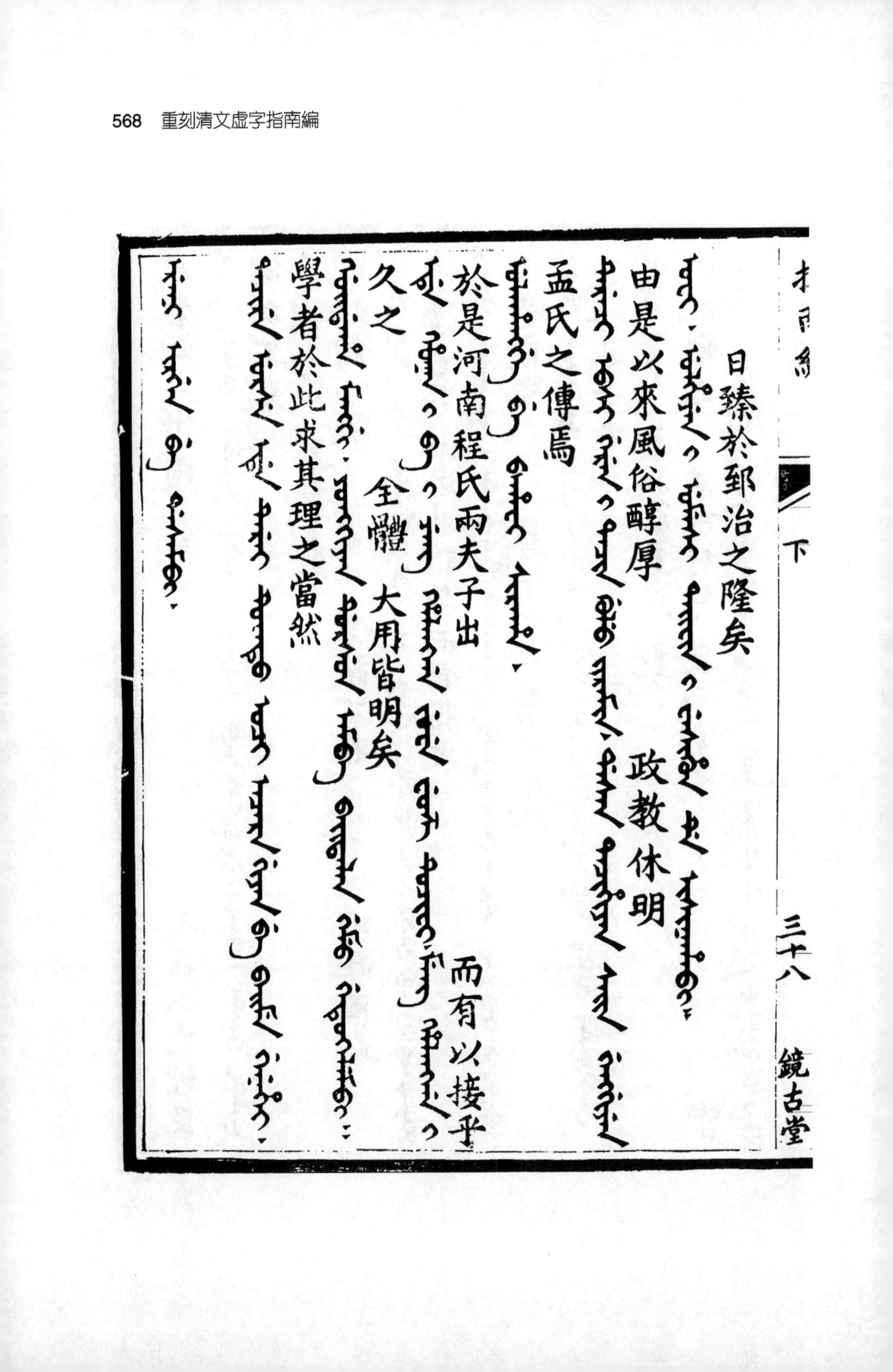

日臻於郅治之隆矣

由是以來風俗醇厚 政教休明

孟氏之傳焉

於是河南程氏兩夫子出 而有以接乎

久之 全體大用皆明矣

學者於此求其理之當然

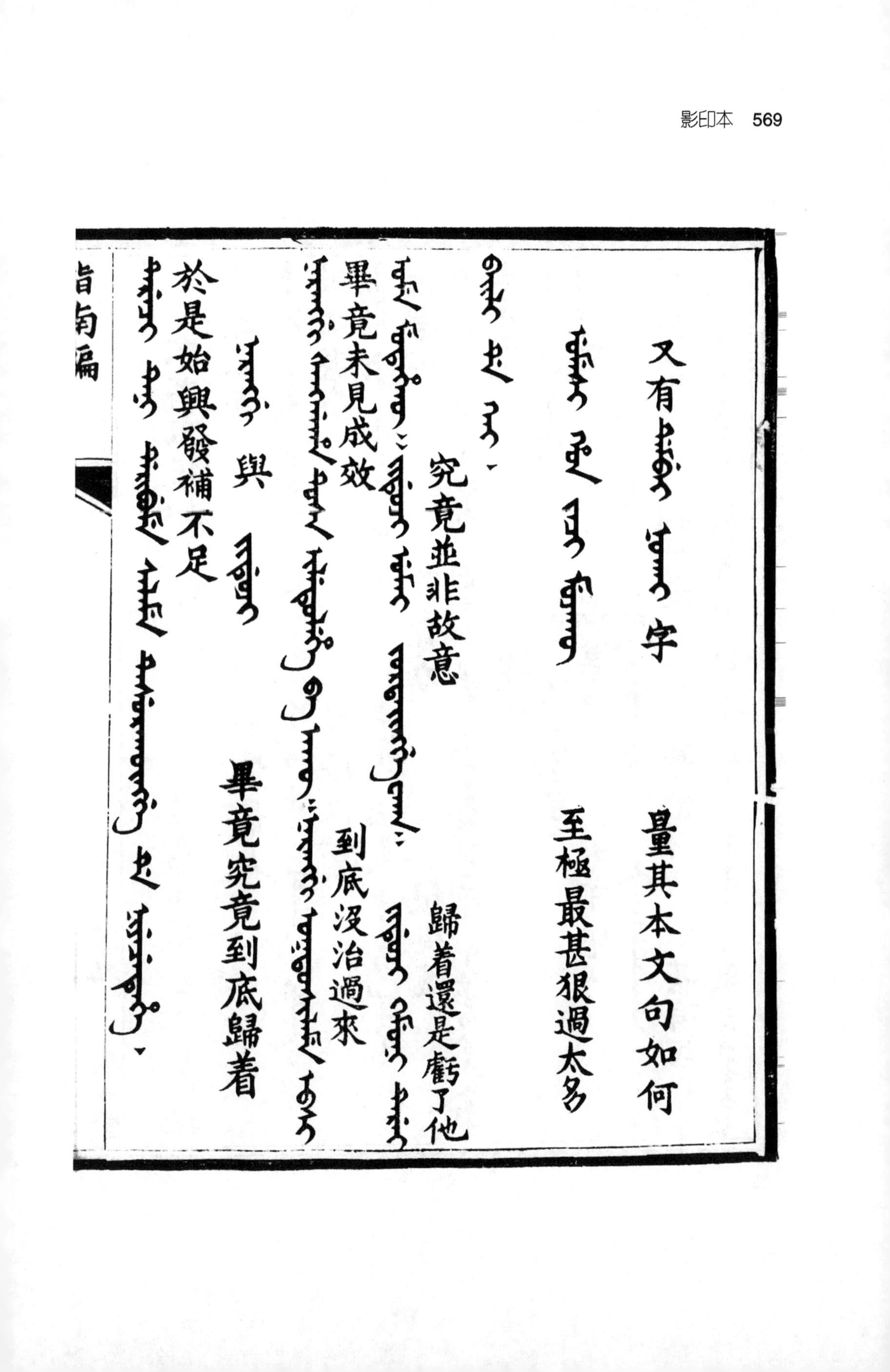

又有[Manchu][Manchu]字　量其本文句如何

至極最甚狠過太多

究竟並非故意　歸着還是虧了他

畢竟未見成效　到底沒治過來

與　畢竟究竟到底歸着

於是始興發補不足

不甚不很如何句 下用 托

看之很易　分量最大

做之甚難　事務很繁

太勞心　多費力　很掛懷

甚可惡　太過愈

很可觀　過甚矣　太不堪

至要緊　極可愛　最無味　甚有理

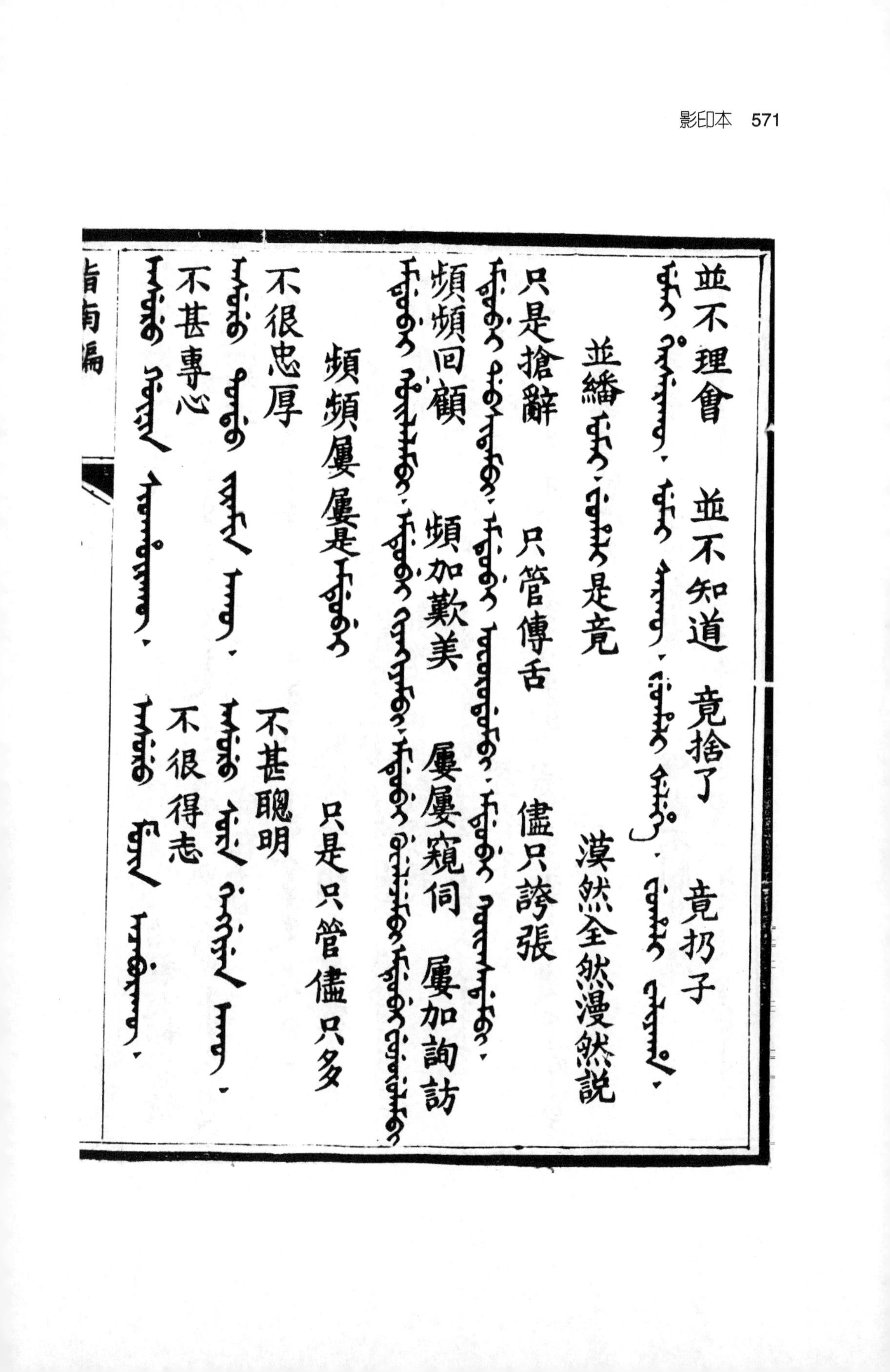

並不理會 並不知道 竟捨了 竟扔子

並繙是竟 漠然全然漫然說

只是搶辭 只管傳舌 儘只誇張

頻頻回顧 頻加歎美 屢屢窺伺 屢加詢訪

頻頻屢屢是 只是只管儘只多

不很忠厚 不甚聰明

不甚專心 不很得志

其餘出力各員　均着交部議敘

壽夭窮通　皆在乎命

功名富貴　俱從學問中得來

世間庶務　都作如是觀纔是

滿懷心腹事　盡在不言中

盡都俱皆均

全然不管　漠然無憂　漫然不關其慮

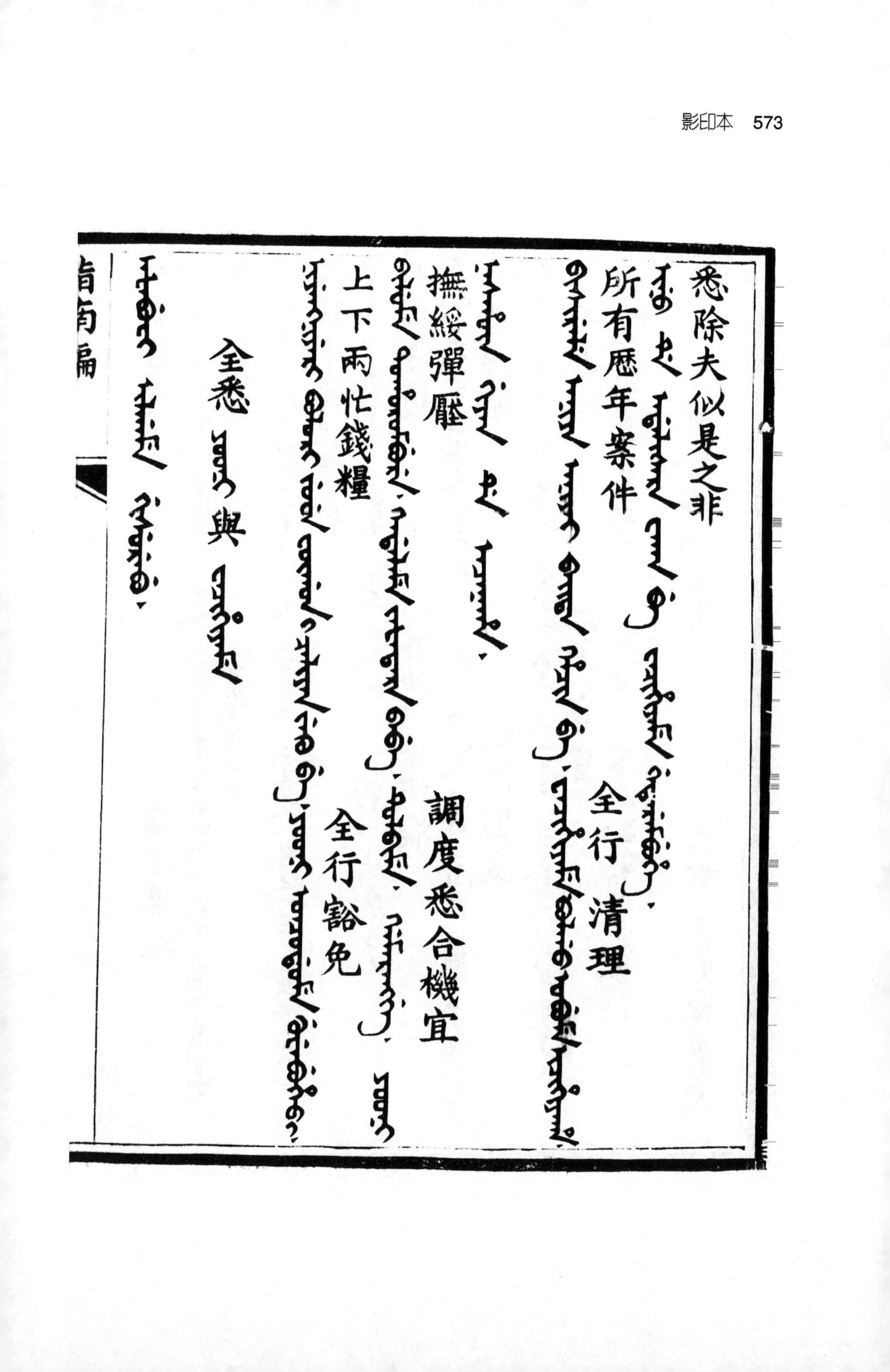

悉除夫似是之非

所有歷年案件 全行清理

撫綏彈壓 調度悉合機宜

上下兩忙錢糧 全行豁免

全悉 與

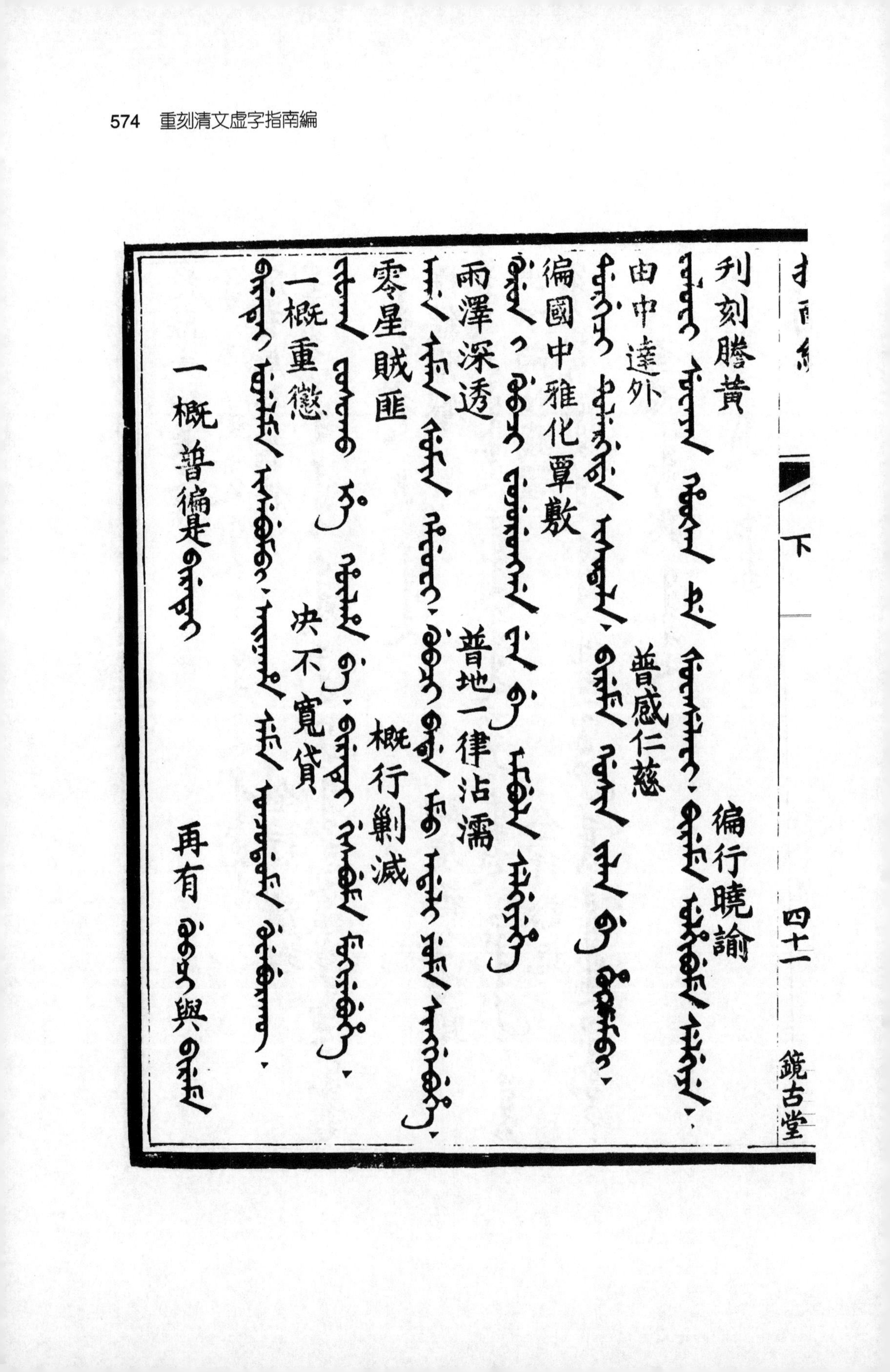

刋刻謄黃 徧行曉諭

由中達外 普感仁慈

徧國中雅化覃敷

雨澤深透 普地一律沾濡

零星賊匪 概行剿滅

一概重懲 決不寬貸

一概普徧是 再有 與

除會衙題奏外　先行知照該處可也

旨

除照例辦理外　相應聲明請

除此之外　再没有别的樣兒的了

除他之外　還有出衆的没有

是除之外　上遇破字加

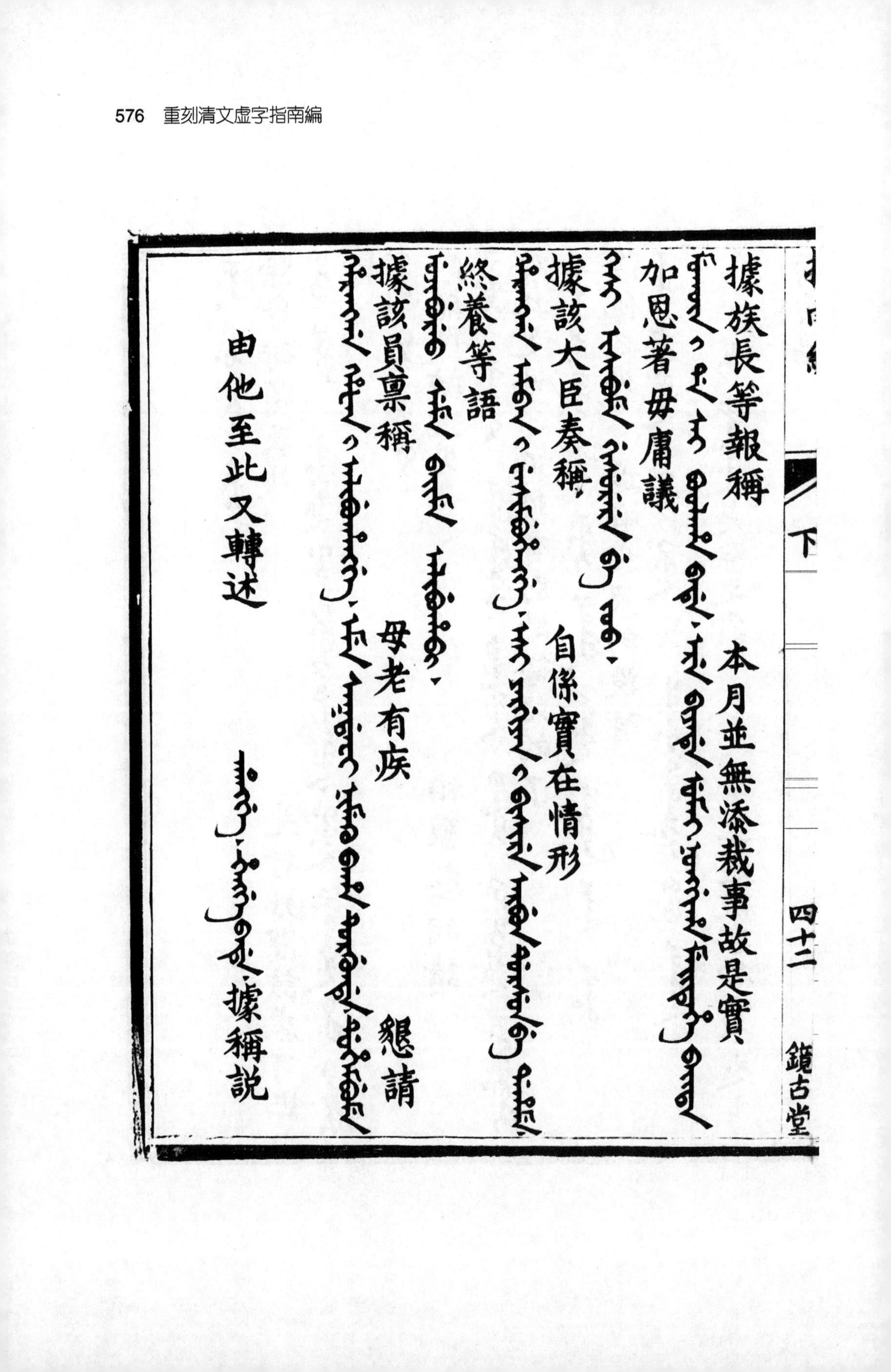

據族長等報稱　本月並無添裁事故是實

加恩著毋庸議

據該大臣奏稱，　自係實在情形

終養等語

據該員稟稱　母老有疾　懇請

由他至此又轉述　據稱說

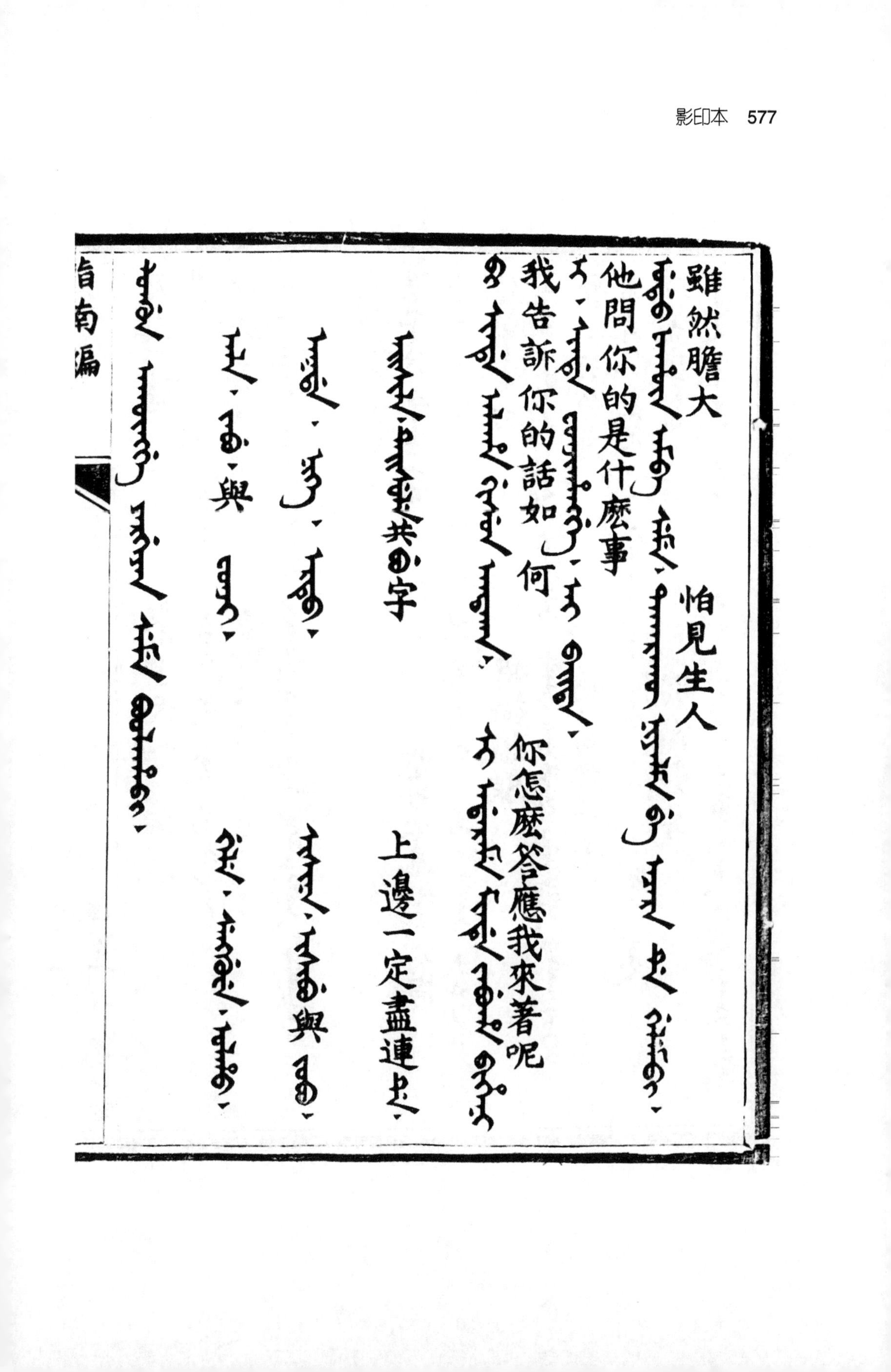

雖然膽大

怕見生人

他問你的是什麼事

我告訴你的話如何

你怎麼答應我來著呢

共字

上邊一定盡連

與

與

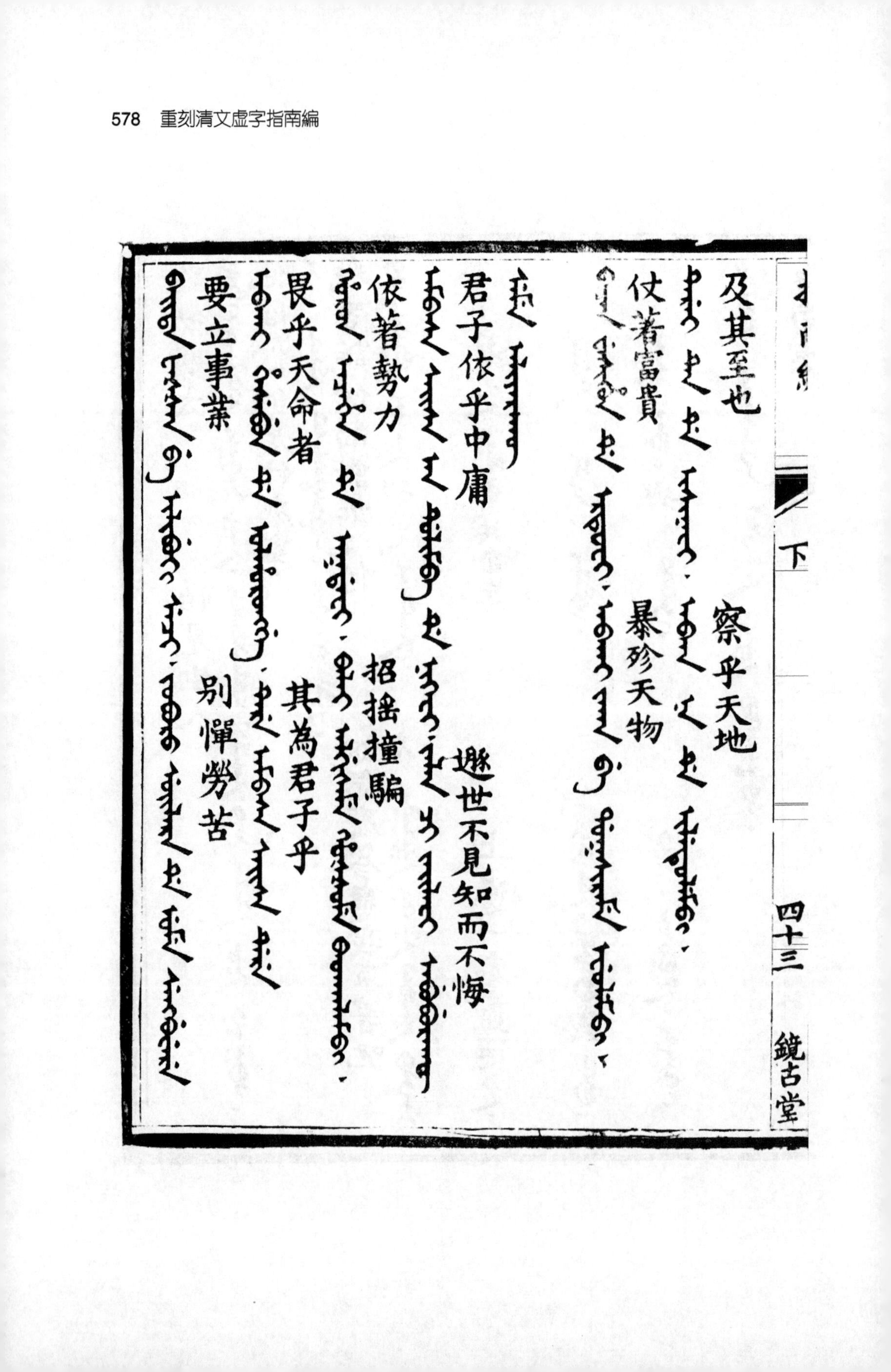

及其至也　察乎天地

仗著富貴　暴殄天物

君子依乎中庸　遯世不見知而不悔

依著勢力　招搖撞騙

畏乎天命者　其為君子乎

要立事業　別憚勞苦

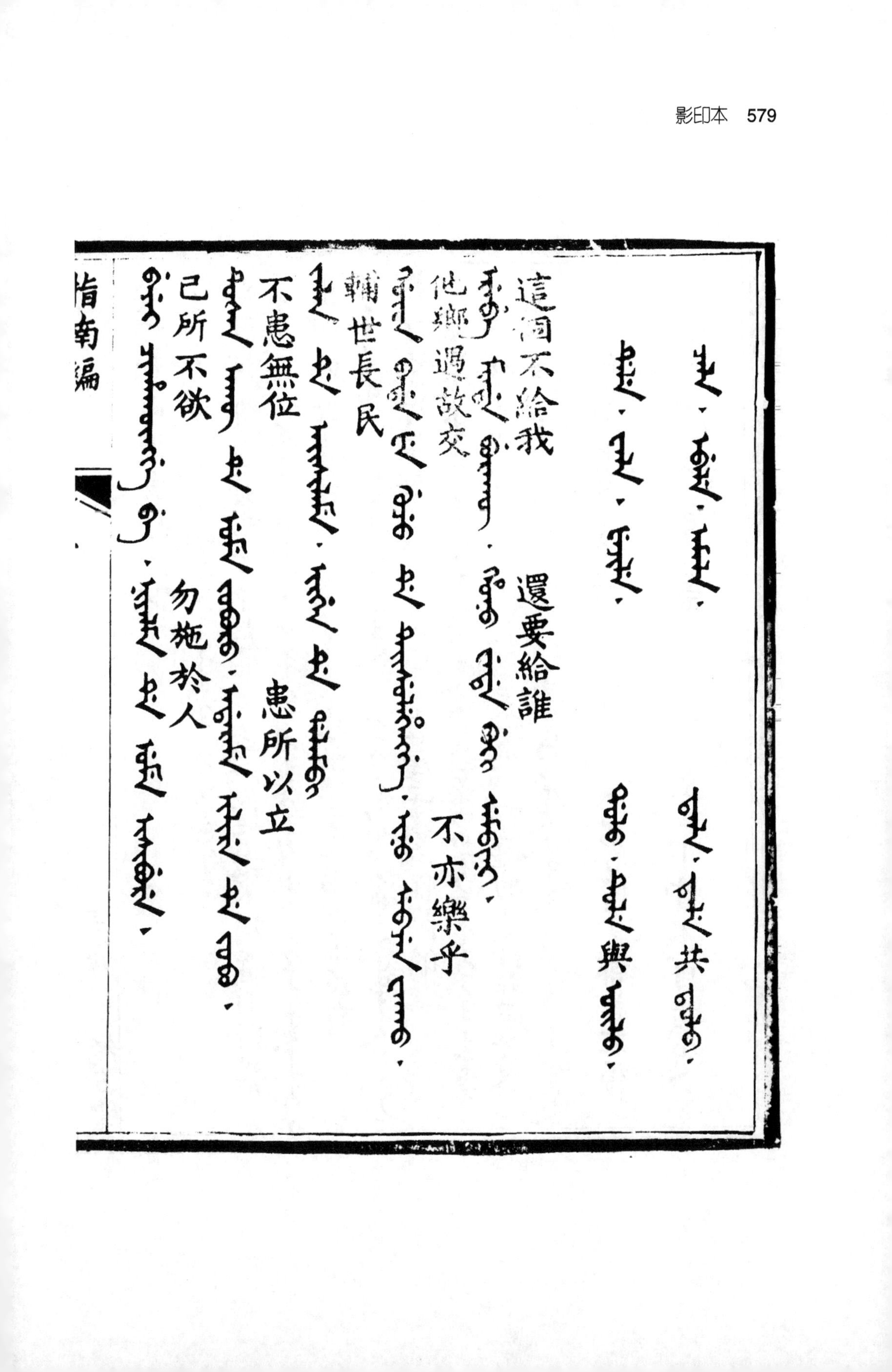

共

與

這個不給我 還要給誰

他鄉遇故交 不亦樂乎

輔世長民

不患無位 患所以立

己所不欲 勿施於人

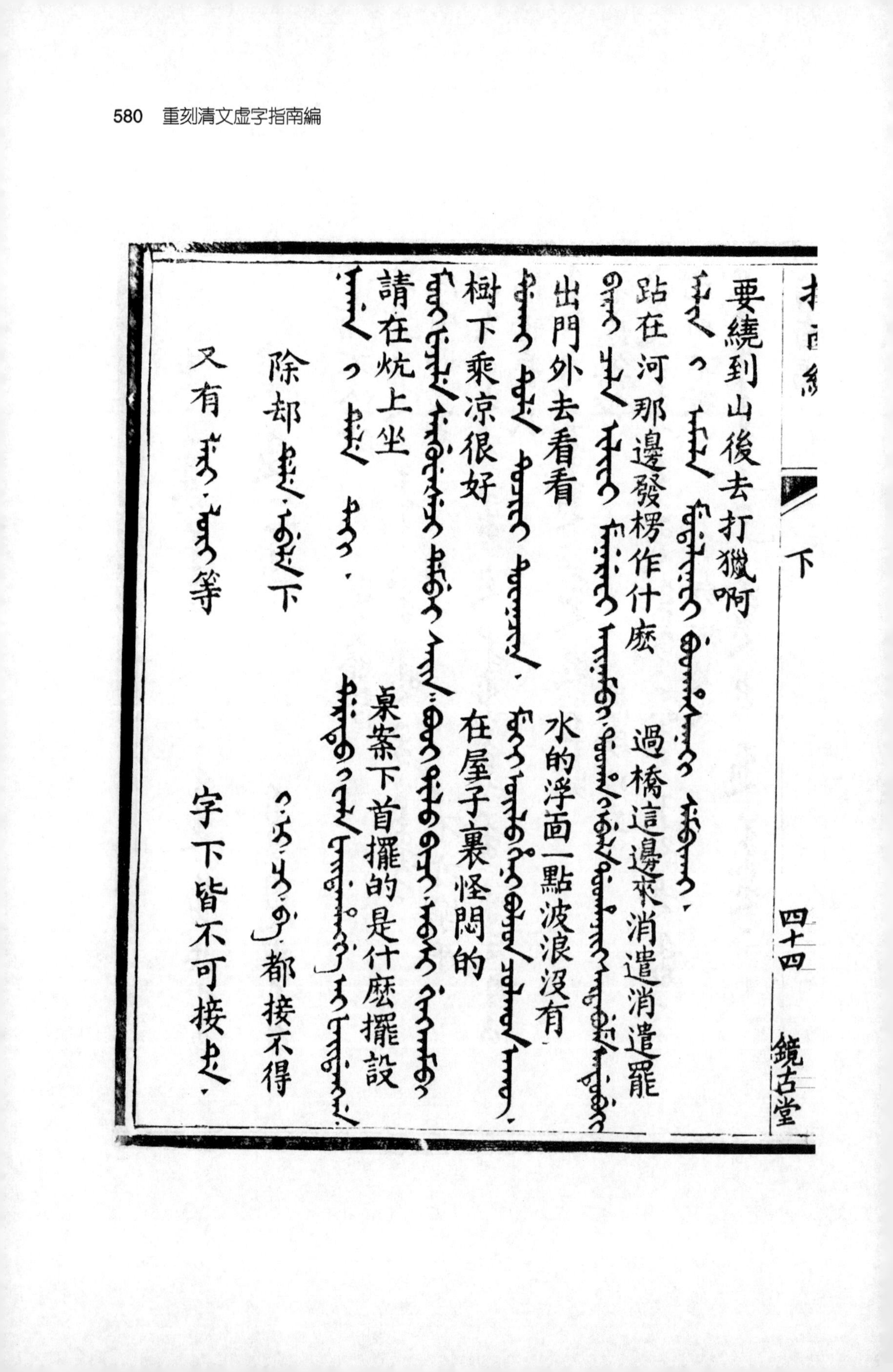

要繞到山後去打獵啊

跕在河那邊發楞作什麽

過橋這邊來消遣消遣罷

出門外去看看

水的浮面一點波浪沒有

樹下乘涼很好

在屋子裏怪悶的

請在炕上坐

桌案下首擺的是什麽擺設

除卻　下

都接不得

又有　等

字下皆不可接

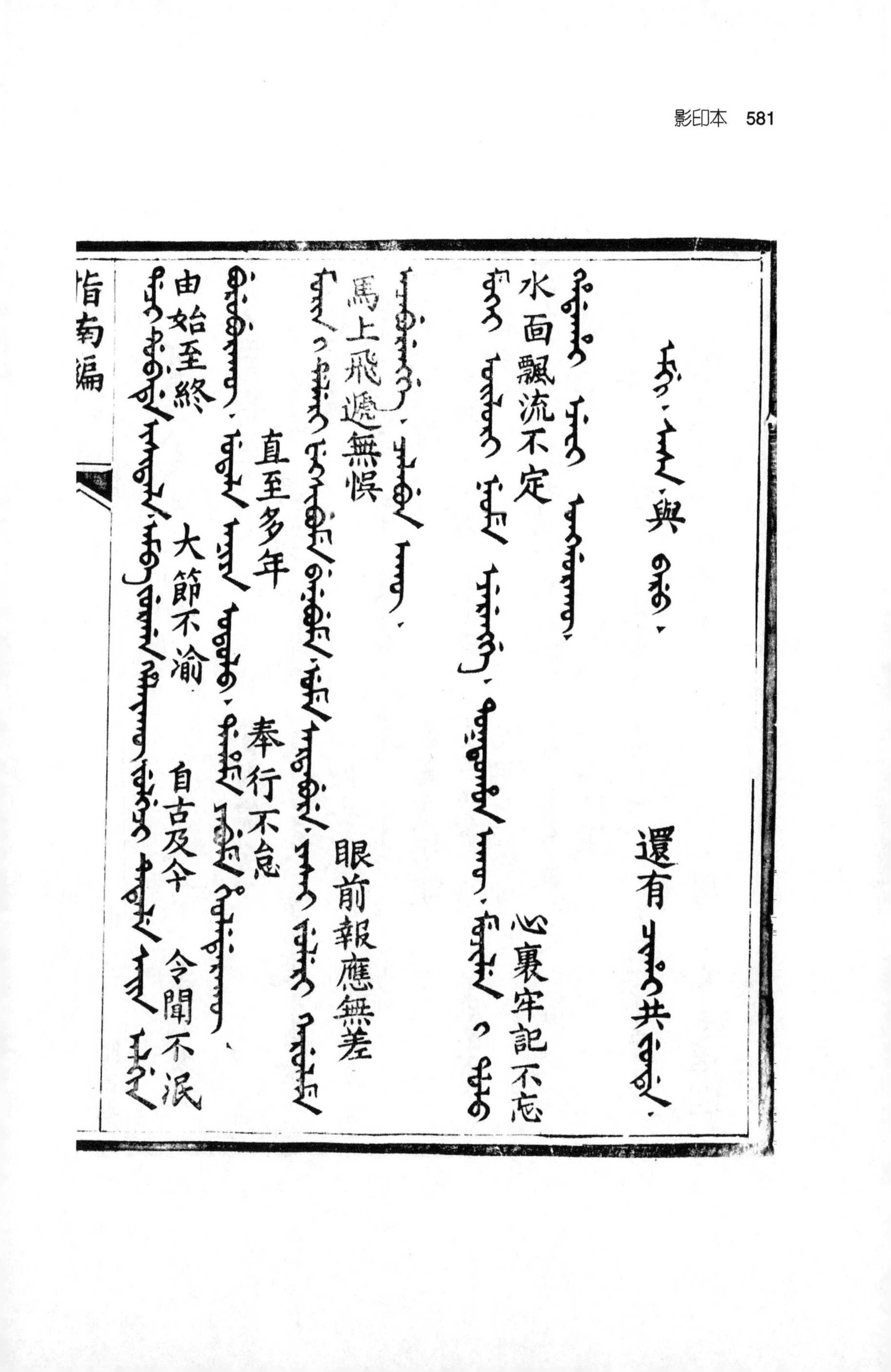

與
還有
共

水面飄流不定
心裏牢記不忘

馬上飛遞無悞
眼前報應無差

直至多年
奉行不怠

由始至終
大節不渝
自古及今
令聞不泯

指南編

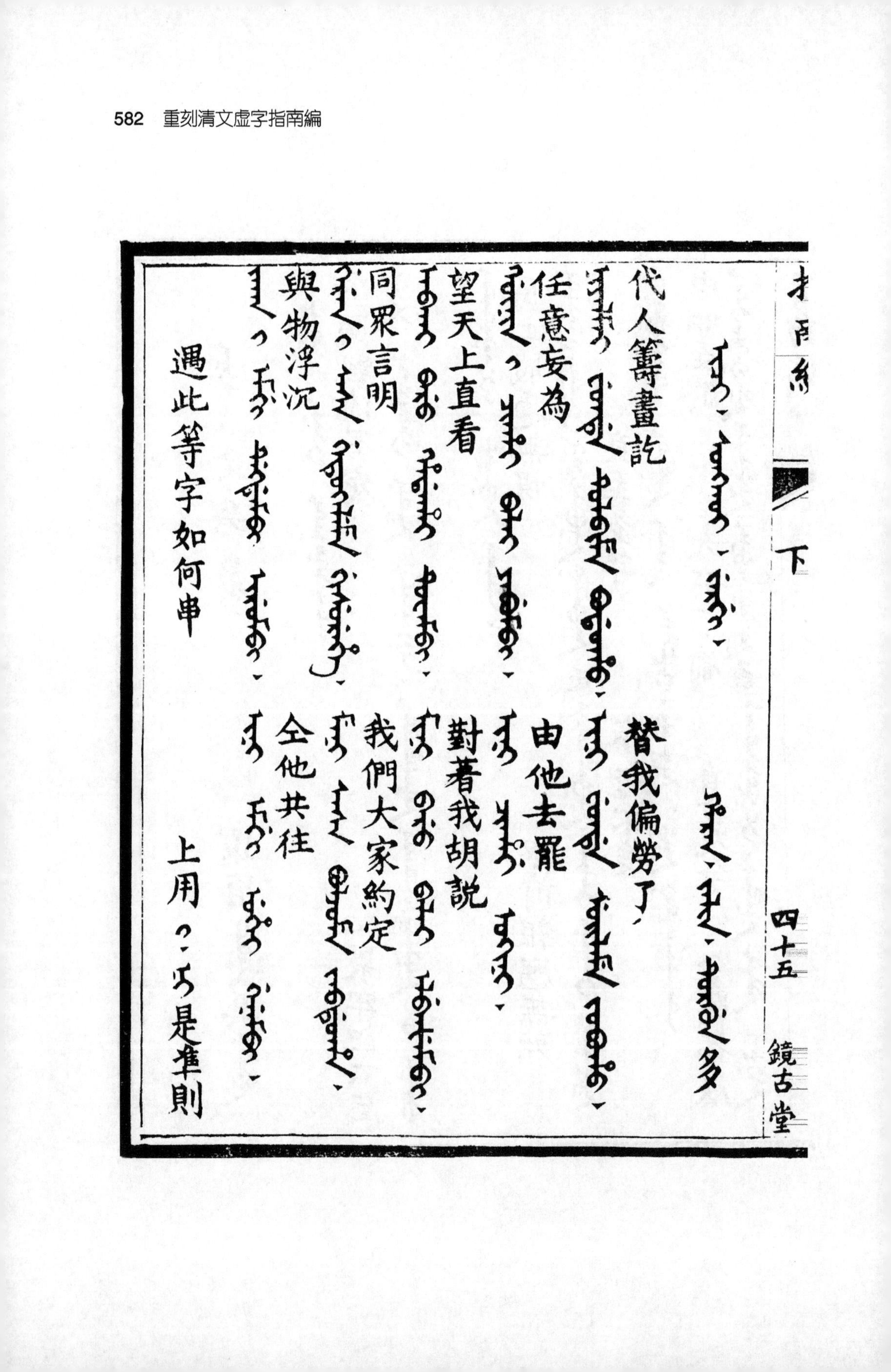

多

代人籌畫訖 替我偏勞了

任意妄為 由他去罷

望天上直看 對着我胡說

同衆言明 我們大家約定

與物浮沉 仝他共往

遇此等字如何串 上用 是準則

奉旨查辦 所因何事

心神不定 因有嗜好之由

是事愛忘 是記性不好的緣由

賞加二品銜 飛潛動植之物

照樣作罷 著依議

隨風蕩漾 順手所指

上接與 等也使得

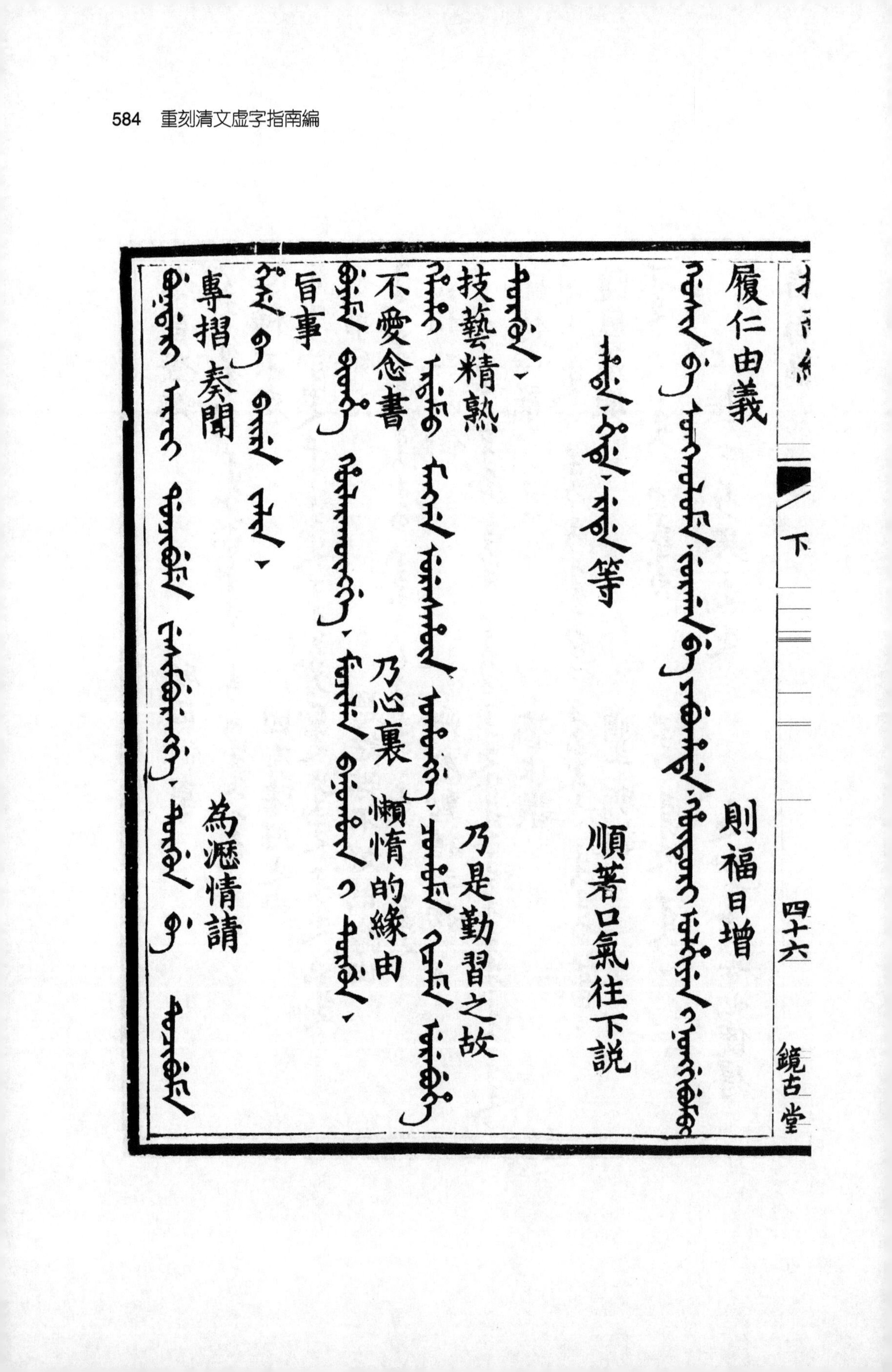

履仁由義 則福日增

等 順著口氣往下說

技藝精熟 乃是勤習之故

不愛念書 乃心裏懶惰的緣由

旨事

專摺奏聞 為瀝情請

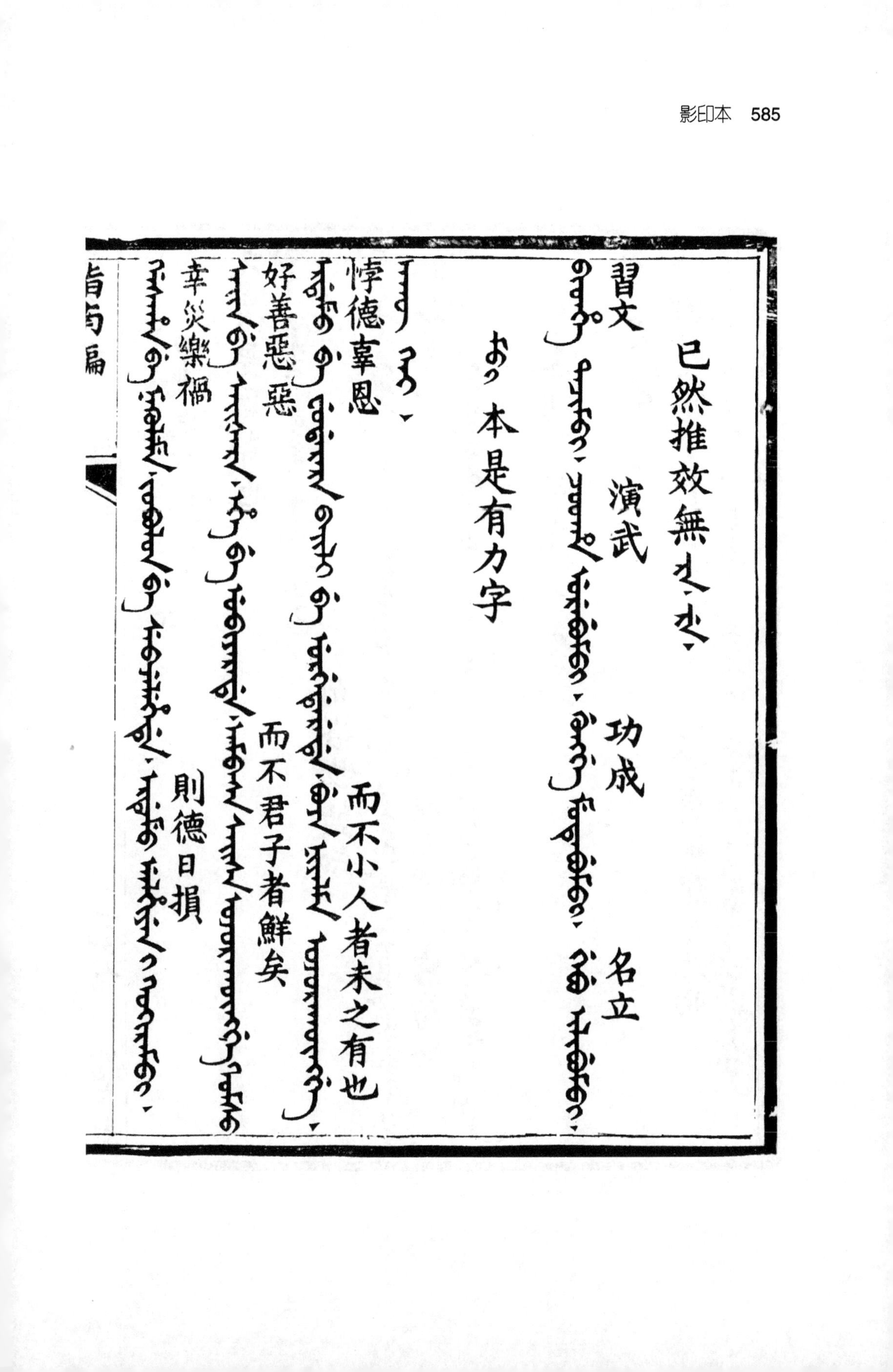

已然推效無

習文 演武 功成 名立

本是有力字

悖德辜恩 而不小人者未之有也

好善惡惡 而不君子者鮮矣

辛災樂禍 則德日損

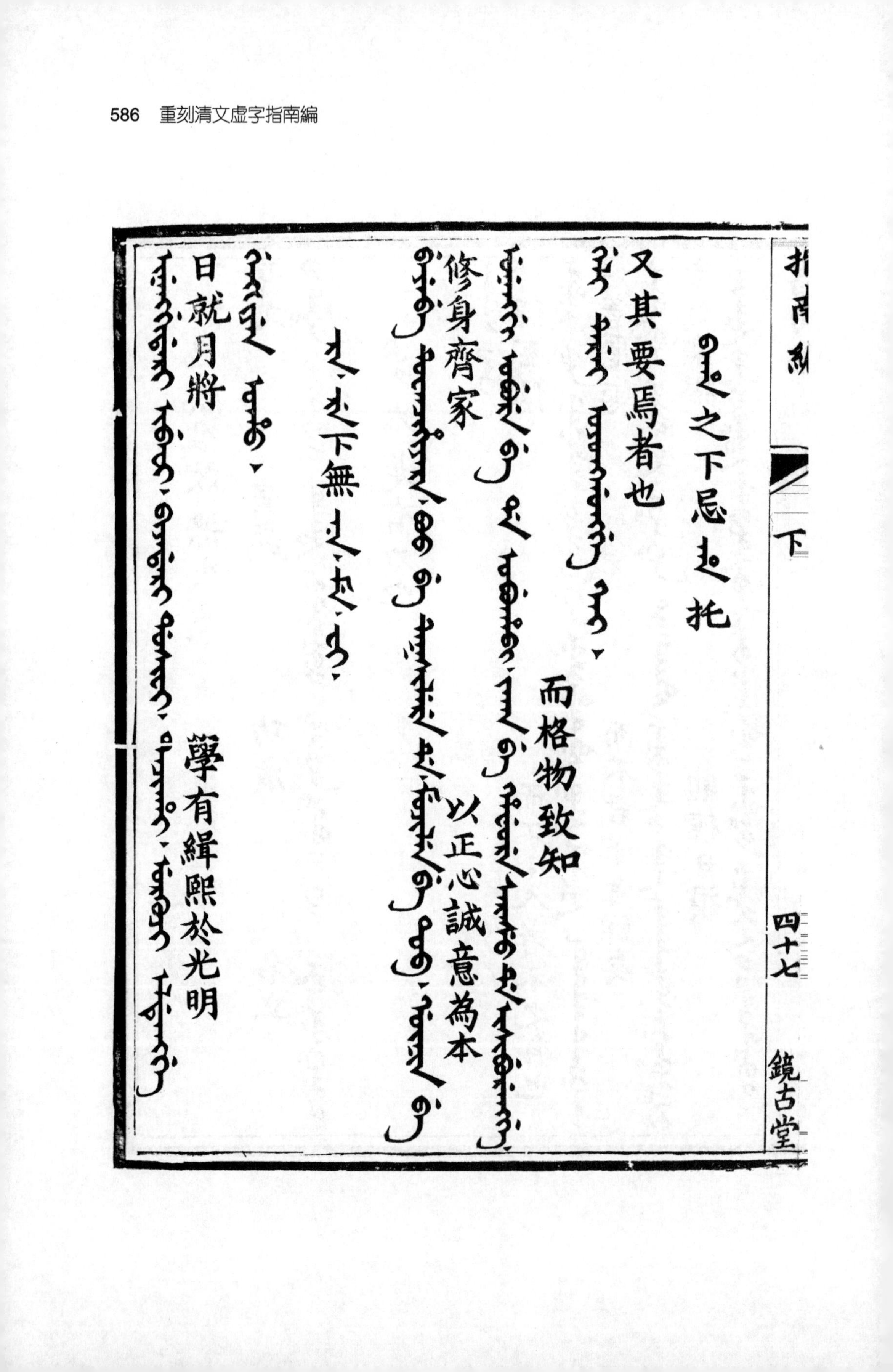

之下忌 托

又其要焉者也

而格物致知

修身齊家 以正心誠意為本

下無

日就月將 學有緝熙於光明

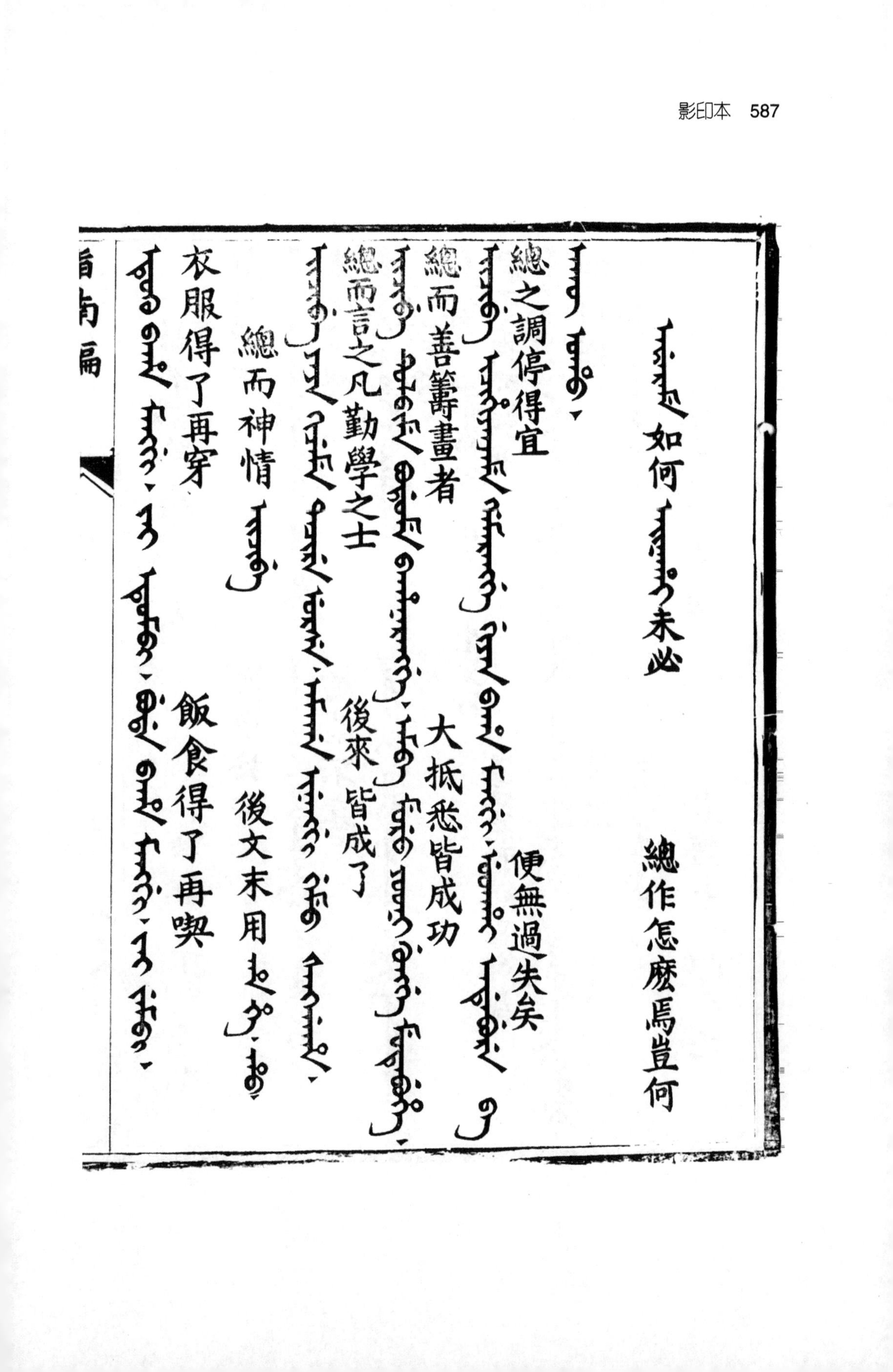

如何 未必 總作怎麽焉豈何

總之調停得宜 便無過失矣

總而善籌畫者 大抵悉皆成功

總而言之凡勤學之士 後來皆成了

總而神情 後文末用

衣服得了再穿 飯食得了再喫

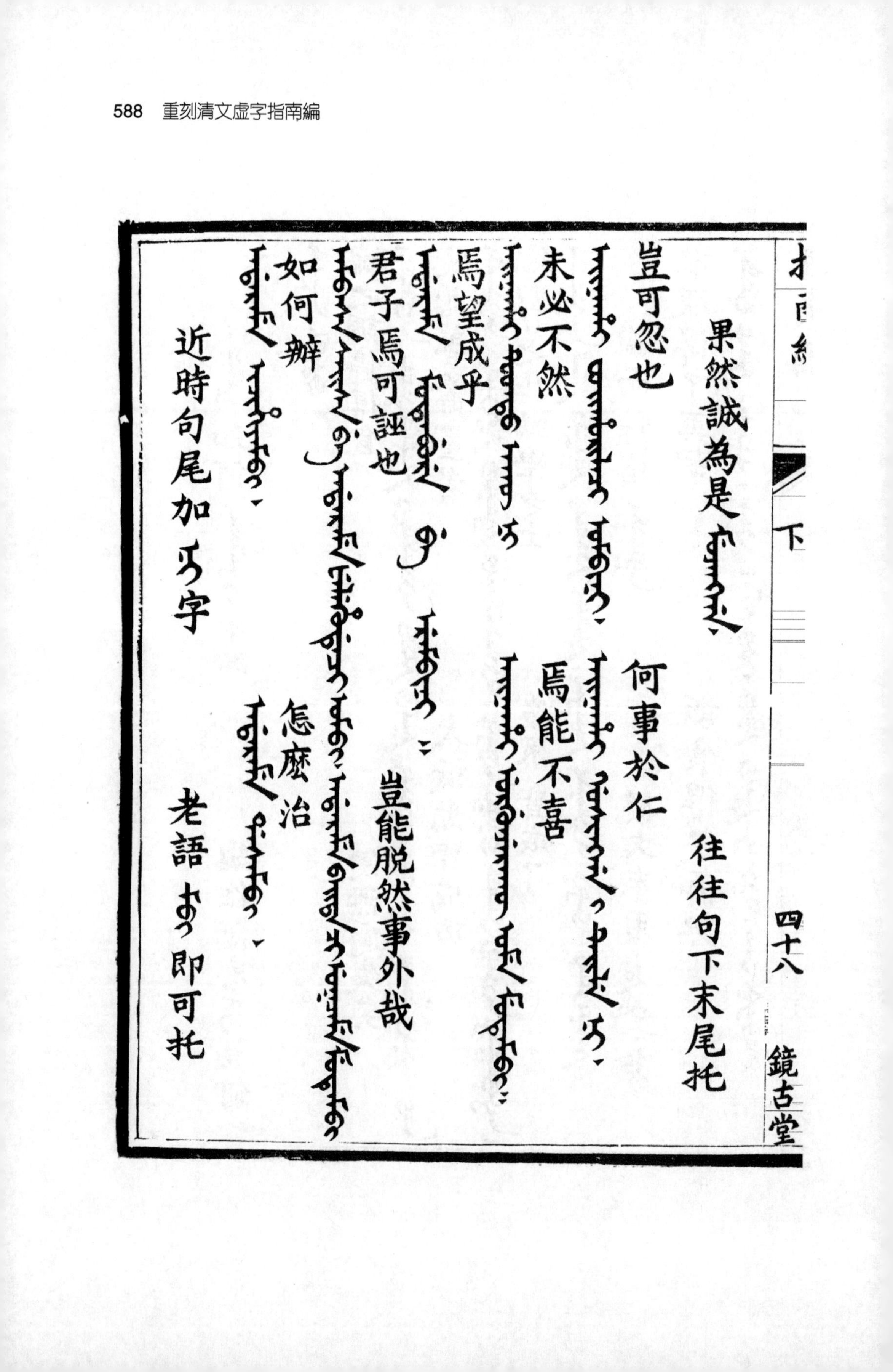

果然誠為是 往往句下末尾托

豈可忽也 何事於仁

未必不然 焉能不喜

焉望成乎

君子焉可誣也 豈能脫然事外哉

如何辦 怎麽治

近時句尾加字 老語即可托

之缺

可否派員署理之處恭候

該處員缺

已揀員　補授矣

再所遺

復又二字　繙

繼而旋續是

字本講再暨及次

又作至於至若說

一事方完又一事

與

誠為梓材

誠為至寶

果然不差

果然不虛

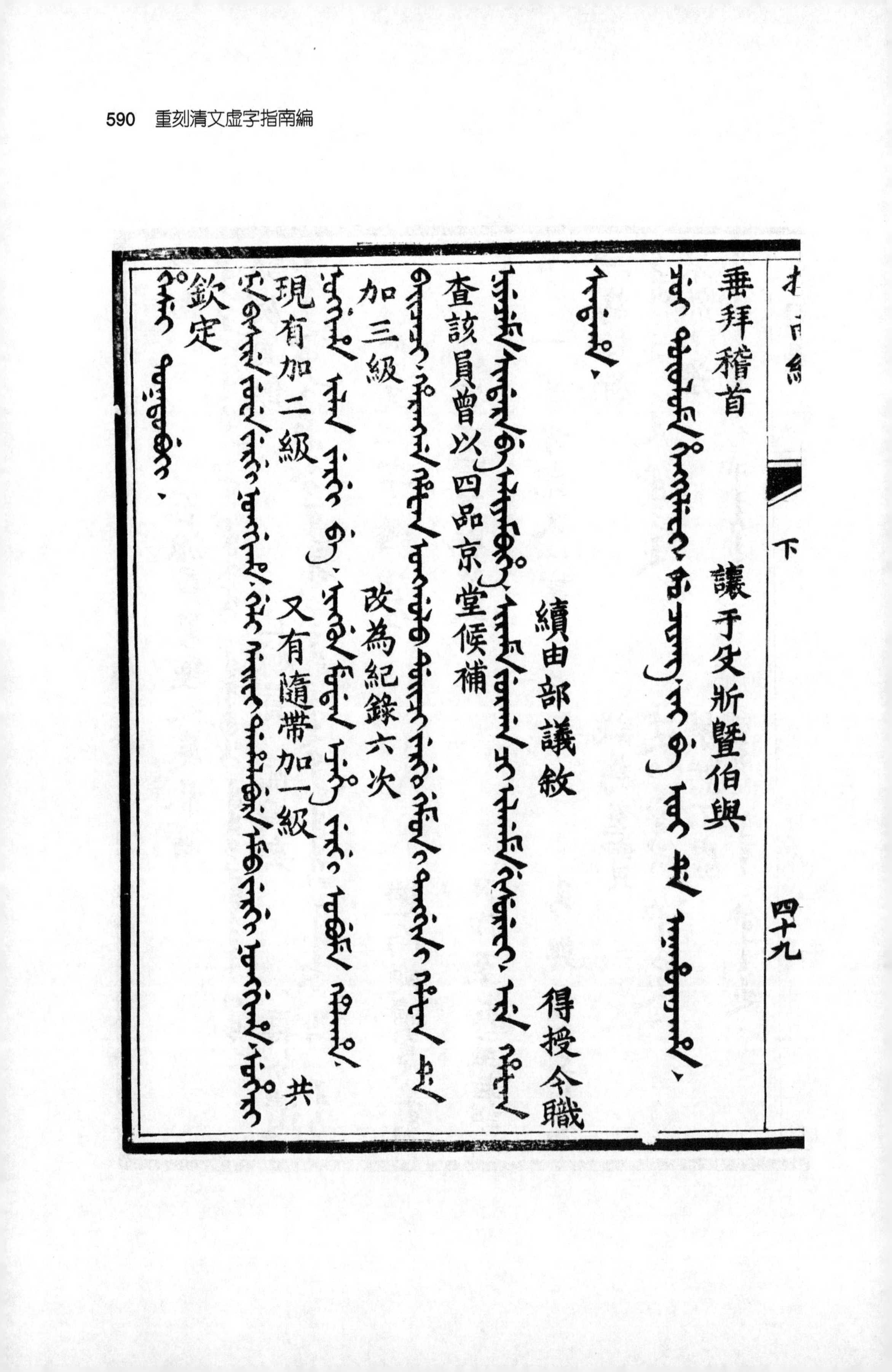

垂拜稽首　讓于殳斨暨伯與

續由部議敘　得授今職

查該員曾以四品京堂候補

加三級　改為紀錄六次

現有加二級　又有隨帶加一級　共

欽定

兄 尊曰家長

至若父有家子 稱曰家督 弟有伯

以為與爾等無與

至於爾兵民 不知學校為重

是年交部核議 次年舉行可也

斯禮也 達乎諸侯大夫及士庶人

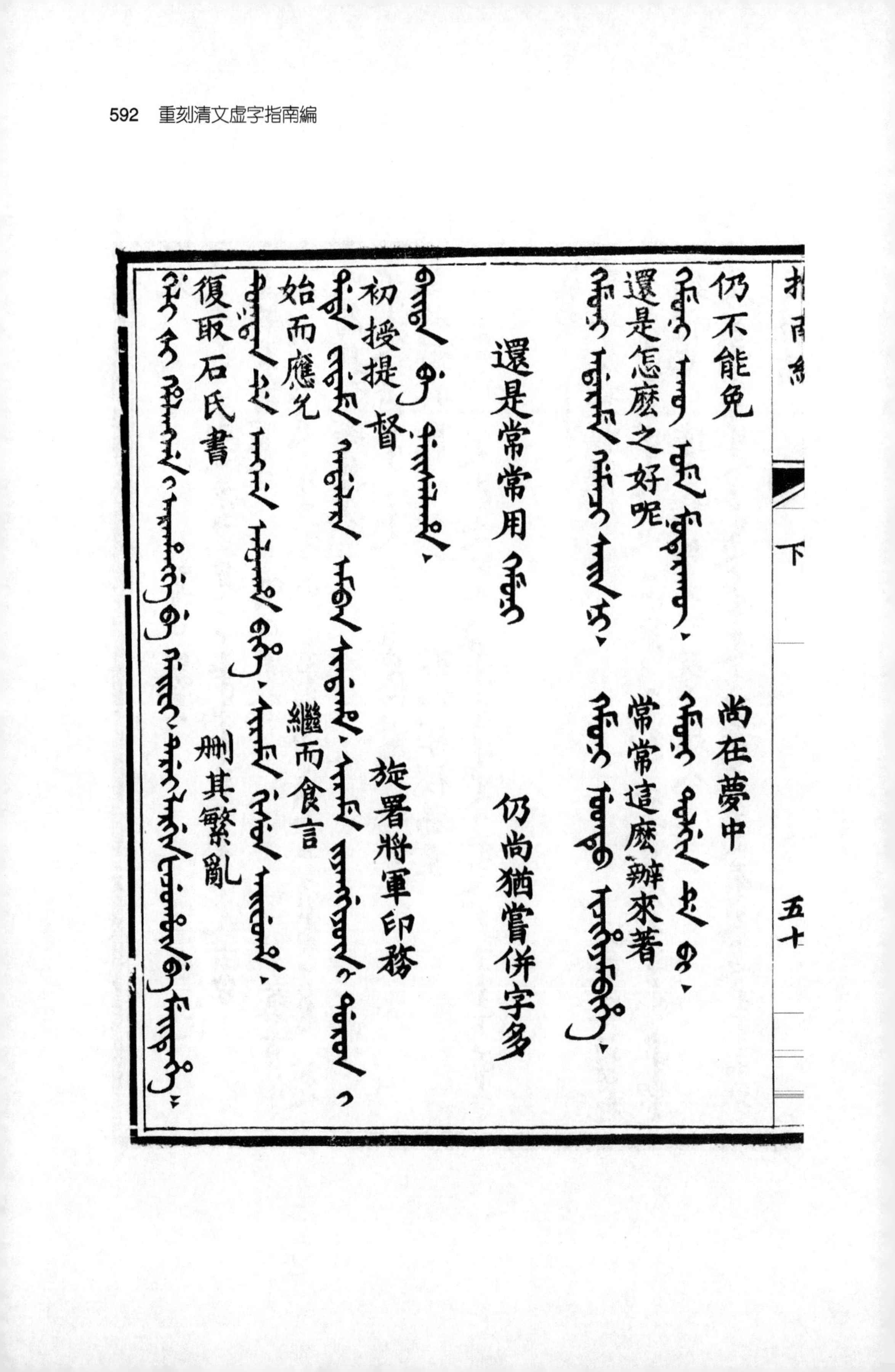

仍不能免　尚在夢中

還是怎麽之好呢　常常這麽辦來著

還是常常用　仍尚猶嘗併字多

初授提督　旋署將軍印務

始而應允　繼而食言

復取石氏書　刪其繁亂

纔會走

始發憤

方得信

將回來

剛到家

方將剛纔始乃

又作然後而後說

嘗思

道學之源

傳於至聖

賞給五品頂戴

並賞換花翎

猶未徹悟

嘗作秉燭遊

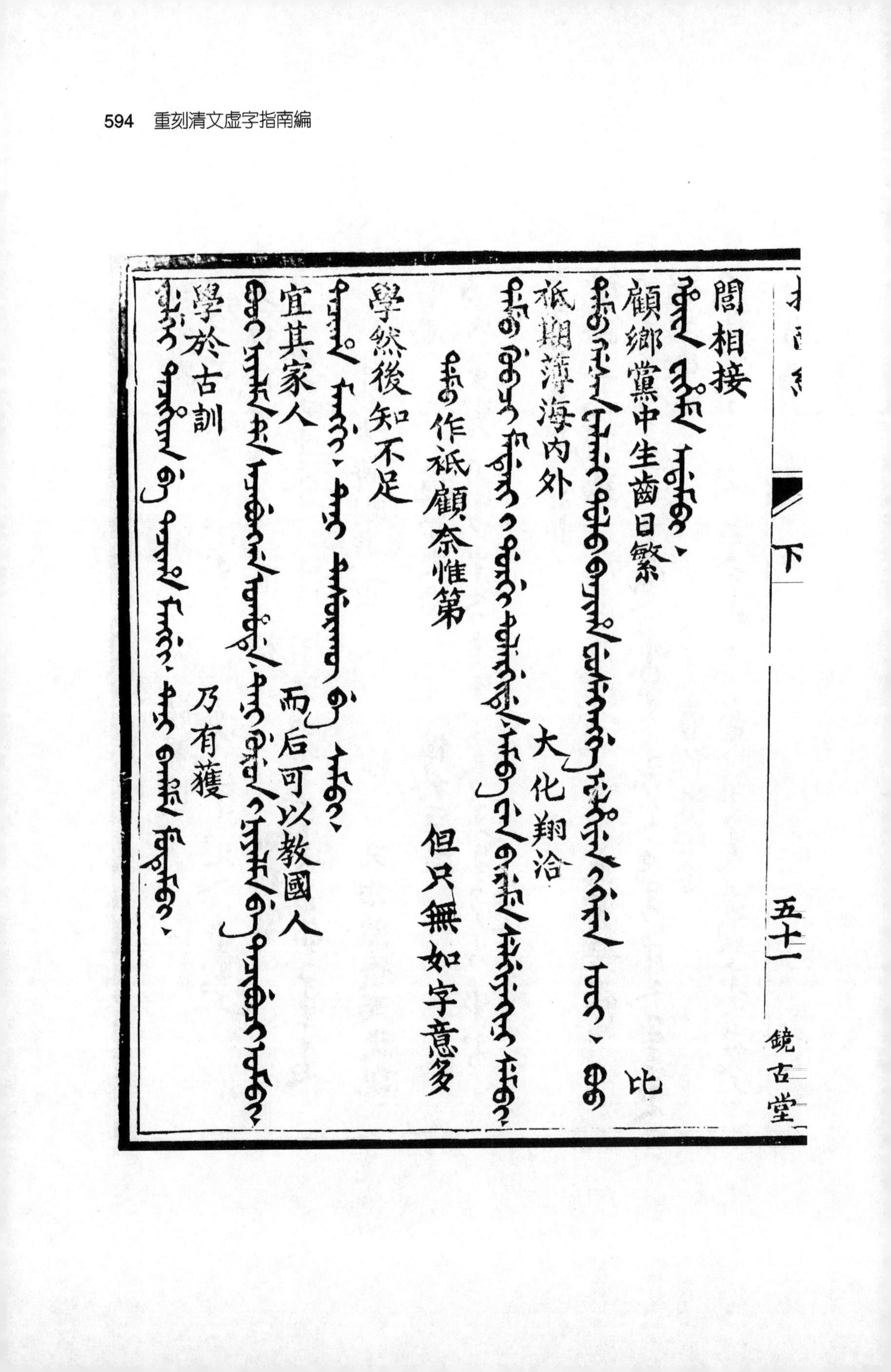

閒相接

顧鄉黨中生齒日繁　比

祇期溥海內外　大化翔洽

作祇顧奈惟第　但只無如字意多

學然後知不足

宜其家人　而后可以教國人

學於古訓　乃有獲

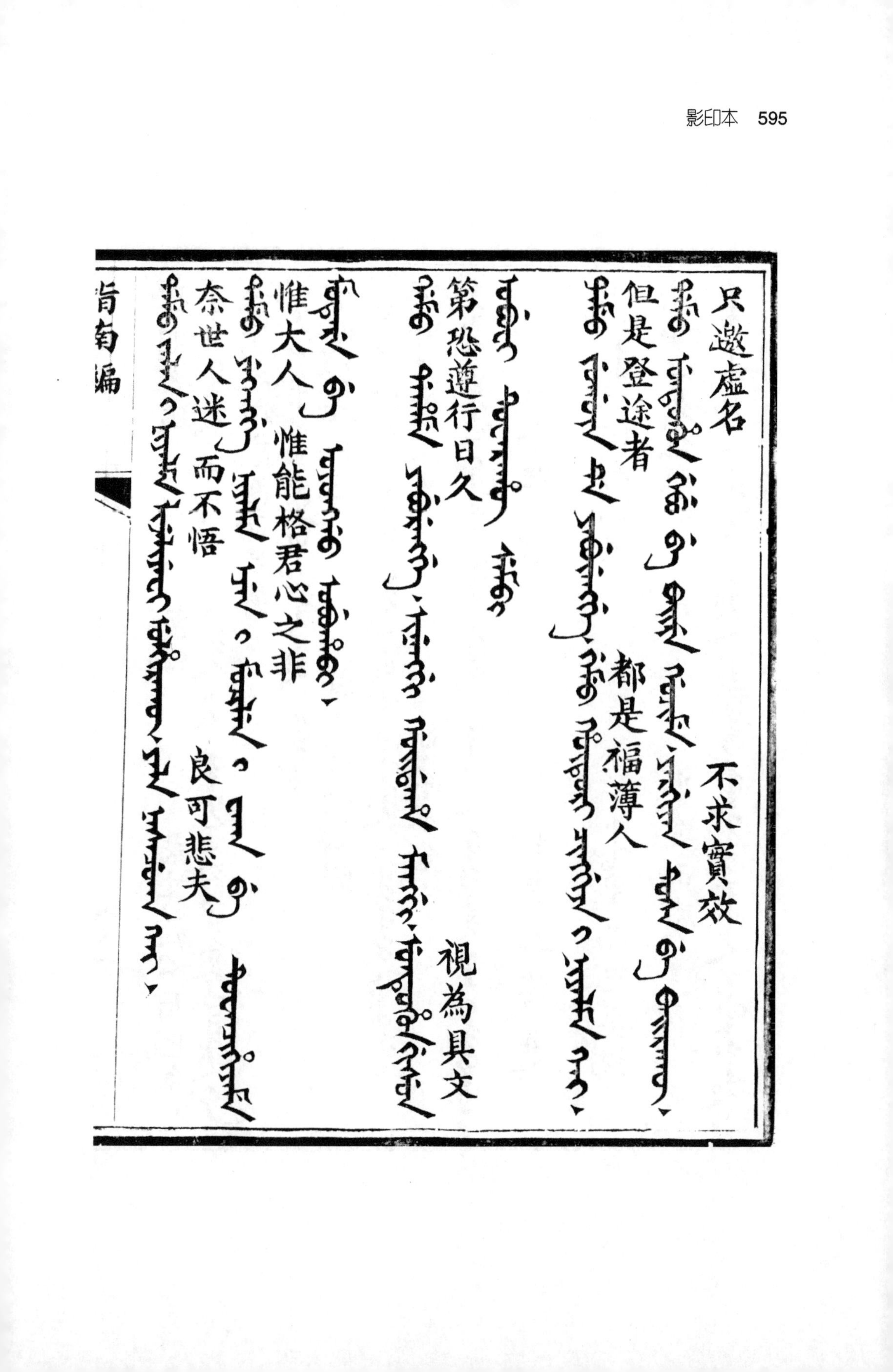

只邀虛名　不求實效

但是登途者　都是福薄人

第恐遵行日久　視為具文

惟大人　惟能格君心之非

奈世人迷而不悟　良可悲夫

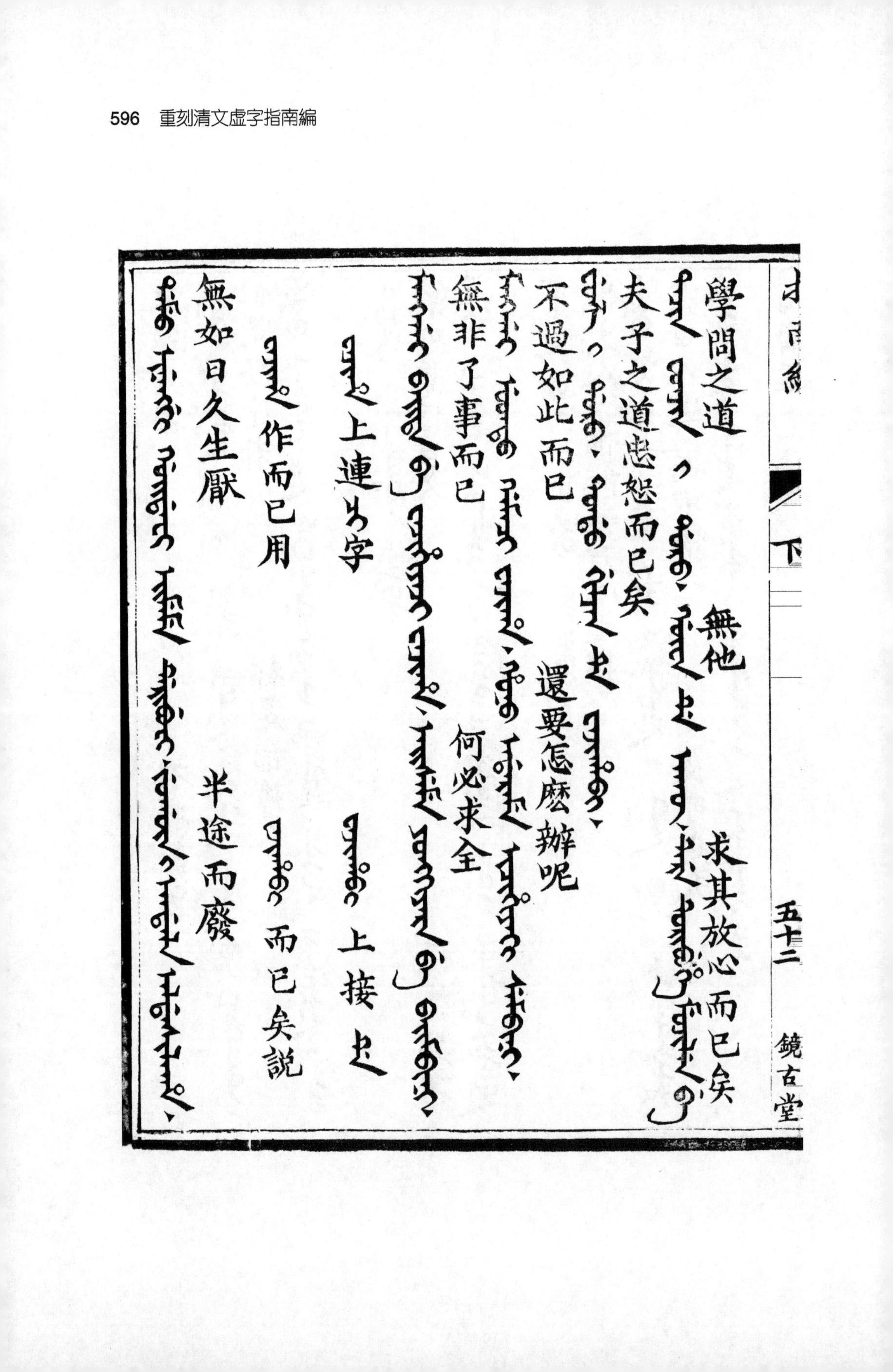

學問之道 無他 求其放心而已矣

夫子之道忠恕而已矣

不過如此而已 還要怎麼辦呢

無非了事而已 何必求全

上連字 上接

作而已用 而已矣說

無如日久生厭 半途而廢

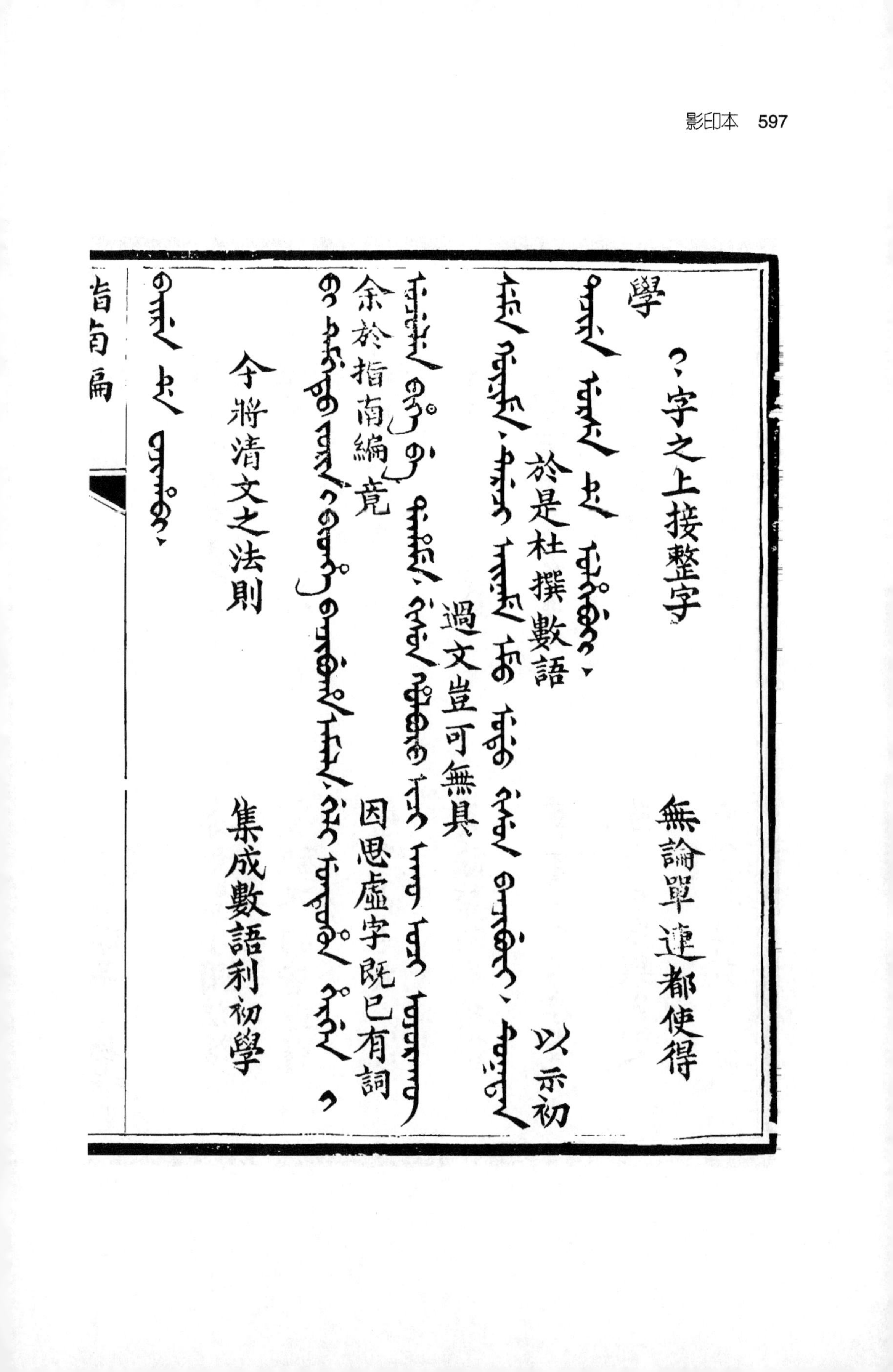

ᠣ字之上接整字　無論單連都使得

學

於是杜撰數語　以示初

過文豈可無具

余於指南編竟　因思虛字既已有詞

今將清文之法則　集成數語利初學

指南編

所有長音各[Manchu]字　亦如整字用法活

還有[Manchu][Manchu][Manchu]字外　整破不拘皆連得

[Manchu]字上除[Manchu]共[Manchu]　[Manchu]、[Manchu]共[Manchu]

[Manchu][Manchu][Manchu]等字外　其餘整破都接得

更有破字[Manchu][Manchu][Manchu]　[Manchu][Manchu][Manchu][Manchu]字多

[Manchu]、[Manchu]、[Manchu]字三個上　除去[Manchu][Manchu]與[Manchu]

[Manchu]接整字[Manchu]等[Manchu]　[Manchu][Manchu]與[Manchu]

平鋪變翻與調換　減多增少細琢磨

實義虛文須仔細　已然未然要斟酌

[illegible]中間串　[illegible]等末尾多

清文一道卻如何　整上破下是文波

歌曰

此是清文總規矩　寄語學人自參酌

[illegible]等字承何語　整字末尾結文多

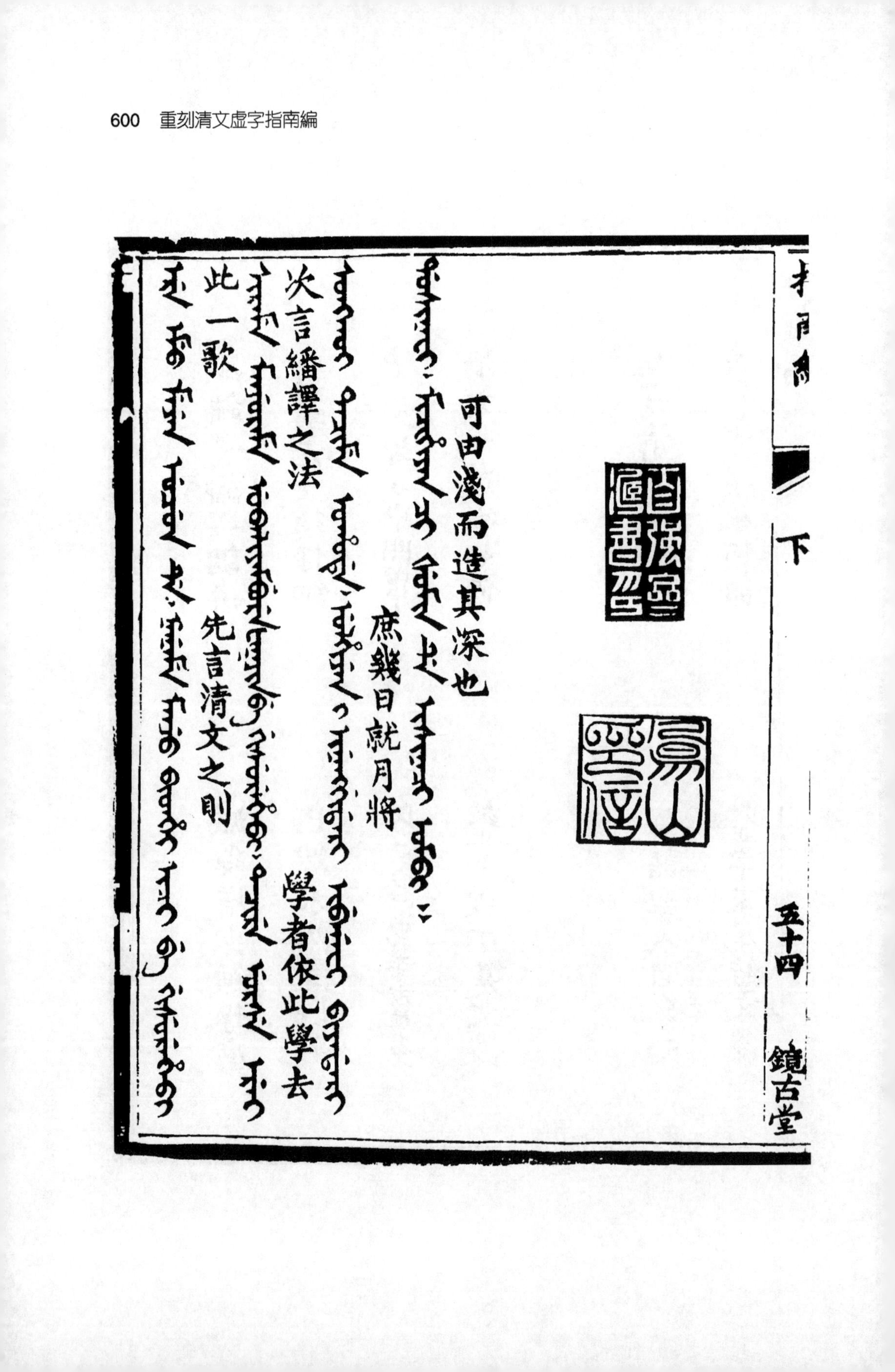

可由淺而造其深也

庶幾日就月將

次言繙譯之法

學者依此學去

此一歌

先言清文之則

指南編

“早期北京話珍本典籍校釋與研究”
叢書總目録

早期北京話珍稀文獻集成

（一）日本北京話教科書匯編

《燕京婦語》等八種

華語跬步

亞細亞言語集

北京風土編·北京事情·北京風俗問答

伊蘇普喻言·今古奇觀·搜奇新編

四聲聯珠

官話指南·改訂官話指南

京華事略·北京紀聞

（二）朝鮮日據時期漢語會話書匯編

改正增補漢語獨學

高等官話華語精選

速修漢語自通

速修漢語大成

中語大全

修正獨習漢語指南

官話華語教範

無先生速修中國語自通

官話標準：短期速修中國語自通

“内鮮滿”最速成中國語自通

（三）西人北京話教科書匯編

尋津録

語言自邇集

官話類編

華語入門

漢英北京官話詞彙

漢語口語初級讀本·北京兒歌

北京話語音讀本

語言自邇集（第二版）

言語聲片

華英文義津逮

北京官話初階

（四）清代滿漢合璧文獻萃編

清文啓蒙
清話問答四十條
一百條·清語易言
清文指要
續編兼漢清文指要
庸言知旨
滿漢成語對待
清文接字·字法舉一歌
重刻清文虛字指南編

（五）清代官話正音文獻

正音撮要
正音咀華

（六）十全福

（七）清末民初京味兒小説書系

新鮮滋味
過新年
小額
北京
春阿氏
花鞋成老
評講聊齋
講演聊齋

（八）清末民初京味兒時評書系

益世餘譚——民國初年北京生活百態
益世餘墨——民國初年北京生活百態

早期北京話研究書系

早期北京話語法演變專題研究
早期北京話語氣詞研究
晚清民國時期南北官話語法差異研究
基於清後期至民國初期北京話文獻語料的個案研究
高本漢《北京話語音讀本》整理與研究
北京話語音演變研究
文化語言學視域下的北京地名研究
語言自邇集——19世紀中期的北京話（第二版）
清末民初北京話語詞彙釋